Jochen Steffens und Torsten Ewert

Die hohe Kunst des (Day-)Tradens

Jochen Steffens und Torsten Ewert

Die hohe Kunst des (Day-)Tradens

Revolutionieren Sie Ihr Trading mit der Target-Trend-Methode

FinanzBuch Verlag

Bibliografische Information der Deutschen Nationalbibliothek

Die Deutsche Nationalbibliothek verzeichnet diese Publikation in der Deutschen Nationalbibliografie, detaillierte bibliografische Daten sind im Internet über **http://d-nb.de** abrufbar.

Korrektorat: Hagen Thorn
Satz: Manfred Zech, Landsberg am Lech
Druck: CPI Ebner & Spiegel, Ulm

3. Auflage 2011
© 2010 FinanzBuch Verlag
Nymphenburger Straße 86
80636 München
Tel.: 089 651285-0
Fax: 089 652096

Für Fragen und Anregungen:
steffens@finanzbuchverlag.de

ISBN: 978-3-89879-553-1

Weitere Infos zum Thema
www.finanzbuchverlag.de
Gerne übersenden wir Ihnen unser aktuelles Verlagsprogramm.

Inhaltsverzeichnis

Danksagung 9

Vorwort 11

Erster Teil: Eine neue Sicht auf die Börse 13
    Prolog 15

Erster Schritt: Die Voraussetzungen 19
    Ihre Traderpersönlichkeit: Jäger oder Farmer? 19
    Die wichtigsten Anfänger-Grundregeln für kurzfristiges Trading . 36
    Hartnäckige Illusionen 50

Zweiter Schritt: Eine neue Sichtweise 65
    Ist Börse Chaos? 66
    Die Börse als Wesen 73
    Welche Faktoren beeinträchtigen das Traden? 82
    Emotionen: Ein Weg zur Kontrolle 110
    Ihr Tradingteam und ein guter Coach 117
    Der letzte Vorhang hebt sich: Alltagstrancen 134

Dritter Schritt: Intuition – eine neue Art zu traden 143
    Die Entdeckung des Beobachters 144
    Die eigentliche Aufgabe des Verstands, oder wie ein
    Hausmeister zum Chef wurde 151
    Die Entdeckung der Intuition 166
    Epilog 171

Zweiter Teil: Die Target-Trend-Methode 173

1. Einleitung 175

2. Die Target-Trend-Methode – Basis-Kurs 183
   2.1 Die Chartdarstellung 183
   2.2 Die sieben Ebenen der Target-Trend-Methode 188
       2.2.1 Erste Ebene: Klassische Unterstützungen/Widerstände . . 188
       2.2.2 Zweite Ebene: Die Rechteck-Methode 192
       2.2.3 Dritte Ebene: Einfache Trendlinien und
             Trendlinienkreuzungen 203
       2.2.4 Vierte Ebene: Die Parallel-Methode 216
       2.2.5 Fünfte Ebene: Zeitzyklen 232
       2.2.6 Sechste Ebene: Fibonacci-Projektionen 241
       2.2.7 Siebte Ebene: Die X-Ebene 246
   2.3 Die Target-Trend-Methode in der Praxis 248
       2.3.1 Kurzfristige Analyse 248
       2.3.2 Langfristige Analyse 280

3. Die Target-Trend-Methode – Profi-Kurs 299
   3.1 Die Bedeutung der Targets 299
       3.1.1 Target-Formationen 300
       3.1.2 Target-Aktivierung 349
   3.2 Tipps, Tricks und Tücken 371
       3.2.1 Gegenläufige Linien im Trend 372
       3.2.2 Parallellinienprojektion der Gegenlinien 377
       3.2.3 Linienanpassungen 385
       3.2.4 Die Chartskalierung und die Target-Trend-Methode . . . 389
       3.2.5 Paradigmenwechsel bei Parallellinien 393
       3.2.6 Paradigmenwechsel bei Rechtecken 402

4. Die Target-Trend-Methode – Trading-Kurs 409
   4.1 Die Besonderheiten des Intraday-Tradings 409
       4.1.1 Einige Hintergründe zur Target-Trend-Methode 410
       4.1.2 Börsenroutine und Intraday-Trading 412
       4.1.3 Overnight-Sessions 415
       4.1.4 Die Besonderheiten einzelner Märkte 418
       4.1.5 Nachrichten, außerbörsliche Ereignisse, Kurslücken 420
       4.1.6 Einstiege, Ausstiege, Stops – wann werden
             die Signale ausgelöst? 422
   4.2 Nützliche Tradingstrategien mit der
       Target-Trend-Methode 424
       4.2.1 Kerzenmuster 424

4.2.2 Indikatoren 427

4.2.3 Tradingtechniken mit Targets 431

4.3 Trading-Praxisbeispiele 461

4.3.1 DAX-Trading mit Targets 461

4.3.2 Intraday-Trading mit Währungen 483

4.3.3 Intraday-Trading mit Index-Futures 511

Anhang 529

Anhang 1: Das praxisgerechte Zeichnen von Trendlinien 529

Anhang 2: Andrews Pitchfork – Vorläufer der Parallel-Methode? 535

Anhang 3: Ausbrüche und Fehlausbrüche 539

Anhang 4: Typisches Kursverhalten im und am Trend 545

Anhang 5: Candlesticks – die Welt der Kerzen 548

Anhang 6: Fibonacci-Technik 559

Anhang 7: Market-Profile® 573

Literatur 579

Stichwortverzeichnis 581

Danksagung

Wir bedanken uns vor allem bei allen, die uns im Lauf unseres Lebens in vielfältiger Form unterstützt und gefördert haben. Das gilt insbesondere natürlich für die Freunde und Kollegen, die in den vergangenen Jahren mit Rat und Tat, Anregungen und Kritiken geholfen haben, dass unsere Arbeit als Trader, Börsenanalysten und Betreiber des Informationsportals www.stock-street.de erfolgreich war.

Dank schulden wir aber auch jenen, die uns – warum auch immer – Widerstände entgegengesetzt haben. Denn selbst das hat unseren Weg beeinflusst und uns schließlich dahin geführt, wo wir heute stehen.

Und nicht zuletzt gebührt natürlich all denen unser Dank, die uns in den vergangenen Jahren als Leser unserer Kolumnen und Börsendienste die Treue gehalten haben. Ihre Fragen und Diskussionen, E-Mails und persönlichen Gespräche waren für uns stets Ansporn und Bestätigung unserer Arbeit, aber natürlich auch Motivation dazu, nicht nachzulassen und immer besser zu werden.

Sie alle haben dazu beigetragen, dass wir Ihnen heute dieses Buch überreichen können.

Vielen Dank dafür!

Jochen Steffens und Torsten Ewert
September 2009

Vorwort

Dieses Buch ist der hohen Kunst des kurzfristigen Tradens gewidmet. Ganz bewusst wollen wir dabei den Eindruck vermeiden, dass der Erfolg an den Börsen von einem richtigen System, von einer richtigen Analysemethode oder von einer unschlagbaren Information abhängt – das alles ist nicht mehr als eine zwar sehr alte, aber deswegen nicht weniger folgenschwere Illusion.

Die Überwindung dieser und anderer Illusionen erfordert viel Zeit und Arbeit. Die allermeisten Trader schaffen das jedoch nicht auf einem geradlinigen Weg, sondern sammeln die notwendigen Erfahrungen auf vielerlei Umwegen. Das kostet viele davon auch jede Menge Geld, häufig so viel, dass sie ihr Ziel deswegen aufgeben.

Insbesondere diese teuren Umwege wollen wir Ihnen mit den Möglichkeiten, die wir Ihnen in diesem Buch aufzeigen, ersparen. Was wir Ihnen aber nicht ersparen können, sind die Mühen und Anstrengungen, die selbst der geradlinigste Weg in den Trader-Olymp für Sie bereithält.

Und ehrlich gesagt, das wollen wir auch gar nicht. Trading ist ein Wettkampf, vielleicht der intensivste und ursprünglichste, den unsere heutige Welt noch zu bieten hat. Und jeder echte Kämpfer – im Sport wie anderswo – weiß, dass er langfristig nur erfolgreich sein kann, wenn er seine Siege aus eigener Kraft erringt. Denn nur dann erwächst ihm dieses Urvertrauen in die eigene Stärke und die Motivation, auch die nächste Stufe der Meisterschaft in Angriff zu nehmen.

Deshalb ist dieses Buch kein »leichtes« Buch, sondern fordert Sie schon beim Lesen. Betrachten Sie es also als echtes Arbeitsbuch, das Ihnen auch in Ihrer täglichen Arbeit – dem Day-Trading – immer wieder Hilfestellungen und Anregungen geben kann. Nehmen Sie es ruhig häufiger mal zur Hand und vergleichen Sie Ihre persönlichen Erfahrungen mit unseren Methoden. Sie werden feststellen, dass Sie dadurch ständig neue Denkanstöße und Inspiration erhalten können.

Wir haben dieses Buch in zwei große, sehr unterschiedliche Teile untergliedert. Im ersten Teil wird es um die mentale Seite Ihres Tradings gehen, um Ihre Position als Trader im Wechselspiel mit der Börse als Ganzem und darum, wie Sie am besten Zugang zu diesem Kräftefeld erlangen, das so völlig anders ist als unsere gewohnten Umgebungen.

Im zweiten Teil erlernen Sie die Target-Trend-Methode, eine völlig neue Interpretation altbekannter Charttechniken. Die Target-Trend-Methode ist die praktische Umsetzung der massenpsychologischen Erkenntnisse, die Sie sich im ersten Teil aneignen werden. Sie wurde ursprünglich zur Unterstützung der mentalen Prozesse beim Day-Trading entwickelt. Da sie aber auch auf übergeordneten Zeitebenen wie Tages- oder Wochencharts anwendbar ist, kann sie auch bei längerfristigen Analysen eine enorme Verbesserung Ihrer Treffergenauigkeit bewirken.

Also: Was immer Sie an der Börse erreichen wollen, hier finden Sie wesentliche Schlüsselelemente dazu. Wir wünschen Ihnen bei der Arbeit mit diesem Buch viele neue, anregende Erkenntnisse und nicht zuletzt viel Spaß bei der Umsetzung dieses neu erworbenen Wissens an den Börsen dieser Welt sowie viel Erfolg und persönliches Wohlergehen!

Jochen Steffens und Torsten Ewert
September 2009

ERSTER TEIL:
EINE NEUE SICHT
AUF DIE BÖRSE

Prolog

Traden ist eine »Kunst«, und wie jede andere Kunstfertigkeit hat auch Traden mit unnachgiebiger Leidenschaft und vollkommener Hingabe zu tun. Leider bleiben selbst dem Kunstschaffenden nicht das Üben und der tägliche Umgang mit dem Medium der Kunst erspart. Auch wenn viele Menschen annehmen, die Kunst eines Malers sei seinem Genius und damit seiner Begabung entsprungen, so sind das Genie und die Begabung doch nur der geringere Teil seines Könnens. Der überwiegende Teil besteht aus Übung, Leidenschaft und eben Hingabe.

Traden als Kunstform

Vielleicht haben Sie sich schon einmal gefragt, warum die vielen Börsen-Bücher, die Sie bisher gelesen haben, Ihnen noch nicht den Durchbruch verschafft haben. Warum es in diesen Büchern immer so einfach aussieht, an den Börsen Geld zu verdienen, und warum Sie offenbar der einzige Trottel sind, der genau das nicht schafft (keine Sorge, Sie sind nicht der Einzige und auch kein Trottel). Das hat einen ebenso einfachen wie logischen Grund: Die meisten Autoren vermitteln Ihnen die Technik, nicht aber die Leidenschaft. Sie vermitteln Ihnen, wie Sie den Pinsel halten müssen oder wie ein Chart zu interpretieren ist, aber sie sagen Ihnen nicht, wie Sie damit zu einem Trader werden. Kurz: Keins der üblichen Börsenbücher vermittelt Ihnen die hohe Kunst des Tradens.

Diese Bücher können Ihnen vielleicht erklären, dass diese oder jene Fundamentaldaten eines Unternehmens viel über dessen (mögliche) Zukunft verraten. Sie können Ihnen zeigen, welche Chartformationen sich in der Vergangenheit häufig in diese oder jene Richtung entwickelt haben – mehr jedoch nicht. Auf die Malerei übertragen, teilen sie Ihnen demnach mit, welche Farben es gibt, wie man sie zusammenmischt, welche Formen welche Gefühle beim Betrachter auslösen können, aber sie zeigen Ihnen nicht das Ganze. Sie erfahren nicht, wie alles miteinander zusammenhängt, und damit verstehen

Sie nicht, wie ein Gesamtbild entsteht, eine perfekte Komposition, eben ein Meisterwerk.

Leidenschaft und Hingabe

Wenn Sie also Maler werden wollen, können Sie sich auch Bücher kaufen, die Ihnen mehr oder weniger gut die Technik beibringen. Doch es gäbe dann immer noch etwas, dass Sie lernen müssten, etwas, das aus Ihnen einen dieser großen Künstler macht. Und genauso wie in der Malerei gibt es einen Weg, den alle gehen müssen. Wenn Sie das Glück haben und jemanden finden, der Ihnen diesen Weg zeigt, werden Sie Ihr Ziel wesentlich schneller erreichen. Sie müssen nicht jeden Schritt selbst machen, jeden Fehler selbst begehen. Das wäre sehr zeitaufwendig und auf die Börse bezogen auch sehr teuer. Und trotzdem, selbst mit einer solchen Unterstützung: Ohne Leidenschaft und Hingabe, ohne beständige Übung und sehr viel Mühe werden Sie niemals die hohe Kunst des Tradens erlernen.

Und so basiert die erste Entscheidung, die Sie jetzt treffen müssen, auf den Fragen: Sind Sie bereit, einen großen Teil Ihres Lebens dem Trading, der Beschäftigung mit den Börsen zu widmen? Haben Sie das Durchhaltevermögen und die Disziplin, tagaus, tagein immer wieder zu lernen, sich immer wieder neu zu erfinden?

Oder geht es Ihnen vielleicht nur darum, auf eine einfache und bequeme Art schnell reich zu werden? In diesem Fall empfehle ich Ihnen: Spielen Sie Lotto! Die Chancen, dort zu einem Millionär zu werden, dürften größer sein, das Risiko, völlig zu verarmen, jedoch deutlich geringer! Wenn Sie schnell reich werden wollen, lassen Sie die Börse sein, sie wird Sie lediglich schnell arm machen!

Vergessen Sie alles, was Sie bisher übers Traden gehört haben

Wenn Sie die Malerei bei einem Meister erlernen, wird er Ihnen sagen: Vergiss alles, was Du über Farben und Formen denkst. Male nicht das, was Du siehst, sondern male das, was da ist. Er würde Ihnen die Augen öffnen, und Sie müssten erkennen, dass die Wirklichkeit ganz anders aussieht, als Sie sie bisher gesehen haben, als Ihr Gehirn es Ihnen bisher vorgegaukelt hat.

Bei der Malerei ist das hinreichend bekannt. Doch genau das Gleiche gilt für das Traden.

Wenn Sie wirklich Trader werden wollen, vergessen Sie zunächst alles, was Sie jemals über Börsen, Systeme, über das Traden, über Erfolg gehört haben. Es ist das Hintergrundrauschen, durch das Sie hindurchsehen müssen, damit ein klares Bild entsteht.

Erliegen Sie nicht der Illusion, dass Börsenerfolg allein durch Wissen bedingt ist. Es ist nicht nur unmöglich, Ihnen alle relevanten Zusammenhänge zu vermitteln, welche die Börsen bewegen, sondern es ist auch völlig unsinnig! Sie können alle Börsenbücher dieser Welt lesen, es wird Sie nicht zu einem besseren Trader machen. Denn es fehlen Ihnen die notwendige Erfahrung, das andere Verständnis von Börse, die Gabe oder besser die Fähigkeit, auf das Wesentliche zu schauen.

Erst wenn Sie das Dahinter erkannt haben, ist es auch wieder sinnvoll, immer und immer wieder Bücher zu studieren und anhand Ihres neuen Verständnisses das dort Geschriebene zu analysieren und gegebenenfalls in Ihr ganz persönliches Tradingkonzept zu integrieren.

Der Anfang vom Ende der Illusionen

Um einen realistischen Blick auf die Börsen zu erhalten, müssen Sie leider erst eine Unmenge von Illusionen beseitigen. Illusionen über die Börse, die sich hartnäckig in den Köpfen vieler Trader halten. In einem nächsten Schritt müssen Sie etwas über Ihre eigene Wahrnehmung von Börse, Ihre Überzeugungen und die Ursachen und Auswirkungen Ihres Handelns erfahren. Erst dann kann Ihnen vielleicht ein fast realistischer Blick gelingen, der notwendig ist, damit Sie als Trader langfristig überleben.

Ein anderes Bild

Um Ihnen ein anderes, meines Erachtens, realistischeres Bild von Börse zu verschaffen, ist der erste Teil dieses Buches in drei aufeinander aufbauende Schritte aufgeteilt.

1. Schritt: Die Voraussetzungen
   Es geht erst einmal darum, ob Sie geeignet sind, Trader zu werden. Und wie man als Trader das Überleben an den Börsen auf vergleichsweise einfache Art und Weise sichert.

2. Schritt: Die andere Sichtweise
   In diesem Schritt werden einige Illusionen enttarnt, die sich hartnäckig an den Börsen halten. Anschließend wird ein anderes Bild von Börse entworfen. Die Börse als eine Art Wesen, das man intuitiv erfahren kann. Mit Hilfe von einigen Beispielen wird belegt, wie sehr Ihre Persönlichkeit und Ihre Gedanken Ihren Tradingerfolg beeinflussen bis verhindern können.

3. Schritt: Intuition – eine neue Art zu traden
   Hier werden mögliche Lösungen angegeben, die letzten Endes dazu führen, eine vollkommen neue Art des Tradens zu erzielen: intuitives Traden.

Doch intuitives Traden kann nur funktionieren, wenn die Intuition über Parameter verfügt, die sie bewerten kann. Der zweite Teil des Buchs handelt genau davon: Die Target-Trend-Methode ist eine charttechnische Methode, die eben diese Form des intuitiven Tradens maßgeblich unterstützt, da sie im Prinzip die Börse und die Charts auf eine Weise strukturieren kann, die der Intuition zu begreifen hilft, was geschieht.

Erster Schritt: Die Voraussetzungen

Ihre Traderpersönlichkeit: Jäger oder Farmer?

Menschen, die anfangen, sich mit Börse zu beschäftigen, kümmern sich gewöhnlich erst einmal um die besten Tipps, Chartformationen, fundamentalen Kennzahlen, Techniken großer Trader, diverse Anlagestrategien und um vieles mehr. Das ist alles durchaus sinnvoll.

Doch am Anfang sollte zunächst eine andere Frage stehen: Wer bin ich und welche Disziplin, welche Strategien und Vorgehensweisen sind für meine Person, für meinen Charakter geeignet? Das ist eine der wichtigsten und entscheidendsten Fragen schlechthin.

Wenn Sie 1,45 m groß sind und Hochspringer werden wollen, haben Sie einfach ein Problem. Es gibt Menschen, die sind bessere Ausdauersportler, andere sind bessere Kraftsportler. Beim Sport leuchtet es sofort ein, dass bestimmte persönliche Voraussetzungen besser für manche Sportarten geeignet sind als andere.

Auch an der Börse gibt es verschiedene Disziplinen, die jeweils bestimmte Fertigkeiten erfordern und somit für manche Menschen besser oder schlechter geeignet sind:

In der altbekannten Börsenliteratur wird hier unter anderem zwischen Lang-, Mittel- und Kurzfristanleger unterschieden. Dazu lesen Sie solche bedeutungsschwangeren Sätze wie: »Sie müssen einfach herausfinden, welcher Zeitrahmen zu Ihnen passt!« Klasse!

Zum »WIE« wird meistens ein nerviges, zeitraubendes und insbesondere teures Prozedere vorgeschlagen:

»Testen Sie es aus«, heißt es da.

Bei den meisten Anlegern führt diese »Technik« jedoch leider zu einem kleinen, nicht ganz unbedeutenden Problem: Häufig ist, bevor diese Testphase abgeschlossen wurde, schlichtweg kein Geld mehr da.

Ich will Ihnen hier aus diesem Grund eine einfache und praktikable Unterscheidung nahebringen, die Ihnen eine bessere Einordnung und Ausnutzung Ihrer Fähigkeiten für den Umgang mit den Börsen ermöglicht. Sie ist ganz nebenbei auch geeignet, Ihnen eine wesentlich klarere Perspektive auf die verschiedenen Marktteilnehmer und ihre diversen Vorlieben und Vorteile zu verschaffen. Darüber hinaus können Sie mit dieser Unterscheidung einige Börsenphasen besser verstehen, obwohl ich Letzteres hier nur anreißen kann.

Unsere Gesellschaft besteht aus zwei großen Gruppen: Jägern und Farmern

Sie können in unserer Gesellschaft natürlich viele verschiedene Bevölkerungsschichten, Menschengruppen und soziale Strömungen unterscheiden. In jeder finden Sie alle möglichen Charaktere und Typen. Es gab und gibt eine Reihe von Modellen, die das komplexe Beziehungsgeflecht zu beschreiben versuchen. Solche Modelle vereinfachen bewusst die Realität, um einen leichteren Zugang zu komplexen Strukturen zu ermöglichen.

Auch Trading ist eine komplizierte Angelegenheit. Besonders das kurzfristige Traden erfordert spezielle, sehr ursprüngliche Fähigkeiten und Eigenschaften. Deshalb wollen wir uns mit einer recht einfachen Metapher, die ursprünglich in einem ganz anderen gesellschaftlichen Kontext benutzt wurde, einen ganz neuen Zugang zur Börse und zum eigenen Tradingverhalten erschließen.

Unterschiedliche Herausforderungen des Lebens erforderten unterschiedliche Fertigkeiten

Aus der Entwicklungsgeschichte des Menschen kennen wir zwei große Gruppen: Jäger und Farmer (entlehnt unter anderem aus: »Eine andere Art die Welt zu sehen« von Thom Hartmann). Zunächst waren die Menschen in kleineren Familienverbänden Jäger und Sammler, bis später Ackerbau und Viehzucht immer größere und komplexere gesellschaftliche Strukturen ermöglichten.

Interessant ist, dass gleichzeitig auch eine elementare Veränderung im Menschen selbst stattgefunden haben muss. Ein Jäger braucht ganz andere Veranlagungen, Fähigkeiten und Fertigkeiten als ein Farmer. Aber obwohl nunmehr viele Tausend Jahre landwirtschaftlicher Kultur die Menschheit prägten, sind die Jägereigenschaften in uns allen noch vorhanden.

Je nach Charakter werden bei den einen die Farmereigenschaften dominieren und bei den anderen die Jägereigenschaften. Ihre Aufgabe auf den nächsten Seiten wird es sein, herauszufinden, zu welcher Gruppe Sie am ehesten gehören. Gelingt Ihnen das, werden Sie in einem zweiten Schritt auf einfache Art und Weise bestimmen können, welcher Anlagezeitrahmen für Sie geeignet ist. Somit ersparen Sie sich das kostenintensive »Ausprobieren«.

Vielleicht werden Sie sogar allein mithilfe dieser Herangehensweise verstehen, warum bei Ihnen unter Umständen bisher so viel an der Börse falsch gelaufen ist.

Zwei Qualitäten und deren höchst unterschiedliche Fertigkeiten

Ich werde nun einmal die typischsten Eigenschaften von Jägern und Farmern auflisten, um ein Einordnung zu erleichtern. Dabei stelle ich bewusst die »Extreme« dar, um den für die Börsen entscheidenden Unterschied herauszuarbeiten. Die meisten von Ihnen werden wahrscheinlich von beiden Seiten etwas in sich wiederfinden. Es geht in diesen Fällen darum, welche Seite überwiegt.

Der Jäger

Um als Jäger in einer Savanne oder einem Urwald erfolgreich zu sein, muss man über eine schnelle, intuitive Auffassungsgabe und über schnelle Reflexe verfügen. Meistens sind diese Voraussetzungen mit einer hohen Intelligenz und einer starken Intuition verknüpft. Jäger sind meistens eher nervöse Menschen, immer getrieben, immer auf der Suche. Selbst wenn sie hin und wieder auch gern äußerlich ruhig erscheinen, brodelt in ihnen doch ständig ein Vulkan. Sie sind sozusagen ständig auf dem Sprung zum Angriff.

Jäger suchen stets neue Herausforderungen, an denen sie sich messen können. Aber sie sind auch sehr kreativ darin, neue Ideen, Projekte, Systeme zu entwickeln. Sie müssen sich auf die eine oder andere Art immer wieder neu erfinden. Im Extremfall sind zu viele Gedanken da, die derart unkoordiniert sind, dass sie kaum zu vernünftigen, produktiven Ergebnissen führen.

Menschen, bei denen die Jägereigenschaften dominieren, sind eher Einzelgänger. Zwar leben viele in Familienstrukturen, da sie sich den gesellschaftlichen Erwartungen beugen, doch kommt es hier immer wieder zu Ausbrüchen. Das hängt unter anderem auch damit zusammen, dass sie oft von einer zermürbenden inneren Unzufriedenheit belastet sind. Träume von einem anderen Leben, anderen Ländern etc. sind ihre ständigen Begleiter.

Ein Jäger fühlt sich in unserer hauptsächlich von Farmern geprägten Gesellschaft (dazu später mehr) selten wohl, hat häufig das innere Gefühl, alles sei irgendwie falsch, er passe irgendwie in diese strengen Regeln und Hierarchien nicht hinein. Um dem aus Jägersicht beständigen Druck zu entfliehen, neigen sie dazu, in soziale Schwierigkeiten zu geraten: Suchtverhalten (z.B. Spiel-, Alkohol-, Drogen und Börsensucht), wechselnde Beziehungen, wechselnde Jobs etc. Das liegt auch unter anderem daran, dass Jäger sich sehr schwertun, in zeitlich organisierten Abläufen zu arbeiten. Stundenpläne, feste Arbeitszeiten, vorbestimmte Zeitabläufe sind für Jäger kaum zu bewältigen und stressen sie ungemein. So wird auch der Außenwelt diese immerwährende innere Rast- und Ruhelosigkeit deutlich.

Sobald ein Jäger Kontakt mit der Börse bekommt, begreift er intuitiv, dass er auf etwas **Großes** gestoßen ist, etwas, das »genau das Richtige« für ihn ist. Doch es werden Probleme über Probleme folgen. Schließlich ist die Börsenliteratur voll von nützlichen Tipps für »Farmer«. Viele dieser Tipps haben etwas mit zeitlicher Disziplin und Organisation zu tun. Zwar versteht ein Jäger diese Tipps und hält sie auch für logisch, er kann sie allerdings, wenn überhaupt, nur kurzzeitig umsetzen. Sie entsprechen eigentlich nicht seiner Persönlichkeit. Da er jedoch nur selten weiß, dass er gar keine Chance hat, diese Tipps sinnvoll umzusetzen, wird es sich mental bald wieder im »Minusbereich« befinden. Leider gibt es in der Literatur kaum Tipps für Jäger. Und so ist er gezwungen, alle Erfahrungen selbst zu machen, was natürlich dazu führt, dass er sehr schnell sehr viel Geld verliert. Oft sind Jäger schon pleite, bevor sie überhaupt ihre Fähigkeiten gewinnbringend einsetzen konnten.

Doch obwohl er dieses Geld verliert, wird ihn die Börse nicht loslassen! Denn sie hat alles, wonach ein Jäger sich sehnt. Börse ist die modernste und vielleicht auch die edelste Form der Jagd in unserer Gesellschaft. Bevor wir aber dazu kommen, wie ein Jäger erfolgreich werden kann, zunächst zu den Farmern, um den Unterschied deutlicher zu machen:

Der Farmer

Farmer sind die »Bewahrer« unserer Gesellschaft, sie sind weniger impulsiv als Jäger. Sie verfügen über ein hohes Organisationstalent, können langfristig planen, haben ein genaues Zeitgefühl. Schließlich müssen sie wissen, was es bedeutet, dass in sechs Monaten die Ernte reif ist. Sie haben tatsächlich ein ganz anderes Zeitempfinden als ein Jäger, es ist kontinuierlicher (dazu gleich noch mehr). Farmer genießen es, Dinge wachsen und gedeihen zu sehen, Prozesse zu begleiten, die einen kontinuierlichen Erfolg erzielen. Im Gegensatz zu Jägern haben sie herausragende Fähigkeiten, ein Unternehmen auf lange Sicht zu führen (nicht aufzubauen, dazu sind Jäger besser geeignet), vorhandene Strukturen zu erweitern und zu optimieren. Sie verfügen zumeist über ein ausgezeichnetes Verständnis von sozialen Geflechten (Familien, Vereine, Politik).

Farmer sind Menschen, die Sparbücher besitzen und Bausparverträge. Sie planen weit in die Zukunft. Sie sind oft ausgezeichnete Familienmenschen, die sehr gut abgesichert sind. Farmer lieben die Welt, wenn sie so funktioniert, wie sie schon immer funktioniert hat. Sie scheuen Veränderungen, mögen keine Hektik, hassen Chaos.

Viele Beamte, aber auch Lehrer, sind Farmer. Da diese Farmer-Fertigkeiten unabdingbar für die Führung einer großen, komplexen Gesellschaftsform wie ein Staat sind, verwundert es nicht, dass die Politik von Farmern, also auch besonders von Beamten und Lehrern geprägt ist.

Der Unterschied

Der entscheidende Unterschied auf gesellschaftlicher Ebene ist demnach, dass Farmer sich um das Gemeinwohl kümmern, während Jäger eher Einzelgänger sind beziehungsweise lose Gruppen ohne tiefe soziale Bindung bevorzugen. So kam es, dass fast immer nur Farmer an dem Prozess einer Gesellschaftsbildung beteiligt waren und sind. Die Eigenschaften der Farmer passen perfekt zu den Notwendigkeiten eines stabilen und komplexen Sozialgefüges. Jäger könnten eine derart komplexe Gesellschaft, wie die heutige es ist, nicht aufrechterhalten. Jägermentalitäten als Staatsoberhäupter sind tendenziell sogar eher gefährlich, da ein Jäger immer bereit ist, die eigene Existenz (bzw. die Existenz des Staates) anderen Zielen zu opfern. Farmer dagegen werden tendenziell immer eher aus Sicht des Gemeinwohls agieren.

Dieser Unterschied hat dazu geführt, dass unsere ganze Gesellschaft auf Farmerstrukturen aufgebaut ist, die es einem Jäger erheblich erschweren, in ihr zurechtzukommen. Die Jäger gerieten somit ins Hintertreffen und versuchen seitdem, sich mehr oder weniger gut mit dem für sie nicht optimalen Umfeld einer komplexen Gesellschaftsform mit all ihren notwendigen Regeln und Beschränkungen zu arrangieren.

Und obwohl wir in Europa schon sehr lange in einer Farmergesellschaft leben, gibt es auch hier immer noch zahlreiche ausgeprägte Jäger-Typen. Jäger, die sich oft erstaunlich gut in einer für sie passenden Nische angepasst haben. Es verwundert nicht, dass eine dieser Nischen die Börsen ist. Außerhalb ihrer Nische wirken diese Jäger häufig ein wenig deplatziert, zuweilen unsozial oder sogar ein bisschen verrückt. Zumindest hat die Gesellschaft oft Schwierigkeiten, mit ihrer unverbindlichen Art zu leben und zu denken.

Der Unterschied im Börsenverhalten von Jägern und Farmern

Wahrscheinlich können Sie es sich schon denken: Jäger neigen eher zum kurzfristigen Traden, Farmer eher zum langfristigen Investieren. Natürlich liegt die Frage auf der Hand, warum das eigentlich so ist. Am deutlichsten wird es, wenn man das unterschiedliche Zeitempfinden charakterisiert:

Die linear fließende, gleichförmige Zeit der Farmer

Der Farmer hat, wie bereits gesagt, ein vergleichsweise kontinuierliches Zeitempfinden. Ihm ist ein genaues Verständnis der Struktur der Zeit eigen. Minuten, Stunden, Wochen, Jahre – mit diesen Zeiträumen kann er sehr gut umgehen und planen. Dieses kontinuierliche Zeitempfinden resultiert aus der Notwendigkeit, sich beim Ackerbau an den Tages- wie Jahreszeiten und dem Wachstum der Feldfrüchte zu orientieren. Alles läuft in einem gleichmäßigen, stetigen Rhythmus ab. Die Dinge im Leben eines Farmers bewegen und entwickeln sich fast ausschließlich linear, ohne sprunghafte Änderungen. So weiß der Farmer genau, was es bedeutet, dass in sechs Monaten die Ernte reif ist. Er kann bis dahin genau einteilen, was wann zu tun ist. Aber er muss auch den einfachen Tagesablauf genau strukturieren können, um mit seinen Arbeiten jeden Abend fertig zu werden.

All das führte zu diesem im Vergleich zum Jäger linearen, kontinuierlichen Zeitempfinden des Farmers. Das qualifiziert ihn zu einem ausgezeichneten »Planer«, einem Strategen der Zeit, einem großen Organisator, der größere Projekte »beherrschen« kann.

Die relative und sprunghafte, chaotische Zeit des Jägers

Der Jäger besitzt kein kontinuierliches Zeitempfinden. Auf der Jagd hat er zum Beispiel eine Unmenge Zeit, die mit Warten verbracht werden muss. Stellen Sie sich dazu eine Katze vor, die scheinbar gelangweilt auf der Lauer liegt, bewegungslos, fast schlafend. Das kann Stunden dauern, doch sobald eine Beute auftaucht, explodiert dieses scheinbar regungslose Etwas in einem Feuerwerk blitzschneller und zielgenauer Bewegungen. Aus diesem so friedlich wirkenden Kuscheltier wird von einer Sekunde zur anderen eine gefährliche Raubkatze.

Wenn Sie sich diese beiden Prozesse anschauen, ist einfach naheliegend, dass ein Jäger über zwei höchst verschiedene Zeitwahrnehmungen verfügen muss: Beim Warten muss die Zeit verfliegen, sonst würde er sich zu Tode langweilen. Sobald er in den Angriffsmodus umschaltet, muss seine Zeitwahrnehmung sich extrem ausdehnen, damit er viele Dinge in kürzester Zeit erfassen und entsprechend reagieren kann.

Hätte der Jäger ein kontinuierliches Zeitempfinden wie ein Farmer, würde er sich in den Zeiten des Wartens langweilen, und während der Jagd wäre er zu langsam.

Diese sehr unterschiedlichen Zeitwahrnehmungen machen es einem Jäger nahezu unmöglich, größere »Zeiträume« zu erfassen. Er kann Zeit nicht organisieren, da sie für ihn derart relativ ist, dass er sie nicht in kleinere Einheiten gleicher Größe aufteilen kann. Das wäre aber notwendig, um sie zu organisieren. Aus diesem Grund haben Jäger große Schwierigkeiten mit Terminen, die sie gern einfach vergessen, tatsächlich ausblenden. Sie haben Schwierigkeiten, ihre Arbeit in kleinere Strukturen aufzuteilen, um sie über den Tag zu verteilen. Sie arbeiten impulsiv, unstrukturiert, ungleichmäßig. So sehr diese Eigenschaften in den meisten Jobs stören, so perfekt passen sie zu der Börse, zum kurzfristigen Traden.

Die Börse funktioniert nämlich sehr ähnlich, es gibt im Intraday-Verlauf lange Phasen, in denen nichts geschieht. Dann wieder explodieren plötzlich die Kurse, und der Trader muss in Sekundenbruchteilen viele Entscheidungen auf einmal treffen. Die Börse ist nur wenigen zeitlichen Strukturen unterworfen (Börsenöffnungszeiten und Konjunkturdaten), die ein Jäger gut überblicken kann.

Da es im Intraday-Handel unmöglich ist, Einstiegsignale zeitlich zu »organisieren«, fällt es Farmern hingegen schwer, sich damit zu arrangieren. Zumal Farmer kontinuierlicher arbeiten und sich so teilweise sehr langweilen und einfach abschalten. Da sie dann allerdings deutlich länger brauchen, um wieder voll da zu sein, verpassen sie dadurch oft die entscheidenden Signale.

Energiehaushalt beim Jäger und Farmer

Ähnlich wie mit der Zeit geht ein Jäger mit seinen Kräften um. Da er im Moment des Angriffs, der eigentlichen Jagd, einen unglaublichen Energieschub freisetzen muss, neigt ein Jäger dazu, die Zeit der Nichtjagd eher träge zu erleben. Auch darin unterscheidet er sich ganz erheblich vom Farmer, der gern »die ganze Zeit über« beschäftigt ist und aus diesem Grund mit seinen Kräften haushalten muss. Der Jäger kann zwar in kurzer Zeit viel mehr Aufgaben erledigen, braucht anschließend aber auch wesentlich länger, um sich zu erholen. Dazu ein kleines, überspitztes Beispiel:

Ein Jäger arbeitet 15 Minuten sehr intensiv und konzentriert und erledigt in dieser Zeit eine Aufgabe. Anschließend braucht er aber 45 Minuten Zeit, um sich zu regenerieren.

Ein Farmer braucht für die gleiche Aufgabe dagegen 45 Minuten. Anschließend genügen ihm allerdings nur 15 Minuten Zeit für die Regenerationsphase, da er wesentlich sparsamer mit seinen Energien umgegangen ist.

Beide brauchen für die gleiche Aufgabe inklusive Erholungsphase unter dem Strich: eine Stunde.

Dieses Beispiel verdeutlicht, warum für das Day-Trading die Mentalität der Jäger besser geeignet ist. Sie können mehr Energie, Aufmerksamkeit und Intelligenz in kurzer Zeit zur Verfügung stellen. Den Rest der Zeit verbringen sie stundenlang eher träge vor den Monitoren sitzend. Dabei werden sie ein starkes Gefühl der Zeitverkürzung erleben. Die Stunden oder sogar Tage fließen vorbei, als gäbe es sie nicht.

Ähnlich wie die Katze kann der Jäger jedoch – sobald er ein vermeintliches Einstiegssignal entdeckt – von einer Sekunde zur anderen unglaubliche Kapazitäten zur Verfügung stellen. Der plötzlich erwachte Jagdinstinkt macht aus ihm ein hochintelligentes, intuitives Raubtier mit fast übersinnlichen Fähigkeiten und unglaublichen Reflexen, zumindest wenn diese entsprechend geschult sind.

Aus dieser bewusst ausführlich beschriebenen Differenzierung zwischen Jäger und Farmer entstehen wichtige Verhaltensansätze:

Lernen Sie, mit Ihrer Art des Energieverbrauchs umzugehen

Wenn in Ihnen die Jägereigenschaften dominieren, sollten Sie auf Ihren Energiehaushalt achten. Es hilft zu begreifen, dass man zwar in kurzer Zeit viel schaffen kann, dann aber auch längere (!) Phasen der Ruhe braucht. Oft tun Jäger jedoch alles, um diese Ruhephasen zu vermeiden, sie laufen dabei aber Gefahr, auszubrennen. Das ist gerade in der Finanzbranche ein bekanntes Phänomen, das oft mit den oben beschriebenen Eigenschaften zu tun hat.

Beim Day-Traden sollten Sie sich also viele Phasen der Ruhe gönnen. Es ist keine Faulheit, sondern eine notwendige Erholung, die Ihnen erst wieder die nötigen verbrauchten Energien erneuert, bei dem nächsten Signal wieder über all Ihre Dynamik verfügen zu können.

Das ist jedoch nur die eine Seite der Medaille. Oft stellen gerade Jäger auch zu viel Energie in dieser Angriffsphase zur Verfügung. Diese Überreaktion lähmt letztlich und schadet mehr, als dass sie hilft.

In einem weiteren Schritt in Ihrer Traderkarriere werden Sie diese Angriffsenergie kaum noch benötigen. Mit der Zeit wird Ihnen Ihre Intuition ermöglichen, mit geringstem Aufwand größten Erfolg zu erzielen. Dazu aber später mehr.

Farmer und Börse

Wer eine Farmermentalität hat, wird sich lange überlegen, viel Geld an den Börsen zu investieren. Meistens wagen Farmer es erst in der Nähe von großen Hochpunkten einzusteigen, nachdem die Börsenkurse über Jahre nach oben strebten. Erst dann ist auch ein Farmer endlich davon überzeugt, dass Börse etwas ganz Sicheres ist.

Mit hoher Disziplin wird alles gelesen und analysiert – die Geschäftsberichte werden studiert, gesammelt, abgeheftet, indiziert. Und erst anschließend wird investiert und gewartet, dass die Saat aufgeht – mitunter Jahre! Ein Farmer kann sich von einer Position eher schlecht trennen, neigt dazu, eine intensive Beziehung zu dem Unternehmen aufzubauen. Ein Farmer wird somit irgendwann alles über das Unternehmen wissen, in das er investiert ist. Er nimmt das Unternehmen sozusagen in seine Familie auf.

Wenn zu viele Farmer an die Börsen kommen, ist dies ein sicheres Zeichen dafür, dass die Börsen kurz vor einem großen Crash stehen. Wenn aber nur noch Jäger und Zocker im Markt sind, ist das ein Zeichen dafür, dass die Börsen vor einer großen Hausse stehen.

Farmer erleiden oft schnell große Verluste, wenn sie erst ganz zum Schluss einer Hausse an die Börsen kommen und lieber halten als verkaufen. Wenn sie große Verluste gemacht haben, kommen sie zu der verständlichen und logischen Einsicht, dass Börse nichts für sie ist.

Das ist jedoch eigentlich sehr bedauerlich. Wenn diese Farmer nämlich dabeibleiben, weil sie entweder diese Verluststrecke durchhalten oder sie aber das Glück hatten, zum richtigen Zeitpunkt zur Börse zu gekommen zu sein, können sie es aufgrund ihrer Disziplin und Beharrlichkeit zu beachtlichem Wohlstand bringen. Beispiele gibt es genug: Warren Buffett ist wohl der bekannteste Vertreter der Farmerriege. So gesehen haben Sie es als Farmer viel leichter als ein Jäger, mit den Börsen reich zu werden. Dazu müssen Sie lediglich lernen, mit Ihren Fertigkeiten umzugehen. Sehr wichtig ist, dass Sie auch mal eine Aktie verkaufen, also diese wie ein erwachsen gewordenes Kind aus der Familie entlassen. Ein weiterer Vorteil ist, dass in der Börsenliteratur unzählige Tipps, Systeme und Hinweise für Farmer zu finden sind.

Jäger und die Börse

Kurzfristige Trader sind oft Jäger, keine Farmer. Sie suchen eine Chance, sie wittern sie, sie fühlen sie. Aber Jäger hassen es, lange investiert zu sein. Sie verlieren nämlich viel zu schnell das Interesse an ihren Investitionen. Jäger neigen dazu, Positionen, die sie zu lange halten, aus den Augen zu verlieren, schlichtweg zu vergessen. Wie einer Katze, die mit der Maus spielt, bevor sie sie frisst, geht es auch dem Jäger im Prinzip mehr um die Jagd als um die Beute. Positionen, die zu lange gehalten werden, landen schlimmstenfalls im »Langfrist-Depot«, das man bei einem Jäger eher als Müllhalde bezeichnen kann.

Jäger beschäftigen sich ungern mit Unternehmenskennzahlen, ihre Konzentrationsfähigkeit reicht nicht aus, einen Geschäftsbericht an einem Stück zu lesen und zu analysieren. Aus ähnlichen Gründen neigen sie dazu, sich nicht mit komplexen wirtschaftlichen Zusammenhängen zu beschäftigen. Insgesamt werden fundamentale Gegebenheiten gern vernachlässigt – das ist für sie alles zu kompliziert und aufwendig. Auch aus diesem Grund ist Day-Traden für sie die bessere Wahl, da es hier mehr auf Charttechnik ankommt (über den Einfluss diverser Konjunkturdaten auf den Intraday-Handel sollte man allerdings Bescheid wissen).

Jäger lieben es, einzusteigen und schnell wieder auszusteigen, am besten mit einem Gewinn. Sie wollen keine Aktien heiraten oder diese in ihre Familie integrieren. Die Aktie oder der Future-Kontrakt ist ihre Beute, etwas, mit dem man höchstens noch, wie die Katze, spielend seine Zeit vertreibt, wenn es gerade mal wieder zu langweilig geworden ist ...

Weitere typische Merkmale von Jägern/Tradern

Existenzielle Risikofreude

Jäger sind dabei immer bereit, alles über Bord zu schmeißen, was sie bis eben noch für bare Münze genommen haben, was ihnen eben noch wichtig war. Leider sind sie auch immer wieder bereit, alles zu riskieren – ihr ganzes Geld, ihren Beruf, ihre Familie – alles, nur um ihren Jagdtrieb auszuleben. Denn auch bei der Jagd haben sie immer schon ihr eigenes Leben aufs Spiel gesetzt, um die Gruppe zu ernähren. Das ist eine der gefährlichsten Seiten der Jäger. Eine Seite, die viele großartige Jägermentalitäten an den Börsen in den Ruin getrieben hat. Meistens dann, wenn es ohnehin schon schlecht läuft, riskieren Jäger einfach zu viel.

Jäger verabscheuen Regelmäßigkeiten, sie verabscheuen Disziplin, sie verabscheuen Bürokratie, sie hassen zeitlich bestimmte Tagesabläufe. Sie wollen einfach nur jagen! Und fürs Jagen sind sie auch wie geschaffen.

Natürlich leidet unter diesen Eigenarten auf der anderen Seite die Gründlichkeit. Es geht zunächst darum, schneller zu sein, nicht besser (!). Es geht darum zu jagen, nicht aufzubauen. Und so werden viele Verluste gemacht, weil der Jäger, wieder einmal vom Jagdtrieb übermannt, nicht sauber genug gearbeitet hat.

Unsoziale Wesen

Jäger leben, wenn kein Partner das Leben organisiert, in Wohnungen, in denen man das Gefühl hat: Hier kann man sich eigentlich nicht heimisch fühlen. Warum auch: Der Jäger ist immer bereit, weiterzuziehen, dem Objekt des Jagdtriebs hinterher. Er hat keine Bezugspunkte, kein eigentliches Zuhause, ihm sind schmückende und verschönernde Dinge meistens bis auf wenige Ausnahmen egal.

Da Jäger nicht wirklich gut mit Farmern auskommen, suchen sie sich auch andere Jäger als »lockere« Freunde und stehen, da sie die verpflichtenden Farmer-Ritualen des Alltags meiden, oft ein wenig abseits der Gesellschaft.

Exzessive Ausdauer, ruinöses Durchhaltevermögen und Sucht

Eine weitere Stärke der Jäger, die allerdings selten geschult ist: Sie können eine fast unmenschliche Ausdauer an den Tag legen, doch nur, wenn sie auf der Jagd sind. Ansonsten ist ihre Aufmerksamkeitsspanne, wie schon beschrieben, extrem kurz. Sie können sich selten einen Film bis zum Ende anschauen, langes Zuhören fällt ihnen schwer.

Vom Jagdtrieb erfasst, geben sie zudem nie auf. Selbst wenn sie auf dem Boden liegen, werden sie immer noch versuchen, Mittel und Wege zu finden, weiter zu jagen. So verwundert es nicht, dass alle großen kurzfristigen Trader zwischendurch auch einmal fast pleite waren. Jäger besitzen gar nicht erst die Disziplin, nach großen Verlusten aufzuhören oder überhaupt aufzuhören. Eben das macht sie so anfällig für Suchtverhalten. Und die Börse wird für Jäger zu einer Sucht.

Wenn ein Jäger die Börse entdeckt, ist es um ihn geschehen. Im schlimmsten Fall wird er auch noch seinen letzten Cent an die Börse bringen, nur um endlich Jagdglück zu haben. In diesem Moment ist er stilles und endgültiges Opfer seines Jagdtriebs geworden.

Solange der Jäger nicht weiß, dass er ein Jäger ist, wie er funktioniert, warum sein Leben bisher derart hart an der Gesellschaft vorbeigelaufen ist, wird er keine Chance haben, diesen Prozessen, diesem Teufelskreis zu entfliehen. Aber genau das ist notwendig, um aus einer Jägermentalität einen höchst erfolgreichen Trader zu machen.

Es wird sich vieles ändern

Sie werden jetzt sicherlich schon wissen, welchem Charakter Sie mehr entsprechen.

Und vielleicht verstehen einige unter Ihnen schon jetzt, was ich damit meinte, als ich schrieb: Dieses Kapitel allein schon kann Ihr Verhalten an den Börsen verändern. Denn die Erkenntnis, ob Sie ein »Jäger« oder »Farmer« sind, kann dazu beitragen, viele falsche und teure Wege gar nicht erst zu gehen. Vielleicht reicht allein das Wissen um diese Unterscheidung, um zu verstehen, warum so vieles in Ihrem Börsenleben bisher falsch gelaufen ist.

Mehr noch, dieser Vergleich kann Ihnen helfen, Ihre Fertigkeiten, Ihre Begabungen zu schulen – sowohl als Farmer als auch als Jäger.

Worte an die Farmer

Als Farmer können Sie sich mit Geldmanagement, mit langfristigen Strategien beschäftigen. Sie können ein Tagebuch schreiben, in dem alle Ihre

Investments aufgelistet sind, Pläne entwerfen. Sie werden mit diesen höchst vernünftigen Tipps langfristig Erfolg haben, wenn Sie in der Lage sind, kurzfristige Rückschläge auszusitzen. Suchen Sie sich eine oder mehrere Aktien, die gut aufgestellt sind, sammeln Sie alles, was Sie über diese Aktien finden können. Werden Sie ein Investor. Legen Sie Ordner an, heften Sie die Informationen ab und hegen und pflegen Sie diese Aktien. Trennen Sie sich erst von ihnen, wenn Sie die Ernte einfahren oder wenn die Ernte verdorben ist. Das aber muss ein Farmer lernen – sich von etwas zu trennen. Dann werden Sie ein ruhiges Leben haben, Sie werden Ihre Gewinne wachsen sehen, sofern Sie zufällig eine Börsenphase erwischen, die bullish ist, und das sind nun einmal die meisten. Doch das Wichtigste ist: Sie werden sich dabei gut fühlen.

Als Farmer sollten Sie kurzfristiges Traden als kleinen Nervenkitzel nebenbei betrachten, das Sie je nach Neigung mit 10 oder 20 % Ihres Vermögens betreiben. Doch den Großteil Ihres Vermögens sollten Sie in langfristige Anlagen investieren.

Worte an die Jäger

Als Jäger hingegen werden Sie nun wissen, warum Ihnen eben diese Strategien und Tipps, die in so vielen Büchern empfohlen werden, bisher nichts gebracht haben. Sie können sie nicht umsetzen, obwohl Sie deren Sinn durchaus verstanden haben. Sie sind aufgrund Ihrer Mentalität nicht in der Lage, ein ausgefeiltes Geldmanagement durchzuhalten oder in einem Tradingtagebuch feinsäuberlich festzuhalten, was Sie so den ganzen Tag wann zu welchen Kursen mit welchem Erfolg getan haben.

Nur wenn der Jäger seine Strategien an seinen Charakter anpasst, kann er seine Stärken in Erfolg umwandeln. Und nur wenn er das tut, hat er eine Chance, sogar eine sehr große, an den Börsen erfolgreich zu werden. Nur wenn endlich auch Börsenbücher für Jäger und nicht nur für Farmer geschrieben werden, kann sich eine neuartige Tradergemeinde entwickeln, die ihre scheinbaren gesellschaftlichen Schwächen in Stärken umwandelt.

Im Prinzip können Sie das Wort »Jäger« in den folgenden Kapiteln mit dem Wort »Trader« gleichsetzen.

Gefahren, die speziell aus den Charaktereigenschaften
des Jägers resultieren

Das folgende Kapitel ist in erster Linie für Menschen geschrieben, bei denen der Jägercharakter sehr dominant ausgeprägt ist. Aber natürlich werden sich auch alle anderen in mehr oder weniger abgeschwächter Form je nach der Stärke einzelner Jägereigenschaften wiedererkennen.

Für einen Jäger ist die Börse die Erfüllung seines immer schon gefühlten Verlangens nach der Jagd und damit Himmel, aber auch Hölle zugleich. Er neigt dazu, sehr euphorisch zu werden, wenn er gewinnt. Auf der anderen Seite reagiert er zutiefst deprimiert, wenn er verliert. Diese extremen Stimmungsschwankungen entstehen, da der Gewinn, sprich, die Beute zu erlegen, das eigentliche, erklärte Lebensziel ist. Auch wenn überall (auch später hier) zu lesen ist, dass Traden emotionslos erfolgen soll, so sind gerade diese emotionalen Schwankungen am Anfang wichtig, um den Trader überhaupt mit dem Virus »Börse« zu infizieren.

Börsenwahn und dessen Folgen

Vernachlässigung sozialer Kontakte

Viele Menschen, die mit dem kurzfristigen Traden anfangen, geraten so am Anfang in eine Art Börsenwahn. Börse wird zum zentralen Thema des Lebens. Das führt dazu, dass viele Trader alles in ihrem Umfeld vernachlässigen. Da besonders bei Jägern die meisten sozialen Kontakte ohnehin nicht besonders stabil sind, wird es ihnen leichtfallen, sich ganz und gar der Börse zu verschreiben. Dabei wird oft unterschätzt, wie wichtig soziale Kontakte für die psychische Stabilität sind. Und diese wiederum ist wichtig für den Tradingerfolg.

Gerade Menschen, die sich über die Beschäftigung mit der Börse immer mehr von der Umwelt abschotten, neigen dazu, sich in nicht immer förderlichen Gedankenwelten zu verlieren. Bekanntestes Beispiel sind natürlich die Verschwörungstheoretiker, die anfangen, die seltsamsten Modelle zu kreieren. Hier können soziale Bindungen helfen, den Kontakt zur Realität nicht allzu sehr zu verlieren.

Aber man muss nicht einmal derart ins Extrem gehen. Börse ist ein fast perfektes Medium, um paranoide Denkstrukturen aufzubauen. Immer wieder höre ich von Tradern, dass sie sich sicher sind, dass jemand (meistens der Emittent oder die Bank) gegen sie tradet. Oder es wird vermutet, dass andere Future-Trader nur darauf warten, dass man eine Position in den Markt legt, um ihnen diese abzuluchsen. Die simpelste Form ist: Jeder Stop wird von anderen »gezogen«. Das kann zwar bei großen Positionen eintreten, aber bei den Positionsgrößen, mit denen die meisten Trader handeln, ist es eher unwahrscheinlich.

Das sind die Eintrittstüren in ein, ich will es: »gefährliches Denken« nennen. Auch hier können wiederum Kontakte, zum Beispiel zu anderen Tradern, helfen, sich nicht in solche Hirngespinste zu verlieren.

Verzerrte Zeit

Hinzu kommt, dass Jäger, wie oben bereits beschrieben, über ein ausgesprochen verzerrtes Zeitgefühl verfügen. Beim Traden befällt sie ein äußerst angenehmes, fast euphorisches Gefühl der Zeitverkürzung. Sie können Stunden, Tage, sogar Jahre vor ihren Monitoren verbringen, ohne wirklich zu bemerken, wie schnell die Zeit vergeht, und dabei im Extrem sogar den Kontakt zur Außenwelt komplett verlieren. Es gibt Beispiele von Tradern, die mehr oder weniger verwahrlosen. Es wird nicht mehr auf das Äußere geachtet, die Ernährung wird dramatisch schlechter. Junkfood wird konsumiert, Kaffee und Zigaretten. Um nachts in den Schlaf zu finden oder um »runterzukommen«, wird Alkohol in zu großen Mengen getrunken. Auch das ist der Anfang einer sehr gefährlichen Entwicklung.

Wenn Sie solche Tendenzen bei sich bemerken, sollten Sie aufpassen. Es ist nicht zu unterschätzen, wie sehr Traden auf lange Sicht eine vergleichsweise robuste Gesundheit erfordert. Körperliche Fitness ist eine der Grundlagen für langfristigen Tradingerfolg.

Auch hier kann der Vergleich mit einem Jäger helfen: Für einen Jäger sind körperliche Fitness und eine gesunde Lebensweise unabdingbar, damit sie erfolgreich bleiben.

Exzessives, ruinöses Trading

Es gibt in diesem Kontext noch einen letzten Punkt, der auch typisch für Menschen mit dominanten Jägereigenschaften ist.

Ein Jäger hat nur eine Chance: entweder die Beute oder er. Erlegt er keine Beute, wird er verhungern. Die Jagd hat also für ihn immer etwas Existenzielles.

Ein Trader hat nur eine einzige Wahl: Entweder die Börse oder er.

Aus diesem Grund neigen Jäger dazu, exzessiv an der Börse zu traden. Damit ist gemeint, dass sie immer bereit sind, auch ihr letztes Hemd zu investieren, in der vagen Hoffnung, den letzten großen Coup zu landen. Das kann in dem unsinnigen Versuch enden, sozusagen auf dem Boden liegend im letzten Moment den sprichwörtlichen Spieß doch noch umzudrehen und ihn in den Bauch des Opfers zu rammen. Oder anders: kurz vorm Verhungern noch mit letzter Kraft Beute zu machen. Ich habe viele Trader erlebt, die, als es eng wurde, alles auf eine Karte gesetzt haben, hopp oder topp.

Doch selbst wenn so eine Vorgehensweise einmal funktioniert, wird dies lediglich dazu führen, dass die Risikobereitschaft insgesamt ansteigt. Dieses Spiel wird nach einer ersten positiven Erfahrung natürlich fortgeführt. Meistens kommt es somit ein wenig später zu den endgültig ruinösen Trades. Doch viel häufiger geht dieses »Alles-oder-Nichts«-Spiel direkt beim ersten Mal schon schief.

So sehr auch dieser Hang zum »Alles oder Nichts« in Ihnen schreit, geben Sie diesem niemals nach!

Seien Sie wachsam

Lassen Sie es also niemals so weit kommen, dass die Börse zum uneingeschränkten Lebensinhalt wird. Die Jagd, so einladend sie auch sein mag, darf immer nur ein Teil des Lebens sein. Traden darf nicht zum Lebensinhalt werden, ansonsten fängt irgendwann die eigentliche Beute, also die Börse, an, Jagd auf Sie zu machen.

Die Chance auf ein erfülltes Leben

Wenn Sie es schaffen, diesen gefährlichen Prozessen zu entgehen, haben Sie mit der Börse etwas gefunden, das Sie den Rest Ihres Lebens begeistern kann. Ganz nebenbei kann Ihnen die Börse sogar den nötigen Wohlstand verschaffen, ein Leben zu führen, das Ihnen den nötigen Freiraum lässt.

Die Börse wird Ihnen dabei jeden Tag neue Herausforderungen bieten. Der Markt wird Ihnen immer und immer wieder ein williges Opfer sein, das sich jagen lässt, ohne Ihnen jemals Gewissensbisse zu verursachen. Und glauben Sie mir, die Börse kann die perfekte, heimtückischste und intelligenteste Beute sein, die Sie finden können!

Die wichtigsten Anfänger-Grundregeln für kurzfristiges Trading

Wenn Sie die folgenden Regeln nicht beachten, macht die Börse Jagd auf Sie. Aus dem Jäger wird der Gejagte. Als Gejagter fühlt man sich nicht nur ziemlich mies, sondern gibt außerdem keine gute Figur ab.

Zum Beispiel, wenn man seinen Freund zum 15. Mal um Geld bitten muss, weil es dieses Mal wirklich der ultimative Trade ist, der all die Sorgen mit einem Schlag wegwischen wird. Oder wenn Sie sich im Bücherladen wiederfinden mit einem Dutzend Ratgebern wie *In drei Schritten zum Reichtum* unter dem Arm. Den ultimativen Tiefpunkt haben Sie erreicht, wenn Sie in Internetforen kleinlaut nachfragen, wie denn die anderen Trader ihren Partnern das verlorene Vermögen erklären.

Damit all das nicht geschieht, gibt es einfache Regeln, die Sie schützen können.

Regel 1: Anschubfinanzierung – sorgen Sie für ausreichend Kapital!

Ich werde immer wieder von Menschen gefragt, die sich entschlossen haben, Trader zu werden, wie viel Geld man braucht, um an der Börse erfolgreich traden zu können. Das ist meistens so gemeint: Wie viel Kapital muss ein Trader »einsetzen«, damit er eine Rendite erzielen kann, von der sich leben lässt?

Diese Frage ist an sich schon falsch gestellt, denn sie geht von der irrigen Annahme aus, dass man sich lediglich kurz einarbeiten müsse, um den Rest des Lebens ausgesorgt zu haben.

Die Realität sieht leider anders aus: Sie werden unter Umständen sogar mehrere Jahre brauchen, um als Day-Trader dauerhaft erfolgreich zu sein. Es gibt manche, die schaffen es eher, weil vielleicht die Umstände günstig sind oder sie einfach verdammt viel Glück haben. Der eine oder andere ist vielleicht auch ein Naturtalent. Doch das sind die Ausnahmen.

Rechnen Sie grob damit, dass Sie, bevor Sie an Rendite denken können, erst einmal 25000 bis 40000 Euro (Jahr 2009) in Ihre Ausbildung investieren müssen. Das Problem ist, dass man tatsächlich erst den Schmerz von Verlusten erleiden muss, um wirklich zu wissen, wovor man sich schützen soll. Verluste sind die Schrammen, die Sie vorsichtig werden lassen, die Ihnen verdeutlichen, was Sie unbedingt vermeiden müssen (z.B. Verluste anwachsen zu lassen).

Sie brauchen diese 25000 – 40000 Euro jedoch nicht auf einmal zu besitzen. Wenn ständig Geld nachfließt, zum Beispiel durch eine Arbeit, reicht das natürlich auch aus.

Betrachten Sie diese Investition als Lehrgeld. Und wenn Sie verzagen, weil Ihnen die Summe doch sehr hoch vorkommt, prüfen Sie nochmals ernsthaft Ihre Motive für den Traderberuf.

Veranschaulichen Sie sich dabei Folgendes: Als Trader werden Sie zu einer Art Elite gehören, denn nur die Besten werden langfristig an den Märkten überleben. Auch Manager in der Wirtschaft betrachten sich als Elite. Und für angehende Manager ist es oft selbstverständlich, ihren MBA (Master of Business Administration) an einer renommierten Business School zu machen, vorzugsweise in den USA. Allein für die reinen Studiengebühren zahlen viele bereitwillig diesen Preis ...

Theoretische Mindestsumme

Die absolute Mindestsumme, die ein erfahrener Trader theoretisch für den Erfolg benötigt, ist relativ niedrig. Sie beläuft sich auf die Summe, welche man braucht, um drei Kontrakte für einen einigermaßen volatilen Future-Index zu kaufen, also ca. 6000 bis 12000 Euro (im Jahr 2009) plus einen Wert, der die ersten möglichen Verlustphasen abdecken kann.

Wenn Sie allerdings schon so weit gekommen sind, von sich zu behaupten zu können, Sie seien ein erfahrener Trader, haben Sie mit Sicherheit in Ihrem Traderleben schon deutlich mehr als 25000 Euro verloren.

Am einfachsten wäre es natürlich, wenn Sie über so viel Vermögen verfügen, dass Sie allein von den Zinsen leben können und auch noch Geld übrig haben, das Sie jeden Monat verlieren können. Nur, warum sollte man dann noch traden?

Regel 2: Vermögenserhalt – riskieren Sie nie alles!

Grundsätzlich ist es beim kurzfristigen Traden unerlässlich, sich um den Vermögenserhalt zu kümmern.

Riskieren Sie nie Ihr ganzes Vermögen, sogar dann nicht, wenn Ihnen der Trade des Jahrhunderts zu begegnen scheint. Gerade Anfänger lassen sich sehr leicht verleiten, zu viel von ihrem Vermögen in zu viele Positionen zu investieren. Es wird alles gekauft, was erfolgsversprechend erscheint.

Sie müssen an den Börsen jedoch immer mit dem Unmöglichen, dem Unerwarteten rechnen. Und wenn das eintritt, müssen Sie immer noch genug Kapital in der Hinterhand haben, um schlimmstenfalls wieder von vorn anfangen zu können.

Und glauben Sie mir, das Unerwartete wird geschehen – irgendwann. Was wäre, wenn Sie das entscheidende Long-Signal kurz vor dem 11. September 2001 entdeckt hätten? Der Anschlag auf das World Trade Center am 11. September war das absolut Undenkbare, das, womit niemand rechnen konnte, etwas, dass sich niemand in seinen wildesten Albträumen hätte vorstellen können. Es ist geschehen, und dieser Anschlag hat einige Trader arm gemacht.

Sie dürfen niemals mit dem Rücken zur Wand stehen, und das tun Sie, wenn Ihre Investitionsquote zu hoch ist. Auch wenn Sie als Anfänger nur über wenige 1000 Euro verfügen, also in einen Trade Ihr gesamtes letztes Geld einsetzen wollen, lassen Sie es sein. Machen Sie in diesem Fall lieber einen

Luxusurlaub und genießen Sie die tolle Zeit. Denn das wird sicherlich angenehmer als die Erfahrung, den dümmsten Fehler Ihres Lebens gemacht zu haben.

Die Börse ist höchst ungerecht. Sie gibt denjenigen großzügig, die es eigentlich nicht brauchen, und nimmt denjenigen alles, die es am nötigsten haben.

Das ist eine typische Eigenart der Börse. Sorgen Sie immer dafür, dass Ihr Vermögen nicht ganz in der Börse verschwinden kann. Rechnen Sie in diesem Zusammenhang immer damit, dass genau das Schlimmste, das nicht geschehen darf, eintreten wird.

Regel 3: Angstfreies Traden – sichern Sie Ihre Lebensumstände ab!

Wenn Sie Gewinne »brauchen«, um leben zu können, kommt bald Angst auf, wenn es einmal nicht so läuft wie erwartet. Solche Phasen tauchen immer wieder auf. Angst ist jedoch der Tod eines jeden Traders. Sorgen Sie also dafür, dass zumindest Ihre Grundausgaben abgesichert sind. Entweder durch einen Job oder durch Rücklagen etc.

Wenn Sie mit existenzieller Angst traden, werden Sie versuchen, nur noch die Trades zu machen, die Ihnen »sicher« erscheinen. Die Erfahrung zeigt aber, dass diese Trades nur selten zum Erfolg führen. Denn es sind oft die Trades, die jeder andere vorsichtige Trader auch sieht, und wir kennen das Spiel an den Börsen: Die Masse liegt gern falsch. Aus diesem Grund gehen diese scheinbar so sicheren Trades häufig nicht auf. Zudem ist man mit Angst im Bauch häufig zu langsam, weil zu unentschlossen. Das führt dazu, dass Ihnen die besten Trades davonlaufen, ohne dass Sie dabei sind. Angst lähmt und führt zu den falschen Entscheidungen.

Angst hat schon viele Trader in den Ruin getrieben. Machen Sie diese Erfahrung nicht auch noch!

Mit Angst kann man nicht traden!

Wenn Sie Ihre Grundausgaben abgesichert haben, können Sie auch eine längere Pause einlegen, wenn der Markt nicht so läuft, wie Sie das gedacht haben. Auch das ist ganz normal. Es werden immer wieder Phasen auftreten, in denen Sie mit dem Markt nicht zurechtkommen. Diese können sogar mehrere Monate andauern. Solche Phasen müssen Sie finanziell durchstehen können.

Verhindern Sie, dass Ihre Lebensumstände Sie zwingen, Geld an den Börsen verdienen zu MÜSSEN, um die Mieten zahlen zu können.

Regel 4: Überleben an der Börse – so finden Sie eine machbare Strategie!

Wenn wir schon den Jäger als Metapher bemühen, können wir auch die Börse als Dschungel bezeichnen. Diesen Dschungel »Börse« müssen Sie kennenlernen wie Ihre eigene Westentasche. Dabei ist es hilfreich, am Anfang zunächst immer wieder kleine Schritte in diesen Dschungel zu wagen. Nur so können Sie vermeiden, dass Sie sich zu sehr verletzen.

Glauben Sie mir, Sie werden sich noch viele Schrammen holen, bevor Sie zu den besten Tradern gehören. Doch dürfen solche Schrammen nicht zu großen Wunden werden, die Ihnen die Kraft nehmen! Also müssen Sie Vorsorge treffen.

Nun gibt es in der Literatur unzählige vernünftige Hinweise, wie man welche Summen investiert. Ich habe viel von Geldmanagement und prozentualen Anteilen am Vermögen und komplizierten Strategien gelesen, die helfen sollen, die geeignete Positionsgröße zu bestimmen. Ich halte das für Unsinn. Die Börse gibt den Takt an, und es kommt auf viele Faktoren an, um zu bestimmen, wie groß welche Position in welchem Marktumfeld sein muss. Hier helfen keine Bücher, starren Richtlinien, Systeme – hier geht es um Erfahrung.

Denn Sie können an den Märkten nicht gewinnen, wenn Sie den Markt nicht fühlen, real fühlen. Sie müssen also real in die Märkte gehen, Sie müssen reales Geld verlieren und gewinnen. Nur so können Sie lernen, Ihren Instinkten zu vertrauen. Und diese werden Ihnen auch deutlich zeigen, wann Sie zu viel Geld im Markt haben. Nämlich dann, wenn Sie nicht mehr ruhig schlafen, weil Sie Angst um Ihre Positionen haben. Auf der anderen Seite darf die Position auch nicht zu klein sein, ansonsten entsteht nicht die notwendige Grundnervosität.

Doch der entscheidende Fehler ist, dass Trader immer wieder zu große Positionen eingehen, weil sie unbedingt schnell reich werden wollen. Vergessen Sie den schnellen Reichtum. Sie wollen Trader werden, und dazu müssen Sie erst einmal lernen, in diesem Börsendschungel zu überleben – um mehr geht es nicht am Anfang! Wenn Sie lang genug überlebt haben, können Sie immer noch Ihre Positionsgrößen erhöhen. Sie müssen also gerade am Anfang ein wenig herum-experimentieren, um die für Sie geeignete Positionsgröße herauszufinden.

Es geht im ersten Schritt immer nur um das Überleben im Börsendschungel!

Eine einfache Strategie

Wenn Sie jedoch unsicher sind, ob Sie mit Ihrem Geld richtig haushalten können, gibt es einen kleinen Trick, den ich selbst in den ersten Jahren mei-nes Future-Tradens angewendet habe:

Überlegen Sie, wie viel Geld Sie in diesem Jahr verlieren wollen! Ich meine wirklich verlieren, denn gehen Sie davon aus, dass Sie es tun werden! Das ist schon einmal die realistischere Einstellung.

Teilen Sie daraufhin diese Summe durch vier, für vier Quartale. Mehr kann ein Trader emotional nicht überblicken. Richten Sie sich ein Traderkonto ein und überweisen Sie genau das Geld für ein Quartal auf dieses Konto. Mehr nicht.

Wenn das Geld für ein Quartal verbraucht ist, machen Sie für dieses Quartal Schluss. Sie haben sich in diesem Fall im »Dschungel« derart »verletzt«, dass Sie sich erst »erholen« müssen.

Trainieren Sie, um es im nächsten Quartal besser zu machen!

Das heißt nicht, dass Sie Trübsal blasen müssen. In dieser Zeit des Wartens können Sie trainieren, machen Trockenübungen, vielleicht machen Sie so-gar ein paar Trades auf dem Papier. In dieser Zeit können Sie auch Bücher über Tradingtechniken, Analysemethoden und anderes lesen. Sie glauben nicht, wie motivierend es sein kann zu trainieren, wenn Sie wissen, dass es nach kurzer Zeit weitergeht. Schließlich wollen Sie im nächsten Quartal nicht schon wieder die ganze Summe innerhalb einer Woche verlieren.

Und so kann auch diese Zeit des Wartens eine erfüllte und hoch produktive Zeit sein.

Starten Sie wieder, sobald das neue Quartal anfängt. Überweisen Sie die nächste Summe, und das Spiel geht von vorne los.

Diese Methode verhindert, dass Sie zu viel Geld investieren. Sie verhindert zudem, dass Sie in einen Tradingwahn geraten und den Überblick über Ihre Verluste/Gewinne verlieren. Zudem können Sie so Ihre Ausgaben (Ihr Lehrgeld) genau bestimmen. Auch verhindern Sie, dass der Trieb zu jagen/traden wichtiger als die Beute/der Gewinn wird.

Sie brauchen nicht Buch zu führen oder ein ausgefeiltes Geldmanagement durchzuhalten, das können Farmer wesentlich besser. Sie müssen sich aber trotzdem keine Sorgen machen, dass Sie zu viel Geld verlieren. Es ist eine einfache, aber geniale Art, als Jäger Ihren Jagdtrieb unter Kontrolle zu halten und sich allmählich dem Traden zu nähern. Im Prinzip ist diese Strategie vergleichbar mit Studiengebühren, die Sie zahlen, um lernen zu dürfen.

Regel 5: Schmerzen als Chance – ziehen Sie Nutzen selbst aus Verlusten!

Nur der Schmerz wird Sie lehren, gründlich zu arbeiten!

Noch einmal zum Thema Verluste und Schmerzen: Wenn die Wunden, die der Markt Ihnen zufügt, Sie nicht endgültig in die Knie zwingen, wird der Schmerz zum Lehrmeister. Interpretieren Sie Verluste um. Fühlen Sie die körperlichen Schmerzen, die ein Verlust Ihnen bereitet. Wo findet er in Ihrem Körper statt? Was will er Ihnen sagen? Verzagen Sie nicht, wenn Sie wieder Geld verloren haben, sondern lernen Sie daraus.

Es ist Ihre Beute, die Ihnen die Schmerzen zufügt, und es geht schließlich darum, eben diese Beute besser kennenzulernen. Jede Narbe, die sie in Ihnen hinterlässt, wird Sie erfahrener machen. Bedanken Sie sich für jeden Schmerz. Denn dieser Schmerz ist ein Geschenk an Sie. Eine Verletzung, die Sie daran erinnert, diesen Fehler nicht noch einmal zu machen. Eine Verletzung, die Sie somit besser und sicherer im täglichen Traden macht. Sie können die Beute nicht kennenlernen, wenn Sie diese nicht auch spüren, wenn diese Sie nicht auch verletzen kann. Achten Sie, wie oben geschildert, nur darauf, dass die Wunden nicht allzu groß werden.

Und was wäre das auch für eine langweilige Jagd, würden Sie die Beute schnell erlegen und immer nur gewinnen? Seien Sie doch froh darüber, dass die Börse Ihnen immer und immer wieder zeigt, wie gefährlich sie ist. Stellen Sie sich einen Jäger vor, der ausschließlich Schafe auf einer kleinen und eingezäunten Weide jagen dürfte. Es würde sehr schnell sehr dick, faul und träge werden und sicherlich bald jeden Spaß an der Jagd verlieren. Wahrscheinlich würde er sich schon sehr bald nichts sehnlicher wünschen, als Tiere in der freien Wildbahn zu jagen.

Auch wenn man es nicht glauben will, doch dem Jäger geht es mehr um die Jagd als um die Beute selbst. Und auch beim Traden werden Sie erfahren, dass es irgendwann mehr um das Traden als um den Gewinn gehen wird – zumindest wenn Sie über eine ausgeprägte Jägermentalität verfügen.

Wenn es Ihnen aber um mehr als nur um Reichtum geht, gibt es nichts Schlimmeres, als »endgültig« zu siegen. Wenn Jäger keine Herausforderung mehr spüren, müssen sie sich bald ein neues Jagdrevier suchen. Doch keine Sorge, an den Börsen wird das nicht nötig sein.

Also, der Schmerz ist wichtig, er ist gut. Es gibt nichts zu jammern. Es gilt, ihn zu spüren und ihn zu transformieren, ihn in noch mehr Geschicklichkeit und Tradingverstand umzusetzen.

Regel 6: Flexibilität und Vorsicht – bleiben Sie immer wachsam!

Bilden Sie sich keine Meinung in der Art, dass etwas stets funktioniert! Immer wieder bilden sich an den Börsen Regelmäßigkeiten, doch es gibt keine Garantie, dass diese Regelmäßigkeit, nachdem Sie diese erkannt haben, weiter besteht.

Ihre Beute, die Börse, lernt genauso schnell wie Sie! Wenn nicht sogar schneller. Sie wird sich immer und jederzeit auf alles einstellen, das funktioniert. Sie reagiert intuitiv. Das liegt natürlich daran, dass immer dann, wenn zu viele Marktteilnehmer eine Funktionsweise als erfolgversprechend erkennen, die Gegenseite kleiner wird und sich so der erkannte Einstiegszeitpunkt immer weiter nach vorn schiebt, bis er sich schließlich auflöst.

Wenn also zu viele Trader die gleichen Techniken anwenden, wird die Börse das bemerken, und sich umstellen. In solchen Fällen funktioniert sehr bald das Althergebrachte nicht mehr. Das mussten schon viele Trader schmerzhaft erkennen, besonders jene, die nach festen Systemen arbeiten wollten – vergessen Sie das!

Den Tiger im Nacken

Ein Jäger sollte niemals davon ausgehen, dass Tiger nur auf bestimmten Bäumen ruhen oder dass Tiger sich immer so oder so verhalten. Auch Tiger lernen aus ihren Fehlern und sei es wie die Börse durch »natürliche Selektion«. Als Jäger müssen Sie also jederzeit mit allem und jedem rechnen jederzeit. Und zwar auch damit, dass der nächste Tiger direkt hinter dem nächsten Busch sitzt und Sie schon seit einiger Zeit hungrig beobachtet!

Sie müssen zudem immer gerade auf die Dinge gefasst sein, die alle anderen für unwahrscheinlich halten. Ihr Geld, das sich auf dem Markt befindet, kann jederzeit direkt angegriffen werden. Von allen unerwarteten Seiten aus. Schärfen Sie also Ihre Sinne! Sie müssen lernen, es zu »fühlen«, wann Ihr Geld und damit Ihre Unversehrtheit in Gefahr geraten (dazu später noch mehr). Denn Ihr »Verstand« und die von unserer Gesellschaft so hochgejubelte Logik haben im kurzfristigen Traden keine Chance. Beides wird Sie nur verwirren, Ihnen aber nur selten helfen. Was wäre das auch für ein Tiger, den Sie vorher sehen, und der Ihnen die Zeit lässt, logisch zu überlegen und Pläne auszuarbeiten, wie Sie nun handeln müssen. Nein, bis Ihr Verstand nach dem Blick in die Augen eines Tigers angefangen hat zu arbeiten, befindet er sich schon im Magen desselben.

Viele erfahrene Trader berichten davon, dass sie gefühlt haben, wenn etwas an den Börsen nicht stimmte. Mir selbst ging es auch schon mehrere Male so – auch wenn es letzten Endes unerklärlich bleibt, ja bleiben muss.

Regel 7: Abseits der Masse – jagen Sie dort, wo kein anderer jagt!

Jagen Sie nicht auch noch die Beute, hinter der alle her sind. Stellen Sie sich das wie bei einer großen englischen Fuchsjagd vor. In der Meute werden Sie mit großer Wahrscheinlichkeit leer ausgehen, jemand anderes erlegt den Fuchs! Sie haben nur geholfen!

Der richtige Jäger geht eigene Wege abseits der breiten Mainstream-Meinungen (zumindest wenn Sie mit Aktien oder Rohstoffe handeln). Er kennt die Börse und weiß, dass die Beute dort zu fangen ist, wo kein anderer jagt.

Wenn alle in Richtung Süden laufen, gehen Sie in Richtung Norden. Denn Sie wissen, die beste Beute versteckt sich vor dem Lärm der Masse und wird da zu finden sein, wo es am wenigsten rumort.

An den Börsen ist es ganz typisch, dass gewisse Themen zunächst von Experten, dann von Börsenbriefen oder Internetblogs, gefolgt von den Börsenmedien und zum Schluss von den Massenmedien aufgenommen und verarbeitet werden.

Wenn Sie also in den großen Zeitungen auf einmal lesen: »Kaufen Sie Gold«, ist das Thema schon komplett durch das Dorf getrieben. Meistens werden Sie dann mit dieser Anlage keinen großen Gewinn oder sogar größere Verluste machen.

Wenn Sie überall lesen, dass jetzt Solar-Aktien oder Biotech-Aktien die künftigen Outperformer sind, sind Sie auch schon zu spät. Versuchen Sie, möglichst an den Anfang dieser Hypes zu kommen.

Im Day-Traden ist es ähnlich. Wenn die Aufwärtsbewegung im Tagesverlauf schon weit fortgeschritten ist, werden Sie nur selten eine Chance haben, auf der Long-Seite noch Gewinne zu machen. Eher geraten Sie in eine Konsolidierung und werden unglücklich ausgestoppt. Auch hier muss man versuchen, möglichst früh in eine Bewegung hineinzukommen oder aber die Konsolidierung abzupassen. Wie man hier gute Signale finden kann, werden wir im zweiten Teil des Buchs beschreiben.

Regel 8: Mehr als Geld – verlieren Sie nie den Respekt vor der Börse!

Versuchen Sie, sich immer wieder bewusst zu machen, wie ernst das Traden ist!

Ich weiß, das schreibt sich so leicht. Jägermentalitäten haben jedoch oft ein sehr seltsam gestörtes Verhältnis zu Geld. Geld ist ihnen oft zu unwichtig. Deswegen kann es helfen, sich wirklich immer wieder klarzumachen: Es geht um Ihre Unversehrtheit, um Ihr Leben – und zwar bei jedem Trade – nicht nur um Geld!

Hinzukommt, dass Trader dazu neigen, ein wenig unachtsam zu sein, wenn sie erst einmal investiert sind und der Trade zu lange dauert. Wenn es um Ihr Leben ginge, würden Sie nicht unachtsam oder gelangweilt sein!

Wie oben schon gesagt: Definieren Sie die Börse als Raubkatze, die sich ganz schnell von der Gejagten in die Jägerin verwandeln kann. Es wird Ihnen an den Börsen nichts, aber auch gar nichts geschenkt! Nur wenn Sie sich das immer wieder ins Bewusstsein rufen, haben Sie die nötige Nervosität und Aufmerksamkeit. Hängen Sie sich notfalls ein Bild von einem Tiger neben den Monitor, der Sie immer wieder daran erinnert, was die Börse eigentlich ist.

Verlust von Realität

Leider kommt es bei vielen Tradern mit der Zeit zu einer Realitätsstörung. Dadurch, dass man beständig mit großen Beträgen jongliert, verliert man den Kontakt zu dem eigentlichen Wert, der hinter diesen Beträgen steht. Es wird zu einem Computerspiel. Interessanterweise regt es viele Trader weniger auf, 1000 Euro an den Börsen zu verlieren, als ein Knöllchen zu erhalten.

Es ist zwar grundsätzlich richtig, beim Traden entspannt zu bleiben, doch Ihnen muss trotzdem immer gegenwärtig bleiben, dass Sie jeden Cent, den Sie verlieren, auch wieder gewinnen müssen. Wenn Sie zu sehr wie in einem Computerspiel fühlen, kann es sein, dass Sie den Wert Ihrer Verluste unterschätzen, und das führt unweigerlich irgendwann in den finanziellen Ruin.

Machen Sie sich immer wieder bewusst, dass Sie um jeden Cent kämpfen müssen, als wäre es Ihr letzter! Verlieren Sie dabei nie den Respekt vor der Börse, vor dem eingesetzten Geld. Gehen Sie nicht zu fahrlässig mit den Beträgen um, die Sie investieren. Traden ist ein hartes Geschäft, das keine Fahrlässigkeit verzeiht!

Regel 9: Kühlen Kopf behalten – übertraden Sie den Markt nicht!

Dies ist vielleicht die wichtigste aller Regeln, denn hier werden die meisten Fehler gemacht.

Jäger lieben es zu beobachten! Lernen Sie das, und fühlen Sie sich dabei wie eine Katze, die auf der Lauer liegt. Beobachten Sie die Märkte, bis Ihre Chance kommt. Ein heftiger Einbruch, eine Massenpanik, dann schlagen Sie zu! Dann zeigt die Börse ihre Breitseite und ist angreifbar.

Warten und Geduld sind das wichtigste Gut beim Traden

Die meisten gehen aber eher dann eine Position ein, wenn sie gerade »Lust« oder ein wenig »Zeit« haben. Der Jagdtrieb ist größer als die Geduld. Kein Jäger würde aus Langeweile in den Dschungel gehen, sondern nur, weil er oder seine Sippe versorgt werden muss. Nicht wenn Sie Zeit haben, sondern nur dann, wenn Sie vollkommen auf Jagd eingestellt sind, dürfen Sie traden! Warten Sie auf die besten Chancen, warten Sie auf den Zeitpunkt, an dem die Börse durch irgendetwas aus der Reserve gelockt wird. Dann können Sie die wirklich guten Trades machen.

Lernen Sie die Gewohnheiten Ihrer Beute kennen

Achten Sie auch darauf, wann Ihre Beute am einfachsten zu erlegen ist. Jeder Index, jede Aktie hat verschiedene Zeitpunkte, an denen die wichtigen Kursbewegungen stattfinden. So wie eine Raubkatze bestimmte Gewohnheiten entwickelt, entwickelt auch die Börse Gewohnheiten. Finden Sie diese Gewohnheiten heraus! Konzentrieren Sie sich deswegen gerade am Anfang nur auf einige wenige Aktien oder einen Index. Dann ist es einfacher, solche Gewohnheiten zu entdecken.

Kontrollieren Sie Ihren Trieb

Ein anderes Problem ist, dass einige einfach nicht vom Markt weg bleiben können. Sie müssen immer und jederzeit irgendwie investiert sein. Es gibt unzählige gute Trader, die diese Unart ruiniert hat. Definieren Sie notfalls

Ihren Jagdinstinkt als eine Art Sucht, die Sie immer wieder zu etwas zwingen will. Lassen Sie sich nicht zwingen!

Regel 10: Großzügig bei Erfolg – teilen Sie die Beute!

Ein Jäger jagt nicht nur für sich selbst. Er jagt, um seine Gruppe mit Nahrung zu versorgen.

Wenn Sie also Beute machen, geben Sie etwas ab. Ihnen geht es viel mehr um die Jagd als um die Beute. Essen Sie sich satt, und spenden Sie einen kleinen Teil des Gewinns, oder geben Sie, wenn Sie gerade einen guten Trade hatten, einem Bettler etwas ab. Kaufen Sie sich vielleicht auch eine Jagdtrophäe. All diese Punkte unterstützen Sie darin, Ihrer Intention deutlich zu machen, was Sie wollen: GEWINNEN!

Lassen Sie die Gemeinschaft an Ihrer Beute teilhaben. Das gehört absolut dazu, denn das war bei Jägern immer so! Jäger sind freigebige Menschen! Sie gehen auf die Jagd, kommen zurück ins Dorf und teilen ihre Beute. Probieren Sie es aus, Sie werden spüren, wie sehr Ihnen dies ein Gefühl tiefster Zufriedenheit verschafft!

Aber noch wichtiger ist: In diesem Teilen besteht der eigentliche Sinn der Jagd. Jäger leben heute in einer Farmergesellschaft. Farmer wollen ihre Saat schützen, weil sie nur so ihre Familien ernähren können. Dieses »Beschützen« führt zu einer verringerten Freigebigkeit. Da Jäger oft von vielen Farmern umgeben sind, lernen auch sie, alles für sich behalten zu wollen.

Doch damit berauben sie sich eines der elementarsten und sinngebendsten Motive der Jagd.

Der Farmer hat durch seinen Gemeinschaftssinn und seine Effizienz in der Produktion eine hohe Daseinsberechtigung und daher eine große gesellschaftliche Anerkennung. Ein Jäger erwirtschaftet dagegen einen vergleichsweise bescheidenen Ertrag. Dafür sind die Produkte des Jägers exklusiver: Hirschkeule und Bärenfell erhält die Sippe nicht alle Tage.

Teilt der Jäger also diesen Luxus nicht mit den Seinen, wird er bald als Schmarotzer geächtet, der den anderen etwas wegnimmt, weil er für sich selbst zu viel behält (den ganzen Hirschen). Heutzutage werden somit gerade die Jäger an den Börsen, die Spekulanten, gern als vermeintliche Bösewichte verteufelt. Vielleicht ist auch das der Grund, warum viele erfolgreiche Trader und Investoren wie George Soros, Sir John Templeton oder Warren Buffett große wohltätige Stiftungen gründen oder ihr Geld spenden.

Probieren Sie es also unbedingt aus, wie gut es tut, anderen Menschen mit dem Geld zu helfen, dass Sie auf der Jagd gewonnen haben! Sie werden in diesen Situationen ein starkes Gefühl der Selbstzufriedenheit erfahren. Auf einmal hat Ihre Arbeit Sinn.

Gleichzeitig wirkt sich dieses sehr starke und positive Gefühl auf Ihre Intuition aus. Sie weiß nun, was Sie tun wollen: Jagen, um zu gewinnen, um zu teilen. Erst so wird sie sich immer mehr auf Gewinn ausrichten.

Ich weiß, viele werden diese 10. Regel überlesen oder sie einfach abnicken und dann bald wieder vergessen. Sie gehört jedoch tatsächlich zu den Regeln, die einen sehr großen Einfluss auf Ihren Erfolg haben – also: Probieren Sie es unbedingt aus!

Regel 11: Und nun los – nutzen Sie diese unglaubliche Chance!

Im Gegensatz zu vielem anderen kann die Börse Jägern zu einem sinnerfüllten Leben verhelfen. Sie kann ihnen alles geben, was das Leben spannend macht. Mehr noch als Geld und Luxus.

Die Börse kann Ihnen einen Sinn im Leben geben, ein Ziel. Sie wollen ab heute einer der besten Jäger im Börsendschungel werden (nichts weniger sollte das Ziel eines Jägers sein).

Es ist eine große Herausforderung, eine große Vision, die Ihnen viele höchst interessante und spannende Jahre verschaffen kann.

Die Börse ist Ihre große Chance!

Nutzen Sie diese!

Hartnäckige Illusionen

Bevor wir uns auf den eigentlichen Weg zu einem ganz anderen Verständnis von Börse aufmachen, das Ihnen eigentlich erst ermöglicht, Ihre Chancen zu nutzen, muss ich noch ein paar verbreitete Illusionen ausmerzen. Es mag ein kleiner Weg durch die Hölle sein, der aber notwendig ist, um zum Himmel zu gelangen:

»Die Börse macht reich«

Die Wirklichkeit sieht anders aus – ernüchternd bis erschütternd!

Die Börse ist ein sicherer Weg zur nachhaltigen Armut!

Die erste Illusion, der wahrscheinlich alle, vornehmlich aber die männlichen Börsenneulinge verfallen, ist die, an den Börsen schnell und unkompliziert reich zu werden.

Die meisten brauchen eine Weile, um zu begreifen, dass das leider eine ziemlich irrige Vorstellung ist. Andere begreifen es nie. Dazu benutzen sie einen einfachen Trick, der bei genauem Hinsehen schier unglaublich ist: Diese Trader verfallen lieber der Illusion, sie wären zu dumm, zu unfähig oder hätten zu wenig Wissen, als die Illusion vom schnellen Reichtum aufzugeben!

Mit anderen Worten, sie erniedrigen sich lieber ständig selbst, als diese irreale Hoffnung zu verlieren ...

Wenn Sie dieses Buch in den Händen halten, dann bin ich sicher, Sie wollen auch von mir erfahren, wie Sie an den Börsen Erfolg haben können. Das kann und werde ich Ihnen auch vermitteln. Es ist nur ein kleines Problem dabei: Das, was die meisten von Ihnen unter »erfolgreich« verstehen, ist etwas ganz anderes, als das, was ich unter »erfolgreich« verstehe.

Spielen Sie lieber Lotto

Wenn Sie reich werden wollen, und zwar ohne viel zu arbeiten, spielen Sie, wie bereits erwähnt, lieber Lotto – dort ist Ihre Chance höher, dieses Ziel zu erreichen. Ich bin ganz ehrlich, in diesem Fall ist dieses Buch wahrscheinlich nur eine von vielen Fehlinvestitionen Ihres Lebens. Mit der Einstellung, schnell und ohne Aufwand reich werden zu wollen, werden Sie an der Börse nur das krasse Gegenteil erreichen: Sie werden sich ruinieren.

Der »Beruf« des Traders gehört zu den härtesten Professionen. Sie müssen bereit sein, Ihr Leben der Börse zu widmen. Sie müssen bereit sein, mit Versagen umzugehen, Sie müssen bereit sein, einen großen Teil Ihrer persönlichen und sozialen Freiheit der Börse zu opfern. Und Sie müssen einen tiefen Blick in Ihr Innerstes wagen, etwas, wozu nur wenige Menschen bereit und willens sind.

Und dann wird Börse auch noch zu einer Art Sucht. Eine Sucht, die Sie genauso fertigmachen kann wie Alkohol oder Heroin. Sie werden diese Sucht in allen Facetten spüren, und nur wenn Sie sich einer Sucht gewachsen fühlen, haben Sie eine Chance. Nur wenn Sie ein Kämpfer sind, einer, der endlich in diesem Leben etwas erreichen will, haben Sie eine Chance, ein erfolgreicher Trader zu werden.

»Börsenblümchenliteratur«

Vielleicht meinen Sie nun, ich übertreibe. Schließlich liest man überall in der »Börsenblümchenliteratur«, wie viele es geschafft haben. Ich bin seit vielen Jahren Trader und habe in dieser Zeit viele andere Trader kennengelernt. Mehr als 98 % dieser Trader sind bis heute erfolglos geblieben!

In den Anfängen meines Trader-Daseins sah auch für mich diese Welt noch anders aus. Ich habe mich viel im Internet aufgehalten und dort viel von all den »Gurus« gelesen. Sie alle erweckten den Anschein, es sei so einfach, an den Börsen Geld zu verdienen – schnelles Geld. Ich habe später viele dieser Trader persönlich kennenlernen dürfen. Darunter auch die »unantastbaren« Top-Trader, von denen Ihnen jeder versichert, sie hätten eine unglaubliche Trefferquote und verdienten Tag für Tag riesige Summen.

Würden diese Menschen, die an den Lippen diese Tradergurus hängen, die Realität sehen, sie würden wahrscheinlich ihre letzte Hoffnung verlieren, reich zu werden. Das ist keineswegs eine neue Erkenntnis, es gibt dazu eine alte Börsenweisheit, die Ähnliches zu erzählen weiß:

»Investoren sind Menschen, die mit dem Rolls-Royce auf der Wall Street vor-fahren, um sich von Analysten Anlagetipps zu holen, die selbst mit der U-Bahn gekommen sind.«

Hinter dem Glamour steht das Entsetzen

Dieses mag das traurigste Kapitel in diesem Buch sein. Denn hinter dieser Erkenntnis stecken unendlich viele menschliche Schicksale, von denen Sie nur wenig, wenn nicht gar nichts zu hören bekommen, es höchstens am eigenen Leib erleben. Viele andere Bücher vermarkten sich über den Glauben an Wohlstand, Reichtum, Luxus, Anerkennung. Mir geht es in diesem Buch um das Erkennen von Realitäten, das meines Erachtens Grundlage für Erfolg ist. Und diese Realität sieht sehr, sehr düster aus:

Sicher, die Börse hat einige Menschen reich gemacht, aber die meisten enden kläglich, mit Schulden und einer angeknacksten Psyche. Nur davon berichtet keiner. Niemand erzählt von dem unendlichen Leid, das so viele ereilt hat, nachdem sie mit der Börse konfrontiert wurden. Es gibt keine Bücher mit dem Titel: *Wie ich mit Aktien Haus und Hof verspielt habe und meine Familie in die Armut trieb.* Wer sollte solche Bücher auch lesen wollen? Die Menschen brauchen Hoffnungen und Ziele und Träume, auch wenn sie noch so absurd sind. Sie brauchen diese Hoffnungen, um ihren Alltag zu ertragen. Es ist eben diese Hoffnung, welche viele Menschen am Leben erhält.

Eine enttarnende Frage dazu

Fragen Sie sich, wie viele Storys Sie aus der Literatur und den Medien kennen, von Menschen, die durch kurzfristiges Traden an den Börsen tatsächlich reich geworden sind. Streichen Sie diejenigen raus, die nicht mit eigenem Geld reich geworden sind. Streichen Sie noch diejenigen, die später doch wieder verarmt sind. Es bleiben nicht sehr viele übrig, vielleicht 100 bis 500. Wir wollen großzügig sein, und sagen 1000.

Nun vergleichen Sie diese Zahl mit den Millionen und Abermillionen Menschen, die seit dem Start der Börsen das Gleiche versuchen. Setzen Sie diese Zahlen zueinander in Relation.

Obwohl ich die genauen Zahlen nicht habe, vermute ich, dass das Ergebnis irgendwo leicht oberhalb der Wahrscheinlichkeit des Zufalls liegt, sprich, der Quote Lottomillionär zu werden entspricht. Und das Buch *Wie Sie in drei Schritten zum Lottomillionär werden* wird keiner kaufen.

Doch Sie wollen Trader werden. Und Trader zu sein bedeutet, dass Sie erst einmal klar sehen, was ist. Sie müssen das Medium, mit dem Sie sich beschäftigen, vorurteilsfrei kennenlernen. Nur so haben Sie eine Chance. Man muss nicht blauäugig ins Verderben laufen.

Gnadenlose Selbstüberschätzung

Ich weiß nicht, wie viele Ehen, Beziehungen und Familien durch die Börse kaputtgegangen sind, doch ich habe viele solcher Geschichten gehört und im Kollegenkreis miterleben müssen. Aber wen schreckt das schon ab? Das liegt an einer vornehmlich dem Mann sehr typischen Eigenschaft, die besonders bei den Jägern sehr stark ausgeprägt ist: gnadenlose Selbstüberschätzung.

Es führt jedoch kein Weg daran vorbei zu erkennen: Die Welt hinter all diesem Börsen-Glamour ist schmutzig und abstoßend. Denn dann werden das eigene »Versagen«, die eigenen Trades, die nicht aufgehen, relativiert. Und das ist wichtig. Verlieren gehört nicht nur dazu, es ist nun einmal das, was an den Börsen am häufigsten geschieht. Wenn Sie das Gefühl haben, der Einzige zu sein, der immer nur verliert, wird das bald demotivierend. Wenn Sie jedoch begreifen, dass das der Weg zum Ziel ist, wird es motivierend!

Selbst Banken verbieten ihren Angestellten das Traden

Fragen Sie sich doch einmal, warum einige Banken ihren Analysten und ihren mit der Börse beschäftigten Angestellten vertraglich untersagen, zu viele »Trades« pro Monat zu machen (meines Wissens sind es bei einigen Instituten sogar nur ca. fünf Trades pro Monat). Einfach deshalb, weil die Banken aus Erfahrung wissen, dass die Leute in finanzielle Schieflage geraten und so auf sonderbare Gedanken kommen könnten.

Denn gerade hier weiß man um die Gefahren des kurzfristigen Tradens! Wer sollte besser wissen als die Banken, die die Entwicklungen auf den Traderkonten miterleben, wie hoch die Wahrscheinlichkeit des Ruins ist und welche gravierende Auswirkung die Börsensucht haben kann! Nur mit solchen drastischen Maßnahmen kann vermieden werden, dass Bankangestellte in den Bann des kurzfristigen Tradens geraten, sich ruinieren und unberechenbar werden.

Wer aussteigen muss, wird erfinderisch

Eine meiner vielleicht schmerzlichsten Erfahrungen erlebte ich zu Beginn meiner Traderkarriere. Ich hatte das Glück, dass diese Erfahrung sehr früh schon den glamourösen Vorhang der Börse, der Gurus, der Top-Trader hob und mir die grausame Fratze der Realität zeigte.

Auslöser war ein Anruf einer dieser »Top-Trader«. Ich hatte mit ihm in der Anfangszeit oft via Telefon gemeinsam getradet und viel gelernt. Was mich damals nur wunderte: Er machte ständig Gewinne und ich nur Verluste. Aber klar, ich war halt zu langsam, hatte noch nicht so viel Ahnung, war neu, verstand vieles noch nicht – so dachte ich.

Irgendwann schlief der Kontakt ein, es war einfach zu frustrierend für mich! Ein Jahr später rief dieser Trader bei mir an und fragte, ob ich eigentlich ausreichend versichert sei. Er wollte mir tatsächlich eine Versicherung andrehen! Als ich ihn fragte, warum er denn nicht mehr trade, sagt er: »Ach, es war mir einfach zu langweilig – es hat mir keinen Spaß mehr gemacht – ich brauchte etwas Neues.«

Jeder, der an der Börse getradet hat, weiß, dass dies Blödsinn ist. Insbesondere kann ich mir kaum vorstellen, dass Versicherungen zu verkaufen eine spannende Alternative ist. Nein, dieser Trader war schlichtweg pleite.

Aber wieso, er war doch einer der Top-Trader. Was war geschehen? Ich habe mir nach diesem Anruf ein wenig Zeit genommen und versucht, mich zu erinnern. Mittlerweile hatte ich zudem schon einiges dazugelernt:

Stimmt, er hatte immer nur die Gewinntrades schnell mitgenommen. Lief es gegen ihn, hörte ich nur den Satz: »Die Position halte ich, die kommt schon wieder.« Oft verkaufte er tatsächlich Positionen vom Vortag im Gewinn oder auf Kaufkurs. So hatte es den Anschein, er wäre aus all den Positionen wieder gut rausgekommen.

Die Positionen aber, aus denen er nicht rauskam, landeten im »Langfristdepot«, einer Art Endlager für Fehlspekulationen. Und hier dürften die dramatischen Verluste all die kleinen Gewinne aufgefressen haben. Plötzlich erkannte ich, dass dieser Trader nie Verluste realisiert hatte! Eine kleine psychische Schwäche, die Unfähigkeit zu verlieren, hatte ihm das Genick gebrochen und aus einem wirklich brillanten Trader einen höchstens mittelmäßigen Versicherungsverkäufer gemacht (nichts gegen Versicherungsverkäufer).

Ich habe in den Jahren an der Börse noch viele solcher Geschichten erlebt. Gerade das Internet hat eine ganz neue Ära des Tradens geschaffen, aber auch eine ganz neue Ära des Scheiterns.

Weitere Beispiele

Ein anderer Top-Trader, an dessen Qualitäten wirklich niemand zweifelte, rief mich an, um mich zu fragen, ob ich einen Job für ihn habe. Er habe finanzielle Probleme und zauberte eine unglaubliche und ebenso absurde Geschichte aus dem Hut – eine geplatzte Bürgschaft und einen Geschäftspartner, der sich ins Ausland abgesetzt hatte.

Klar, das kann vorkommen, vielleicht tue ich diesem Trader auch Unrecht, aber wenn Sie immer und immer wieder die gleichen Geschichten hören, werden Sie skeptisch. Bei diesem Trader war ich mir sicher, denn er hat ein Jahr lang in einer starken Hausse-Phase immer auf fallende Märkte getradet, das hält niemand finanziell durch. Ich konnte mir deswegen lebhaft vorstellen, was ihm widerfahren war – er hatte sich vollkommen verspekuliert und war pleite.

Viel Fantasie und Verzweiflung

Die unglaublichste aller Geschichten aber, die mir aufgetischt wurde, will ich Ihnen natürlich auch nicht vorenthalten: Ein ehemaliger Trader erzählte mir, bei ihm sei eingebrochen worden; die Einbrecher hätten den Safe aufgebrochen und dabei die PINs und Passwörter samt Kontonummern von sämtlichen Konten gefunden und natürlich nichts Eiligeres zu tun gehabt, als sämtliche Konten abzuräumen. Er habe nun einfach kein Geld mehr.

Mal ganz abgesehen davon, dass man bei vielen Brokern das Geld nur auf bestimmte Konten überweisen kann oder zumindest die Geldflüsse hätte verfolgen können, wer so blöd ist und Passwörter, Kontonummern und PINs gemeinsam in einem Safe aufbewahrt, der sollte auch nicht traden – nein, auch diese Geschichte war natürlich frei erfunden.

Wer erzählt schon die Wahrheit?

Vielleicht fragen Sie sich nun, warum diese Trader denn nur solche zum Teil äußerst durchsichtigen Geschichten erfinden?

Haben Sie noch nie etwas »geschönt« aus Verzweiflung? Erzählen Sie nicht auch lieber eigene Erfolgsgeschichten als Verluste einzugestehen?

Es ist ein Teil der Sucht namens »Traden«. Genauso wie sich ein Alkoholiker zunehmend in Lügen verstrickt, so geraten die meisten Trader ebenfalls in diese Falle. Vielleicht kennen Sie einen dieser armen Alkoholiker, von denen jeder andere weiß, dass er Alkoholiker ist, der selbst aber immer noch verzweifelt versucht, es vor dem Freundeskreis und der Verwandtschaft geheimzuhalten.

Und genauso, wie die erste Lüge des Alkoholikers zum finanziellen und sozialen Ruin führt, kann die erste Lüge des Traders das Gleiche bewirken. Dabei ist es genauso unmöglich, einen Alkoholiker auf seine Lügen anzusprechen, wie einen Trader auf seine Lügen zum Thema Geld. Sie werden nicht glauben, wie viele Männer ihren Frauen verheimlichen, was sie bisher genau an den Börsen verloren haben. Nicht wenige unter Ihnen werden es mir jedoch glauben, denn Sie haben es selbst schon getan.

Der erste Schritt zur Sucht, zur dunklen Seite des Tradens ist, sich selbst und seiner Umwelt etwas vorzumachen, zu lügen, was die Verluste anbetrifft. An dem Tag, an dem Sie Ihre Ehrlichkeit aufgeben, haben Sie den ersten Schritt in den Ruin getan! Traden erfordert uneingeschränkte Klarheit, erfordert das Bewusstsein über Erfolg und Misserfolg, und was noch viel wichtiger ist: Ehrlichkeit zu sich selbst!

Wer nicht zu seinen Verlusten steht, wird niemals zu den Gewinnern gehören!

Das Pyramidenspiel

Wenn Sie erkennen, in welche Höllenmaschine Sie sich begeben, sobald Sie das Parkett der Börsen betreten, werden Sie plötzlich ganz winzig. Sie fühlen, wie unbedeutend ihre läppischen 10000 Euro, 100000 oder sogar 500000 Euro sind.

Doch nur dann haben Sie die Chance zu erkennen, dass die Börse ein großes Raubtier ist, das nichts anderes tut, als möglichst schnell möglichst viele kleine Trader zu erlegen.

Zahlenspiele

Eine Rechnung dazu, die allerdings sehr desillusionierend für einige sein könnte.

(Diese Rechnung geht zwar von der etwas falschen Prämisse aus, dass jeder Euro, der gewonnen wird, auch irgendwo verloren werden muss, aber im Groben stimmt das sogar auch bei Aktien. Für die Future-Märkte gilt das sogar auf jeden Fall).

Wir wissen: Einige Menschen sind an Märkten Millionäre und andere sogar Milliardäre geworden.

Einer Million Menschen 1000 Euro abgeluchst

Um eine Million zu verdienen, müssen Sie 1000 anderen Tradern satte 1000 Euro abnehmen. Stellen wir uns vor, Sie verdienen jeden Tag an der Börse 1000 Euro, dann brauchen Sie, um eine Million Euro zu verdienen, immerhin mehr als vier Jahre (bei 250 Handelstagen im Jahr)!

Wenn ein Fonds eine Milliarde verdienen will, muss er 1000 Tradern je eine Million abnehmen! Und zwar die eine Million Euro, welche diese Trader sich in vier Jahren mit 1000 Euro am Tag mühsam verdient haben. Insgesamt saugt dieser Fond also 4000 Jahre Arbeit auf.

Natürlich könnte er auch 100000 Tradern je 100000 Euro abnehmen. Oder er nimmt einer Million Menschen die jeweils letzten 1000 Euro aus der Tasche.

Was meinen Sie, wie schwierig es ist, einer Million Menschen je 1000 Euro abzunehmen?

So sehr dieses Beispiel hinkt, es macht doch auf eine schaurige Art und Weise verständlich, um welche Dimensionen es an den Börsen geht.

Stellen Sie sich vor, ein guter Trader verdient im Monat 20000 Euro im Future-Handel. Das bedeutet, er muss an jedem von 20 Handelstagen jemanden finden, dem er dadurch, dass er besser, intelligenter, schneller ist, 1000 Euro abnehmen. Oder 200 Menschen jeweils 100 Euro abluchsen. Jeden Tag, Monat für Monat. Das hört sich doch nach einem unglaublichen Aufwand an, oder? Ja, das ist es auch!

Und so erkennen Sie vielleicht, warum es so unendlich schwer ist, an den Börsen im kurzfristigen Tradingbereich reich zu werden.

Es muss Geld verloren werden!

Aber noch etwas resultiert aus dieser Aufzählung: Es ist nur logisch, dass an den Börsen die allermeisten Teilnehmer Geld verlieren MÜSSEN!

Kurzfristiges Traden ist also nicht etwas, an dem viele Leute Geld verdienen können. Nein, die Börse ist genau das absolute Gegenteil dessen! Die Börse ist eine Höllenmaschine, die erfunden wurde, um viel Geld auf freiwillige Art und Weise umzuverteilen. Aber hey, Sie brauchen nicht bei diesem Spiel mitzuspielen, das steht Ihnen frei!

Nur sollten Sie natürlich wissen, worauf Sie sich einlassen, WENN Sie es tun! Deswegen habe ich dieses zugegeben ein bisschen drastische und provokante Szenario entworfen.

Und so gleicht kurzfristiges Traden in etwa diesen Pyramidenspielen. Bei denen ganz viele Menschen teilnehmen müssen, damit ein paar Menschen viel Geld verdienen!

Hier sollten Sie ein wenig innehalten, um wieder ein bisschen zu Atem zu kommen.

Und, nun, nachdem Sie ein wenig durchgeschnauft haben, eine Frage:

Wollen Sie immer noch an den Börsen ihr Glück wagen? Wollen Sie an diesem Pyramidenspiel teilnehmen?

Fühlen Sie sich stark genug, jeden Monat 20 Menschen ihre »letzten« 1000 Euro aus der Tasche zu luchsen – weil Sie einfach besser sind? Besser als Ihr Nachbar, besser als ich, besser als die Trader in den Banken, besser als die alten Trader, die seit 20 Jahren nichts anderes machen?

Sind Sie besser? Wirklich besser?

Verstehen Sie nun, warum all diese Gurus auch nur »Gurken« sind? Verstehen Sie nun, warum so viel Versprechungen und Illusionen, Geschichten von Reichtum notwendig sind, um dieses Spiel aufrechtzuerhalten?

Schließlich braucht das Börsenraubtier immer neues Futter! Und Sie sind das Futter! Bis jetzt. All die Geschichten über die Baruchs, Warren Buffetts, die Kostolanys, die Soros beschreiben die wenigen glorreichen Glücksfälle unter den Millionen Menschen, die viel Geld verloren haben.

Meinen Sie wirklich, dass Sie all diese Zeit und Energie aufbringen wollen, die nötig sein wird, besser als alle anderen zu werden, um in dieser Pyramide ganz nach oben zu kommen? Meinen Sie wirklich, dass ausgerechnet SIE das schaffen?

Ja?

GUT!

Denn dann haben Sie schon einmal eine Eigenschaft, die höchst wichtig ist! Sie lassen sich nicht zu sehr von Ängsten und Sorgen beeinflussen und vertrauen auf Ihre Kraft, sich gegen andere zu behaupten. Das sind Eigenschaften, die Sie brauchen, um bei diesem Börsenspiel mitmischen zu können.

Anm.: Natürlich ist dieses Kapitel, wie schon gesagt, sehr provokant und ein wenig überspitzt. Gerade in starken Hausse-Phasen können viele langfristig orientierte Anleger gleichzeitig in der Masse gute Gewinne machen. Doch in diesem Buch geht es ums kurzfristige Traden, das meistens direkt oder indirekt an den Future-Märkten stattfindet. Und dort ist es tatsächlich so, dass jeder Euro, den jemand verdient, ein anderer verlieren muss. Zudem fließen auch noch zusätzlich Tradinggebühren ab ...

Ich kann den Markt beherrschen!

Ich habe in meinen Jahren als Trader viele Kollegen erlebt, die ihren Intellekt oder ihr geniales, absolut fehlerfreies Tradingsystem angepriesen haben. Auffällig war immer wieder die Unfähigkeit zur Selbstkritik.

Doch genau aus diesem Grund haben diese »arroganten« Menschen manchmal einen entscheidenden Vorteil: Sie sind derart von sich selbst überzeugt, dass sie sich nicht verunsichern lassen. Manche hatten Glück und fingen in einer guten Phase an: Sie erwischten einen dieser großen Trends und wurden schnell reich. Davon berichten dann die Medien!

Doch ohne die Fähigkeiten zur Selbstkritik, die Fähigkeit, die Meinung zu ändern, sind die meisten von ihnen bald auch wieder arm geworden. Und zwar dann, wenn der Markt nicht mehr so wollte wie sie (bekanntestes Beispiel: Jesse Livermore, *Das Spiel der Spiele*). Doch davon hören Sie nur selten etwas. Solche Geschichten mögen die Massen nicht.

Wenn die Börse nicht mehr das tut, was diese Menschen denken, wollen sie die Börse zwingen, es zu tun. Da die Börse auf Dauer unbezwingbar ist, können Sie sich denken, wohin das führen muss: Ohne eine kritische Betrachtung, ohne ein gehöriges Maß an Fähigkeit zur Selbstkritik sind Sie den Börsen hilflos ausgeliefert.

Demut ist absolute Voraussetzung für den Erfolg

Nein, der Markt wird Sie, wird jeden Demut lehren. Erst wenn Sie erkannt haben, dass der Markt Gott und König in einer Person ist und Sie nichts weiter als ein kleines, unbedeutendes Rädchen in dieser Höllenmaschine sind, haben

Sie eine Chance. Doch Sie müssen das nicht nur erkennen, sondern fühlen, persönlich erfahren, und dafür müssen Sie durch die Hölle der Schmerzen, die Ihnen ein Verlust bereitet.

Demut ist absolute Voraussetzung für den Erfolg an den Börsen. Sie müssen geschmeidig wie eine Katze werden und sich den immer neuen Umgebungsbedingungen der Börse anpassen.

Wenn der Markt nicht das tut, was Sie denken, müssen Sie denken, was der Markt Ihnen vorgibt. Sie haben nie Recht, nur der Markt hat Recht. Immer und jederzeit. Es ist tatsächlich das Sinnvollste, ganz aufzuhören, etwas über die Zukunft des Markts wissen zu wollen. Stellen Sie einfach fest, dass der Markt sich so oder eben auch ganz anders entwickeln kann.

Erkennen Sie, dass Sie nie wissen können, wohin der Markt läuft.

Sie haben als einzige Waffen in diesem scheinbaren Chaos: Wahrscheinlichkeiten, Erfahrungen und Intuition, die aus Ihren möglichst objektiven Beobachtungen resultieren. Das reicht auch vollkommen aus.

Geben Sie es auf, sicher erkennen zu wollen, wohin der Markt sich bewegt. Geben Sie es auf, sich eine bullishe (optimistische) oder bearishe (pessimistische) Meinung bilden zu wollen. Geben Sie auf, besser als der Markt sein zu wollen. Beobachten Sie, was vor sich geht, und handeln Sie danach.

Auf andere Weise können Sie den Markt nicht beherrschen, niemals!

Wissen ist nicht alles

Es gibt so viele Menschen, die lesen und machen und tun. Jedes neue Buch, das auf dem Markt erscheint, wird studiert und mit dem Gefühl, nun habe man endlich den Heiligen Gral gefunden.

Fragen Sie sich nur, warum die vielen Menschen, die diese Bücher lesen, keinen Erfolg haben. Die Antwort ist einfach: Weil sie dort eigentlich immer nur dasselbe in unzähligen Variationen erfahren. Seit Jahrzehnten ist kaum etwas Neues auf dem Markt der Börsenliteratur erschienen. Vieles wurde nur nuancierter dargestellt, etliches »mundgerechter« aufbereitet, noch mehr wurde einfach abgeschrieben. Und gibt es seitdem mehr gute Trader? Nein, denn die Masse muss verlieren. Wenn alle besser werden, müssen die Besten auch besser werden ...

Vergessen Sie also die Sache mit dem Wissen ganz schnell wieder. Ich schreibe nun seit vielen Jahren täglich Börsen-Newsletter (zum Beispiel den Steffens-Daily, den Sie unter www.stockstreet.de beziehen können) und ich habe den Eindruck, die meisten meiner Leser sind überzeugt, ich wüsste wirklich, wie die Börse funktioniert, da ich nachweisbar mit den meisten meiner Prognosen richtig gelegen habe.

Hier muss ich Sie leider enttäuschen. Ich schaffe es zwar zuweilen, sehr nahe dran zu kommen, aber wirklich WISSEN, was geschehen wird, tue ich nie. Ich arbeite eben auch nur mit Wahrscheinlichkeiten, mache mir meine eigenen Gedanken abseits der Medienmeinung und versuche Zusammenhänge zu erkennen. Dann bilde ich mir eine Meinung. Jeden Morgen überprüfe ich, ob diese Meinung noch aktuell ist. Und ich habe kein Problem damit, meine Meinung auch ganz schnell wieder zu ändern. Es gibt auch immer wieder Phasen, in denen ich keine Prognosen erstelle, weil mir einfach eine klare Richtung fehlt.

Das Problem ist: Es gibt sehr viele mögliche Zusammenhänge und noch mehr Einflussfaktoren. Die Börse ist so unendlich vielen Faktoren/Parametern unterworfen, dass der menschliche Verstand schlichtweg überfordert ist. Auch darauf werden wir später noch detaillierter zurückkommen. Das gesamte Wissen nützt nichts in der Sekunde, in der Sie entscheiden müssen, nun in den Markt zu gehen oder nicht.

Plötzlich stehen Sie ganz allein da, und der ach so hoch geschätzte Verstand kann Ihnen auch nicht mehr weiterhelfen, er wird zweifelnd hin und her überlegen und meistens eher aus einem spontanen Impuls zu einer Entscheidung kommen.

Und dann?

Dann entscheidet etwas anderes, ob dieser Trade aufgeht: Glück. Und mit Glück ist es sehr schwer, an den Börsen reich zu werden, ähnlich schwer wie beim Lottospielen.

»Börse macht Spaß«

Kommen wir damit zur letzten Illusion. Wir leben in einer Spaßgesellschaft. Wir alle wollen Spaß, Entertainment in jeder nur erdenklichen Form. Da wir nicht mehr für unseren Lebensunterhalt jagen müssen, da wir in Annehmlichkeiten ertrinken, ist uns eine Langeweile inne, die nach der kurzfristigen Befriedigung sucht: Spaß muss her! Ein nicht unerheblicher Anteil der Trader liebt an den Börsen gerade den Nervenkitzel.

Es gibt unzählige Fantasien, in denen das Leben eines Traders abenteuerlich, aufregend und ereignisreich ist. Ich sehe in den Augen der Zuhörer oft eine Art sehnsüchtigen Glanz, wenn ich erzähle, dass ich ein Trader bin (meistens erzähle ich deswegen lieber, dass ich Journalist bin, weil sonst zu viele Fragen auftauchen). Ich habe immer wieder das Gefühl, ein Trader hat in unserer Gesellschaft etwas von einem Piraten. Frei und unabhängig in einem unablässigen Kampf mit den Gezeiten und dem großen Meer der Börse.

Aber genauso, wie die einschlägigen Filme eine bis zur Unkenntlichkeit romantisierte Vorstellung des wahren Piratenlebens zeigen, das sicherlich alles andere als lustig war, ist das auch nur eine sehr idealisierte Vorstellung des Tradens.

Börse macht keinen Spaß

Börse macht keinen Spaß, nicht, wenn Sie versuchen wollen, davon zu leben. Nicht, wenn Sie zu einem Trader geworden sind.

Die Börse wird dann zu Ihrem täglichen, unheimlichen Begleiter. Sie stehen morgens auf, und der erste Gedanke sind die Märkte. Sie werden sich unwohl fühlen, wenn Sie aus welchen Gründen auch immer eine Weile mal nicht verfolgen können, wie sich die Börse entwickelt hat, und das, so unsinnig es sich anhört, egal, ob Sie investiert sind oder nicht.

Sie werden den letzten Gedanken mit dem Markt verbringen, bevor Sie einschlafen, und in Ihren Träumen wird der Markt auch gegenwärtig sein, allein, weil Sie sich die gesamte Zeit des Tages damit beschäftigen.

Ihre Frau oder Ihr Mann wird allein schon anhand Ihres Verhaltens erkennen können, wie sich die Börse an diesem Tag entwickelt hat.

Wenn Sie gewinnen müssen ...

Ganz schlimm wird es, wenn Sie versucht sein sollten, ausschließlich von der Börse zu leben. Ich habe in den Anfängen meiner Börsenkarriere erlebt, wie es ist, wenn man sich allein vom Traden ernährt und jeden Monat Gewinn machen MUSS. Das Problem ist: Es gibt immer wieder Zeiten, in denen es wirklich schlecht läuft – das ist vollkommen normal. Wenn Sie sehen, wie Ihr Vermögen jeden Monat weniger wird, weil Sie kein Geld an den Börsen verdienen und weil allein Ihre Grundausgaben Ihre Vermögen/Reserven von Tag zu Tag verringern, werden sie nervös.

Dann taucht aus den Tiefen Ihrer Seele Angst auf. Angst, die Sie umtreibt, die Sie nicht mehr schlafen lässt. Angst, die Sie morgens um sechs Uhr aus dem Bett holt, und Sie nachschauen lässt, ob Ihre Positionen im Plus sind, ob der Nikkei gestiegen ist, was der Ölpreis macht, wo Gold steht, warum Silber immer weiter steigt etc., etc., etc.

In solchen Zeiten macht Börse alles andere als Spaß. In diesen Tagen, Wochen, Monaten ist die Börse der Teufel, der Ihre Seele beherrscht. Er wird Ihnen ein vertrauter und schauerlicher Freund, der mit Ihnen das Essen teilt, das Bett und jede freie Minute.

Die Schmerzen, Geld zu verlieren, werden immer unerträglicher. Die Nerven sind bis zum Zerreißen angespannt, jeder neue Trade, den Sie eingehen wollen, wird zur Tortur, zur Qual.

Ihre Gedanken kreisen nur um die Frage: Soll ich oder soll ich nicht?

Es wird zunehmend unmöglicher, an den Börsen Geld zu verdienen, denn wie ich schon geschildert habe, ist es unmöglich, mit Angst im Nacken erfolgreich zu traden.

Börse macht keinen Spaß. Börse ist eine immerwährende Herausforderung, ein immerwährender Kampf. Sie kann sinngebend werden, sie kann aus Ihrem Leben etwas Besonderes machen, aber nur dann, wenn Sie zu den Besten gehören. Und daran müssen Sie arbeiten – ohne falsche Illusionen.

Sie kann Ihnen aber genauso das Leben zu Ihrer ganz persönlichen Hölle werden lassen.

Zweiter Schritt: Eine neue Sichtweise

Sie haben nun bereits erfahren, welche Eigenschaften und Fertigkeiten Sie nutzen sollten, wenn Sie ein erfolgreicher Trader werden wollen (Jägermentalität). Dazu haben Sie wichtige Hinweise bekommen, nach welchen Regeln Sie als Anfänger am besten an der Börse überleben und von welchen Illusionen Sie sich dabei schleunigst verabschieden sollten.

Wahrscheinlich habe ich inzwischen Ihr Weltbild in Sachen Börse ein wenig ins Wanken gebracht. Nun ist es das eine, sich von alten, vielleicht lieb gewonnenen Ansichten zu trennen. Doch was nützt es, wenn stattdessen eine Leere bleibt?

Doch keine Angst! In den folgenden Kapiteln werde ich für Sie eine etwas andere, neue Sichtweise von der Börse entwerfen. Wenn Sie sich diese aneignen, betrachten Sie die Börse und Ihre Tätigkeit als Trader nicht nur aus einem völlig einzigartigen Blickwinkel. Diese Sichtweise hilft Ihnen vor allem, die Techniken zu verstehen, auf die ich im Folgenden eingehen werde. Doch das ist noch längst nicht alles!

Diese neue, revolutionäre Sichtweise auf die Börse, auf alle dort handelnden Teilnehmer und speziell natürlich auf Sie als den wichtigsten Faktor in Ihrem Trading ermöglicht es Ihnen, auf einem vergleichsweise geradlinigen Weg in den Trader-Olymp zu gelangen!

Was Ihnen bisher vielleicht noch unerreichbar erschien – zu den Besten zu gehören – kann für Sie schon bald in greifbare Nähe rücken, wenn Sie diese Sichtweise verinnerlichen. Sie erwerben sozusagen die Kunst des Pinselstrichs, die aus dem bloßen Aufstreichen von Farben ein Kunstwerk macht.

Natürlich garantiert das Lesen der folgenden Seiten allein noch nicht den Erfolg. Auf vieles, was ich Ihnen nun vorstellen werde, müssen Sie sich zum Teil wortwörtlich »einlassen«. Dem einen oder anderen erscheint vielleicht manches zunächst weit hergeholt oder gar absurd. Doch bedenken Sie: Wer das macht, was die Masse macht, bekommt auch das, was die Masse bekommt. Und die meisten Trader gehen wie gesagt nachweislich pleite ...

Betreten wir also den Weg zum Trader abseits der ausgetretenen Pfade von Indikatoren und mechanischen Systemen.

Ist Börse Chaos?

Stellen Sie sich vor, Sie haben über Jahre an den Börsen geschuftet, wissen alles über Charttechnik und Indikatoren, über Bilanzen und Konjunkturdaten und über Zyklen und Trends. Je mehr Sie lernen, je mehr Sie getestet und verworfen haben, desto mehr keimt in Ihnen ein vager Verdacht: »Es gibt kein zuverlässiges System, das im kurzfristigen Bereich dauerhaft Gewinne produziert!«

Doch diesen Gedanken können die wenigsten zulassen. Wenn man Charttechnikern erzählt, dass man mit der klassischen Charttechnik allein nicht langfristig erfolgreich ist, hagelt es wütenden Protest. Wenn man einem Erfinder von auf Computern basierenden Tradingsystemen erzählt, dass auch diese nur in bestimmten Börsenphasen funktionieren, wird er von den unglaublichen Erfolgen des einen oder anderen Systems zu berichten wissen – doch tief in seinem Inneren bleibt ein fades Gefühl. Das ist der Grund, warum in Internetforen und auf Investmentmessen so oft derart aggressiv argumentiert wird. Je aggressiver jemand seine eigene Technik verteidigt, desto mehr versucht er, seine Zweifel zu verdrängen. Doch irgendwann wird aus den Zweifeln Gewissheit:

»Der ganze Mist funktioniert nicht dauerhaft!«

Oder um es ein wenig prägnanter zu formulieren: Bestimmte Techniken funktionieren nur in bestimmten Börsenphasen. Da jedoch niemand vorher weiß, in welcher Börsenphase er sich gerade befindet, kann auch niemand vorhersagen, welche Technik in den kommenden Wochen funktionieren wird.

Aber was geschieht, wenn ein solcher Trader diese Einsicht zulassen würde? Er stünde zunächst einmal vor den Scherben seiner gesamten Karriere! Wenn all diese Techniken auf Dauer nicht in der Lage sind, nachhaltigen Gewinn zu generieren, wenn keine von ihnen erfolgreich sein kann, ist es dann noch sinnvoll, sich mit der Börse zu beschäftigen?

Viele dieser Menschen sind nun aber beruflich mit der Börse verbandelt. Wenn sie zu viel zweifeln, verlieren sie den Halt, teilweise sogar ihre Existenzgrundlage. Also suchen sie lieber nach einer neuen Technik, einem neuen Ansatz, hoffen darauf, das ultimative System zu finden, wenn sie nur lang genug forschen. Sie entwickeln dabei oft einen derart fieberhaften Eifer, dass sie nie zur Ruhe kommen. Denn Ruhe wäre gefährlich: Die verfluchten Zweifel kämen wieder hoch.

Wenn ich solche Themen in meinem täglichen Newsletter anschneide, erhalte ich tatsächlich immer wieder E-Mails von Lesern, die mir Stein und Bein schwören, sie hätten das System gefunden oder sie würden jemanden kennen, dem es gelungen sei, mit einfachen Mitteln langfristig Erfolg zu haben. Ich habe diese Storys bereits sehr oft gehört. Fakt ist: Sie halten einer näheren Überprüfung auf Dauer nicht stand.

Ich habe in meiner Zeit an der Börse sehr viele Trader und Analysten gesehen, die gute Ideen eine Weile sehr erfolgreich umgesetzt haben. Aber ich habe auch immer wieder miterleben dürfen, wie diese Ideen, Systeme, Techniken in anderen Börsenphasen große Verluste generierten und manchen in den Ruin getrieben haben. Man konnte eine klare Regelmäßigkeit erkennen: je größer die Gewinne in der Phase, in denen die jeweilige Herangehensweise funktionierte, desto größer die Verluste in der anderen Phase. Keine Frage, es gibt einen unbestreitbaren Zusammenhang zwischen Rendite und Risiko.

Es gibt einen Grund, warum »starre« Systeme an den Börsen scheitern müssen. Aber es gibt natürlich auch eine Lösung:

Börse als komplexes und chaotisches System

Man könnte also auf die Idee kommen, Börse sei Chaos. Allerdings muss man hier, um genau zu sein, doch zunächst unterscheiden. Ursprünglich bezeichnet Chaos im Prinzip einen Zustand vollkommener Unordnung. Dieser Chaosbegriff ist auf die Börse angewendet natürlich zu weit gefasst. Es tauchen sehr wohl immer wieder Regelmäßigkeiten auf, eine vollkommene Unordnung gibt es nicht.

Im Prinzip hat die Börse viel mehr mit den Theorien zu komplexen Systemen zu tun, die Teil der Chaosforschung sind. Es geht dabei darum, Systeme zu analysieren, deren Dynamik erheblich von kleinsten Veränderungen der Anfangsbedingungen abhängig sind. Sie alle kennen das überspitzte Beispiel mit dem Flügelschlag des Schmetterlings im Amazonasgebiet, der in Norddeutschland ein Unwetter auslösen kann.

Aber selbst beim Wetter gibt es innerhalb des komplexen Gesamtsystems immer wieder Regelmäßigkeiten, die zu guten Vorhersagen führen, obwohl man manchmal an Wettervorhersagen verzweifeln will ...

Zu viele Faktoren beeinflussen die Börse

An der Börse ist es allerdings noch vielschichtiger als beim Wetter: So ist die Entwicklung der Börsen von einer Vielzahl menschlicher Entscheidungen abhängig, die eindeutig noch weniger berechenbar sind:

Darunter fallen zunächst alle politischen Entscheidungen. Eine der folgenschwersten politischen Entscheidungen ist zum Beispiel ein militärischer Konflikt. Aber auch die Entscheidungen von Unternehmen können maßgeblichen Einfluss auf eine Wirtschaft nehmen. Das beste Beispiel haben wir im Jahr 2008 erlebt, als Fehlentscheidungen von Banken eine weltweite Finanzkrise ausgelöst haben.

Die Unvorhersehbarkeit liegt dabei weniger darin, dass es Menschen sind, die diese Entscheidungen treffen. Denn im Grunde sind Menschen relativ simpel gestrickt. Das eigentliche »Chaos« entsteht durch die ungeheure Anzahl von Menschen und Ereignissen, die erheblichen Einfluss nehmen können. Darunter fallen auch Menschen, von denen niemand weiß, dass ihre Handlungen relevant werden. Bestes Beispiel dafür ist der Anschlag auf das World Trade Center in New York im Jahr 2001. Eine Gruppe Menschen, von denen fast niemand wusste, dass sie überhaupt existiert, verursacht urplötzlich eine gigantische Kette von Ereignissen, die noch viele Jahre später den Verlauf der Börsen mitbestimmten.

Die einzelnen Komponenten, die Einfluss auf die Börse nehmen und nehmen können, sind damit derart unüberschaubar, dass selbst ein Anhänger von deterministischen Ansätzen nicht bestreiten wird, dass man sie mit heutigen Mitteln nicht ansatzweise berechnen kann.

Es ist mit dem Versuch gleichzusetzen, die universelle Weltenformel zu finden, die alles vorherberechnen kann. Ob wir, wenn wir diese gefunden hätten, noch Börsen brauchten?

Zyklen und massenpsychologische Gesetzmäßigkeiten

Daneben existiert aber natürlich auch eine Vielzahl von Regelmäßigkeiten. So können wir immer wiederkehrende Zyklen erkennen (Schweinezyklus, Präsidentschaftszyklus, Wirtschaftszyklen). Auch massenpsychologische Phänomene bestimmen die Börse. Gier und Angst der Anleger sind ein guter Indikator für den weiteren Börsenverlauf. Daraus wurden die Sentimentindikatoren entwickelt. Das schlägt sich bis in den Tagesverlauf nieder: Allein die Öffnungszeiten von Börsen haben einen Einfluss auf den Verlauf der Kurse, woraus sich bestimmte Regelmäßigkeiten ergeben.

Vereinfacht kann man sich das bildlich vielleicht so vorstellen: Wir haben auf einem kleinen See eine Vielzahl von parallel laufenden Wellen, die von Ufer zu Ufer laufen und die einander alle beeinflussen, mal verstärken, mal abschwächen. Dieses Muster könnte man genau vorhersagen, wenn nicht irgendwelche Störenfriede von außen immer wieder größere und kleinere Steine in den See würfen.

In der Fachliteratur finden Sie einige Bücher, die sich mit diesen Regelmäßigkeiten, den Börsenzyklen, beschäftigen, doch nicht nur aus diesem Grund will ich auf diese Thematik hier nicht weiter eingehen:

Der große Haken!

Der eigentliche Grund ist, auch das oben genannte Beispiel hat einen großen Haken:

Stellen wir uns einmal vor, es gäbe ein System, eine Ordnung an den Börsen. Wenn es einem Menschen gelingen sollte, diese Ordnung zu entdecken, meinen Sie nicht, dass auch viele andere ebenfalls recht bald diese Ordnung entdecken würden? Überlegen Sie sich einfach, welches ungeheurere, menschliche Potenzial an Intelligenz sich tagein, tagaus mit Börsen beschäftigt. Keine

Frage, sobald eine Gesetzmäßigkeit zu erkennen wäre, würden mit der Zeit immer mehr Menschen diese erkennen und benutzen.

Und dann?

Es geht an den Börsen, vereinfacht ausgedrückt, immer um drei Punkte: Einstiegssignal, Haltedauer, Ausstiegssignal. Mehr ist es nicht. Bleiben wir beim Einstiegssignal: Wenn immer mehr Menschen das gleiche Einstiegssignal entdecken, schwindet die Anzahl derjenigen, die zu diesem Zeitpunkt verkaufen. Es könnte sein, dass sehr bald nicht mehr genug Verkäufer da sind, zumal einige Trader den entstehenden Kaufdruck anhand der Umsätze erkennen und ebenfalls aufspringen würden.

Der Kurs steigt also so explosionsartig, dass gar nicht alle, die dieses Einstiegssignal gesehen haben, rechtzeitig einsteigen konnten. Diese werden natürlich versuchen, beim nächsten Mal schneller als alle anderen zu sein. Doch diese Reaktion verursacht nur eins: Das Einstiegssignal verschiebt sich zeitlich immer weiter nach vorn und würde sich damit schnell selbst vernichten. Das Gleiche gilt übertragen für Haltedauer und Ausstiegssignal.

Diesen Prozess, dass sich ein Einstiegssignal zeitlich nach vorn verschiebt und dann auflöst, kann man an den Börsen immer wieder beobachten, wenn Regelmäßigkeiten auftreten, die irgendwann auch den Massenmedien auffallen.

Die fehlende Distanz zum System

Der eigentliche Grund für diesen Prozess ist, dass an der Börse derjenige, der dieses System analysiert, in dem Moment, wo er aufgrund seiner Analysen Käufe oder Verkäufe vornimmt, die Börse verändert. Das System, das die Börse vorhersagen will, wird damit zum Teil des Systems, das es analysiert, und beeinflusst damit die eigenen Ergebnisse. Das bedeutet aber: Es müsste sich von sich selbst distanzierend, die Auswirkungen seines eigenen Handelns auf alle anderen mit in die Berechnung einbeziehen. Darüber hinaus müsste es noch berechnen, wie bald alle anderen das eigene System entdecken werden und welche Auswirkungen das wiederum auf das eigene System hätte.

Auch damit sind wir doch schlussendlich wieder bei dem Versuch, die Weltenformel zu finden, deren Entdeckung das Ende der Börse wäre ...

Börse ist also auf eine ganz besondere Art und Weise chaotisch, sie wird sich quasi aktiv (!) jeder Regelmäßigkeit entziehen.

Aber trotz dieser Erkenntnis, die eigentlich vergleichsweise einfach zu verstehen ist, arbeiten auf der ganzen Welt Trader, Computerfachleute, Mathematiker und Analysten daran, die Börse in eine gewinnbringende Formel zu fassen. Sie suchen Regelmäßigkeiten, verdächtige Übereinstimmungen und Muster, ohne zu begreifen, dass es diese nie geben kann – jedenfalls nicht auf Dauer. Denn sobald ein Gesetz in dem komplexen System der Börsen auftritt, werden überall auf der Welt die Computer, Trader und Analysten, die ebenfalls nichts anderes tun, als nach solchen Gesetzmäßigkeiten Ausschau zu halten, es nach und nach auch entdecken.

Es wird niemals ein dauerhaft funktionierendes System geben!

Nur wenn Sie diese Logik verinnerlichen, werden Sie den in diesem Buch vorgestellten Weg verstehen. Wenn ein Trader kurz davor ist zu begreifen, dass die Börse chaotisch ist, dass es nie eine Sicherheit, ein Gewinnversprechen geben wird, kann das ein sehr frustrierender Moment sein. Einige werden zynisch, andere steigen aus. Das ist umso bedauerlicher, da diejenigen kurz vor dem eigentlich entscheidenden Punkt aufgeben.

Unsicherheit ist erst der Anfang

Denn wenn ein Trader dieses Gesetz der Regellosigkeit der Börse nachhaltig begreift, hat er eine große Chance. Allerdings muss er akzeptieren, dass es an den Börsen nie Sicherheit gibt! Er ist beständig mit Unsicherheit konfrontiert. Diese Erkenntnis ist ein wichtiger Schritt auf dem Weg zur hohen Kunst des Tradens.

Dem Börsianer ist vor jedem Trade bewusst, dass er nicht den geringsten Schimmer hat, ob dieser Trade gut oder schlecht ausgehen wird. Es mag sein, dass die Wahrscheinlichkeiten auf seiner Seite stehen, aber für diesen einen Trade gibt es keine Sicherheit.

Das ist tatsächlich nur etwas für Menschen, die eine Jägermentalität haben. Menschen, die aus ihrem Alltagstrott heraustreten, und sich dem Chaos der Börse zu stellen. Menschen, die bereit sind, sich die Tage und Nächte um die Ohren zu schlagen, unendlich viel Zeit zu opfern, um ihrer Beute auf die Schliche zu kommen.

Diese Erkenntnis kann ganz nebenbei auch von der irrigen Annahme befreien, einen Fehler bei einem Trade gemacht zu haben. Nicht immer, wenn ein Trade scheitert, war ein Fehler die Ursache. Mit der Zeit wird man sich immer öfters sagen hören, »ich habe eigentlich alles richtig gemacht«, und sich auf den nächsten Trade konzentrieren.

Die Gesetze der Regellosigkeit

Fassen wir zusammen:

> Die Börse ist nicht statisch.
> Die Börse ist tatsächlich nahezu »unendlich« vielen Einflüssen unterworfen.
> Die Börse verhindert aktiv jede dauerhafte Regelmäßigkeit.
> Die Börse kann auf längere Sicht kein System zulassen.

Jeder Versuch, die Börse zu begreifen, sie in ein Schema zu pressen, gleicht damit dem ungeschickten Versuch, ein glitschiges Stück Seife mit aller Kraft festzuhalten.

Chaos verlangt nach Intuition

Es gibt etwas, das meines Erachtens zumindest zurzeit noch jedem Computer, allen technischen Systemen weit überlegen ist und dabei vielleicht selbst sogar eine Art »chaotisches« System darstellt: die menschliche Intuition. Oft genug war es ein Traum, eine Intuition, ein Gefühl, das Menschen Großes leisten ließ.

Ebenso dürfte es den Jägern in der Wildnis gegangen sein: Die Intuition, also die in seltsamer Art und Weise geschärften Sinne, etwas, das über den normalen Verstand hinaus geht, hat das Überleben in der Wildnis gesichert.

Auch viele der Top-Trader haben davon berichtet, dass lediglich ein »Gefühl« sie rechtzeitig gewarnt hat, bevor es zu heftigen Kurseinbrüchen, Crashs oder sogar Anschlägen gekommen ist.

Doch das ist nur ein Teil der Wahrheit. Die besten Trader berichten davon, dass sie die Kursverläufe »fühlen«. Plötzlich taucht in den dunkelsten Zeiten fallender Kurse die Gewissheit auf: So, das war es jetzt, der Boden ist erreicht – durch nichts weiter begründet als durch ein Gefühl. Das ist meines Erachtens das, was einen guten von einem schlechten Trader unterscheidet.

Es ist der einzige Weg, dem Chaos zu begegnen. Die Erfolglosen kleben an Systemen, an der Charttechnik, an Fundamentaldaten, an Indikatoren. Und als Sklaven formaler, mechanistischer Statik werden sie in einem komplexen dynamischen System, wie es die Börse ist, niemals langfristigen Erfolg haben können.

Die erfolgreichen Trader verwenden diese Mittel der Analyse wie der Maler Pinsel und Farbe. *Sie* benutzen diese Medien, sie lassen sich jedoch nicht vom Pinsel und der Farbe benutzen. Es sind lediglich Handwerkzeuge, welche dazu dienen, erfolgreich zu sein. Reine Harmonielehre kann auch ein Musikstück niemals zu einer großen Komposition machen, es bedarf immer des Genius' der Intuition.

Das Gleiche gilt für das Jagen und ebenso für das Traden. Doch bevor ich dazu komme, wie man diese Intuition schulen kann, wie man sein Marktgefühl verbessern kann und wie man seinen ewig störenden Verstand in die Schranken weist, möchte ich erst einmal auf einen äußerst wichtigen, aber fast immer völlig ignorierten Umstand eingehen.

Die Börse als Wesen

Da die meisten Trader nicht erkennen, dass sie mit der Börse verbunden sind, können sie auch nicht verstehen, dass die Börse auf ihre Stimmungen, Einstellungen und Ansichten reagiert. In unserer sehr technischen und materiellwissenschaftlichen Welt kann und darf es so eine Verbindung nicht geben. Was auf den Börsenmonitoren geschieht, geschieht völlig unabhängig von der Gedanken- und Gefühlswelt des Traders. Das ist die einhellige Meinung, und diese Meinung ist falsch.

Sie sind Börse

Um zu verstehen, worum es hierbei geht, ist es wichtig zu erkennen, dass Traden etwas mit Ihnen, mit Ihrer Art und Ihrer Persönlichkeit zu tun hat. Sobald Sie als Trader den Kreis der Börsen betreten, verbinden Sie sich mit diesem großen Spiel namens Börse. Sie werden ein Teil von dem weltweiten Netzwerk aller Trader, Investoren, Banken und Institutionellen. Und es ist Ihre Persönlichkeit, die teilnimmt, Ihre Charakterzüge, Ihre Stärken und Schwächen. Die Aktionen, die Ihren Entscheidungen folgen, werden in den Börsenalltag assimiliert, und sie werden einige Zeit das Geschehen an den Börsen mitbestimmen.

Ein Beispiel: Es kann theoretisch sein, dass eine Verkaufsorder von Ihnen der entscheidende Tropfen ist, der in einem Aufwärtstrend das Fass zum Überlaufen bringt und zu einem massiven Einbruch führt. Ihre Aktion kann die eine wichtige charttechnische Marke nach unten brechen lassen, so dass eine Verkaufspanik ausgelöst wird, die vielleicht sogar einen weltweiten Crash verursacht. Stellen Sie sich das wie eine Lawine vor, deren Anfang ein kleines Steinchen war. Hier ist die Parallele zu dem vorhin genannten Beispiel mit dem Flügelschlag eines Schmetterlings. Diese Betrachtungsweise basiert auf der Erkenntnis, dass in komplexen Systemen, in denen sich alles gegenseitig beeinflusst, jede kleinste Veränderung in der weiteren Ferne große Auswirkungen haben kann. In früheren Zeiten war das an den Börsen noch einfacher zu erkennen. An den Parkettbörsen konnte man das Entstehen von Stimmungen und Kurswechseln fast noch sehen und besonders hören. Doch auch in unserer computerisierten Welt ergeben sich die gleichen Prozesse.

Das bedeutet: Mit jeder Transaktion, aber eigentlich schon mit jeder Analyse, jedem Gedanken, der Sie selbst oder irgendjemanden zu einer Aktion verführt, formen und gestalten Sie demnach das »Wesen« Börse mit.

Für Sie bedeutet das, dass jede Ihrer Transaktionen einen nicht unerheblichen Anteil an dem Gesamtgeschehen der Börse hat – jeder noch so unbedeutend erscheinende Beitrag wirkt sich auf das Wesen Börse als Ganzes aus.

Ihre Aktion beeinflusst alle anderen

Wenige machen sich beim Traden bewusst, dass durch ihren Kauf oder Verkauf ein neuer Kurs gestellt wird, der sofort überall auf der Welt von Millionen Marktteilnehmern gesehen werden kann. Gerade Menschen, welche diese Aktie beobachten, werden eventuell sogar aufgrund dieses neuen Kurses eine Entscheidung treffen, so oder so zu handeln.

Sie kennen das vielleicht von sich selbst: Wenn Sie in eine Aktie einsteigen wollen, beobachten Sie den Kursverlauf, vielleicht auch die Markttiefe. Irgendwann werden Sie einsteigen. Sie warten nur noch auf ein entsprechendes Signal. In diesem Moment kann es sein, dass bereits eine neue Order, die jemand in den Markt gegeben hat, dazu führt, dass Sie nun auch endlich einsteigen. Und Ihre Order wird den entstehenden Kaufdruck in diesem Fall zusätzlich erhöhen.

Normalerweise denken die Trader, die mit geringen Summen handeln, nicht darüber nach, dass jede noch so kleine Order einen Einfluss hat. Die meisten haben unbewusst das Gefühl, dass ihr Handeln und der Kursverlauf überhaupt nichts miteinander zu tun haben. Diese Einschätzung ist, wie gesagt, grundlegend falsch!

Denn diese gewisse Anzahl anderer Trader, die durch Ihren neuen Kurs eine Aktion tätigen, wird mit dieser Aktion neue Kurse verursachen, welche wiederum weitere Trader oder Anleger zu neuen Aktionen bewegen. Sie haben einen kleinen Stein ins Rollen gebracht. Zwar nur einen kleinen Stein unter vielen rollenden Steinen, doch er ist in der Lage, andere Steine anzustoßen.

Machen Sie sich also zunächst bewusst, dass jede noch so kleine Transaktion einen nicht abschätzbaren Einfluss auf die gesamte Börse hat!

Sie beeinflussen demnach die Börse durch Ihre Gedanken, Ihre Ansichten und Ihr Handeln. Durch ihr Handeln wird der Kursverlauf direkt beeinflusst. Ihre Ansichten beeinflussen sie indirekt, zumindest, wenn Sie Ihre Ansichten mit anderen Menschen diskutieren. Ihre Gedanken sind Vorläufer von Handlungen und Ansichten, also sind es eigentlich schon Ihre Gedanken, die Einfluss haben.

Aber selbst wenn Sie zum Beispiel nach einem Crash lange Zeit nichts mehr tun, oder sich sogar ganz von der Börse verabschieden, beeinflusst dieses Nichtstun die Börse. Die Umsätze sinken, und das kann einen ganz gravierenden Einfluss auf die Kursverläufe nehmen.

Die intensive Vernetzung gibt der Börse eine eigene, individuelle Persönlichkeit

Nun stellen Sie sich all die Gehirne vor, die Charaktere und Persönlichkeiten, die weltweit an den Computern sitzen oder sich in den letzten verbliebenen Börsensälen tummeln und sich an diesem gigantischen Spiel beteiligen. Jeder verändert durch seine Gedanken, Ansichten und sein Handeln oder Nichthandeln das Wesen Börse auf seine ganz persönliche Art und Weise. Die Börse saugt damit all die Ängste, die Ideen, die Neurosen, die Charakterschwächen und -stärken, die Erfahrungen und das Wissen eines jeden Teilnehmers in sich auf. Aus dieser Masse an Einflüssen entsteht in der letzten Verdichtung eine Kursbewegung. Das sind die Linien, die wir auf unseren Charts ablesen.

Der Kursverlauf einer Aktie ist damit letzten Endes die absolute Essenz aller menschlichen Einflüsse, Gedanken, Gefühle und Energie der handelnden Teilnehmer.

Es ist also so, dass der Kursverlauf ein verdichtetes Konzentrat all dieser »intelligenten« Menschen ist. Damit wird aber die Börse selbst so etwas wie eine »übergeordnete« Intelligenz, eine Art Wesenseinheit. Diese Wesenseinheit hat zwar aller Wahrscheinlichkeit nach kein eigenes Bewusstsein in der Form, dass es weiß, dass es existiert. Aber es spiegelt ein Massenbewusstsein wider und agiert auch so, nämlich auf seine Art und Weise höchst intelligent und funktional.

Der Vergleich mit dem Körper

Ich will es, um es ganz deutlich zu machen, ein wenig überspitzen: Stellen Sie sich einmal vor, alle Zellen Ihres Körpers hätten ein eigenes Bewusstsein, eine eigene Intelligenz, wüssten aber nicht, dass sie Zellen eines Körpers sind. Sie wüssten nicht einmal, dass sie an einem großen Prozess beteiligt sind, den wir als »lebenserhaltende Funktionen« wahrnehmen. Ohne dieses Wissen über die höhere Funktionalität ihres Daseins würde sich jede Zelle dabei höchst individuell und intelligent fühlen, so wie wir Menschen es tun. In gewissen Bereichen des Körpers sind sogar auch Zellen begrenzt frei beweglich.

Die Gesamtheit dieser Zellen ist in unserer – übergeordneten – Wahrnehmung ein Körper. Nur durch die Zusammenarbeit all dieser Zellen an einem großen Projekt »Mensch« existieren wir. Aus einer Masse von kleineren Einheiten entsteht somit etwas ganz Neues, Größeres, in gewisser Weise Eigenständiges.

Das Interessante an diesem Beispiel ist, dass der Mensch, da er die Gesamtheit der Zellen darstellt, in gewisser Weise durch jede Tätigkeit einer jeden Zelle beeinflusst ist. Als Mensch ist er darauf angewiesen, dass die Zellen ihre Funktionen erfüllen – tun sie das nicht oder falsch, kann er beeinträchtigt oder sogar krank werden.

Umgekehrt sind aber auch die Zellen abhängig von den Tätigkeiten, die der Mensch vornimmt: Ernährung, Sport etc.

In unserem Beispiel wäre es so, dass das Wesen Mensch keinen Zugang zu dem Bewusstsein der einzelnen Zellen hätte. Er müsste nicht einmal wissen, dass die Zellen eine Intelligenz besitzen oder sogar Bewusstsein haben.

Aber auch den Zellen müsste nicht einmal bewusst sein, dass es da ein »größeres Wesen« Mensch gibt, und das System würde trotzdem funktionieren.

Die Zellen würden aber wahrscheinlich trotzdem einen unbewussten oder sogar bewussteren Zugang zu dem Gesamtempfinden des Menschen haben (depressiv, euphorisch, ängstlich). Zum Teil beeinflussen auch Zellen einander. Wenn Sie genussvoll ein Stück Schokolade essen (Geschmackszellen), wird in Ihren Gehirnzellen eine Winzigkeit Dopamin (»Glückshormon«) ausgeschüttet. Ein unangenehmes Erlebnis (Sinneszellen von Auge, Ohr, Haut o.a.) schlägt Ihnen vielleicht auf den Magen. Wenn der Doktor Ihnen mit dem Hämmerchen auf die Kniesehne schlägt, reagiert ein Muskel im Oberschenkel usw.

Denkt man das weiter, so kann man zu der Ansicht gelangen, dass es eigentlich zwischen Zellen und Mensch in diesem Beispiel keinen Unterschied gibt. Der Mensch spiegelt sich in jeder Zelle wieder und umgekehrt.

Übertragen wir dieses Beispiel auf die Börse: Millionen von Tradern und Spekulanten arbeiten an einem Projekt namens »Börse«. Daraus entsteht etwas Neues, etwas Eigenständiges, etwas Größeres und Übergeordnetes – eine Art Wesen. Ein Wesen, das ähnlich wie ein Körper zwar aus der Tätigkeit der einzelnen Einheiten entsteht und am Leben erhalten wird, aber in gewisser Weise eigenständig agiert. Auch wenn ich der Börse ein eigenes Bewusstsein abspreche, so entsteht trotzdem durch diese Masse von Einheiten eine ganz eigene, neue Art von übergeordneter Persönlichkeit. Da diese Persönlichkeit durch die Persönlichkeiten der Teilnehmer verursacht ist, müsste sie in gewisser Weise bestimmbar sein.

Folgt man dieser Sichtweise, ist es nur ein kleiner Schritt zu der Erkenntnis, dass jeder Marktteilnehmer mit allen anderen in Kontakt steht, so wie die oben genannten einzelnen Zellen des Menschen in den verschiedenen Situationen miteinander über komplizierte Mechanismen in Wechselwirkung treten und eine Gesamtreaktion hervorrufen. Natürlich wird das dem einzelnen Trader nicht bewusst sein.

Aus diesem neuen Verständnis von Börse resultieren aber ein paar elementare Grundsätze, auf denen die weitere Struktur des Buchs aufgebaut ist.

Die Börse hat eine Art Persönlichkeit. Diese Persönlichkeit ist die Essenz aus allen psychologischen Eigenarten der beteiligten Personen und damit in gewisser Weise bestimmbar. Ein Beispiel: Die Börse neigt zu Hysterie, also zu Übertreibungen.

Börse ist lernfähig. Unter Lernfähigkeit wird die Eigenschaft eines Organismus' verstanden, Informationen speichern zu können und diese für die eigenen Zwecke nutzbar zu machen. Die Börse selbst speichert Informationen zwar nicht, aber ihre Teilnehmer (ähnlich wie der Mensch nicht Informationen speichert, sondern entsprechende Gehirnzellen). Sie kann also aus Erfahrungen lernen und auf ähnliche Ereignisse aufgrund von Erfahrungen in einer Situation anders reagieren als zuvor. Sie passt sich somit an, entwickelt sich, wird »intelligenter« (Diese Lernfähigkeit belegt aus einer anderen Sicht noch einmal, dass Systeme nicht dauerhaft funktionieren können, denn diese Lernfähigkeit verursacht beständige Veränderung der Parameter).

Die Börse kann vergessen. Immer wieder sieht man, dass die Börse vergesslich ist, wenn Ereignisse zu lang zurückliegen. Die Vergesslichkeit der Börse liegt zum einen an der Vergesslichkeit der Teilnehmer, zum anderen aber auch daran, dass alle Teilnehmer irgendwann die Beschäftigung mit der Börse aus verschiedensten Gründen aufgeben. Ich würde schätzen, dass die durchschnittliche Beschäftigungszeit (einschließlich des Ablebens der Teilnehmer) mit der Börse so um 35 Jahre liegt.

Es gibt demnach eine Reihe von Faktoren, welche eine Art »Wesen« belegen. Schlussendlich wird es Ihre Aufgabe sein, die Persönlichkeit der Börse, ihre Charaktereigenschaften, ihre Verhaltensweisen kennenzulernen und zu begreifen, wie sehr Ihre Wahrnehmung von diesem Wesen damit zu tun hat, erfolgreich zu werden. Nur wenn die Börse belebt oder sogar beseelt ist, kann sie zu einer aktiven Beute werden. Und nur dann versteht man auch, warum sie sich immer wieder allen Versuchen, sie zu fangen und damit zu beherrschen, entziehen wird.

Das entfremdete Computerspiel

Die meisten Trader sitzen hingegen vor den Monitoren und fühlen sich, als ob sie etwas beobachteten, das unabhängig von ihnen dort draußen geschieht. Häufig wird die Börse sogar unbewusst mit einer Art Computerspiel verglichen. Das zeigt, wie entfremdet die Menschen diesem »Wesen Börse« sind, weil sie alleine zuhause agieren und nicht wie früher die vielen anderen Händler auf dem Parkett erleben, und geschweige denn die Millionen anderen an den Monitoren bei sich zu Hause in der ganzen Welt berücksichtigen. Sie sehen nicht die emotionalen Wogen der Angst und Gier, welche die Massen der Marktteilnehmer ereilen. Sie sehen nicht die Reaktionen auf den Gesichtern, hören nicht die Freudenschreie und Flüche. Schon gar nicht begreifen sie sich selbst als eine Art Zelle eines großen, mehr oder weniger lebendigen, aber auf jeden Fall funktionalen »Organismus'«.

Diese eingebildete Distanz, diese Fehleinschätzung ist viel häufiger Ursache der allgemeinen Erfolglosigkeit, als man glauben mag.

Teil des Ganzen

Jeder Trader verschmilzt mit diesem großen Wesen und schwingt in dessen Wellenschlag zwischen den Hochs und Tiefs mit. Er wird mit seinem ersten

Trade zu einem untrennbaren Teil des Ganzen. Es ist überaus wichtig zu verstehen, dass Sie und Ihre ganze Persönlichkeit bereits zu einem Teil der Persönlichkeit und damit des Wesens Börse geworden sind. Sie müssen begreifen, dass zwischen Ihnen und der Börse kein Unterschied mehr besteht. Sie sind die Börse und die Börse ist Sie! Sie können nicht unterscheiden, was Ihre Gedanken sind und was die Gedanken der Börse. Und genau das, diese Verbindung erklärt, warum die meisten Börsianer, so sehr sie auch um Objektivität bemüht sind, letztlich doch nur mit den Wellen zyklisch mitschwingen und so immer das Falsche machen.

Denn jeder Trader meint, er würde sich seine eigenen Gedanken machen. Er meint, er hätte eine Distanz zu diesem Wesen. Doch es sind nicht (nur) die eigenen Gedanken, es sind IMMER auch die Gedanken des Wesens Börse! So sehr Sie sich auch bemühen, Sie werden niemals an der Börse handeln können, ohne Teil der Börse zu sein. Damit wird jeder Versuch, sich einer möglichen Objektivität zu nähern, um bessere Entscheidungen zu treffen, per Definition unmöglich.

Die fehlende Objektivität

Unbewusst fühlen das einige Trader und versuchen, nach vielen gescheiterten Anläufen ihr Heil in scheinbar leblosen Computerprogrammen zu finden. Sie hoffen, dass der Computer sich eben nicht von Emotionen anstecken lässt und entsprechend rational, beziehungsweise objektiv reagiert.

Aber auch die Computerprogramme sind ein Teil des Gesamtwesens Börse und werden so auf eine faszinierende Art und Weise »belebt«. Denn sobald diese Computer reale Einstiegs- oder Ausstiegssignale berechnet haben, die auch gehandelt werden, befindet sich der Computer innerhalb der Sphäre der Börse. Um objektiv zu sein, müsste er aber eine Distanz dazu haben (siehe das Kapitel »Die fehlende Distanz zum System«). Das ist der Grund, warum auch Computerprogramme auf Dauer nicht funktionieren. Je mehr Einstiegssignale ein Programm entdeckt, die schließlich auch umgesetzt werden, desto mehr verschmilzt der Computer mit der Börse, desto weniger objektiv ist er. Ein Computer, der handelt, wird zu einem Subjekt des Wesens Börse und hat keine Chance mehr auf Objektivität.

Wie oben bereits schon geschrieben, nur um eine Ebene erweitert: In diesem Moment ist der Computer Teil des Ganzen geworden, er beeinflusst das Wesen und wird von ihm (über seine eigenen Analysen) beeinflusst. Das bedeutet in letzter Konsequenz: Er wird von seinen eigenen Beeinflussungen, »Handlungen« beeinflusst. Es entsteht eine Rückkopplungsschleife, an der die erhoffte Objektivität der Computerprogramme scheitert.

Und das ist das eigentlich Witzige an der Situation: Der Trader, der bemerkt hat, dass er nicht objektiv genug handelt, greift auf den Computer zurück, um diese Schwäche auszugleichen. Doch in der letztendlichen Konsequenz hat auch der Computer das gleiche Problem. Verrückt, nicht wahr?

Sie sehen, es ist unmöglich außerhalb des Wesens Börse zu gelangen – alles, was mit Börse zu tun hat, wird von diesem Wesen assimiliert. Sie als Trader sind Teil dieses Wesen, Sie sind sogar genau genommen das Wesen selbst, wie die Zelle der Körper ist. Etwa in der Art verstehen auch die Naturvölker ihr Land, ihre Umgebung – als großes Wesen. Und nur indem die Jäger sich mit diesem Wesen verbinden, werden sie es kennenlernen, um es in einem weiteren Schritt »beherrschen« zu können. Dazu aber später mehr.

Zunächst einmal müssen Sie sich vollkommen damit abfinden, dass Sie an der Börse niemals objektiv sein werden. Je kurzfristiger Sie traden, desto wichtiger ist es, das zu begreifen.

Der Nutzen aus dieser Erkenntnis

Diese oben beschriebenen Faktoren können Sie sich zunutze machen. Denn wenn Sie Teil des Wesens sind, können Sie sich ein Zugang zu diesem Wesen verschaffen. Es ist in diesem Fall nicht mehr abwegig, dass gerade Ihre Intuition Ihnen helfen kann, zu erkennen, was eigentlich gespielt wird. Sie sind schließlich mit diesem Wesen untrennbar verbunden. Ihre Aufgabe muss also sein, einen Zugang zu dem Wesen Börsen zu finden. Doch dieser Zugang ist noch von großen Hindernissen versperrt. Dazu zählen Ihre Wahrnehmung, Ihre Überzeugungen, kulturelle und andere Gegebenheiten. Von diesen Hindernissen handeln die nächsten Kapitel.

Welche Faktoren beeinträchtigen das Traden?

Verzerrte Wahrnehmung, ein Zweifel an der Realität

Ihre Wahrnehmung wird durch sehr viele Faktoren beeinflusst. Natürlich beeinflussen Sie zum Beispiel nicht nur das Wesen Börse und ihre vielen Nachrichten und Analysen. Ihre Wahrnehmung wird auch von der gesamten Realität im höchsten Maß subjektiv verzerrt. Das, was Sie als Börse wahrnehmen, nimmt niemand anderes so wahr wie Sie. Es ist sozusagen Ihre ganz eigene Börse. Und damit sagt Ihr Bild, das Sie von der Börse haben, sehr viel über Sie und Ihren Charakter und Ihre Persönlichkeit aus, aber nur sehr wenig über die Börse selbst.

Um diese Aussagen verständlicher zu machen, muss ich ein wenig ausholen. Deswegen zunächst ein überspitztes Beispiel:

Der unglückliche Schreiner

Stellen Sie sich zwei Menschen vor: Der eine besaß in seiner Kindheit ein großes, wohnliches Baumhaus aus Holz, in dem er viele Sommertage und -nächte mit Freunden verbrachte. Darin erlebte er die intensivsten und schönsten Stunden seiner Jugend.

Der andere ist in seiner Kindheit im Wald von einem umstürzenden Baum getroffen worden und lag mehrere Stunden in Todesangst und mit unsäglichen Schmerzen unter diesem Baum, bis er gerettet wurde.

Beide Menschen werden emotional mit dem Wort Baum etwas jeweils vollkommen Unterschiedliches verbinden. Die gesamte Gefühlswelt, die Bilder, die Erfahrungen könnten unterschiedlicher kaum sein. Es ist zwar ein und dasselbe Wort, aber doch werden damit zwei ganz unterschiedliche Realitäten beschrieben. Würden diese beiden Jungs über Bäume reden, fände kaum eine sinnvolle Kommunikation statt.

Stellen wir uns nun vor, beide müssten den Beruf ihres Vaters erlernen: Schreiner. Der Erste würde wahrscheinlich ein begnadeter Schreiner werden, da er Holz liebt, den Geruch, die Haptik des warmen, weichen Materials. Mit großer Leidenschaft und Hingabe würde er sich dem Formen und Bearbeiten des Holzes widmen.

Für den anderen Jungen wäre dieser Beruf wahrscheinlich ein lebenslanger furchtbarer Kampf. Allein der Geruch des Holzes würde ihn immer, vielleicht sogar nur unbewusst, an sein Kindheitstrauma erinnern. Keine Frage, er würde sich nichts sehnlicher wünschen, als etwas anderes zu machen.

Wer von diesen beiden Jungs wird aller Voraussicht nach erfolgreich in seinem Beruf sein?

Wohlstand und Geld

Nun geht es nicht nur diesen beiden Jungs so, sondern uns allen. Wir alle nehmen die Dinge auf höchst unterschiedliche Art und Weise wahr. Besonders deutlich wird das beim Thema Geld und Wohlstand. Viele Menschen haben, ohne es zu wissen, ein sehr gestörtes Verhältnis zu Geld. Das liegt immer noch an unserer christlichen Kultur, in der Armut als ein hohes Gut empfunden wird. Reichtum wird hingegen oft unbewusst in unserem tiefsten Inneren als etwas Verwerfliches angesehen, egal, wie sehr wir uns auch nach Reichtum sehnen. Es ist ein kulturelles Überbleibsel, das tatsächlich in den allermeisten Menschen mit einem christlich geprägten Hintergrund vorhanden ist. Eher geht ein Kamel durch ein Nadelöhr, als dass ein Reicher in den Himmel kommt.

Geld beziehungsweise Reichtum hat also etwas Verwerfliches. Börse hat etwas mit Geld zu tun. Die Menschen, die sich mit Börse beschäftigen, jagen dem Geld hinterher. Börse muss demnach auch verwerflich sein. Leider sind das meistens vollkommen unbewusste Mechanismen. Und so würden sich viele Menschen wundern, was sie tief in ihrem Inneren für eine Einstellung zu Geld, aber auch zur Börse haben. Wenn Sie jedoch mit einer solchen Einstellung versuchen, Trader zu werden, ist das vergleichbar mit dem traumatisierten Jungen, der Schreiner wurde.

Die Persönlichkeit filtert die Realität

Das ist nicht alles: Sämtliche Nachrichten, die Geschehnisse an den Börsen und in der Wirtschaft, werden von jedem Menschen auf höchst unterschiedliche Art und Weise ganz subjektiv wahrgenommen. Jeder Mensch besitzt zu jedem Wort eine eigene Erfahrung, die das Erleben des Worts zu etwas sehr Persönlichem macht.

Zwar beschreiben Wörter oft Sachen und Sachverhalte, aber diese sind fast immer auch mit Gefühlen verbunden. Dazu ein weiteres Beispiel:

Das Wort »Schulden«

Wenn Sie in einer Familie aufgewachsen sind, in der »Sparen« als der beste Umgang mit Geld gepriesen wurde und in der Schulden absolut inakzeptabel waren, also als etwas höchst Verwerfliches angesehen wurden, werden Sie später mit einer gewissen Wahrscheinlichkeit mit dem Wort »Sparen« sehr angenehme Gefühle verbinden und mit dem Wort »Schulden« höchst unangenehme.

Wenn Sie nun den Begriff Staatsverschuldung lesen, koppelt sich dieses Wort direkt mit diesem unangenehmen Gefühl, und Sie werden Staatsverschuldung als etwas höchst Schlechtes empfinden.

Stellen wir uns jedoch vor, Sie sind in einer reichen Unternehmerfamilie groß geworden. Ihr Vater war immer bis über beide Ohren verschuldet, einfach weil er immer investieren musste, Steuern sparen konnte und expandieren wollte.

Als Kind dieser Familie besteht eine gewisse Wahrscheinlichkeit, dass Sie Schulden mit dem Sie umgebenden Luxus verbinden. Auf einmal ist das Wort »Schulden« nicht mehr verwerflich, sondern etwas sehr Positives, sogar Sinnvolles.

Wenn dieses Kind im Erwachsenenalter das Wort »Staatsverschuldung« hört, wird es dieses Wort mit ganz anderen Gefühlen wahrnehmen.

Stellen wir uns nun vor, diese beiden sind mittlerweile Börsianer und lesen einen Artikel über Krise und Staatsverschuldung. Wie naheliegend ist es, dass der eine die hohe Staatsverschuldung als klares Indiz für die Verwerflichkeit des Systems, vielleicht sogar Grundlage der Krise und den baldigen Untergang interpretieren wird, während der andere vielleicht sogar auf die Idee kommt, man müsse sich in dieser Krise noch mehr verschulden, um über neue Investitionen wieder Wachstum zu generieren.

Wer hat Recht?

Ich kann mir vorstellen, dass bei einigen von Ihnen allein dieses Beispiel schon eine Reihe von weiteren Gedanken und Emotionen ausgelöst hat. Passen Sie genau auf, was Sie denken, es kann nämlich gut sein, dass sich Ihr Ego von einer dieser Thesen angegriffen fühlt! Je nachdem, wie Sie gestrickt sind, kann es sogar sein, dass Sie nichts Eiligeres zu tun haben, als das gesamte Beispiel umzuinterpretieren: Nämlich als »Sehr schlechtes Beispiel!«, »Totaler Unsinn!«, »Das beweist doch gar nichts!« Oder, wenn Sie sich bestätigt fühlen: »Gutes Beispiel!«, »Das müsste ich weitergeben!«

Es gibt eine Vielzahl von Reaktionen, nur weil dieses Beispiel vielleicht gerade ein Thema angesprochen hat, das Sie angeht, sprich emotional berührt. Es kann auch sein, dass Sie sich vor Kurzem über die Staatsverschuldung aufgeregt haben, etc.

Aber Achtung: Uns ist der Inhalt des Beispiels, also die Staatsverschuldung, in diesem Zusammenhang vollkommen egal. Uns ist auch die Frage, »Wer hat Recht?« vollkommen egal.

Auswirkung auf die Investitionen

Uns interessiert vielmehr die Frage: Welche der beiden oben kreierten Personen würde nun wie investieren?

Nehmen wir an, die Regierung würde, kurz nachdem unsere beiden Börsianer diesen Artikel gelesen haben, auf die Idee kommen, die Staatsverschuldung weiter zu erhöhen. Wie würde dies das Anlageverhalten der beiden Personen beeinflussen?

Es ist doch nur wahrscheinlich, dass der Sparer eher langfristig auf fallende Kurse setzt, da er nun endgültig vom Zusammenbruch des Systems überzeugt ist, und der Schuldenmacher eher auf steigende Kurse setzen wird, da er meint, der Staat handle richtig.

Beide haben gehandelt, weil sie mit einem einzigen Wort zwar sehr starke, aber vollkommen unterschiedliche Emotionen verbinden. Doch diese Emotionen sagen nichts darüber aus, was tatsächlich mit den Börsen geschehen wird!

Nachrichtenverarbeitungen

Auch dieses sicherlich plakative Beispiel soll lediglich belegen, wie sehr vergangene Erfahrungen Ursache dafür sind, wie ein Mensch Nachrichten und Informationen verarbeitet. Es ist, als ob all diese Informationen, mit denen wir täglich konfrontiert werden, durch eine Art Filter der eigenen Persönlichkeit drängten. Das heißt, das, was letzten Endes als Information ins Bewusstsein drängten, ist bereits eine höchst subjektiv veränderte und selektive Information.

Natürlich wird uns Menschen normalerweise nicht bewusst, wie wenig wir von der eigentlichen Realität mitbekommen. Wie auch, allein die Frage, was denn die »eigentliche Realität« wirklich sein soll, kann nicht abschließend geklärt werden. Doch auch diese Fragen interessieren uns an dieser Stelle nicht. Hier geht es um die Folgen für Sie und Ihr Tradingverhalten.

Auf die Börse übertragen, bedeutet das: Auch alles, was Sie an der Börse erleben, ist wiederum durch Ihre Erfahrungen und Ihre Vergangenheit, also Ihre Wirklichkeit gefiltert. Die wirkliche Börse kennt niemand. Die Börse, so wie Sie sie erleben, ist zu einem großen Teil nur eine individuelle Illusion, die, beeinflusst durch die persönlichen Erfahrungen, im Kopf jedes Einzelnen entsteht.

Und nur so wird verständlich, warum es an den Börsen derart viele zum Teil höchst unterschiedliche, oft sogar einander widersprechende Ansichten und Prognosen gibt. Es wäre ansonsten unlogisch, da mittlerweile allen Beteiligten über das Internet die gleichen Informationen zur Verfügung stehen. Diese Filterung über persönliche Erfahrungen macht erst verständlich, warum es Perma-Bären und Dauer-Bullen gibt. Beide Seiten werden ähnliche Informationen filtern, um sie schließlich anders zu bewerten. Daraus entstehen Prognosen, die den eigenen Überzeugungen entsprechen. Beide Seiten werden behaupten, sie hätten Recht, ohne allerdings zu begreifen, dass es doch nur ihre persönlichen Illusionen sind, die sie von nun an mit Vehemenz vertreten.

In der Psychologie, aber auch in der Philosophie, setzte sich diese Erkenntnis, dass die individuelle Wirklichkeit zu einem großen Teil konstruiert ist, seit den 80er-Jahren immer mehr durch. Manche Wissenschaftler gehen sogar soweit, zu behaupten, dass 90 % der Wahrnehmung und der darauffolgenden Verarbeitung mehr der eigenen Wirklichkeit und lediglich 10 % einer objektivierbaren Wirklichkeit entspricht. Man stelle sich vor, 90 % dessen, was Sie als Wirklichkeit erkennen, wäre lediglich eine von Ihnen auf Ihre Bedürfnisse und Erfahrungen ausgerichtete Illusion. Würde es Sie dann verwundern, dass Sie an den Börsen Schwierigkeiten hätten, gute Trades zu tätigen? Zumal es, wie wir später noch sehen werden, möglich ist, dass in Ihnen auch noch Mechanismen aktiv sind, die verhindern, dass Sie zu erfolgreich werden.

So spannend dieser Ansatz ist, er wird erst dann für uns interessant, wenn wir ihn umdrehen:

Wenn vielleicht sogar bis zu 90 % dessen, was Sie über Börse denken, fühlen und wissen, Auszug ihrer eigenen Erlebniswelt ist, dann sagt Ihr Bild von Börse viel mehr über Sie als Mensch aus, als über die tatsächliche Börse.

Börse ist ein perfekt geschliffener Spiegel Ihres Selbst!

Und hier liegt die Crux an der Sache, denn Ihr ganz persönlicher Erfolg und Misserfolg werden damit schließlich entscheidend, wenn nicht sogar ausschließlich, durch diese subjektiven Bewertungen beeinflusst! Was Sie sehen, die Einstiegssignale, die Ausstiegssignale, die Bewertung, ob die Börse bullish oder bearish ist, ob die Wirtschaft in einem guten oder schlechten Zustand ist, muss immer höchst subjektiv bleiben. Es wird aber wenig mit der Realität zu tun haben.

Das, was Sie über Börse und deren künftige Entwicklung denken, sagt somit kaum etwas darüber aus, was tatsächlich geschehen wird, sondern eigentlich nur darüber, wer Sie sind, wie Sie Informationen interpretieren! Und es ist damit sehr wahrscheinlich, dass Ihr bisheriger Erfolg und Misserfolg zu einem sehr großen Teil in Ihnen selbst begründet liegen und nur sehr wenig mit der Börse zu tun haben. So wenig manchen Lesern diese Sichtweise der Dinge gefallen wird, so unbestreitbar ist sie.

Dazu ein kleines Beispiel: Stellen wir uns Eltern vor, die bemüht sind, ihr Kind von allem Schlechten zu bewahren. Stellen wir uns weiter vor, diese Eltern hätten aber Probleme damit, ihr Kind zu loben. Immer wenn das Kind etwas gut macht, beim Spielen gewinnt, gute Noten nach Hause bringt, würde das von diesen Eltern einfach nur kommentarlos hingenommen. Sobald dieses Kind aber etwas schlecht gemacht hat, wird ihm geholfen. Wenn dieses Kind beim Spielen verliert, wird es lange und intensiv getröstet, wenn es schlechte Noten nach Hause bringt, geschieht das Gleiche. Kurz: Das Kind erhält viel Aufmerksamkeit, wenn es verliert oder scheitert, und keine, wenn es gewinnt. Es wird mit großer Wahrscheinlichkeit eine Art »Verlierermentalität« entwickeln. Es ist sehr wahrscheinlich, dass es auch als Erwachsener unbewusst versuchen wird, durch Verlieren und Scheitern Aufmerksamkeit zu erhalten.

Würde nicht die Persönlichkeit dieses Menschen die Wirklichkeit so filtern, dass sie/er als Trader faktisch gar nicht gewinnen könnte? Es verwundert nämlich mit diesem Wissen nicht mehr, dass manche Trader immer und immer wieder in ähnlichen Situationen das Falsche tun. Es verwundert nicht, dass bei vielen Tradern der notwendige Lerneffekt erheblich verlangsamt ist.

Das bedeutet aber auch: Wenn Sie erfolgreich traden wollen, müssen Sie alles, was Sie denken und fühlen, alles, was Sie vermeintlich wissen, hinterfragen. Nur so können Sie sich einen besseren Zugang zur Börse verschaffen. Ansonsten laufen Sie Gefahr, dass Ihre Illusionen Ihnen alles zunichte machen. Das beste Beispiel für die zum Teil ruinösen Folgen einer solch konstruierten Illusion ist der Perma-Bär, der in einer großen Rallye immer und immer wieder auf fallende Kurse setzt und dabei verarmt. Oder der Dauerbulle, der in einer Baisse immer weiter zukauft. Wie, ohne eine völlige Verzerrung der Realität, ist ein solches Verhalten vorstellbar? Nun ist es natürlich leicht, solche Menschen einfach als »geistig gestört« abtun. Wahrscheinlicher ist aber, dass wir alle solchen Illusionen in abgeschwächter Form unterliegen.

Es gibt nur eine logische Folge aus dieser Erkenntnis:

Beginnen Sie zu zweifeln!!!

Falsche und störende Überzeugungen

Dazu muss man zunächst die vielen Überzeugungen hinterfragen, die uns begleiten.

Jeder Mensch hat in den (vielen) Jahren seines Lebens bestimmte Überzeugungen gesammelt. Dabei ist letzten Endes egal, wo diese Überzeugungen eigentlich herrühren. Oft resultieren sie aus Geschichten, die man uns als Kind vermittelt hat: Die Welt ist so oder so. Oder man hat die Überzeugungen der Eltern, Lehrer, Freunde und Geschwister etc. einfach übernommen. Das alles geschieht automatisch, zu einem großen Teil unbewusst, und kaum jemand wundert sich, dass er später Überzeugungen mit einer Vehemenz vertritt, ohne eigentlich zu wissen oder sich gefragt zu haben, wie er zu diesen Überzeugungen gelangt ist.

Leider ist unsere Welt voll von zum Teil haltlosen und oft unheilvollen Überzeugungen, die bei einer genaueren objektiven Überprüfung wie ein Kartenhaus in sich zusammenfallen würden. Dabei besitzt der Mensch eine Unart, die zu viel Leid auf dieser Welt geführt hat: Er ist immer geneigt, seine eigenen Überzeugungen als allgemeingültig zu empfinden. Oft, ohne es offen zuzugeben, ist er der Meinung, er sei der Einzige, der Recht hat, und weiß alles besser.

Warum macht der Mensch das?

Der Verstand des Menschen ist nicht wirklich in der Lage, die Komplexität aller Zusammenhänge dieser Welt zu begreifen. Der Verstand kann eigentlich nur sehr wenige Faktoren gleichzeitig in ihrem Zusammenhang betrachten und bewerten. Vergleicht man die ungeheurere Komplexität der Realität mit den im Vergleich dazu erbärmlich geringen Fähigkeiten des menschlichen Gehirns, wird schnell klar, warum der Mensch sich Überzeugungen schafft, schaffen muss.

Der Mensch fühlt sich angesichts dieser für ihn chaotischen Komplexität extrem hilflos. Die Erkenntnis, dass er keine Möglichkeit hat, seine ihn umgebene Realität als Ganzes zu begreifen, verunsichert ihn zutiefst. Es macht ihm eine ungeheure Angst, eigentlich nie zu wissen, was als Nächstes geschieht und wie die Dinge wirklich sind. Die Erkenntnis seiner eigenen Begrenztheit, sowohl seines Denkens als auch seiner Existenz, ist zu erschreckend. Um diesem Wahnsinn zu entfliehen, sucht er mit allen Mitteln Strukturen. Er schafft sich Überzeugungen, welche in der Lage sind, die Wirklichkeit scheinbar zu erklären. Diese Überzeugungen stellen quasi eine brutale Vereinfachung der Wirklichkeit dar. Diese Vereinfachung ist notwendig, damit das Gehirn wieder zurechtkommt.

Das Problem dieser Vereinfachungen ist jedoch, dass sie nicht nur Ursache großer Fehlerquellen ist, sondern grundsätzlich die Realität auf erhebliche Weise verfälschen.

Angst vor der unkontrollierbaren Komplexität

Wenn Sie sich bewusst machen, dass die meisten Überzeugungen aus Angst vor dem Chaos entstanden sind, also entworfen oder angenommen wurden, um dem Menschen ein Gefühl der Sicherheit zu geben, wird vieles verständlich. Es bedeutet aber auch im Umkehrschluss, dass ein starkes oder aggressives Vertreten einer Überzeugung oft nichts anderes ist als ein Beweis der persönlichen Angst und Unsicherheit vor diesem Chaos.

Man fühlt sich an Kopernikus und Galileo erinnert, die mit ihren neuen Thesen ein gesamtes Weltbild ins Wanken gebracht haben. Mit diesem im oberen Absatz genannten Gedankenansatz wird verständlich, warum erst einmal alles versucht wurde, diese neuen Überzeugungen aus der Welt zu schaffen. Dahinter verbarg sich die ungeheure Angst des Menschen vor dem Chaos, dass nichts mehr so war, wie es immer schon gewesen zu sein schien.

Übertragen auf die Börse bzw. das Traden gilt also: Wenn Sie ab heute etwas von jemandem lesen, der eine Börsensichtweise aggressiv und ohne die Akzeptanz von Zweifeln vertritt, wissen Sie, dass sich tief hinter dieser Fassade eine Form der Angst und Unsicherheit versteckt und nicht, wie man zunächst annehmen könnte, fundiertes Wissen. Eine Überzeugung wurde enttarnt, allein an der Art, wie sie vorgetragen wurde ...

Börse ist schließlich, wie wir gesehen haben, nie statisch, sie ist immer dynamisch und immer in permanenter Veränderung – alles, was man gestern noch für richtig hielt, kann heute schon falsch sein. Es gibt kein richtiges Wissen. Trader, die das nicht akzeptieren können und an ihren Überzeugungen festhalten, weil dieses Chaos sie verunsichert, werden irgendwann untergehen. Sie müssen zunächst lernen, sich dem scheinbaren Chaos zu stellen, das Sie an den Börsen erwartet, um in einem zweiten Schritt Strukturen intuitiv erfahren zu können. Doch zunächst geht es darum, eigene Überzeugungen zu enttarnen und somit anzufangen, an den eigenen Gedanken zu zweifeln.

Wie entstehen die gängigsten Überzeugungen an den Börsen?

Die meisten von uns werden tendenziell eher bullish oder bearish sein. Das sind die grundsätzlichsten Überzeugungen, die Sie an den Börsen haben können. Ob Sie eher zum Bären oder Bullen werden, hängt dabei viel mehr von den Erfahrungen ab, die Sie gemacht haben, als von rationalen Überlegungen:

Zum einen beeinflusst die Situation an den Börsen zu dem Zeitpunkt, an dem Sie angefangen haben, Ihre Einstellung. Es scheint so zu sein, dass Börsianer, die am Anfang oder während eines großen Booms an die Börse gekommen sind, meistens bullish werden und es auch bleiben. Andere, die kurz vor einem Crash angefangen haben und diesen als Erstes miterlebten, neigen eher dazu, bearish zu sein. Offensichtlich beeinflussen die anfänglichen Erfahrungen der Börsenkindheit Ihre grundsätzliche Einstellung.

Häufig ist aber auch zu beobachten, dass viele Anfänger an den Börsen oft empfänglicher für die Argumente der Bärenseite sind und erst mit den Jahren und den Erfahrungen immer bullisher werden.

Darüber hinaus spielen noch viele andere Aspekte eine Rolle. Natürlich fließen auch allgemeine charakterliche Nuancen in diese Unterscheidung mit ein. Der grundsätzlich pessimistisch oder depressiv gestimmte Mensch wird sich eher zu den Bären, der optimistisch veranlagte Mensch sich eher zu den Bullen hingezogen fühlen.

Die bearishen Intellektuellen

Eine ganz besondere Eigenschaft findet sich bei den Menschen, die wir oder die sich eher als intellektuell bezeichnen würden (z.B. Akademiker). Diese neigen ebenfalls dazu, eher bearish zu sein.

Das liegt zum einen daran, dass die von der Bärenseite vorgebrachten Argumente gerade denjenigen eingängiger sind, die einen Hang zum Zweifeln haben, aber auch sicherheitsorientiert sind. Wenn Sie zum ersten Mal bewusst etwas über Staatsverschuldung und Börse hören, sich mit dem Phänomen des Papiergelds, der Zinsen und anderen grundlegenden Aspekten der Marktwirtschaft beschäftigen, werden Sie bald geneigt sein, entsprechenden Weltuntergangsszenarien Gehör zu schenken. Diese Zusammenhänge, gemischt mit den immensen Geldbeträgen, die mittlerweile die weltweite Marktwirtschaft beherrschen, sind derart unüberschaubar, dass man nur allzuleicht auf den Gedanken kommen kann, dass das alles nicht gut gehen könne. Nur, diese Erkenntnis hatten schon viele: 1960, 1970, 1980, 1990 und im Jahr 2000. Wenn Sie Bücher aus den damaligen Zeiten lesen, werden Sie sich wundern, wie sehr die damaligen Argumentationsketten den heutigen ähneln.

Die Börse reagiert anders

Diese Tendenz wird dadurch unterstützt, dass gerade in den intellektuelleren Kreisen die unbewusste Meinung vorherrscht, dass optimistische Menschen lediglich eine rosa Brille aufhaben, also ein bisschen naiv sind. Der ewig zweifelnde, grüblerische Mensch hat in unserer Gesellschaft immer noch einen Nimbus der Intelligenz. Oder modern ausgedrückt: Es ist einfach »cooler«, zu den Zweiflern zu gehören. Was vielleicht die vielerorts anzutreffende Macht diverser Bedenkenträger erklärt ...

An der Börse funktioniert allerdings das, was nicht »in« ist. Als ewiger Zweifler und Grübler werden Sie keine so guten Chancen haben. Das ist leicht zu beweisen, wenn Sie sich die langfristige Entwicklung an den Börsen ansehen. Als Bulle hatte man es in den Jahren seit der Entstehung der Börsen leichter. Denn die meiste Zeit steigen die Börsen. Die Phasen massiver Kursrückgänge sind immer nur kurz, dafür umso heftiger. Also rein zeitlich gesehen, hat ein Bulle pro Jahr im Durchschnitt mehr Tage, an denen er zufrieden ist.

Chronische Bullen- und Bären-Überzeugungen sind hinderlich

Wie oben bereits beschrieben, wird es ganz gefährlich, wenn sich eine Überzeugung in einem Trader unwiderruflich festsetzt. Also, wenn er immer bullish oder immer bearish ist, hat eine Illusion ihn im Griff.

Wenn Überzeugungen die Realität zu sehr überlagern (und das tun sie eigentlich fast immer), wird sich der Börsenerfolg NICHT einstellen.

Der überzeugte Bär

Interessant ist, wie so etwas funktionieren kann. Sie können die ersten Anfänge einer solchen Illusion an sich beobachten: Stellen wir uns vor, Sie seien überzeugter Bär. Nun lesen Sie einen Text, in dem viele gar nicht so unlogische, bullishe Argumente stehen. Meistens geschieht Folgendes:

Verurteilen anderer Meinungen

In Ihnen starten Gedankengänge wie: »Was für ein Blödsinn. Da hat jemand eindeutig keine Ahnung. Wie kann er die Tatsachen nur derart verdrehen?« Eine andere Möglichkeit ist, wütend zu werden. »Was für ein Idiot! Dem muss man doch seine Schreibberechtigung entziehen! Dass so ein Schwachsinn überhaupt veröffentlicht werden darf!« Das erlebe ich immer wieder, wenn ich in meinem Newsletter, dem Steffens-Daily (www.Steffens-Daily.de), eine der aktuellen Marktsituation gegenläufige Meinung vertrete. Ich erhalte dann Mails, in denen zum Teil wahre Schimpftiraden zu lesen sind. Oft wird mir darin sogar vorgeworfen, diverse Interessen zu vertreten oder gar gekauft zu sein etc. Das Aufstellen einer solchen Verschwörungstheorie ist offensichtlich einfacher, als die eigene Meinung zu hinterfragen.

Für mich sind solche Mails meistens ein guter Hinweis darauf, dass ich mit meiner Meinung sehr dicht an dem springenden Punkt bin. Daraus entstand der sogenannte »Hass-Mail-Indikator«, der eine vergleichsweise hohe Trefferquote hat.

Selektieren

Die andere Möglichkeit ist, solche Texte, sobald man merkt, dass sie nicht zu den eigenen Überzeugungen passen, einfach nicht weiter zu lesen. Das geschieht besonders gern, wenn jemand in hohem Maß investiert ist und dann auf eine andere Meinung stößt. Solche Texte werden ihn in seiner Entscheidung verunsichern oder in ihm schlimmstenfalls Angst entstehen lassen, etwas Falsches getan zu haben. Angst versucht der Mensch jedoch zu vermeiden, also liest er einfach nicht weiter.

Werden Sie sich solcher Phänomene bewusst! Achten Sie darauf, wie Sie Meinungen, die nicht zu Ihren eigenen passen, verurteilen oder sogar ausblenden.

Die Beschäftigung mit der Meinung der Gegenseite

Da je nach Ausrichtung auch beim Traden eine eigene Marktmeinung zumindest am Anfang notwendig sein kann, sollte man lernen, sich mit beiden Seiten zu beschäftigen.

Das kann natürlich dazu führen, dass man zunächst erst einmal unsicherer wird, denn meistens existieren auf beiden Seiten gute Argumente. Doch nur über diese Unsicherheit kann man sich ein etwas objektiveres Bild über die aktuelle Situation machen und besser die Wahrscheinlichkeiten abwägen. Im Steffens-Daily stelle ich darum auch immer wieder andere Meinungen, andere Betrachtungsmöglichkeiten und andere Analysen vor, um ein ausgewogeneres Bild von Börse zu entwerfen. (Siehe auch das Kapitel: »Die sechs Fragen, Überzeugungen aufzulösen«)

Generelle Überzeugungen

Doch nicht nur auf die Zukunft der Börse bezogen, existieren Überzeugungen. Unsere gesamte Wahrnehmung ist von Überzeugungen durchdrungen. Sie ahnen gar nicht, wie geschickt der Mensch darin ist, sich seine Welt selektiv nach seinen eigenen Überzeugungen zu konstruieren. »Ich mach' mir die Welt, wie sie mir gefällt.« Und tatsächlich wird so häufig genug das Resultat aus 3 x 3 = 6 sein.

Wir alle erschaffen uns Wirklichkeiten, die natürlich nur Illusionen sind. Mit diesen Pseudo-Wirklichkeiten haben Sie im Prinzip keine Chance mehr, die Realität so zu sehen, wie sie ist. Wie soll in so einem Umfeld Traden möglich sein?

Zwischenfazit

Es kann also zunächst nur darum gehen, eine Auswahl von Überzeugungen und Sichtweisen, vielleicht nur die hinderlichsten, zu enttarnen. Allein sich bewusst zu machen, wie sehr bestimmte Sichtweisen und Überzeugungen beeinflussen, hilft oft schon, diese aufzulösen.

Zudem kann es hilfreich sein, sich zu verdeutlichen, was alles Einfluss nehmen kann. Aus diesem Grund werde ich gleich, bevor ich auf eine Möglichkeit zu sprechen komme, Überzeugungen aufzulösen, noch ein paar Beispiele für hinderliche Überzeugungen und Sichtweisen anfügen.

Es ist jedoch Unsinn zu hoffen, mit Hilfe des Verstands alle Überzeugungen zu objektivieren. Das kann nicht funktionieren. Ihr ganzes Ich, alles, was Sie über dieses Ich sagen, sogar diese Absätze, die Sie gerade lesen, sind nichts weiter als Überzeugungen. Natürlich ist es sinnvoll, weitere Bücher über Tradingpsychologie und Behavioral Finance zu lesen, um sich mit der eigenen Persönlichkeit und den eigenen Überzeugungen auseinanderzusetzen. Aber in letzter Konsequenz wird man es meines Erachtens nicht schaffen, dazu müsste man über die Objektivierung sein gesamtes Ich auflösen.

Der Aufwand stünde zum eigentlichen Ziel, Trader zu werden, in keinem Verhältnis. Zudem machen Ihr Ich bzw. Ihre Überzeugungen Sie doch gerade als Menschen aus. Es muss also einen anderen Weg geben. Wie dieser aussieht, dazu kommen wir später. Um sich diesen Weg zu erschließen, müssen wir uns aber zunächst noch den Einfluss der Wahrnehmung und der Überzeugungen sowie der eigenen Persönlichkeit auf die Börse auf Ihr Trading und was mit Ihnen beim Traden geschieht, um eine Ebene vertiefen:

Ihre Börse reagiert nur auf Ihre Persönlichkeit

Die vorherigen Kapitel sind die Voraussetzung dafür, das folgende, auf den ersten Blick vielleicht ein wenig eigentümliche Kapitel zu verstehen.

Um das bisher Gesagte noch einmal zusammenzufassen:

1. Zunächst haben wir gesehen, dass die Börse eine Art Wesenseinheit ist. Daraus folgt, dass Ihre Intuition die Börse erfassen kann, da Sie mit diesem Wesen Börse quasi verbunden sind.
2. Daraufhin habe ich belegt, dass Wahrnehmung der Börse durch Ihren ganz persönlichen Erfahrungsschatz verzerrt ist. Sie nehmen nicht die tatsächliche Börse wahr, sondern Ihre ganz eigene subjektive Form der Börse. Ihre Börse und die tatsächliche Börse werden nicht viel gemeinsam haben.
3. Dann habe ich gezeigt, wie Überzeugungen ihren Erfolg, aber auch Ihr Handeln an den Börsen massiv beeinträchtigen können.

Schlussfolgerung:

Wenn also Ihre Intuition ahnen könnte, was die Börse machen wird, und Ihre Persönlichkeit eine ganz entscheidende Rolle bei Ihrem Tradingverhalten spielt, wird es sehr, sehr gefährlich. Es könnte in diesem Fall sein, das SIE es sind, der Ihren eigentlichen Börsenerfolg bisher verhindert hat!

Aus folgenden Gründen:

Die Persönlichkeit, der Charakter eines Menschen, versucht sich immer im Äußeren widerzuspiegeln. Ein aggressiver Mensch wird viel mehr mit Aggressionen auch von anderen Menschen in seinem Leben konfrontiert sein als ein selbstbewusster, friedlicher Mensch. Sein aggressives Auftreten wird andere ebenfalls aggressiv machen. Fragt man ihn, würde er von einer aggressiven Welt zu berichten wissen.

Ein ängstlicher Mensch wird seine Realität als beängstigend beschreiben. Er wird von den vielen Katastrophen berichten, den Gefahren des Lebens, den Wahrscheinlichkeiten zu sterben oder schwer krank zu werden. Der gleichmütige Mensch wird eine ganz andere Realität kennengelernt haben und somit anders auf seine Umwelt reagieren. Untersuchungen zeigen sogar, dass es ausgesprochene Opfermentalitäten gibt. Das sind Menschen, die immer wieder Opfer von Überfällen werden, auch wenn diese Häufung statistisch außerhalb der Wahrscheinlichkeit liegt. An den Börsen kenne ich Trader, die es immer wieder schaffen, nach guten Tradingzeiten den gesamten erzielten Profit in wenigen Tagen zu verzocken. Alles nur Zufall? Oder hat doch vielleicht die Persönlichkeit des Traders die Finger im Spiel?

Die oben genannten Beispiele zeigen, dass Ihre Persönlichkeit einen Einfluss auf Ihre Realität haben kann und hat. Um wie viel stärker werden sich Ihre Persönlichkeit und ihr subjektives Bild von Börse auf das auswirken, was Ihnen an den Börsen widerfährt – gerade beim Day-Traden!

Es kann also sein, dass die Börse unter den oben genannten Voraussetzungen Ihnen lediglich das zurückgibt, was in Ihnen steckt. Ich gehe sogar einen Schritt weiter und behaupte: Ihr Innerstes, Ihre Überzeugungen, Ihre Gedanken, Ihre Gefühle und Ihr Charakter beeinflussen Ihre persönliche Börse auf eine Art und Weise, dass Ihnen an der Börse beim Trading genau das widerfahren wird, was tief in Ihrem Innersten verankert ist.

Oder, um es einfacher auszudrücken: Wenn Sie, wie oben beschrieben, eine Verlierermentalität besitzen, werden Sie an der Börse keine Chance habe, egal, wie gut Ihr System und Ihre Herangehensweise auch sein mögen. Sie werden unbewusst alles tun, um Ihre Geschichte, Sie seien ein Verlierer, weiter zu bestätigen. Wenn Ihre Intuition das Wesen Börse erfahren kann, wird es natürlich einfach sein, unbewusst immer genau das Falsche zu machen.

Wenn Sie das Gefühl haben, immer wieder die gleichen Fehler zu machen, kann das ein Hinweis darauf sein, dass Ihre Intuition bereits eine gute Verbindung mit der Börse aufgenommen hat.

These: *Die Börse gibt jedem Trader genau das, was er* eigentlich *will!*

Nicht das, was er *oberflächlich* wünscht, sondern was seinen inneren Bildern und Überzeugungen entspricht. Nicht die Börse »macht etwas«, sondern Sie, Ihre Vorstellungen, Ihre Überzeugungen und Ihre Einstellungen verursachen die meisten Dinge, die Ihnen beim Traden geschehen.

Wenn diese These stimmt, und davon gehe ich aus, würde das bedeuten, dass Traden viel mehr ein psychologischer Kampf mit sich selbst ist und sich nur zu einem sehr kleinen Teil an den Fakten und Tatsachen entfaltet, die der Markt zu bieten hat.

Das sieht vielleicht auf den ersten Blick, wie bereits gesagt, ein wenig seltsam aus. Lesen Sie sich aber einfach die weiteren Beispiele von hinderlichen Überzeugungen und anderen Einflussfaktoren unter dieser Prämisse durch. Ich denke, Sie werden immer mehr bemerken, wie sehr Ihr Charakter bisher das, was Ihnen an den Börsen widerfahren ist, beeinflusst hat. Beziehungsweise, wie sehr das, was Ihnen bisher an den Börsen widerfahren ist, Spiegel Ihrer Persönlichkeit ist.

Im Anschluss daran werde ich natürlich auch Lösungen anbieten, um Überzeugungen zu enttarnen oder sogar aufzulösen.

Beispiele für hinderliche Überzeugung

Ich stelle hier exemplarisch ein paar der gängigsten Überzeugungen und psychischen Einflussfaktoren vor, um zu verdeutlichen, was alles Einfluss nehmen kann. Sie werden merken, wie erfolgsfeindliches Denken einen Menschen beeinflussen kann.

Pflegen Sie also gerade als Trader eine gedankliche Hygiene.

Die »Kleine-Mann-Überzeugung«: Willkommen in der Opferrolle

Gerade hier in Deutschland scheint eine Überzeugung weit verbreitet, die eigentlich für einen Trader eine einzige Katastrophe ist.

Immer wieder höre ich von Lesern unserer Börsenbriefe und des Newsletters: Ja, der kleine Mann wird von den Großen an den Börsen doch nur über den Tisch gezogen. Aber auch in anderen Zusammenhängen ist dieser »kleine Mann« immer nur Opfer.

Hinterfragt man diese Überzeugung, stellt man fest, dass dahinter eine tiefe Passivität verborgen liegt. Das Opfer, also der kleine Mann, kann ohnchin nichts machen. Er ist der Willkür der Großen hilflos ausgesetzt.

Vertieft man die Analyse, stellt man fest, dass es sich lediglich um eine einfache Art und Weise handelt, die Schuld von sich auf andere zu projizieren. Schließlich hat man selbst keinen Fehler gemacht, wenn das Geld weg ist, sondern die bösen, großen Jungs haben es einem weggenommen. Nicht man selbst ist für die eigene Lage verantwortlich, sondern die anderen.

Wir spielen aber als Trader nicht im Sandkasten, und es kommen keine großen Jungs und klauen Ihnen die Förmchen. Es taucht auch keine Mutter auf, um Sie anschließend zu trösten! Das Prinzip funktioniert heute nicht mehr.

Sie agieren als Jäger und damit als Kämpfer an den Börsen. Sie sind es, der den großen Jungs die Butter vom Brot nehmen will. Sie sind eine Art Pirat, der unerwartet auftaucht, den großen unbeweglichen Schiffen der institutionellen Anleger unbemerkt einen kleinen Teil der Ladung stibitzt und daraufhin ebenso schnell und unerwartet, aber fröhlich, verschwindet.

Vergleichen Sie diese beiden sehr verschiedenen Selbstreflexionen des »kleinen Mannes« mit dem des »Piraten«. Sie werden sofort den Unterschied merken. Meinen Sie, dass der Trader mit der »Kleiner-Mann«-Überzeugung ein erfolgreicher Trader werden kann?

Eben, er hat keine Chance. Er wird zu bald mutlos werden und aufgrund seiner Einsicht, ohnehin nur Opfer zu sein, früh und wahrscheinlich mit großen Verlusten aufgeben. Doch es war nur eine Überzeugung, über die er gestolpert ist.

Eine Welt von Überzeugungen

Es gibt aber auch noch viele andere »Überzeugungen«. Unsere Welt ist voll von »Überzeugungen«. Fußballvereine und Naturschutz, Demokratie oder Monarchie, Religionen, Kunst, Todesstrafe, Krieg und Frieden. Eigentlich sind wir Menschen alle in unserem täglichen Handeln Überzeugungstäter. Sie können solche Überzeugungen gern samstags abends bei einem Bierchen an der Theke ausführlich mit dem etwas gelangweilten Barkeeper diskutieren. Sie können sich dabei auch ereifern und Spaß an wilden Diskussionen haben, aber als Trader müssen sie alles tun, um bei der Beschäftigung mit der Börse möglichst frei von Überzeugungen die Realität zu betrachten.

Aus diesem Grund ist es so wichtig, Zweifel zu säen. Sie müssen anfangen, Ihr riesiges Gerüst von einander verstärkenden Überzeugungen anzuzweifeln. Nicht nur einzelne Überzeugungen, sondern das Gerüst als Ganzes. Wir sind eben nicht die frei denkenden, aufrechten und unbeeinflussten Menschen, welche ihre Ansichten und Überzeugungen aus einem logischen Schluss der reinen Vernunft gebildet haben – auch wenn uns dieses Bild vielleicht schmeichelt. Wir sind soziale Wesen. Wir richten unsere Überzeugungen nach der Masse oder aber gerade gegen die Masse aus. Aber sehr selten aus dem tiefen Wissen um Realität und Wahrheit.

Überlegen Sie kurz, bevor Sie weiterlesen. Wie oft haben Sie sich bereits von solchen Überzeugungen oder Illusionen zu einem Trade hinreißen lassen?

Kulturelle Überzeugungen: Ihr Widerstand gegen Reichtum

In unserer christlich geprägten Kultur gilt, wie ich schon sagte, Reichtum nicht als hohes Gut. Viele von uns werden seit der Kindheit, durch Geschichten, durch Filme, durch die Eltern und Verwandten, durch die Schule und die kirchliche Erziehung ganz unbewusst zu der Überzeugung gebracht, dass Reichtum nichts Ehrenhaftes sei. Arbeite im Schweiße deines Angesichts und Dein Tun ist gottgefällig.

Dieses Verständnis von Arbeit ist in vielen von uns immer noch zutiefst verwurzelt, auch wenn Sie aus der Kirche ausgetreten sein sollten, Atheist sind oder anderen Lehren angehören. Diese Überzeugungen sind Teil unserer Kultur und damit Teil von uns allen. So sehr wir auch meinen, unsere kulturellen Ursprünge ablegen zu können, so tief sind diese Wurzeln in den meisten von uns fest verankert.

Und selbst wenn die Kirche wenig Einfluss hatte, wie zum Beispiel in der ehemaligen DDR, wurde dort der »reiche Kapitalist« zu einer Art Feindbild.

Um zu belegen, welche Folgen solche kulturellen Überzeugungen haben können, zeichnen wir einmal das übertriebene Klischee eines (meist männlichen) Traders:

Er sitzt auf seiner Yacht, hat gerade wieder einmal ein paar 10000 Dollar zusammengetradet und wird nun dem Drängen der Damenwelt nachgeben, um sich auf höchst unsittliche Art und Weise zu amüsieren, kurz bevor die rauschende Party in seiner Villa am Meer stattfindet. Er steht morgens nicht vor 12 Uhr auf. Er fährt protzige Autos und schikaniert seine Angestellten. Sein Leben ist ein einziges, rauschendes Fest.

Daneben stellen Sie sich den gewissenhaft arbeitenden Familienvater vor, der durch sein tägliches Schaffen seiner Familie ein leidliches Auskommen verschafft. Er hat ein Häuschen gebaut und wird auch noch in den nächsten 25 Jahren jeden Monat Schulden abzahlen.

Ich frage Sie nicht, welches Leben Sie lieber führen würden, das weiß ich. Wichtiger ist die Frage: Welcher dieser beiden Menschen wird wohl der sympathischere sein? Hier werden die Meinungen schon weiter auseinandergehen. Aber welchen dieser beiden Männer hätten Sie lieber als Freund? Nein, nicht als Kumpel, um eine gute Zeit zu erleben, ich meine als richtigen Freund, als Freund, auf den Sie sich verlassen können, dem Sie vertrauen?

Wem würden Sie Ihr Geld anvertrauen, wem die Betreuung Ihrer Kinder überlassen? Merken Sie etwas?

Allein an diesem Beispiel enttarnt sich häufig unser christlich geprägtes Bild der »heiligen Armut«. Wohlhabende Menschen sind unchristlich, sprich unsozial, verwerflich, schlecht, böse, Verbrecher, man kann ihnen nicht trauen etc. Der im Schweiße seines Angesichts arbeitende Mensch ist ehrenhaft und vertrauenswürdig.

Wer sagt Ihnen aber, ob nicht dieser Familienvater der ist, der keine Ehre kennt, der Sie anlügt, betrügt oder Schlimmeres tut?

Was macht aber nun ein Mensch, der in unserer Kultur aufgewachsen ist und diese Bilder unwissentlich und zumeist auch vollkommen unbewusst tief in sich trägt und Trader werden will? Er gerät in einen unbewussten Konflikt.

Um mich zu wiederholen: Die Börse ist der perfekt geschliffene Spiegel Ihres Selbst. Sie wird alles spiegeln, was auch noch so tief in Ihnen verborgen ist.

Und so kann diese anerzogene oder kulturelle Eigenart durch die Börse an die Oberfläche geholt werden, ohne dass Sie es merken. Ihre Intuition ist mit der Börse verbunden. Ihr Innerstes wird versuchen, Ihr Selbstbild in keinen Konflikt geraten zu lassen. Mit anderen Worten: Wenn in Ihnen etwas Reichtum als verwerflich ansieht, kann es sein, dass Ihre Intuition Ihnen hilft, alles zu tun, um dem christlichen Bild des im Schweiße seines Angesichts schuftenden, gottgefälligen Menschen zu entsprechen.

Kurz: Sie werden verlieren, Sie werden durch die Börse arm, weil Sie tief in Ihrem Innersten, ohne es zu wissen, Armut höher einstufen als Reichtum. Weil Sie die Überzeugung haben, dass Reichtum mit Schlechtem verbunden ist, mit Korruption, Bestechung, Unterdrückung und Gewalt.

Aufmerksamkeit durch Leiden

In diesem Zusammenhang sei noch eine andere, seltsame Eigenart vieler Menschen erwähnt. Es ist im Prinzip eine Fortführung dessen, was ich schon einmal weiter oben angeschnitten habe: Wenn Sie Geld an den Börsen verloren haben, können Sie anderen Menschen erzählen, was Sie doch für ein armes Hascherl sind. Die Reaktion der anderen ist: Aufmerksamkeit, man will Sie trösten, sorgt sich um Sie. Was aber tut sich, wenn Sie sagen, Sie haben viel Geld gewonnen? Beim ersten Mal freuen sich Ihre Mitmenschen noch, aber wenn sie es immer und immer wieder hören? Die Menschen werden neidisch, wollen von Ihrem Erfolg nichts mehr hören, es erinnert sie zu sehr an die eigene Unzulänglichkeit. Schlussendlich wenden sie sich von Ihnen ab.

Ihr Unbewusstes spürt solche Mechanismen und weiß darauf zu reagieren, denn soziale Anerkennung ist für die meisten Menschen wichtiger als geldwerter Erfolg. Wer sagt Ihnen, dass Sie nicht unbewusst und intuitiv immer genau die Trades machen, die Ihnen soziale Aufmerksamkeit verschaffen, also die Verlust-Trades?

Ganz gefährlich wird es, wenn das soziale Umfeld irgendwann keine Lust mehr hat, diese mitleidige Anerkennung zu geben oder wenn die Verluste zu groß werden, so dass man sie anderen gegenüber nicht mehr eingestehen will. Dann gehen manche Menschen direkt in »reines« Selbstmitleid über. Diese Menschen geben sich sozusagen selbst das Maß an Mitleid, das sie brauchen. Ein ganz bedenklicher und sich selbst erhaltender Prozess!

Die Angst vor dem Erfolg, vor der Veränderung!

Man kann es sich doch so schön vorstellen, reich zu sein. Ein dickes Auto zu fahren, in einer traumhaften Villa am Meer zu wohnen, eine Yacht, rauschende Partys – wir alle kennen diese Klischees. In den Vorstellungen vieler Menschen macht Reichtum Spaß!

Sie stellen sich vor, wenn sie erst einmal reich wären, werde sich ihr Leben nachhaltig zum Positiven verändern. Meistens sind aber die Vorstellungen von einer solch wohlhabenden Zukunft sehr vage. Wenn man Menschen fragt, was sie tun würden, wenn sie reich sind, erhält man als Antwort, dass sie sich zunächst ein Auto kaufen würden und dann ein Haus, einen teuren Urlaub machen. Fragt man weiter nach, wie sie sich eine solche Zukunft genau vorstellen, enden die meisten Aussagen bei dem Reproduzieren von überromantisierten Filmvorstellungen.

Auch hier werden also Überzeugungen, Reichtum mache glücklich, Reichtum mache Spaß, wenn man reich ist, sei alles besser, einfach übernommen. Warum sollte man solche Überzeugungen auch hinterfragen? Nur in den wenigs-ten Fällen geht es doch darum, wirklich reich zu sein, sondern nur davon zu träumen. Was wäre aber der Mensch ohne Träume?

Warum bleibt Reichtum oft aus?

Zunächst einmal sollte man sich bewusst machen, dass man in den west-lichen Industriestaaten selbst als Arbeitsloser noch zu den reicheren Men-schen dieser Welt gehört. Menschen mit Arbeit sind für 60 bis 70 % der Weltbevölkerung sogar unvorstellbar »reich«. Die meisten Menschen halten unser alltägliches Leben, zum Beispiel einen Kühlschrank zu besitzen oder tägliches Duschen, einen Elektroherd oder ein eigenes Schlafzimmer für die Eltern, eine Wohnung aus Steinen, saubere Toiletten etc. etc. etc. für unglaublichen Luxus.

Mit anderen Worten: Sie haben es bereits geschafft, reich zu sein, unvorstell-bar reich!

Nur, das wollen wir uns ja nicht bewusst machen. Im Verhältnis zu den »an-deren«, also denen, die »wirklich« reich sind, sind wir noch arm.

Das Relationsproblem der Reichen

Aber gut, das ist immer ein bekanntes Problem der Relation. Nur, dieses setzt sich leider immer weiter fort. Einstellige Millionäre sagen, man sei erst reich, wenn man zweistellig ist – zweistellige Millionäre streben nach einem dreistelligen Millionenvermögen. Und selbst Superreiche finden noch Ziele. Manche arbeiten sich, in dem Wahn noch immer nicht genug zu haben, fast zu Tode, obwohl sie bereits über ein Milliardenvermögen verfügen. Man fragt sich, was sie eigentlich von dem vielen Geld haben, wenn sie vor lau-ter Arbeit nie Zeit finden, es auszugeben. Es scheint unvorstellbar, dass sich dieser Superreiche immer noch in gewisser Weise arm fühlt. Doch auch dem hungernden Menschen in einer kleinen, stinkenden Wellblechhütte in einem Slum wird es ebenfalls unvorstellbar sein, dass Sie sich, mit einer schönen Wohnung oder sogar einem Haus oder auch nur mit einem gefüllten Kühl-schrank, einer Heizung und einem Bad nicht reich fühlen.

Hier scheint also etwas ganz erheblich nicht zu stimmen. Auch Sie werden als erfolgreicher Trader merken, dass sich Ihre Relationen immer weiter nach oben verschieben. Sie werden nie ankommen, das verspreche ich Ihnen. Doch die meisten kommen erst gar nicht so weit. Verantwortlich dafür ist ein Schutzmechanismus.

Das Projekt Reichtum: Was geschieht, wenn Sie reich werden?

Wie gesagt, die meisten Menschen haben eine nur vage Vorstellung, was kommen wird, wenn sie reich werden. Wenn Sie also nun das Projekt Reichtum planen, sollten Sie das natürlich ähnlich tun, als ob Sie ein Unternehmen aufbauen wollten. Sie müssen sich genaue Vorstellungen davon machen, was geschehen wird. Und damit sind wir bei einem ersten Lösungsansatz für Überzeugungen: Hinterfragen Sie Ihre Überzeugungen. Seien Sie dabei sehr genau. Ich will das hier lediglich an einem kleinen Beispiel, den sozialen Komponenten, aufgreifen, um das Thema nicht überzustrapazieren. Mir geht es hier immer noch um Überzeugungen und andere hinderliche Einflussfaktoren:

Der Freundeskreis

Reichtum wird sich sofort auf den Freundeskreis auswirken. Die einen werden neidisch sein, die anderen werden sich Geld leihen wollen etc. Wieder andere wollen plötzlich Ihre Freunde sein. Kommt Geld ins Spiel, drehen viele Menschen einfach durch (bestes Beispiel: Goldrausch). Von dem Tag an, an dem Ihre Freunde merken, dass Sie erfolgreich traden, wird sich Ihr gesamter Freundeskreis verändern. Sie werden viele Freunde verlieren, zunächst diejenigen, die neidisch sind. Sie fühlen sich einfach nicht mehr wohl in Ihrer Gegenwart, weil Ihr Erfolg sie daran erinnert, dass sie vieles in ihrem Leben nicht erreicht haben. Ihr Erfolg macht diese Menschen noch »kleiner«, das können sie nicht akzeptieren. Zudem werden sie es irgendwann satthaben, nur als Bewunderer Ihrer neuen Errungenschaften zu fungieren, sprich den neuen Ferrari oder das neue Haus bewundern zu müssen. Also werden sie sich von Ihnen trennen.

Ein wenig später entstehen Probleme mit den Freunden, die hoffen, von Ihrem Reichtum zu profitieren. Sind Sie spendabel, werden Sie ausgenutzt, und das werden Sie auch schnell so empfinden. Leben Sie normal weiter, werden diese Menschen sich von Ihnen enttäuscht abwenden und Sie als geizig bezeichnen.

Die Beziehungen?

Was ist mit Ihrer Beziehung, Ihrer Ehe, wenn Sie reich werden? Besonders als reicher Mann wird das andere Geschlecht Sie deutlich anziehender finden (das ist leider kein Klischee). Wird Ihre Ehe das aushalten – wenn auf einmal junge, sehr hübsche Frauen sehr aufdringlich werden? Es geht aber auch umgekehrt: Was ist, wenn Sie als Frau auf einmal durch das Traden mehr Geld verdienen als Ihr Ehemann? Viele Männer haben immer noch Probleme damit, besonders wenn dieser Wechsel plötzlich kommt.

Viele gute Ehen sind an dem Erfolg eines Partners zugrunde gegangen – auch das ist eine Tatsache, die sehr unterschätzt wird. Dabei sind es gerade die bestehenden Beziehungen, die einem den Halt geben könnten, mit so einer »neuen« Situation zurechtzukommen.

Viele Menschen unterschätzen, welche dramatischen Auswirkungen »plötzlicher« Wohlstand auf Partner, Freunde, Bekannte und somit auf das gesamte soziale Umfeld haben kann. Es gibt dazu eine Reihe von Beispielen, gerade bei Lottomillionären, die belegen, wie sehr »Reichtum« einsam machen kann.

Plötzlicher Reichtum kann also Ihr gesamtes soziales Umfeld extrem negativ beeinflussen und trägt die Gefahr der Vereinsamung in sich.

Schutzmechanismus

Bleiben wir bei der These, dass Ihre Intuition in der Lage ist, sich mit der Börse zu verbinden. Wäre es dann nicht vorstellbar, dass etwas in Ihnen sofort registriert, wenn in ihrem sozialen Umfeld Probleme auftauchen? Könnte es nicht sein, dass etwas daraufhin in Ihnen unbewusst erfolgreiches Traden verhindern wird? Ihr Unbewusstes wird Sie vor negativen Erfahrungen schützen wollen, und es ist denkbar, dass Ihr Inneres andere Wünsche hat als Ihr Verstand.

Ein kleines Beispiel, um diese Prozesse ein wenig verständlicher darzustellen:

Sie machen eine Reihe von Gewinn-Trades. Sie erzählen Ihren Freunden davon. Zunächst freuen sie sich mit, dann werden sie neidisch. Ihre Freunde arbeiten und mühen sich ab, um ein paar Euro zu verdienen, und Sie investieren ein bisschen Geld und sind nachher um einiges reicher. Das erscheint ungerecht.

Etwas in Ihnen hat sehr feine Antennen und wird sofort bemerken, dass Ihr soziales Umfeld auf einmal distanzierter wird. Bewusst registrieren Sie davon kaum etwas, wenn nicht gar nichts. Da wir Menschen aber soziale Wesen sind, da wir in unserer frühgeschichtlichen Entwicklung gelernt haben, dass wir nur in Gruppen überleben können, wird unser Unbewusstes alles zutun, um unser Bestehen im sozialen Umfeld zu sichern. Es ist quasi ein Überlebenstrieb.

Wenn Ihre Intuition nun in der Lage ist, das Wesen Börse zu erfassen, wird es ein Leichtes sein, unbewusst ein paar Trades zu vermasseln. Sie gehen zu Ihren Freunden und erzählen, dass Sie einen großen Teil des Geldes wieder verloren haben. Die Freunde sind innerlich erleichtert, zeigen Mitleid und die aufgebaute Distanz ist weg. Sie sind wieder voll und ganz in die Gruppe integriert. Ihr Überleben ist gesichert.

Für etwas in Ihnen war der soziale Halt wichtiger als eine vage Vorstellung von Reichtum. Leider hat Ihr Unbewusstes in diesem Moment auch etwas Entscheidendes gelernt: Verluste geben Anerkennung. Keine Frage, jetzt können Sie Ihren Traum vom erfolgreichen Trader an den Nagel hängen.

Es gibt einige Trader, die versuchen aus diesen Gründen einen Drahtseilakt. Sie reden nicht über das Traden. Sie erzählen nichts von den Erfolgen. Sie berichten nur von der vielen Arbeit und dem im Vergleich dazu akzeptablen Ertrag. Sie fahren keinen großen Autos, leben in keinen teuren Villen – aber dazu bedarf es schon einer ganz besonderen Mentalität.

Eine zu große Aufgabe

Diese oben genannten Beispiele sind jedoch nur ein kleiner Ausschnitt all der Faktoren, die sich erfolgsverhindernd auswirken können. Wollte man nun all diese Fallstricke vermeiden, müssten man zunächst alle Überzeugungen hinterfragen, welche die Börse, Politik und Wirtschaft betreffen. Es ginge darum, zu überprüfen, ob sich dort hinderliche Überzeugungen finden oder eine verzerrte Wahrnehmung einen realistischen Blick auf tradingrelevante Themen verhindert. In einem nächsten Schritt müssten Sie prüfen, ob in Ihnen selbst hinderliche Faktoren von kulturellen Überzeugungen bis hin zu Schutzmechanismen bestehen, die Ihr Traden negativ beeinflussen.

Sie sehen, es wird schnell deutlich, dass dies eine viel zu große Aufgabe ist, besonders für Menschen, die sich als Jäger definieren. Ich erwarte nicht einmal, wie ich bereits oben angedeutet hatte, dass es funktionieren wird. Zu bald würde man neue Überzeugungen aufbauen, zu bald wird sich das Unbewusste auf neue Situationen einstellen. Trotzdem werde ich im nächsten Kapitel kurz darauf eingehen, wie man Überzeugungen auflösen und hinterfragen kann, denn es kann nützlich sein, immer mal wieder das eigene Trading auch aus dieser Sicht zu betrachten. Falls man dabei merken sollte, dass man an seine Grenzen kommt, bestimmte Überzeugungen sich immer wieder störend auswirken, sollte man durchaus auch mal ein psychologisches Coaching in Betracht ziehen.

Ich meine aber, dass der Weg, den ich im Weiteren beschreiben werde, besser geeignet ist, den eigenen Tradingerfolg zu verbessern.

Fazit und Lösungen zu den Überzeugungen

Die wichtige Erkenntnis der vorangegangenen Kapitel ist: Sie, also Ihre Persönlichkeit, Ihr Charakter, Ihr kultureller Hintergrund, Ihr Unbewusstes haben ganz entscheidenden Einfluss auf Ihr Trading. An den Börsen wird Ihnen das widerfahren, was in Ihnen ist. Traden hat damit mehr mit Ihnen zu tun als mit den Fakten, die Sie in den Nachrichten hören oder in den Charts sehen. Niemand wird genau sagen, wie groß das Verhältnis ist, da es sicherlich auch individuelle Unterschiede gibt. Grob geschätzt, würde ich sagen: Ihr Tradingerfolg wird zu 60 % von Ihnen (Psyche/Unbewusstes), zu 20 bis 30 % von der Börsenrealität und Ihrem Wissen und zu 10 bis 20 % von Glück (externe Ereignisse) beeinflusst.

Sie sind eigentlich das, was Sie über Börse sagen. Börse wird damit zu einem Spiegel Ihres Selbst. Ein Spiegel, in dem Sie sich sehen und nichts anderes!

Das bedeutet in der Umkehrung allerdings, dass alles, was Sie über Börse sagen, theoretisch auch etwas über Sie sagen könnte. Und so entsteht eine interessante Möglichkeit, Überzeugungen aufzulösen:

Die sechs Fragen, um Überzeugungen aufzulösen

Um Überzeugungen aufzulösen, können Sie sechs Punkte anwenden, die Ihnen helfen, eine etwas objektivere Sichtweise der Dinge zu erhalten. Übertragen Sie das, was Sie über Börse, über einen Chart und über das Trading sagen, auf sich selbst:

Beispiele:

1. **Überzeugung:** Der Chart ist eindeutig bearish.
2. **Übertragung auf sich selbst:** Kann es sein, dass ich bearish bin? Versuche ich vielleicht, nur eine innere Einstellung in den Chart hineinzuinterpretieren?
3. **Mögliche Gründe für eine solche Haltung:** Habe ich bereits auf fallende Kurse gesetzt und will nur mir selbst meine Entscheidung bestätigen? Habe ich zu viel Stress oder Streit mit jemandem? Bin ich depressiv? Gibt es globale oder politische Gründe, warum ich pessimistisch bin (hier eventuell mit dieser Überzeugung von vorn anfangen)?
4. **Zweifel aufbauen:** Ist der Chart wirklich absolut sicher bearish? Kann ich mir wirklich absolut sicher sein, dass das, was ich meine, auch stimmt?
5. **Umkehrung/Gegenmeinung entwerfen:** Der Chart ist bullish. Was spricht dafür, wie kann ich das belegen und beweisen?
6. **Unsicherheit zulassen und objektivieren:** Diese Betrachtung kann dazu führen, dass man nun sehr unsicher ist, was wirklich mit dem Chart los ist. Lassen Sie diese Unsicherheit zunächst einfach zu. Sie ist auf jeden Fall erst einmal realistischer als all die anderen Aussagen. Tatsache ist: Sie wissen es nicht, Sie wissen es eigentlich nie. Zudem kann es auch gut sein, dass ein Chart weder bullish noch bearish ist.
   Versuchen Sie in einem zweiten Schritt, objektivere Aussagen zu finden. Aussagen, die realistischer sind. So können Sie eine neue Überzeugung gewinnen, die vielleicht weniger von der eigenen Psyche verzerrt ist.

Eine Überzeugung, die sicherlich auch insgesamt mehr Zweifel zulässt. Das allein kann aber schon dazu führen, dass Sie Ihre Positionsgröße der Situation anpassen. Oder es hält Sie davon ab, einen Fehler zu machen. Zum Beispiel, nur um sich selbst davon zu überzeugen, dass Ihre bisherige Ausrichtung und Positionierung richtig war, noch mehr Positionen aufzubauen, die in die gleiche Richtung gehen.

Kleiner philosophischer Einschub: Wenn man diese Methode auf alles anwendet, was man denkt, kommt man zu der letztlichen Erkenntnis: Ich weiß, dass ich nichts absolut sicher weiß, außer vielleicht, dass ich bin. Und dieses Axiom ist meiner Meinung nach eines der wenigen Dinge, die wirklich absolut sicher sind.

Diese sechs Fragen funktionieren natürlich auch in allen anderen Bereichen, ein weiteres Beispiel dazu:

Überzeugung: Das ganze politische/wirtschaftliche System ist zum Scheitern verurteilt!

Übertragung auf sich selbst: Kann es sein, dass ich über mich denke, dass ich zum Scheitern verurteilt bin? Versuche ich vielleicht nur, eine innere Sorge oder eine Angst auf das System zu übertragen?

Mögliche Gründe für eine solche Haltung: Habe ich Angst, als Trader oder im Leben zu scheitern? Gibt es eine Aggression in mir, die aus diesen und jenen Gründen existiert, die mich zu dieser Ansicht führt?

Zweifel aufbauen: Ist das System wirklich zum Scheitern verurteilt? Kann ich da absolut sicher sein?

Umkehrung/Gegenmeinung aufwerfen: Das System ist überlebensfähig. Was spricht dafür, wie kann ich das belegen oder beweisen?

Unsicherheit zulassen und objektivieren: Ich weiß nicht, ob das System scheitern wird. Ich sehe nur, dass einiges nicht richtig läuft. Das kann dazu führen, dass es scheitert, es kann aber auch dazu führen, dass konstruktive Prozesse starten, die das System verbessern. Daraus resultiert aber noch kein langfristiger Anlageansatz.

Fazit:

Sie können diese Punkte und damit den Spiegel Börse nun nutzen, um vieles über sich selbst zu erfahren. Sie können diesen Spiegel als das sehen, was er ist: Ihr persönliches, durch Sie geprägtes Bild der Börse.

Doch wie gesagt, ich meine nicht, dass die Lösung des Problems allein darin liegt, nun Ihre komplette Persönlichkeit zu verändern, um erfolgreich zu traden. Vielmehr, muss es darum gehen, das, was so oft in den richtigen Momenten die falschen Entscheidungen trifft, zu nutzen: die Intuition selbst. Denn wenn diese doch offenbar die Börse so perfekt beherrscht, dann ist die Intuition das eigentliche Instrument, welches man zum Traden nutzen sollte. Doch um sich einen Weg zur Intuition zu öffnen, muss man in einem weiteren Schritt lernen: seine Emotionen zu kontrollieren.

Emotionen: Ein Weg zur Kontrolle

Ich möchte das Beispiel des Jägers noch einmal bemühen. Es geht im Kampf nicht nur darum, die Technik des Kämpfens zu erlernen, sondern immer auch darum, Emotionen zu beherrschen. Sie müssen Ihre Schwächen kennenlernen. Zum Beispiel Ihr Wutpotenzial oder Ihre Ängste. Sobald Sie als Jäger wütend werden, weil irgendetwas nicht so läuft wie geplant, verlieren Sie die innere Ruhe. In diesem Moment können Sie zwar ungeahnte Kräfte entwickeln, aber Sie verlieren die Verbindung zur Beute. Die Beute kann das ausnutzen, um zu fliehen oder sogar dazu, Sie zu töten. Sie müssen also wissen, was Sie wütend macht, und lernen, auf die Einladungen, wütend zu werden, nicht mehr einzugehen.

Wenn Sie ängstlich sind, werden Ihre Bewegungen unentschlossen und zu langsam werden, doch auch Zögern kann den Tod bedeuten. In der hohen Kunst der Jagd muss man lernen, auf eine höchst intuitive Art und Weise emotionslos zu werden. Mit Emotionen sind hier »Ich-Emotionen« wie Angst, Wut, Trauer, Geiz, Selbstüberschätzung und viele andere gemeint.

Lernen Sie, Einladungen der Börse nicht anzunehmen

Wir Menschen halten uns zwar gern für besonders selbstbestimmt, dabei reagieren wir, realistisch gesehen, meistens nur auf äußere Reize bzw. Einla-

dungen. Auch der Mensch unterscheidet sich nicht sonderlich vom pawlow-
schen Hund, der auf einen Reiz hin Speichel absondert. Auch bei uns werden
die gleichen äußerlichen Reize immer wieder zu ähnlichen Handlungen führen. Wir haben aber wenigstens die Möglichkeit, uns das bewusst zu machen
und somit zu verändern.

Gerade an der Börse ist es demnach unerlässlich, diese Reize und deren Auswirkungen zu erkennen und automatisch ablaufende Verhaltensreaktionen
möglichst auszuschalten.

Ein Beispiel: Wenn eine Position zu sehr in den Verlust gerät, geben viele
Menschen innerlich auf. Der gedankliche Standardsatz lautet: »Nun ist die
Position bereits derart weit ins Minus gelaufen, nun lohnt es sich nicht mehr,
sie zu verkaufen.« Um den Schmerz des Verlusts nicht zu erfahren, trennen
Trader sich innerlich von der Position (ohne sie jedoch zu verkaufen) und
beachten diese einfach nicht mehr. Sie blenden das Vorhandensein dieser
Position einfach aus. Eine weitverbreitete Vogel-Strauß-Taktik und zudem
ein ruinöser Automatismus.

Als Trader muss man immer handeln, man darf den Kontakt zu einer Position nicht verlieren, egal, was geschieht. Niemals darf man die Beute aus
den Augen verlieren, das wäre Selbstmord. Doch der Reiz, mit diesem täglichen Schmerz einer immer größer werdenden Verlustposition nichts mehr
zu tun haben zu wollen, ist bei einigen derart übermenschlich, dass sie ihm
irgendwann nachgeben – nachgeben müssen. Freies, selbstbestimmtes Handeln sieht anders aus.

Das ist jedoch nur ein sehr markantes Beispiel. Emotionen nehmen auf viel
subtilere Art und Weise jeden Tag unkontrollierten Einfluss auf Ihr Trading.
Sie müssen also als Trader solche Selbstläufer, aber auch all die anderen
Fehler, die durch Emotionen verursacht werden, ins Bewusstsein holen, um
schädliches Verhalten aufzulösen.

Leider haben viele Menschen es aufgegeben, sich ändern zu wollen. Ich bin,
wie ich bin, lautet die Devise. Mit dieser Einstellung können Sie als Trader
sofort aufhören. Der Choleriker darf nicht mehr sagen: Ich bin einfach so,
wenn ein Auslöser kommt, brause ich auf. Er muss den Punkt finden, bevor
er aufbraust. Er darf die Einladung der Börse, aufbrausend zu reagieren, unter keinen Umständen annehmen. Als Trader nützt Ihnen der Satz, »Ich bin

einfach so!« nichts. Es gibt keine Entschuldigungen, keine Ausreden – es gibt nur Verlierer und Gewinner.

Es geht also darum, sich seinen Emotionen zu stellen, sie zu erfahren und auf ihre Auswirkungen auf das Traden hin zu untersuchen. Es ist also sinnvoll, einen kleinen Überblick zu geben, welche Emotionen zum Beispiel welchen Einfluss nehmen können:

Emotionen und Eigenschaften, die das Trading beeinflussen

Jeder von Ihnen, der bereits an der Börse gehandelt hat, wird schon mit den einen oder anderen der folgenden Emotionen an der Börse konfrontiert worden sein:

Sie kennen Ihre **Angst**, die Sie daran gehindert hat einzusteigen, und die Sie damit um große Gewinne gebracht hat.

Sie dürften mit Ihrer **Gier und Euphorie** vertraut sein, die Sie bewogen hat, eine Position so lange zu halten, bis alle Gewinne wieder verloren waren.

Die **Unsicherheit und die Unentschlossenheit** ist Ihr ständiger Begleiter, wenn Sie an den Börsen agieren.

Ihre **Faulheit** ist Ihnen dann begegnet, wenn Sie mal wieder nicht gründlich genug analysiert oder schlichtweg übersehen haben, dass am nächsten Tag die Quartalszahlen Ihrer Aktie veröffentlicht wurden.

Uns alle ärgert hin und wieder unsere **Trägheit**, wenn wir wieder einmal zu langsam waren und den Einstieg verpassten.

Auch **Inkonsequenz** hat Folgen, wenn sie uns verleitet hat, eine Position zu lange zu halten oder einen Stop nicht zu beachten.

Die **Pedanterie**, wenn wir darauf gewartet haben, dass irgendein Indikator endlich auch ein Kaufsignal generiert, während die Aktie einfach davonläuft.

Die Überheblichkeit, zu meinen, man selbst liege richtig, und nur die anderen lägen alle falsch, kann einen Trader dazu bringen, zu lang an einer falschen Entscheidung festzuhalten.

Eine der ruinösesten Emotionen ist der Trotz, der Sie davon abhält, sofort glattzustellen, wenn ein Markt nicht wie erwartet reagiert. Der Sie dazu bringt, das Offensichtliche nicht sehen zu wollen: »Der Markt muss einfach steigen! Jetzt ist es auch egal, ich halte!«

Wesentlich diffiziler agiert die **Scham**, die einen derart erheblichen Einfluss auf das Traden nehmen kann, dass ich darauf gleich noch genauer eingehen werde.

Sie sehen, es gibt eine Vielzahl von Emotionen und Charaktereigenschaften, mit denen Sie jeden Tag an der Börse konfrontiert werden und die in der Lage sind, Ihren Tradingerfolg entscheidend zu verhindern. Seltsamerweise wird darüber vergleichsweise wenig geschrieben. Dabei ist der Einfluss Ihrer Emotionen beachtlich.

Während die meisten Menschen mit den oberen der genannten Emotionen vertraut sind, gibt es eine Emotion, die seltsamerweise selten angesprochen wird und die ich deswegen hier ein wenig ausführlicher beschreiben werde: die Scham. Sie eignet sich auch als Beispiel, um zu zeigen, wie groß der Einfluss solcher Emotionen sein kann.

Scham, eines der tödlichsten Gefühle an den Börsen

Scham ist eine Emotion, die in unserer Gesellschaft weitgehend ignoriert wird, und das, obwohl sie eine tragende Rolle in unserem Sozialisationsverhalten spielt. Seltsamerweise halten viele Menschen allein schon die Beschäftigung mit dem Begriff »Scham« für sehr befremdlich. Das beweist aber lediglich, wie sehr diese Emotion ignoriert wird. Gerade als Trader ist es jedoch notwendig, sich auch mit dieser Emotion zu beschäftigen.

Die meisten Menschen würden, wenn man sie fragt, wann sie zuletzt Scham erlebt haben, zunächst länger überlegen müssen und schließlich extreme Beispiele aus der Vergangenheit benennen. Dabei werden fast alle Menschen *täglich* mit diesem Gefühl oder dem Vermeiden des Gefühls konfrontiert.

Unsere Gesellschaft funktioniert nicht (nur) aufgrund von Gesetzen, also aufgrund der Angst vor Bestrafung. Viel wesentlicher ist der Faktor »Scham« für unseren gesellschaftlichen Alltag. Man drängelt sich nicht vor, weil die Gruppe einen durch Bemerkungen beschämen wird. Man geht nicht nur mit einem alten Schlafanzug bekleidet in den Supermarkt, weil die Scham es verbietet. Man zieht bestimmte Kleidung an, wenn man zur Arbeit geht, damit man von anderen in einer Position oder in einer Gruppe akzeptiert wird. Auch hier will man nicht unangenehm auffallen, was beschämend wäre. Man beklaut seine Arbeitskollegen nicht nur deswegen nicht, weil man Angst vor der Strafe hat, sondern auch nicht, weil man bei allen Kollegen »unten durch« wäre, käme dieser Diebstahl heraus. Auch das ist Scham. Scham ist also unser täglicher Begleiter, auch beim Traden, wie wir gleich sehen werden.

Nun wird Scham von gewissen Menschen zum Teil überwunden oder ignoriert. In gewissen Bereichen funktioniert ein solches Verhalten – kurzfristig. Doch meistens führt inadäquates Verhalten dazu, dass man von der Gruppe ausgeschlossen wird. Und wie ich oben schon einmal geschrieben habe, für das Unterbewusstsein gilt immer noch: Die Gruppe ist wichtig, da sie das Überleben des Einzelnen sichert.

Scham ist also für das Unterbewusste auch immer ein Warnzeichen dafür, aus einer Gruppe »ausgestoßen« zu werden, sprich zu sterben (in der Frühgeschichte bedeutet der Ausschluss aus einer Gruppe oft den Tod). Zumindest führt Scham dazu, dass man in der Gruppe an das Ende der Rangordnung rutscht, und auch hier ist die Versorgung mit Nahrung schwieriger.

Das Unterbewusstsein will also Scham unter allen Umständen verhindern. Aus diesem Grund ist es eine dermaßen starke Emotion. Leider, oder zum Glück, machen wir Menschen uns nicht bewusst, wie viel unseres Handelns unbewusst mit Scham in Zusammenhang steht.

Doch für einen Trader ist es wichtig, solche Prozesse zumindest zu erkennen.

Ein Beispiel dazu: Ein Verlierer zu sein, ist beschämend: »Wie sage ich das meiner Frau?« »Was ist, wenn meine Freunde erfahren, dass ich so viel Geld an den Börsen verzockt habe?« »Was ist, wenn meine Arbeitskollegen mitkriegen, dass ich pleite bin und Schulden habe, weil ich an der Börse spekuliert habe?« Letzten Endes hat unerträgliche Scham auch oft die Finger im Spiel, wenn Menschen in solchen Situationen Selbstmord begehen. Doch das ist nur das Extrem.

Tatsächlich verursacht Scham mehr Traderkatastrophen, als sich die meisten Leser vorstellen können. Da es eine derart existenzielle Emotion ist, tun Menschen alles, um die Gefühle der Peinlichkeit und Scham zu vermeiden. Im gesellschaftlichen Leben mag das angebracht und vernünftig sein. Wenn man jedoch beim Traden neben der Börse auch noch mit Peinlichkeits- und Schamgefühlen kämpfen muss, hat man kaum noch eine Chance. Sobald diese einsetzen, zum Beispiel, wenn die Verluste zu groß geworden sind, schaltet die Abwärtsspirale meistens den Turbo ein, und es ist nicht mehr weit bis zum kompletten finanziellen Desaster.

Es geht einem Trader in dieser Extremsituation nicht mehr um normales Traden, sondern nur noch um das Vermeiden von Scham. Meistens werden also in solchen Momenten alle Tradingregeln über Bord geworfen. Ein rationales Analysieren der eigenen Gesamtsituation ist in dieser Zwangslage nicht mehr möglich. So wird verständlich, warum viele Trader in solchen Situationen gern alles auf eine Karte setzen, statt Wege zu finden, das Dilemma anders zu lösen. Es geht nur noch darum, möglichst schnell aus der beschämenden Lage herauszukommen. Und so führt dieses »Alles-oder-Nichts«-Denken, dieses »Alles-auf-eine-Karte-setzen«, gern auch zum finanziellen Bankrott.

Doch selbst, wenn ein Tradingtag nicht gut gelaufen ist und man mit dem letzten Trade noch versucht, alles rumzureißen, kann es sein, dass hier bereits die Scham die Finger im Spiel hat.

Man will sich nicht eingestehen, dass man schon wieder nichts verdient hat. Meistens sind es genau diese Trades, welche die Arbeit von Wochen zunichte machen.

Scham und Peinlichkeit haben etwas mit Schmerz zu tun. Diese Emotionen werden wie Schmerzen empfunden. Das Wort Peinlichkeit ist sogar vom Begriff des Schmerzes (Pein = Strafe/Schmerz) abgeleitet. Niemand würde aber, wenn er unter akuten, heftigen Schmerzen leidet, auf die Idee kommen, traden zu wollen.

Dabei schleicht sich die Scham nicht nur bei existenziellen Bedrohungen ein. Fast immer, wenn man als Trader emotionalen Schmerz empfindet, hat das mit Scham zu tun. Und wie viel Schmerzen die Börse verursachen kann, weiß jeder Trader. Es gibt sogar eine Börsenweisheit dazu: Die Börse geht immer den Weg des größten Schmerzes. Trader werden also viel öfter mit Scham konfrontiert, als man zunächst denken würde. Eigentlich täglich, bei jedem Verlust. Um diesen Schmerz zu vermeiden, werden viele Trader mit der Zeit übervorsichtig, oder sie hören eine Zeit mit dem Traden ganz auf, oder sie machen zu kleine Trades etc. Das alles geschieht eigentlich nur, um nicht noch einmal von der Börse beschämt zu werden.

Da beim Traden immer wieder Verlustphasen vorkommen, ist es wichtig, sich mit seinen Schamgefühlen in diesem Zusammenhang auseinanderzusetzen. Es hilft dabei, sich bewusst zu machen, dass »Verlieren« an der Börse eben nicht etwas mit »Verlieren« in der Gesellschaft zu tun hat, sondern ein normaler und notwendiger Prozess ist. Um jedoch die existenziellen Gefahren dieser Verkettung von Scham und Verlusten aufzulösen, sollte man Vorsorge treffen. Ein gutes Hilfsmittel dazu habe ich am Anfang vorgestellt, als ich Ihnen den Tipp gab, immer nur die Summe auf Ihr Tradingkonto zu überweisen, die Sie bereit sind zu verlieren. Somit kann es nicht mehr zu existenziell beschämenden Situationen kommen.

Die Scham, aber auch alle anderen Emotionen, sind derart stark, dass diese Sie in eine tiefe Trance (Abwesenheit von Realität) versetzen können (mehr zu Trancen später unter Alltagstrancen). In einer solchen Trance, also in tiefer Abwesenheit von Realität, ist gewinnbringendes Traden nicht mehr möglich. Meistens sind es sogar Angst und Scham, die Menschen dazu bringen, ihr eigentliches Ziel, also Trader zu werden, aus den Augen zu verlieren. Und dies geschieht häufig, während wichtige Entwicklungen stattfinden. Möglicherweise also kurz bevor diese Menschen einen Durchbruch beim Traden erreicht hätten. Diese Emotionen sind damit höchst machtvoll und greifen massiv in Ihre Entwicklung als Trader ein.

In einem ersten Schritt reicht es sicher aus, sich über das Gefühl der Scham und deren Folgen zunächst überhaupt erst einmal bewusst zu werden. Das gilt natürlich auch für alle anderen Emotionen. Doch in einem weiteren Schritt sollte man sein Augenmerk auf den Einfluss der Emotionen beim Trading richten. Auch dazu werde ich in den nächsten Kapiteln eine höchst funktionale Methode vorstellen.

Ihr Tradingteam und ein guter Coach

Wenn Sie zunehmend erkennen, dass es vielleicht doch oft auch Ihre Überzeugungen, Emotionen oder Charaktereigenschaften gewesen sind, die Ihnen
den Tradingerfolg verdorben haben und eben nicht nur Pech oder ein falsches Tradingsystem, haben Sie einen großen Schritt in die richtige Richtung
getan. Nun muss es darum gehen, wie man seiner selbst Herr wird, damit der
Einfluss der eigenen Emotionen sich möglichst nicht schädlich auswirkt.

Legen Sie sich auf die Lauer

Etwas, das gerade Jäger besonders gut können, ist: **Beobachten!** Allerdings
sollten Sie nun nicht mehr den Markt, sondern sich selbst beobachten. Fragen Sie sich immer und immer wieder: Was macht diese Meldung mit mir?
Zu welchen Gefühlen, zu welchen Handlungen verleitet mich diese Meldung,
und wie reagiert der Markt?

So werden Sie einen tieferen Zugang zu der Tatsache erhalten, dass eine
Vielzahl von Gefühlen und Stimmungen Sie beeinflusst, die häufig konform
mit dem Markt beziehungsweise den Nachrichten und damit zur Mainstream-
Stimmung sind. Der Markt fällt, Sie werden deprimiert, er steigt, Sie werden
euphorisch. **Ihre Stimmung synchronisiert sich mit dem Markt.**

Dabei herrscht die gesamte Zeit über ein derart verstörendes Chaos im Kopf,
dass man kaum einen klaren Gedanken fassen kann. Tausende Überlegungen
flitzen emsig durch das Hirn auf der verzweifelten Suche nach dem sicheren
Hinweis, dem sicheren Einstiegssignal. Irgendwann wird dann, vergleichsweise spontan, gehandelt. Das kann nicht gut gehen! (Dieses »Bauchgefühl«
hat nichts mit Intuition zu tun, dazu später aber noch einmal mehr.) Denn
dieses Handeln geschieht meistens marktsynchron. Kurz: Sie kaufen, wenn
die Euphorie am höchsten ist, also genau am Hoch! Sie verkaufen, wenn Ihre
Stimmung in den Panikmodus einschwenkt, also wenn der Markt in Angst
und Schrecken verfällt, sprich meistens am Tiefpunkt. Viele von Ihnen werden das kennen.

Ein Meeting in ihrem Kopf: Die Konferenzmethode

Sie müssen also diese Stimmen, Emotionen und Stimmungen in Ihrem Kopf in ein System bringen, das Ihnen eine Kontrolle ermöglicht, zumindest aber einen Einfluss gestattet. Dazu müssen Sie zunächst einmal lernen, Ihren Stimmen und Stimmungen zuzuhören. Sie werden bald auf Ihren inneren Monolog stoßen. Ihre Gedanken, die in Ihrem Kopf in einem gleichmäßigen Strom unaufhörlich an Ihrem Bewusstsein vorbeifließen.

Nur sehr wenig unserer Aufmerksamkeit wird diesem inneren Monolog gewidmet. Gerade beim Trading scheint man doch zu sehr mit anderen, scheinbar wichtigeren Dingen beschäftigt. Das ist jedoch eine falsche und gefährliche Sichtweise. Eigentlich ist es immer der innere Monolog, der letzten Endes auf die eine oder andere Weise zu einer Entscheidung kommt.

Lernen Sie, Ihrem inneren Monolog zuzuhören!

Bevor Sie vielleicht irgendwann Ihren störenden Verstand ausschalten können, müssen Sie ihn erstmal kennenlernen. Allerdings haben viele Menschen die Sorge, »verrückt zu werden«, wenn sie sich den inneren Monolog zu sehr bewusst machen. Denn schließlich wird man sich dann auch darüber klar, dass da etwas unaufhörlich in einem plappert und plappert und plappert und immer noch plappert, wenn man schon wieder fast vergessen hat zuzuhören. Das kann im ersten Moment sehr verstörend und nervig werden. Aber Sie müssen sich keine Sorge machen, das plappert schon seit Ihrer frühesten Jugend, das wird Sie nicht verrückt machen.

Sie brauchen sogar, wenn Sie gerade anfangen, sich mit der psychischen Komponente beim Traden zu beschäftigen, eben diesen inneren Monolog, um Ihren Tradingerfolg zu verbessern. Erst später können Sie vielleicht lernen, ohne diesen inneren Monolog zu traden.

Die Lösung: Ihr Team!

In der Psychologie wird schon seit vielen Jahren in allen Bereichen eine bestimmte Methode angewendet, um das Chaos der Emotionen zu lichten und sich zu bestimmten Charaktereigenschaften in Bezug zu setzen. Wir werden diese Methode nutzen und ein wenig abändern, damit sie für den Tradingall-tag sinnvoll wird.

Leider sind wir Menschen nicht von nur einer Macht, unserem Verstand, ge-steuert, sondern es gibt viele widersprüchliche Empfindungen in uns. Stellen Sie sich diese Empfindungen einfach als unterschiedliche Personen mit eben dieser Eigenschaft in Reinkultur vor. Dann befände sich ein großes Team in Ihrem Kopf und würde wild diskutierend versuchen, eine Entscheidung zu treffen. Sie kennen doch sicher diese Gedankenwürmer und das Gedanken-chaos, wenn Sie Entscheidungen treffen wollen? Hören Sie diesem Wirrwarr zu, versuchen Sie, es »auseinanderzudividieren«. Versuchen Sie, einzelne Emotionen und verschiedene Meinungen herauszuhören.

Aus dem inneren Monolog wird ein Dialog

Sie werden überrascht sein, wie viele sehr verschiedene Meinungen und An-sichten in Ihnen existieren. Dass diese unterschiedlichen Stimmungen exis-tieren, ist sicher. Denn ansonsten hätten Sie nie einen Zweifel und würden jede Entscheidung mit absoluter Überzeugung treffen. Welcher Mensch kann schon von sich behaupten, ohne jeden Zweifel jede Entscheidung mit voll-kommener innerer Einmütigkeit zu treffen? Nein, es wird hin und her über-legt, diese und jene Meinung durchdacht – da ist alles. Und so haben diese Stimmen und Stimmungen im Kopf auch nichts mit Schizophrenie zu tun, sondern sind einfach nur tägliche Normalität des Menschseins. Gerade diese Fähigkeit, zu abstrahieren und abzuwägen, macht die Intelligenz des Men-schen aus.

Um diese verschiedenen, zum Teil widersprüchlichen Emotionen besser struk-turieren zu können, hilft es, sich vorzustellen, dass eben ein Team mit völlig unterschiedlichen, scharf abgegrenzten Charakteren in Ihrem Kopf in einem großen Konferenzraum an einem grünen Tisch sitzt. Dort debattiert es unab-lässig über jedes Thema, das auf den Tisch, also Ihnen in den Sinn kommt: das Wetter, die Liebe und die Börse. Jedes einzelne Teammitglied stellt dabei eine Ihrer Charaktereigenschaften oder eine Ihrer Emotionen dar. Aus Emoti-onen, aus allen inneren Eigenschaften, entstehen somit Persönlichkeiten, mit denen Sie sich konfrontieren können.

Ein Beispiel:

Um ein wenig deutlicher zu machen, wovon ich hier schreibe, gebe ich ein kleines, und natürlich auch wieder etwas überspitztes Beispiel. Es ist natürlich nicht möglich, die ansonsten hochkomplexen Gedankengänge und Gefühle eins zu eins wiederzugeben. Also beschränke ich mich auf eine sehr verkürzte, fast comicgleiche Version, die aber gut deutlich macht, worum es geht.

Die Teamsitzung:

Der **Charttechniker** in Ihnen sieht ein klares Einstiegssignal und meldet dem Team: »Im Moment besteht aus diesen und jenen Gründen ein gutes Chance-Risiko-Verhältnis: Wir sollten einsteigen!«

Da meldet sich der **ewige Zweifler**: »Ja, ja, ich erinnere mich noch gut an das letzte charttechnische Einstiegssignal, das du gesehen hast: Und was ist geschehen? Zack, der Kurs brach nach unten durch. Das hat uns viel Geld gekostet, erinnerst Du Dich?«

Der **vernünftig abwägende Vermittler** schreitet ein: »Na, okay, so etwas kann doch schon einmal vorkommen. Das ist aber kein Grund, jetzt nicht einzusteigen. Dann brauchen wir uns gar nicht mehr mit Börse zu beschäftigen!«

Der **Ängstliche** gesellt sich zu dem Zweifler: »Sollen wir nicht lieber warten, bis es deutlichere Signale gibt?«

Miss Scham meldet sich: »Nein, nicht schon wieder einen Verlust. Nicht schon wieder als Verlierer dastehen.«

Da platzt dem **Gierigen** der Kragen: »Ja, schon wieder warten, und dann läuft der Markt uns wieder davon. Ich will Gewinne machen, JETZT! Also rein in den Markt, und zwar hurtig!«

Der **fundamental Orientierte** lugt über seine Brille und gibt zu bedenken: »Ich bin nicht wirklich überzeugt! Anhand der aktuellen Zahlen ist es noch nicht sicher, ob das schon der Boden ist. Da gibt es diesen und jenen Hinweis...« – er reicht eine ausführliche Liste herum –, »...dass es noch um einiges weiter fallen könnte!«

Der Ängstliche springt auf und kreischt: »Seht ihr, seht ihr, das gibt wieder eine Katastrophe, ich sage es euch.«

Der Gierige reagiert genervt: »Wenn wir wieder warten, bis auch die Fundamentaldaten stimmen, sind 70 % der Rallye schon vorbei!«

Der beständig Resignierte: »Ach, das hat doch sowieso keinen Zweck, es ist doch eh schon zu spät. Wir sollten es lassen und lieber ein Bier trinken gehen.«

Es wiederholt sich

Ich will hier das Gedankenwirrwarr unseres armen Traders verlassen. Sie werden sich vielleicht in dem einen oder anderen dieser Gedanken ein wenig wiedergefunden haben. Das Neue an dieser Konferenzmethode ist, wie Sie sehen, diese Gedanken und Emotionen bestimmten Personen zuzuordnen. Wenn Sie das tun, können Sie nämlich anfangen, in dem Wust Ihrer Gedanken eine Ordnung und eine Struktur aufzubauen. So wird Ihnen bewusst, dass in Ihnen eigentlich immer wieder ähnliche Muster, Gedanken und Emotionen auftauchen. Mit ein bisschen Übung werden Sie feststellen, dass in Ihnen im Prinzip beim Trading immer wieder die gleichen Dispute und Diskussionen entstehen.

Und erst, wenn Sie sich das bewusst gemacht haben, können Sie diagnostizieren, welche von diesen Stimmungen (oder Personen) in Ihnen eigentlich das Sagen hat oder wer immer dazwischenfunkt.

Doch noch wesentlich bedeutsamer ist: Auf diese Art und Weise haben Sie etwas, mit dem Sie sich konfrontieren können. Sie sind nicht mehr nur einfach einem Schwall Ihrer Gedanken und Emotion ahnungslos und somit hilflos ausgeliefert, sondern Sie können sich selbst im Bezug zur Börse bewusst wahrnehmen und steuern.

Das Gedanken-Mischpult

Wenn Sie also zum Beispiel feststellen, dass Sie grundsätzlich zu gierig sind, haben Sie nun eine »Person« in Ihnen zur Hand, mit der Sie in gewisser Weise in Kontakt treten können, mit der Sie verhandeln können. Nennen Sie diese Person den Gierigen (oder geben Sie diesem Charakter einen Namen, vielleicht von einem Bekannten oder aus dem Fernsehen, der für Sie das Sinnbild des Gierigen ist: Gordon Gekko, der Gierige aus dem Film: »Wall Street« o.ä.). Plötzlich geschieht sich etwas sehr Verblüffendes: Sie hören den Gierigen auf einmal aus diesem Gedankenchaos heraus – laut und deutlich! Wenn Sie also immer zu gierig waren, werden Sie mit diesem Trick darauf reagieren können und sagen: Ach, das ist nur wieder Gekko, auf den höre ich jetzt in dieser Situation nicht mehr. Der hat schon zu oft Fehler gemacht.

Wenn Sie das Problem haben, dass Sie zu ängstlich sind, werden Sie mit diesem Modell zunehmend Ihre ängstlichen Aspekte als »Person« wahrnehmen und auch in die Schranken weisen können. Wenn Sie feststellen, dass Sie zu wenig gründlich sind, setzen Sie einen Minister Gründlich an den Tisch und lassen Sie ihn zum Wortführer werden, zumindest eine Zeit lang.

Auf diese Weise können Sie Ihr Team, das Sie zu einer Entscheidung treibt, über die Erfahrung mit der Börse perfekt feintunen. Es ist, als ob Sie an einem Mischpult säßen und die jeweiligen Emotionen ein wenig lauter oder leiser stellen, um so ein perfektes Klangbild zu erzeugen, das erfolgreich ist.

Glauben Sie mir, Sie werden bald feststellen, wer häufiger Recht hat und wer nicht. Sie werden Stimmen heraushören, die Ihnen den Tradingerfolg jedes Mal vermasseln. Sie können erkennen, wer in Ihnen Ihre Zögerlichkeit fördert oder zu schnelles Handeln verursacht. Sie können miterleben, wie der Ängstliche die Macht an sich reißt und vernünftiges Traden verhindert etc.

Werden Sie zum Trainer Ihres Teams

Es dauert eine Weile, bis man feststellt, dass es eigentlich in allen Lebenssituationen eine Vielzahl von identifizierbaren »Persönlichkeiten« in einem gibt, die miteinander Sie als Person ausmachen. Je mehr man sich darüber bewusst wird, desto besser kann man Entscheidungen treffen, da man schlussendlich so aus einem Wirrwarr im Kopf ein schlagfertiges und erfolgreiches Team aufbauen kann. Sie sind der Trainer eines Fußballteams und müssen aus diesem planlosen und undisziplinierten Haufen nun eine Mannschaft bilden, die zusammenarbeitet und die gewinnen kann. Das ist IHR Job, und je besser Sie ihn machen, desto besser werden Sie traden.

So werden Sie sich und Ihre typischen Tradinggedanken kennenlernen. Sie können herausfiltern, was in Ihnen am erfolgreichsten funktioniert! Eigentlich verbessern Sie auf diese Weise sich selbst als personalisiertes Tradingsystem. Und das ist wesentlich wichtiger, als monatelang ein Computersystem zu trimmen.

Sie haben nun die Regler Ihrer Emotionen in der Hand. Natürlich wäre es gut, wenn Sie sich dazu bei jedem Trade Notizen machten, aber die richtigen Jägermentalitäten haben eben ein bisschen Schwierigkeiten mit einer solchen Form der Disziplin – es reicht in diesem Fall auch ein Zettel am Bildschirm »Tradingteam!!!«, um sich immer wieder daran zu erinnern.

Die große Verwirrung

Leider wird gerade am Anfang nach ersten Erfolgen eine große Verwirrung auftreten. Wer ist was, wer hat was gesagt, welche Emotionen, welche Gefühle haben mich gefangen? Das ist ein normaler Prozess. Hier benötigen Sie ein wenig Beharrlichkeit und Gelassenheit. Wenn Sie merken, dass alles zu verwirrend ist, sind Sie »zu nah dran«. Stellen Sie sich jemanden vor, der aus 5 cm Entfernung versucht, sich auf einer großen Landkarte einen Überblick zu verschaffen. Er wird nur sehr wenig sehen können und das wahrscheinlich auch noch verschwommen. Vielleicht bekommt er sogar Kopfschmerzen. Nur wenn er zurücktritt, sich also von der Karte entfernt, kann er sich einen umfassenden Überblick verschaffen.

Treten Sie also in so einer Situation einen Schritt zurück. Versuchen Sie nicht, einen zu genauen Zugriff auf die einzelnen Persönlichkeiten, Strömungen und Stimmungen zu gewinnen, sondern verschaffen Sie sich wieder einen großen Überblick. Oder machen Sie mal eine längere Pause, das wird auch immer helfen. Man darf nicht übertreiben oder dogmatisch werden.

Mit der Zeit wird es Ihnen aber immer besser gelingen, Ihre ganz persönlichen und speziellen Eigenschaften und Eigenarten zu identifizieren und zu bewerten. Sie können Übertreibungen erkennen und Schwächen ausschalten. Sie können sich mit Ihren verschiedenen Emotionen auseinandersetzen und so schlussendlich Ihren Tradingerfolg verbessern.

Dann haben Sie einen weiteren, sehr großen Schritt aus dem »bewusstlosen Trading« heraus getan. Sie erlangen ein neuartiges Trading-Bewusstsein, eine Art Selbst-Bewusstsein (Bewusstsein Ihrer selbst), das Ihnen nach vergleichsweise kurzer Zeit aufzeigt, wo Ihre ganz persönlichen Fehler und Schwächen liegen und welche Ihre eigentlichen Chancen sind. Mit jedem neuen Tradingtag lassen Sie die störenden Charaktereigenschaften in den Hintergrund treten und stellen Ihre Gewinnerqualitäten in den Vordergrund.

Jede Emotion hat ihren Sinn

Die verschiedenen Persönlichkeiten in Ihnen haben alle einen Sinn. Sie sind in Ihrer Kindheit entstanden, um Ihnen das soziale Überleben zu sichern. Leider werden oft einige dieser Persönlichkeiten übermäßig gefördert. Das hat mit Eltern, Geschwistern, Lehrern, Freunden und Schulkameraden zu tun.

Es ist ganz wichtig zu begreifen, dass keine dieser Persönlichkeiten in einem falsch ist, dass keine ausgemerzt werden darf. Sie haben alle ihre Berechtigung. Nur wenn man Angst und Gier in ein gesundes Verhältnis setzt, wenn man zwischen Perfektion und Emotion einen goldenen Mittelweg findet, wird Traden langfristig erfolgreich sein.

Sie sollten niemanden in diesem Team, das Sie schließlich selbst sind, verurteilen. Jeder dieser Charaktere erfüllt für das mentale Überleben wichtige Aufgaben. Wie gesagt, es geht um das Feintuning, um mehr nicht.

Positive Verstärkung

Wichtig ist in diesem Zusammenhang, sich nicht nur auf die negativen Emotionen zu konzentrieren. Sie müssen auch Ihre Erfolge und positiven Emotionen verstärken. Das gelingt am besten, indem Sie anfangen sich zu feiern, und zwar immer, wenn Sie einen Erfolg errungen haben. Dabei ist »Erfolg« nicht nur ein gelungener Trade oder ein besonders lukrativer Monat. Unterschätzen und missachten Sie die kleinen täglichen Erfolge nicht!

Wenn Sie die Angst überwunden haben und in den Markt eingestiegen sind, ist das Ihr erster wichtiger Erfolg. Ebenso, wenn die Gier nicht mehr Oberhand gewonnen hat und Sie genau wie geplant verkauft haben, dürfen Sie diesen Erfolg feiern.

Ganz wichtig dabei: Es ist vollkommen egal, ob im ersten Fall der Einstieg zu einem Gewinn- oder zu einem Verlusttrade führt. Oder im zweiten Fall die Beachtung des Stops mit einer Verlustbegrenzung oder einer Gewinnmitnahme einhergeht.

Jeder kleine Sieg über eine bisherige Einschränkung unseres Tradens ist ein beachtlicher Erfolg! Die Summe dieser vielen kleinen, scheinbar unbedeutenden Siege ist letztlich Ihr Erfolg als Trader an der Börse.

Wir haben in unserer Gesellschaft leider verlernt, uns selbst zu feiern, uns selbst zu motivieren, weil es sich nicht schickt. Es wird als Eigenlob missinterpretiert. Leider geht uns damit eine sehr starke Möglichkeit der Charakterbildung verloren. Denn die Eigenbestätigung ist eine starke Motivation. Woher soll unser Unterbewusstsein wissen, was wir wollen, wenn wir lediglich unseren negativen Emotionen großen Wert beimessen, aber positive Dinge einfach hinnehmen?

Wenn Sie etwas geschafft haben, wenn Sie Ihr Team verbessert oder einen guten Trade getätigt haben, stehen Sie auf, tanzen Sie, zeigen Sie die Becker-Faust! Freuen Sie sich, loben Sie sich selbst. Belohnen Sie sich, wenn Sie einen Schritt in die richtige Richtung gemacht haben, wie klein er auch sein mag. Starten Sie starke Rituale. Das alles wird Ihre Arbeit verbessern, Ihre Fortschritte beschleunigen, und – keine Frage – es macht auch mehr Spaß!

Ihr Unterbewusstsein muss wissen, was Sie für gut halten, dann wird es sich mehr und mehr daraufhin ausrichten.

Eine andere Möglichkeit ist, sich mit Essen zu belohnen. Das hilft oft gerade ausgeprägten Jägermentalitäten. Nahrung ist eine der existenziellsten Belohnungen. Als Jäger ist Ihr Jagderfolg immer auch Nahrung. Allerdings müssten Sie, wenn Sie keinen Trade erfolgreich abschließen, auch darauf verzichten, während des Tradens Nahrung zu sich zu nehmen (damit ist nicht gemeint, ganz mit dem Essen aufzuhören, wenn man kein Erfolg hat, sondern nur Essen und Traden zeitlich deutlich zu trennen). Es ist eins der stärksten Signale an Ihre Intuition, denn Ihr Unbewusstes wird alles tun, um Ihr Überleben zu sichern, sprich auf möglichst einfache Art und Weise an Nahrung zu kommen.

In einer Zeit, in der Essstörungen sehr verbreitet sind, ist dieser Tipp allerdings mit Vorsicht zu genießen.

Ebenfalls hilft es, sich mit anderen Jägern zusammenzusetzen und von den Jagderfolgen zu erzählen. Es gibt viele archaische Kulturen, in denen das abendliche, meist ein wenig übertriebene Berichten von Jagderfolgen zum normalen Ritual der Jäger gehörte (es soll wohl auch bei Anglern noch heute der Fall sein). Im Prinzip müsste man dieses Ritual wieder einführen. Nur braucht man dazu ähnlich börsenverrückte Freunde, die den Hintergrund dieser sich selbst verstärkenden positiven Motivation begreifen ...

Das »Du-langweilst-mich«-Programm

Was macht man aber, wenn Emotionen auftauchen, die zu stark sind, um sie mit Hilfe der oben genannten Methode in ein Gleichgewicht mit den anderen Persönlichkeiten Ihres Tradingteams zu bringen? Sollten Sie merken, dass eine Emotion sich immer wieder Ihrer Kontrolle entzieht, gibt es eine Vielzahl von Techniken, damit umzugehen. Zwei vergleichbar effiziente Methoden will ich Ihnen hier vorstellen.

Sollte es jedoch auch damit nicht gelingen, diese Emotionen zu kontrollieren, sollten Sie überlegen, einen guten Tradingcoach oder sogar einen Psychotherapeuten hinzuzuziehen. Das ist nichts Ungewöhnliches. Im Sport versuchen viele Profis, solche mentalen Probleme mit Hilfe von Therapeuten in den Griff zu bekommen. Was für den Leistungssport gut ist, kann für das Trading nicht schlecht sein.

Doch, wie gesagt, es gibt einfach zu erlernende Techniken, die in den meisten Fällen bereits helfen können.

Ein Beispiel: Immer wieder schreiben mir Trader, dass sie schon so oft derart große Verluste erleiden mussten, dass sie sich nicht mehr trauten, in den Markt zu gehen. Diese Trader sind traumatisiert. Ein sehr ungesunder Zustand, der Traden absolut unmöglich macht (deswegen sollten Sie es eigentlich erst gar nicht soweit kommen lassen; siehe: »Die wichtigsten Anfänger-Regeln für Trader«).

Negative Konditionierung

Also nehmen wir an, eine solche Angst hat Sie fest im Griff. Mit Hilfe der Konferenz in Ihrem Kopf können Sie diese Angst jetzt zumindest bestimmen und isolieren. Sie hören sie jetzt aus all den Stimmungen und Strömungen in Ihnen heraus. So wird Ihnen immer bewusster, dass es die Angst ist, die immer wieder in der gleichen Situation lärmend auf den Tisch haut und alle anderen Teammitglieder hysterisch in Grund und Boden schreit, so dass sie schlussendlich handlungsunfähig werden.

Doch manchmal reicht selbst dieses Bewusstsein nicht aus, um eine solche Angst in ihre Schranken zu weisen. Sie ist einfach übermächtig. Man kann Sie zwar personalisieren, aber nicht kontrollieren. Wenn ein Charakterzug oder eine Emotion Sie derart im Griff hat, sollten Sie, wenn Sie es noch nicht getan haben, dieser Emotion auf jeden Fall erst einmal einen Namen geben. Beispiel: Hans, die Angst.

Daraufhin können Sie ein »Du-langweilst-mich«-Programm starten. Jedes Mal, wenn Sie die Angst in sich hören, reagieren Sie darauf mit dem abwertend gemeinten Satz: »Mein Gott, Hans, du langweilst mich mit deinem ständigen Geplärre! Hör' endlich auf, das will keiner hören. Du nervst!« In einem weiteren Schritt können Sie ruhig auch wütend, zynisch oder beleidigend werden. Sie können auch mit dieser Angst reden, wie Sie es mit einem kleinen, störrischen Kind tun würden.

Wenn Sie der Emotion beharrlich auf diese negative Weise begegnen, wird sich etwas ändern.

Distanz

Das liegt unter anderem daran, dass Sie auf diesem Weg eine Distanz zu der Angst aufbauen. Normalerweise ist man, wenn man Angst hat, als ganze Person ängstlich, »man ist Angst«. Wenn Sie Ihre Angst personalisieren, trennen Sie sich von ihr. Sie erschaffen eine weitere, neue Instanz in sich, die mit der Angst kommuniziert. Dadurch, dass Sie diese Angst nun beschimpfen, erweitern Sie diese Distanz zu der Angst sogar noch. Sie sind dann eine neue Instanz, welche die Angstpersönlichkeit, die irgendwo anders in Ihnen ist, beschimpft.

Daraufhin geschieht Folgendes: Sie identifizieren sich mit der neu geschaffenen Instanz. Diese neue Instanz erscheint natürlich wesentlich dominanter, weil sie sich über die andere Persönlichkeit quasi lustig macht, sie sozusagen beschämt. Je mehr Sie sich mit dieser neuen Instanz identifizieren, desto weiter werden Sie sich von der Angstpersönlichkeit entfernen. So wird diese Angstpersönlichkeit immer weniger Macht über Sie ausüben können.

Es geht also darum, die Identifikation mit der alten Emotion aufzubrechen. Sie erhalten dadurch mehr Kontrolle und unterliegen nicht mehr passiv der Vielzahl von Emotionen. Wenn Sie auf Emotionen in der Art immer und immer wieder reagieren, haben Sie eine Möglichkeit, die enge Verbindung aufzuknacken und sich allmählich aus der Umklammerung zu befreien.

Ich weiß, derartige Herangehensweisen hören sich zunächst immer ein wenig seltsam an, da sie in unserer Gesellschaft als Lösungsmodelle kaum angewendet werden. Und natürlich, ohne die vorherigen Abschnitte dieses Buchs würde man sich fragen, was denn das mit Trading zu tun hat. Doch je mehr Sie sich mit Ihren Emotionen beschäftigen, so bewusster wird Ihnen, wie oft Sie schon an Ihren Emotionen gescheitert sind. Es führt also kein Weg daran vorbei. Zudem haben Sie nichts zu verlieren. Versuchen Sie es einfach, Sie werden überrascht sein, wie gut diese Technik funktioniert.

Je länger Sie das »Du-langweilst-mich«-Programm praktizieren, desto nachhaltiger wird es Emotionen beeinflussen. Sie müssen allerdings nicht direkt am ersten Tag Ihre Emotion überwinden und in den Markt gehen. Lassen Sie sich Zeit. Wenn Sie jedoch dabei ein wenig Ausdauer an den Tag legen, und immer wieder Ihre negativen Emotionen mit dem Satz und dem Gefühl »Du langweilst mich derart!« und anderen Abblock-Sätzen neutralisieren und mundtot machen, werden Sie bald feststellen, dass diese störenden Emotionen nach und nach an Gewicht verlieren.

Widerstandslosigkeit: Eine Technik für Fortgeschrittene

Sehr wahrscheinlich gibt es bei der Vielzahl von Techniken, Emotionen in den Griff zu bekommen, für jeden Menschen einige, die besser geeignet sind und andere, die nicht funktionieren. Doch fast allen Techniken ist gemein, dass es entweder darum geht, sich mit den Emotionen zu konfrontieren oder sich von diesen zu distanzieren. Wenn man einen tieferen Einblick in die

Funktionsweisen von Emotionen wagt, stellt man fest, dass alle diese Techniken lediglich die Symptome bekämpfen, nicht jedoch die Ursachen. Es gibt auch eine Technik, mit der man solche Probleme an der Wurzel anpacken kann.

Wenn Sie sich eine Weile mit Ihren Gefühlen und inneren Persönlichkeiten beschäftigt haben, können Sie feststellen, dass Angst, Gier, Zorn, Neid etc. lediglich Widerstände, also eine fehlende Akzeptanz der aktuellen Situation darstellen. Um zu verdeutlichen, was ich damit meine, noch einmal zurück zu dem oben bereits aufgeführten Beispiel:

Widerstand ist das eigentliche Problem

Wenn Sie Angst haben, in den Markt zu gehen, um einen Trade auszuführen, sind Sie mental nicht mehr in der Lage zu akzeptieren, dass auch dieser Trade wieder ein Verlust werden kann. Es kann sein, dass Sie Angst vor der beschämenden Folge haben. Sie widersetzen sich also dem Risiko, möglicherweise noch einmal einen Verlust erleiden zu müssen und sich dabei als Verlierer zu fühlen. Wenn Sie sich widersetzen, leisten Sie Widerstand.

Also ist eigentlich nicht Angst das Problem, sondern Ihr Widerstand erzeugt erst die Angst. Dieser Zusammenhang wird deutlicher, wenn wir den Widerstand auflösen:

Wenn Sie die Folgen eines neuen Verlusts, egal welche es auch sind, einfach annehmen, ohne Widerstand und ohne Bedenken, können Sie keine Angst und auch keine Scham entwickeln.

Sobald Sie also Emotionen haben, lehnen Sie sich gegen eine Realität auf! Das klingt zunächst vielleicht verrückt, und das ist es auch, denn es ist natürlich wenig sinnvoll, sich gegen die Realität aufzulehnen, nicht einmal gegen die Realität des Tradens.

Jedwedes Festhalten an Emotionen entsteht nur aus dem Wunsch nach Kontrolle und damit aus dem Verlangen nach Sicherheit. Wenn Sie die Jetzt-Realität und die künftige Realität akzeptieren, so wie sie ist, werden sich alle diese Emotionen einfach in Luft auflösen.

Angst ist Widerstand gegen das Unvermeidliche und gegen die Unsicherheit.

Gier ist Widerstand gegen den Imperativ der Zeit (dass es manchmal eben ein wenig länger dauert, »reich« zu werden).

Hoffnung ist Widerstand gegen das, was ist.

Scham ist Widerstand gegen die Ausgrenzung der anderen.

Stolz ist Widerstand gegen die eigene Bedeutungslosigkeit/Beliebigkeit.

Wut ist Widerstand gegen die Angst usw.

Einfach aufhören, Widerstand zu leisten

Sobald Ihnen »wirklich bewusst« wird, dass alle starken Emotionen nur Widerstände gegen etwas sind, können Sie tatsächlich einfach jede Emotion aushebeln, indem Sie diesen Widerstand aufgeben. Es ist, als ob Sie einfach einen Schalter umlegten. Leider ist es wesentlich schwieriger, sich das »wirklich bewusst« zu machen, als es auf den ersten Blick aussieht.

So logisch diese Zusammenhänge auch sind, so schwer ist es für den Menschen, diese in seine Persönlichkeit zu integrieren. Es ist wahrscheinlich eine der ruinösesten Einbildungen des Menschen, dass er in diesem scheinbaren Chaos um ihn herum Kontrolle haben könnte. Er kann es nicht. Nicht im Leben, und erst recht nicht an den Börsen. Es gibt nichts zu kontrollieren. Es ist nicht einmal sinnvoll, kontrollieren zu wollen. Kontrolle selbst ist schon Widerstand. Doch nichts fällt dem Menschen schwerer, als den Wunsch nach Kontrolle aufzugeben. Und damit ist es fast unmöglich, den Widerstand gegen die Realität, gegen das scheinbare Chaos um uns herum einfach aufzugeben.

Wenn Sie jedoch beim täglichen Traden diese Zusammenhänge mehr und mehr verstehen lernen, werden Sie nach und nach in mehreren Schritten den Widerstand aushebeln.

Als Erstes kommt das Schulterzucken, die Einsicht in die Unvermeidlichkeit: »Tja, es ist eben so, man kann nichts daran ändern, auch dieser nächste Trade kann wie die 13 vorherigen schiefgehen. Schauen wir mal, was passiert«. In dieser Phase fühlt sich das Ich noch hilflos bei der Erkenntnis, dass es keine Kontrolle hat.

Wenn man sich auch dieser Hilflosigkeit stellt, erlangt man die Fähigkeit, den Widerstand einfach dadurch auszuhebeln, dass man sich in sein Schicksal vollkommen positiv gestimmt und ohne negative Emotionen ergibt: Sie sind Trader, ein Trader muss traden, auch wenn er keinen Einfluss auf den Ausgang des nächsten Trades hat. Das ist alles. Der Rest ist Stille (siehe später auch das Ende des inneren Monologs).

Ein solches Verhalten ist natürlich wiederum nur möglich, wenn Sie, wie oben beschrieben, Vorkehrungen treffen, um sich nicht zu ruinieren. Und auch hier zeigt sich erneut, wie sinnvoll es sein kann, jedes Quartal nur eine gewisse Summe Geld auf das Tradingkonto zu überweisen.

Widerstandslosigkeit und Demut

Eigentlich ist es diese Widerstandslosigkeit, die gemeint ist, wenn Sie hören, dass man nur dann an den Börsen Erfolg haben kann, wenn man *demütig* ist. Demut ist eigentlich das falsche Wort, wenn man die Begriffsbestimmung genau nimmt. Man müsste die Börsenweisheit tatsächlich so umformulieren:

Man kann an den Börsen nur erfolgreich sein, wenn man widerstandslos wird.

oder besser:

Widerstandslosigkeit ist Grundlage des Börsenerfolgs.

Aber gut, wer würde diesen Satz ohne die obigen Ausführungen verstehen ...

Diese Widerstandslosigkeit ist auch eine innere Voraussetzung, wenn wir gleich zur Intuition kommen. In der Widerstandslosigkeit liegt die Fähigkeit, Dinge realistisch zu sehen. Denn Widerstandslosigkeit bedeutet das absolute und uneingeschränkte Annehmen von dem, was ist und wie es ist. Im Prinzip lösen sich in der Widerstandslosigkeit nicht nur alle Emotionen, sondern auch alle Überzeugungen auf. Und hier fängt der Kreis nun allmählich an, sich zu schließen.

Es wäre so einfach, würde der Mensch doch endlich seinen Kontrollwahn aufgeben.

Ein Beispiel dazu:

Sie sitzen als Trader vor Ihren Monitoren. In Ihnen ist keine Emotion, Sie sind frei von Überzeugungen, Sie haben Ihre Emotionen aufgegeben, Sie sind einfach nur ein Trader, der diese Charts beobachtet und handelt.

In diesem Moment wären Sie all den in den letzten Kapiteln beschriebenen Fallen nicht mehr ausgesetzt. Sie würden tatsächlich das sehen, was wirklich ist. Trade, was du siehst und nicht das, was du denkst, oder noch besser: Trade, was du siehst, und höre endlich auf zu denken ...

Da ist es auf einmal, das Wesen Börse

Wenn Sie sich mit dem Wunsch nach Widerstandslosigkeit anfangen zu identifizieren, tut sich etwas Erstaunliches: Mit der Zeit werden Ihnen die verschiedenen Stimmen und Emotionen in Ihnen mehr und mehr wie leere »Satzhülsen« erscheinen. Sie stellen immer deutlicher fest, dass es immer wieder die gleichen Phrasen sind, die Sie sich selbst unablässig vorplappern. Es sind eigentlich auch immer die gleichen Emotionen, die Sie verfolgen.

Es wird Ihnen erscheinen, als ob in Ihnen immer wieder der gleiche Film, das gleiche Theaterstück aufgeführt würde. Und diese Filme werden mit jeder neuen Aufführung leerer, blasser und unsinniger. Es ist eine grässliche Zeit, denn Ihnen wird bewusst, dass Ihr Verstand nur ein lärmender Haufen einstudierter Verhaltensmuster ist. Der Verstand, der den Menschen scheinbar so überlegen macht, wird zu einem Ballast.

Es kann sogar das Gefühl entstehen, dass Sie »gedacht werden«, denn Ihnen wird auffallen, dass viele Gedanken einfach unkontrolliert auftauchen. Es entstehen so viele abwegige Gedanken, die Sie meist schnell wieder vergessen. An andere Gedanken heften sich Ihre Emotionen, weil Sie etwas damit verbinden. So können Gedankenwürmer entstehen, die sich durch Ihr ganzes Sein fressen und von Ihnen Besitz ergreifen: »Hilfe, was mache ich, wenn ich kein Geld mehr habe?«

In letzter Konsequenz wird Ihnen auffallen, wie hilflos Ihr Verstand den Geschehnissen der Börse gegenübersteht. Dazu auch noch ein Beispiel:

Ein Stop wird ausgeführt, und danach dreht der Markt. Beim nächsten Mal erinnert man sich an dieses Ereignis und sagt sich: »Dieses Mal setze ich keinen Stop, weil schließlich das letzte Mal der Markt genau dann gedreht hat«. Es kommt, wie es kommen muss: Man macht einen riesigen Verlust. Das ist Börsenalltag.

Von diesem Moment an gerät der Verstand in Schwierigkeiten: Soll ich nun einen Stop setzen oder nicht? Und sofort fängt das lärmende und sinnlose Geplappere an. Er weiß es nämlich nicht – und ich verrate es Ihnen: Er wird es nie wissen!

Also wird nach einem System für Stops gesucht, es wird getestet und studiert – doch schlussendlich weiß der Verstand es auch nach all dieser Mühe nicht. Doch durch das viele Studieren und Testen sind unzählige neue Gedanken zum Thema Stop im Kopf, die mehr oder weniger intensiv jedes Mal diskutiert werden – immer und immer wieder.

Die meisten Menschen resignieren oder entschließen sich daraufhin, irgendeine Strategie anzuwenden, die in den vergangenen Monaten/Jahren erfolgreich gewesen wäre. Sie wissen aber nicht, ob sie morgen noch funktioniert. Doch so hat man wenigstens eine Zeit lang Ruhe, bis sich zeigt, dass dieses neue Stop-System auch wieder Schwächen hat.

Die große Chance

Wenn in Ihnen der Zweifel an Ihrem Verstand wächst und der Verstand anfängt zu nerven, resignieren Sie nicht! In diesem Moment haben Sie eine große Chance, auf das »Dahinter« zu achten. Auf das, was hinter diesen Gedanken und dem Alltagslärm versteckt ist. In diesem Moment öffnet sich die Tür zu Ihrer Intuition. Erst jetzt können Sie eine Verbindung zu dem Wesen Börse aufbauen.

Denn Sie werden nicht nur Ihre Gedanken als leere Hülsen begreifen, sondern natürlich auch all die Gedanken der anderen Börsianer. All die Überzeugungen und sogar die Emotionen, die uns durch die Medien und die

Nachrichten vermittelt werden, verkommen zu einem sinnlosen Geplapper. Ihre Aufmerksamkeit wird somit von den Inhalten und den Meinungen der Redakteure und Analysten getrennt und kann sich auf das Wesentliche konzentrieren.

Der letzte Vorhang hebt sich: Alltagstrancen

Wie Sie vielleicht merken, sind wir dabei, allmählich immer tiefer vorzudringen. Zunächst haben wir Überzeugungen enttarnt, also komplexe Gedankenstrukturen. Daraufhin sind wir zu den Emotionen vorgedrungen, die wesentlich unmittelbarer agieren. Jetzt nähern wir uns dem Verstand. Doch bevor wir uns diesem weiter widmen, müssen wir einen weiteren Schleier heben, der unser Traden beeinflusst: Alltagstrancen. Diese sind gleichzeitig auch die perfekte Überleitung zum dritten und letzten Schritt.

Die meisten Menschen halten sich für immer bei Verstand, klar und bewusst. Leider ist auch das nur eine Illusion. Eigentlich taumeln wir von einer Alltagstrance zur nächsten. Doch damit keine Verwirrung aufkommt, erst einmal eine Definition, was ich in diesem Zusammenhang unter »Trance« verstehe. Trance ist das Fehlen von konzentrierter Aufmerksamkeit auf das aktuelle Tun und auf die uns umgebende Realität. Trancen sind damit ein Fehlen von Bewusstsein über die reale und aktuelle Wirklichkeit.

Das hört sich zunächst komplizierter an, als es eigentlich ist, dazu einige kleine Beispiele:

Sie fahren mit Ihrem Auto auf einer Ihnen sehr bekannten Autobahnstrecke gemütlich bei wenig Verkehr. Dabei sind Sie so in Gedanken versunken, dass Sie an der Ausfahrt vorbeifahren, und das, obwohl Sie die Strecke bereits etliche Male gefahren sind. Wenn Sie sich schließlich fragen, was in den letzten zehn Minuten los war, haben Sie das Gefühl, das nicht mehr zu wissen. Sie erinnern sich nur noch, tief in Gedanken versunken gewesen zu sein. Was aber auf der Autobahn und um Sie herum in dieser Zeit geschehen ist, haben Sie anscheinend nicht mitbekommen. Es ist, als ob Sie geschlafen hätten, obwohl Sie offensichtlich auf den Verkehr und die jeweiligen Situation richtig und funktional reagiert haben, ansonsten hätten Sie einen Unfall gebaut.

In dieser Situation waren Sie in einer tiefen Alltagstrance. Sie waren so sehr in Gedanken versunken, dass die Wirklichkeit, in diesem Fall die Autobahn, aus Ihrem bewussten Aufmerksamkeitsfokus verschwunden ist.

Aber auch wenn Sie ein Buch lesen, begeben Sie sich in Trance. Sie sehen auf einmal vor Ihrem geistigen Auge, wie Winnetou durch die Prärie reitet, dabei sitzen Sie gemütlich im Sessel. Viele Menschen versinken sogar so sehr in Lesetrancen, dass sie nicht einmal mitbekommen, wenn jemand den Raum betritt und sie anspricht.

Das Gleiche geschieht regelmäßig beim Fernsehen oder im Kino, in Konzerten, bei Ihrem Hobby und vielen anderen Gelegenheiten. Die landläufige Formulierung ist dann, man habe über diesem oder jenem »die Zeit vergessen«.

Das erlaubt die Frage: Wann sind Sie eigentlich wirklich wach? Gibt es so etwas wie »wirklich wach sein« überhaupt?

Die Ablenkung des Alltags

Doch der innere Monolog beschäftigt sich nicht nur mit der Vergangenheit. Er ist sogar in der Lage, Künftiges, also Dinge, die noch gar nicht geschehen sind, auf Ihre innere Leinwand zu projizieren. Dazu ein weiteres Beispiel:

Stellen Sie sich folgende Situation vor: Sie müssen morgen in einem Ihnen unbekannten Raum eine Präsentation halten, von der Ihre berufliche Existenz abhängt. Sie werden natürlich in Ihrem Kopf immer wieder die möglichen Ereignisse, Fragen und Situationen durchspielen. Sie stellen sich dabei, meistens fast unbewusst, die Räumlichkeiten und andere Gegebenheiten vor, selbst wenn Sie diese gar nicht kennen. Auch diese künftigen Vorstellungen werden Sie vor diesem geistigen Auge abspielen.

Das bedeutet: Nicht nur Vergangenes prägt Ihre Vorstellung, sondern auch künftige Ereignisse, die überhaupt noch nicht geschehen sind, werden durchgespielt. Ihr Gehirn ist somit sogar in der Lage, sich künftige Ereignisse bildhaft vorzustellen. Fakt ist, dass niemand weiß, wie die Präsentation wirklich ablaufen wird. Es handelt sich hierbei eindeutig um Illusionen. Das Verrückte dabei ist: Wenn Sie sich die Präsentation vorstellen, durchleben Sie fast schon die Gefühle und Emotionen. Sie werden jetzt schon nervös, Ihr Herz schlägt schneller etc. Es scheint fast so, als würden Sie dieses künftige Ereignis jetzt schon durchmachen, so stark können solche Illusionen sein!

Menschen mit Flugangst erleiden im Prinzip schon alle Qualen eines drohenden Absturzes, obwohl sie noch friedlich in der Wartehalle des Flughafens sitzen. Sie können dabei panische Angst entwickeln – Angst, aufgrund von Illusionen, die nichts als Fantasien sind.

Hieran zeigt sich, wie stark Trancen die Realität überlagern können. Der Mensch nimmt die gegenwärtige Realität einfach nicht mehr wahr (friedlich in der Wartehalle).

Nun stellen wir uns unseren armen Trader vor. Er ist gerade einen Trade eingegangen und sitzt friedlich auf seinem Stuhl, da beginnt sein innerer Monolog zu rattern: Was ist, wenn nun der Kurs weiter fällt, kommen nicht gleich die US-Konjunkturdaten?

Wie oft stellt sich ein Trader vor, dass dieses oder jenes geschehen könnte. Wie oft werden aus diesen halluzinierten (weil nicht realen) Vorstellungen und Bildern Entscheidungen? Wie oft führen diese Entscheidungen zu Verlusten? Wie oft befindet sich ein Trader in diesen Trancen, und wie weit sind diese Trancen von der Wirklichkeit entfernt?

Wissen Sie, ob Sie nicht auch, vielleicht auf eine andere Art und Weise, so agieren wie der Perma-Bär? Wissen Sie denn, ob das, was Sie beim Traden meinen zu sehen, Ihre Trance oder Realität ist?

Ich hoffe, Sie haben nun bereits erhebliche Zweifel an Ihrer Wahrnehmung. Wenn Sie sich dessen bewusst werden, kommen Sie unweigerlich zu der Erkenntnis, wie verrückt das alles ist. Eigentlich ist Ihr Verstand die ganze Zeit damit beschäftigt, über den inneren Monolog Ihnen Wirklichkeiten vorzugaukeln, die nicht viel mit der Realität zu tun haben.

Der innere Projektor vor den Augen

Um zu verstehen, was in solchen Momenten wirklich vor sich geht, hilft auch hier die Beobachtung. Dazu müssen Sie lediglich ein wenig zur Seite treten. Hören Sie dabei wieder Ihrem inneren Monolog zu. Dieser innere Monolog, also die Wörter und Sätze, die Sie beständig denken, jede Sekunde Ihres Lebens macht etwas mit Ihnen. Sie denken über etwas nach, etwas Vergangenes oder Künftiges, und schon tauchen Bilder in Ihnen auf, obwohl Sie die Augen offen haben.

Dazu ein weiteres Beispiel:

Sie hatten gestern einen Streit mit Ihrem Partner und sitzen nun im Auto. Immer wieder gehen Sie die Ereignisse vor Ihrem geistigen Auge durch. Sie verändern vielleicht Sätze, die Sie gesagt haben. Stellen sich vor, was geschehen wäre, wenn Sie oder Ihr Partner anders reagiert hätten. Es scheint dabei fast so, als sähen Sie diese Szenen vor eben diesem geistigen Auge.

Haben Sie sich schon einmal gefragt, was dieses »geistige Auge« eigentlich ist? Wohin es diese Bilder projiziert, so dass Sie fast sehen können, was Sie denken, während Sie gerade mit offenen Augen auf der Autobahn fahren?

Die meisten Menschen »halluzinieren« diese erinnerten Ereignisse auf eine Art unsichtbarer Leinwand, die sich in 10 bis 30 cm Entfernung vor den realen Augen befindet. Andere haben dieses geistige Auge hinter der Stirn. Interessanter ist, dass diese Bilder existieren, während man gleichzeitig auch die Wirklichkeit sieht. Gerade beim Autofahren wird es deutlich, denn Sie achten und reagieren, obwohl Sie tief in Gedanken sind, noch auf den Verkehr.

Was bedeutet das jedoch für Ihre Wirklichkeit? Wenn Ihr innerer Film die äußerliche Wirklichkeit überlagert (ohne sie zu verändern) bedeutet das doch, dass Sie eine innere, neue Wirklichkeit erschaffen. Sie erschaffen somit Ihren eigenen, persönlichen Film. Der wichtige Punkt dabei ist, dass Ihre Aufmerksamkeit mehr auf diesen inneren Film gerichtet ist als auf die äußere Wirklichkeit. Wenn Ihre Aufmerksamkeit hauptsächlich auf Ihren inneren Film konzentriert ist, bedeutet das, dass Sie von der äußeren Wirklichkeit nur sehr wenig wahrnehmen.

Oder aus einer anderen Sichtweise: Wenn es tatsächlich so sein sollte, dass dieser innere Film durch den inneren Monolog verursacht wird und dieser unablässig in Ihnen plappert, bestätigt auch das wiederum, dass Sie sich fast immer in dieser Ihrer eigenen Wirklichkeit und eigentlich nie in der äußeren Wirklichkeit aufhalten.

Kurz: Ihre Aufmerksamkeit ist nicht auf das gerichtet, was ist!

Sie können sich denken, dass das beim Traden sehr störend ist, denn Ihre Aufmerksamkeit steht demnach nicht den Trades zur Verfügung, sondern beschäftigt sich mit Ihrem inneren Film, der wiederum mit Emotionen und Überzeugungen gespickt ist.

Vielleicht erinnern Sie sich, dass ich oben bereits die Frage gestellt hatte, wie es sein kann, dass ein Perma-Bär in einer starken Rallye gegen jede Vernunft immer wieder auf fallende Kurse setzt. Hier haben Sie nun eine weitere, wesentlich tiefergreifende Erklärung für diese Phänomene. Der innere Film, der von bearishen Hinweisen nur so wimmelt, überdeckt die Realität. Die Aufmerksamkeit ist nur noch auf den inneren Film konzentriert, so dass die eigentliche Realität keine Chance mehr hat, wahrgenommen zu werden. Mit anderen Worten, ein derartiger Trader befindet sich in einer tiefen Trance.

In abgeschwächter Form geht uns das aber leider allen so. Kein Wunder also, dass vieles so schiefläuft. Es verwundert auch nicht, dass man sich oft nach einem Trade fragt, wie man dieses und jenes nur übersehen konnte.

Ihr Kopfkino

Ihr Verstand befindet sich demnach die ganze Zeit über auf Reisen zwischen Vergangenheit und Zukunft, aber jedoch immer in einer Form der Fiktion.

Vielleicht gelingt es Ihnen jetzt schon: Erinnern Sie sich an den heutigen Tag zurück. Fragen Sie sich, wie oft Ihre Aufmerksamkeit auf die Sie umgebene Realität gerichtet war, ohne von Ihrem inneren Monolog überlagert zu werden. Ich sage es Ihnen: Nie.

Trade nicht das, was du denkst, sondern das, was du siehst

In dieser alten Traderweisheit steckt damit im Prinzip noch eine andere Ebene: Tatsächlich weist sie den Trader darauf hin, all diese Alltagstrancen aufzugeben und die konzentrierte Aufmerksamkeit nur auf das zu richten, was tatsächlich ist. Diese Weisheit ist damit eine Art geheimer Schlüssel zum Tradingerfolg. Jeder, der den Satz gehört hat, weiß intuitiv, dass er richtig ist.

Beziehungsweise er weiß, wie oft er nicht das getradet hat, was tatsächlich zu erkennen war, sondern das, was er in diesem Augenblick für richtig hielt.

Wie sehr dabei die eigenen Trancen die Realität überlagern, stellt man gerade als Trader fest, wenn man einen Chart nach einem Trade noch einmal ansieht und sich fragen muss, warum man eigentlich diese oder jene Formation nicht vorher schon gesehen hat. Es scheint, als wären diese Linien oder jene Formation vorher einfach nicht da gewesen. Man hat sie ausgeblendet. Auch diese Erfahrung hat etwas mit diesen Trancen zu tun.

Es ist jedoch ohne weitere Übung und ohne ein Bewusstsein der Abläufe des Verstands quasi unmöglich, das zu traden, was man wirklich sieht. Natürlich könnte ich nun schreiben:

Lernen Sie, auf das zu achten, was tatsächlich mit Ihnen beim Traden geschieht. Bleiben Sie beim Traden unbedingt absolut gegenwärtig. Lösen Sie Ihre Alltagstrancen auf. Bemühen Sie sich um Realität. Dabei könnte ich es bewenden lassen.

Nur diese Aufforderung wird nicht viel helfen, weil sie die Antwort auf die Frage nach dem »Wie« nicht gibt. Und um eben dieses »Wie« wird es im dritten Schritt dieses Buchs gehen.

Doch der innere Monolog erzeugt nicht nur Trancen. Er ist auch Ursache für all Ihre Überzeugungen. Es sind die Sätze, die Sie gelesen oder die Sie als Kind von Ihren Eltern beigebracht bekommen haben. Diese Sätze haben Sie zum Teil übernommen, und nun beten Sie sich diese Tag für Tag vor. Es sind die Gedanken, Ihre Gedanken, die Ihnen jeden Tag aufs Neue den Zugang zur realen Wirklichkeit verstellen. Sogar Ihre Emotionen werden zu einem gewissen Teil durch Gedanken am Leben erhalten. Gedanken, die zu Bildern, zu künftigen oder vergangenen Realitäten werden.

Nur dadurch, dass der Verstand Sie beständig in diesen Alltagstrancen hält, ist es Ihnen unmöglich, das zu sehen, was wirklich ist. Und eben diese Alltagstrancen sind es, die Ihr Traden negativ beeinflussen, zusätzlich zu all den anderen Faktoren, die ich in den letzten Kapiteln aufgelistet habe.

Wäre es also nicht einfacher, statt all Ihre Überzeugungen aufzulösen, Ihre gesamte Persönlichkeit zu hinterfragen, sich mit all Ihren Emotionen zu beschäftigen und alle Trancen aufzugeben, die Ursache dieser Überzeugungen, Emotionen und Trancen, also den inneren Monolog selbst, auszuschalten?

Aber Vorsicht, nicht zu schnell sein!

So logisch das alles ist, es ist natürlich nicht so einfach, wie es sich liest – man kann nicht einfach mit dem inneren Monolog aufhören. Sie haben nun bereits eine Vielzahl von Möglichkeiten und Techniken gelernt, sich mit Ihrem Verstand auseinanderzusetzen. Wenn Sie nun weiterlesen, könnte es sein, dass Sie versucht sind, all das zu überspringen, um lediglich die in dem letzten Schritt genannten Techniken anzuwenden.

Das wird jedoch nicht funktionieren. Um den inneren Monolog aufzugeben, muss man sich erst einmal sehr intensiv mit ihm und den Folgen für die Börse beschäftigen. Wenn Sie ostasiatische Kampfsportarten lernen, können Sie nicht damit anfangen, wie ein Meister still zu werden und mit kleinsten Bewegungen einen Angriff abzuwehren. Sie müssen all die Übungen und Techniken erlernen, sich mit all den Bewegungen beschäftigen, um zum Schluss Perfektion zu erlangen. Wie ich ganz am Anfang geschrieben habe: Die hohe Kunst des Day-Tradens ist nur durch Leidenschaft und Hingabe zu erreichen.

Aus diesen Grund kann man auch den Weg, den ich in den vorherigen Kapiteln aufgezeigt habe, nicht einfach überspringen.

Denn:

Sie müssen zunächst einmal das, womit Sie aufhören wollen, genau kennenlernen, nämlich Ihren Verstand, Ihre Emotionen, Ihre Überzeugungen und Ihren inneren Monolog.

Nur wenn Sie sich mit dem inneren Monolog, mit Ihrem Verstand auf diese Art und Weise beschäftigen, können Sie diesen enttarnen, als das, was er ist: beim Traden überflüssig. Sie brauchen, um die Methoden des dritten Schritts anwenden zu können, die Erfahrung, dass der Verstand hinderlich, nervig und insgesamt unfähig ist, Ihnen bei Ihrem Traden zu helfen. Solange Sie noch an die Fähigkeiten des Verstandes glauben, solange Sie meinen, Sie könnten Traden über Ihren Verstand bewältigen, werden Sie auf diesem hier vorgestellten Weg nicht weiterkommen. Diese Gedanken werden Ihnen den Zugang zur Intuition versperren.

Erst wenn Sie diese Erfahrungen gemacht haben, können Sie anfangen, den letzten Schritt hin zur Intuition zu gehen.

Dritter Schritt: Intuition – eine neue Art zu traden

Damit sind wir nun beim letzten Schritt angekommen. Bisher haben wir uns nur mit den mentalen Eigenschaften des Menschens beschäftigt, die sich störend auf den Tradingerfolg auswirken. Dabei sind wir immer tiefer in die Wahrnehmung von Wirklichkeit gedrungen. Doch der Mensch ist mehr als das, was ich in den vorherigen Kapiteln beschrieben habe. Wir haben leider in den vergangenen beiden Jahrhunderten eine Überhöhung des Verstands erlebt. Andere Fähigkeiten des Menschens sind dabei in den Hintergrund gerückt. Erst in der jüngsten Zeit entdeckt auch die Psychologie wieder besondere Fähigkeiten, darunter fällt auch die Intuition.

Wenn Sie anfangen, sich mit Ihren Überzeugungen und Ihrem inneren Monolog zu beschäftigen, werden Sie feststellen, dass es in Ihnen offenbar eine Instanz gibt, mit der Sie den Verstand, den inneren Monolog und Ihre Emotionen beobachten.

Konzentrieren Sie sich auf einen Gedanken. Zum Beispiel: »Die Börse macht Spaß«. Denken Sie diesen Gedanken ganz bewusst. Denken Sie diesen Satz laut in Ihrem Kopf und wiederholen Sie ihn immer und immer wieder. Fragen Sie sich dabei, wer diesen Satz in Ihrem Kopf »hört«. Wenn Sie darauf achten, werden Sie feststellen, dass es fast schon scheint, als klinge der Satz in Ihren Ohren. Nur ist kein Ton entstanden. Das kann also nicht sein.

Wer ist diese Instanz, wer hört dem inneren Monolog zu? Wer fühlt all die Stimmungen und Emotionen?

Etwas in Ihnen nimmt all dies wahr. Etwas in Ihnen nimmt sogar wahr, wie Sie wahrnehmen, wenn Sie zum Beispiel dieses Buch lesen.

Zunächst würde man spontan sagen: »Na, ich selbst.« Aber das ist zu einfach und nicht wirklich korrekt, denn wer ist dieses »Ich«? Versuchen Sie einmal, diese Instanz zu finden. Es ist etwas hinter diesen Gedanken, das diesen Gedanken wahrnimmt. Und nicht nur diesen bewusst gedachten Satz, nein all diese Gedanken, die in Ihnen tagaus, tagein unablässig vor sich hinblubbern.

Die Entdeckung des Beobachters

Es scheint in Ihnen also eine Bewusstseinsinstanz zu existieren, die alles das beobachtet, was Sie denken, fühlen und tun. Ich werde diese Instanz hier folgerichtig als »Beobachter« oder »Wahrnehmer« bezeichnen. Er ist quasi Ihr Bewusstsein an sich. Der Beobachter versetzt Sie erst in die Lage, sich dessen bewusst zu sein, was Sie denken und fühlen. Gäbe es diese Instanz nicht, würde alles, was Sie denken, alles, was Sie fühlen, letzten Endes unbewusst bleiben. Sie könnten sich nicht dessen bewusst werden, was Sie gedacht haben. Schlussendlich würde Ihnen ohne diesen Beobachter das Bewusstsein über sich selbst, sprich über Ihre Existenz fehlen.

Dabei ist es höchst faszinierend, sich diesem Beobachter zu nähern. Es ist aufregend zu fühlen, dass etwas in Ihnen fühlt, etwas in Ihnen wahrnimmt. Wenn Sie wirklich gut darin sind, stellen Sie bald fest, dass in diesem Wahrnehmer keine eigenen Gefühle vorhanden sind. Es gibt in dieser Bewusstseinsinstanz keine Sorgen, keine Ängste, keine Unruhe, keine Trancen. Dort existieren auch keine Vergangenheit und keine Zukunft, also nur Gegenwärtigkeit. Dieser Wahrnehmer ist somit absolut emotionslos und friedlich.

In dem Beobachter können keine Emotionen existieren. Wäre dort ein Gefühl vorhanden, müsste man sofort fragen, wer denn jetzt dieses Gefühl des Beobachters wahrnimmt. Es müsste sofort eine neue Instanz entstehen, ein neuer Beobachter, der die Gefühle im alten Beobachter wahrnimmt. Und schon rutschen Sie eine weitere Ebene nach »unten«. Das ist verständlicherweise Unsinn. Der Beobachter steht immer an letzter, oberster Stelle der Wahrnehmungsinstanz.

Das ist sozusagen der Beweis in sich, dass diesem Beobachter keine Gedanken und Gefühle inne sein können. Er ist das, was hinter allem steht, was uns ausmacht. Er ist Kern unseres Bewusstseins. Er ist das Bewusstsein unserer Realität.

Es ist wichtig, das zu begreifen. Denn auch dieser Beobachter in uns ist Teil von uns. Eine Instanz, derer wir uns in den wenigsten Fällen bewusst sind. Doch dieser Beobachter ist bei weitem »realer« als die vielen kleinen Filme, die uns unser innerer Monolog vorspielt. Denn der Beobachter sieht nur das, was ist – wertfrei, ohne Emotionen, ohne jede Gefühlsregung.

Wäre es da nicht sinnvoll, diesen Beobachter auch für das Trading einzusetzen?

Wenn Sie das große Glück haben sollten, nur für kurze Augenblicke ganz mit diesem Beobachter zu verschmelzen, werden Sie ein tiefes und sehr starkes inneres Gefühl der Ruhe und Zufriedenheit erleben. Wie gesagt, in diesem Beobachter existieren keine Ängste, es existieren keine Sorgen, es existieren keine Sehnsüchte, nicht mal eine Zukunft. Denn alles das kann nur existieren, wenn jemand beobachtet, wie es existiert. In dem Beobachter selbst herrscht demnach logischerweise absoluter Frieden im eigentlichen Sinn des Worts. Ein wundervolles Gefühl.

Das Auge des Hurrikans

In der ostasiatischen Philosophie wird diese Instanz auch mit dem »Auge des Hurrikans« umschrieben. Inmitten des Chaos' eines Hurrikans gibt es eine friedliche Insel, in der die Sonne am blauen Himmel strahlt, kein Wind weht und alles still ist. Dieser Vergleich beschreibt sehr anschaulich, was mit dem Beobachter gemeint ist. Er ist die friedliche Insel, auf der immer die Sonne scheint, in dem tosenden Chaos dieser Welt. Es ist der tiefe Punkt innerster Ruhe, der in jedem von uns ist.

Die Intuition ist offensichtlich etwas jenseits grübelnder Gedanken. Wenn Sie also die Intuition freilegen wollen, ist es nur naheliegend, sich an die Strukturen in Ihnen zu halten, die eben nicht von diesen Gedanken beeinflussbar sind. Aus diesem Grund ist es sinnvoll, sich dieser Beobachtungsinstanz immer bewusster zu werden. Wenn Sie lernen, jenseits aller Gedanken und Gefühle wahrzunehmen, schaffen Sie Raum für Ihre Intuition. Oder ganz einfach ausgedrückt: Bis jetzt hat der Verstand Ihnen den Zugang zur Intuition verwehrt. Wenn Sie nun dem Verstand den Zugang zu Ihnen verwehren, bleibt Platz für die Intuition. Von diesem Zeitpunkt an werden Sie immer häufiger wissen und immer seltener raten.

Der Vergleich mit den asiatischen Kampfkünsten

Da es nicht leicht ist, über etwas zu schreiben, das eben nicht gesellschaftlicher Konsens ist, will ich nun den Vergleich mit den asiatischen Kampfkünsten noch einmal aufgreifen. Die meisten von Ihnen werden zumindest eine vage Vorstellung davon besitzen, dass es bei diesen Kampftechniken um mehr geht als um den Kampf selbst. Es ist eine Philosophie, eine Lebensart, ein zum Teil spiritueller Weg. Auch hier wird die Meisterschaft nur durch beständiges Üben und Verfeinern erreicht.

Natürlich, wenn ich die Börse mit der Jagd vergleiche, geht es immer auch um »Kampf«. In dem Moment, in dem Sie Ihr Geld an der Börse platzieren, treten Sie in einen Kampf mit dem Wesen Börse ein, oder besser, in einen Wettstreit mit all den anderen Tradern, die ebenfalls mit Gewinn aus diesem Kampf herauskommen wollen.

Zum exzellenten Kämpfer gehört die Bildung des Charakters

Schon die alten Meister der asiatischen Kampfkünste haben begriffen, dass es beim Kampf nicht nur um die Fertigkeit allein geht. Letzten Endes wird es zwischen zwei gleich starken und ausgebildeten Kämpfern darum gehen, wer die bessere mentale Einstellung hat.

Deshalb wurde in den asiatischen Kampfkünsten gerade auch der Charakterbildung in der Ausbildung der Kämpfer höchste Aufmerksamkeit gewidmet. Es ging tatsächlich auch darum, Überzeugungen aufzubrechen, Emotionen kontrollieren zu lernen und schlussendlich in einen Zustand reiner, durch keine Emotionen oder Trancen beeinflusste Wahrnehmung zu gelangen. Es gibt also gewisse Ähnlichkeiten zwischen dem, was Sie hier in diesem Buch bisher gelesen haben, und dem Weg, den ein Kämpfer in den Schulen der Kampfkunst erlernt.

Die höchste Stufe der Kampfkunst erreicht der Kämpfer, der seinen Geist freimachen kann, seine Emotionen ausschaltet und frei von jeder Beeinträchtigung eins mit dem Kampf selbst wird.

Im Prinzip geht es auch in diesem dritten Schritt in der hohen Kunst des Day-Tradens darum, eins mit dem Wesen Börse zu werden.

Einige der Erkenntnisse aus den traditionellen Kampfsportarten sind in den vergangenen 20 Jahren auch in anderen Sportarten angewendet worden, und ich meine, in den kommenden 20 Jahren werden diese Grundzüge auch mehr und mehr die Börse erreichen.

Diesem Vorgehen der asiatischen Kämpfer liegt die Erfahrung zugrunde, dass der durch mentale Übungen wie Meditation geschulte und vorbereitete Geist im entscheidenden Augenblick des Kampfs mit der Umgebung geradezu verschmilzt. Dadurch nimmt der Kämpfer die Ereignisse um ihn herum mit höchster Aufmerksamkeit und Konzentration, andererseits aber nahzu emotionslos wahr. Der Verstand wird ausgeschaltet, damit er nicht mehr Aufmerksamkeit von dem Kampf durch Trancen abzieht.

Das Reagieren, Beurteilen und Kämpfen werden einer tieferen Ebene des Seins überlassen. Ich will diese hier »Intuition« nennen, da dieser Begriff im allgemeinen Sprachgebrauch dem, worum es hier geht, am nächsten kommt. Eigentlich müsste man aber wahrscheinlich einen ganz neuen Begriff kreieren.

Schneller, als ein Gedanke gedacht werden kann

Der Geist eines Kampfsportmeisters ist in vollkommener Ruhe fließend. Er hat das Denken eingestellt und ist nur noch reine intuitive Aufmerksamkeit. So fühlt er, lang bevor er ein Gedanken auch nur denken könnte, wann und von wo sein Gegenüber einen Angriff startet. Dabei erlebt er eine seltsame Art der Verdichtung der Aufmerksamkeit, die in letzter Konsequenz zu einer stark veränderten Wahrnehmung führt. In diesem Zustand erscheint es ihm, als dehne sich die Zeit aus und alle Ereignisse um ihn herum verlangsamten sich. Es ist eine Form der Hyperkonzentration, also die aufs höchste gesteigerte Aufmerksamkeit.

Diese Zeitverzerrung entsteht unter anderem dadurch, dass die Verarbeitungskapazität, die der Aufmerksamkeit zur Verfügung steht, nicht mehr durch den bewertenden Verstand und durch Trancen und Illusionen aufgezehrt wird. Je mehr Verarbeitungskapazität die Wahrnehmung zur Verfügung hat, desto langsamer wird die Zeit vergehen.

Um diesen Effekt zu verstehen, kann man den Vergleich mit einem Film ziehen. Normalerweise reichen 24 Bilder pro Sekunde aus, damit das menschliche Auge einen Filmverlauf als flüssig wahrnimmt. Nimmt man jedoch mit einer Hochgeschwindigkeitskamera 1000 Bilder pro Sekunde auf, zeigt aber später bloß 24 Bilder je Sekunde, entsteht natürlich ein unglaublicher Zeitlupeneffekt.

Wenn also die Wahrnehmung mehr Kapazität zur Verfügung hat, kann sie quasi mehr Bilder je Sekunde wahrnehmen, es tritt somit ein Effekt der Verlangsamung auf.

Den umgekehrten Effekt erleben wir leider von Jahr zu Jahr stärker. Da das menschliche Gehirn mit dem Alter an Leistungsfähigkeit verliert, nimmt auch die Wahrnehmungskapazität ab, und es kommt zum Gegenteil, einem Zeitraffereffekt. Aus diesem Grund hat man das Gefühl, dass die Zeit immer schneller vorbeigeht, je älter man wird.

Die Phase gesteigerter Aufmerksamkeit

Auf den oben genannten Effekt der Hyperfokussierung wird bei Kampfsportarten hingearbeitet. Nur so bleibt dem Kämpfer genug Zeit, zu reagieren und genau das Richtige zu tun. Da aber der ressourcenfressende Verstand ausgeschaltet sein muss, um diese Hyperkonzentration zu erreichen, bleibt dem Kämpfer nur die Intuition, um zu reagieren.

Der Kampf wird somit nicht mehr aus taktischen Überlegungen heraus geführt, auch nicht aus strategischen Szenarien, die der Verstand mühsam durchspielt, sondern aus einem tiefen inneren und damit sicheren Gefühl gedankenfreier Intuition und Erfahrung. Der Kämpfer spielt nicht den Kampf, er denkt nicht an den Kampf, er ist der Kampf.

Uns interessiert in diesem Zusammenhang nicht der Effekt der Zeitverzerrung, sondern vielmehr das Freilegen der Intuition.

Die Verschmelzung mit dem Gegenüber

Es tritt auch ein weiterer Effekt in diesem Zustand ein: Der Kämpfer hat das Gefühl, dass er mit seiner Umgebung verschmilzt. Er wird zu der Umgebung, zu seinem Feind, zu der Luft, die ihn umgibt. Diese Art der Verschmelzung ist eben das Wesen der Intuition selbst. Nur aus diesem Grund, aus dieser Verschmelzung mit allem, ist die Intuition schon immer in der Lage gewesen, Aufgaben zu bewältigen, die dem Verstand unlösbar erscheinen. Es ist eine Fähigkeit, die jeder Mensch besitzt, die allerdings selten geschult wird.

Diese Fähigkeit liegt einfach zu oft unter dem plappernden und plärrenden inneren Monolog, also dem Verstand, begraben. Dabei ist es eine derart wichtige Komponente des Menschseins, dass sie sich niemals ganz verdrängen lässt. Jeder von uns kennt Ereignisse, in denen er irgendetwas einfach wusste oder gespürt hat. Ereignisse, die mit dem normalen Verstand nicht zu erklären sind. Eine ganze Reihe von großen Erfindungen sind letzten Endes nicht dem Verstand, sondern der Intuition zu verdanken, die plötzlich eine Lösung für ein länger bestehendes Problem bereitgestellt hat.

Es ist also als naheliegend, sich auch an den Börsen mehr auf diese Intuition zu verlassen als auf den Verstand. Wer seinen Verstand, wie in den vorherigen Kapiteln beschrieben, als von den Geschehnissen an den Börsen überfordert erfahren hat, wird diese Schlussfolgerung sofort akzeptieren.

In der letzten Konsequenz verschmilzt auch der Trader, der sich auf seine Intuition verlässt, mit seiner Umwelt, in diesem Fall mit der Börse. Er wird damit quasi eins mit seinem Gegenüber und spürt, was sein Gegner als Nächstes tun wird. Nur so ist der intuitive Trader einem jeden anderen Trader überlegen, der sich noch in der gedanklichen Welt aufhält. Nur so ist er schneller, wendiger und wird als Gewinner aus dem Kampf gehen.

Anhand der letzten Ausführungen wird auch deutlich, dass es bei dieser Form der Intuition nicht einfach um ein vages Bauchgefühl geht, sondern dass natürlich viel Erfahrung und Übung notwendig sind, um einen solchen Zustand zu erreichen. Die Intuition muss schon wissen, was zu tun ist.

Es wäre natürlich auch Unsinn zu glauben, nur wenn man den Verstand ausschaltete, könnte man sofort die Meisterschaft bei den asiatischen Kampfsportarten, beim Bogenschießen oder an der Börse erreichen. Nein, die Intuition braucht bestimmte Rahmendaten und eine Menge Erfahrung, um frei fließen zu können. Aus diesem Grund ist der zweite Teil des Buchs auch einer charttechnischen Methode gewidmet, die perfekt geeignet ist, die Intuition zu schulen. Die Target-Trend-Methode enttarnt eine klare Struktur, welche die Intuition erfassen kann.

Die Intuition und die menschliche Psyche

An dieser Stelle muss man mit einem Missverständnis aufräumen, dem einige Menschen aufsitzen: Intuition ist schon per Definition nicht das Wissen aus dem Nichts heraus. In den meisten Fällen wird Intuition tatsächlich auch mit Erfahrung und Wissen in Verbindung gebracht. So ist die Intuition wahrscheinlich nicht in der Lage, bei dem Wurf einer Roulettekugel alle Faktoren zu erfassen, die Ursachen dafür sind, welche Zahl schlussendlich fallen wird: die Raumtemperatur, das Gewicht der Kugel, die Schweißbildung auf den Fingern des Croupiers, die Neigung der Rouletteschüssel, den Atem der am Tisch stehenden Spieler etc. Aber sie kennt sich in einem Bereich perfekt aus: der menschlichen Psyche. Hier ist sie in der Lage, höchst komplexe Strukturen zu erfassen und subtilste Einflüsse einzubeziehen. Und da der Kursverlauf der Börsen zum größten Teil durch die Stimmungen der beteiligten Börsianer bestimmt wird, hat die Intuition hier ein perfektes Betätigungsfeld.

Denn schließlich ist der Kursverlauf, wie ich schon geschrieben habe, nichts anderes als die Verdichtung der psychischen Verfassung all der beteiligten Akteure zum jeweiligen Zeitpunkt. Was den Charakter des Wesens Börse ausmacht, sind konzentrierte menschliche Stimmungen. Und die kann selbst ein einzelner Mensch durch seine Intuition entschlüsseln.

Das erschließt sich an einem Beispiel:

Wenn Sie auf einer Kundgebung sind, wären Sie vermutlich problemlos in der Lage festzustellen, ob die Stimmung dort begeisternd oder langweilig ist. Dazu bräuchten Sie nicht einmal die Reden oder Aktionen der Protagonisten auf der Bühne zu sehen oder zu hören. Die Beobachtung des Publikums wäre völlig ausreichend. Auch eine aufkeimende Massenhysterie (egal ob Euphorie oder Panik) würden Sie unmittelbar instinktiv erfassen. Beteiligte berichten in diesen Fällen auffallend übereinstimmend von einem mysteriösen »Ruck«, der durch die Gruppe läuft, noch bevor sich die Hysterie erkennbar Bahn bricht.

Wenn Sie also Ihren Verstand einmotten, wenn Sie lernen, auf Ihre Intuition zu hören, haben Sie eine Chance, die Börse auf eine andere Art zu begreifen. Sie können die Illusion des Getrenntseins von der Börse überwinden. Sie begeben sich quasi direkt in die Masse hinein, um deren Stimmungen zu erspüren. Dann können Sie oft noch aussteigen, bevor die Massenpanik wirklich losbricht. So sind Sie, wenn die Hysterie beginnt, im sicheren Hafen, um sich das ganze Spiel von außen anzusehen.

Heraus aus der Bewusstlosigkeit

Wenn Sie damit anfangen, die Antennen Ihrer Intuition auf die Börse auszurichten, haben Sie den entscheidenden Schritt aus der ehemaligen Bewusstlosigkeit des Tradens heraus getan. Sie sind nicht mehr, wie vorher, nur ein Opfer des Mainstreams, sondern ein außenstehender intuitiver Beobachter. Sie werden von Tag zu Tag mehr und mehr zu einem bewussten Teil der Börse, ein Teil des Ganzen. In letzter Konsequenz werden Sie feststellen, dass Sie Börse sind. Wenn alles was vor sich geht, gleichsam in Ihnen geschieht, müssen Sie Ihren Verstand nicht mehr endlose Konzepte entwickeln lassen, die letztlich doch nicht in der Lage sein werden, das Ganze umfassend zu begreifen.

Nur wenn Sie eins mit der Börse werden, können Sie mit jeder Ader und jedem Nerv Ihres Körpers fühlen, was sich tut, und dann haben Sie eine Chance, vorher zu wissen, was als Nächstes geschehen wird.

Die eigentliche Aufgabe des Verstands, oder wie ein Hausmeister zum Chef wurde

Wie mittlerweile deutlich wurde, ist es der Verstand, der inneren Monolog, der uns den Zugang zur Intuition versperrt. Doch was wäre der Mensch ohne den Verstand? Darf man es wagen, den Verstand auszuschalten? Gerade in unserer sehr durch den Verstand geprägten Gesellschaft gleicht dieses Vorhaben einem Tabubruch.

Ich habe bereits in den vorherigen Kapiteln versucht, den Verstand von seinem Thron zu stoßen. Bevor wir aber nun auf Techniken zu sprechen kommen, mit denen man den Verstand zumindest zeitweise ausschalten kann, möchte ich abschließend noch einmal das eigentliche Wesen und die eigentliche Aufgabe des Verstands beschreiben. Nur so ist es möglich, auch dem Verstand den Platz zuzuweisen, an dem seine Existenz notwendig und richtig ist.

Die eigentliche Aufgabe des Verstands

Ursprünglich war der Verstand lediglich dazu da, ein Problem zu lösen. Er beherrschte den Menschen noch nicht in der Art, wie er es heute tut. Reisen wir also weit in die Vergangenheit des Menschen zurück und verdeutlichen die Situation erneut an einem – wiederum überspitzen – Beispiel.

Vor vielen Jahrtausenden wanderte der Mensch mit sich und der Welt zufrieden über eine Wiese. Kein Gedanke war in seinem Kopf. Er genoss lediglich das reine Sein und die Fähigkeit, Dinge einfach nur wahrzunehmen, so wie sie sind, ohne einen Gedanken daran zu verschwenden. Er wertete das, was er sah, nicht. Er fragte sich nicht, ob das, was er sah, gut oder schlecht sei. Alles war einfaches, fast kindliches Staunen. Er war begeistert von all diesen Formen, den Farben, den Empfindungen auf seiner Haut, dem Geruch und der überwältigenden Vielfalt um ihn herum. Wahrnehmung war eine beständige Überflutung mit euphorisierenden Sinneseindrücken, die einfach nur faszinierend waren. Er schwelgte also in einem vollkommenen paradiesischem Zustand innerer Beglückung.

Da gelangte er an einen Fluss. Nachdem er sich eine Weile dem staunenden Beobachten und der Faszination des Flusses hingegeben hatte, entdeckte er auf der anderen Seite des Flusses einen großen, mit reifen Früchten beladenen Apfelbaum. Plötzlich meldete sich in ihm ein seltsames Gefühl im Magen. Ein Bedürfnis. Hunger? Und plötzlich taucht ein Problem auf: Wie kommt der Mensch über den Fluss, um diesen Apfel zu pflücken?

In diesem Moment schaltet sich, wie ein Computer, der Verstand ein. »Du hast ein Problem? Ich kann Dir helfen!« Und schon startet dieser Verstand, emsig bemüht, das Problemlösungsprogramm. Dazu zieht er immense Kapazitäten von der Wahrnehmung des Menschens ab. Schließlich muss er das Problem von allen Seiten beleuchten. Beleuchten heißt in diesem Zusammenhang, er setzt sich selbst mit diesem Problem in Bezug und fängt an, Bilder zu schaffen, sprich er fantasiert:

»Du könntest da hinten ein paar Steine nehmen und diese in den Fluss werfen!« Sofort tauchen im Kopf die entsprechenden visuellen Illusionen auf (siehe Trancen). Der Mensch sieht sich auf wackeligen, nassen Steinen über den Fluss balancieren. Der Verstand erinnert sich bildhaft mit einer neuen visuellen Illusion an die schmerzhafte Kälte eines Bachs, in den der Mensch als Kind gestolpert war. Nein, diese Idee ist nicht gut: »Plopp«, die Illusion verschwindet vor dem geistigen Auge. Eine Neue muss her:

»Oder aber, du könntest da hinten das Holz nehmen und ein Floß bauen!« Wieder entstehen unzählige Bilder, alles Illusionen.

Was macht der Verstand also in diesem Moment? Er stellt alle möglichen Szenarien vor, es tauchen viele Bilder auf, die aber alles nur Illusionen sind. Bilder, die der Mensch in diesem Moment zwar erlebt, die jedoch nicht real sind. Bilder, die Erinnerungen an Vergangenes sind. Bilder von einer möglichen Zukunft und Bilder, die Geschichten erzählen (Floß bauen).

Nur ist das alles nicht real. Das alles sind nur Fantasie und Illusion. Die eigentliche Realität, also diese beeindruckenden Sinneswahrnehmungen, mit der der Mensch noch vor dem Entdecken des Baums beschäftigt war, rückt in den Hintergrund und wird durch neue Bilder seines Verstands quasi überlagert. Damit wird der Realität die Intensität genommen.

Der Verstand arbeitet dabei auf Hochtouren und wechselt zwischen Vergangenheit (Erfahrungen) und Zukunftsillusionen: »Ich könnte dies und das machen, aber das habe ich doch schon damals so gemacht.« Keine Frage, es ist eine grandiose Leistung des Verstands.

Nur an einem Punkt ist dieser Mensch zu diesem Zeitpunkt NICHT!

Nämlich in der Gegenwart, beim aktuellen Geschehen. Er steht wie paralysiert an dem Ufer, während in ihm das Kopfkino abläuft. Wie weggetreten, in tiefer Trance, folgt er den Illusionen des Verstands. Der Mensch ist in einen Prozess des Bewertens in Bezug zu dem Problem eingetreten: Das ist eine (scheinbar) bessere Lösung, das ist eine (scheinbar) schlechtere Lösung. Der Apfel, das Erreichenwollen des Apfels hat den Verstand zu einem Bewusstsein über Gut und Böse (Besser oder Schlechter) geführt. Die Menschen wurden damit aus dem Paradies der reinen Wahrnehmung vertrieben.

Der Verstand will an der Macht bleiben

Eigentlich ist der Verstand also nur ein kleines Werkzeug. Sobald ein Problem auftaucht, das der Mensch nicht durch seine Intuition lösen kann, erscheint »plopp« der Verstand und hilft ihm.

Wenn der Mensch aber den Apfel endlich gepflückt hat, könnte er theoretisch den Verstand wieder in den Werkzeugkasten legen und sich weiter in tiefem Frieden und satter Zufriedenheit der faszinierendsten Fähigkeit widmen, die er beherrscht: Wahrnehmung.

Denn eigentlich ist Wahrnehmung das höchste Gut, das uns Menschen gegeben ist. Nur so können wir in Kontakt mit unserer Umwelt treten und uns dabei auch noch dessen bewusst sein, was wir wahrnehmen. Und wenn Sie je einen Sonnenuntergang am Meer miterlebt haben, können Sie sich vorstellen, wie unglaublich einfach Wahrnehmen sein kann und was wir in unserem Alltag alles so verpassen. Aber es bedarf in den meisten Fällen schon einer solch extremen Überflutung von Sinnesreizen wie eines unvergleichlichen Sonnenuntergangs, damit der Verstand mal für ein paar Minuten freiwillig zurücktritt und Sie nicht damit belästigt, was Sie morgen einkaufen müssen.

Die Vertreibung aus dem Paradies der Wahrnehmung

Aber irgendwann ist etwas Seltsames geschehen. Der Verstand wollte nicht mehr zurück in den Werkzeugkasten. Er wollte an der Macht bleiben. Und da hatte er einen genialen Plan:

Er fing an, dem Menschen mithilfe dieser Vergangenheits- und Zukunftsillusionen beständig vorzugaukeln, dass es zahlreiche Probleme gebe, die unbedingt jetzt (!) gedanklich zu lösen seien! Indem er beständig neue Probleme »erfand«, schaffte er es, an der Macht zu bleiben. Die Probleme wurden in eine »mögliche Zukunft« gelegt, denn da diese noch nicht überprüfbar ist, kann man diese Zukunftsvisionen von Problemen nicht entkräften. Es könnte tatsächlich sein, dass man seinen Job verliert, seine Familie nicht mehr ernähren kann, dass man ernsthaft krank wird, dass das Flugzeug abstürzt, dass das Finanzsystem zusammenbricht, dass man sein gesamtes Geld verliert und am besten alles in Goldmünzen anlegt, dass einem diese Goldmünzen geklaut werden. Perfekt! Wie soll man angesichts all dieser ungeheuren Probleme noch das Jetzt genießen?

Hören Sie Ihrem Verstand, Ihrem inneren Monolog einmal aus dieser Position heraus zu. Prüfen Sie, was er Ihnen in jeder Sekunde alles für Probleme und Sorgen anbietet. Wenn er das nicht tut, ist er mit irgendwelchen vergangenen Sachen beschäftigt, die einem peinlich oder die nicht gut gelaufen sind oder die man hätte besser machen können. Wäre ich doch gestern in Gold eingestiegen, hätte ich doch besser verkauft, warum bin ich nicht da und dort eingestiegen. Oder er sorgt sich um zukünftige Ereignisse, was eintritt, wenn dieses und jenes geschieht, etc.

Denn dafür ist der Verstand da: Probleme zu lösen

Wie verrückt ist das? Der Problemlöser selbst, also der Verstand, gaukelt dem Menschen ständig reale oder imaginäre Probleme vor, damit er selbst dauerhaft an der Macht bleiben kann. Was für ein Teufelskreis und was für ein genialer Trick!

Der Hausmeister, der dafür sorgen soll, dass in einem Haus alles zur Zufriedenheit der Mieter funktioniert, geht zu den Mietern und erzeugt imaginäre Probleme, indem er ständig auf neue Gefahren hinweist, nur um beschäftigt zu sein und zu verhindern, dass die Mieter sich mal entspannen. Gleichzeitig wird er damit zu der bestimmenden Person in diesem Mietshaus, er behält also die Macht. Was würden Sie mit diesem Hausmeister tun, wenn er wieder an Ihre Türe klopft? Ihn in seine Schranken weisen, keine Frage. Machen Sie das auch mit Ihrem Verstand.

Als der Problemlöser selbst Probleme schuf, um an der Macht zu bleiben, entstand in den Köpfen der Menschen eine Feedback-Schleife. Also eine Art Pfeifton, wie er üblich ist bei solchen Rückkopplungen. Dieser Pfeifton wurde zu unserem täglichen Begleiter. Es ist der unaufhörliche und eigentlich höchst aufdringliche »inneren Monolog« – dieses laute Geplapper, das uns jede wache Minute unseres Seins begleitet. Und damit wir nicht vollkommen verrückt werden, tun wir alles, um uns diesen Pfeifton nicht bewusst zu machen.

Seit der Zeit dieser Machtübernahme zwingt uns der Verstand dazu, diesen inneren Monolog zu führen. Darin geht es nur um künftige und vergangene

Probleme: »Morgen muss ich noch das und das erledigen.« »Gleich geschieht dies oder das.« »Ach, und dann muss ich noch das.« »Was ziehe ich nur an, ist das Hemd eigentlich gebügelt?« »Was hat sie gestern gesagt, was meinte sie damit. Ist das nun gut oder schlecht?« »Ob der Chef das gestern ernst meinte?«, »Wohin sollen wir in Urlaub fahren?« etc.

Eigentlich geht es also darum, den Verstand wieder zu dem zu machen, wozu er eigentlich geschaffen ist. Es geht darum, ihn in seine Schranken zu weisen und ihn lediglich dann zu nutzen, wenn er wirklich gebraucht wird. Leider ist unsere gesamte moderne Gesellschaft auf »Problemerschaffung« und »Problemlösung« aufgebaut. Sie ist Produkt unseres übereifrigen Verstands. Eine Existenz ohne diesen inneren Monolog ist in unserer Gesellschaft kaum denkbar, es gäbe erhebliche Probleme.

Doch an den Börsen ist das anders. An den Börsen funktioniert nur das, was nicht massentauglich ist. Also haben Sie gute Karten, die Börse zu bezwingen, wenn Sie dort Ihren Verstand ausschalten. Diesen Aufruf wird man nur dann nicht als völligen Unsinn abtun, wenn man begriffen hat, dass all die Illusionen, Überzeugungen und Trancen höchst hinderlich sind, an den Börsen erfolgreich zu sein.

Das Schöne dabei ist: Mit den Börsen haben Sie ein perfektes Übungsfeld, auf dem Sie das Ausschalten des Verstands perfektionieren können und dabei auch noch finanzielle Unabhängigkeit erzielen. Diese finanzielle Unabhängigkeit kann Ihnen später den persönlichen Freiraum geben, vielleicht auch in anderen Bereichen mehr und mehr auf den Verstand zu verzichten.

Leider gibt es da noch ein kleines, nicht ganz einfach zu lösendes Problem, dem wir uns noch widmen müssen: Wie schaltet man den Verstand aus?

Das Anhalten des inneren Monologs

Wir sind damit beim entscheidenden Kapitel. Aus den vielen zuvor genannten Aspekten, die natürlich alle eng miteinander verwoben sind, und, wie Sie gesehen haben, alle aufeinander aufbauen, ergibt sich in letzter Konsequenz nur eine einzige Schlussfolgerung:

Um nicht in all diese Fallen zu tappen, muss man den inneren Monolog anhalten. Oder einfacher: Um ein guter Trader zu sein, muss man den Verstand ausschalten.

Dass das bisher in dieser Deutlichkeit (soweit ich weiß) noch niemand sonst geschrieben hat, liegt wohl daran, dass es für viele zu »abgedreht«, »verrückt« ist oder einfach nur unmöglich erscheint. Doch wenn Sie sich nun an die verschiedenen Kapitel des Buchs zurückerinnern, werden Sie jetzt bemerken, wie sich all diese verschiedenen Aspekte zu einer logischen Konsequenz zusammenfügen und ein perfektes Gesamtbild ergeben. Es ist einfach nicht zu leugnen, dass das die einzig vernünftige Konsequenz aus dem vorher Gesagten ist. Und nur, weil es bisher keiner beschrieben hat, muss es nicht falsch sein.

Sicher, Sie können es sein lassen und versuchen, weiter negative Überzeugungen zu enttarnen, negative Emotionen durch positive zu ersetzen. Sie können sich bemühen, sich zu motivieren und neue positive Gedankenmuster aufzubauen. Sie können ihr System wie ein Mischpult tunen, Neurolinguistisches Programmieren (NLP) anwenden oder zu einem Coach gehen. Das ist alles sinnvoll. Aber je mehr Sie sich mit diesen Dingen beschäftigen, desto mehr geraten Sie in den Strudel des inneren Monologs. Und das ist in den wenigsten Fällen sinnvoll. Spätestens, wenn Ihnen bewusst wird, dass Sie sich auch als Trader ständig in Alltagstrancen befinden, gibt es keine Alternative mehr. Hier kann nur noch das Anhalten des inneren Monologs helfen. Wenn Sie aufhören wollen, weiterhin bewusstlos und durch Zufälligkeiten geprägt zu traden, ist es der einzige Weg, besonders, wenn Sie sich Zugang zur Intuition verschaffen wollen.

Das Anhalten des inneren Monologs ist, wie man es auch dreht und wendet, die einzige logische Folge aus den vielen zuvor genannten Aspekten des Tradens, damit Sie erfolgreich sind.

Nun ist beides, also das Anhalten des inneren Monologs und die Entdeckung der Intuition, kein plötzliches Ereignis. Es ist ein lebenslanges Lernen notwendig, um zur Meisterschaft zu gelangen. Das ist mit dem Erlernen der asiatischen Kampfsportarten zu vergleichen. Aber auch dort beginnt die Meisterschaft mit einem ersten Schritt, und natürlich werden Sie Schritt für Schritt besser. Und gerade mit der Target-Trend-Methode haben Sie eine starke Waffe zur Hand, die Ihnen auch schon sehr früh den entscheidenden Vorteil verschaffen kann. Mit entsprechender Leidenschaft und Hingabe wird es gelingen, erfolgreich zu werden. Das Schöne: Im Gegensatz zu Kampfsport-arten können Sie die hohe Kunst des Tradens auch noch bis weit in hohe Alter erlernen und dabei Erfolge feiern.

Und ganz nebenbei bietet Ihnen dieser Ansatz auch noch die Möglichkeit, eine ganz neue Wirklichkeit kennenzulernen. Eigentlich perfekt.

Drei Stufen, den inneren Monolog zu beeinflussen

Es gibt viele Wege, den inneren Monolog aufzuhalten. Wahrscheinlich muss jeder Mensch seinen eigenen Weg finden. Der erste Schritt ist immer, wie bereits gesagt, dem Verstand nicht mehr zu trauen. Es folgt die Bereitschaft, den Gedanken nicht mehr die Bedeutung beizumessen wie bisher. Zum Schluss wird man feststellen, dass man immer weniger Lust auf diesen unkontrollierten Strom der Gedanken hat. Der innere Monolog wird mehr und mehr als nerviges, sinnentleertes Geplapper enttarnt, und der Wunsch wächst, ihn abzuschalten, solange man ihn nicht braucht.

Wenn Sie soweit sind, können Sie die folgenden Stufen anwenden. Diese sind zudem Hilfsmittel, um einen Zugang zur Intuition zu finden.

1. Stufe

Konzentrieren Sie sich auf Ihren inneren Monolog. Hören Sie ihm zu. Beobachten Sie, wie ein Gedanke nach dem anderen entsteht. Fragen Sie sich dann, wo diese Gedanken ihren Ursprung haben. An welcher Stelle oder in welchem Bereich ihres Kopfs tauchen diese Gedanken auf (es ist hierbei völlig unerheblich, ob das anatomisch stimmt)?

Die Vorstufe eines jeden Worts und damit eines jeden Gedankens ist ein Gefühl. Aus mehreren Gefühlen entsteht ein Satz. Diese Gefühle schwimmen tatsächlich in einer Art Ursuppe von Gefühlen, bevor sie einander finden und sich daraufhin verdichten. Dabei lösen sie sich aus dieser Ursuppe und manifestieren sich damit als Gedanke.

Doch so tief brauchen Sie in Ihrer Beobachtung gar nicht gehen. Es reicht zunächst festzustellen, wo Sie meinen, dass in Ihrem Kopf der Gedanke entsteht – an welcher Stelle. Also zum Beispiel eher oben im Kopf an der linken Kopfseite. Wenn Sie diesen Punkt oder diesen Bereich entdeckt haben, beobachten Sie den Gedanken, wie er vorbeizieht, und fragen sich, an welcher Stelle er in Ihrem Kopf verschwindet. Zum Beispiel an der rechten Seite des Kopfs. Alle anderen Regionen sind aber auch denkbar.

Sobald Sie diese beiden Stellen gefunden haben, beobachten Sie nun Ihre Gedanken, wie sie an diesem einem Punkt auftauchen, und wohin sie daraufhin gehen. Lassen Sie also die Gedanken an Ihrem inneren Auge vorbeiziehen wie eine Art Film. Versuchen Sie dabei, so wenig Interesse wie möglich an dem eigentlichen Inhalt der Gedanken zu haben. Bleiben Sie völlig teilnahmslos und gelassen – die Gedanken ziehen vorbei wie Wolken, deren Form Sie nicht interessiert. Werden Sie innerlich dabei ruhig, achten Sie auf Ihren Atem.

2. Stufe

Versuchen Sie, nachdem Sie ein wenig Übung darin erlangt haben, Ihre Gedanken zu beobachten, die Geschwindigkeit der Gedanken zu verändern. Lassen Sie die Gedanken langsamer oder wieder schneller an Ihrem inneren Beobachter vorbeiziehen. Wenn Sie es schaffen, den Fluss der Gedanken zu verändern, haben Sie bereits einen großen Schritt in Richtung Kontrolle der Gedanken erreicht. Wenn Sie die Geschwindigkeit verändern können, ist allein das schon ein erster Hinweis darauf, dass Sie auch die Gedanken ganz anhalten können.

Gedanken sind ab diesem Moment nicht einfach mehr etwas, was Ihnen unkontrolliert widerfährt. Sie selbst haben einen maßgeblichen Einfluss darauf. Sie steuern den Fluss Ihrer Gedanken.

Falls Sie die Geschwindigkeit nicht beeinflussen können, versuchen Sie stattdessen, zunächst den Inhalt der Gedanken zu beeinflussen, während Sie diese beobachten. Das kann eigentlich jeder. Denken Sie einen Satz und bringen Sie ihn zu einem anderen Ende als ursprünglich »geplant«.

Anschließend können Sie lernen, einen Gedanken einfach zu unterbrechen. Denken Sie ihn nicht zu Ende. Das wird am Anfang nur gelingen, wenn Sie sich zwingen, einen anderen Gedanken zu denken. Trotzdem bleibt eine Neugier, wie denn der alte Gedanke oder der Inhalt weitergegangen wäre. Geben

Sie dieser Neugier nicht nach. Später ist es möglich, einen Gedanken, noch bevor er zu Ende gedacht wurde, anzuhalten und sich einfach auf den nächsten Gedanken zu konzentrieren, der erscheint. Auch dabei geht es natürlich darum, das Interesse an dem eigentlichen Inhalt der jeweiligen Gedanken nach und nach ganz zu verlieren. Damit gleicht das Nichtdenken einer Form der inneren Entspannung, denn Neugier ist Anspannung. Auch Interesse ist Anspannung. Entspannung ist das Loslassen, auch das Loslassen des Interesses an dem Inhalt der Gedanken. Es entsteht: Gleichgültigkeit.

Hier zeigt sich erneut, wie oben bereits erwähnt, wie wichtig es ist, die Sinnlosigkeit des inneren Monologs zu enttarnen. Dann nämlich fällt es wesentlich leichter, nicht mehr so sehr auf den Inhalt der Gedanken zu achten. Wenn man ohne die vorher genannten Schritte direkt mit dem Nichtdenken anfängt, wird es erheblich schwieriger, wenn nicht sogar unmöglich. Man würde dem Inhalt zu viel Bedeutung beimessen. Zudem müsste man sich ohne dieses Vorwissen auch fragen, was es für einen Sinn haben sollte, das zu tun.

Wenn es Ihnen also gelingt, einen Gedanken abzubrechen, nicht mehr weiter zu denken, ist auch das wieder ein deutlicher Hinweis darauf, dass Sie Herr über Ihre Gedanken sind.

Ein abstruser Gedanke ohne und mit Folgen

Spätestens in diesem zweiten Schritt fällt Ihnen auf, dass einige Gedanken tatsächlich mehr oder weniger einfach so entstehen. Man hat zuweilen das Gefühl, dass man gedacht wird, also dass es gar nicht eigene Gedanken sind. Dieses Gefühl ist nicht wirklich falsch. Aus der Ursuppe unbestimmter Emotionen tauchen tatsächlich zum Teil wahllos Gedanken auf. Diese sind zuweilen extrem abstrus oder unsinnig.

Sie sitzen friedlich an einem Sommernachmittag in einem Restaurant. Sie sehen eine kleine Luftverwirbelung von Blättern. Da taucht plötzlich aus der emotionalen Ursuppe der Gedanke auf, wie es wäre, wenn nun ein plötzlich ein riesiger Tornado entstünde. Dieser Gedanke ist natürlich so absurd, dass Sie ihn sofort wieder vergessen. Wenige Minuten später würden Sie sich an diesen Gedanken selbst auf Nachfrage nicht mehr erinnern. Wenn Sie aber schon einmal Opfer eines Tornados wurden, werden sich weitere Emotionen an diesen Gedanken anheften. Es könnte dann sein, dass Sie Minuten oder sogar Stunden mit den Auswirkungen beschäftigt sind, die dieser fast zufällige Gedanke in Ihnen ausgelöst hat.

Aufgrund der ungeheuren Vielzahl dieser zum Teil absurden Gedanken, die jede Stunde in Ihnen auftauchen, finden sich aber immer wieder Themen, auf die auch Sie emotional anspringen. Und schon ist Ihr Verstand wieder eine lange Weile mit irgendeinem Problem beschäftigt, das irgendwo in der Vergangenheit oder der Zukunft liegt.

Dieses unaufhörliche Austesten, auf welche Gedanken Sie anspringen, ist notwendiges Mittel des Verstands, immer neue Probleme in Ihnen entstehen zu lassen. Denn nur so kann es funktionieren, dass der Verstand die Macht behält. Jedes Mal, sobald Sie zur Ruhe kommen, nachdem Sie ein Problem durchgekaut haben, taucht eine Vielzahl unkontrollierter Gedanken auf, und zwar so lange, bis wieder ein neues Problem Ihr Denken beherrscht.

Das Gleiche geschieht auch, wenn Sie anfangen, sich mit Ihrem inneren Monolog zu beschäftigen. Es wird eine Reihe von Gedanken auftauchen. Viele werden kaum Ihr Interesse erregen, aber je mehr Sie sich an das »Nichtdenken« annähern, desto häufiger werden Gedanken zu Themen auftauchen, die in Ihnen starke Emotionen auslösen. Und schon sind Sie in die Falle getappt und haben wieder mehrere Minuten ein Problem oder eine Situation durchgekaut und dabei völlig Ihre eigentliche Aufgabe, die Kontrolle der Gedanken, aus dem Sinn verloren. Das ist normal.

Um den inneren Monolog anzuhalten, muss man auch dieses Prinzip enttarnen. Nur, wenn man sich bewusst wird, dass der Verstand alles tut, um zu verhindern, die Kontrolle abzugeben, wird man immer weniger bereit sein, auf die Einladung emotional belasteter Themen einzugehen. Es hilft in diesen Fällen, sich zu sagen, dass man dieses Thema gern später durchdenken wird, jetzt aber etwas anderes vorhat: nicht zu denken.

Allein wenn Sie sich dieser Strategie des Verstands bewusst werden, haben Sie schon einen wichtigen Schritt getan, um aus einer Art Fremdsteuerung herauszutreten. Das ist auch im Tradingalltag wichtig, denn da funktionieren diese Prozesse ähnlich. Sie sind einen Trade eingegangen, irgendetwas offensichtlich Unwichtiges geschieht, und Ihre Gedanken rasen los, um daraus ein Problem zu stricken, das mit diesem Trade zusammenhängt.

Um diesem Chaos zu entfliehen, geben manche Trader, nachdem sie in den Markt gegangen sind, einen Stop und gleichzeitig ein Verkaufslimit ein und verlassen ihren Arbeitsplatz. So wollen sie verhindern, dass ihr Gedankenwust sie dazu bringt, den Stop rauszunehmen oder zu früh zu verkaufen. Aber das hilft natürlich nur marginal, vor und nach dem Trade geht der Gedankenwahnsinn weiter.

Nicht zu denken, ist ein Schritt raus aus der Bewusstlosigkeit des täglichen Gedankenallerleis, die letztes Endes oft genug Ursache Ihrer Stimmungsschwankungen im Tagesablauf ist – im Leben wie im Traden.

3. Stufe

Es wird eine Weile dauern, bis Sie zunehmend mehr begreifen, wie Sie auf Ihren inneren Monolog Kontrolle ausüben können. Dann gehen Sie einen Schritt weiter.

Mit der Zeit wird es Ihnen, wie in Stufe eins und zwei beschrieben, gelingen, ohne emotionale Beteiligung zu beobachten, wie ein Gedanke an einer Stelle Ihres Kopfs auftaucht, vorbeizieht, dabei wahrgenommen wird und dann wieder an einer anderen Stelle des Kopfs verschwindet. Erst nachdem der erste Gedanke verschwunden ist, taucht ein neuer Gedanke auf. Es ist unmöglich, zwei Gedanken »gleichzeitig« zu denken (jedenfalls nicht auf der beobachteten Ebene des inneren Monologs).

Versuchen Sie dabei, unbedingt in völliger und stiller Gleichgültigkeit zu bleiben. Wenn Ihnen das nicht sofort gelingt, sollten Sie auf Ihren Atem achten. Damit wird ein kleiner Teil der Aufmerksamkeit abgelenkt, und es fällt leichter, diesen gleichgültigen Zustand zu erreichen.

Sobald Sie diese innere Ruhe spüren und ganz entspannt sind, richten Sie nun Ihre ganze Aufmerksamkeit auf die Zeit zwischen zwei Gedanken. Zwischen jedem alten und neuen Gedanken existiert eine kleine Lücke. Sie verfolgen, wie der Gedanke an dem einen Ende Ihres Gehirns verschwindet, und bevor der neue Gedanke an anderer Stelle wieder auftaucht, herrscht kurze Zeit Ruhe. Es ist eine Ruhe der Gedankenleere, der geistigen Stille.

Natürlich werden, sobald Sie diese Lücke entdeckt haben, die Gedanken lossprudeln, und meistens ist erst einmal alle Aufmerksamkeit dahin. Doch das ist normal. Lassen Sie es zu, und sobald es geht, konzentrieren Sie Ihre Aufmerksamkeit wieder auf den Fluss der Gedanken, auf Ihren Atem und schließlich wieder auf die Lücke.

Wenn Sie gelernt haben, den Gedankenstrom zu verlangsamen, sollten Sie nun auch in der Lage sein, diese Lücke größer werden zu lassen. Es gehört natürlich ein wenig Übung dazu, aber es ist nur logisch, dass auch das funktionieren muss.

Sobald Ihnen gelingt, die Lücke zu vergrößern, haben Sie es eigentlich schon geschafft. Sie erleben die ersten Momente kontrollierter absoluter Stille. Meistens zunächst natürlich nur sehr kurz. Aber je gelassener Sie mit Ihren Gedanken umgehen, desto schneller können Sie die Lücke immer weiter vergrößern.

Manchen Menschen hilft es, wenn sie in die Lücke hineintauchen oder sich vorstellen, selbst diese Lücke ganz auszufüllen. Andere stellen sich vor, wie sich die Lücke wohltuend ausbreitet und bald das gesamte körperliche Empfinden umschließt. Visuell veranlagte Menschen halten es vielleicht für leichter, die neuen Gedanken schwarz zu übertünchen oder sich intensives Schwarz vorzustellen. Andere, auditiv veranlagte Menschen, überlagern die Gedanken mit einer Art lauten Stille, die so laut ist, dass kein Gedankenwort mehr eine Chance hat, dagegen anzugehen.

Es ist unerheblich und höchst individuell, wie Sie es machen und wie Sie es empfinden.

Natürlich werden immer wieder neue Gedanken auftauchen, das ist völlig normal. Sobald Sie diese bemerken, brechen Sie sie, wie in Stufe zwei gelernt, sofort ab und konzentrieren sich wieder auf die Lücke (dieses Mal nicht mehr auf den nächsten Gedanken). Bis man längere Phasen nahezu gedankenleer verbringen kann, braucht es ein bisschen Übung.

Es ist, als müsste man neu gehen lernen

Man kann es nicht erzwingen, nicht zu denken. Es ist einfach ein innerliches Tun, eine Art Impuls. Wenn Sie Ihren Arm anschauen, dann können Sie diesen anschreien, Sie können den ganzen Körper anspannen, er wird sich nur bewegen, wenn Sie es »einfach tun«. Es ist ein Impuls in Ihnen, der den Arm bewegt. Kein anderes Mittel führt zum Erfolg. Es ist auch ein vergleichbarer Impuls, nicht zu denken. Eigentlich ist es ganz einfach, aber es man muss es lernen.

Das gleiche Problem haben zum Beispiel Menschen, die nach einem Unfall wieder neu lernen müssen zu gehen. Es gehört extrem viel Mühe dazu, wieder einen Zugang zu der für uns ganz normalen Bewegung zu finden. Ähnlich ist es mit dem Nichtdenken. Wenn Sie es einmal können, ist es so leicht, wie einen Arm zu bewegen. Aber der Weg dorthin ist mit viel Mühe verbunden.

Ein anderes Beispiel: Sie wollen ein neues Instrument spielen lernen, sagen wir, ein Saxofon. Am Anfang wissen Sie überhaupt nicht, wie das funktionieren soll. Es kommen immer nur hin und wieder mal einzelne fiepsige Töne aus dem Instrument. Aber je mehr Sie üben, desto öfter werden die richtigen Töne entstehen. Bald schon können Sie einen Ton halten, und wenn Sie ein wenig mehr üben, kleine Stücke spielen.

Der Gegner!

Leider haben Sie auch noch einen Gegner, der alles tut, um Sie davon abzuhalten, nicht zu denken: den Verstand selbst. Er wird, wie schon beschrieben, alles tun, damit Sie Ihr Bewusstsein wieder auf die Wörter, auf den Inhalt, richten. Aber nicht nur das, der Verstand wird sich auch noch auf andere Art und Weise wehren. Wahrscheinlich wird er Ihnen jetzt sagen, dass doch das alles viel zu aufwendig sei. Börse müsse doch einfacher sein. Diese Lösung sei zu kompliziert.

Ihr Verstand wird Ihnen also versuchen einzureden, dass es eine Abkürzung zum Tradingerfolg gebe, einen leichteren Weg. Das ist natürlich Unsinn. Gäbe es ihn, hätten ihn schon etliche gefunden (so etwas bleibt nicht geheim).

Aber spätestens, sobald Sie über die allerersten Anfänge im Training des Nichtdenkens hinaus sind, sobald Sie Ihre Gedanken neutral beobachten können, wird sich der Verstand selbst entlarven. Denn diesen Gedanken, den er Ihnen da einpflanzen will, werden Sie ja – dank Ihrer Beobachtungen – als einen solch subversiven Versuch enttarnen!

Sie haben also in relativ kurzer Zeit ein exzellentes Werkzeug an der Hand, das Sie fast automatisch bei der Stange hält.

Gelassenheit und Beharrlichkeit

Keine Frage, zwischenzeitlich wird Ihr Verstand auch mal wieder die Oberhand gewinnen. Sie werden seinem Geplapper erliegen und seinen Einflüsterungen Glauben schenken. Doch schon beim nächsten Mal, wenn Sie Ihr Training wieder aufnehmen, werden Sie erneut auf die Gewinnerseite gelangen. Denn Ihr Verstand wird so unvorsichtig sein und die scheinbar erfolgreiche Einflussnahme fortsetzen. Und dann haben Sie ihn!

Lassen Sie sich also nicht entmutigen. Das Verfolgen Ihrer Gedanken ist ein vergleichsweise einfacher Schritt. Und wenn Sie solche Erfolge errungen haben, denken Sie an die positive Verstärkung: Belohnen Sie sich. Legen Sie zwischendurch durchaus auch eine angemessene Pause ein. Mentales Training ist anstrengend. Übertreiben Sie nicht, Sie werden nichts erzwingen können. Bedenken Sie, dass auch die Ausbildung der ostasiatischen Kämpfer nicht in wenigen Wochen beendet ist.

Und lassen Sie Ihren Verstand zwischendurch ruhig mal wieder zu Wort kommen. Sie können sich ja immer mal wieder heimlich in seine Gedankengänge einschalten. Sie werden sich köstlich amüsieren, was der arme Kerl für einen Blödsinn von sich gibt. Sie brauchen es ihm ja nicht zu sagen ...

Mit den genannten Mitteln haben Sie ab sofort die Möglichkeit, diese Gedanken, einfach weil es Sie nicht mehr interessiert, nicht mehr weiterzudenken. Natürlich geht es, zumindest am Anfang, auch nicht darum, die Gedankenleere über Stunden aufrechtzuerhalten. Es sind mehrere Faktoren, die nun ineinandergreifen. Je mehr Sie die Sinnlosigkeit Ihres inneren Monologes enttarnen, desto mehr bewusste Aufmerksamkeit steht dem Traden zur Verfügung. Auch die Gelassenheit, die entsteht, wenn man den Gedanken nicht mehr die Bedeutung beimisst, hilft enorm beim Traden. Die Gedanken, die uns ansonsten zu gehetzten Tradern machen, werden nur noch schmunzelnd beobachtet und als wenig wertvolles Geplapper enttarnt. Man fängt an, sich selbst (also die eigenen Gedanken) nicht mehr so wichtig zu nehmen. Selbst wenn Sie also nie zum Nichtdenken gelangen sollten, werden die hier vorgestellten neuen Sichtweisen einen erheblichen positiven Einfluss auf den

Tradingalltag nehmen können. Und als letzte Folge entsteht, wenn Sie mehr und mehr Ihrem inneren Monolog das Recht versagen, von Ihnen Besitz zu ergreifen, mehr Raum für etwas anderes: Ihre Intuition.

Die Entdeckung der Intuition

Sie sitzen vor Ihren Monitoren, schauen sich Charts an. Sie stellen fest, dass Sie keine Lust mehr haben, dem üblichen Gedankenwust zu erliegen. Sie entspannen sich, beruhigen Ihr Denken, schalten es vielleicht ganz ab. Sobald neue Gedanken aufkommen, strafen Sie diese mit demonstrativem Desinteresse. Falls Sie merken, dass Sie sich wieder emotional an einen Gedanken geheftet haben, versuchen Sie, dieses nervige Verhalten zu stoppen. Wenn es nicht gelingt, verfolgen Sie ein wenig den Gedankenwust, bis Sie das Interesse verlieren.

Dann blicken Sie auf die Charts und/oder Ihre Indikatoren. Oder Sie schauen einfach auf die Markttiefe, die Kurse oder was Ihnen auch immer am geeignetsten erscheint, um Day-Trading zu betreiben.

Richten Sie Ihre Aufmerksamkeit (möglichst gedankenleer) auf das, was in Ihnen widerfährt. Sie sind ein Jäger, vor Ihnen irgendwo lauert die Beute. Schärfen Sie Ihre Sinne, lassen Sie Ihre Aufmerksamkeit wachsen. Irgendwo in Ihnen kann ein Gefühl entstehen, eine Vision. Auch das ist leider wieder höchst individuell.

Meistens ist es in der Reinform eine Art gedankenlose Gewissheit: Dies und jenes geschieht. Doch gerade am Anfang kommt es zu anderen Gefühlen. Einige berichten davon, dass sie traurig wurden, als sie einen Chart sahen und somit wussten, dass es nun zu Kursverlusten kommen werde. Andere beschreiben Gefühle der Angst oder der Leere, die ebenfalls auf fallende Kurse hinweisen. Oder Sie spüren geradezu die Stärke, die ein Chart ausstrahlt. Wie die Intuition sich Ihnen persönlich erschließt, kann ich Ihnen nicht sagen. Was eigentlich Intuition ausmacht, wie sie bei jedem aussieht, ist verständlicherweise kaum zu beschreiben. Vielleicht auch nur, weil es noch viel zu wenig erforscht ist.

Intuition ist ein fließender Prozess. Es gibt nicht einen Punkt, an dem Sie sicher sind, es jetzt endlich und für immer erlernt zu haben. Zumal, wie gesagt,

Ihre Intuition auch Futter braucht. Erfahrung ist wichtig, Misserfolge sind es auch.

Aber Sie werden, wenn Sie Ihre Gedanken nach und nach in den Hintergrund drängen, immer öfter die Gewissheit haben, Charts fühlen zu können. Sie sehen einen Chart, und auf einmal geschieht etwas in Ihnen. Sie wissen, wie es sich weiterentwickeln wird. Am Anfang wird es seltener sein, und Sie werden Zweifel an diesen Emotionen haben, dann, mit der Zeit, geschieht das immer häufiger.

Ich bin der festen Überzeugung, dass dieses intuitive Wissen eigentlich immer und in jedem vorhanden ist. Es wird nur von dem unglaublichen Lärm der Gedankenfülle überlagert. Man gibt diesem Wissen zu wenig Raum.

Und noch ein abschließender Hinweis:

Es kann sogar längere Phasen geben, in denen die Intuition oder das Nichtdenken nicht funktioniert. Vielleicht, weil Sie emotionalen Stress haben (beruflicher oder privater Natur). Es gibt aber auch Börsenphasen, in denen es schwerer ist. Zum Beispiel, wenn an den Börsen eine große Unsicherheit vorherrscht. Das Schöne an dieser Methode ist in diesem Fall, dass die Intuition einfach schweigt. Sie wissen also, dass Sie zurzeit nicht wissen, was geschehen wird. Also reduziert man die Positionsgrößen und schränkt das Traden ein bisschen ein. So kann man sich vor erheblichen Fehltrades schützen.

Wenn es Ihnen aber gelingen sollte, ohne den inneren Monolog zu traden, werden Sie immer häufiger Momente der absoluten Perfektion erleben. Sie werden sicher wissen, was der Markt machen wird, gerade auch in Verbindung mit der Target-Trend-Methode. Sie werden es in jeder Pore Ihres Körpers fühlen. Es wird ein ruhiges Wissen sein, ein emotionsloses – der fast spirituelle Augenblick, in dem ein Jäger die lang gejagte Beute endlich tötet. Und den folgenden Satz müssen Sie mir einfach glauben: Jede Sekunde dieser Erfahrung ist mehr wert als alles Geld, das Sie mit diesem Trade verdienen.

Der Tradingflow

Um es der Intuition zu erleichtern, von Ihnen wahrgenommen zu werden, ist es wichtig, in eine geeignete Stimmung zu gelangen. Da gilt gerade für das ansonsten sehr stressige Day-Trading mit Futures oder Ähnlichem.

Diese Stimmung entspricht einer Art fließender Hingabe. Ihr Geist ist wach, klar und aufnahmefähig, Ihre Wahrnehmung vollkommen durchlässig, offen für alles, was geschieht, frei von Überzeugungen, Einschätzungen und Emotionen. Sie werden sich jeder vorgefertigten Meinung verwehren, Sie sind reine Beobachtung und nehmen einfach nur wahr, was geschieht. Ihre Aufmerksamkeit ist auf die Bewegungen des Kurses gerichtet.

Dieser Zustand ist vielleicht mit dem Flow zu vergleichen, den Sportler erleben. Es ist das völlige Aufgehen in einer Tätigkeit. Die Aufmerksamkeit (im Sport der Wille) ist zentriert, ohne erzwingen zu wollen. Alles fließt in einem gleichmäßigen Strom konzentrierter Aufmerksamkeit.

Nun kann man sich gut vorstellen, dass, wenn unten auf der Straße ein Presslufthammer seine Arbeit verrichtet, es leidlich schwer ist, einen solchen Zustand längere Zeit aufrechtzuerhalten.

Es verwundert also nicht, dass in einigen amerikanischen Trading-Floors ruhige, fast meditative Musik gespielt wird, um diesen Zustand zu erleichtern. Ich neige selbst dazu, ruhige Musik zu hören, wenn ich intensiv trade. So stellt sich wesentlich schneller dieser fließende Zustand ein. Es ist ein unbeschreibliches Gefühl intensiver Wahrnehmung – eine zeitlose Leere und stille Begeisterung.

Es ist die hohe Kunst des Day-Tradens.

Day-Trading

Mit der hier beschriebenen intuitiven Herangehensweise haben Sie eine Methode an der Hand, die Ihnen den entscheidenden Vorteil im Tradingalltag verschaffen kann. Man muss sich immer wieder bewusst machen, dass gerade im Day-Trading nicht viele Mittel zur Verfügung stehen, auf die Sie sich beziehen können.

Eigentlich sind es lediglich die Kursverläufe und eventuell noch Nachrichten. Alle längerfristigen Betrachtungen, fundamentale Überlegungen und anderes spielen im Day-Trading eine untergeordnete Rolle.

Was bleibt Ihnen also übrig?

Die hier genannte Methode stützt sich auf die Erkenntnis, die mittlerweile auch in der Psychologie mehr und mehr vertreten wird: Die Intuition ist dem Verstand in vielen Dingen, selbst bei Kaufentscheidungen, überlegen.

Leider verwechseln viele Menschen Intuition mit Bauchgefühl, und so entsteht eine Reihe von Missverständnissen. Intuition stützt sich tatsächlich auf eine Vielzahl unbewusster Erfahrungen. Es ist also unbedingt wichtig, der Intuition das richtige Futter zu geben, um auf Erfahrungen aufzubauen. Dafür ist die Target-Trend-Methode das perfekt geeignete Mittel, denn sie strukturiert auf nahezu unglaubliche Art und Weise Charts, wie Sie gleich sehen werden.

In diesen Schemata der Target-Trend-Methode kann die Intuition wesentlich einfacher bestimmte Veränderungen als entscheidend wahrnehmen. Sie hat hier einen Rahmen, in dem das Geschehene besser erfasst werden kann. Es empfiehlt sich also, nicht nur auf die klassische Charttechnik zurückzugreifen, sondern diese neue Methode zu erlernen. Allein schon mit der Beschäftigung mit diesen verschiedenen Ebenen der Target-Trend-Methode gibt man der Intuition überaus starke Waffen an die Hand.

Wenn Sie miterleben wollen, wie die Target-Trend-Methode von uns eingesetzt wird und welche unglaublichen Ergebnisse sie liefert, nutzen Sie das auf unserer Seite beschriebene Angebot. Besuchen Sie dazu unsere Internetseite: www.stockstreet.de.

Epilog

Mir ist natürlich bewusst, dass das, was ich in diesem Buch beschrieben habe, so gar nicht in den Mainstream der gängigen Vorstellungen von Trading, Charts und Börse passt. Das soll es auch nicht. Wenn Sie an den Börsen erfolgreich werden wollen, müssen Sie neue, andere Wege gehen. Wenn man nur die Sichtweise ändert, kann das schon zu erfolgreichen Prozessen führen. Nicht jeder muss den hier beschriebenen Weg bis zum Ende gehen. Schließlich ist auch dieser Weg nur eine von vielen Möglichkeiten, an den Börsen Gewinn zu erzielen. Eins ist dabei sicher, das Althergebrachte kann nicht und wird nie im Day-Trading-Bereich funktionieren. So hoffe ich, dass ich zumindest mit einigen Abschnitten bei Ihnen Prozesse angestoßen habe, Börse anders zu sehen. Vielleicht ist es mir sogar gelungen, Prozesse anzustoßen, die Ihnen auf dem Weg zu Ihrem persönlichen Tradingerfolg weiterhelfen.

Mir ging es nicht darum, abschließend und umfassend all die Faktoren aufzulisten, die das Trading negativ beeinflussen. Es wäre schier unmöglich. Mir ging es lediglich darum, Mechanismen aufzuzeigen, die jedem einen neuen Weg eröffnen, hinderliche Faktoren zu überwinden.

Ebenso unmöglich ist es, einen einfachen und schnellen Weg zur Freisetzung der Intuition in einer Art zu beschreiben, dass man lediglich Sätze liest und schon angekommen ist. Auch hier ging es vielmehr darum, einen Zugang zu verschaffen. Den eigentlichen Weg müssen Sie selbst gehen. Day-Traden ist ein lebenslanger Prozess. Die Perfektionierung des eigenen Handelns kann aber zu einer spannenden Lebensaufgabe werden, einem Hobby, das Sie zu Ihrem Beruf oder sogar zu Ihrer Berufung machen.

Wenn Sie live miterleben wollen, wie wir beim Steffens-Daily immer wieder, aufgrund dieser genannten Faktoren, das Geschehen an den Börsen anders als der Mainstream bewerten, lade ich Sie hiermit ein, unseren täglich erscheinenden Newsletter zu beziehen. Für diesen Newsletter, der auch Ihren Börsenerfolg entscheidend positiv beeinflussen kann, können sich auf unserer Internetseite *www.stockstreet.de*

oder

www.steffens-daily.de

eintragen. Immer wieder haben wir aufgrund dieser anderen Sichtweise große Bewegungen, Crashs und Rallyes zuverlässig vorhersagen können.

ZWEITER TEIL:
DIE TARGET-TREND-
METHODE

I. Einleitung

Charttechnik ist ein weitgefasster Begriff. Es gibt eine ganze Reihe unterschiedlicher Methoden, die sich mit der Deutung der Kursverläufe von Aktien, Währungen und Rohstoffen befassen. Wenn Sie Ihre ersten Schritte auf diesem Gebiet unternehmen, mag Ihnen diese Vielfalt zunächst verwirrend erscheinen. Zum Teil scheinen die einzelnen »Schulen« einander auch regelrecht zu widersprechen. Erst beim genaueren Hinsehen stellt man fest, dass hier häufig ein und dieselbe charttechnische Formation nur mit anderen Regeln beschrieben wird.

Charttechnik – hoch komplexe Wissenschaft
oder Kaffeesatzleserei?

Das alles erleichtert uns den Zugang zu dieser Materie natürlich nicht gerade. Andererseits ist es aber doch ein recht anspruchsvolles Unterfangen, aus vergangenen Kursverläufen die künftigen projizieren zu wollen.

Es ist also letztlich kein Wunder, dass viele die Charttechnik als Kaffeesatzleserei verdammen. Schließlich kommen auch selten zwei Analysten zu derselben Schlussfolgerung – selbst wenn sie die gleichen Methoden verwenden. Zudem: Warum sollten Kursverläufe irgendwelchen Gesetzmäßigkeiten gehorchen, wenn sie sich doch anscheinend kaum von beliebigen, zufälligen Zahlenverläufen unterscheiden?

Im ersten Teil des Buchs haben wir Ihnen die Hintergründe gezeigt, warum nur ca. 5 % aller Trader auf Dauer erfolgreich sind. Doch diejenigen, die es schaffen, bedienen sich dabei der Charttechnik und messen den Kursverläufen entscheidende Bedeutung bei.

Der eine oder andere mag vielleicht begabter sein oder sogar ein »Künstler« auf diesem Gebiet. Dennoch ist es auch hier ähnlich wie in der Malerei, der Musik oder beim Kochen: Die Grundregeln sind erlernbar, dann gibt es noch ein paar hilfreiche »Profi-Tipps«, der Rest sind handwerkliches Geschick und vor allem viel Übung und ein fester Willen – erst dann kommt das Talent.

Also: Keine falsche Scheu – lassen Sie alle bisherigen Vorbehalte beiseite, und tauchen Sie ein in diese faszinierende Welt von Möglichkeiten, die Ihnen die Charttechnik bietet.

Der Schlüssel zum Verständnis: die Massenpsychologie

Im ersten Teil dieses Buchs bekamen Sie einen Einblick in die psychologischen Phänomene, die Ihr Trading entscheidend beeinflussen können. Wenn aber die psychologische Verfassung der Börsenakteure die entscheidende Komponente bei den Kursbewegungen ist, dann muss umgekehrt auch gelten, dass die Kursbewegungen, also die Charts, eine Aussage über die Verfassung »des Markts« treffen. Die Kurse sind damit so etwas wie das EKG des Wesens Börse.

Das ist letztlich der Hintergrund, warum die Charttechnik eine sinnvolle Methode für die Analyse von Kursverläufen ist. Im Grunde genommen wird damit die psychologische Stimmung der Anleger untersucht. Vorausgesetzt wird dabei, dass bestimmte Grundmuster immer wieder auftreten. Dazu gleich mehr.

Mittlerweile gibt es mit der »Behavioral Finance« (verhaltensorientierte Finanzlehre) bereits einen fest etablierten Wissenschaftszweig, der diese Wechselwirkung zwischen dem Markt und seinen Akteuren zum Forschungsgebiet hat. Aber auch die Väter der Charttechnik haben sich diesen Zusammenhang bereits bewusst zunutze gemacht, als sie die ersten charttechnischen Regeln aufstellten. Sie waren ja mangels technischer Hilfsmittel viel mehr auf ihr »Gespür« angewiesen als wir heute. Daher haben sie genau beobachtet, was auf dem Börsenparkett geschieht (sie waren de facto immer vor Ort), und die Widerspiegelung dieses Geschehens auf dem Kurschart »übersetzt«.

Die fundamentalen Grundlagen der Charttechnik

Interessanterweise kommt dadurch sogar die Fundamentalanalyse ins Spiel. Nein, es geht nicht um die Interpretation von Unternehmenszahlen und Konjunkturdaten. Das sind »alte« Werte, die meist auch einen vergangenen Zeitraum betreffen. Dieser ist in der Regel schon bei der Veröffentlichung Vergangenheit und damit nur noch bedingt von Bedeutung.

Die Börse setzt ausschließlich auf die Zukunft. Nun ist es nicht etwa so, dass »die Börse« hundertprozentig vorher schon wüsste, was geschieht, aber sie liegt erstaunlich oft richtig. Und dabei spielen (mittel- bis langfristig) die Erwartungen der gut informierten großen Investoren eine Rolle. Diese werden – siehe zum Beispiel Warren Buffett – die Aktien eines Unternehmens kaufen, wenn sie den Kurs, gemessen an den Perspektiven, für sehr günstig halten. Bei weiteren Kursverlusten stocken sie eher auf, als dass sie wieder verkaufen, und lassen so den Kurs nicht so stark fallen.

Im Chart ergibt das einen Kursverlauf, der – verglichen mit dem Gesamtmarkt – deutlich widerstandsfähiger erscheint. Das könnte dann für Sie das Zeichen zum Einstieg sein. Daher ist es bei längerfristigen Investments immer hilfreich, sich mit der fundamentalen Perspektive des ausgewählten Werts zu beschäftigen, um eine Ahnung zu entwickeln, zu welcher Einschätzung potenzielle Großinvestoren dabei kommen würden.

Auch kurzfristig werden die Preiszonen ausgehandelt

Im kurzfristigen Trading spielen diese Überlegungen natürlich keine Rolle. Trotzdem versuchen auch hier die großen Akteure immer wieder, die Preisgrenzen auszutesten. Daher werden intraday ebenfalls signifikante Preislevels sichtbar, die zum aktuellen Zeitpunkt eine besondere Bedeutung für die Marktteilnehmer haben.

Letztlich wird also auf dem Börsenmarkt wie zu Urväter Zeiten gehandelt, auch wenn sich die Partner einander nicht direkt gegenüberstehen. Auch hier geht es darum, den anderen zum Kaufen oder Verkaufen zu »überreden«. Mangels anderer Möglichkeiten wird dazu hauptsächlich an der Preisschraube gedreht.

Die »ewigen« Grundmuster der menschlichen Psyche

Damit läuft an der Börse tagtäglich das gleiche Spiel ab, das ansonsten Aldi, Media-Markt & Co. mit uns veranstalten. Zu welchem Preis ist ein Interessent bereit zu kaufen? Ab welchem Preis wird ein Außenstehender zu einem Interessenten? Wann ist ein Preis so niedrig, dass einer verkaufen muss? Wann ist den Leuten der Preis egal?

Ob Werbung, Börse oder Demagogie: Die menschliche Psyche wird immer sehr direkt angesprochen und manipuliert. Das funktioniert nur deshalb so gut, weil die (wenigen) Grundmuster immer gleich bleiben und auf stets gleiche Art und Weise aktiviert werden können. Auch wenn der Einzelne diesen Einflüssen mitunter widersteht, die »Masse« schafft es nicht. Und, ganz ehrlich – kennen wir nicht alle eine Verlockung, der wir nicht widerstehen, eine Furcht, die wir nicht überwinden können?

Es wird also ganz gezielt mit den Ängsten und Hoffnungen der Menschen, mit der Furcht und Gier der Anleger gespielt. Dabei ist letztlich egal, ob es um Joghurt, iPods oder Internet-Aktien geht.

> *Unser Bedürfnis nach Sicherheit hält uns in diesem*
> *Teufelskreis gefangen, die Zeit zermürbt uns*

Trotzdem oder vielleicht auch gerade deshalb suchen wir Sicherheit in unseren Entscheidungen. Unsicherheit ist ja ein Zustand, der uns eigentlich ständig begleitet. Irgendwelche Sorgen um Job und Karriere, Familie und Gesundheit, das Wetter oder den Weltfrieden haben wir doch immer, oder?

Umso schöner ist dann häufig das Gefühl nach einer vollzogenen Entscheidung. Dann herrscht Klarheit, also Sicherheit. Doch meist stellt sich kurz darauf wieder die Unsicherheit ein, ob die Entscheidung denn wirklich die richtige war. (Bezeichnenderweise setzt hier auch wieder die Werbung an mit ihren Rundum-sorglos-Paketen.)

Aber auch »Aussitzen« hilft nur selten. Je länger eine Unsicherheitsphase andauert, desto bedrückender wird die Situation für uns. Die Zeit läuft gegen uns. Wenn wir es nicht mehr aushalten können, ziehen wir einen Schlussstrich, so schmerzhaft er vielleicht auch sein mag. Wir handeln dann nach der Devise: Lieber ein Ende mit Schrecken als ein Schrecken ohne Ende.

Dieses Spannungsfeld verdeutlicht die nachstehende Grafik.

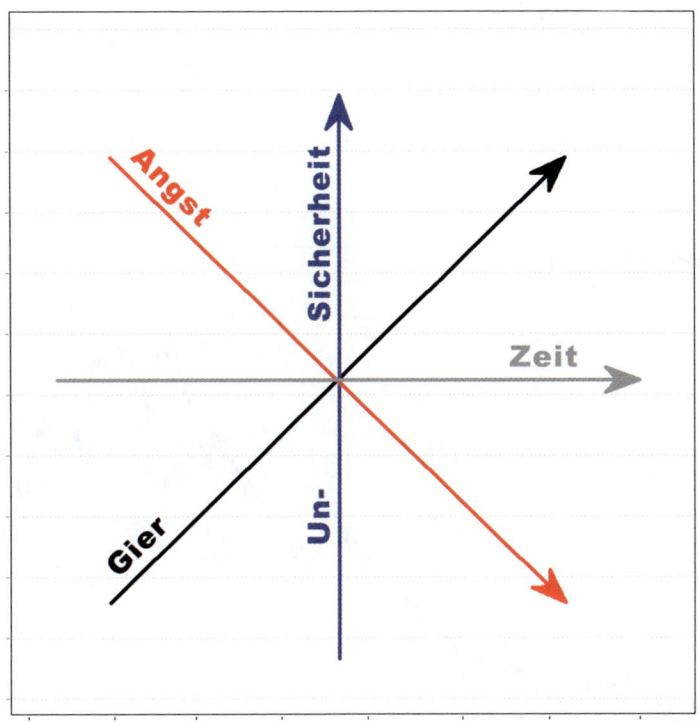

Bild 1.1: Spannungsfeld des Börsianers aus Gier, Angst und (Un-)Sicherheit

Die Target-Trend-Methode liefert die Kursmuster
zur Börsenstimmung

Natürlich sind Börsenstimmung und Kurse voneinander abhängig. Das heißt, steigen oder fallen die Kurse um eine bestimmte Größenordnung, löst das die genannten psychologischen Effekte zwischen Panik und Gier aus. Die Target-Trend-Methode macht sich dabei zwei faszinierende Umstände zunutze: ERSTENS bleibt diese »auslösende Größenordnung« über einen verhältnismäßig langen Zeitraum vergleichsweise konstant, und ZWEITENS treten dieser und einige andere Effekte auf, die wir uns bei der Target-Trend-Methode zunutze machen, weil offenbar auch die Börse über weite Strecken in eine Art Routine verfällt.

Natürlich ist es nicht so, dass ein Anstieg um x Prozent immer eine Hausse auslöst und umgekehrt. Doch es gibt offensichtlich Preisregionen, bei deren

Erreichen sich der Markt wieder neu sortiert. Und die Target-Trend-Methode findet genau diese Bereiche.

Betrachten Sie dazu den Chart 1.1, den wir später noch genauer analysieren werden:

Chart 1.1: Mit der Target-Trend-Methode ermittelte Preislevel am Beispiel des DAX

Finden Sie mit der Target-Trend-Methode bereits im
Vorfeld die möglichen Kulminationspunkte im Chart!

Im Chart erkennen Sie den Aufwärtstrend des DAX seit den Tiefs von 2003. Eine Reihe der eingezeichneten signifikanten Punkte kann man mit der Zeit durch verschiedene klassische charttechnische Verfahren finden: Trendlinien, Unterstützungen, Widerstände usw.

Beachten Sie aber die blauen Punkte. Zum Zeitpunkt ihrer Herausbildung lagen sie irgendwo im charttechnischen Nirgendwo. Das erste Zwischenhoch 2004 und das nachfolgende Konsolidierungstief, das wichtige Hoch vom Juni 2006 und das markante Tief von 2007 – alles nur zufällige Umkehrpunkte im Chart?

Die Target-Trend-Methode liefert Ihnen einige probate Hilfsmittel, um diese charttechnischen »Targets« bereits im Voraus zu ermitteln. So wurde der Vorgänger dieses Charts bereits im November 2006 bzw. im April 2007 Lesern des Börsenbriefs von Jochen Steffens zur Target-Trend-Methode vorgestellt (heute der »Stockstreet Premium Trader« bei www.stockstreet.de). Schon damals war das später wichtige Niveau bei 7200 Punkten hervorgehoben worden!

Das bietet Ihnen die Target-Trend-Methode

Damit ist die Target-Trend-Methode die einzige handhabbare Charttechnik, die relevante Kursniveaus und sogar konkrete Zielpunkte im Voraus ermitteln und zudem auch noch bestimmen kann, wann diese Niveaus erreicht werden. Das geschieht nicht nur statisch (ein oder mehrere Niveaus), sondern auch dynamisch. So konnten zum Beispiel im Chart 1.1 die drei Sommer-Hochs 2005 frühzeitig in ihrer Lage zueinander bestimmt werden.

Natürlich gibt es auch bei der Target-Trend-Methode keine Kristallkugel, die sämtliche Kursbewegungen zweifelsfrei vorhersieht. Denn jede künftige Kursbewegung ist nur eine von vielen Möglichkeiten, die mehr oder weniger wahrscheinlich sind. Das einzigartige System der »Targets« erlaubt jedoch eine klare Abschätzung dieser Wahrscheinlichkeit der weiteren Kursbewegungen zu einem beliebigen Zeitpunkt. Dazu liefert Ihnen die Target-Trend-Methode einen Satz von Regeln, der aus dem aktuellen Kursverhalten an einem Target den wahrscheinlichen weiteren Verlauf antizipiert.

Die Target-Trend-Methode ist zudem auf allen Zeitebenen einsetzbar (intraday, Tages-, Wochenbasis, langfristig). Obwohl sie ursprünglich entwickelt wurde, um intraday für sehr kurze Perioden Kursziele und Stops zu optimieren, kann sie auch für längerfristige Strategien eingesetzt werden (ein sehr gutes Beispiel zeigt ja der Chart 1.1!). Das sollte bei einer guten, universell anwendbaren Methode natürlich auch so sein.

Schritt für Schritt zur Beherrschung des Systems

Damit können Sie in jedem Fall vom Einsatz der Target-Trend-Methode profitieren, egal, was Ihr bevorzugter Anlagehorizont ist. Natürlich entfaltet diese Methode ihre volle Leistungsfähigkeit nur bei dem kombinierten Einsatz aller in diesem zweiten Teil des Buchs vorgestellten Werkzeuge. Dennoch sind bereits die einzelnen Hilfsmittel für sich allein genommen so leistungsfähig, dass sie auch bei separater Anwendung eine wesentliche Steigerung Ihrer Performance bewirken werden.

Sie können also die folgenden Abschnitte tatsächlich auch schrittweise abarbeiten und das darin beschriebene Vorgehen nach und nach erproben. Um Ihnen aber trotzdem möglichst schnell einen Überblick über die gesamte Methode zu geben, haben wir den zweiten Teil des Buchs in drei große Bereiche gegliedert.

Im »Basis-Kurs« lernen Sie die einzelnen Bausteine und ihre Anwendung kennen, um sich erst einmal einen funktionalen Überblick zu verschaffen. Wir gehen somit noch nicht auf weitergehende Aspekte oder die Hintergründe der Methoden ein. Diese tiefergehenden Informationen stellen wir Ihnen im Anschluss im »Profi-Kurs« vor. Hier werden wir all die Fragen beantworten, die für den interessierten Leser im ersten Teil noch offen geblieben sind.

In diesen beiden Teilen werden wir die Target-Trend-Methode hauptsächlich in größeren Zeitrahmen anwenden, also Tages- oder Wochencharts. Damit wollen wir Ihnen unsere Herangehensweise an eher vertrauten Charts nahebringen: Den Verlauf des DAX von 2000 bis 2009 kennt jeder, aber wer hat den Intraday-Chart des EUR/USD vom 03. August 2006 vor Augen?

Zudem sind beim Intraday-Trading einige generelle Besonderheiten zu beachten. Deswegen behandeln wir dieses Thema separat in unserem »Trading-Kurs«. Dort geht es aber auch um die Unterschiede der wichtigsten Märkte für den Day-Trader, die konkreten Techniken wie Ein- und Ausstiegssignale, Stop-Setzung und diverse praktische Tipps für Ihr Trading mit der Target-Trend-Methode. All das erläutern wir Ihnen anhand einer großen Anzahl ausführlich erläuterter Beispiele. Darüber hinaus haben wir eine Reihe von Grundlagen und Hintergründen der Charttechnik, die wir bei der Target-Trend-Methode nutzen, in einem separaten Anhang zusammengefasst.

Wir wünschen Ihnen viel Erfolg beim Erlernen der Target-Trend-Methode und bei Ihrem späteren Trading damit.

2. Die Target-Trend-Methode – Basis-Kurs

2.1 Die Chartdarstellung

Bevor wir zu den Details der einzelnen Bausteine kommen, hier noch eine Vorbemerkung zu der Chartdarstellung in den folgenden Kapiteln. Sie kennen sicher schon verschiedene Chartarten: Linienchart, Balkenchart, Kerzenchart und vielleicht noch die eine oder andere exotischere Variante, z.B. Point & Figure-Chart.

Jede Darstellung ist ein Kompromiss bezüglich der Abbildung des tatsächlichen Kursgeschehens. Daher ist es wichtig, dass wir eine Darstellung wählen, in der die für die Target-Trend-Methode wichtigen Informationen enthalten sind. Dazu wollen wir die verschiedenen Charttypen kurz charakterisieren.

Vertraute Bekannte – Periodencharts

Die meisten Charts stellen alle *einen* Kurs (Linienchart) oder die *wichtigsten* Kurse (Balken-, Kerzenchart) *einer* Periode dar. Als »Periode« wird der Zeitabschnitt bezeichnet, für den die Einzelkurse in dieser Periode zu diesen charakteristischen Werten zusammengefasst werden. Was heißt das nun genau?

An der Börse gibt es ja den ganzen Tag während der Handelszeiten laufende Notierungen. Etliche Hunderte oder Tausende Geschäfte werden z.B. an einem Tag für einen großen DAX-Wert abgeschlossen. Jeder Abschluss – also jemand verkauft z.B. 100 Aktien, die ein anderer kauft – erfolgt zu einem bestimmten Kurs und wird »Tick« genannt. Je nach »Andrang« können nun Dutzende Ticks pro Minute zustande kommen oder nur einige wenige, wenn das Geschäft ruhiger läuft.

Chart 2.1: DAX-Kurse im Linienchart

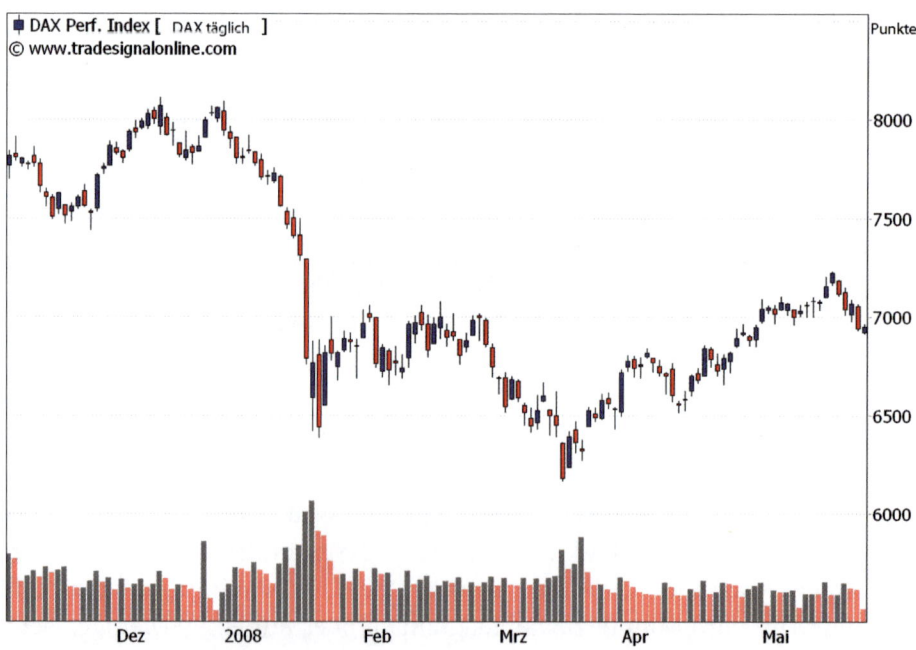

Chart 2.2: DAX-Kurse im Kerzenchart mit Volumen

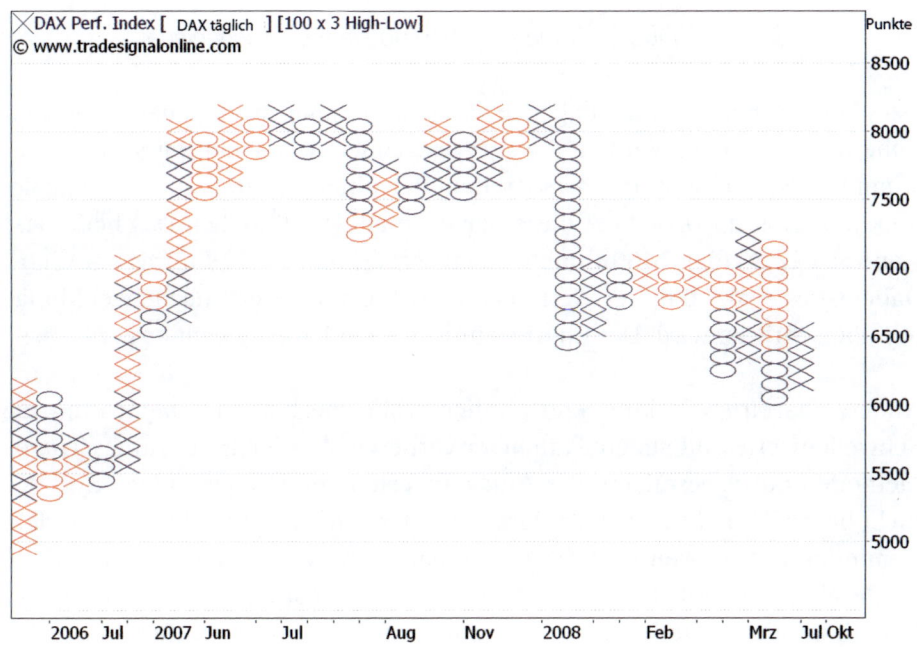

Chart 2.3: DAX-Kurse im Point & Figure-Chart: Die Zeitinformation wird verzerrt

Die Darstellung jedes einzelnen Ticks wäre unübersichtlich, erzeugt eine riesige Datenmenge und ist meist auch gar nicht nötig. Daher werden für die Periodencharts die Ticks auf die charakteristischen Kurse reduziert. Beim Linien-Tageschart z.B. haben wir nur einen Kurs pro Tag, den sogenannten Schlusskurs. Balken- und Kerzenchart geben uns zusätzlich noch Informationen über Eröffnungs-, Hoch- und Tiefkurs.

Wir können diese drei Chartarten auch als Wochen- oder Monatschart zeichnen, dann haben wir die entsprechenden Angaben für eine Woche oder einen Monat. Oder auch für eine Stunde, 30 Minuten, fünf Minuten usw.

Damit ist die horizontale Achse in gleich lange zeitliche Abschnitte gegliedert. Im Tageschart entsprechen dann z.B. immer fünf Werte genau einer Woche. Wir können damit auf einen Blick erkennen, ob der Kurs in dieser Woche gestiegen oder gefallen oder nur so vor sich hin gedümpelt ist.

Sonder-Charts – für die Target-Trend-Methode ungeeignet

Der Point & Figure-Chart dagegen lässt die Periode bzw. generell die Zeit unberücksichtigt. Er wird nur weitergezeichnet, wenn der Kurs einen bestimmten Schwellenwert überschreitet. Bei einem Wert von zum Beispiel 5000 Punkten im DAX liegt diese Schwelle bei 100 Punkten. Das heißt, erst wenn der DAX über 5100 Punkte steigt, erfolgt ein neuer Eintrag im Chart. Dabei ist es egal, ob dieser Wert nach zwei Tagen oder erst nach zwei Monaten überschritten wird. Der Chart sieht in beiden Fällen gleich aus.

Andere Chartarten funktionieren ähnlich, wobei meist nur die Darstellung, die Schwellenwerte und andere Parameter variieren. Aus Sicht der Target-Trend-Methode und insbesondere der Anlegerpsychologie können solche Systeme nicht befriedigen. Es ist ja klar, dass wir unter den Anlegern eine ganz andere Stimmung haben, wenn der DAX innerhalb von zwei Tagen um 100 Punkte steigt, als wenn er sich in dieser Spanne zwei Monate umherschleppt. Wenn also eine Chartdarstellung diese wichtige Information unterdrückt oder verzerrt, dann ist sie für die Target-Trend-Methode nicht geeignet.

Es gibt noch andere Chartarten, die z.B. das Volumen der gehandelten Aktie mit in die Darstellung einbeziehen. Das Volumen ist häufig eine wichtige zusätzliche Information, um bestimmte Bewegungen zu beurteilen. Es ist eigentlich so wichtig, dass man ihm dann eine eigene Darstellung spendieren sollte. Das geschieht häufig durch ein Säulendiagramm unter dem eigentlichen Kurschart (siehe im Kerzenchart 2.2). Wir werden auf das Volumen noch verschiedentlich zu sprechen kommen.

Grundlage für Charts der Target-Trend-Methode:
der Kerzenchart

Aus verschiedenen Gründen hat sich für uns bei der Target-Trend-Methode der Kerzenchart bewährt.

Warum der Kerzenchart? Dieser enthält – wie auch der Balkenchart – die notwendigen Informationen über den ungefähren Verlauf in der betrachteten Periode, zum Beispiel den Höchst- und den Tiefstkurs. Der Linienchart vernachlässigt diese Informationen.

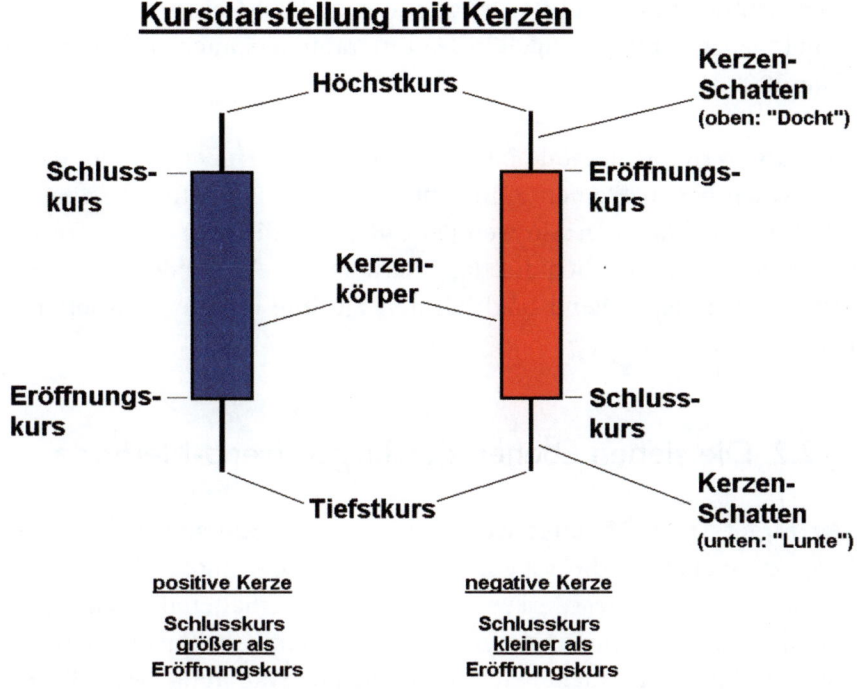

Kursdarstellung mit Kerzen

Bild 2.1: Aufbau eines Kerzencharts und Darstellung sowie Bezeichnung der Teile der Kerzen

Die Kerzen geben uns darüber hinaus mitunter zusätzliche Informationen über die Stimmung der Anleger in der jeweiligen Periode. Speziell an »Scheidemarken« im Kursverlauf und natürlich an den Targets selbst können diese Informationen einen Hinweis auf den weiteren Kursverlauf geben.

Das Bild 2.1 zeigt Ihnen daher den Aufbau eines Kerzencharts und die Bezeichnungen der Einzelteile der Kerze, wie wir sie im weiteren Verlauf verwenden werden. Wichtig ist vor allem die Farbkennzeichnung: In diesem Buch kennzeichnen blaue Kerzen einen positiven Verlauf, rote einen negativen. Dier Farbwahl ist aber beliebig, so dass Sie in anderen Veröffentlichungen andere Kombinationen finden werden.

Ein kleiner Tipp: Die in diesem Buch verwendeten Charts wurden überwiegend mit der Chartsoftware Tradesignal erstellt. Unter www.tradesignalonline.com finden Sie ein entsprechendes Chart-Tool, das Sie über Ihren Internetbrowser nutzen können. Neben eigenen Chartanalysen können Sie die Entwicklung Ihrer Investments beobachten, Wertpapiere nach bestimmten

Kriterien scannen und – bei Bedarf und je nach Fähigkeiten – sogar Indikatoren und Systeme mit der zugehörigen Programmiersprache erstellen (Stand Frühjahr 2009).

Für die Target-Trend-Methode hat Tradesignal den großen Vorteil, dass die für uns wesentlichen Elemente ungemein einfach und intuitiv zu handhaben sind. Damit brauchen Sie weniger auf die Bedienung der Software zu achten, sondern können sich auf das Erlernen oder Anwenden der Methode konzentrieren. Entsprechend bald können Sie Ihre ersten Erfolgserlebnisse genießen.

2.2 Die sieben Ebenen der Target-Trend-Methode

Mit der Target-Trend-Methode wollen wir wichtige Kursniveaus oder sogar konkrete Zielmarken – die sogenannten »Targets« – finden. Das Erreichen oder Nichterreichen dieser Marken sowie das Kursverhalten dabei helfen uns, die jeweilige Börsenstimmung einzuschätzen. Damit haben wir dann Anhaltspunkte dafür, in welche Richtung sich die Stimmung bzw. die Kurse weiter entwickeln werden.

Wir brauchen uns dabei natürlich nichts vorzumachen: Etwas so Komplexes wie die Stimmung der Anlegergemeinde und ihre mögliche künftige Richtung aus einem Kurschart mit Linien und Kästchen herauszufinden, ist keine ganz einfache Sache. Also wird auch unsere Methode ein wenig »vielschichtiger« sein. Diese Schichten, genau sieben an der Zahl, haben wir »Ebenen« genannt.

Wir werden sie jetzt Schritt für Schritt durchgehen. In diesem Basis-Kurs erhalten Sie zunächst den Überblick über die wichtigsten Zusammenhänge. An bestimmten Stellen werden Fragen auftreten, die wir dann in unserem Profi-Kurs beantworten. Die Verweise darauf haben wir hier gleich mit eingefügt.

2.2.1 Erste Ebene: Klassische Unterstützungen/Widerstände

Wir hatten es bereits eingangs erwähnt: Schon der Vater der Charttheorie, Charles H. Dow (genau, derselbe, nach dem – gemeinsam mit seinem Compagnon Edward D. Jones – die Dow-Jones-Indizes benannt wurden) hat erkannt, dass die Börsenakteure immer wieder in die gleichen Verhaltensmuster verfallen.

Die Väter der Charttechnik beobachteten auch bereits ein ziemlich häufig auftretendes Phänomen. Nach einem Anstieg auf ein neues Hoch und nachfolgendem Kursrückgang, stellt das alte Hoch für den Kurs zunächst einen Widerstand dar. Wird dieser gebrochen, steigt also der Kurs darüber hinaus, sollte dieses Kursniveau bei einem nächsten Rückfall eine Unterstützung darstellen. Idealerweise dreht dann der Kurs an dem alten Hoch wieder nach oben.

Geniale Einfachheit

Chart 2.4: Unterstützungs- und Widerstandszonen

In unserem DAX-Chart aus dem Einführungsbeispiel können Sie das sehr schön erkennen:

Hier sind charakteristische Widerstands-/Unterstützungslinien eingezeichnet. Über die beiden unteren von 2004 und 2006 springt der Kurs nicht einfach drüber, sondern setzt nach Überwindung fast unmittelbar zurück. Der richtige Aufwärtsschub kommt erst nach einem nochmaligen Test.

Dieses Prinzip hat den Charme größter Einfachheit, leichter Verständlichkeit und bester Anwendbarkeit. Eine horizontale Linie in einen Chart einzuzeichnen war auch in Zeiten ohne Computer und sonstige technische Hilfsmittel problemlos möglich. Eigentlich brauchte man nicht einmal zu zeichnen, denn das entscheidende Niveau war ja durch den früheren Kurs sogar als Zahl bekannt. Also konnte man auch vor Ort an der Börse oder sonst jederzeit den Stand der Dinge »auf Zuruf« überprüfen.

Auch wir werden uns in unserem Kurs vom Einfachen zum Schwereren bewegen und fangen daher mit diesem »alten« System an.

Lang anhaltende Wirkung und verblüffend symmetrische Chartmuster

An Chart 2.4 können Sie gut sehen, dass die Unterstützungs- und Widerstandsniveaus teilweise noch lange Zeit nach ihrer Entstehung eine mächtige Wirkung entfalten. Bei dem bisherigen Allzeithoch des DAX aus dem Jahr 2000 (oberste rote Linie bei 8136 Punkten) ist das kein Wunder. Aber dass der DAX das markante Hoch aus 2006 bei 6162 Punkten im Frühjahr 2008 noch zweimal fast punktgenau testet, ist schon beeindruckend.

Bei genauerer Betrachtung fällt dem aufmerksamen Beobachter aber noch etwas anderes auf, vor allem, wenn wir im Tief von 2003 noch eine Linie zeichnen. Dann besteht nämlich der gesamte Aufwärtstrend aus drei fast gleichen Schüben (siehe Chart 2.5).

Das Niveau bei 7200 Punkten ist dabei interessanterweise etwa die Mittellinie der letzten Bewegung. In Chart 2.5 sind diese einfachen Symmetrien mit farbigen Kästchen verdeutlicht.

Nach diesem Prinzip können wir den Chart weiter untersuchen. Wir stoßen dabei auf immer kleinere Unterteilungen solcher gleich großer Kursschübe nach oben oder unten. Dies gilt auch, wenn wir die Zeitebene wechseln, also z.B. vom Wochen- auf den Tageschart umschalten und sogar intraday. In Chart 2.6 sind diese Kursbereiche mit farbigen Rechtecken hervorgehoben.

Chart 2.5: Symmetrische Bewegungsmuster im Aufwärtstrend

Chart 2.6: Die Rechteck-Methode im DAX

Wir kommen damit gleich zu einem der wichtigsten Prinzipien der Target-Trend-Methode. Dieser Baustein ist so bedeutsam, dass wir ihm innerhalb der Target-Trend-Methode einen eigenen Namen gegeben haben: die »Rechteck-Methode«.

2.2.2 Zweite Ebene: Die Rechteck-Methode

Die Rechteck-Methode hat für die Target-Trend-Methode eine ganz herausragende Bedeutung. Denn wie Sie in Chart 2.6 sehen können, haben diese Rechtecke die Tendenz, über sehr lange Zeiträume bestimmend für den Kursverlauf zu bleiben. In diesem Fall sind es bereits mehr als fünf Jahre, in denen es immer wieder zu entscheidenden Zwischenhochs oder -tiefs an den Begrenzungslinien der Rechtecke kommt.

Jetzt wird auch klar, wie die blauen Punkte in Chart 1.1 bzw. Chart 2.6 zustande gekommen sind. Das sind genau die Wendepunkte, die an den Rechteckgrenzen entstanden sind, als der Kurs das erste Mal auf das entsprechende Niveau vorgestoßen ist! Offenbar haben also die dazugehörigen Kurswerte eine besondere Bedeutung für den Kursverlauf. Und mit unserer Rechteck-Methode machen wir diese sichtbar!

Auch die meisten der roten Punkte aus Chart 1.1 finden Sie in Chart 2.6 wieder. Das sind die nachfolgenden Berührungen mit den Rechteckgrenzen. Daneben gibt es noch jede Menge anderer Punkte, die an den Rechteckgrenzen zu Umkehrpunkten wurden (gelbe Kreise). Und selbst wenn der Kurs über die Rechteckgrenzen hinweglief, tat er das häufig mit einem auffälligen Widerwillen (grüne Ellipsen). Gleichsam, als würde ihn an diesen Niveaus etwas aufhalten, ein Kampf stattfinden. Faszinierend, nicht war?

Sie werden jetzt sicher fragen, worin die Hintergründe für diese Systematik liegen. Betrachten wir dazu die beiden roten Rechtecke in Chart 2.6.

Wie tradet man den Ausbruch aus einer Seitwärtsbewegung?

Das untere rote Rechteck stellt eine klassische Seitwärtsbewegung dar. Falls Sie bereits im Jahr 2003/2004 an der Börse aktiv waren, erinnern Sie sich sicherlich an diese Zeit:

Wir hatten gerade die erste Erholung nach einem jahrelangen Kursverfall hinter uns. Zwar keimten erste Hoffnungen auf, die Erfahrungen der vergangenen Jahre stimmten jedoch vorsichtig. Kaum einer, der kein Geld verloren hatte. Und jetzt schwankten die Kurse in einer ziemlich großen Spanne von ca. 500 DAX-Punkten hin und her. Und das fast über ein ganzes Jahr! Das kostete Nerven.

Aber eine Seitwärtsbewegung ist eine relativ klar beschriebene Formation. Sobald sie »definiert« ist, also wie hier in Form eines Rechtecks gezeichnet werden kann, lautet die Regel:

Bei Ausbruch aus der Seitwärtsbewegung liegt das Kursziel genau eine Rechteckhöhe über oder unter der Seitwärtsbewegung – je nachdem, in welche Richtung der Ausbruch geht.

Vereinfacht: Man stapelt einfach noch ein Rechteck auf oder unter das bereits eingezeichnete entsprechend der Ausbruchsrichtung. Bis zur gegenüberliegende Kante sollte der Kurs nach Ausbruch laufen. Das ist genau das, was uns die beiden roten Rechtecke zeigen. Im Dezember 2004 brach der Kurs nach oben aus, und nach zwei Rücksetzern bewegte er sich unverzüglich zur Oberkante des zweiten Rechtecks.

Die Seitwärtsbewegung – der psychologische Schrittmacher für die Kurse

Wie Sie sehen, ergibt die Beobachtung des Kursverlaufs, dass man das Chartbild aus vielen übereinandergestapelten Rechtecken zusammensetzen kann. Gleichsam als wäre ein Aufwärtstrend nichts weiter als eine Aneinanderreihung von gleichen Seitwärtsbewegungen. Natürlich würde man nicht jedes Kursmuster innerhalb der Rechtecke als »klassische« Seitwärtsbewegung bezeichnen. Doch naturgemäß wechseln Phasen starker Trendbewegungen und mehr oder weniger starke bzw. mehr oder weniger lange Konsolidierungsphasen einander ab.

Hier spiegeln sich die eingangs besprochenen börsenpsychologischen Phänomene wider. Nach einer »Rauschphase« – egal, ob auf der Kauf- oder Verkaufsseite – folgt eine Phase der Besinnung, mit Fragen nach dem Sinn des soeben Erlebten und der Unsicherheit über die weitere Entwicklung.

Die Rechtecke – unser erstes Kursprognose-Instrument!

Und offensichtlich kommen diese Phasen in einem immer wiederkehrenden Rhythmus bzw. nach Durchlaufen einer bestimmten Kursspanne. Wie Sie in Chart 2.6 sehen, sind dabei nicht nur vorangegangene Hochs oder Tiefs entscheidend, sondern eben unsere Rechteckbegrenzungen.

Und bei genauer Untersuchung dieses Charts können Sie außerdem feststellen, dass an den Stellen, an denen der Kurs zwar keine Umkehr an den Rechteckgrenzen ausbildet, es aber wenigstens zu einer mehr oder weniger ausgeprägten Konsolidierungsphase an diesen Kursniveaus kommt. Gleichsam als ob der DAX hier erst eine Orientierung bräuchte, in welche Richtung er sich anschließend weiter bewegen soll.

Damit sind die Rechtecke natürlich ein kaum zu unterschätzendes Instrument in der Hand des Traders. Denn nichts wünscht er doch sehnlicher, als eine Möglichkeit zu haben, das nächste Ziel einer Bewegung *im Voraus* zu kennen! Und die Rechtecke geben nichts weniger als genau diese Möglichkeit!

Die Rechtecke steigern Ihre Performance dramatisch!

Stellen Sie sich beispielsweise vor, Sie hätten im Februar 2006 (Punkt 1 in Chart 2.6) bei einem DAX-Stand von etwa 5670 Punkten erkannt, dass die Kurse wieder drehen. Das war nicht allzu schwer, aber Sie konnten nicht wissen, ob diese Umkehr zu neuen Hochs führt oder nur eine Verschnaufpause vor einem weiteren Kursrutsch ist.

Mit der Rechteck-Methode sah die Sache aber schon ganz anders aus. Dadurch, dass die Drehung exakt an dieser markanten Rechteckbegrenzung erfolgte, stieg die Wahrscheinlichkeit einer nachhaltigen Wende im Kursverlauf massiv an! Da zudem eine Long-Position an dieser Stelle gut abgesichert werden konnte, war das Risiko sehr begrenzt.

Auf der anderen Seite war aufgrund der Rechteck-Methode klar, dass der Kurs Potenzial bis an die Oberkante des Rechtecks bei etwa 6150 Punkten hatte (Punkt 2 in Chart 2.6), also fast 500 Punkte. Dem stand durch eine enge Stop-Setzung nur ein minimales Risiko von vielleicht 50 Punkten gegenüber. Ihr Chance-Risiko-Verhältnis stieg dadurch auf fast 10 an, ein Traumwert für einen Trader. Und das bei einer deutlich höheren Wahrscheinlichkeit, dass dieser Trade auch in die gewünschte Richtung läuft!

Können Sie sich nun ausmalen, welche ungeheuren positiven Auswirkungen allein die Rechteck-Methode auf den Erfolg Ihres Tradings hat?

Viele Beispiele für die Wirksamkeit der Rechteck-Methode

Natürlich ist die Rechteck-Methode nicht nur auf den DAX anwendbar. Ob Aktien, Währungen, Rohstoffe, Futures; egal, in welchem Zeitrahmen – überall können Sie solche Muster finden. Hier einige Beispiele:

In Chart 2.7 sehen Sie den Kursverlauf von Gold. Hier gibt es tatsächlich eine fast klassische Seitwärtsbewegung, und das direkt an den Tiefs. Ist es nicht faszinierend und absolut verblüffend zu sehen, wie diese Seitwärtsbewegung die Kurse über zwölf Jahre (!) »steuert« und sogar punktgenau das Hoch bei 1032,40 Dollar trifft?

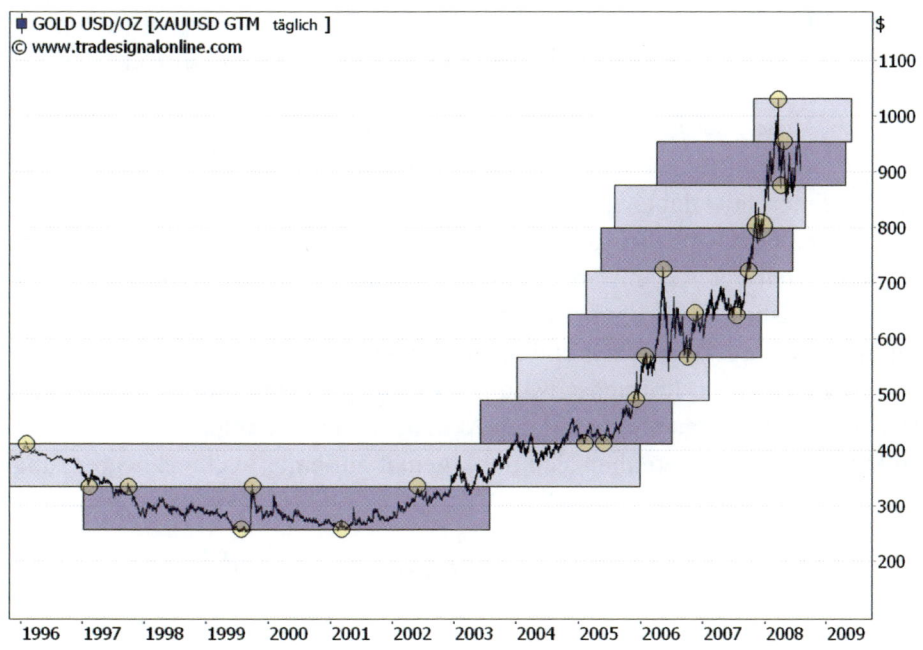

Chart 2.7: Die Rechteck-Methode bei Gold (langfristig)

Aber sie funktioniert auch im Abwärtstrend. Chart 2.8 zeigt den Kursverlauf der Deutschen Telekom in den Jahren 1999 bis 2003. Auch hier hat eine scheinbar harmlose Seitwärtsbewegung ihre Wirkung über lange Zeit beibehalten.

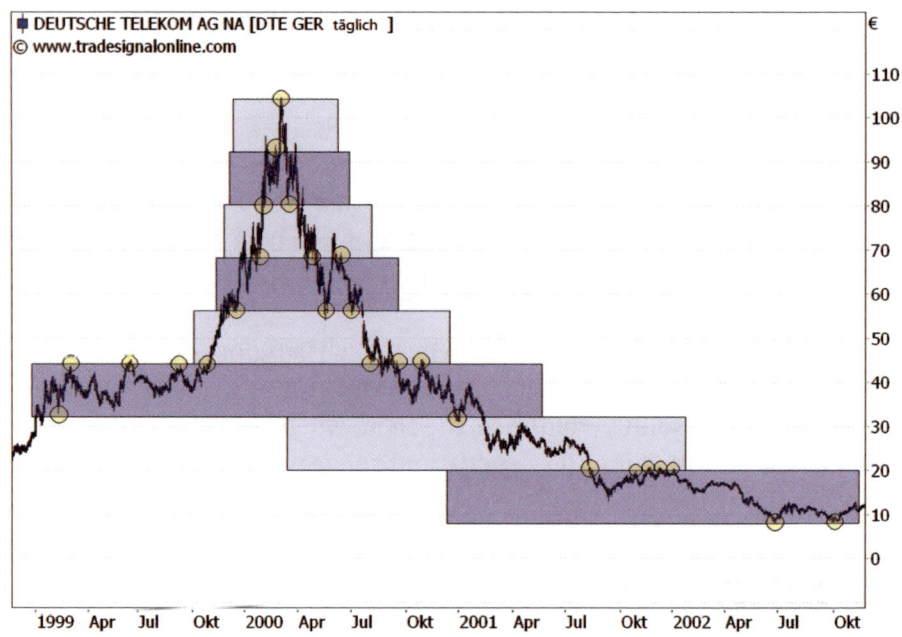

Chart 2.8: Die Rechteck-Methode im Abwärtstrend (Deutsche Telekom)

Das Faszinierende dabei ist, dass dieses Muster auch den unglaublichsten Börsenturbulenzen im betrachteten Zeitraum standgehalten hat. Die Ausgabe zweier weiterer Aktientranchen, ein irrationaler Börsen-Hype, ein ebenso massiver Crash und ein unvorstellbarer Terroranschlag konnten der Wirksamkeit dieser Rechtecke anscheinend nichts anhaben. Hinzu kamen Marktregulierungen, Preisverfall, Kundenschwund, Vorstandswechsel und aktienrechtliche Vorwürfe im Zusammenhang mit den Aktienemissionen. Sogar die beiden Tiefpunkte im Jahr 2002 ergaben sich punktgenau auf einer Rechteckbegrenzung!

Intraday-Trading und Paradigmenwechsel

Wie eingangs erwähnt, wurde die Target-Trend-Methode hauptsächlich für das kurzfristige Trading im Intraday-Bereich entwickelt. Dafür sehen Sie in Chart 2.9 ein Beispiel aus dem S&P-500-Future – denn selbstverständlich funktioniert die Methode nicht nur für deutsche oder Euro-Werte! Sie sehen, dass selbst bei den zum Teil sehr dynamischen Bewegungen (Kursrutsch von Punkt A aus) oder extrem hektischen Schwankungen (zwischen B und C) die Rechtecke relativ stabil in ihrer Bedeutung für den Kursverlauf bleiben.

Von Zeit zu Zeit wechseln die Rechtecke aber doch ihre Lage oder – seltener – die Größe. In der Sprache der Target-Trend-Methode nennen wir dies einen »Paradigmenwechsel«. Im Chart 2.9 scheint ein solcher Paradigmenwechsel nach dem anfänglichen Kurssturz aufgetreten zu sein. Statt der Berührungspunkte mit den blauen Rechtecken (gelbe Kreise) treten nun verstärkt markante Punkte an den roten Rechtecken auf (grüne Kreise).

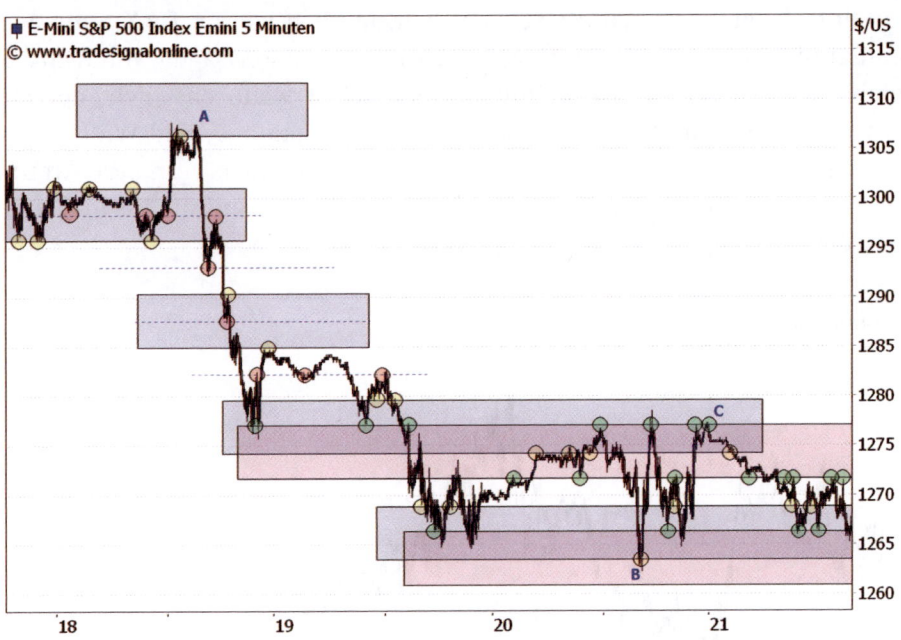

Chart 2.9: Die Rechteck-Methode im Intraday-Trading (S&P-E-mini-Future)

Bei genauer Betrachtung erkennen wir aber, dass dieser Versatz der Rechtecke etwa der Hälfte der Rechteckhöhe entspricht. Und auch vor diesem vermeintlichen Paradigmenwechsel gab es bereits einige Umkehrpunkte auf den Mittellinien der blauen Rechtecke (rote Kreise).

Wie und wann es zu einem Paradigmenwechsel kommt, werden wir uns also noch genauer anschauen müssen. Das ist ein wichtiges Thema in unserem

Profi-Kurs. Auf die Besonderheiten, die zusätzlich im Intraday-Trading auftreten können, gehen wir im Trading-Kurs ein.

Wie findet man nun die Rechtecke?

Momentan interessiert Sie vermutlich viel stärker die Frage, wie Sie diese Rechtecke überhaupt finden. Dafür sind Sie natürlich auf die vorangegangene Kurshistorie angewiesen. In der Regel stehen Ihnen hier längere Zeiträume, meist mehrere Jahre, zur Verfügung. Das reicht dann auch aus, wenn Sie Analysen im Wochenchart vornehmen wollen.

Am einfachsten ist es natürlich, wenn wir, ähnlich wie im DAX, eine ausgeprägte klassische Seitwärtsbewegung finden, die sozusagen von sich aus bereits ein erstes Rechteck definiert. Doch selbst wenn das nicht der Fall ist, werden Sie sehr leicht die wichtigsten Unterstützungs- und Widerstandniveaus durch waagerechte Linien im Chart finden können. Auf diese Art und Weise sind wir in den Charts 2.4 bis 2.6 letztlich auch auf die Rechtecke im DAX gekommen.

Chart 2.10: Commerzbank AG – Kurschart zur Ermittlung der Rechtecke

Betrachten wir dazu ein weiteres Beispiel, in diesem Fall die Aktie der Commerzbank. Ausgangspunkt soll der Sommer 2003 sein. Wir betrachten den Chart zurück bis ca. Anfang 1998 (siehe Chart 2.10).

Eine ausgeprägte Seitwärtsbewegung, die uns als Orientierung dienen könnte, ist nicht zu erkennen, dafür einige deutliche Trendphasen – auf und ab – mit klar ausgeprägten Umkehrmarken. Mittels waagerechter Linien prüfen wir zunächst, ob sich einige Niveaus durch mehrfache Berührungen des Kurses »auszeichnen«.

Selbst mit einem einfachen Chartprogramm ist das bald gemacht. In Chart 2.11 sehen Sie das Ergebnis.

Chart 2.11: Commerzbank AG – Hilfslinien zur Ermittlung der Rechtecke

In diesem ersten Schritt sollten Sie nicht zu viele Linien einzeichnen und vor allem die Hochs und Tiefs auslassen, wenn diese nicht anderweitig bestätigt werden. Sie legen sich sonst gedanklich zu sehr fest. Die eingezeichneten Linien sollten möglichst viele Berührungspunkte im Kursbild haben.

So kann man beispielsweise diskutieren, ob die Linie bei 28 oder 29 Euro genommen werden sollte. Beide haben fast gleich viele Berührungspunkte mit dem Kurs (grüne Kreise). An den roten Kreisen hat die jeweilige Linie zusätzlichen Kontakt. Das scheint die 29-Euro-Linie nach vorn zu bringen.

Hier sollten Sie nicht zu genau sein, der Kurs ist es ja auch nicht! Fakt ist, dass das Niveau 28/29 Euro von besonderer Bedeutung ist.

Von Linien zu Rechtecken

Mit der ersten Handvoll Linien können wir nun die Rechtecke zeichnen. Die Zahlen auf der rechten Seite geben uns weitere Hinweise. Oder Sie richten sich einfach nach Ihrem Augenmaß. Die ersten beiden Linien von unten bieten sich als Rechteckgrenzen geradezu an. Wir haben dann ungefähr sechs Euro Abstand von Linie zu Linie.

Tragen wir diesen Abstand weiter nach oben und unten entsprechend dem Kursverlauf ab, ergibt sich folgendes Bild (Chart 2.12):

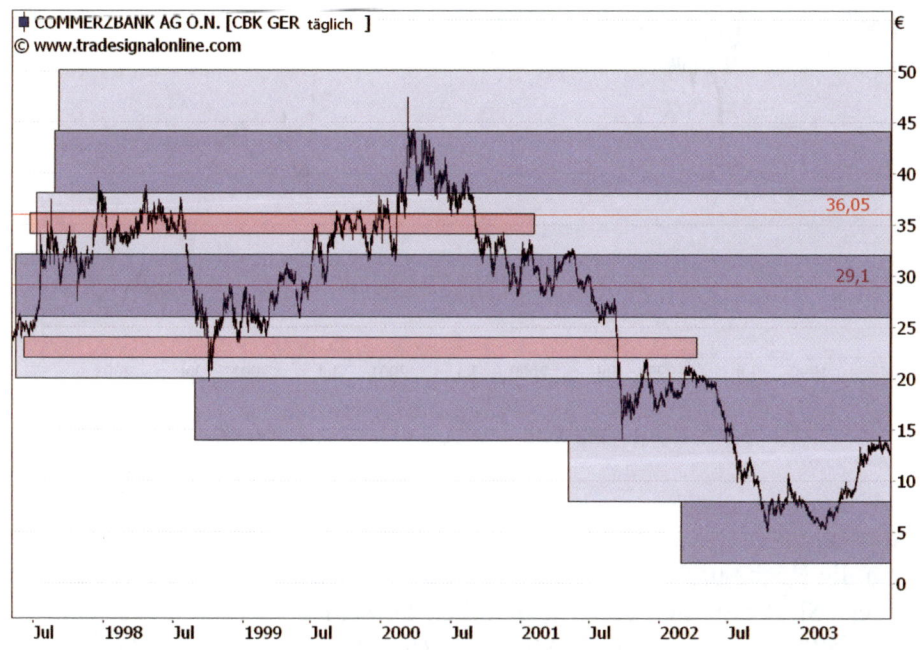

Chart 2.12: Commerzbank AG – Rechtecke 1. Generation

Die blauen Rechtecke sind zunächst unser Ausgangspunkt. Wir sollten jetzt jedoch überlegen, ob eine weitere Untergliederung nötig wird und sinnvoll ist.

Dazu haben wir die beiden Linien bei 29 und 36 Euro im Chart belassen. Die 29-Euro-Linie teilt das Rechteck, die 36-Euro-Linie drittelt es.

Werden Sie nicht »zu« genau!

Beide Varianten haben eine gewisse Bedeutung. Die roten Rechtecke zeigen, dass offenbar auch in einem Schwankungsbereich von ca. zwei Euro »etwas passiert«. Eine zu kleine Aufteilung der Rechtecke im Chart sollten Sie jedoch vermeiden. Es wird sonst einfach zu unübersichtlich.

Je nach Ihrem bevorzugten Zeitrahmen haben Sie mehr oder weniger große typische Schwankungen im Chart. Die Zahl der Rechtecke sollte bei Ihrer üblichen Charteinstellung für diesen Zeitrahmen bei acht bis zwölf liegen.

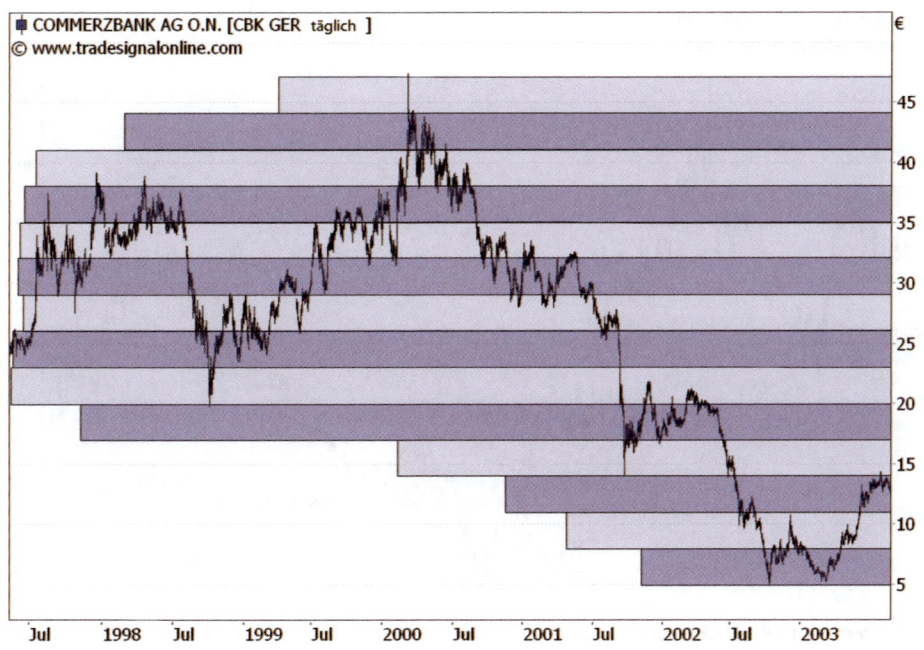

Chart 2.13: Commerzbank AG – Rechtecke 2. Generation

In unserem Fall bietet sich eine einfache Halbierung an. Dann erfassen wir auch die Hochs und Tiefs (siehe Chart 2.13). Ein Rechteck entspricht dann etwa drei Euro. Bezogen auf den gesamten Chartbereich von etwa 42 Euro (Maximum 47 € – Minimum 5 €) entspricht das ca. 7 % Schwankung, das ist für eine Aktie auf Tagesbasis als Schwankungsbreite völlig in Ordnung.

Bei etwas Übung und aus Gründen der Übersichtlichkeit empfiehlt es sich allerdings, auf diese nochmalige Unterteilung zu verzichten. Sie können dann auch sehr gut mit den großen Rechtecken arbeiten und einfach im Hinterkopf behalten, dass die (gedachte) Mittellinie der Rechtecke auch von Bedeutung ist. Bei Bedarf ist eine Mittellinie zur genaueren Begutachtung schnell eingezeichnet.

Wie geht es weiter mit den Rechtecken?

Jetzt kommen wir zu der spannenden Frage, wie es weitergeht mit unseren Rechtecken, die wir so schön abgeleitet haben? Hierzu betrachten Sie einfach in Ruhe Chart 2.14 und erfreuen sich an der lang anhaltenden Wirksamkeit unserer Rechtecke:

Chart 2.14: Commerzbank AG – Die Wirksamkeit der Rechtecke

Anhand der gelben und roten Kreise sehen Sie nun, die außerordentliche Relevanz unserer Rechtecke! Die senkrechte Linie in der Bildmitte war der rechte Chartrand in den Charts 2.10 bis 2.13. Die Rechtecke haben wir also nur in Kenntnis des Kursverlaufs aus den Jahren 1998 bis 2003 ermittelt. Und trotzdem haben diese Rechtecke auch in den Folgejahren eine erhebliche Bedeutung für den Kursverlauf!

Besonders bemerkenswert ist dabei folgender Umstand: Sie erinnern sich sicherlich, wie wir zu Anfang unserer Übung über die beiden möglichen Linien bei 28 bzw. 29 Euro diskutiert haben. Eine solche Konstellation unterstreicht, wie gesagt, immer die besondere Bedeutung eines solchen Niveaus.

Im Chart 2.14. erkennen Sie nun wunderbar, dass selbst nach mehrjähriger Abstinenz des Kurses von diesem Bereich dessen Bedeutung nicht nachgelassen hat. Fast bei jedem Kontakt kam es auch noch in der Folgezeit zu einem Richtungswechsel in diesem Bereich (rote Markierungen). Nach dem letzten Kontakt Ende 2007 (rote Ellipse) war das Verlassen dieses Kursniveaus auch der Startschuss eines neuerlichen starken Einbruchs.

Finden Sie also bereits bei der Ermittlung der Rechtecke solche offensichtlich signifikanten Bereiche, haben Sie später sehr gute Karten bei der Festlegung von extrem guten Ein- oder Ausstiegspunkten. Sie sehen also, wie viele Informationen Sie bereits aus einem Chart mit dem ersten einfachen Werkzeug der Target-Trend-Methode herausholen können.

2.2.3 Dritte Ebene: Einfache Trendlinien und Trendlinienkreuzungen

Kommen wir nun zu den Trendlinien, wie Sie sie wahrscheinlich schon in vielen Charts gesehen haben. Trendlinien sind eine Hilfe, um einen Aufwärts- oder Abwärtstrend zu beschreiben und einen Trendbruch festzustellen.

Während das Konzept der Unterstützungen und Widerstände aufgrund seiner Einfachheit besticht, geht vom Trendlinienkonzept häufig eine besondere Faszination aus. Es gibt sicherlich Methoden, die mindestens genauso eindrucksvolle Effekte hervorbringen, aber gemessen an der Schlichtheit des Werkzeugs »Linie«, bringt die klassische Trendanalyse die wohl verblüffendsten Ergebnisse.

Chart 2.15: DAX-Langfrist-Abwärtstrend – verblüffende Präzision der Trendlinien (T = Tausend)

Betrachten Sie dazu Chart 2.15. Er zeigt den Kurseinbruch des DAX in den Jahren 2000 bis 2003. Ist es nicht faszinierend, mit welcher Perfektion nahezu eine einzige Trendlinie (die obere rote) den Kursverlauf in dieser Zeit bestimmt? Egal, was die Börsen währenddessen alles umtrieb: Internet-Hype und Rezession, IPO-Manie und Aktieneinbruch – immer wieder kam es zu punktgenauen Anläufen an diese Linie.

Die unglaubliche Beständigkeit und Präzision mancher Trendlinien

Sage und schreibe zwölf (!) Berührungen weist die obere rote Linie in der gesamten Zeit auf. Doch nicht genug damit. Ihre Schwester, die Parallele auf der Unterseite, hatte sogar noch länger Bestand und dabei immerhin auch acht Kontakte. Selbst das Tief im März 2003 bildete sich an dieser unteren Trendlinie.

Nicht einmal der Terroranschlag vom 11. September 2001 konnte diese Präzision wirklich erschüttern! Zwar fiel der Kurs zunächst unter die untere Trendlinie, aber nur, um sich nach der Rückkehr in den alten Trend dort wieder ordentlich abzustoßen und direkt wieder an die Oberkante zu laufen. Dort bestätigte er mit zwei neuerlichen Punktberührungen den Trend, gleichsam, als wollte er dessen weitere Gültigkeit untermauern.

Doch damit nicht genug. Es kam dann sogar noch zu einem Ausbruch nach oben. Dabei scheiterte der DAX dann an einer Linie (blau), deren jüngster Kontakt mit dem Kurs zu diesem Zeitpunkt bereits 18 Monate zurücklag ...

Jetzt sagen Sie selbst: Ist das nicht verrückt? Da steigt der DAX um fast 2000 Punkte, nur um an solch einer fast schon vergessenen Trendlinie zu scheitern? Wer kann denn angesichts solcher Bilder noch an die Random-Walk-Theorie glauben?

Ein lehrbuchreifer Aufwärtstrend

Natürlich gibt es solche Trendlinien nicht nur in Abwärtstrends. Bleiben wir beim DAX und nehmen gleich den sich anschließenden Aufwärtstrend als Beispiel:

Chart 2.16: DAX-Langfristtrend — auch »aufwärts« ein lehrbuchreifer Trend (T = Tausend)

Die entscheidende untere Trendlinie bestimmt diesen imposanten Trend über mehr als fünf (!) Jahre. Auch die obere beschreibt den Trend und die entscheidenden Punkte im Kursverlauf hervorragend. Gemeinsam bilden beide ein lehrbuchreifes Beispiel, an dem wir im Anhang 4 auch das typische Trendverhalten von Kursverläufen erläutern werden.

Von der Kunst, Trendlinien zu zeichnen

Zugegeben, in der Rückschau ist eine solche Analyse scheinbar immer einfach – obwohl man auch dann diese Trendlinien erst einmal finden muss. In der Tat ist eine der größten Herausforderungen, möglichst frühzeitig derart beständige Trendlinien zu identifizieren.

Eigentlich sollte man meinen, dass hierfür bereits Methoden in Hülle und Fülle existieren, schließlich bewegen sich die Kurse fast immer in Trends, und dementsprechend oft werden Trendlinien in Charts gezeichnet. Auch ist dies schließlich eine der ältesten charttechnischen Methoden.

Tatsächlich werden aber in kaum einer anderen Disziplin der Charttechnik so viele Fehler gemacht wie beim Einzeichnen von Trendlinien.

Die Target-Trend-Methode hilft bei der Lösung vieler Probleme beim Einsatz von Trendlinien

Andererseits ist das eigentlich auch kein Wunder. Stellen wir uns doch Trendlinien einfach als geneigte Unterstützungen und Widerstände vor. Das große Problem dabei ist, **welche** Neigung im konkreten Fall zu wählen ist. Bei Unterstützungs- und Widerstandslinien ist das gar kein Problem: Diese werden per Definition einfach waagerecht gezeichnet.

Bei Trendlinien müssen wir uns für eine Neigung entscheiden. Als Anhaltspunkt dienen uns die Hoch- oder Tiefpunkte im Kursverlauf. Diese sollten idealerweise alle auf Linie liegen, dann können wir diese auch als Trendlinie verwenden.

In der Praxis ist das leider sehr viel komplizierter. Meist liegen die fraglichen Punkte eben nicht genau auf einer Linie. Dann fängt man an zu »mitteln«, und schon haben wir sehr viel Subjektivität im Spiel. Außerdem bietet uns der Kursverlauf auch eine ganze Menge möglicher Punkte an. Wir stehen dann vor der Qual der Wahl, welche Punkte wir auswählen. Im Zweifelsfall haben wir die entscheidende Linie eben gerade nicht dabei oder unübersichtlich viele im Chart.

Im Rahmen der Target-Trend-Methode haben wir daher einige Werkzeuge entwickelt, die uns bei der sinnvollen Auswahl der wichtigen Trendlinien einige entscheidende Schritte nach vorn bringen werden. Da beim Zeichnen von Trendlinien ein paar Grundregeln zu beachten sind, haben wir im Anhang 1 ein Einführungskapitel eingefügt, in dem wir darauf sehr detailliert eingehen. Die einzelnen Bausteine der Target-Trend-Methode werden wir jetzt nach und nach entwickeln.

Zu viele Trendlinien? Dann nehmen wir doch einfach nur die Kreuzungspunkte!

In diesem ersten Schritt werden wir uns um irgendwelche Regeln zu Trendlinien noch gar nicht kümmern. In der Schule haben wir gelernt, dass eine Linie bereits durch zwei Punkte eindeutig bestimmt ist. Auf diese Art kommen wir zwar auf eine riesige Menge an Linien, aber wir suchen uns dann diejenigen heraus, von denen drei oder besser mehr einander in genau einem Punkt kreuzen.

Unter bestimmten Umständen können solche Punkte nämlich Zielpunkte, also »Targets« sein (Target, engl. = »Ziel«). Dazu müssen sie natürlich zeitlich in der Zukunft, also »rechts« vom aktuellen Kurs liegen. Ansonsten haben sie keine Prognosequalität mehr.

Kreuzungspunkte können »Targets« werden

Chart 2.17 zeigt ein ganz einfaches, klassisches Beispiel.

In dem übergeordneten Trend (= Primärtrend, grün), dessen Ober- und Unterkanten bereits mehrfach bestätigt wurden, verläuft ein sekundärer Trend (blau) in Richtung oberer Trendkante. Die einfache Verlängerung der oberen Trendlinie dieses Sekundärtrends ergibt einen Schnittpunkt mit der Oberkante des grünen Primärtrends (roter Kreis).

Chart 2.17: Thyssen-Krupp – Trendlinienkreuzungspunkt als Zielmarke (»Target«)

Chart 2.18: Thyssen-Krupp – Wirksamkeit von einfachen Schnittpunkten-Targets

Auch ohne Target-Trend-Methode ist jetzt die naheliegende Erwartung, dass der Kurs – nach dem skizzierten Ausbruch aus der kleinen Konsolidierungs- formation (rote Linie) – an genau diesem Schnittpunkt den Primärtrend wie- der erreicht. Punkt A ist also unser erstes einfaches Target. Chart 2.18 zeigt den weiteren Verlauf.

In der Tat erreicht der Kurs direkt an Punkt A das Ziel. Erneut kann er aller- dings den grünen Primärtrend nicht nach oben durchbrechen. Nach einem kurzen Rücksetzer erfolgt ein zweiter Versuch, der exakt in Punkt B, dem Schnittpunkt der unteren Sekundärtrendlinie mit der oberen Trendlinie des Primärtrends, scheitert.

Sie sehen also bereits an diesem einfachen Beispiel die Wirkung von Targets auf den Kursverlauf.

Die Bedeutung von Targets

In der klassischen Charttechnik wird der Punkt A »Kreuzwiderstand« genannt. Als solcher hat er vor allem die Bedeutung eines besonders hartnäckigen Wi- derstands. Schließlich müsste der Kurs ja in diesem Punkt quasi zwei Trends brechen, den Sekundär- und den Primärtrend.

Bei der Target-Trend-Methode treffen wir über das Kursverhalten an diesem Punkt zunächst überhaupt keine Aussage. Als Trader geht es uns ja darum, möglichst frühzeitig eine Vorstellung zu haben, wo der Kurs überhaupt hin- geht. Hier liegen der entscheidende Unterschied zur klassischen Charttechnik und die eigentliche Stärke der Target-Trend-Methode, die dieser Methode ihren Namen gab (Ziel-Trend-Analyse).

Dieses Ziel hätten wir mit der Identifizierung von Punkt A bereits Anfang September 2005 erkannt. Der Kurs erreichte das Target Ende September 2005, so dass wir in kurzen vier Wochen eine Kurssteigerung von 10 % mitmachen konnten.

Der weitere Verlauf, nachdem ein Target erreicht wurde, wird im Kontext der nächsten für den Kursverlauf relevanten Targets eingeschätzt. So handeln Sie im Idealfall einen Wert immer von Target zu Target.

Ein weiteres Beispiel

Kommen wir nun zu einem etwas anspruchsvolleren Beispiel. Kreuzungs-
punkte von Trendlinien können ja nicht nur an Kreuzwiderständen oder – in
Abwärtstrends – Kreuzunterstützungen entstehen, sondern auf fast beliebige
Art und Weise irgendwo im Chart.

Betrachten wir dazu ein Beispiel aus dem DAX.

Am Ende des Abwärtstrends nach Platzen der Internetblase ergibt sich Anfang April 2003 folgende Situation im DAX (Chart 2.19):

Chart 2.19: Ein Kreuzungs-Target im DAX

Ausgehend vom März-Tief (A) hat der Index bereits ein höheres Tief (B) und
mit der letzten positiven Kerze (C) auch ein neues höheres Zwischenhoch
ausgebildet. Die kurzfristige Tendenz sollte also nach oben zeigen.

Targets werden durch mindestens drei Linien gebildet

In Trendrichtung liegt auch ein erstes mögliches Target (1), das sich als Kreuzungspunkt dreier Linien ergibt. Wie Sie im Chart 2.20 erkennen können, wird dieses rote Target diesmal vom Kurs nicht direkt erreicht. Denn zunächst stößt er an die blaue Linie und fällt von dort noch einmal unter die steile Trendlinie zurück (gelbe Kreise). Erst nach diesem Rücksetzer, mit dem der aktuelle Trend formal gebrochen scheint, schießt der Kurs doch noch hoch in das Target.

Chart 2.20: Ein Target wurde erreicht, das nächste kommt in Sichtweite

Nach Erreichen des Targets strebt der Kurs weiter aufwärts, wenn auch mit ein bisschen schwächerer Tendenz. In Richtung dieser neuen Bewegung lässt sich nach kurzer Zeit das nächste Target (2) ausmachen.

Targets beschleunigen oder bremsen

Sehr interessant für das weitere Verständnis der Targets ist Chart 2.21. Entgegen der Erwartung setzt der DAX nämlich nicht seinen moderaten Anstieg fort, sondern beschleunigt wieder. Dadurch wird das Target-Niveau bei gut 4100 Punkten (grüne Linie) schon deutlich früher erreicht.

Chart 2.21: Eine neue Linie bestätigt das Target

Dort konsolidiert der Index zunächst und fällt dann sogar zurück. Es bildet sich eine weitere kurze abfallende Trendlinie, die das Target (2) nahezu mittig trifft und es damit abermals als relevant bestätigt. Chart 2.22 zeigt, wie der DAX nach einer längeren Seitwärtsbewegung dieses Target schließlich doch noch erreicht.

Das erste rote Target (1) hat, wie wir gesehen haben, den Kurs nach dem Bruch der unteren Linie regelrecht angezogen, also sozusagen beschleunigt. Beim zweiten Target (2) wurde der Kurs aufgrund der »zu frühen« Anstiegsbewegung über das Niveau von 4100 Punkten dagegen gebremst.

Chart 2.22: Das Target hält den Kurs oben

Erste Target-Regeln

An diesem Beispiel können wir bereits einige wichtige Eigenschaften von Targets ableiten.

ERSTENS wirkt ein Target auf den Kurs »anziehend« – wahlweise bremsend oder beschleunigend. Stellen Sie sich das vor wie bei einem Magneten: Je bedeutsamer ein Target für den Kursverlauf ist, desto stärker ist die Magnetwirkung dieses Targets. Dann kann der Kurs bereits aus größerer Entfernung gleichsam in den Bann des Targets geraten.

In diesem Fall hat die Bremswirkung beim DAX ein halbes Jahr lang angehalten, als der Kurs zu früh auf das Target-Niveau stieg. Nachstehend ein weiteres sehr eindrucksvolles Beispiel in Chart 2.23.

Das Langfrist-Target bei der Bayer AG bei 40 € (gelb) wird durch eine Vielzahl von Trendlinien gebildet, die einander alle in diesem einzigen Punkt treffen. Damit hat es eine enorme Bedeutung für den Kursverlauf. Auch ist sehr gut zu erkennen, wie diverse Anläufe und Ausbrüche vor dem Target ab 2006 wieder abverkauft werden, ohne dass der Kurs nachhaltig einbricht.

Man sieht geradezu, wie die Aufwärtsbewegung vorher abgebremst wird und die Fluktuationen geringer werden, weil der Kurs in den Sog des Targets kommt. Der Leitindex DAX, in dem Bayer ja auch vertreten ist, entwickelte sich hingegen in der Zeit, als Bayer kurz vor Erreichen des Targets stand, dynamisch aufwärts. Diese Entwicklung holte Bayer nach, als das Target erreicht war. Man sieht, dass der Kurs wie »freigelassen« wirkt und steil anzieht. Denn die Magnetwirkung des Targets lässt schlagartig nach, wenn die Zeit des Targets abgelaufen ist, der Kurs im Chart also rechts vom Target notiert.

Chart 2.23: Bayer AG: Das Target bremst den weiteren Kursanstieg

Das Target als Magnet

Aber auch die Beschleunigung durch ein Target ist ein recht häufiges Phänomen. Meist geschieht das in Form der sogenannten V-Formation, also einer plötzlichen Kursbewegung »wie aus heiterem Himmel«, die durch eine ebensolche Gegenbewegung wieder neutralisiert wird. Natürlich geschieht das gern auch mal zuungunsten des Anlegers. Hier ein Beispiel der Volkswagen-Aktie (siehe Chart 2.24).

Chart 2.24: Volkswagen AG: Das Target beschleunigt den Kurs und zieht ihn gleichsam magnetisch an

Das Target knapp unterhalb von 32 € lässt sich zwar schon recht frühzeitig ausmachen. Im Frühjahr 2005 ist die Aktie aber in einem deutlichen Aufwärtstrend (grüner Trend). Der mittelfristige Abwärtstrend ist gebrochen, selbst langfristig gibt es schon ein erstes höheres Tief. Also was, außer einer wirklichen Fortsetzung des großen Abwärtstrends, sollte die Kurse nach unten bringen? Und dann auch noch so schnell?

Trotzdem geschah genau das: Ein Bruch des Aufwärtstrends, ein plötzlicher Einbruch mit einem Riesen-Gap und das punktgenaue Erreichen des Targets. Bevor die Börsianer so richtig wussten, was da vor sich ging, erreichte der Kurs wieder den alten Trend, und die VW-Aktie startete ihre bekannte Mega-Rallye.

Wachsende Bedeutung der Trendlinien

Nahezu bei jeder Target-Bestimmung spielen Trendlinien eine wichtige Rolle. Im Beispiel der VW-Aktien, aber auch bei unserem DAX-Beispiel, sehen Sie sehr schön, wie der Kurs die das Target bildenden Trendlinie bei der weiteren Annäherung durch die Ausbildung immer neuer Umkehrpunkte an den Linien laufend bestätigt. Selbst bis kurz vor Erreichen des Targets hangelt sich der Kurs immer noch an diesen Linien entlang, die schon vor Monaten eingezeichnet wurden

Das ist die ZWEITE wichtige Regel, die uns auch gleichzeitig hilft, unsere Annahmen zu den wichtigen Linien und dem daraus ermittelten Target immer wieder zu überprüfen.

DRITTENS sollte ein Target möglichst erkennbar »aktiviert« werden. Die offensichtliche Aktivierung eines Targets ist vor allem wichtig, damit wir auch tatsächlich darauf traden können. Das Target bei VW wurde eigentlich erst durch den Bruch des Aufwärtstrends und den Rückfall unter 35 € aktiviert. Danach blieben nur noch wenige Tage Zeit bis zum Erreichen des Targets. Trotzdem war der Kursverlust von mehr als 8,5 % noch ausreichend, um einen schönen Gewinn auf der Short-Seite zu erzielen.

Es ist sicher unmittelbar einleuchtend, dass diese dritte Regel einen der wichtigsten Aspekte beim Trading mit der Target-Trend-Methode berührt, nämlich die Frage, wann Sie tatsächlich darauf hoffen dürfen, das ein Target erreicht wird. Daher werden wir die Target-Aktivierung ausführlich im Profi-Kurs behandeln.

2.2.4 Vierte Ebene: Die Parallel-Methode

Trendlinienkreuzungen können sicher ein wertvolles Hilfsmittel sein, haben aber noch einen Nachteil: Es finden sich einfach zu viele in einem Chart. Schöner wäre doch, wir hätten eine Möglichkeit, die wirklich relevanten Linien herauszufinden, und das auch noch frühzeitig.

Genau dafür haben wir die **Parallel-Methode** entwickelt.

Wie ein Trendkanal entsteht

Sie werden in Charts bisher nicht nur einfache Trendlinien, sondern auch Trendkanäle gesehen haben. Das sind zwei parallele Trendlinien, die unten und oben einen bestimmten Kursbereich exakt »beschreiben«. Damit ist gemeint, dass die Tiefs auf der unteren Trendlinie, die Hochs auf der oberen Trendlinie liegen. Bild 2.2 zeigt das Prinzip.

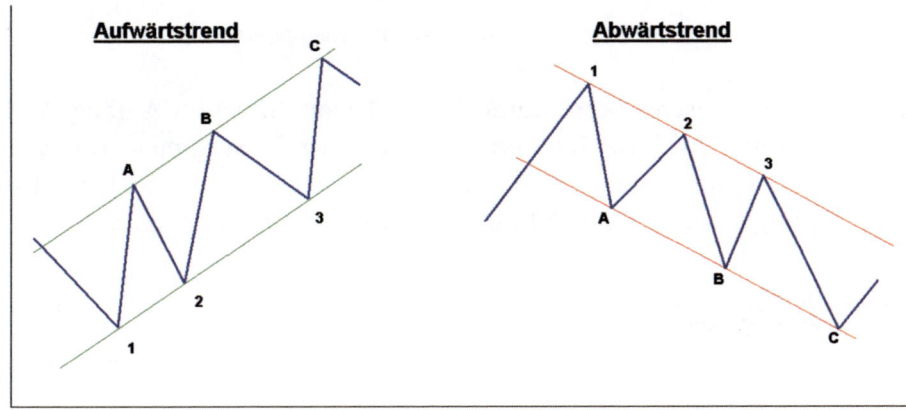

Bild 2.2: Entstehung von Trendkanälen im Aufwärts- und Abwärtstrend

Haben Sie sich eigentlich je gewundert, wieso Punkt B an genau dieser Stelle entstanden ist? Schließlich ist dadurch doch erst die Möglichkeit geschaffen worden, dass wir zwei Parallelen zeichnen können. Natürlich gibt es auch Fälle, in denen kein Kanal, sondern zum Beispiel ein Dreieck entsteht, trotzdem finden wir sehr häufig Trendkanäle in der gezeigten Form.

In vorauseilendem Gehorsam ...

Nun liegt es doch eigentlich nahe, dass wir die obere bzw. untere Linie schon zeichnen, wenn Punkt 2 entstanden ist und sich der Kurs wieder in die Gegenrichtung bewegt. Die Richtung kennen wir ja schon (nämlich eine Parallele durch Punkt A zur Linie durch Punkt 1 und 2). Selbst wenn Geometrie in der Schule nicht Ihr Lieblingsfach war, schaffen Sie das, weil die heutigen Chartprogramme das auf Knopfdruck erledigen.

Und damit haben wir schon eines der wesentlichsten Prinzipien der Parallel-Methode entwickelt: Man verschiebt eine Linie, die durch zwei oder mehr Punkte definiert wurde, als Parallele an einen weiteren charttechnisch relevanten Punkt.

Jetzt wollen wir das an unserem DAX-Beispiel aus dem vorhergehenden Kapitel noch einmal praktizieren.

Trendlinienbestimmung mittels »Parallel-Methode«

Ausgangspunkt unserer Betrachtung ist wieder die Situation Anfang April 2003 (siehe Chart 2.25). Der DAX erreichte ein neues Zwischenhoch (C) nachdem er einige Tage vorher bereits das höhere Tief bei B ausgebildet hatte. Das Kreuzungstarget wie in Chart 2.19 berücksichtigen wir jetzt noch nicht.

Chart 2.25: Trendbestimmung nach der Parallel-Methode im DAX – Schritt I

Nach der Parallel-Methode können wir aber schon in Chart 2.25 eine erste Hilfslinie durch die Tiefs und eine Parallele (gestrichelt) durch das jüngste Hoch legen.

Trends bewegen sich in wiederkehrenden Mustern

An diesem Chart sehen Sie bereits den großen Vorteil der Methode: Bevor wir eine »richtige« Trendlinie, also mit drei Punkten auf einer Linie, einzeichnen können, haben wir wenigstens eine begründete Vermutung über den Kursverlauf – nicht mehr, aber auch nicht weniger!

Wir wissen zwar noch nicht, *ob* unsere Trendhilfslinie zu einer »richtigen« *unteren* Trendlinie wird, also durch einen dritten Punkt bestätigt wird. *Wenn* das aber geschieht, dann ergibt sich mit sehr hoher Wahrscheinlichkeit auch eine *obere* Parallele zu dieser Linie durch einen markanten Punkt im Kursverlauf. Der momentan markanteste *obere* Punkt ist das jüngste Hoch. Da sich aktuell der Kurs aber nach *oben* bewegt, wird eher die *obere* Linie durch einen *zweiten* Punkt bestätigt werden. Erst danach kann *unten* die Bestätigung durch einen *dritten* Punkt erfolgen.

Wenn es so kommt, dann hätten wir den aktuellen Trend schon relativ frühzeitig erkannt.

Erstens kommt es anders, und zweitens als man denkt

In Chart 2.26 sehen Sie den weiteren Verlauf. Der Kurs ist zwar weiter gestiegen, hat aber die obere rot gestrichelte Linie nicht erreicht. Inzwischen hat sich ein erstes, niedrigeres Hoch ausgebildet (Pfeil). Außerdem hat der Kurs mit der letzten Kerze sogar wieder unsere untere Linie erreicht. Spätestens jetzt müssen wir unsere Annahmen anpassen.

Wir gehen dazu im Prinzip genauso vor wie beim ersten Mal. Nur beginnen wir jetzt mit unserer Betrachtung *von oben*, denn dort haben wir inzwischen durch die drei kleinen Hochs natürlich einen besseren Ansatzpunkt

Das ist das zweite Prinzip der Parallel-Methode. Wir lösen uns von dem Dogma, dass Aufwärtstrends »von unten« und Abwärtstrends »von oben« definiert werden. Nach unseren Beobachtungen ist es in ca. 45 % der Fälle genau andersherum. Damit legen wir unsere Linien zunächst ganz pragmatisch: Da, wo es besser passt. Wir haben somit einen gewissen Vorsprung, das Feintuning erfolgt später.

Chart 2.26: Trendbestimmung nach der Parallel-Methode im DAX – Schritt 2

Wir zeichnen zwei neue Linien (grün). Die obere passt auch gleich perfekt, wir haben drei exakte Auflagepunkte (blaue Kreise). Die untere (gestrichelt) erhalten wir erneut durch eine Parallelverschiebung der oberen. Als markantesten Punkt wählen wir diesmal das März-Tief.

Die bisherigen roten Linien können wir komplett verwerfen, da keine von beiden eine Bestätigung als Trendlinie erfuhr (drei Auflagepunkte). Sie haben jetzt keine Bedeutung mehr und sind nur noch zu Ihrer Orientierung im Chart.

Eindrucksvolle Bestätigung der Parallel-Methode

Der dann folgende Kursverlauf ist eine eindrucksvolle Bestätigung der Kraft der Parallel-Methode. Nahezu exakt an der angenommenen unteren Trendlinie (abgesehen von einem Intraday-Fehlausbruch) dreht der Kurs und schwingt sich zu neuen Höhen auf (Punkt D Chart 2.27).

Auch der folgende Verlauf ist sehr bemerkenswert (Chart 2.28).

Chart 2.27: Trendlinie im DAX-Aufwärtstrend – vorausschauende Bestimmung des Korrekturpotenzials

Chart 2.28: Trendlinie im DAX-Aufwärtstrend – eindrucksvolle Bestätigung der Trendlinien

Da die grüne untere Linie gehalten hat, bleibt sie weiter gültig, auch wenn sie eigentlich noch gar nicht richtig bestätigt ist. Es fehlt ja immer noch der dritte Kontakt!

Dieser erfolgt erst Mitte Juli 2003; kurz darauf kommt es zu einem vierten (Punkte E und F in Chart 2.28). In beiden Punkten setzen die Kerzen fast exakt auf der grünen Linie auf! Wir wollen bei dieser Situation ein wenig verweilen und das bisherige Geschehen an den beiden grünen Linien noch einmal Revue passieren lassen.

Wir hatten zunächst die obere dünne Linie I gefunden, die durch drei Punkte eindeutig bestimmt war. Die untere dicke Linie II haben wir einfach als Parallellinie gezeichnet, ohne dass der Kurs irgendwie auf ihre Bedeutung hingewiesen hätte. Inzwischen haben wir drei (!) nahezu punktgenaue Abpraller des Kurses von der Linie, also insgesamt nun vier Auflagepunkte!

Das heißt doch nichts anderes, als dass sich in unserem Fall der Kurs diese Linie gesucht hat. Normalerweise macht das der Analyst, indem er die Linie im Nachhinein an die Punkte legt. Erkennen Sie den fundamentalen Unterschied zu der klassischen Charttechnik?

Weitere Parallelen bestätigen den Trend

Jetzt gehen wir einen Schritt weiter (Chart 2.29).

Obwohl wir nun mit der Unterseite an Linie II eine eindrucksvolle Bestätigung unseres prognostizierten Trends haben (blaue Kreise), fehlt uns diese auf der Oberseite, an Linie I. Hier haben die neuen Hochs unsere Ausgangslinie nicht wieder erreicht.

Dennoch finden wir weitere Parallelen zu unseren grünen Linien, wenn wir die Hochpunkte im Kursverlauf verbinden (gestrichelte Linien in Chart 2.29). Damit erhalten wir eine Bestätigung der Trenddynamik, die für unsere Analysen fast genau so wichtig ist wie die formale Bestätigung eines Trends. Wenn Sie solche Parallelen im Kursverlauf finden, dann haben Sie also trotzdem eine Wahrscheinlichkeit, dass der Trend an diesen Linien für den Kurs von besonderer Bedeutung ist.

Chart 2.29: Trendlinie im DAX-Aufwärtstrend — weitere Bestätigung der Trenddynamik

Kritisch ist hier im Beispiel jedoch, dass diese Linien mit der Zeit immer weiter nach unten wandern, der Trend also schmaler wird. Das zeigt die Schwäche dieses Trends an, der aber andererseits auch immer noch verhältnismäßig steil verläuft. Steile Trends werden naturgemäß eher gebrochen als flacher verlaufende. Und tatsächlich deutet sich in Chart 2.29 nun auch ein solcher Trendbruch an.

Bei Trendbruch Neujustierung

Sobald sich also wie hier ein solcher Trendbruch abzeichnet, sollten Sie schon nach Alternativen zu dem ursprünglichen Szenario Ausschau gehalten haben. Hier erreichen zum Beispiel die Hochs weder die ursprüngliche obere grüne Linie, noch bilden sie eine neue aus, die längere Zeit Bestand hat.

Die neuen Trendbegrenzungen finden wir nach der bewährten Parallel-Methode: Wir suchen offensichtliche Trendlinien und verschieben sie durch markante Punkte des Kurses parallel.

Jetzt gilt es aber, sinnvoll zu selektieren. Inzwischen ist unser Chart nämlich schon gut mit Kurskerzen gefüllt. In diesem fast ein halbes Jahr andauernden Kursverlauf hat sich nun schon eine Reihe von Hoch- und Tiefpunkten gebildet. Angefangen hatten wir ursprünglich ja mit einer einfachen Hilfslinie. Bei einem so dichten Chartbild, wie wir es hier haben, sollte es also schon die eine oder andere »richtige« Trendlinie geben. Idealerweise hat sie bereits auch im Chartbild schon eine Parallele.

In diesem Fall gilt es, noch einen weiteren Aspekt zu berücksichtigen. Wir befinden uns in einem recht starken Aufwärtstrend. Der bisherige Anstieg vom Tief betrug in der Spitze bereits 60 %. Ein solcher Trend ist nicht lange durchzuhalten. Der neue Trend wird aller Voraussicht nach *deutlich* flacher verlaufen.

Alle Linien, die wir nun vom Märztief aus durch jedes neue Bewegungstief zeichnen könnten, verliefen quasi genau so steil wie die grünen Trendlinien. Auch diese würden dann vermutlich sehr schnell wieder gebrochen werden.

Da aber die Hochs schon eine erkennbar flachere Tendenz zeigen, empfiehlt es sich, mit der Suche erneut *oben* anzufangen. Mit dieser Methode haben wir ja bereits sehr gute Erfahrungen gemacht ...

In der Regel kommen mehrere Varianten in Frage

Chart 2.30 zeigt die beiden Varianten, die sich jetzt sofort anbieten. Da wären zunächst die dicke rote Linie (in Chart 2.30 mit »I« bezeichnet) und ihre Schwestern. Sie hat im Chart bereits eine Parallele (II), die ebenfalls bereits mehrere Berührungspunkte im Chart hat.

Die zweite schwarze Variante besteht aus den schwarzen Linien, die erkennbar steiler verlaufen und sich aus der äußersten obersten Trendbegrenzung ergeben. Die dort verlaufene äußerste dicke schwarze Linie (A) weist drei punktgenaue Berührungen auf. Betrachtet man die schwarze Parallellinie knapp darunter (B), meint man beinahe, eine Linie zu erkennen, die den kompletten Trend von Anfang bis Ende wenigstens auf der Oberseite beschreibt.

Jetzt mal ganz ehrlich: Wären Sie so ohne Weiteres darauf verfallen, diese Linie einzuzeichnen? Ohne die Parallel-Methode sicherlich nicht. Diese Linie scheint auch für den Kursverlauf eine besondere Bedeutung zu haben, wenn man von der Zahl der Berührungspunkte ausgeht.

Für die weitere Untersuchung werden wir uns beide Linien vormerken. Die entsprechenden Parallelen sind ebenfalls in Chart 2.30 eingezeichnet (III und C).

Chart 2.30: DAX-Aufwärtstrend — neue Trendlinienprojektion

Innere Trendlinien: Ein neuer Trend?

Die beiden mittleren roten bzw. schwarzen Parallellinien kommen eigentlich in neuer Gestalt daher. Bisher haben wir immer von oberen und unteren Trendlinien gesprochen. Das setzt unausgesprochen voraus, dass der Kurs hauptsächlich auf einer Seite der Linie verläuft. Bei diesen beiden Linien dagegen läuft der Kurs mehr oder weniger weit auf beiden Seiten. Dabei kann man die Kursbewegung auf keiner Seite als bloßen Fehlausbruch abtun.

Hier haben wir es mit sogenannten *inneren Trendlinien* zu tun. Diese haben mitunter eine ganz besondere Bedeutung als Mittellinien eines Trendkanals.

Innere Trendlinien können aber auch in anderer Form auftreten. Beispielsweise wird die Nackenlinie einer Schulter-Kopf-Schulter-Formation (SKS) zu einer (sehr einfachen) inneren Trendlinie, wenn es nach dem Bruch dieser Nackenlinie zu einer Rückkehr des Kurses (Pullback) an diese Linie kommt (s. Bild 2.3).

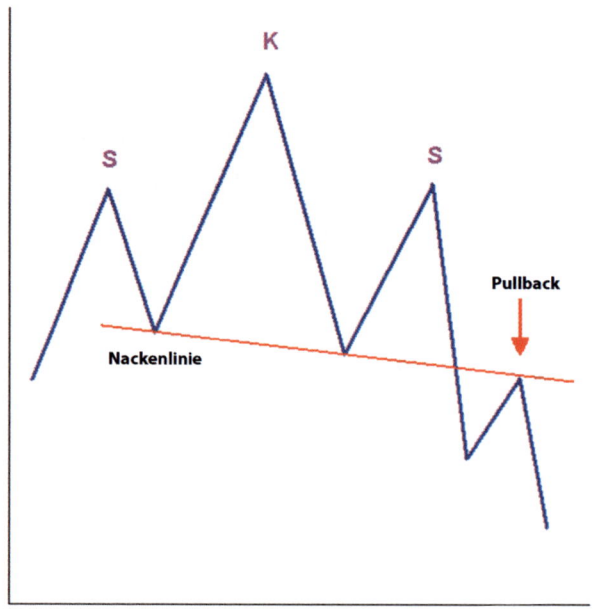

Bild 2.3: Nackenlinie als innere Trendlinie

Wie es weiter geht

Chart 2.31 zeigt uns, dass der Trend zunächst trotz des Bruchs der grünen gestrichelten Linie noch nicht beendet ist. Der Kurs bewegt sich vorerst weiter in dem oberen schmalen roten Kanal und versucht daraus sogar einen Ausbruch (Punkt G, blauer Kanal).

Es wird Sie an dieser Stelle nicht mehr überraschen, dass auch dieser kleine Trendkanal parallel zu der grünen Trendlinie verläuft. Genauso wenig überraschend ist, dass der Kurs nach diesem Fehlausbruch wieder die Unterkante des roten Trends erreicht (Punkt H) und diesen auch anschließend nach unten bricht. Das ist eine fast lehrbuchmäßige Reaktion, wenn so ein Ausbruchsversuch nach oben gescheitert ist (siehe Trend-Theorie).

Dagegen ist es doch einigermaßen erstaunlich (und eine weitere eindrucksvolle Demonstration der Wirksamkeit der Parallel-Methode), dass der Kurs
tatsächlich an der unteren roten Linie, die wir als mögliches Korrekturni-
veau bereits eingetragen haben, einen Umkehrpunkt nach oben ausbildet
(Punkt I). Nach zwei Intraday-Fehlausbrüchen steigt der DAX ab Anfang
Oktober 2003 wieder an – und erreicht erneut eine der roten Parallelen
(Punkt J in Chart 2.31).

Chart 2.31: DAX-Aufwärtstrend – erneut eindrucksvolle Demonstration der Parallel-Methode

Die Parallel-Methode in der Fernwirkung

Jetzt wollen wir den Zeitbereich ein wenig vergrößern. In Chart 2.32 sehen
Sie die drei roten Linien aus Chart 2.31 dick gezeichnet. Die neuen dünneren
Linien gehen von den verbleibenden zwei markanten Punkten (den Tiefs im
März bzw. April 2003) aus. Ist es nicht geradezu verblüffend, dass genau
diese Linien erneut als Unterstützungen für die Kurskorrekturen fungierten
(blaue Kreise). Die roten Kreise zeigen die Punkte, an denen der Kurs die bereits existierenden Linien abermals bestätigte.

Chart 2.32: DAX-Aufwärtstrend – die Parallel-Methode wirkt weiter

Chart 2.33: DAX-Aufwärtstrend – die Parallel-Methode bestimmt den gesamten Aufwärtstrend
(T = Tausend)

Und noch einmal zur Erinnerung: Alle fünf Linien resultieren einzig und allein aus der obersten Linie und ihren drei Auflagepunkten (grüne Pfeile) sowie Parallelverschiebungen durch andere markante Kurspunkte im Chart. Es erfolgte keinerlei Korrektur der Linien!

Aber wirklich atemberaubend wird es, wenn wir uns den gesamten Trend von 2003 bis 2007 ansehen. Selbst über diesen langen Zeitraum wirken diese Linien, deren Richtung wir bereits im August/September 2003 definiert haben!

Chart 2.33 zeigt, dass selbst das Hoch im Jahr 2007 an einer dieser Linien liegt und auch Kursanstiege, die nach späteren Korrekturen erfolgten, sich erneut an diesen Linien (parallelverschoben) orientierten. Erstaunlich, oder?

Kein Einzelfall, sondern System!

Nun ist dies sicherlich kein Einzelfall, sonst hätten wir Ihnen das hier nicht präsentiert. Schauen wir uns das folgende Beispiel an (Chart 2.34).

Chart 2.34: DAX-Aufwärtstrend 1995 – die Parallel-Methode funktioniert(e) zu allen Zeiten

Im Jahr 1995 haben wir im DAX eine vergleichbare Situation wie in 2003: Nach einem Tief im März (gelber Kreis) steigt der Kurs in Folge relativ stark an und geht dann in einen flacheren Trend über (blau). Mittels der Parallel-Methode finden wir auch hier frühere (blaue Kreise) und spätere (rote Kreise) Bestätigungen für die Relevanz dieses Kanals und seiner Parallelen.

Hier sehen Sie auch noch eine weitere Besonderheit dieser Parallelen. Sehr häufig werden Sie in einem sich entwickelnden Trend eine gewisse Symmetrie finden. Meist ist es eine Mittellinie, die als innere Linie diesen Trend mitführt. Vielfach erkennen wir auch etwa gleiche Abstände zwischen mehreren Parallelen oder, wie hier, zwei Linien, die in gleichem Abstand von zwei Mittel- oder Führungslinien positioniert sind (grüne Rechtecke).

Eine besondere Bedeutung hat offenbar die dickere Linie in Chart 2.34, sie weist nämlich die höchste Zahl von Bestätigungspunkten auf. Die dickere Linienstärke macht es auch leichter, sie in dem Chart 2.35 wiederzufinden (der grüne Pfeil deutet auf den kleinen blauen Kanal).

Chart 2.35: Der DAX-Megatrend, frühzeitig erkannt mit der Parallel-Methode

Der DAX-Megatrend mit perfektem Target

Es scheint absolut unglaublich, aber es stimmt tatsächlich: Der kleine Kanal und die Trendlinien von 1995 trugen quasi die Keimzelle dieses Megatrends im DAX in sich! Wobei das natürlich nicht ganz richtig ist, denn Sie sehen, dass Parallelen hierzu auch schon früher ab Mitte/Ende der 1980er-Jahre zu erkennen gewesen wären ...

Natürlich ließen sich 1995 aus diesen Parallelen noch nicht die konkreten Kursverläufe erkennen, aber ab 2003 und in den Folgejahren lag eine Rückkehr an die dicke rote Linie, die Trend-Mittellinie, geradezu in der Luft. Als ideales Ziel bot sich natürlich das Allzeithoch aus dem Jahr 2000 an, so dass durch die Mittellinie sogar ganz einfach und sehr frühzeitig auch das zeitlich Ziel für diesen Kontakt projiziert werden konnte. Und so wurde auch ein Vorgänger dieses Chart bereits Ende 2006 (!), also zwei Jahre vor diesem letzten Test, einem größeren Publikum vorgestellt ...

Die Parallel-Methode im Abwärtstrend

Natürlich funktioniert die Parallel-Methode auch im Abwärtstrend sowie mit anderen Basiswerten, zum Beispiel Währungen. In Chart 2.36 ist der Abwärtstrend des Euro gegenüber dem US-Dollar gezeigt. Die roten Linien des allerersten Abwärtstrends haben bis zum Schluss immer noch als Parallelen ihre Gültigkeit – durch alle Abwärtsschwünge hinweg!

Das Beispiel zeigt auch zwei andere wichtige Aspekte. Zum einen die Wirksamkeit einer Mittellinie (gestrichelt, siehe grüner Pfeil). Diese Linie zieht den Kurs immer wieder an. Zum anderen kann die Parallel-Methode durch zwei oder auch mehr Parallelen unterschiedlicher Neigung sehr gut für das Bestimmen von Kreuzungspunkten genutzt werden (natürlich nicht nur in Abwärtstrends). Die roten Kreise zeigen die entsprechenden Treffer.

Einen weiteren Schritt werden wir zum Abschluss dieses Kapitels gehen, wenn wir die einzelnen Bausteine der Target-Trend-Methode kombinieren. In unserem Profi-Kurs werden wir zudem diese Methode erweitern. Damit sind wir dann auch in der Lage, in einem laufenden Trend wahrscheinliche Umkehrpunkte für die Trendfortsetzung zu identifizieren. Das ist natürlich für das Trading besonders interessant. Denn der (Wieder-)

Einstieg in einen laufenden Trend ist eines der schwierigsten Themen für die meisten Trader ...

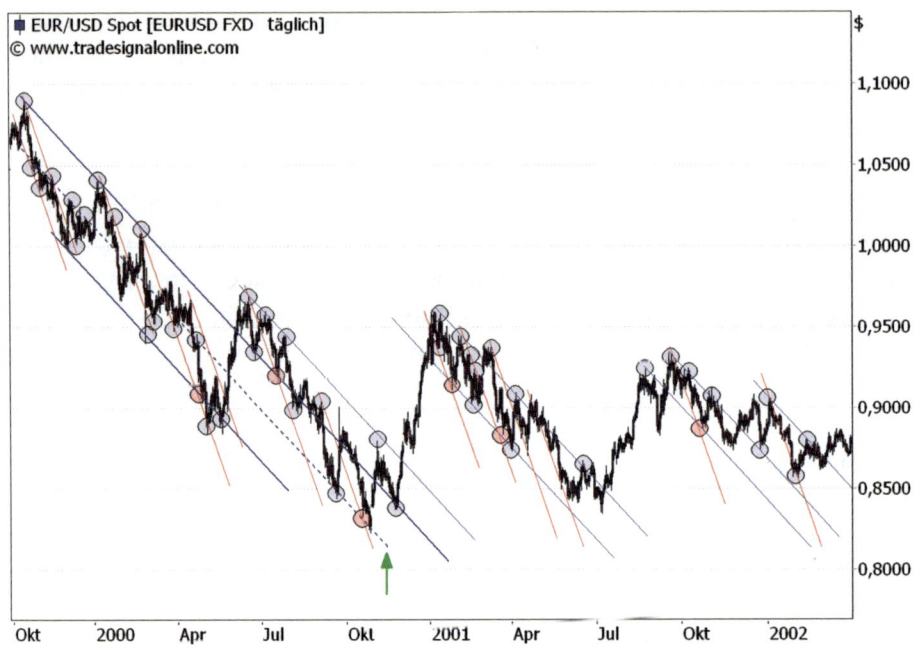

Chart 2.36: Die Parallel-Methode im Abwärtstrend am Beispiel EUR/USD

2.2.5 Fünfte Ebene: Zeitzyklen

Eins der faszinierendsten Gebiete der Chartanalyse ist die Arbeit mit Zeitzyklen. Aus der Wirtschaftstheorie sind einige sehr lange Zyklen bekannt, beispielsweise der Kondratjew-Zyklus. Andere Zyklen gehen auf die Besonderheiten bestimmter Märkte (»Schweinezyklus«) oder natürliche Einflüsse zurück (z.B. saisonale Zyklen bei Agrarrohstoffen).

Angesichts dieser Beispiele ist es naheliegend, auch in der Charttechnik nach periodisch auftretenden Mustern zu suchen. Typischerweise geht es dabei darum, Hochs oder Tiefs zu prognostizieren.

Faszinierende Beispiele

Betrachten wir zunächst einige interessante Beispiel. Ein relativ bekannter Zyklus war lange Zeit der 72-Wochen-Zyklus im Dow-Jones-Index (Chart 2.37).

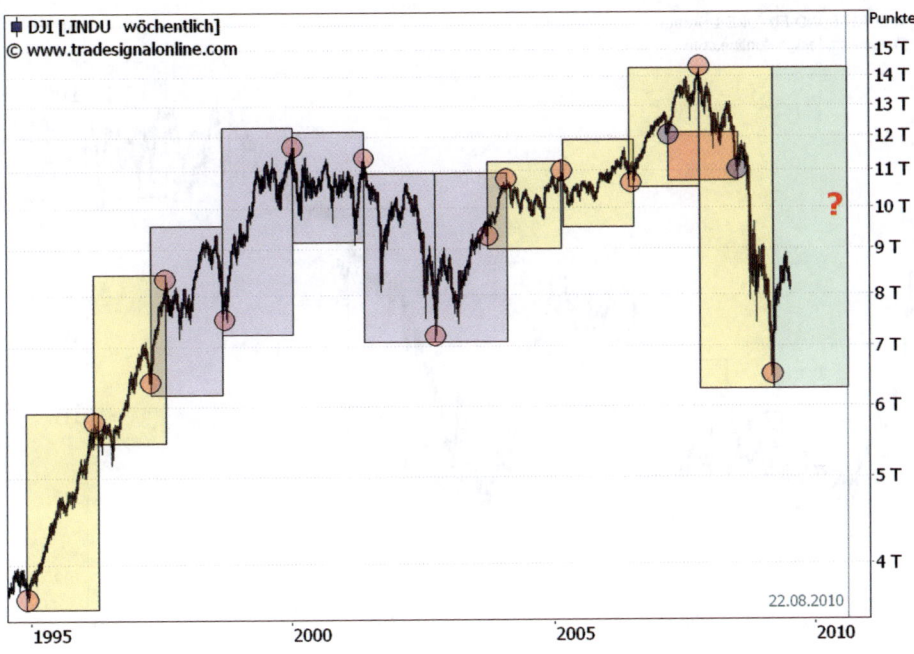

Chart 2.37: Der beeindruckende 72-Wochen-Zyklus im Dow-Jones-Index (T = Tausend)

Er entsprach bemerkenswerterweise ziemlich genau 500 Kalendertagen und funktionierte von 1997 bis 2004 sehr exakt (blaue Rechtecke). Davor und danach kam es zu leichten Abweichungen, aber die 72 Wochen tauchten dennoch häufiger als Zeitspanne auf (z.B. rotes Rechteck 2007/2008).

Trotz geringfügiger Verschiebungen seit 2004 scheint dieser Zyklus immer noch intakt zu sein (gelbe Rechtecke rechts). So trat selbst das markante Tief im März 2009 nur mit einer Differenz von eineinhalb Wochen zu früh auf! Das nächste Extrem wäre demnach für Ende August 2010 zu erwarten. Wir dürfen also gespannt sein, was diese Prognose ergibt. In unseren Analysen und Börsenbriefen auf www.stockstreet.de werden wir auch diesen Zyklus im Auge behalten.

Intraday-Zyklen

Nun ist ein 72-Wochen-Zyklus schon ein recht langer Zeitraum. In Chart 2.38 können Sie aber sehen, dass es derartige Zyklen durchaus auch in kürzeren Zeitintervallen gibt.

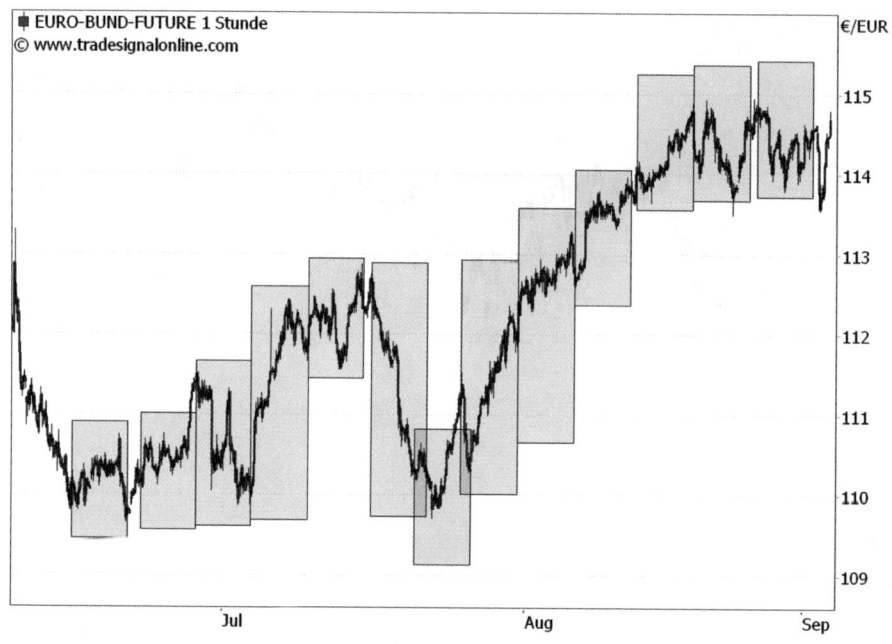

Chart 2.38: Intraday-Zyklus im Euro-Bund-Future

Obwohl die Einflüsse auf den Kursverlauf gerade im Intraday-Bereich besonders vielfältig sind (siehe auch »Trading-Kurs«, Kapitel 4.1.2), kommt es trotzdem immer wieder zu solchen Regelmäßigkeiten. Fairerweise muss man jedoch sagen, dass gerade im sehr kurzfristigen Bereich kaum Zeit bleibt, intensiv nach solchen Mustern zu suchen, so dass sie in der Intraday-Praxis eigentlich kaum Bedeutung haben.

Denn bei dieser Art von Zyklen sind Sie ähnlich wie bei der Rechteck-Methode ein wenig auf das Probieren und Ihr Gefühl für Proportionen angewiesen, wenn Sie einen solchen Zyklus finden wollen. Wie Sie aber erkennen, sind solche regelmäßigen Muster durchaus profitabel, wenn Sie sie erst einmal entdeckt haben. Solche *einfachen Zyklen* haben nämlich die Tendenz – einmal ausgebildet – über längere Zeit bestehen zu bleiben.

Unterschiedliche Zyklen-Systeme

Anders ist das im nächsten Beispiel. Chart 2.39 zeigt die sogenannten *Fibonacci-Zeitzyklen*. Hierbei werden einfach, bei dem gewählten Ausgangspunkt beginnend, die folgenden Perioden abgezählt. Perioden, die bei den Fibonacci-Zahlen liegen (also bei 1, 2, 3, 5, 8, 13, 21, 34, 55, 89 usw.) sind durch senkrechte Linien markiert und stellen potenzielle Wendemarken im Chart dar.

Chart 2.39: Fibonacci-Zeitzyklen im DJ EuroSTOXX-50-Index

Hier gibt es kein Raten und Probieren, die Regel ist eindeutig. Natürlich ist hierbei die Auswahl des richtigen Bezugspunkts entscheidend. Andererseits bietet es sich an, eine Variante zu wählen, bei der bereits zwei oder drei Punkte mit dem Raster übereinstimmen.

Eine weitere Möglichkeit ist, wie hier gezeigt, verschiedene Raster mit unterschiedlichen Ausgangspunkten einzuzeichnen. Die sich daraus ergebenden Schnittpunkte haben häufig eine besondere Relevanz. Sehr eindrucksvoll ist das hier bei der fast punktgenauen Übereinstimmung des Hochs 2007 mit den beiden Zonen.

Diese Methode können wir auch noch ein Stück erweitern. In Chart 2.39 haben wir eine Periode, in diesem Fall – im Wochenchart – also eine Woche, als Grundlage für die Zeitprojektion gewählt. Nun besteht kein Grund, nicht auch andere Zeiträume zu wählen. Dabei bieten sich natürlich insbesondere solche an, die zwischen zwei markanten Punkten liegen (Hoch/Hoch, Tief/Tief, Hoch/Tief). Die Projektion selbst wird dann, ausgehend von der gewählten Zeitspanne, mit den einschlägigen Fibonacci-Verhältnisse in die Zukunft gerechnet.

In Chart 2.40 sehen Sie ein Beispiel vom EUR/USD. Der Bezugszeitraum reicht von Ende Oktober 2000 bis Anfang Januar 2001 (rotes Rechteck). Das sind 49 Perioden (Tage). Die entsprechenden Fibonacci-Verhältnisse 0,382/0,618/1,618/2,618 sind damit (gerundet) 19, 30, 79 und 128 Tage.

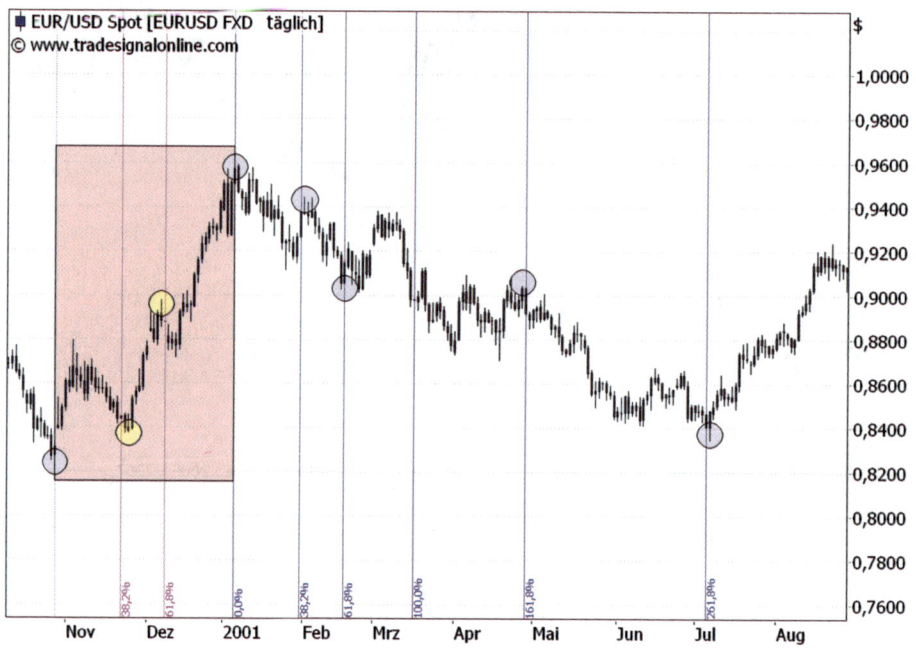

Chart 2.40: Fibonacci-Zeitprojektionen im EUR/USD

Der Chart zeigt nun sehr schön, wie tatsächlich um diese Zeitpunkte herum lokale Hochs oder Tiefs entstanden sind. Ein Hinweis, dass dieses Prinzip im konkreten Fall wirklich funktioniert, ist vor allem dann gegeben, wenn wie hier bereits innerhalb des Bezugszeitraums diese Fibonacci-Verhältnisse ebenfalls getroffen werden (violette Linien/gelbe Kreise).

Wir bevorzugen einfache Zyklen

Bereits an diesen Beispielen ist zu sehen, dass die Zyklen keinen Hinweis darauf geben, ob es an den jeweiligen Terminen zu einem Hoch oder zu einem Tief kommt.

Zeitzyklen geben also in der Regel nur Hinweise auf mögliche Extrema; die Art – Hoch oder Tief – ergibt sich dann erst aus den Kontext des konkreten Kursverlaufs.

Zyklenüberlagerung

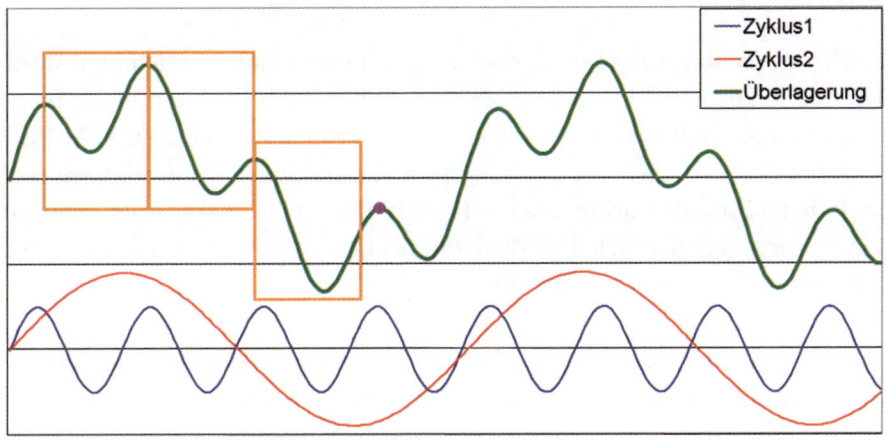

Bild 2.4: Einfache Überlagerung zweier idealer Zyklen – die konstante Periodenlänge verschwindet

Wie Sie ja sicher schon gemerkt haben werden, bevorzugen wir die einfachen Dinge. Im Fall der Zeitzyklen sind das die einfachen Zyklen, bei denen die Wendepunkte einander in konstanten Zeitabständen abwechseln. Diese haben den großen Vorteil, im Chart noch halbwegs übersichtlich zu bleiben und über lange Zeiträume und sehr flexibel verfolgbar zu sein (Sie brauchen eigentlich nur *ein* Rechteck mit der Zeitspanne im Chart zu positionieren und können dieses dann bei Bedarf an die Wendepunkte anlegen). Zudem führt der exponentielle Anstieg der Fibonacci-Zahlen sehr schnell zu unpraktikabel langen Zyklen, die für das Trading dann nahezu nutzlos sind.

Aber es gibt auch einen ganz handfesten Grund, warum diese »einfachen« Zyklen eine so überragende Bedeutung haben. Dazu betrachten wir einmal Bild 2.4. Dort ist beispielhaft die Überlagerung von zwei unterschiedlichen Zyklen dargestellt. Auch in der Praxis werden wir es ja normalerweise mit mehreren Zyklen zu tun haben, die einander zudem wechselweise beeinflussen.

Nur bedeutsame Zyklen setzen sich durch

In unserem kleinen Beispiel mit zwei Zyklen unterschiedlicher Dauer und Stärke (blau und rot) ergibt die Überlagerung (grün) bereits eine Kurve, die doch schon fast als Kursverlauf durchgehen könnte – typische Aufs und Abs sind deutlich zu erkennen.

Obwohl die Überlagerung immer noch ziemlich regelmäßig aussieht, hat sie aber schon keine konstanten Abstände zwischen den Extrempunkten mehr. Im Bild ist das exemplarisch mittels der gelben Rechtecke demonstriert. Das linke Rechteck liegt exakt zwischen den beiden ersten Hochs. Dieses Rechteck nach rechts verschoben, trifft das dritte Hoch ebenfalls fast noch exakt. Aber schon das nächste Hoch liegt deutlich außerhalb des Rechtecks (siehe roter Punkt). Je mehr Zyklen einander überlagern, desto unregelmäßiger würde das Bild werden.

Daraus ergibt sich doch aber im Umkehrschluss folgende wichtige Erkenntnis: Wenn wir im Chart trotzdem mit einfachen Rechtecken konstante Abstände zwischen den Extrempunkten feststellen können, dann bedeutet das offensichtlich, das eben genau dieser Zyklus sich gegen die Masse der anderen durchgesetzt hat! Einen so bedeutsamen Hinweis sollten wir auf keinen Fall ignorieren, denn ein solches Verhalten ist eben nicht die Regel.

Daher werden wir bei unseren weiteren Betrachtungen hauptsächlich nur die einfachen Zyklen berücksichtigen.

Vielfalt contra Einfachheit

Der Grund hierfür liegt einfach auch darin, dass in der Praxis die Zyklen auch sehr häufig Änderungen unterworfen sind. Meist geht es nach unten viel schneller als nach oben. Entsprechend kürzer sind dann auch die Zyklen im Abwärtstrend.

Auch können Zyklen versetzt auftreten. Typisches Beispiel sind die sogenannten Measured Moves (»gemessene Bewegungen«). Dabei kommt es zu
einer Wiederholung des Zyklus' erst nach einer – meist kürzeren – Zwischen-
bewegung. Die Besonderheit der Measured Moves ist, dass häufig sowohl die
Zeit wie auch die Kursbewegung in den beiden Teilabschnitten gleich groß
sind (siehe Bild 2.5).

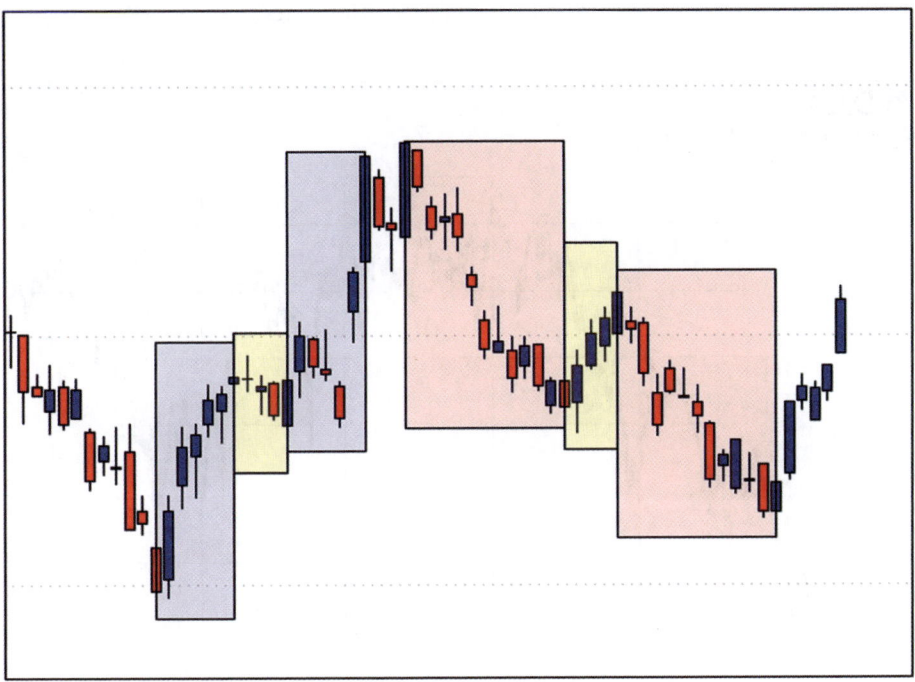

*Bild 2.5: »Measured Moves« sind eine der vielen Varianten, wie Zyklen
in Erscheinung treten können*

Eine andere Variante, die vor allem in längeren Trendphasen vorkommt, ist
eine Vervielfachung des ursprünglichen Zyklus'. Während also zum Beispiel
ein erster Aufwärtsschub 22 Perioden dauert, folgt nach einer Konsolidierung
eine zweite, langsamere Bewegung, die dann 44 Perioden, also doppelt so
lang ist.

Zyklen zu finden und richtig zu interpretieren, ist daher eine der schwierigsten Aufgaben bei der Target-Trend-Methode. Wir haben aber so viele Bausteine, dass wir häufig auch ohne dieses manchmal etwas sperrige Element
auskommen.

Die Rechteck-Methode mal andersherum

Übrigens, haben Sie es bemerkt? Diese einfache Aneinanderreihung von gleich langen Zeitabschnitten entspricht doch eigentlich genau der Rechteck-Methode, die wir ganz zu Anfang besprochen haben. Nur dass diesmal die Rechtecke »auf dem Kopf« stehen. In Bild 2.5 stehen die unterschiedlichen Ebenen noch auf klassische Weise nebeneinander, in Bild 2.6 dagegen haben wir Rechtecke und Zyklen bereits im Sinn der Target-Trend-Methode kombiniert.

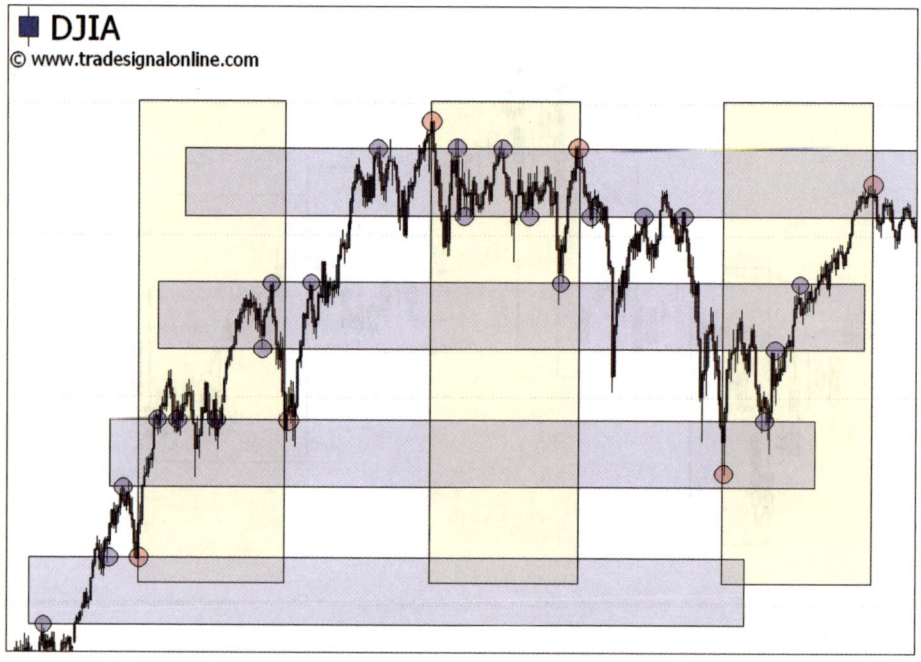

Bild 2.6: Kombination von Rechtecken und Zyklen als Elementen der Target-Trend-Methode (schematisch)

Das ist nur logisch und konsequent. Warum soll in der anderen Richtung nicht auch gut sein, was in der einen schon so prima geklappt hat? Sie merken schon: Wir überziehen den Chart nach und nach mit einem Raster ganz unterschiedlicher Funktionen. Auf diese Weise kombinieren wir sehr elegant, weil quasi »geometrisch«, die unterschiedlichsten charttechnischen Methoden.

Aber wir sind ja noch nicht fertig.

2.2.6 Sechste Ebene: Fibonacci-Projektionen

Jetzt haben wir bereits fünf der sieben Ebenen der Target-Trend-Methode abgehandelt. Und jedes Mal haben wir die »klassischen« Methoden mehr oder weniger abgeändert. Nun erwarten Sie sicherlich, dass das auch auf der sechsten Ebene so weitergeht.

Und tatsächlich ist das auch diesmal der Fall. Denn im Gegensatz zu der typischen Anwendung von Fibonacci-Niveaus (siehe Anhang 6.1) werden wir kaum mit den »Retracements«, sondern hauptsächlich mit den »Extensions« arbeiten. Und das noch auf eine ziemlich unkonventionelle Art.

Die Fibonacci-Niveaus sind eigentlich nicht schwer zu verstehen und noch leichter anzuwenden (weil die heutige Chartsoftware immer mehr oder weniger komfortable Funktionen bietet, die Niveaus an gewünschter Stelle im Chart einzuzeichnen).

Dennoch haben es die Fibonacci-Niveaus in sich, denn sie gehen ursprünglich auf die ziemlich komplexe Elliott-Wellen-Theorie zurück. Von daher sind bei ihrer Anwendung durchaus einige Dinge zu beachten, um Enttäuschungen oder Fehlinterpretationen zu vermeiden. Falls Sie noch keine Erfahrungen mit diesem Instrument haben, empfehlen wir Ihnen den Anhang 6.1, in dem die Grundzüge der Fibonacci-Technik kurz erläutert werden.

Die Grenzen der Fibonacci-Technik
in der herkömmlichen Charttechnik

Auch wir haben uns des Öfteren in den Tücken der Fibonacci-Technik verfangen. Zudem ist die regelgerechte Anwendung recht unpraktikabel und unübersichtlich, weil schlussendlich viel zu viele Niveaus im Chart liegen. Es gibt aber aus Sicht der Target-Trend-Methode zwei wirklich entscheidende Nachteile:

Zum einen gaukeln die Zahlenangaben an den Niveaus eine Genauigkeit vor, die nur selten erreicht wird (wann wird ein Niveau wirklich schon mal ganz exakt getroffen!), zum anderen liegen bei der typischen Anwendung der Fibonacci-Niveaus zu Bestimmung der Korrekturpotenziale die möglichen »Zielwerte« meist viel zu dicht beieinander für eine vernünftige Target-Ermittlung. Dazu mal ein Beispiel (siehe Chart 2.41):

Chart 2.41: Fibonacci-Niveaus im DAX: Zu Trendbeginn verliert man sich schnell im Klein-Klein

Der DAX hat seit seinem Tief einen Anstieg von nahezu 900 Punkten oder mehr als 40 % hingelegt. Offensichtlich bahnt sich nun eine Korrektur an, nachdem er an der Abwärtstrendlinie und dem GD200 gescheitert ist (blauer Kreis).

Vom Hölzchen aufs Stöckchen ...

Zwar können wir mit den blauen Fibonacci-Niveaus die drei typischen Korrekturmarken genau bestimmen, aber der geringe Abstand zwischen den absoluten Werten macht diese letztlich nutzlos, wenn wir – wie angenommen – auf Tagesbasis handeln.

Grund hierfür ist, dass die Abstände fast »im Rauschen« liegen. Das scheint erstaunlich bei mehr als 100 Punkten Differenz (also immerhin fast 3,5 %) zwischen den einzelnen Niveaus. Doch bei der aktuellen Volatilität werden solche Differenzen innerhalb weniger Tage hin- und herdurchlaufen (gelbe Markierungen).

Hinzu kommt, dass durch die Verwendung der Korrekturniveaus potenzielle Targets auf den bereits abgesteckten Kursbereich beschränkt bleiben. Insbesondere bei möglichen Gegenbewegungen wie hier in diesem noch anhaltenden Abwärtstrend verliert man sich dann leicht in zu kleinen Bereichen.

Die Korrekturniveaus sind vor allem auch dann unbefriedigend, wenn der Kurs in charttechnisches Neuland vordringt, wo solche Bezugspunkte naturgemäß fehlen. Sinnvoll können sie dagegen sein, wenn das Potenzial einer Gegenbewegung in einem größeren Trend abgeschätzt werden soll. Im Beispiel von Chart 2.41 wäre das also der Abwärtstrend (grüne Fibonacci-Niveaus).

Die Fibonacci-Technik in der Target-Trend-Methode

Die Target-Trend-Methode verwendet deshalb die Fibonacci-Niveaus andersherum, als **Projektion**. Diese Möglichkeit wird in der herkömmlichen Analysetechnik kaum genutzt, weil sie sehr unübersichtlich ist. Deshalb haben wir das Prinzip stark vereinfacht und handhaben es sehr pragmatisch. Chart 2.42 zeigt das obige Beispiel daher aus anderer Perspektive.

Chart 2.42: Anwendung der Fibonacci-Technik in der Target-Trend-Methode

Ausgangspunkt ist wieder einmal der Anstieg über das Hoch im DAX im Frühjahr 2003. Zunächst werden, ausgehend vom Tief, die Fibonacci-Linien an die markanten Punkte der ersten Konsolidierung gelegt (gelbe Kreise).

Diese erste Bewegung vom Tief aus sollte eine impulsive Bewegung sein. Nach einem ersten Anstieg (hier vom Tief bei ca. 2189 Punkten bis auf ca. 2732 Punkte am oberen gelben Kreis) folgt also ein kleiner Kursrückgang (bis zum unteren gelben Kreis bei ca. 2396 Punkten). Dieser sollte aber nicht viel mehr als 62 % des vorangegangenen Anstiegs wieder korrigieren.

Übersteigt dann, so wie hier in Chart 2.42, der Kurs das vorherige Hoch (oberer gelber Kreis), kann das zu erwartende Kurspotenzial mittels der Fibonacci-Projektion ermittelt werden. Das Mindestpotenzial erhält man durch Anlegen des 23,6 %-Niveaus an das Tief (unterer gelber Kreis), das vorläufige Höchstpotenzial durch Anlegen desselben Niveaus an das Hoch der Konsolidierung (im Chart 2.42 der Übersichtlichkeit wegen nicht eingezeichnet).

Target durch Trendlinienkreuzung

Hier erhalten wir mit der ersten Variante, der Mindestprojektion, ein mögliches Target (blauer Kreis). Das bildet sich im Schnittpunkt des 100 %-Niveaus dieser Projektion mit der Abwärtstrendlinie. Chart 2.43 zeigt, dass dieses Target im darauffolgenden Anstieg unmittelbar getroffen wurde (blaues Target links unten).

Natürlich kann eine solche Projektion quasi »im Nahbereich« nur ein erster Schritt sein. Die besondere Stärke entwickelt diese Methode erst in anhaltenden Bewegungen (siehe Chart 2.43). Hier wurde das ursprüngliche Target, das sich seinerseits als Zwischenhoch entpuppte, zum Ausgangspunkt für die erneute Anwendung der Fibonacci-Projektion genommen. In diesem Fall wurde das 23,6 %-Niveau an das Hoch gelegt.

Natürlich können Sie anfangs noch nicht wissen, welche Variante sich schließlich tatsächlich ausbildet. Dazu sind die Möglichkeiten der Entwicklung eines Trends viel zu mannigfaltig (siehe hierzu Anhang 6.2). Doch im weiteren Kursverlauf bilden sich ja immer mehr charakteristische Hoch- und Tiefpunkte aus (grüne Kreise in Chart 2.43).

Chart 2.43: Die Fibonacci-Technik der Target-Trend-Methode projiziert zuverlässig wichtige Niveaus

Eine dem Trend folgende Methode

Diese Extrempunkte bestätigen oder widerlegen die eine oder andere Alternative, indem sie sich dann an den jeweiligen Zwischenniveaus ausbilden oder nicht. Letztlich ergibt sich die passende Variante dadurch von selbst. Und noch ein weiteres wichtiges Kriterium kann bei dieser Technik von Nutzen sein. Denn bei starken Trends kommt es häufig etwa in der Mitte zu ausgeprägten Konsolidierungen (blaues Rechteck). Bei unserer Fibonacci-Projektion ergeben sich diese meist im Bereich des 50 %-Niveaus unserer Fibonacci-Linienschar.

In diesem Fall handelt es sich um eine Seitwärtsbewegung (blaues Rechteck). Aber auch scharfe Korrekturen halten sich oft verblüffend genau an dieses Raster und liegen dann beispielsweise zwischen dem 62 %- und dem 38 %-Niveau.

Hier gilt: Je mehr Fibonacci-Linien durch markante Punkte im Trend bestätigt werden und je deutlicher sich eine Konsolidierung um das 50 %-Niveau ausbildet, desto wahrscheinlicher wird das Erreichen der 100 %-Projektion, so wie in Chart 2.43.

Hierbei darf der Kurs durchaus auch ein paar Umwege nehmen. In Chart 2.43 erkennen Sie zum Beispiel, dass zunächst das 62 %-Niveau nicht ganz erreicht wird (oberer roter Kreis unterhalb von 4500 Punkten). Doch beim nachfolgenden Ausbruch kommt es während des obligatorischen Rücksetzers zweimal zu punktgenauen Berührungen dieser Marke.

Auch in der Seitwärtsbewegung selbst rutscht der Kurs nochmals auf das 38 %-Niveau zurück, obwohl bereits drei frühere Tiefs eine starke Unterstützung aufbauen.

Natürlich gilt das Gesagte genauso für einen Abwärtstrend. In den weiteren Beispielen, insbesondere im Profi-Kurs, werden Sie weitere Anwendungsfälle dieser eindrucksvollen Methode kennenlernen.

Bei weitergehendem Interesse ...

Diese Technik beruht auf den speziellen Eigenschaften der sogenannten Fibonacci-Zahlen bzw. des »Goldenen Schnitts«. Obwohl wir dadurch einige faszinierende Möglichkeiten für die Chartanalyse erhalten, ist die zugehörige Theorie nicht so simpel, wie es auf den ersten Blick scheint und vielfach auch suggeriert wird. In der Praxis haben sich nämlich im Lauf der Zeit einige »Ausnahmen« eingeschliffen, die nicht so ganz offensichtlich und daher mitunter verwirrend sind. Im Anhang 6.3 finden mathematisch interessierte Leser daher eine Zusammenfassung, die diese Hintergründe sowie die Motive für die hier vorgestellte Methode erläutert.

Wenn Sie mit Mathematik rein gar nichts am Hut haben: keine Panik! Für das weitere Verständnis sind diese Ausführungen absolut nicht notwendig. Sie können sie ohne Besorgnis einfach auslassen und weiterlesen.

2.2.7 Siebte Ebene: Die X-Ebene

Damit sind wir schon bei der letzten unserer sieben Ebenen angelangt. Wie es der teilweise magischen Bedeutung der Zahl Sieben entspricht, hat diese Ebene auch bei uns etwas Mystisches. Dies kommt bereits im Namen zum Ausdruck: »X«, die große Unbekannte ...

Aber Scherz beiseite. Sie haben ja bis hierher schon gemerkt, dass wir die Erkenntnisse der klassischen Chartanalyse bei der Target-Trend-Methode nicht in Bausch und Bogen verwerfen, sondern eher kreativ anwenden und vor allem: vereinfachen.

Weitere Bausteine der Technischen Analysen

Theoretisch könnten wir das nun fortsetzen und das auf weitere Felder ausdehnen: Indikatoren, Candlesticks usw. Sie werden aber sehen, dass wir auch schon ohne dies eine Menge Werkzeuge zusammengetragen haben, die ja erst einmal beherrscht werden wollen.

Daher überlassen wir diese Ebene Ihnen. Sollten Sie schon Erfahrung mit der Technischen Analyse haben, dann gibt es sicher die eine oder andere Methode, die Ihnen besonders ans Herz gewachsen ist. Das kann Ihr »Lieblingsindikator«, ein traditioneller gleitender Durchschnitt oder sonst ein spezielles System sein; durchaus auch eins, das wir bisher überhaupt noch nicht erwähnt haben.

Jedes System hat aber seine Tücken und funktioniert natürlich nicht 100%ig. Unsere Erfahrung ist jedoch, dass insbesondere in der Umgebung der Targets solche zusätzlichen Bausteine überaus hilfreich sind, um das künftige Kursverhalten zu projizieren.

Ein Indikator, der eine starke Überverkauft-Situation signalisiert, kann darauf hindeuten, dass der Kurs am Target nach oben dreht und nicht weiter fällt. Genauso ein bullishes Kerzenmuster. Oder eben genau umgekehrt. Im Trading-Kurs werden wir Ihnen dazu einige Strategien vorstellen.

Ihre persönliche Target-Trend-Methode: Mit Kreativität und Lieblingsindikator!

Hier sind also Ihrer Kreativität keine Grenzen gesetzt, hier können Sie sich die Target-Trend-Methode »personalisieren«. Das ist vor allem dann hilfreich, wenn die anderen sechs Ebenen insgesamt nicht eindeutig sind (so ist zum Beispiel partout kein Zyklus zu erkennen, und auch ein klarer Trend will sich nicht abzeichnen). Dann kann diese siebte Ebene für Sie eine Entscheidung bringen.

Da es nun noch eine Vielzahl von möglichen Kandidaten für diese Ebene gibt, wir uns aber im Folgenden entscheiden müssen, um uns nicht zu verzetteln, wählen wir die Candlestick-Formationen bzw. Kerzenmuster. Das allein ist schon ein weites Feld, weshalb wir uns auch nur auf die wichtigsten Vertreter konzentrieren werden. Diese haben wir für Sie im Anhang 5 kurz zusammengestellt. Weitergehende Erläuterungen finden Sie in der einschlägigen Literatur.

2.3 Die Target-Trend-Methode in der Praxis

2.3.1 Kurzfristige Analyse

So, liebe Leser, ich glaube, jetzt haben wir uns eine Belohnung verdient. Schließlich haben wir bis hierhin schon eine Menge Stoff verarbeitet. Aber es hilft ja nichts. Wir brauchen diese Grundlagen, um uns dann der Praxis zuwenden zu können.

Vermutlich konnten noch nicht alle Ihre Fragen im bisherigen Verlauf geklärt werden, auch wenn eine Reihe von Beispielen bereits recht ausführlich besprochen wurde. Doch das ist durchaus gewollt. Schließlich sollen Sie möglichst schnell einen Eindruck davon bekommen, wie die Target-Trend-Methode in der Praxis funktioniert. Dazu kommen wir jetzt.

Wie Targets entstehen und vergehen

Die »Targets«, die ja der ganzen Sache hier eigentlich den Namen gegeben haben, sind bisher ein wenig zu kurz gekommen, finden Sie nicht auch? Zwar haben wir hier und da – insbesondere im Kapitel zu den Trendlinien – schon mal eine Andeutung fallen gelassen, wie sie gefunden werden können, aber im Großen und Ganzen haben wir das Thema bisher ausgelassen.

Daher nun ein echtes Praxisbeispiel, in dem wir diesen Punkt ausführlich behandeln werden. Ich versichere Ihnen, dass alles, was Sie auf den folgenden Charts sehen werden, auch fast genauso »in Echtzeit« auf unseren Bildschirmen entstanden ist. Mehr noch: Mehrere der Targets in diesem und dem folgenden Beispiel wurden auch in dem Trader-Dienst, den Jochen Steffens damals zur Target-Trend-Methode als Chefredakteur betreute, vorgestellt und getradet.

Also, wenn Ihnen die anscheinend idealen Verläufe in den nachfolgenden Charts unglaublich erscheinen mögen, dann denken Sie daran: Auch wir waren damals angemessen beeindruckt, aber die Feuertaufe hatte diese Methode schon lang vorher bestanden. Schließlich bestand besagter Trader-Dienst schon seit 2004 ...

Aber auch heute noch haben Sie die Gelegenheit, die Target-Trend-Methode und deren Erfolge live mit zu verfolgen. In den Börsendiensten von Stockstreet setzen wir diese Technik natürlich weiterhin ein – vom ultrakurzfristigen Trading bis zum langfristigen Vermögensaufbau. Besuchen Sie uns mal unter www.stockstreet.de.

Die Ausgangslage

Unser Beispielwert ist nicht irgendein kleiner Nebenwert, sondern eins der ganz großen Schwergewichte im DAX, die Allianz-Aktie. Als solches hat sie den großen Crash 2000-2003 natürlich voll mitgemacht.

Chart 2.44: Allianz SE – die Ausgangssituation

Als Versicherungswert war sie zudem ganz besonders den Belastungen des Finanzmarkts ausgesetzt, halten doch Versicherungen traditionell selbst große Aktienpakete. Der dramatische Kursrückgang sowie daraufhin verfügte regulatorische Beschränkungen seitens der deutschen Finanzaufsicht haben dem Portfolio und damit der Bilanz der Allianz zum Schluss der Krise übel mitgespielt. Das sieht man sehr gut am Kursverlauf (siehe Chart 2.44).

Jahrelang notierte die Aktie in dreistelligen Regionen, jetzt verlor der Kurs innerhalb von drei Jahren sage und schreibe 90 % seit dem Hoch im Jahre 2000.

Die Zusammenfassung des bisherigen Geschehens ...

Für die Analyse ist es häufig hilfreich, die bisherige Entwicklung zu analysieren. Die Kenntnis der »alten« Targets bzw. der sie bestimmenden Strukturen hilft Ihnen meist auch zu verstehen, wie es weitergehen kann.

In diesem Fall müssen wir aber eventuell damit rechnen, dass der schnelle und starke Einbruch in 2002 das System möglicherweise durcheinandergebracht hat. Davon lassen wir uns aber jetzt noch nicht beeindrucken, sondern gehen wie gewohnt Schritt für Schritt vor.

Beginnen wir mit den Rechtecken bzw. den zugehörigen Unterstützungen und Widerständen. Augenfällig ist sicherlich die markante Seitwärtsbewegung im Jahr 2000 knapp unterhalb des Allzeithochs. Diese verläuft direkt über der mehrjährigen Unterstützungs-/Widerstandslinie bei 356 € (siehe Chart 2.45).

Wir reihen die Rechtecke einfach nach unten und oben aneinander. Das Ergebnis (siehe Chart 2.46) erstaunt einigermaßen. Trotz dieses massiven Kursrückgangs laufen die Kurse doch immer wieder an das Raster heran (große Rechtecke in der Mitte und rote Kreise). Insbesondere aber in niedrigeren Kursregionen scheint jedoch ein kleineres Raster die Regie zu übernehmen (rechte Chartseite und gelbe Kreise).

Eine noch genauere Analyse zeigt, dass sogar eine nochmalige Halbierung des Rasters angemessen wäre. In dieses kleinere Raster (in Chart 2.46 sind zur Veranschaulichung die Mittellinien einiger Rechtecke als gestrichelte Linien eingezeichnet) passen dann weitere bedeutende Punkte des Kursverlaufs, zum Beispiel das Tief nach den Terroranschlägen vom 11. September 2001

Chart 2.45: Allianz SE — wir starten mit der Rechteck-Methode

Chart 2.46: Allianz SE — Ergebnis der Rechteck-Methode

und das Tief 2003! Und dabei haben alle diese Rechtecke bereits seit mindestens 1998 Gültigkeit: Schon damals konnten nicht einmal die Asienkrise und der Zusammenbruch des LTCM-Hedgefonds im Oktober 1998 dieses Muster zerstören! Ist das nicht unglaublich?

Kleine, heile Welt?

Aber wir wollen nicht verschweigen, dass die Allianz-Welt doch nicht so heile ist, wie es hier scheint. In Chart 2.47 sehen wir den Kursverlauf nochmal mit den großen Rechtecken. Dabei ist nun jedoch ein offensichtlicher Versatz nach dem September 2001 erkennbar.

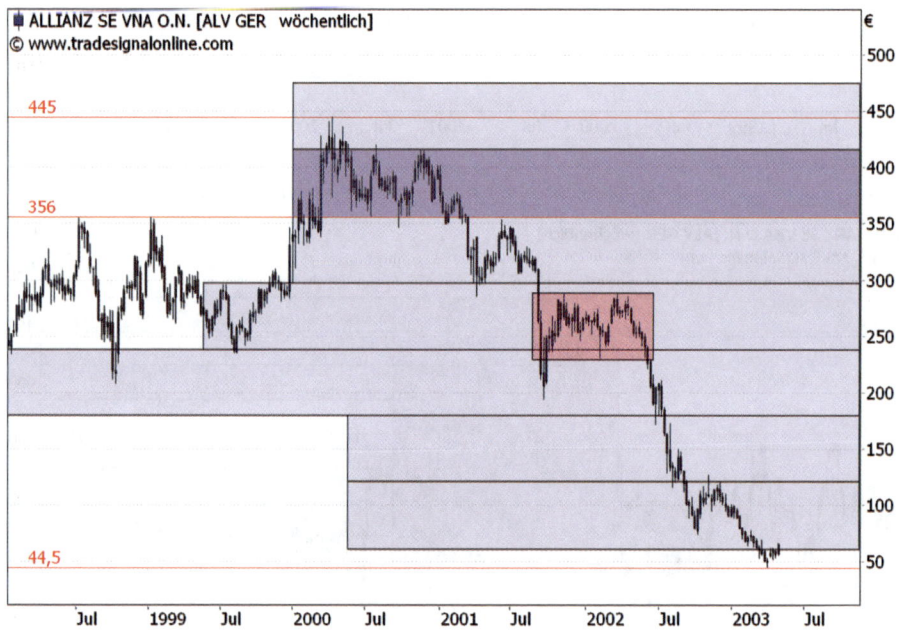

Chart 2.47: Allianz SE – doch ein Versatz bei der Rechteck-Methode?

Das rote Rechteck ist das gleiche, nur eben ein wenig »verrutscht«. Klar, nach so einem einschneidenden Ereignis wäre es auch wirklich verwunderlich, wenn das nicht so wäre. Wie aber oben gesehen, scheint das letztlich keine Auswirkungen auf die »alten« Rechtecke gehabt zu haben. Daher merken wir uns diese Besonderheit für unseren Profi-Kurs vor, wo wir auf einen solchen Paradigmenwechsel nochmals gesondert eingehen werden.

Allerdings behalten wir die Tatsache, dass ein Versatz vorkommt, durchaus im Hinterkopf. Speziell bei den Zeitzyklen kann das nämlich nochmals von Bedeutung sein. Für unsere weiteren Betrachtungen bleiben wir aber erst einmal bei den kleineren Rechtecken, die Sie in Chart 2.46 auf der rechten Seite sehen.

Das Tief – ein Target?

Wo nun das Tief von 2003 so schön in das Raster passt, wird natürlich die Frage interessant, ob es sich dabei eventuell um ein Target handelt. Der Antwort darauf kommen wir näher, wenn wir mit dem Einzeichnen von Trendlinien fortfahren. Denn Trendlinien liefern uns ja unter Umständen direkte Schnittpunkte, die als Targets in Frage kommen.

Naheliegend ist es natürlich, mit dem Abwärtstrend 2000 bis 2003 zu beginnen. Auf der Oberseite finden wir auch eine ideale Linie, die durch die Hochs von Ende 2000 und Ende 2001 exakt beschrieben wird (siehe Chart 2.48). Die Unterseite ergibt sich durch die Tiefs aus 2001/2002.

Chart 2.48: Allianz SE – der Abwärtstrend

Chart 2.49: Allianz SE – das Trendlinien-Target

Das 2003er-Tief wird durch eine Parallele durch andere markante Punkte erreicht (dicke rote Linie). In Chart 2.49 sehen Sie, wie dieser Punkt durch die »Absturzgerade« (schwarz) und eine langfristige innere Trendlinie (dicke blaue Linie) abermals bestätigt wird.

Weitere Bestätigungen

Der »Verdacht«, dass es sich um ein massives *Alpha-Target* handeln könnte, hat sich erhärtet (was wir genau darunter verstehen, erfahren Sie gleich). Zuvor überprüfen wir noch die zwei anderen Ebenen, Zeitzyklen und Fibonacci-Projektionen.

Die Fibonacci-Projektionen zeigen wir Ihnen in Chart 2.50. In der Regel finden wir mehrere Bewegungen, die für die Projektionen infrage kommen. Dann sollten wir diese auch nutzen.

Hier können wir an drei verschiedene »Wellen« die Fibonacci-Linien anlegen. Die jeweiligen Extrempunkte, aus denen sich die Projektionen ergeben, sind in den Farben der Retracements gehalten. Naturgemäß steigt die Genauigkeit der Projektion, je näher Start- und Zielpunkt beisammenliegen. Andererseits ist ein aus einer größeren Welle erhaltenes Zielniveau natürlich aussagekräftiger.

Da sich hier alle 100%-Linien um das Tief gruppieren, deutet das natürlich verstärkt auf ein Target in dieser Region hin. Damit werden die bereits gefundenen Target-Indizien aus der Rechteck- und der Trendlinien-Methode weiter bestärkt.

Chart 2.50: Allianz SE — die Fibonacci-Projektionen zielen in das Target-Niveau

Typisches Fibonacci-Muster

Sehr aufschlussreich ist der Kursverlauf in Bezug auf die blauen Fibonacci-Niveaus in Chart 2.50. Hier sieht man sehr schön, wie der Kurs um das 50%-Niveau herum konsolidiert. Das geschieht nahezu idealtypisch, da das Tief an das 62er-Niveau heranreicht und das Hoch der Konsolidierung an der 38%-Marke liegt — also eine perfekte Symmetrie!

Wie schon in Abschnitt 2.2.6 bei der Vorstellung der Fibonacci-Methode erläutert, ist genau eine solche Korrekturformation um das 50 %-Niveau einer
Fibonacci-Projektion herum gemeinsam mit den anderen, möglichsten exakten Übereinstimmungen markanter Kurspunkte (blaue Kreise in Chart 2.50)
ein wichtiger Hinweis, dass das Kursziel aus dieser Projektion das 100 %-Ni-
veau sehr wahrscheinlich erreicht wird. Und tatsächlich läuft ja der Kurs
schließlich auch in die Target-Zone (gelbes Rechteck).

Und die Bedeutung dieses Bereichs wird weiter untermauert. Denn selbst die
Zeitzyklen zielen auf das Target (siehe Chart 2.51).

Chart 2.51: Allianz SE – auch die Zeitzyklen unterstützen das Target-Szenario

Zwar gibt es hier – wie so häufig – die meisten Verschiebungen, aber für
die Marktphase (Crash!) stimmen die Zyklen sehr gut überein. Insbesondere die Zyklenlänge bleibt trotz Versatzes konstant und stimmt auch im
Tief exakt.

Damit ist das Tief von 2003 ein *Alpha-Target*.

Was sind Targets eigentlich genau?

Jetzt wenden wir uns der wichtigen Frage zu, wie wir die Targets finden. Grundsätzlich ist jeder Schnittpunkt oder jede Übereinstimmung von Niveaus ein potenzielles Target. Bei Schnittpunkten von Trendlinien untereinander ist die Sache sehr eindeutig. Es entsteht genau ein Punkt an der Stelle, wo die Linien einander schneiden.

Eine Trendlinie, die durch Rechtecke läuft, erzeugt schon sehr viel mehr Schnittpunkte, denn an jeder Rechteckgrenze entsteht einer. Ähnlich ist es mit Zeitzyklen und ihren Schnittpunkten mit Rechtecken.

Diese einfachen Schnittpunkte sind in unserem Sprachgebrauch *Gamma-Targets*. Sie sind aber nicht besonders aussagekräftig. Würden wir nämlich jeden dieser Punkte als Target markieren, würde es sehr schnell unübersichtlich im Chart werden.

Daher fordern wir, dass mindestens drei Elemente einander in einem Punkt treffen müssen: drei verschiedene Trendlinien oder Trendlinie plus Rechteck plus Zeitzyklus oder zwei Trendlinien und eine Fibonacci-Projektion usw.

Einen solchen Schnittpunkt aus drei Elementen nennen wir dann *Beta-Target*. Ein Beta-Target hat natürlich eine größere Bedeutung als ein Gamma-Target. Deshalb markieren wir es im Chart auch mit einem farbigen Kreis.

Alpha-Targets — die kursrelevanten Targets
mit der höchsten Treffsicherheit

Logischerweise geht unsere Klassifizierung noch weiter. Ab vier übereinstimmenden Elementen sprechen wir von Alpha-Targets; je mehr, desto besser natürlich. Alpha-Targets mit vier und mehr Überschneidungen haben die höchste Treffsicherheit und eine besondere Bedeutung für den Kursverlauf.

In unserem Beispiel der Allianz-Aktie deuten sowohl Rechtecke wie auch Fibonacci-Zonen auf ein und dasselbe Kursniveau hin. Die »Fibos« kommen dabei aus drei unterschiedlichen Zeiträumen. Zusätzlich schneiden einander noch drei Trendlinien exakt in einem Punkt, auch aus drei unterschiedlichen Zeiträumen. Selbst die Zeitzyklen untermauern das mögliche Target im Tief.

Damit haben wir summa summarum acht unterschiedliche Elemente, die auf ein und denselben Punkt hindeuten. Das ist natürlich ein extrem starkes Target. Solche Targets stellen erfahrungsgemäß häufig auch einen mittelfristigen Trendwendepunkt dar.

Wir werden nun, ausgehend von diesem Mega-Alpha-Target, das wir ja sozusagen aus der Retrospektive gewonnen haben, den weiteren Kursverlauf unter Berücksichtigung der sich neu herausbildenden Targets verfolgen.

Der Chart wird »gefüllt« ...

Wie in den Abschnitten 2.2.3 und 2.2.4 zu den Trendlinien-Methoden beschrieben, werden wir für die Targetbestimmung parallelverschobene oder neu gefundene Trendlinien verwenden. Dabei gehen wir schrittweise vor, denn wenn Sie die Methode konsequent anwenden und viele Ebenen verwenden, wird es naturgemäß ziemlich unübersichtlich im Chart.

Chart 2.52: Allianz SE – die Ausgangssituation nach dem Erreichen des Alpha-Target-Tiefs

Chart 2.53: Allianz SE — erste Parallelverschiebung der Target-Linien

Chart 2.54: Allianz SE — zweite Parallelverschiebung der Target-Linien

Chart 2.55: Allianz SE – die ersten Targets haben sich gebildet

Chart 2.52 zeigt daher erst einmal die Ausgangssituation Anfang Mai 2003. Die dicken Linien im Chart entsprechen denen aus Chart 2.49, wobei die unterste dünne Linie des roten Trendkanals aus Chart 2.49 in Chart 2.52 weggelassen wurde. Dafür haben wir die obere nun auch dick gezeichnet. Diese Linien sind unsere Referenzlinien für die weiteren Untersuchungen.

Im nächsten Schritt verschieben wir die roten Linien parallel nach rechts durch verschiedene markante Punkte im Kursverlauf. Die neuen Linien sind ebenfalls rot, allerdings dünn gezeichnet. Die »Anlagepunkte« für die neuen Linien sind mit Kreisen markiert (Chart 2.53).

Das Gleiche machen wir dann auch für die blaue Linie (Chart 2.54).

Die schwarze Linie kann nicht nach dieser Methode parallel verschoben werden, da rechts von ihr keine geeigneten Anlagepunkte mehr existieren.

Aus dieser Ausgangslage lassen sich allerdings kaum Anhaltspunkte gewinnen. Zwar existiert eine Menge Schnittpunkte der Linien untereinander und mit den Rechtecken, aber nur wenige dreifache Schnittpunkte (Schnittpunkt zweier Linien mit einem Rechteck). Die entsprechenden Kandidaten sind in Chart 2.55 mit gelben Kreisen markiert. Das sind unsere ersten Beta-Targets.

Wie groß ist ein Target?

Bei dem obersten der drei Targets stellt sich natürlich die berechtigte Frage, inwieweit dort ein Schnittpunkt vorliegt. Schließlich schneiden einander die rote und blaue Linie ja erst deutlich unter dem Rechteck.

Damit kommen wir zur Größe der Targets. Diese richtet sich zunächst einmal nach der gewählten Periode im Chart. Im Tageschart werden Sie – auch »gefühlsmäßig« – kleinere Targets einzeichnen als in Wochen- oder Monatscharts. In Intraday-Charts ergeben sich noch kleinere Punkte.

Zeichnen Sie die Targets generell zu groß, sinkt die Interpretationskraft und damit die Verwertbarkeit. Auch zu kleine Targets ergeben natürlich keinen Sinn.

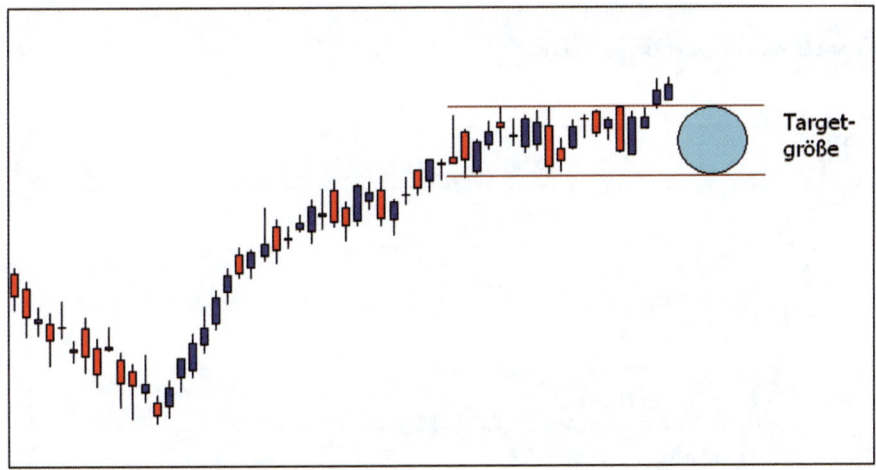

Bild 2.7: So bestimmen Sie die Targetgröße

In der Praxis erreichen Sie »automatisch« eine vernünftige Größe, wenn Sie die Targets an die durchschnittliche Größe der Periodenkerzen anpassen (Bild 2.7). Dadurch haben Sie auch die Möglichkeit, sich an die aktuellen Gegebenheiten des Markts zu halten. Eine volatilere Phase mit größeren Ausschlägen erhöht dann auch die Toleranz bei den Targets.

In Chart 2.55 fällt das obere Target damit sicherlich bereits heraus. Ganz verwerfen sollten Sie solche Punkte aber nicht. Schließlich arbeiten wir ja gerade einmal mit zwei Ebenen. Es ist also jederzeit möglich, dass durch Hinzufügen einer neuen Ebene dieses Target doch noch bestätigt wird.

Geschieht das nicht, fällt es schließlich irgendwann ganz heraus.

Weitere Ebenen werden hinzugefügt

Damit kommen wir also zu den nächsten Ebenen.

Sehr hilfreich wäre zunächst einmal eine steigende Trendlinie. Viel Auswahl dafür haben wir zwar nicht, schließlich erhebt sich der Kurs gerade erst aus seinen absoluten Tiefen. Probehalber können wir aber mal eine Trendlinie vom Tief aus an den Kurs anlegen. Wie gewohnt, legen wir auch gleich eine Parallele über das jüngste Hoch.

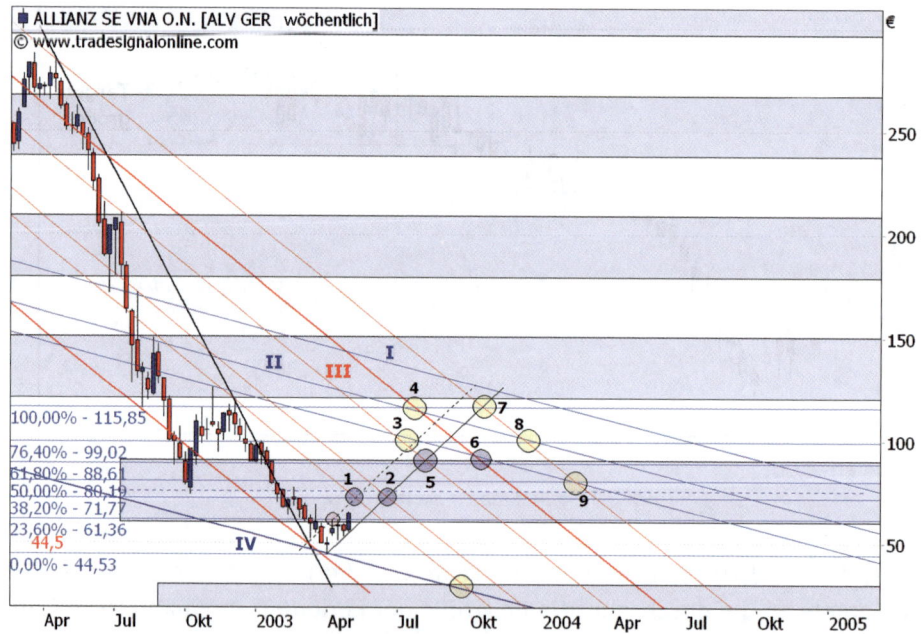

Chart 2.56: Allianz SE – weitere Ebenen bilden neue Targets und verstärken die alten

Eine sehr wichtige Ebene ist häufig auch die Fibonacci-Projektion. Das gleiche Hoch, über das wir die obere Parallele gelegt haben, nehmen wir auch als Bezugspunkt für unsere Fibonacci-Niveaus (dieser Punkt ist im folgenden Chart durch einen roten Kreis markiert).

Das Ergebnis dieser beiden Aktionen ist in Chart 2.56 zu sehen.

Sie sehen, die Zahl der Targets steigt merklich an. Aber wir erhalten jetzt auch schon eine deutliche Differenzierung. Zur besseren Erläuterung beginnen wir, sie nun durchzunummerieren.

Die Targets werden verstärkt

Wir haben nun einige »blaue« Targets im Chart. Das sind nun unsere ersten Alpha-Targets. Hier schneiden jeweils vier Ebenen einander. Target 1 und 2 werden durch zwei Trendlinien, ein Fibonacci-Niveau und die Mittellinie des Rechtecks gebildet. Genauso ist das bei Target 5 und 6, nur dient hier die Oberkante des Rechtecks als vierte Ebene.

Die gelben Beta-Targets werden durch zwei Trendlinien und jeweils ein Fibonacci-Niveau gebildet. Insgesamt können Sie schön erkennen, wie durch das Hinzufügen weiterer Ebenen Targets verstärkt wurden. Target 6 zum Beispiel ist zum Alpha-Target aufgestiegen, Target 4, unser vorheriger Wackelkandidat, wurde durch eine Fibonacci-Linie verstärkt.

Daneben haben sich natürlich neue Targets ergeben. Einige davon (1, 2 und 5) sind sofort zum Alpha-Target geworden, weil ein einfacher Schnittpunkt zweier Ebenen (Gamma-Target) durch beide hinzugekommenen Ebenen bestätigt wurde.

Die Interpretation der Targets

Jetzt müssen wir uns um die Interpretation der Targets und ihrer Lage kümmern. Hier geht es um begründete Annahmen, wie der weitere Kursverlauf zwischen den Targets aussehen könnte. Welche Möglichkeiten es überhaupt für den Kursverlauf am Target gibt, erläutern wir im Profi-Kurs.

An dieser Stelle mögen uns die beiden wesentlichen Varianten ausreichen. Zum einen kann der Kurs das Target einfach durchlaufen (ein »Walk-Through-Target«), oder aber er bildet dort einen Umkehrpunkt (weil das häufig nur mit einer kurzen Spitze in das Target geschieht, haben wir es »Spike-Target« genannt).

Target 1 können wir als »Selbstläufer« betrachten. Der Kurs »muss« einfach dorthin. Alles andere wäre extrem bearish und würde die anderen Targets, die momentan alle über dem Kurs liegen, schon zu einem Großteil hinfällig machen.

Wir betrachten also nur die Fälle, bei denen der Kurs durch Target 1 durchläuft bzw. an diesem Punkt zurückfällt.

Targets bieten immer mehrere Möglichkeiten an

Läuft der Kurs durch 1 einfach durch, wäre kurze Zeit später eine leichte Konsolidierung zu erwarten. Diese sollte zurück zu 2 führen (siehe Chart 2.57). Die Oberkante des Rechtecks sollte dabei zuvor nicht berührt werden.

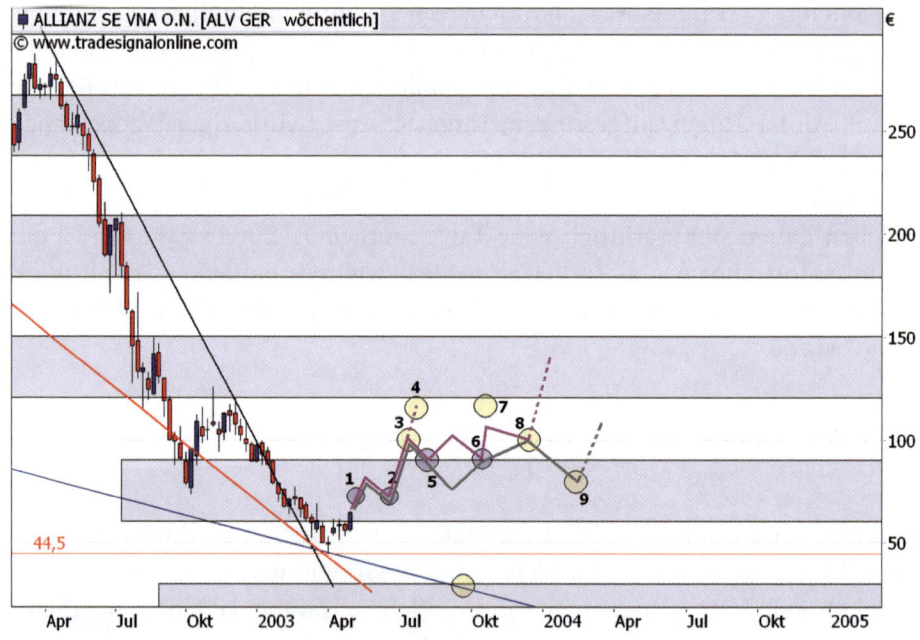

Chart 2.57: Allianz SE – Kursprojektion durch die Targets nach oben

Jetzt müssen Sie natürlich sofort dazwischenfunken. Warum kann der Kurs nicht bis hoch ans Rechteck laufen, bevor er wieder runter zu 2 fällt? Natürlich kann er das, keine Frage. Aber es ist nicht wahrscheinlich. Wir haben zwischen Target 1 und 2 nicht den Hauch einer Andeutung eines Targets an der Rechteckkante. Viel wahrscheinlicher wäre daher eine Umkehr am 61,80 %-Niveau bei 88,61 € bzw. eventuell ein bisschen höher an der 90-€-Marke (siehe Chart 2.56).

Von Target 2 wäre dann ein Anstieg bis über die Rechteckkante hinaus möglich, denn dort oben »lockt« dann Target 3. Von 3 aus könnte dann sogar auch 4 erreicht werden, aber das wäre doch ein gewaltiger und steiler Durchmarsch. Auch hier wäre ein Rückfall von 3 auf 5 wahrscheinlicher. Damit würde auch das alte Rechteck von oben getestet.

Prüfen Sie in jedem Fall auch die »andere« Seite!

Nun wird es allmählich unübersichtlich, denn die Zahl der möglichen Varianten steigt rapide an. Begnügen wir uns zunächst mit zwei Optionen, die Sie beispielhaft in Chart 2.57 sehen können (violette und graue Prognoselinien).

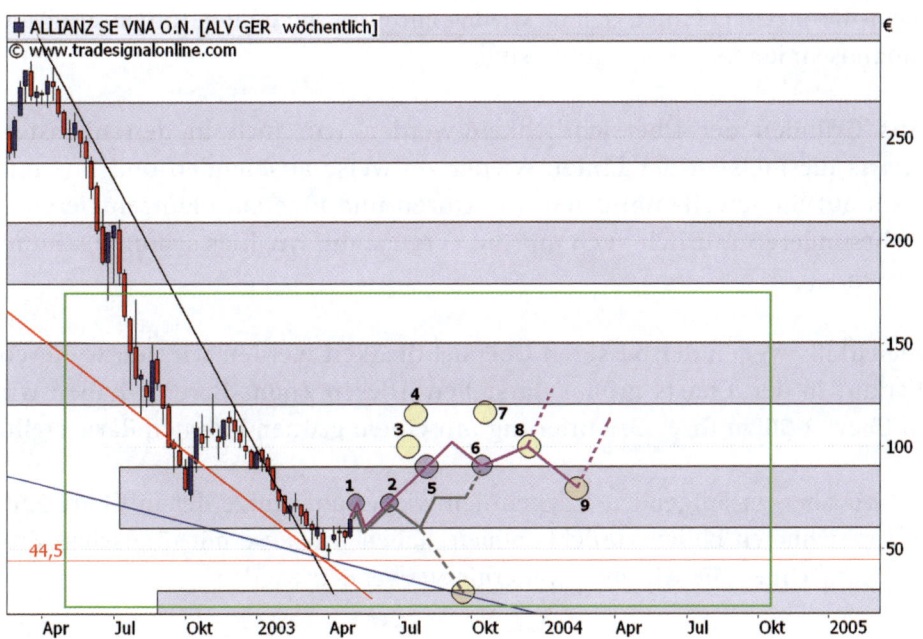

Chart 2.58: Allianz SE – Kursprojektion durch die Targets nach unten

Prallt der Kurs jedoch von Target 1 ab, müssen wir uns verstärkt mit neuen Möglichkeiten auf der Abwärtsseite beschäftigen. Hier fehlen allerdings noch Targets. Diese müssten wir dann aus neuen Parallelverschiebungen und auch Fibonacci-Projektionen gewinnen. Eine dieser bearishen Varianten ist in Chart 2.58 angedeutet (grauer Prognoseverlauf).

Für unser Szenario gehen wir aber erst einmal davon aus, dass ein Scheitern an 1 den Kurs nicht deutlich unter die Kante des Rechtecks treibt und zumindest 2 danach auch angelaufen wird. Dann besteht die Chance, dass auch 5 erreicht wird (Target 3 scheint dann schon fast aussichtslos; es ist auch in der obigen Version schon eine ordentliche Herausforderung). Ansonsten rückt bald das untere gelbe Target in den Blickpunkt (gestrichelte graue Linie).

Der weitere Kursverlauf

Inzwischen haben wir bereits eine ganze Reihe verschiedenster Strukturen in unseren Allianz-Chart eingezeichnet. Wie Sie sehen, sind nicht für jedes Target alle Elemente relevant. In den Charts 2.57 und 2.58 haben wir daher auch die meisten Linien schon wieder entfernt, damit die Targets und die Prognoselinien klarer erkennbar sind.

Aus Gründen der Übersichtlichkeit werden wir auch in den nächsten Charts die meisten der Linien wieder zeitweise ausblenden und uns nur noch auf die jeweils nötigsten Strukturen und Elemente konzentrieren – insbesondere natürlich auch auf die Targets, die wir hier schon bestimmt hatten.

Gleichfalls wegen der besseren Übersichtlichkeit werden wir den weiteren Verlauf in den Charts größer darstellen. Diesen Zoom-Bereich haben wir in Chart 2.58 zu Ihrer Orientierung mit einem grünen Rahmen dargestellt.

Da wir aber im Folgenden gelegentlich wieder auf einige der in Chart 2.56 eingezeichneten Linien zurückkommen, haben wir diese mit römischen Ziffern bezeichnet, die wir auch weiterhin verwenden werden.

Die gezoomte Ausgangssituation mit den aktuell bedeutsamen Linien zeigt Chart 2.59.

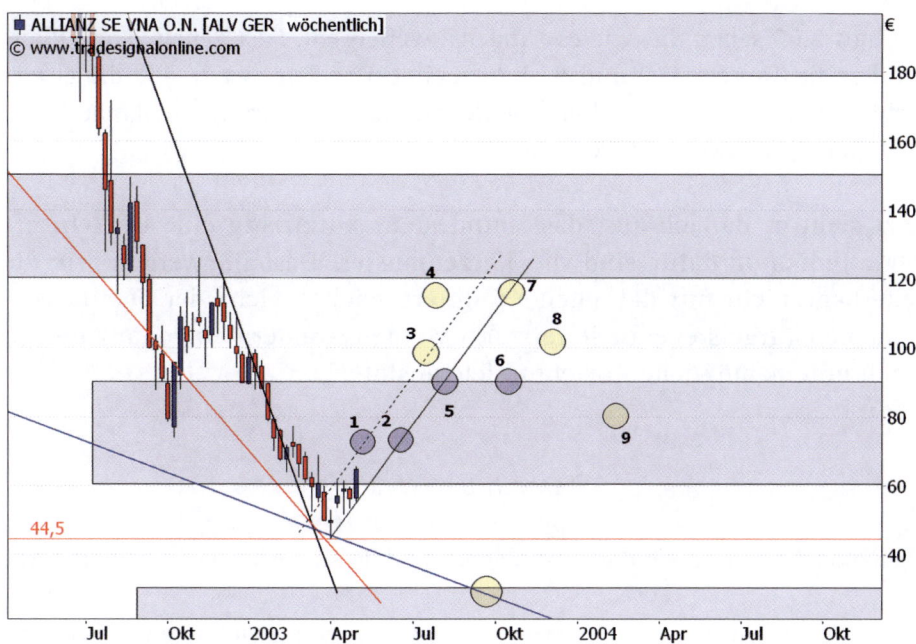

Chart 2.59: Allianz SE — Die Ausgangssituation in der Zoom-Ansicht

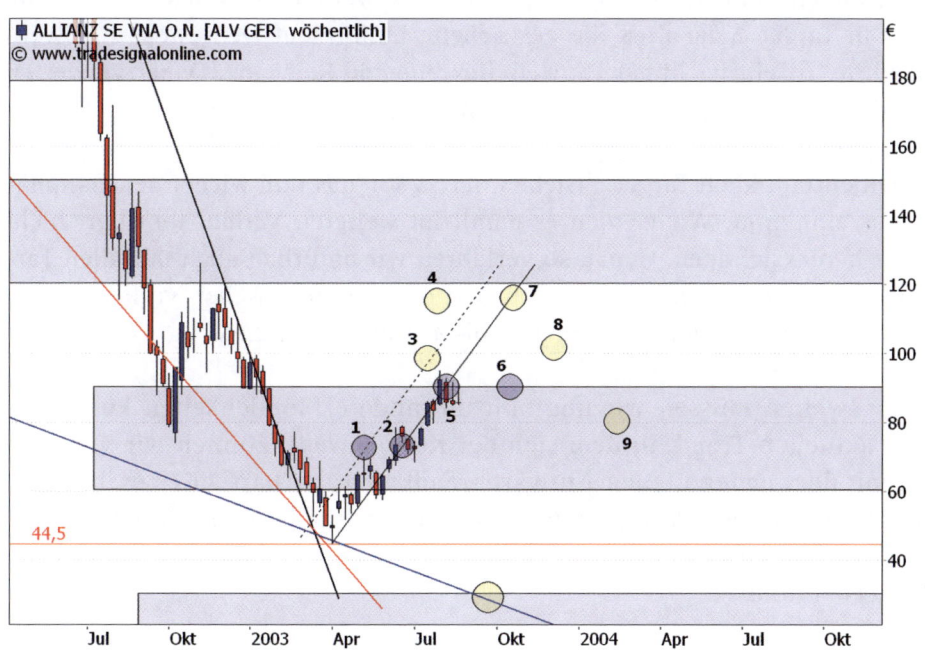

Chart 2.60: Allianz SE — Kursverlauf durch die ersten Targets

In Chart 2.60 sehen Sie, wie es zunächst weitergeht. Fast genau »nach Plan« wurden die Targets 1, 2 und 5 abgearbeitet. Der Kurs setzte allerdings tatsächlich noch einmal zurück an die Rechteckkante, marschierte danach aber recht geradlinig durch Target 2 hoch zu 5.

Jetzt sieht es danach aus, dass mindestens kurzfristig eine Umkehr erfolgt. Indikator dafür sind die Kerzenmuster. Deshalb werden wir die neue Lage nicht nur dahingehend untersuchen, welche der bereits vorhandenen Targets eventuell verstärkt werden, sondern auch ganz gezielt »nach unten« mögliche Korrekturziele ausloten.

Die nächsten Schritte

Aber zunächst wollen wir das entstandene Kursbild analysieren (siehe Chart 2.61).

Als Erstes können wir konstatieren, dass die eingezeichneten schwarzen Aufwärtstrendlinien (siehe Chart 2.60) offenbar keine Relevanz mehr haben. Zwar schlängelt sich der Kurs um die untere der beiden Linien, aber die dabei ausgebildeten Hochs und Tiefs ergeben keine weiteren Parallelen. Vor allem, dass in Target 1 der Kurs die gestrichelte Linie nicht wenigstens halbwegs berührte, ist ein wichtiger Hinweis für fehlende Relevanz. Daher verwerfen wir diese Linien für weitere Betrachtungen.

Damit entfällt auch Target 7 (siehe Chart 2.60), das nun wieder den Gamma-Status einnimmt. Wir werden es damit im weiteren Verlauf im Chart nicht mehr berücksichtigen. Genau so verfahren wir natürlich auch mit allen Targets, die der Kurs entweder erreicht hat oder die inzwischen verfallen sind, wie in dieser Situation die Targets 1 bis 4 (siehe Chart 2.60).

Zum Zweiten müssen wir uns nun um andere Möglichkeiten kümmern. Den aktuellen Trend, in dem sich der Kurs bewegt, können wir viel besser mit dem neuen blauen Aufwärtstrendkanal in Chart 2.61 beschreiben. Dieser bestätigte uns während des Verlaufs zusätzlich das Target 5 sowie in der Perspektive auch Target 6 und 8. Außerdem erhalten wir zwei neue Targets 10 und 11.

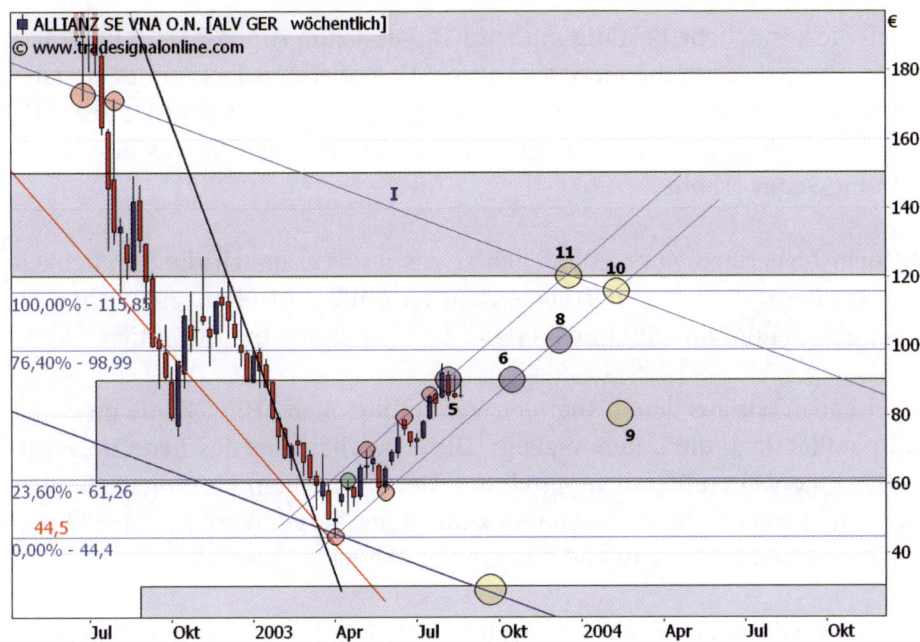

Chart 2.61: Allianz SE – Projektion der Targets für den weiteren Kursverlauf

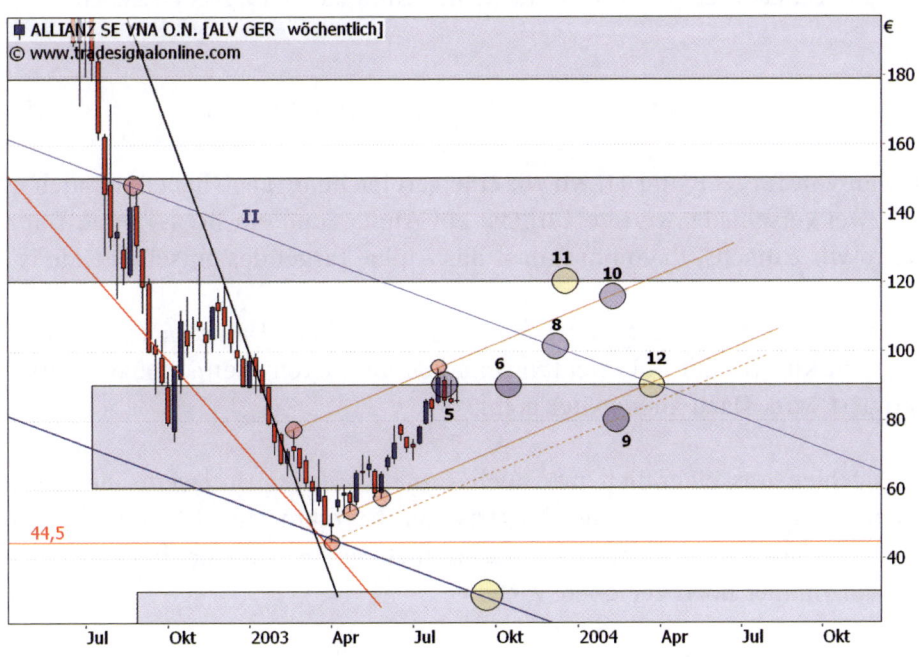

Chart 2.62: Allianz SE – eine zusätzliche Target-Projektion

Durch die zusätzliche Bestätigung wird Target 8 zum Alpha-Target befördert. Target 10 wird durch die Fibonacci-Projektion, die vom Tief und dem ersten kleinen Zwischenhoch (grüner Kreis) ausgeht, zum Beta-Target. Das 76 %-Niveau dieser Projektion verläuft gleichzeitig durch Target 8, was dessen Bedeutung weiter erhöht.

Mit dem bisherigen Kursverlauf haben wir nun zusätzlich die Möglichkeit, auch noch einen flacheren Trendverlauf zu prüfen. In Chart 2.62 sehen Sie daher einen alternativen Linienverlauf, hier als dünne braune Linien.

Dabei haben wir aus dem bisherigen Verlauf die obere (Hilfs-)Linie gefunden und parallel dazu die untere erzeugt. Diese beschert uns das neue Beta-Target 12. Eine weitere Parallele durch das Tief (gestrichelt) bestätigt außerdem nochmals Target 9, das dadurch nun zum Alpha-Target wird. Die obere braune Linie versetzt Target 10 ebenfalls in den Alpha-Status.

Hier haben wir nun eine sehr interessante Situation. Die Targets 9 und 10 liegen zeitlich nahezu auf gleicher Höhe. Abgesehen von einem Crash, einem raketenhaften Kursanstieg nach Übernahmemeldung oder anderen außergewöhnlichen Ereignissen, kann der Kurs in der Regel nur eines dieser Targets erreichen.

Wenn mehrere Targets auf einer Linie tanzen ...

Im Fall von Target 8 und 11, wo wir eine vergleichbare Lage haben, handelt es um zwei verschiedenwertige Targets: ein Alpha- und ein Beta-Target. Dann gehen wir zunächst davon aus, dass das Alpha-Target das entscheidende ist.

Die Targets 9 und 10 sind aber beide Alpha-Targets. Daher müssen wir im weiteren Kursverlauf Entscheidungsmarken definieren, wann welches Target aktiviert wird. Dazu aber später mehr.

Jetzt fehlen uns eigentlich nur noch Targets auf der Unterseite, denn wir gehen ja momentan von einer kurzfristigen Korrektur aus. Obwohl wir nun bereits etliche Ebenen eingetragen und auch schon geändert haben, fehlen uns dort immer noch geeignete Ziele.

Das lässt sich zwar durch eine sehr spezielle Erweiterung der Parallel-Methode verhindern, die wir im Profi-Kurs besprechen. An dieser Stelle nutzen wir ein anderes probates Werkzeug, das in der Lage ist, Targets im »Niemands-land« aufzuspüren.

In Abschnitt 2.2.6 hatten wir ja schon hervorgehoben, dass die von uns ver-wendete Fibonacci-Projektionsmethode ihre Stärke gerade dann ausspielt, wenn der Kurs sich in charttechnisches Neuland aufmacht. Das werden wir jetzt ausnutzen.

Dazu legen wir die Fibonacci-Linien vom jüngsten Hoch über das jüngste kleine Verlaufstief (23 %-Niveau am grünen Kreis, siehe violetter Pfeil) nach unten. Das Ergebnis sehen Sie in Chart 2.63.

Chart 2.63: Allianz SE – alternative Targetprojektion nach unten

Die drei neu gefundenen unteren Targets bezeichnen wir zur besseren Unter-scheidung mit Buchstaben A bis C. Neben einem kleineren Target A auf der unteren braunen Linie finden wir ein Beta-Target B auf der Rechteckkante und ein Alpha-Target C auf dem nächstniedrigeren Rechteck. Dieses letztere Target liegt ebenfalls auf der Linie der Targets 9 und 10.

Eine solche Konstellation auf der Zeitachse deutet daraufhin, dass sich dort ein bedeutender Umkehrpunkt herausbildet, zum Beispiel ein Hoch in 10 oder ein Tief in 9 oder C (da 9 niedriger liegt als 5, 6 und 8, wäre ein Hoch in 9 nicht »markant«).

Wie Sie mit Hilfe von Targets traden können

Obwohl die Häufung von Alpha-Targets auf der Oberseite in absehbarer Zeit einen weiteren Kursanstieg suggeriert, ergibt sich an Target 5 eine exzellente Gelegenheit für einen Short-Trade. Das Motiv dafür liegt einfach darin, dass sich der Kurs formal immer noch im Abwärtstrend befindet und noch kein höheres Hoch ausgebildet hat (das aktuelle Hoch liegt noch niedriger als die jüngsten Zwischenhochs von Ende 2002).

Chart 2.64 zeigt, dass es im weiteren Verlauf tatsächlich zu einer deutlichen Konsolidierung (roter Kanal) und danach zu einem Drehen des Kurses an dem kleinen Beta-Target A kommt. Dadurch wird der Verlauf durch die Targets 6-8-10 wahrscheinlicher, denn der Kurs verbleibt damit in dem flacheren braunen Kanal und sollte in diesem von der unteren Linie wieder nach oben laufen.

Dieses Verhalten werden wir ebenfalls im Profi-Kurs (in Kapitel 3.1.2 im Zusammenhang mit der Target-Aktivierung) genauer beleuchten. Gemeinsam mit der Fibonacci-Projektion ist dieses Trendverhalten einer der stärksten Hinweise auf den weiteren Kursverlauf und die Aktivierung der Targets.

Wie gut beide in diesem Fall zusammenwirken, können Sie in Chart 2.64 ebenfalls sehr schön erkennen: Der Kurs steuert direkt auf das Target 10 los und nimmt dabei den erwartungsgemäßen Weg durch die Targets 6 und 8. Dabei sehen wir um das 50 %-Niveau unserer Fibonacci-Projektion herum die typische Konsolidierung (kleiner roter Kanal), was uns ankündigt, dass der Kurs auf dem Weg an die 100 %-Linie ist.

Da diese Linie die braune und die beiden blauen Trendlinien im Target 10 schneidet, ist dieses Target (in Chart 2.64 rot hervorgehoben) schon bald unser bevorzugtes Ziel. Und zwar können wir dieses Ziel bereits bei Target A ins Auge fassen (siehe violetter Pfeil).

Chart 2.64: Allianz SE — der Kursverlauf bestätigt Target 10

An dieser Stelle dreht nämlich der Kurs mit einem Umkehrmuster der Kerzenformationen (siehe hierzu Anhang 5 und Kapitel 4.2.1) unmittelbar vor dem
Erreichen dieses Targets nach oben ab. Dies ist in der Regel ein sehr deutliches Zeichen auf Fortsetzung des bisherigen Trends, in diesem Fall des sich
gerade herausbildenden Aufwärtstrends. Gemeinsam mit den zuvor genannten Hinweisen auf den wahrscheinlichen Anstieg bis Target 10 bei knapp 116
€ haben wir so bei ca. 79 € ein sehr frühzeitiges Tradingsignal und damit
ein Potenzial von sage und schreibe 47 %!

Dass der Kurs Target 10 nur streift und damit dieses Potenzial nicht voll
ausnutzt, gehört zu den Unwägbarkeiten der Börse. Andererseits gibt uns
das dreiteilige Kerzenmuster vor Target 10 einen deutlichen Hinweis auf
die Erschöpfung des Anstiegs. Selbst danach, als der Kurs das Target quasi
unterläuft und damit einen möglichen Abwärtsschub andeutet, bestanden genug Gelegenheiten für einen gewinnträchtigen Ausstieg aus diesem
Trade.

Von Target zu Target

Für den weiteren Verlauf sind nun zwei Dinge besonders bedeutsam: zum einen natürlich der klar erkennbare Drang nach unten in Richtung Target 12, zum anderen aber vor allem das verpasste Target 10. Letzteres in Verbindung mit der Tatsache, dass sich die Allianz-Aktie noch immer klar in einem übergeordneten Abwärtstrend befindet – nicht einmal die Niveaus der vorangegangenen Zwischenhochs vom Herbst 2002 wurden erreicht – muss uns nun nach Zielen für fallende Kurse suchen lassen.

Erneut ermitteln wir diese Targets durch geeignete Linien und Fibonacci-Niveaus. Mit Target 12 haben wir bereits eines in unmittelbarer Nähe. Das nächste Target (Nummer 13, siehe Chart 2.65) erhalten wir als Alpha-Target an der Mittellinie des blauen Rechtecks, auf Höhe des jüngsten Zwischentiefs (grüne Linie).

Chart 2.65: Allianz SE – Target-Projektion für die Gegenbewegung

Die Ermittlung weiterer sinnvoller Targets erfolgt mit dem Fortschreiten des Kursverlaufs, wie Sie in Chart 2.66 sehen können.

Chart 2.66: Allianz SE — Kurskorrektur zwischen den Targets

Wieder zurück auf null?

Denn es kommt zu dem erwarteten Rücksetzer bis Target 12, und nachdem einige Zeit später auch eine Umkehr an der oberen Rechteckkante (roter Pfeil) droht, wird das Erreichen von Target 13 bereits erheblich wahrscheinlicher.

In dieser Situation liegt sogar ein weiterer Kursrückgang in der Luft. Denn die Konsolidierung seit Erreichen von Target 12 (rotes Rechteck) verläuft nahezu idealtypisch symmetrisch um die 50 %-Linie der Fibonacci-Projektion, die auch Target 13 bestätigt hat. Damit wird das neue Target 14, das sich aus einer Parallellinie zu den bewährten blauen Abwärtslinien an der unteren Rechteckkante ergibt, ein mögliches Ziel für die gerade laufende Kurskorrektur. Dann wäre fast der gesamte Anstieg seit dem Tief 2003 wieder neutralisiert.

Doch natürlich müssen wir bei unseren Analysen unsere bisherigen Annahmen auch stets selbstkritisch hinterfragen. So hatten wir beispielsweise in Chart 2.62 mit Hilfe der zum damaligen Zeitpunkt ermittelter Linien (braun) Target 12 bestimmt. In Chart 2.67 sind diese Linien gestrichelt eingezeichnet.

Chart 2.67: Allianz SE – neue Parallellinienkonstruktion bestätigt Target abermals

Diese Linien wurden aber, wie wir sehen, seither nicht ein einziges Mal erneut bestätigt. Damit verlieren sie ihre Relevanz, und wir müssen uns abermals um andere Möglichkeiten bemühen. Dafür kommen nun die grünen Linien (siehe Chart 2.67) infrage, die wiederum ein wenig flacher verlaufen.

Insbesondere die mittlere Linie weist mittlerweile vier nahezu exakte Berührungspunkte auf. Aber wir finden auch auf der Oberseite eine entsprechende Parallele mit sehr vielen Kontakten. Aus Sicht dieser oberen Linie ist der Anstieg in Richtung des damaligen Targets 10 (gelbe Ellipse) nur ein Fehlausbruch. Das wäre auch eine Erklärung, warum damals dieses Target nicht genau erreicht werden konnte: Der Kurs war einfach zu schwach bzw. die Wirkung der Linie zu stark. Das wiederum würde auf eine erhebliche Relevanz dieser grünen Linien hindeuten.

Haben wir schon den nächsten Langfristtrend gefunden?

Interessant ist an der grünen Linienschar, dass eine mögliche untere Linie, die wir an das Tief gelegt und mit »X« bezeichnet haben, einen Trendkanal mit fast idealer Mittellinie bilden könnte. Solche symmetrischen Konstellationen haben unserer Erfahrung nach eine extrem hohe Bedeutung für den Kursverlauf.

Das Bemerkenswerte an der Linie X ist natürlich, dass sie gleichzeitig unser vorhandenes Target 13 weiter verstärkt. Führen wir den Gedankengang zu Ende, nach dem die grünen Linien einen neuen Aufwärtstrend bilden würden, dann sollte folglich der Kurs nicht signifikant unter Target 13 fallen, sondern dort drehen.

In Chart 2.68 sehen Sie nun den kompletten Verlauf unseres kleinen Zeitausschnitts. Es kam in der Tat zu einer Fortsetzung des Aufwärtstrends am Target 13. Unmittelbar danach bildete sich ein neues, höheres Tief (rechter Pfeil), von dem aus der Kurs dann weiter anstieg (diesen folgenden Verlauf sehen wir uns im nächsten Kapitel an).

Chart 2.68: Allianz SE – ergibt sich durch weitere Parallellinien ein neuer Langfristtrend?

Sowohl im Target 13 als auch dem folgenden Tief kam es zu kurzen Fehlausbrüchen unter die Linie X (violette Pfeile). Absolut erstaunlich ist erneut, dass selbst diese beiden »Ausreißer« sich abermals auf einer Parallele zu den anderen grünen Linien wiederfinden. Damit zeigt auch bereits der unmittelbare Kursverlauf nach Target 13, dass diese Linien offensichtlich weiterhin eine besondere Bedeutung für den Kursverlauf haben. Wir werden sie daher weiterhin im Auge behalten ...

Die drei großen Vorteile der Target-Trend-Methode

Sie haben an diesem ausführlichen Beispiel miterleben können, wie die Target-Trend-Methode immer wieder sehr genau Kursziele aufspürt. Allein dies ist schon ein enormer Fortschritt gegenüber allen anderen Analysetechniken. Denn die meisten liefern bestenfalls *hinterher* exakte Erklärungen, warum es zu dieser oder jener Entwicklung an den Märkten gekommen ist.

Doch neben diesem einen, sehr offensichtlichen Vorteil gibt es noch zwei weitere, die insbesondere für das Trading von enormer Bedeutung sind.

Kehren wir dazu an dieser Stelle noch einmal zurück zu Chart 2.63. Erinnern Sie sich noch? Dort fanden wir drei Alpha-Targets, die zeitlich exakt auf einer Linie lagen. Diese Konstellation zeigen wir Ihnen unter einem anderen Blickwinkel nochmals in Chart 2.69.

Eine solche Konstellation deutet, wie gesagt, erfahrungsgemäß auf einen zyklischen Extrempunkt zu diesem Zeitpunkt hin. Und tatsächlich war das Hoch bei Target 10, das sich schließlich herausbildete, der markanteste Kurspunkt seit dem Tief im Frühjahr 2003. Erstaunlich, nicht wahr?

Sie konnten also bereits zum Zeitpunkt 1 in Chart 2.69 eine begründete Erwartung hegen für ein Ereignis, das erst ca. 25 Perioden später eintreten wird – selbst wenn wir damals noch nicht genau sagen konnten, an welchem dieser drei Punkte der Kurs schließlich landen wird (das ergab sich aber durch den Verlauf von Target zu Target auch recht bald).

In unserem Beispiel haben wir es mit Wochenkerzen zu tun. Aber stellen Sie sich vor, Sie arbeiten mit Drei- oder Fünf-Minuten-Charts und der dabei unvermeidlichen Hektik. Können Sie sich vorstellen, welche mentale Sicherheit es für Ihr Trading bedeutet, wenn Sie ein bis zwei Stunden vorher eine fundierte Ahnung davon haben, dass eine Marktdrehung bevorsteht?

Chart 2.69: Allianz SE — die Target-Projektion bietet Ihnen deutliche strategische Vorteile

Aber es kommt ja noch besser! Denn im Lauf der Zeit erkennen Sie durch die Bausteine der Target-Trend-Methode, wie hier gesehen, in welche Richtung der Kurs laufen wird (nach oben), und starten einen Trade darauf (zum Beispiel an Target A). Dann stellen Sie kurz vor Erreichen des projizierten Targets 10 fest, dass ein klares Umkehrmuster aufgetreten ist (Punkt 2).

Verbessern Sie Ihre Tradingbilanz!

An dieser Stelle haben Sie als Target-Trend-Trader nun die Möglichkeit, Ihren Trade mit dem maximal möglichen Gewinn in dieser Situation zu beenden! Denn die Kenntnis um das Target 10 und seine Bedeutung als vermutlich markanten Wendepunkt im Kursverlauf erlaubt Ihnen die unmittelbare Entscheidung, nun auszusteigen (oder jetzt einen Short-Trade zu beginnen).

Klassische Charttechniker hätten beispielsweise erst eine Veranlassung gesehen zu verkaufen, als entweder die steilere, gestrichelte (Punkt 3) oder die langfristige rote Trendlinie gebrochen wurden. Der Trade nach der Target-Trend-Methode war also eindeutig der lukrativste! Und wenn Sie bereits erste

Erfahrungen im Trading haben, dann wissen Sie, wie viel Unterschied »ein paar Pünktchen« mehr oder weniger bei jedem Trade in Ihrer langfristigen Erfolgsbilanz ausmachen ...

Jetzt haben Sie die Arbeit mit Target-Trend-Methode bereits Schritt für Schritt kennengelernt. Schon mit wenigen Kerzen, gewissermaßen aus der Nahperspektive, konnten wir Targets und Kursverlauf bestimmen.

Diese sehr exakte, methodische Vorgehensweise führt zwar zu sehr genauen Ergebnissen, ist aber für die tägliche Tradingpraxis meist zu aufwendig. Wir werden daher nach und nach Vereinfachungen durchführen, die zwar formal ungenauer sind, aber immer mehr Ihre Intuition schulen werden. Denn darum geht es letztlich in diesem Buch, und die Target-Trend-Methode ist schließlich nur ein Hilfsmittel dazu.

2.3.2 Langfristige Analyse

Vielleicht haben Sie sich bisher gewundert, dass der erste Teil dieses Kapitels als »kurzfristige« Analyse bezeichnet wurde. Schließlich haben wir ja im Wochenchart gearbeitet, und der Zeitraum unserer Betrachtungen erstreckte sich über gut anderthalb Jahre.

Es geht aber nicht darum, ob wir im Wochen- oder Stundenchart arbeiten, sondern um die Anzahl der Perioden, die wir in unsere Analysen einbeziehen. So haben wir unsere Betrachtung begonnen, als gerade einmal vier Kerzen nach dem Tief zu sehen waren.

Langfristig oder kurzfristig?

Vom Tief bis zum Zwischenhoch bei Target 10 waren es auch nur 42 Perioden, und was haben wir aus dieser kurzen Periode alles an Informationen gezogen!

Langfristig war dagegen unsere Untersuchung hinsichtlich des Alpha-Targets im Tief 2003. Hier sind wir auch bezüglich der Periodenzahl wirklich langfristig geworden, denn eine unserer Trendlinien reichte bis Mitte 1997 zurück, das sind dann schon etwa 300 Perioden in Wochen gerechnet.

Langfristige Analysen sind insbesondere nützlich, wenn Sie sehr anspruchvolle Kursziele finden wollen. Sie haben ja gesehen, wie wir sehr frühzeitig Hinweise finden können, in welche Richtung sich der Kurs möglicherweise entwickeln kann.

Gelingt uns das auch langfristig, dann bieten sich uns dadurch natürlich enorme Chancen. So wäre es doch überaus attraktiv, für Allianz bei einem Kurs von zum Beispiel 50 Euro eine Vorstellung davon zu haben, wann etwa der Kurs 150 Euro erreichen könnte. Das wären 200 % Gewinn! Mit einem gehebelten Produkt könnte das noch viel mehr werden. Allerdings gehen höhere Chancen auch immer mit höheren Risiken einher.

Selbst im Extremfall (Totalverlust!) kann man aber die Risiken meist klar begrenzen, wenn nämlich nur das eingesetzte Kapital auf dem Spiel steht. Bei entsprechender Positionsgröße steht einem »automatisch« klar begrenzten möglichen Verlust eine ungleich höhere Chance gegenüber. Das ist eine erprobte Strategie, die wir in geeigneten Phasen auch für unsere Kunden auf www.stockstreet.de umsetzen.

Mehr Unsicherheiten und Toleranzen bei der Langfrist-Analyse

Langfristige Betrachtungen sind natürlich mit höheren Unsicherheiten verbunden als die kurzfristige Schritt-für-Schritt-Analyse. »Automatisch« werden die Zeiträume länger, die Toleranzen größer. Allgemeine Unwägbarkeiten des Markts kommen hinzu.

Daher werden wir dabei auch nicht mehr jede Linie und jeden Punkt »auf die Goldwaage legen«. Es geht um signifikante, also bedeutsame mögliche Wendepunkte im Chart. Sie wissen inzwischen, dass wir solche Dinge sehr pragmatisch angehen.

In diesem Sinn werden wir also nun die für die Allianz-Aktie begonnene Analyse *langfristig* weiterführen.

Genaue »Basisdaten« sind unerlässlich

Heißt das nun, dass wir einfach ein paar Linien in den Chart schmeißen und die erstbesten Kreuzungen als Targets definieren? Zieht jetzt doch die große Willkür wieder ein, die man häufig in der Chartanalyse findet (Motto: »Was nicht passt, wird passend gemacht«)?

Nein, natürlich nicht. Sie sollten uns inzwischen schon gut genug kennen, dass wir auch dafür wieder eine »Methode« ausgetüftelt haben. Und wir werden Sie auch diesmal nicht enttäuschen ...

Grundlage für die langfristige Betrachtung ist eine saubere Kurzfristanalyse in der Art, wie wir Sie Ihnen auf den vorangegangenen Seiten vorgestellt haben. Sie müssen eine Reihe von Linien und Rechtecken haben, denen Sie bereits vertrauen. Ansonsten stochern Sie tatsächlich nur im Nebel.

Ideal ist eine Situation, wie wir sie zum Schluss bei Allianz gefunden haben: Die gleichmäßige Schar der aufsteigenden parallelen Linien deutet auf einen möglichen stabilen Trend hin, in diesem Fall eben ein Aufwärtstrend. Wir haben auch zwei, drei Abwärtslinien, die sich bereits bewährt haben und mehrmals bestätigt wurden. Das Gleiche gilt für ein, zwei weitere Linien in Trendrichtung, die immer mal wieder als Bestätigung für zwischendurch taugen.

Dann kann es gleich losgehen...

Jetzt gibt es noch zwei Dinge, die ganz nett wären, wenn sie da sind und uns dadurch zusätzliche Sicherheit geben können, aber nicht zwingend erforderlich sind (neudeutsch: »Nice to Have«). Häufig aber finden Sie wenigstens eine davon, wenn der Chart eine hinreichende Historie aufweist.

Betrachten wir zunächst noch einmal die Ausgangsituation bei Allianz in Chart 2.70.

Wir beginnen, nachdem Target 13 wieder verlassen wurde. Neben den bekannten Rechtecken und den Linien, die das Alpha-Target im Tief bestimmten, ist nun auch die Aufwärts-Linienschar eingezeichnet. Außerdem finden Sie zur Orientierung die beiden wichtigen Targets 10 und 13, die wir im vorigen Abschnitt bestimmt haben.

Chart 2.70: Allianz SE – die Ausgangssituation für die Langfristanalyse

Nice to Have

Unser erstes »Nice to Have« ist eine Kursstruktur aus der Vergangenheit, die ebenfalls die Neigung dieser grünen Linien aufweist. Wir haben bereits gesehen, dass sich solche Linien häufig auch nach sehr langer Zeit wiederfinden lassen. Gelingt uns das auch in diesem Fall, haben wir einen weiteren entscheidenden Hinweis, wirklich die »richtigen« Linien bestimmt zu haben.

Zwar ist der Kursverlauf ab Ende der 1990er-Jahre stark zerklüftet, aber trotzdem finden wir einige Kursbilder, die in dieses Raster, sprich, die Neigung, zu passen scheinen (Chart 2.71). Bemerkenswert ist, dass auch hier diese Linien einen ziemlich ähnlichen Abstand haben. Das ist ein weiterer wichtiger Hinweis, dass es sich um einen signifikanten Trend handelt.

Hm, noch nicht überzeugt? Zugegeben, ein paar Linien liegen im Chart wie »passend gemacht«. Na gut, dann betrachten Sie bitte Chart 2.72.

Chart 2.71: Allianz SE – die langfristige Parallel-Methode »rückwärts«

Chart 2.72: Allianz SE – auch noch weiter zurück funktioniert die Parallel-Methode

Wenn Sie das an Abschnitt 2.2.4 und insbesondere Chart 2.35 erinnert, dann herzlichen Glückwunsch! In der Tat ist der Vergleich zwischen DAX und Allianz an dieser Stelle frappierend! Beide halten einen Trend, der irgendwann Mitte der 90er-Jahre entstand, bis in die jüngste Zeit durch. Und bedenken Sie: Diese Linien haben wir gefunden durch Anlegen an die vier gelben Punkte in Chart 2.72, und nicht irgendein willkürliches »Mittel«!

Das zweite »Nice to Have« ist ein Zeitzyklus oder zumindest ein erster Ausgangspunkt dafür. Bei der Target-Bestimmung für das Tief 2003 haben wir ja schon Zeitzyklen im Abwärtstrend verwendet (siehe Chart 2.51). Da erfahrungsgemäß Zeitzyklen in Auf- und Abwärtstrend verschieden sind, müssten wir nun nach einer Zeitspanne suchen, die der des Abwärtstrends etwa entspricht. In der Regel dauern Aufwärtstrend länger und geschehen langsamer, also darf die Periode ruhig auch ein wenig länger sein.

Hier bietet sich natürlich sofort der Abstand zwischen dem Tief 2003 und Target 10 an. In Chart 2.73 sind die beiden Perioden aus Auf- und Abwärtstrend noch einmal einander gegenübergestellt. Das Verhältnis der beiden Perioden entspricht auch recht gut dem dynamischen, schnellen Abwärtstrend gegenüber der eher gemächlichen Aufwärtsbewegung.

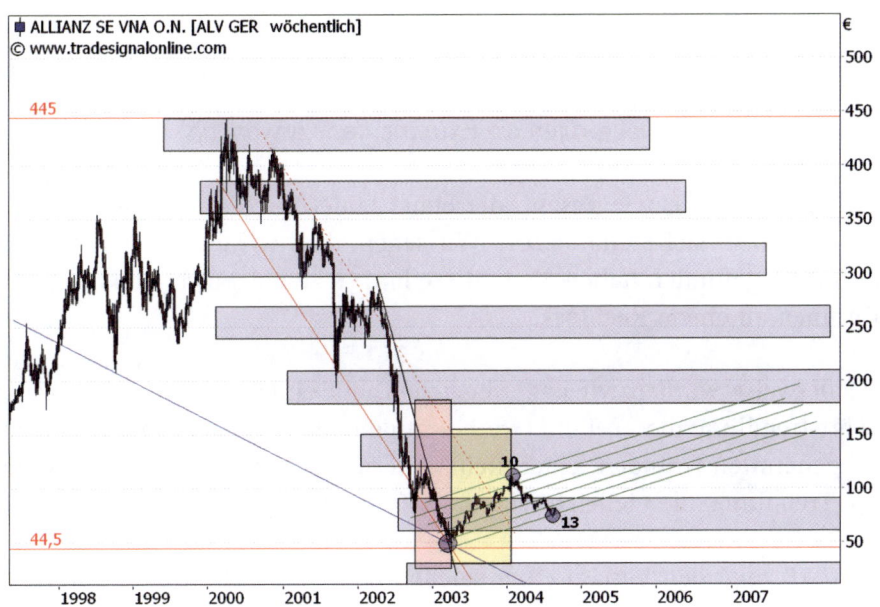

Chart 2.73: Allianz SE – Zeitzyklen im Auf- und Abwärtstrend

Jetzt ist alles beisammen

Nun haben wir alle Utensilien beisammen und können anfangen. Das Prinzip ist gar nicht so viel anders als bisher. Wir fangen wieder damit an, die markanten Linien parallel zu verschieben. Da wir ja für uns bereits einen Trend »definiert« haben (die grünen Linien) und dieser ein Aufwärtstrend ist, kommen für die Verschiebung nur die Abwärtslinien in Frage.

Wie gewohnt, werden diese in weiter oben bzw. weiter rechts liegende markante Chartpunkte verschoben. Dabei stoßen wir jetzt auf das Problem, dass für die rote ebenso wie für die steilere schwarze Linien keine Punkte im früheren Kursverlauf mehr existieren, von wo aus sie in unseren Trend hineinreichen und Targets bilden könnten. Auf dieses Thema kommen wir im Profi-Kurs (Abschnitt 3.2.2) zu sprechen. Für unsere weiteren Betrachtungen hier lassen wir diese Linien daher erst einmal weg.

Da wir aber ja noch die blaue Linie haben, begnügen wir uns zunächst mit dieser. Spannend ist dabei immer die Frage, wo man wohl landet, wenn man diese Linie an den äußersten Rand des Kursverlaufs schiebt. Außerdem ist man bei diesen Verschiebungen auch immer wieder auf der Suche nach Parallelen, die ähnlich schön den Kursverlauf repräsentieren wie die grünen Linien. Nun, wir werden sehen ...

Wir überprüfen die Extreme des Kursverlaufs

Zunächst legen wir, wie gesagt, die blaue Linie durch die Hochs der Jahre 2000 und 2001 (siehe Chart 2.74). Wir sehen, dass wir eventuell bereits das erste Target gefunden haben, denn diese Linie schneidet sich exakt mit einer der grünen an einem Rechteck.

Normalerweise würden wir jetzt versuchen, mit einer anderen vorhandenen Abwärtstrendlinie diesen Punkt zu bestätigen, aber das geht ja hier aus den oben genannten Gründen leider nicht. Alternativ suchen wir nach einer anderen Trendlinie, die vielleicht ebenfalls diesen Punkt trifft.

Chart 2.75 zeigt den Verlauf einer solchen Linie. Ein Schnittpunkt dreier Linien mit einem Rechteck ist schon ein sehr deutlicher Hinweis. Wir werden aber natürlich versuchen, diesen Punkt noch weiter »festzumachen.«

Chart 2.74: Allianz SE – haben wir das erste Target schon gefunden?

Chart 2.75: Allianz SE – weitere Target-Bestätigung durch neue Linie

Chart 2.76: Allianz SE – auch die Fibonacci-Niveaus weisen auf das Target hin

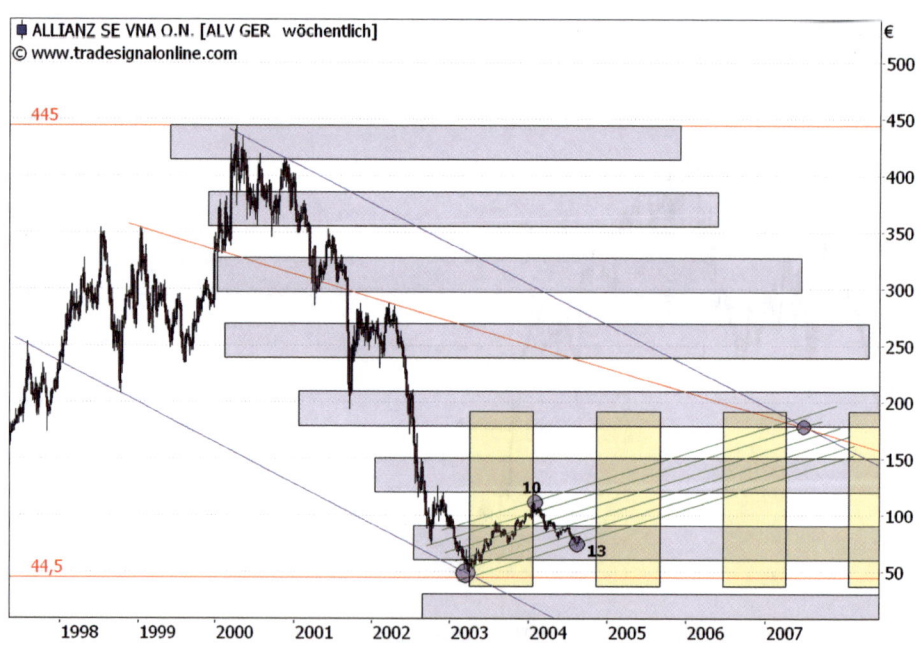

Chart 2.77: Allianz SE – auch die Zeitzyklen stehen mit dem Target im Einklang

Unser nächster Pfeil im Köcher sind die Fibonacci-Linien. Da wir bereits eine erste »Welle« vom Tief über Target 10 und 13 haben, fällt es nicht schwer, eine Projektion einzuzeichnen (siehe Chart 2.76). Auch die Fibonacci-Niveaus bestätigen dieses Target! Damit haben wir wirklich schon ein ernst zu nehmendes Ziel ins Auge gefasst.

Als Letztes überprüfen wir die Zyklen mit dem gerade gefundenen Raster (Chart 2.77). Diesmal erhalten wir durch die Zeitzyklen keine sofortige Bestätigung. Es wär ja auch zu schön, um wahr zu sein! Speziell bei den Zyklen ist das ja kein Beinbruch. In Abschnitt 2.2.5 hatten wir ja darauf hingewiesen, dass hier Verschiebungen, Abweichungen und diverse Vielfache an der Tagesordnung sind.

Noch mehr Parallelen

Wir warten daher zunächst einmal ab, wie sich das im weiteren Kursverlauf entwickelt. Ansonsten wäre der nächste Schritt eine Überprüfung des Targets mit den anderen, steileren Aufwärtslinien bzw. mit einer weiteren Fibonacci-Projektion, wenn sich der Kurs tatsächlich von Target 13 aus wieder nach oben aufmacht und in Reichweite des Targets kommt.

Chart 2.78: Allianz SE – die erste Parallelverschiebung für die langfristige Analyse

Vorerst aber setzen wir unsere Parallelverschiebungen fort. Sowohl die blaue wie auch die flache rote Linie setzen wir an die verschiedenen Hochs im früheren Kursverlauf und lassen sie in unseren grünen Aufwärtstrend laufen (siehe Charts 2.78 und 2.79).

Bei dieser Gelegenheit erhalten wir tatsächlich wieder die Bestätigung, wie gut sich diese eher »zufällig« gefundenen Linien in den gesamten Kursverlauf einfügen. Das ist natürlich wieder ein starker Hinweis darauf, dass es sich bei diesen Linien um chartrelevante Linien und dem gefundenen Schnittpunkt tatsächlich um ein Target handelt.

Chart 2.79: Allianz SE – die zweite Parallelverschiebung für die langfristige Analyse

Ein echter »Schnittmuster-Chart«

Wir haben die einzelnen Schritte bisher immer hübsch übersichtlich in einzelnen Charts gebracht, damit das Wirrwarr an Linien und Punkten nicht allzu chaotisch wirkt. Jetzt können wir Sie aber nicht länger verschonen: Einmal müssen wir alles in einen Chart packen, damit Sie sehen, wie die einzelnen Targets entstehen.

Chart 2.80: Allianz SE – Target-Bestimmung im »Schnittmuster-Chart«

In Chart 2.80 finden Sie alle bisher erwähnten Elemente in einer Darstellung; nur die Fibonacci-Linien haben wir weggelassen, dafür aber einige Mittellinien unserer Rechtecke eingezeichnet. Wir nennen derartige Charts aus naheliegenden Gründen scherzhaft »Schnittmuster-Chart«.

Wählen Sie sinnvolle Target-Regeln!

Sie haben sich vielleicht inzwischen schon durch den Chart »gewühlt« und fragen sich, wie wir auf diese Targets verfallen sind, die dort bereits eingezeichnet sind.

1. Nun, wir haben ja unsere Target-Regeln: Alles ab vier Schnittpunkten ist ein Alpha-Target. In diesem Fall haben wir die Alpha-Targets wie folgt ausgewählt:
2. Blaue Kreise kennzeichnen alle Schnittpunkte der gelben *und* der blauen Rechtecke bzw. ihrer jeweiligen Mittelinien, die gleichzeitig Schnittpunkt einer grünen und einer roten *oder* blauen Linie sind (Noch stärker wäre

ein solcher Punkt natürlich, wenn eine rote *und* eine blaue Linien dort gleichzeitig aufträfen, aber dieser Fall kommt leider nicht vor).

Rote Kreise bezeichnen dagegen Schnittpunkte einer roten, blauen *und* grünen Linie mit der Kante *oder* Mittellinie eines gelben *oder* blauen Rechtecks.

Diese Regeln sind keine starren Definitionen, die immer und überall zu sinnvollen Ergebnissen führen müssen. Es ist in diesem Fall für uns eine pragmatische Einschränkung, die nicht zu unübersichtlich vielen Targets im Chart führt.

Ein erstaunliches Ergebnis – wirklich?

In Chart 2.81 zeigen wir nun endlich den weiteren Kursverlauf, ohne Sie noch länger auf die Folter zu spannen. Sie sollten inzwischen schon vertraut genug mit unserer Target-Trend-Methode sein, um dieses »erstaunliche« Ergebnis zu erwarten. Trotzdem, wir geben offen zu, selbst immer wieder fasziniert zu sein, wenn wir sehen, wie akkurat sich die Kurse zwischen den Targets bewegen.

Chart 2.81: Allianz SE – der weitere Kursverlauf bestätigt eindrucksvoll die frühzeitig bestimmten Targets

Allerdings ist das tatsächlich eine Prognose, die sich sehen lassen kann: Von zehn ausgewählten Punkten wurden fünf auch tatsächlich getroffen. Mindestens einen davon, nämlich den zweiten blauen, der ein Target bei 120 für Ende 2004 vorgab (roter Pfeil), hätten wir als »zu sportlich« wahrscheinlich sogar noch ausschließen können. Andere hätten in der Nahbetrachtung, also bei der zeitlichen Annäherung an diese Targets, keinen Bestand mehr gehabt. Das traf zum Beispiel auf die beiden Targets auf der obersten Linie (schwarze Pfeile) zu.

Ihnen erscheinen diese 50 % Treffsicherheit dabei als immer noch wenig? Dann denken Sie bitte daran, wie frühzeitig wir die meisten dieser Targets bestimmt haben. Zudem würden wir in der Praxis natürlich diese Targets auch während des weiteren Verlaufs durch unsere kurzfristigen Analysen immer wieder bestätigen oder verwerfen. Insofern sind 50 % für eine sehr frühe »Arbeitshypothese« ein extrem gutes Ergebnis.

Die Target-Trend-Methode in voller Schönheit

Unabhängig davon zeigt die Target-Trend-Methode in diesem Beispiel wieder einmal ihr volles Potenzial. Betrachten Sie dazu einfach den Kursverlauf, wie er sich unabhängig vom Erreichen oder Verfehlen der einzelnen Targets sowohl zwischen den grünen Linien als auch den Rechtecken entlangschlängelt. Sie hätten also auch bei den »falschen« Targets immer noch genug Orientierungsmöglichkeiten gehabt.

Wie stark insbesondere die Kraft der Rechtecke ist, sehen Sie hier nochmals eindrucksvoll im letzten Teil, als der Kurs diesen Trend schließlich doch bricht. Selbst dann »pendelt« er immer noch zwischen diesen Rechtecken hin und her (gelber Kreis). Und dabei haben wir noch gar keine genaue Target-Bestimmung vorgenommen ...

Dabei lässt sich schon mit den wenigen Mitteln, die wir in diesem Abschnitt »aus dem Chart gezogen« haben, auch in der Nahanalyse einiges anfangen.

Weitere Erkenntnisse aus der Kurzfristanalyse

Bis auf die Zeitzyklen haben ja alle anderen Elemente unser anfängliches Target sehr gut bestätigt. Also würden wir im weiteren Verlauf besonders den

Zeitzyklen unsere Aufmerksamkeit schenken. So könnten wir uns zum Beispiel nach dem Einbruch 2006 mit dem folgenden Chart 2.82 beschäftigen.

Wie in Abschnitt 2.2.5 bereits erwähnt, sind »Verschiebungen« oder besser gesagt, unterschiedliche Rhythmen bei Zeitzyklen an der Tagesordnung. So erkennen wir in Chart 2.82 zum Beispiel bei der Verschiebung unseres ursprünglichen Zyklus' (gelbes Rechteck) in das Tief bei Target 13, dass der zweite Aufwärtsschub von Target 13 bis 14 fast doppelt so lang ist wie der erste Anstieg vom Tief 2003 bis zum Target 10.

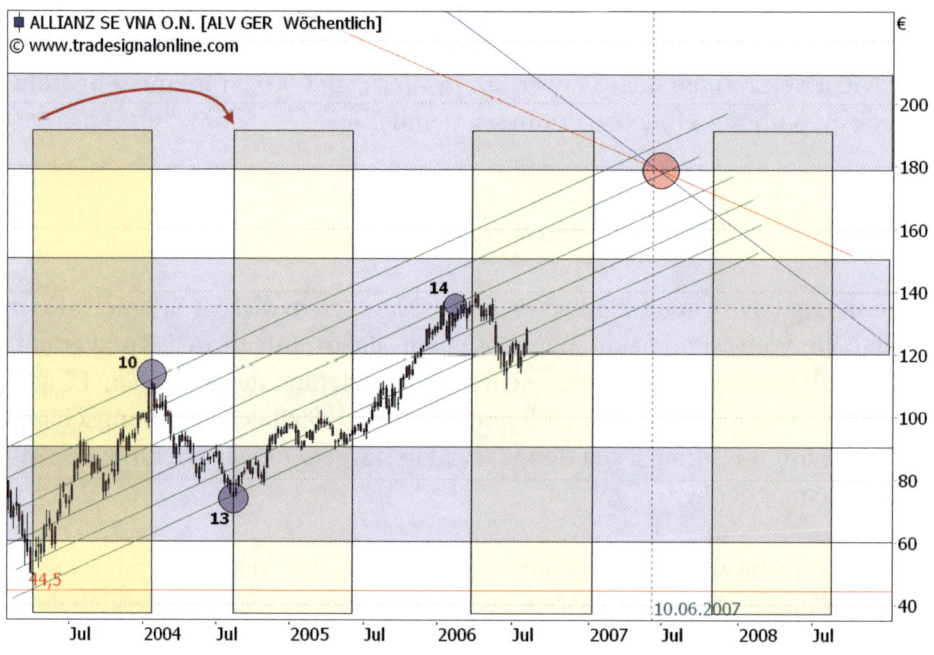

Chart 2.82: Allianz SE – Überprüfung der Zeitzyklen in der Nahanalyse

Damit ist dieser Zyklus weiterhin für den Kursverlauf wirksam. Dass durch diese Anpassung nun auch unser Langfrist-Target fast perfekt in dieses Raster passt (grün gestrichelte senkrechte Linie), ist nun ein weiteres starkes Indiz dafür, dass es auch wirklich eine Bedeutung hat.

Auch die »Nahfeld«-Elemente wirken weiter

Wir hätten inzwischen auch schon kritisch die »Nahfeld«-Elemente unter die Lupe genommen, die wir im ersten Teil unserer Analyse genutzt haben. Vor allem für die angepasste Aufwärtstrendlinie der ersten Aufwärtsbewegung (siehe Chart 2.61) hätten wir uns natürlich interessiert (in Chart 2.83 sind das die dicken blauen Linien).

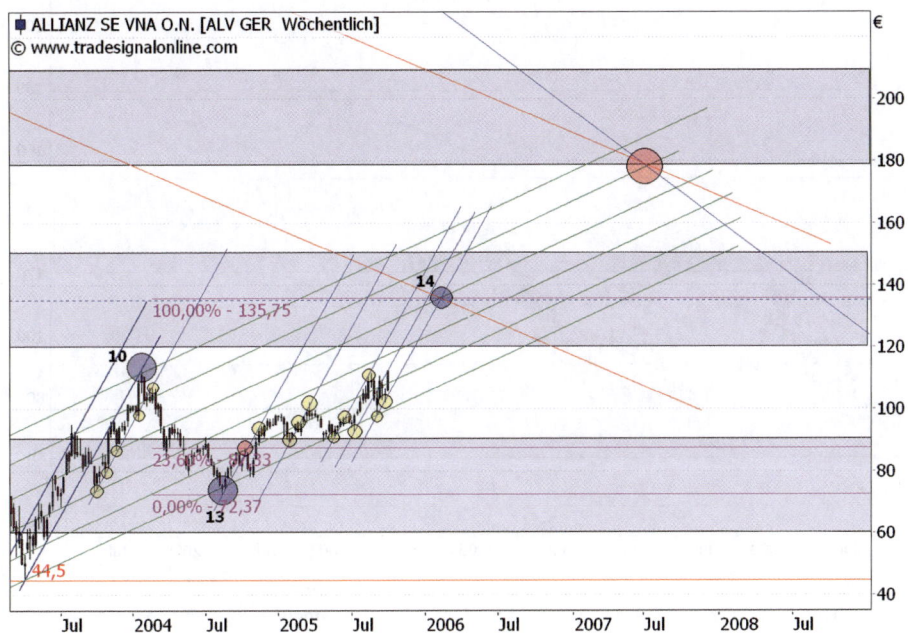

Chart 2.83: Allianz SE — ein wichtiges Zwischen-Target wird bestätigt

Befriedigt hätten wir dabei festgestellt, dass auch der zweite Teil des Anstiegs von Target 13 bis Juni 2006 sehr schön durch diese Linien beschrieben wurde. Eine davon hat sogar das Target 14 der Langfristanalyse perfekt bestätigt! Dass auch die Fibonacci-Projektion dieses Target getroffen hat, bedarf dann fast keiner ausdrücklichen Erwähnung mehr ...

Eins, zwei und drei...

Und so dürfen wir schon fast erwarten, dass diese Linien auch im dritten Abschnitt ihre Bedeutung beibehalten, was auch eindrucksvoll geschieht. Bereits

Anfang August 2006, also kurz nachdem sich durch ein höheres Tief und ein höheres Hoch die Wiederaufnahme des Aufwärtstrends andeutete, können wir mit einer neuerlichen Fibonacci-Projektion das Target für Mitte 2007 ein weiteres Mal bestätigen (siehe Chart 2.84)! Ab Anfang 2007 nehmen dann auch die blauen Aufwärtslinien dieses Target ins Visier (rote Kreis in Chart 2.85).

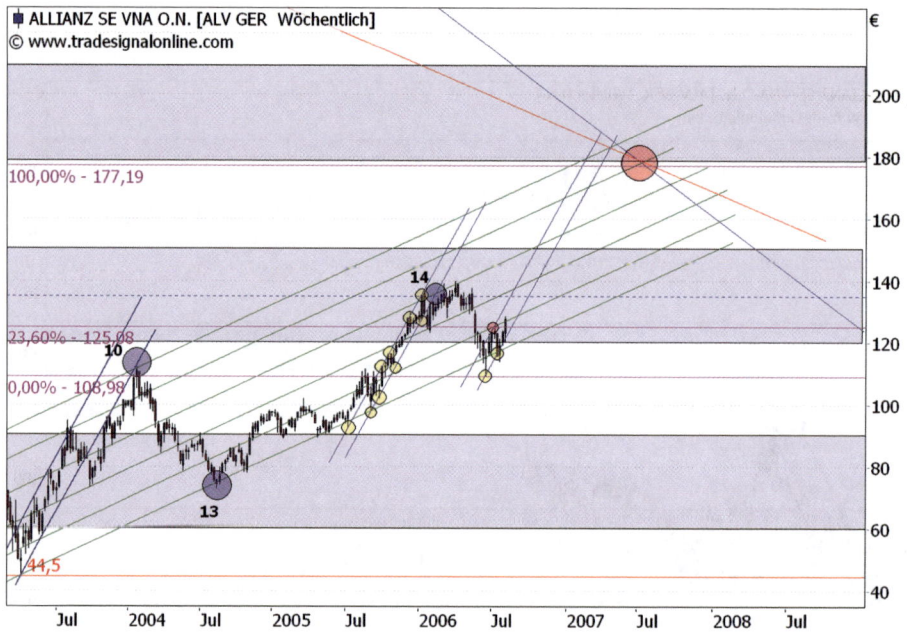

Chart 2.84: Allianz SE – das Mega-Alpha-Target ist jetzt endgültig ins Visier genommen

In den letzten drei Carts können Sie dann noch einmal den Kursverlauf im Detail studieren. Achten Sie bitte auch darauf, wie dieser immer wieder die einmal gebildeten Strukturen – nämlich die Linien und Rechtecke – bestätigt bzw. wieder aufgegriffen hat.

Was braucht es noch mehr, um die Wirksamkeit und Einzigartigkeit der Target-Trend-Methode zu unterstreichen? Eine Methode, die es Ihnen gestattet, extrem frühzeitig mögliche markante Kurspunkte zu bestimmen und diese späterhin – ebenfalls noch weit vor dem tatsächlichen Erreichen! – immer wieder zu bestätigen.

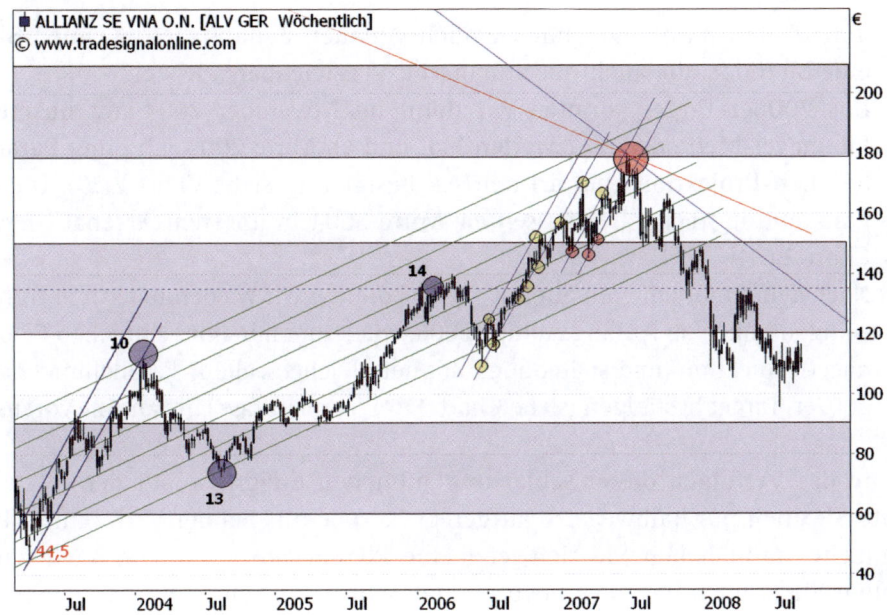

Chart 2.85: Allianz SE – der weitere Kursverlauf bestätigt Target, Linien und Rechtecke eindrucksvoll

Mit der Target-Trend-Methode mehrere Jahre
im Voraus Kursverläufe antizipieren!

Weil es wirklich ganz unglaublich erscheint, hier noch einmal der chronologische Ablauf:

1. Ende August 2004 hatten wir die Targets 10 und 13 aus unserer Kurzfristanalyse ermittelt und einen mittelfristigen Aufwärtstrend für die Allianz-Aktie projiziert (die grünen Linien).

2. Zu diesem Zeitpunkt konnten wir durch »Umschalten« auf die langfristige Zeitebene die Relevanz dieser Linien auch im übergeordneten Kursverlauf bestätigen.

3. Durch unsere Langfristanalyse fanden wir noch weitere Elemente, aus denen wir mehrere Targets in dem angenommenen Trend bestimmten (siehe Chart 2.80).
   Die beiden – im Nachhinein – wichtigsten Targets im Februar 2006 und Juli 2007 waren bereits darunter, zeichneten sich aber noch nicht besonders aus. Dennoch: Anderthalb bzw. drei Jahre (!) vor Erreichen dieser Kursregionen hatten wir mit der Target-Trend-Methode bereits erste Hinweise

darauf, und zwar sogar mit ziemlich genauen Zeitangaben! Kennen Sie eine Methode, die auch nur annähernd Vergleichbares leistet?

4. Das 2006er-Target konnten wir dann im November 2004 mit unserer Fibonacci-Methode zum zweiten Mal und ab Mitte 2005 mit einer Parallellinien-Projektion zum dritten Mal bestätigen (siehe Chart 2.83). Diese Parallellinie steckte bereits seit ca. Mitte 2004 in unserem Arsenal (siehe Chart 2.61)!

5. Nach dem Einbruch vom Sommer 2006 konnten wir wiederum extrem frühzeitig, nämlich ab Anfang August 2006, wiederum mit einer einfachen Fibonacci-Projektion (und später auch mit der gleichen „alten" Parallellinie) das 2007er-Target bestätigen (siehe Chart 2.84) – erneut fast ein Jahr im Voraus!

Wenn das Verfolgen dieser schier unglaublichen Ereignisse auf den letzten Seite Sie auch nur halbwegs so aufgeregt hat wie uns bei der Verfolgung »in Echtzeit«, dann haben Sie sich jetzt eine kleine Pause verdient. Vielleicht wollen Sie ja auch das alles noch einmal Schritt für Schritt nachvollziehen. Dann ist dafür jetzt die richtige Zeit, denn unser Basis-Kurs ist zu Ende.

Sie haben jetzt alle für die Target-Trend-Methode notwendigen Handwerkszeuge kennengelernt und ihre Anwendung in der Praxis gesehen. Sie konnten – so gut das eben mit einem Buch geht – »live« mit verfolgen, wie sich Kurse von Target zu Target hangeln.

Die Target-Trend-Methode für Profis

Doch natürlich wurde nicht jedes Target tatsächlich erreicht, und einige hatten offenbar eine größere Bedeutung als andere. Sicherlich werden Sie im Laufe der Zeit Erfahrungen sammeln und ein Gefühl dafür entwickeln, welche Punkte im weiteren Verlauf als Targets in Frage kommen, und welche nicht. Richtig, das ist später eine Frage Ihrer Intuition.

Doch damit diese am Anfang »Futter« bekommt, wäre es natürlich schön, zunächst andere Hinweise zu finden, die uns bei der Auswahl der relevanten Punkte im Chart helfen. Mit diesen und anderen Besonderheiten werden wir uns in unserem Profi-Kurs beschäftigen.

Aber wie gesagt, Sie können sich vorher natürlich gerne eine Pause gönnen ...

3. Die Target-Trend-Methode – Profi-Kurs

Im Basis-Kurs haben wir Sie mit den grundlegenden Prinzipien und den wichtigsten handwerklichen Techniken vertraut gemacht. Das ist natürlich ungemein wichtig, aber genauso wie noch kein guter Tischler ist, wer einen geraden, glatten Sägeschnitt zu setzen weiß, so gehört auch ein bisschen mehr dazu, die Target-Trend-Methode erfolgreich anzuwenden.

Daher werden wir in diesem Teil Fragen beantworten wie:

▶ Woher weiß ich, was der Kurs nach Erreichen eines Targets macht?
▶ Wie erkenne ich, welches meiner gefundenen Targets als nächstes »dran« ist?
▶ Gibt es Möglichkeiten, die Methoden noch zu verfeinern?
▶ Was mache ich, wenn die Rechtecke und Linien »durcheinander« zu sein scheinen?

Sie sehen schon anhand der Fragen: Hier geht es wirklich ans Eingemachte, das, was den Praktiker und Anwender wirklich interessiert. Eindrucksvolle Beispiele sind das eine, aber Sie erwarten zu Recht auch Hilfestellungen für den täglichen Einsatz.

Bitte schön, hier kommen sie.

3.1 Die Bedeutung der Targets

Im Basis-Kurs konnten Sie im Abschnitt »Die Target-Trend-Methode in der Praxis« bereits verfolgen, wie sich einzelne Targets herausbildeten. Allerdings ist auch klar geworden, dass nicht jedes Target immer auch »abgearbeitet« wird (siehe Charts 2.57/58 ff. und Charts 2.80/81). Und das gilt selbst für die doch so bedeutsamen Alpha-Targets. Also muss es noch weitere Kriterien geben, die aus einem formalen Target, das wir mit unseren Werkzeugen im Chart aufspüren, ein tatsächliches Target machen.

Schließlich sind, wie bereits ganz am Anfang in der Einführung erwähnt, die künftigen Kursbewegungen zunächst nichts anderes als mehr oder weniger wahrscheinliche Varianten aus einer Fülle von Möglichkeiten. Mit unseren gefundenen Targets haben wir diese große Zahl aber schon auf ein äußerst überschaubares Maß zurückgestutzt.

Der weitere Verlauf zwischen den einzelnen Targets, von denen dann immer noch welche »herausfallen« werden, wird letztlich durch den Kurs selbst bestimmt. Ein entscheidendes Indiz, das uns Aufschluss darüber gibt, wie es nach dem Erreichen eines Targets weitergeht, ist das Kursverhalten an dem betreffenden Target selbst. Darum geht es im folgenden Abschnitt.

3.1.1 Target-Formationen

Zunächst werden wir uns damit beschäftigen, was uns der Kurs verrät, wenn er die einzelnen Targets erreicht hat. Es geht also letztlich um die Frage, ob er nach diesem Target nach oben oder unten weiterläuft.

Chart 3.1: Gold vor dem Ausbruch aus der Seitwärtsbewegung

Hierbei werden wir uns einiger Werkzeuge aus der »X-Ebene« bedienen. Zumeist sind das die Kerzenmuster. Die für unsere Zwecke gebräuchlichsten finden Sie im Anhang 5 erläutert. Aber auch andere Chartelemente kommen zur Anwendung. Sehr ausführlich werden wir im Trading-Kurs darauf eingehen. Doch selbst in dem folgenden einführenden Beispiel bringt uns die Kenntnis einiger grundlegender Zusammenhänge auf die richtige Spur.

Zur Abwechslung betrachten wir mit Gold einmal einen Rohstoffwert. Nachdem der Goldpreis sich von seinen Tiefs in den Jahren 1999 bzw. 2001 bei ca. 250 USD über mehrere Jahre in Regionen bis 400 USD aufgeschwungen hat, setzte Ende 2004 eine Seitwärtsbewegung ein (siehe Chart 3.1). Die verhältnismäßig kleine Spanne von etwa 20 USD, in der der Kurs über mehrere Monate verharrte, deutete auf eine Fortsetzung der Aufwärtsbewegung hin.

Natürlich verwenden wir dieses Rechteck, das sich ja geradezu aufdrängt, für unsere Rechteck-Methode (blaue Kästchen in Chart 3.2). Außerdem suchen wir wieder markante Steigungs- und Korrekturlinien, die bisher kursbestimmend waren.

Ausbruch aus der Seitwärtsbewegung —
dynamische Kursbewegungen folgen

Danach ergibt sich, wie in Chart 3.2 gezeigt, eine Situation, in der der Kurs, ausgehend von dem Abpraller an der Oberkante der Seitwärtsbewegung (grüner Pfeil), nach oben in Richtung des Targets am blauen Rechteck läuft.

Ein nachfolgender Rücksetzer sollte etwa in den Bereich des unteren Targets landen, das durch die Unterstützung bei 457,15 und die untere blaue Parallellinie gebildet wird.

Und tatsächlich stößt der Goldpreis nach oben in den markierten Bereich vor und bildet dort einige Spike-Kerzen (Chart 3.3). Im Detail können Sie jedoch erkennen, dass die kleine Spike-Kerze, die das Target halbwegs mittig trifft, ein wenig niedriger liegt als zwei andere, die sie unmittelbar flankieren (Pfeile). Es sieht aus, als mache der Kurs ein bisschen schamhaft einen Bogen um das Target. Deshalb nennen wir es auch Target-Arc (Bogen). Dazu später mehr. Da aber auch der Target-Arc eine Umkehrformation ist, erwarten wir nun auch den Rücksetzer bis an die rote Unterstützung.

Chart 3.2: Gold – erste Target-Bestimmung

Chart 3.3: Gold – erstes Target mit einem Target-Arc erreicht

Durch den neuen Kursverlauf erhalten wir weitere Hinweise in Form des grünen Trendkanals, dessen Linien sich ebenfalls bereits als Parallele in der Seitwärtsbewegung (siehe Chart 3.3) wiederfinden. Dadurch bekommt unser unteres Target Gesellschaft ein Stück weiter rechts.

Die Wirksamkeit der Targets zeigt sich erneut

Der weitere Verlauf ist erneut ein eindrucksvoller Beweis der Wirksamkeit der Target-Trend-Methode (Chart 3.4). Nicht nur, dass der Kurs wirklich an der 457-Punkte-Marke dreht. Das war ja eigentlich auch in der klassischen Charttechnik zu erwarten gewesen. Bei dem Rücksetzer orientiert sich Gold aber sehr genau an den gefundenen Targets.

Chart 3.4: Gold — gegenläufige Parallellinien helfen bei genaueren Bestimmung des Korrektur-Targets

Zwar wird das erste nicht ganz erreicht. Allerdings wird der Kurs von ihm eindeutig angezogen. Wir sagen dazu: »Das Target zieht.« Auch dazu später mehr, denn selbst dieses Verhalten betrachten wir als eigene Formation.

Das Target auf der grünen unteren Linie wird dagegen wirklich punktgenau getroffen und stellt ein »Umkehr-Target« dar (der Kurs dreht hier in die Gegenrichtung). Wir erkennen zwar keinen ausgeprägten »Spike«, aber das ist letztlich nur eine Frage des Zeitrahmens. So wäre zum Beispiel im Zwei-Tages-Chart ein deutlicher Hammer zu sehen. Für uns ist daher ein Target, an dem eine deutliche Umkehr vollzogen wird, immer ein »Spike«-Target, unabhängig von der konkreten Kerzenform.

Wie Sie Targets genauer bestimmen können

Obwohl es unserer Meinung nach nicht wirklich entscheidend ist, an welchem dieser Targets, die so dicht beieinander liegen, der Kurs »ankommt« (schließlich ist allein die Tatsache, überhaupt ein Target zu haben, schon ein enormer Vorteil), haben wir Ihnen in Chart 3.4 beispielhaft gezeigt, wie das wahrscheinliche Target näher bestimmt werden kann.

Sie haben vielleicht bemerkt, dass wir bisher nur mit Aufwärtslinien gearbeitet haben. Wie aber bereits im Basis-Kurs in Abschnitt 2.3 gezeigt, erhöht die Einbeziehung gegenläufiger Linien in einem Trend die Chance zum Auffinden der Targets enorm. Daher werden wir uns nun um die Abwärtslinien kümmern.

Natürlich sind auch diese aus dem historischen Kursverlauf als Parallellinien abzuleiten, und wir werden dabei sogar in der Seitwärtsbewegung bald fündig. Es finden sich typische Abwärtsschwünge, die in zum Teil sehr gleichmäßig in parallelen Bahnen verlaufen (rote Linien in Chart 3.4).

In der kleinen Konsolidierung in Form einer Flagge, die den Kurs auf unsere Targets zubewegt, finden wir diese Linien wieder. Insbesondere die Unterseite verhält sich diesbezüglich sehr sauber und bestätigt zusätzlich das rechte Target als eigentliches Ziel.

Nun scheint die »Vorwarnzeit« für die Bestätigung des Targets relativ kurz, da sich die Linie in der Flagge ja erst sehr spät zeigt und die Flagge selbst auch eine sehr kurzlebige Formation ist. Doch gerade hier zeigt sich der enorme Vorteil der Target-Trend-Methode!

Enormer Zeitvorteil mit der Target-Trend-Methode!

Wir brauchen noch gar nicht zu wissen oder zu vermuten, dass sich eine Flagge entwickelt. Die Erreichung des Targets in Chart 3.3, die Erkenntnis, dass es sich um einen Target-Arc, also ein Umkehr-Target handelt, und die Ausbildung eines bearishen »Engulfing Pattern« in den Kerzenmustern (rechter Pfeil in Chart 3.3), erhöhen die Wahrscheinlichkeit sehr stark, dass nun eine Abwärtsbewegung folgt.

Wir können dann sofort die roten Parallelen in den Hochpunkt des Targets und geeignete Punkte darunter verschieben. Chart 3.5 veranschaulicht diese Situation noch einmal. Jetzt ist alles schon viel klarer: Das rechte Target ist sofort bestätigt, das linke untergeordnet. Die untere rote Linie stellt sich später als bedeutungslos heraus.

Chart 3.5: Gold — bereits zu diesem Zeitpunkt lassen sich die Targets genau bestimmen

Und trotzdem haben wir sofort eine ziemlich klare Vorstellung über den weiteren Kursverlauf. Mit der klassischen Charttechnik, den bekannten Indikatoren usw. könnten wir nicht mehr als abwarten, was geschieht!

Chart 3.6: Gold – erneute Kursdrehung und neue Targets voraus

Chart 3.7: Gold – ein echter Target-Spike und ein Walk-Through-Target

Doch wie geht es nun weiter im Kursverlauf, nachdem das rechte gelbe Target so genau erreicht wurde? Da sich der Kurs nun offenbar zu neuen Höhen aufmacht und wir einen weiteren Anstieg erwarten, suchen wir neue Targets auf der Oberseite (siehe Chart 3.6), wobei wir die blauen und schwarzen Linien weiterverwenden (schließlich haben sie ja gerade ihre Bedeutung unter Beweis gestellt). Wir finden damit ein Target bei 540 USD, das aber sehr ambitioniert erscheint. Deshalb behalten wir auch das andere Target knapp oberhalb von 500 USD im Auge, das durch die grüne obere Linie entsteht, aber zunächst noch nicht weiter bestätigt ist.

Der Goldpreis startet jedoch sofort durch, so dass es tatsächlich zu einem punktgenauen Erreichen des oberen Targets kommt (siehe Chart 3.7). Hier haben wir nun einen lupenreinen Target-Spike. Der obere Schatten ist extrem langgezogen. Mehr noch, die im Anschluss entstehende Kerzenformation ist gleichfalls ein Abendstern wie aus dem Lehrbuch (grüne Ellipse). Es ist jetzt mit einem deutlichen Kursrutsch zu rechnen.

An dieser Stelle kommt unser anderes Target – hier mit 1 bezeichnet – ins Spiel. Denn durch diesen fulminanten Anstieg kann dieses Target nun in der Abwärtsbewegung ja doch noch erreicht werden (nur eben von »oben« und nicht, wie erwartet von »unten«)! eben von ! Und richtig, auch dieses Target wird getroffen!

Diesmal jedoch macht der Kurs aber keine Anstalten, sofort wieder zu drehen. Im Gegenteil, er durchschlägt das Target kräftig nach unten, und nach einer zwischenzeitlichen Rückkehr und einigem Hin und Her um dieses Target fällt er mit einer langen roten Kerze noch weiter. Damit erreicht er das nächste Target (2) auf der Mittellinie des mittleren Rechtecks.

Das ist nun eine sehr interessante Situation, denn jetzt entscheidet sich, welcher Trendkanal für die nächste Zeit die »Führung« übernimmt, der grüne oder der blaue. Momentan ist es nämlich wirklich Ansichtssache, in welchem Kanal sich Gold gerade bewegt.

Eine Argumentation könnte den grünen Kanal bevorzugen. Dann wäre der Ausflug zum oberen Target nur ein gigantischer Fehlausbruch. Denn »normalerweiser« hätte dieser Ausbruch dazu führen müssen, dass der Kurs bereits an Target 1 wieder dreht. Da dies nicht geschehen ist, sollte – wie bereits geschehen – der Kurs stärker fallen und sogar die untere grüne Linie erreichen (Eine ausführliche Erläuterung des typischen Verlaufs in einem etablierten Trend finden Sie in Anhang 4).

Allerdings steht dem die zweite Interpretationsmöglichkeit entgegen. Wir können den bisherigen Kursverlauf seit dem Ausbruch aus der Seitwärtsbewegung auch so betrachten, dass sich der Kurs in dem blauen Trendkanal bewegt hat. Zwar ist Gold bei dem Rücksetzer an die 457-Dollar-Linie aus diesem Kanal ausgetreten, aber die Rückkehr erfolgte recht zügig und zielstrebig. Man kann das durchaus als einen etwas größeren Fehlausbruch betrachten. Einen solchen hätten wir ja jetzt auch bei unserem ersten Szenario. Nur dass der Fehlausbruch dann auf der Oberseite stattgefunden hätte.

An Target 2 wird es also eine Entscheidung geben: Entweder der Kurs dreht jetzt, und der blaue Kanal übernimmt die Regie, oder es erfolgt ein noch stärkerer Rückfall bis an die grüne Trendlinie. Dann ist dieser Kanal maßgeblich.

Die Auflösung hierzu gibt es demnächst, denn wir kommen auf dieses Beispiel noch einmal zurück. Dieser kurze Ausschnitt sollte Ihnen zum einen die verschiedenen Target-Formationen kurz vorstellen, und zum anderen nochmals vor Augen führen, dass wir natürlich das bisherige Wissen aus über einhundert Jahren Charttechnik nicht einfach über Bord werfen. Die grundlegenden Kenntnisse über charttechnische Formationen und den typischen Trendverlauf (siehe Anhang 4) helfen ungemein, um mit der Target-Trend-Methode noch mehr Erfolg zu haben.

Insbesondere das klassische Trendverhalten wird in vielen Beispielen und beim Trading eine Rolle spielen, weswegen wir Ihnen die entsprechenden Erläuterungen dazu an dieser Stelle nochmals eindringlich ans Herz legen wollen (siehe Anhang 4).

Doch nun wollen wir die speziellen Target-Formationen im Einzelnen betrachten.

Der Target-Spike

Das spektakulärste Target-Muster ist zweifelsohne der Target-Spike. In Chart 3.8 sehen Sie ein typisches Beispiel.

Die Aktie von BB Biotech bewegt sich seit den Tiefs von Anfang 2003 in einem breiten, hoch volatilen Aufwärtstrend. Eine Trendbestimmung mit »klassischen« Methoden wäre hier ungemein schwierig und fehleranfällig, aber Sie sehen auch wieder an diesem Beispiel, wie geradezu zwingend sich hier der Trend aufdrängt, der letztlich einzig und allein durch die gestrichelte Mittellinie bestimmt wird!

Mit Hilfe einer inneren Trendlinie (schwarz) und einer Fibonacci-Projektion (angelegt an den grünen Kreisen) erhalten wir ein Target (blauer Kreis), das nur durch eine kräftige Kursspitze erreicht wird. Das ist der »Spike« (Spitze).

Chart 3.8: Der Target-Spike (BB Biotech)

Das Target wird nur kurz angestochen

Der Target-Spike sticht das Target nur kurz an. Häufig erfolgt das nicht einmal zentral, sondern am Rand oder gar außerhalb. Der Target-Spike ist ein eindeutiges Umkehrmuster, der Kurs dreht also nahezu sofort in die entgegengesetzte Richtung.

Gar nicht so selten dreht der Kurs sogar recht radikal, genau wie in diesem Fall: Ohne große Umschweife marschiert der Kurs hier nach unten bis an die Unterkante des Trendkanals (Pfeil).

Aus diesem Grund ist der Target-Spike oft auch ein sehr dankbares Muster für das Trading. Hierauf gehen wir nochmals detaillierter im Abschnitt 4.2.3 (»Tradingtechniken mit Targets«) ein. Denn es gibt unter Umständen einen massiven Nachteil beim Target-Spike: Der »Spike« (also der Schatten der Kerze) kann zum Teil extreme Ausmaße annehmen. Betrachten wir dazu das Beispiel von EADS (Chart 3.9):

Chart 3.9: Der Target-Spike – die Ausgangssituation (EADS)

Wenn das Unglaubliche geschieht

Der Kurs hat soeben die 35-Euro-Marke geknackt und damit ein neues Hoch markiert. Er bricht aber sofort wieder kräftig ein. Dieser Einbruch ereignet sich zugleich an der oberen Parallellinie, die Sie ohne die Target-Trend-Methode schwerlich finden würden (sie ist unter anderem aus dem kleinen grünen Kanal abgeleitet).

Dieses bearische Kerzenmuster an dieser möglichen »oberen« Linie legt einen Kursrückgang nahe. Da soeben die Parallellinie so eindrucksvoll bestätigt wurde, suchen wir sogleich auf der Unterseite ihre Schwestern. Wir werden auch sofort fündig und stoßen mit Hilfe der schon vorhandenen Rechtecke und zweier

Abwärts-Parallellinien auf die Targets 1 und 2 (Auch hier wieder: Die aus dem großen Abwärtstrend 2001/2003 abgeleiteten roten Linien, die zwischendurch bereits durch die kleine rote Flagge in der Bildmitte bestätigt wurden, würden Sie ohne Kenntnis der Parallel-Methode niemals ernsthaft in Betracht ziehen ...).

Keine Frage, Target 1 ist de facto nur noch theoretisch zu erreichen. Das Hauptaugenmerk wird sicherlich auf Target 2 liegen. Aber wenn Sie die Geschehnisse bei EADS noch in Erinnerung haben, dann ahnen Sie natürlich, was geschieht: Die Salami-Taktik der Eingeständnisse, dass die Auslieferung des Super-Airbus A380 um mehrere Monate verschoben werden muss, sowie die vermuteten Insiderverkäufe von EADS- und Airbus-Oberen vor dieser Ankündigungen führten zu einem schlagartigen Einbruch der EADS-Aktie.

Von der Schwierigkeit, einen Target-Spike zu handeln

Der Kurs rauschte massiv in den Keller und schlug tatsächlich auf der Marke bei 16,80 € auf. Der entstehende Spike streift auch noch das Target am äußersten Rand, so dass Target 2 völlig unerwartet »von unten« erreicht wurde (Chart 3.10).

Chart 3.10: Der Target-Spike — der Einbruch (EADS)

Einen solchen Spike können Sie natürlich nicht auf »konventionelle«, also antizyklische Weise handeln und einsteigen, wenn er aufgetreten ist. Dafür ist die Situation als solche, aber auch die charttechnische Lage viel zu undurchsichtig.

Ein Einstieg zum Beispiel beim Schlusskurs von 19,87 € ergäbe ein Risiko von gut 15 %. Sie können sinnvoll ja nur unterhalb des Spike-Tiefs absichern, während das Erholungspotenzial sicher sehr überschaubar bleibt. Das Hoch knapp oberhalb von 23 € einige Zeit später ergab schließlich nur ein Chance-Risiko-Verhältnis von etwa 1, also viel zu wenig für einen so extremen Trade. Aber es gibt auch einige mögliche Strategien, die wir Ihnen in unserem Trading-Kurs unter dem Stichwort »Spike-Fishing« noch vorstellen werden.

Spikes nach oben

Wir hatten über die »Radikalität« einer Abwärtsbewegung ja schon gesprochen, also dass Abwärtsbewegungen sich meist schneller vollziehen als Kursanstiege und dabei häufig auch heftiger ausfallen. Nun ist sicherlich der Spike an sich schon eine extreme Bewegung, und man könnte meinen, er kommt deshalb auch öfter in Abwärtsbewegungen vor.

Das ist aber nicht notwendigerweise so – schließlich gibt es ja nicht nur den »Hammer« als ein Spike-Kerzenmuster im Abwärtstrend, sondern mit der »Sternschnuppe« auch eine analoge Formation für den Aufwärtstrend. Unser Einführungsbeispiel von Gold zeigte ja einen sehr beeindruckenden Spike nach oben in Idealausführung.

Ein anderer, ziemlich spektakulärer Spike ereignete sich im Währungspaar US-Dollar/Kanada-Dollar (siehe Chart 3.11). Nach einer jahrelangen Abwärtsbewegung entstand ein aufsteigendes Dreieck (grau) als Bodenformation, aus der auch »regelgerecht« der Ausbruch gelang (Pfeil). Nach einem ebenfalls lehrbuchreifen Rücksetzer an die Ausbruchslinie kam es dann im Zug der Turbulenzen während der Finanzkrise zu einem explosionsartigen Anstieg, der das »unmögliche« Target (gelb) wenigstens noch streifte.

In solchen Fällen kommt es recht häufig auch zu einem »Überschießen« der Kurse, so dass die eigentlichen Extrema eines solchen Spikes meist deutlich jenseits des Targets liegen.

■ USD/CAD Spot [USDCAD FXD wöchentlich]
© www.tradesignalonline.com

CAD
1,7000
1,6000
1,5000
1,4000
1,3000
1,2000
1,1000
1,0000
0,9000

100,00% - 1,2488

50,00% - 1,077
38,20% - 1,0365

0,00% - 0,9052

2000 2001 2002 2003 2004 2005 2006 2007 2008

Chart 3.11: US-Dollar/Kanada-Dollar: Mission Impossible? Spike extrem!

Übertreibungs-Spikes hier und dort

Aber gut, Währungen sind für solche Beispiele, in denen es um »oben« und »unten« geht, nur wenig aussagekräftig, denn durch Wahl des entsprechenden »Gegenkurses« (also CAD/USD statt USD/CAD) sind »oben« und »unten« ja einfach vertauschbar.

Also betrachten wir die klassischen Indizes, Aktien und Rohstoffe, wobei sich natürlich hauptsächlich die Übertreibungsphasen anbieten. Eine solche entstand 2007 in den Emerging Markets, namentlich dem chinesischen Aktienmarkt.

Sehr markant ist in diesem Zusammenhang der Verlauf des Honkonger Hang-Seng-Index' (siehe Chart 3.12), der aus einem moderaten Aufwärtstrend (grüner Kanal) in eine zweimalige Trendbeschleunigung überging, bevor dann ein fast senkrechter Anstieg in einem klassischen Spike exakt im Target endete.

Chart 3.12: Hang-Seng-Index (Hongkong) – Übertreibung endet im Target-Spike (in Tausend)

Chart 3.13: DJ AIG Commodity Index – die Rohstoffe brauchen zwei Anläufe bis zum Ende der Rallye

Eine andere bekannte Übertreibung dieser Zeit war der exorbitante Preisanstieg bei den Rohstoffen. Nicht nur das Rohöl war davon betroffen, sondern auch beispielsweise Metalle und Agrarprodukte. Das schlug sich natürlich in den einschlägigen Rohstoffindizes nieder.

Betrachten wir dazu den Dow Jones/AIG Commodity Index (siehe Chart 3.13). Die Rohstoffe bildeten ihr Hoch erst erst einige Monate nach den Emerging Markets im Frühjahr 2008 (linkes Target) aus. Trotz eines eindeutigen Spikes und eines kräftigen Kursverfalls unmittelbar darauf setzte der Markt noch zu einem weiteren Hoch an, das das erste sogar noch übertraf und deutlich über das Ziel (rechtes Target) hinausschoss.

Chart 3.14: Gold — auch die Korrektur endet punktgenau in einem Target

Interessanterweise gab es hier keinen echten Spike, sondern einen sogenannten Hammer (grüner Pfeil), der aber im Kontext der beiden Nachbarkerzen ebenfalls als Umkehrpunkt in Frage kam (Körper des Hammers ist durch Kurslücken – Gaps – von der vorherigen bzw. nachfolgenden Kerze getrennt).

Dass es jedoch im Anschluss daran direkt zu einer Kurshalbierung kommt, ohne dass eine merkliche Erholung diesen Crash unterbricht, war natürlich nicht zu erwarten ...

Folgerichtig konnten in diese Zeit wieder hauptsächlich Übertreibungs-Spikes nach unten ausgemacht werden. Da wir gerade bei den Rohstoffen waren: Selbst der typische Krisengewinner Gold kam dabei mit mehr als 30 % Minus (im Spike-Tief; siehe Chart 3.14) kräftig unter die Räder.

Aber gerade auch auf Intraday-Basis kam es immer wieder zu kräftigen Einbrüchen und damit deutlichen Spikes. Chart 3.15 zeigt zwei kräftige Abwärtsspikes in einem Abwärtstrend des Nasdaq-E-Mini-Futures.

Chart 3.15: Nasdaq100-E-mini-Future – auch intraday treffen wir auf Target-Spikes

Spikes markieren Trendgrenzen

Wenn Sie sich verschiedene Kursverläufe ansehen, werden Sie bald feststellen, dass Spikes nicht immer so spektakulär daherkommen. Sie treten im Gegenteil sehr häufig und anscheinend nicht unbedingt an so exponierten Stellen auf.

Chart 3.16: Spikes markieren Trendgrenzen (Seitwärtsbewegung bei Gold)

Dennoch haben sie der Erfahrung nach gerade für das Trading eine herausragende Bedeutung. Denn in der Regel treten Spikes an den Trendgrenzen auf. Nicht ohne Grund legen wir ja häufig unsere Trendlinien an mehr oder weniger ausgeprägte Spikes.

Diese Erkenntnis ist für uns natürlich besonders wichtig. ERSTENS sind Spikes damit potenzielle Auflagepunkte für entstehende Trendlinien, die wir eventuell noch gar nicht kennen. Und ZWEITENS ist die Wahrscheinlichkeit sehr groß, dass ein Spike in der Nähe einer bereits erkannten Linie auch einen Umkehrpunkt darstellt. DRITTENS schließlich gehen wir noch einen Schritt zurück und *erwarten* nun, dass der Kurs bei Annäherung an eine Trendlinie möglicherweise mit einem Spike dreht.

Kehren wir unter diesem Aspekt noch einmal zur Seitwärtsbewegung beim Gold aus dem einleitenden Beispiel zurück. In Chart 3.16 haben wir für Sie die Spikes markiert, die mit schöner Regelmäßigkeit an den Grenzen dieser Seitwärtsbewegung auftraten. Beim Trading wären die Spikes in den grünen Markierungen erfolgreich gewesen, die in den roten Markierungen zunächst nicht. Allerdings wären mindestens zwei dieser Fehltrades später, nachdem die Fehlausbrüche als solche erkennbar gewesen waren, in einem zweiten Anlauf doch noch profitabel gewesen.

Gerade und geneigte Trendkanäle

Wenn das so gut für Seitwärtsbewegungen funktioniert, fragen wir uns natürlich, ob das auch für die anderen, geneigten Trendkanäle gilt. Schließlich ist ja ein Trendkanal nichts anderes als ein schräg gestelltes Rechteck. Und tatsächlich, wie Chart 3.17 zeigt, funktioniert das auch »in der Schräge«.

Chart 3.17: Spikes markieren Trendgrenzen (Aufwärtstrend bei US-Staatsanleihen)

Hier haben wir zusätzlich die entstehenden Spike-Targets markiert, die sich verhältnismäßig leicht aus dem Kursverlauf ergeben. Achten Sie einfach einmal in den folgenden Bildern darauf, dass dieses Schema immer wieder auftritt: Target-Spikes entstehen bevorzugt an Trendlinien und Widerständen bzw. Unterstützungen oder andersherum: Durch die entstehenden Target-Spikes werden die Trendlinien erst »sichtbar«.

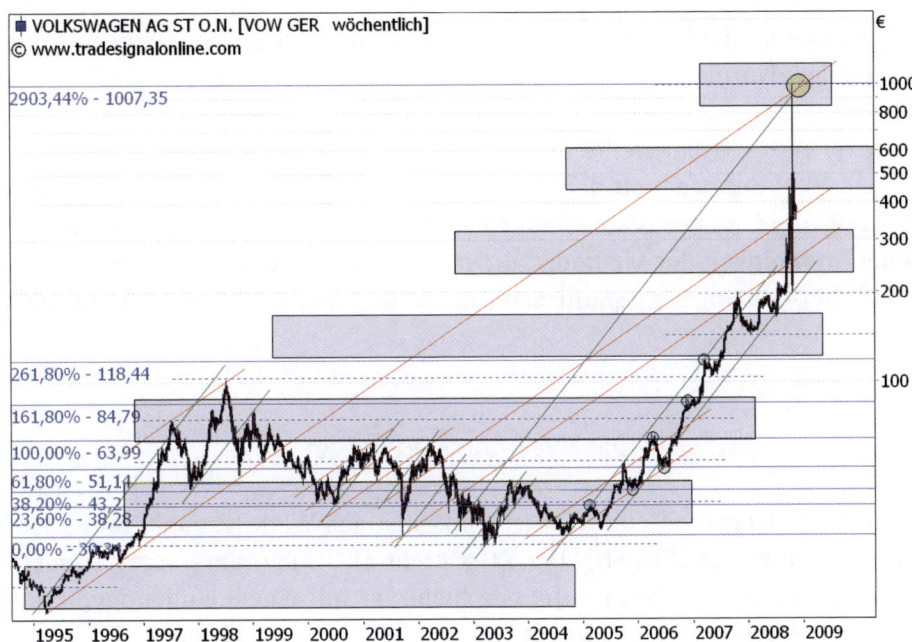

Chart 3.18: Volkswagen — selbst der Mega-Spike in der Übertreibung 2008 ist ein Target! (Bemerkung: Aus Gründen der Darstellung wurde hier eine logarithmischer Kursskala gewählt. Die Target-Trend-Methode funktioniert insbesondere langfristig auch in logarithmischen Charts. Die Verläufe und Linien sind natürlich andere als bei linearem Verlauf. Da dieses Thema immer wieder zu Fragen führt, »welche Darstellung man nun nehmen muss«, greifen wir es ein wenig später in diesem Teil nochmals ganz gezielt aus Sicht der Target-Trend-Methode auf; siehe Abschnitt 3.2.4.)

Damit ist der Target-Spike eines der wichtigsten und mächtigsten Muster in unserem Repertoire der Target-Formationen, denn erst durch die diversen Spikes und Umkehrmuster sind wir überhaupt in der Lage, die Trendlinien zu zeichnen.

Chart 3.17 zeigt im Übrigen sehr deutlich, dass selbst solche scheinbaren Langweiler wie ein Anleihen-Future (T-Bonds sind die 30-jährigen US-Staatsanleihen) durchaus Dynamik zeigen und kräftige Spikes ausbilden können.

Zum Abschluss dieses Kapitels über die Spikes noch ein absolutes Highlight. Eine Methode ist natürlich immer nur so gut, wie es ihr gelingt, auch in den absoluten Extremsituationen zu bestehen. Zu der Zeit, als dieses Buch in die letzte Entstehungsphase ging, wütete gerade die Finanzkrise des Jahres 2008 an den Märkten, entsprechende Beispiele haben wir ja auch schon gezeigt.

Aber so extrem die Marktbewegungen auch waren, sie lagen immer noch im Bereich des »Normalen«.

Ein wirkliches Extrem stellte der Kursverlauf der VW-Aktie im Oktober/November 2008 dar, was mit der Finanzkrise nur mittelbar zu tun hatte. Chart 3.18 zeigen wir daher ohne weiteren Kommentar. Erfreuen Sie sich einfach an der Stimmigkeit der Methodik, die lang vor dem Mega-Spike funktionierte und die selbst dieser gigantische Kursanstieg nicht durcheinanderbringen konnte.

Das Walk-through-Target

Das logische Gegenteil eines Target-Spikes ist das Walk-through-Target (salopp: »Durchmarsch-Target«). Der Kurs dreht also nicht am Target, sondern marschiert einfach weiter. Häufig geschieht das mit einem eindeutigen Fortsetzungs-Kerzenmuster in Targetnähe.

Chart 3.19 zeigt ein klassisches Beispiel.

Chart 3.19: Commerzbank – das klassische Walk-through-Target

Die Commerzbank-Aktie hat nach einem längeren Aufwärtstrend (grün) den Rückwärtsgang eingelegt (rot) und daran anschließend eine Seitwärtsbewegung begonnen, die in einem symmetrischen Dreieck mündete. Im Kontext der kurz zuvor begonnenen Abwärtsbewegung wäre nun deren Fortsetzung zu erwarten gewesen, denn Dreiecke sind in der Regel Fortsetzungsformationen.

Es kommt jedoch zunächst zu einem bullishen Ausbruch mit Gap-up über die obere Dreiecksbegrenzung (Pfeil 1). Warnsignale sind jedoch der lange obere Schatten (»Docht«) der Ausbruchskerze und dass deren Hoch in den folgenden Tagen nicht überwunden werden kann. Im Gegenteil, die Hochs der Folgekerzen fallen gleichmäßig ab. Fast erwartungsgemäß erfolgt dann der Rückfall in das Dreieck mit einer langen Kerze (Pfeil 2). Vier Tage später scheitert ein letzter schwacher Angriff auf die obere Dreieckslinie, und bei Pfeil 3 schließlich fällt der Kurs mit einer langen Kerze nach unten aus dem Dreieck heraus.

Fehlausbrüche am laufenden Band

Damit steht nun eigentlich eine Fortsetzung des begonnenen Abwärtstrends auf dem Programm. Dass sich der Kurs noch an der Dreiecks-Unterkante nach oben schleicht, ist zunächst unverdächtig – der Chartechniker erwartet hier eine Flagge als nächste kleine Fortsetzungsformation.

Spätestens an der Dreiecksspitze wäre also nun ein weiterer Abwärtsschub fällig. Dieser bleibt jedoch aus. Stattdessen stößt sich der Kurs oberhalb des Targets nochmals mit einer langen bullishen Kerze nach oben ab und setzt die Aufwärtsbewegung fort. Das gelbe Target ist also ein klassisches Walkthrough-Target.

Bei genauer Betrachtung dieses Beispiels werden Sie bemerken, dass wir schon bereits bei Pfeil 2 einem Walk-through-Target begegnet sind. Hier gibt es einen Schnittpunkt der oberen Dreieckslinie mit der kleinen Trendlinien der dem Ausbruch vorangegangenen Aufwärtsbewegung (gestrichelt).

Typisch für Walk-through-Target: Trendbrüche

Wir erkennen hier schon die typische Struktur der Walk-through-Targets. Die Target-Formation leitet in der Regel einen Trendbruch ein. Dieser tritt zum einen als Ausbruch aus einem etablierten Trend im Sinn einer Trendbeschleunigung bzw. eines klassischen Trendbruchs auf. Zum anderen finden wir fast genauso oft einen Rückfalls in einen Trend im Zusammenhang mit einem Fehlausbruch.

Daher ist ein Walk-through-Target eines der nützlichsten Signale innerhalb der Target-Trend-Methode, denn natürlich sind Trendbrüche aller Art immer extrem überraschend und daher meist mit starken Kursbewegungen in Anschluss verbunden. Das ist dann natürlich für das Trading mitunter ungeheuer profitabel.

Nehmen wir zunächst eine schlichte Trendbeschleunigung (siehe Chart 3.20). Der S&P-500-Index etablierte ab Oktober 2007 einen klaren Abwärtstrend (rot). Ein erneuter Test der Oberkante dieses Trends endete in einen Target-Spike (grüner Pfeil). Von dort aus ging es beschleunigt wieder zurück zur Unterkante (blauer Trend).

Chart 3.20: S&P 500 – Walk-through-Target als klassisches Versagen einer Kreuzunterstützung

Dort bildete sich dann ein Target als klassische Kreuzunterstützung (gelber Kreis). Dieses wurde mit einem umgekehrten Hammer und nachfolgendem Gap-down durchstoßen, wodurch der Kursrückgang nochmals beschleunigte wurde.

Das folgende Beispiel zeigt den Kursverlauf der Aktie des Düngemittelkon-
zerns K+S (Chart 3.21). Das Papier war jahrelang einer der Highflyer an der
Börse, nicht zuletzt natürlich aufgrund des Rohstoffbooms. Allerdings setzte
folgerichtig mit der weltweiten Schwäche der Rohstoffe auch bei K+S eine
Abwärtsbewegung ein.

Chart 3.21: K+S – Scheitern der Bestätigung eines Ausbruchs mit Walk-through-Target

Im Spätsommer 2008 sah es aber zunächst so aus, als sollte die Aktie doch
noch einmal nach oben ausbrechen: Der Abwärtstrend konnte gebrochen
werden (grüner Pfeil). Dass es einige Tage später nochmals einen Rücksetzer
an die Abwärtstrendlinie gab, war nicht weiter beunruhigend. Im Gegenteil,
ein kraftvoller Aufwärtsimpuls von dieser Linie aus wäre ein deutliches bullishes Signal gewesen.

Da an dieser Stelle auch ein Target auszumachen war (gelber Kreis), würden
wir als Target-Analytiker nun einen Spike nach unten erwarten. Stattdessen
kam es zu einer langen baerishen Kerze in den Abwärtstrend zurück – ein
ganz klares Short-Signal zu diesem Zeitpunkt.

Das Walk-through-Target – starker Indikator
für den weiteren Trendverlauf

Gemäß der Darstellung des typischen Trendverlaufs (siehe Anhang 4) war nun also ein Rückfall bis an die Trendunterkante zu erwarten, wozu es auch kam. Letztlich fiel der Kurs sogar noch weiter, nämlich aus dem bisherigen Trend heraus ...

Sie sehen also, wie Sie durch Beherrschung der Target-Trend-Methode mittels nur weniger Informationen sehr weitgehende Aufschlüsse über den weiteren Kursverlauf erhalten können. Die konsequente Befolgung der Target-Regeln aufgrund dieses Signals hätte Ihnen im Rahmen eines ungehebelten Short-Trades innerhalb von nur 18 Tagen einen Gewinn von 45 % erbracht!

Nun mögen Sie vielleicht einwenden, dass dies aufgrund der seinerzeitigen Marktkrise eventuell ein Extrembeispiel sei. Daher nehmen wir uns an dieser Stelle einmal den DAX-Anstieg von 2003 bis 2007/08 vor. Auf dieses Beispiel gehen wir ja, wie bereits erwähnt, ausführlich im Anhang 4 ein. An dieser Stelle interessieren uns aber einmal die diversen Ausbrüche und Fehlausbrüche aus dem Blickwinkel der Target-Formationen.

Chart 3.22: DAX-Aufwärtstrend – bestätigen Walk-through-Target die Ausbrüche?

In Chart 3.22 sehen Sie noch einmal den Kursverlauf in dem langen Aufwärtstrend im Überblick. Als markante Punkte sind all die Zeitpunkte gekennzeichnet, die sich nach Etablierung des grünen Trends als größere Fehlausbrüche oder Trendbrüche herausstellten.

Wir wollen nun untersuchen, inwieweit sich diese Punkte eventuell durch
Walk-through-Targets rechtzeitig erkennen ließen.

Fehlausbruch nach unten

Beginnen wir mit Punkt 1. Bevor der Kurs den Kanal verlässt, bildet sich eine
leicht abwärtsgerichtete Seitwärtsbewegung aus (siehe Chart 3.23). Eigentlich
ist das eine klassische Trendfortsetzungsformation, der Kurs sollte also nach
oben ausbrechen.

Chart 3.23: DAX-Aufwärtstrend – Walk-through-Targets bestätigen den Fehlausbruch nach unten

Umso überraschender kommt der starke Einbruch mit zwei extrem langen
roten Kerzen und der mächtigen Kurslücke dazwischen. Die Target-Trend-

Methode hat jedoch bereits das Target auf der Unterseite der Seitwärtsbewegung bestimmt, das sich nun als Walk-through-Target erweist.

Nachdem der Einbruch jedoch auf Höhe des letzten Tiefs bei 4161 Punkten stoppt, dort einen kleinen Doppelboden ausbildet und die Seitwärtsrange wiedererobert, kommt es in der Folge zu zwei weiteren Walk-through-Targets (gelbe Kreise rechts in Chart 3.23) und damit dem Ausbruch aus der Seitwärtsbewegung nach oben mit einem sehr dynamischen Kursanstieg.

An diesem Beispiel können Sie übrigens auch erneut die Kraft der Parallel-Methode erkennen. Die kleine Seitwärtsbewegung ist natürlich ohne Weiteres zu erkennen. Für die genaue Linienführung kommen wir aber mit den Kerzen auf der Ober- und Unterseite nicht viel weiter, weil die Auflagepunkte zu viele Varianten für die Begrenzungslinien erlauben.

Erst mit Hilfe der inneren Trendlinie (gestrichelt), die eine eindeutige Linienführung vorgibt, finden wir »vernünftige« Parallelen, die aber ihrerseits auch sinnvolle Auflagepunkte haben. Wir werden auf diesen wichtigen Punkt anhand dieses Beispiels im Kapitel über die »Tücken« der Target-Trend-Methode nochmals eingehen (siehe Abschnitt 3.2.3).

Ausbrüche nach oben

Damit kommen wir zu Punkt 2 in Chart 3.22. Hier erfolgt ein dynamischer Ausbruch nach oben aus dem langjährigen Trend, dem allerdings noch ein Fehlausbruch vorangeht. Sehen wir, was unsere Target-Trend-Methode dazu sagt (siehe Chart 3.24).

Ab Mitte 2006 kommt es nach einem Einbruch von der Unterkante des Langfristtrends zu einem recht geradlinigen Anstieg Richtung Trendoberkante. Ein weiterer Rückschlag zum Jahresende kann diese Aufwärtsbewegung auch nicht stoppen, so dass der DAX zum Jahreswechsel kurz vor der oberen Trendbegrenzung steht und das dortige Target ins Visier nimmt.

Dieses wird gebildet aus der Trendlinie des Langfristtrends, der Mittellinie des sekundären Trends und der nahezu perfekten Fibonacci-Projektion seit dem jüngsten Zwischentief. Bei der weiteren Annäherung an das Target schwenkt der Kurs zeitweise in einen flacheren Kanal ein, der sich auch im früheren

Chart 3.24: DAX-Aufwärtstrend — Bestätigung der Annäherung an das Target

Chart 3.25: DAX-Aufwärtstrend — Ausbruch durch Walk-through-Target mit Kurslücke nach oben

*Chart 3.26: DAX-Aufwärtstrend – nach Fehlausbruch bringt erst das dritte
Walk-through-Target den Durchbruch*

Anstieg finden lässt (siehe Chart 3.25). Dieser Trend bestätigt das Target erneut, das sich schließlich als Durchbruchspunkt erweist.

Hier sehen wir übrigens eine weitere Möglichkeit für eine Fortsetzungsformation eines Walk-through-Targets: Der Trend wird mit einer deutlichen Kurslücke (Pfeil) übersprungen. Es muss also nicht immer die berühmte lange Kerze sein ...

Da es nach dem Ausbruch nicht zu dem erwarteten dynamischen Anstieg kommt und auch der kleine Rücksetzer lediglich die Oberkante des blauen Kanals getroffen hat, ist immer noch mit einem Test des grünen Langfristtrends von oben zu rechnen. Als wahrscheinlichster Punkt kommt dafür das Target aus der Kreuzung der beiden grünen Kanäle infrage (gelber Kreis in Chart 3.25).

Aus dem Rücksetzer wird ein Rückfall in den Trendkanal, womit der Fehlausbruch abgeschlossen ist. Allerdings wird der Rücksetzer relativ bald mit einem kleinen Doppelboden an der Kreuzung einer der blauen Parallellinien mit der Mittellinie des grünen Trends aufgehalten (blaues Target siehe Chart 3.26).

Das legt nahe, dass es sich wiederum nur um eine kurzfristige Korrektur handelt. Diese sollte dann mit einem dynamischen Anstieg ähnlich denen der vorausgegangenen Einbrüche beendet werden (schwarze Parallellinien). Dadurch würde das nächste Target an der grünen Trendlinie aktiviert (violetter Pfeil).

Tatsächlich kommt es dazu, und das genannte Target erweist sich abermals als Walk-through-Target, das ganz klassisch mit einer langen Kerze nach oben durchstoßen wird. Damit haben wir abermals diesen Kursverlauf im DAX mit unseren Target-Formationen bestimmt.

Der Rückfall

Dem scharfen Einbruch 2007 im DAX (Punkt 3 in Chart 3.22) ging eine längere Seitwärtsbewegung voraus, an deren Unterseite der DAX immer wieder Unterstützung durch den Langfristtrend erfuhr (grüne Pfeile in Chart 3.27). Dadurch ergab sich charttechnisch zunächst ein aufsteigendes Dreieck, das eigentlich die Grundlage für weiter steigende Kurse sein sollte.

Chart 3.27: DAX-Aufwärtstrend – gleichmäßige Zeitzyklen und Unterstützung durch Aufwärtstrend

Chart 3.28: DAX-Trend – der Kurs fällt durch das rote Walk-through-Target in den Kanal zurück:
Gefahr!

Häufig bietet eine solche Seitwärtsbewegung, wie im vorigen Abschnitt gesehen, einige typische Targets an der Ober- und Unterseite an, da die Kursbewegungen dort verhältnismäßig gleichmäßig vonstatten gehen. Dies lässt sich meist sehr schön mittels der Zeitzyklen überprüfen (Chart 3.27).

Genauso finden sich häufig sehr gleichmäßige Auf- und Abwärtslinien, die gleichsam ein Netz über den Kursverlauf spinnen (Chart 3.28). Hier macht dann allerdings die Beschränkung den Meister aus.

Letztlich ist es aber wieder ein durch dieses Netz gefundenes Target (rot), das als Walk-through-Target den Kurs in niedrigere Sphären entlässt.

Widerstand zwecklos

Der nachfolgende dramatische Kursverfall ist durch die Geschehnisse um die Société Générale bedingt. Dort hatte ein einzelner Trader über Wochen und Monate unverantwortlich hohe Long-Positionen in DAX- und Euro-STOXX-

Futures aufgebaut, und das am internen Kontrollsystem der Bank vorbei. Der eigentliche Kurssturz kann dann durch die Auflösung dieser Positionen zustande, nachdem die Bank dieses Problem entdeckt hatte.

Ähnlich wie im obigen Beispiel bei VW (siehe Chart 3.18) ist es wiederum interessant, dass selbst dieses absolut unvorhergesehene Ereignis die Target-Trend-Methode nicht außer Kraft setzen kann.

Chart 3.29 zeigt die Situation an Punkt 4 des Trendverlaufs. Zunächst kommt es durch den unglaublichen 500-Punkte-Tages-Crash zum Durchstoßen des nicht mehr für möglich gehaltenen Targets A, das sich somit als Walk-through-Target entpuppt.

Chart 3.29: DAX-Aufwärtstrend – trotz Chaos und Unsicherheit:
Die Target-Trend-Methode bleibt weiter gültig

Dann fällt der Kurs weiter, dreht aber exakt an einer Linie, die bereits in der Seitwärtsbewegung etabliert wurde (untere schwarze Linie). Dann kehrt der Kurs zunächst zurück und schwankt nahezu in perfekter Symmetrie um den Trend, den wir seit ca. vier Jahren »auf dem Schirm« haben (grüner Kanal)!

Dabei kommt es innerhalb dieses Kanals bei den Punkten C und D zu eindeutigen Target-Spikes zwischen den schwarzen Linien. Und sogar innerhalb dieses Kanals kam es zu einer Bestätigung dieser Linien durch eine weitere Parallele (kleine schwarze Linie bei E). Und das alles trotz des Chaos' und der Unsicherheit, die aufgrund der beschriebenen Situation allerorten herrschten!

Die Unterstützung, die sich um die Unterkante des langjährigen Trends gebildet hatte, war aber letztlich nicht von Dauer; der grüne Kanal bildete lediglich eine Flagge, die bei Punkt E verlassen wurde, womit zunächst alle Träume von einer Rückeroberung des großen Trendkanals ausgeträumt waren.

Weiter von Erfolg begleitet – die Target-Trend-Methode!

Dagegen zeigt die Target-Trend-Methode weiter ihre Stärken. Der folgende neuerliche Abwärtsschub führt zu einem neuen Tief, das – Sie ahnen es – erneut auf einer unserer »alten« Parallellinien liegt (siehe Chart 3.30). Von dort startet nun endlich die Gegenbewegung.

Chart 3.30: DAX – der Keil verendet im Fehlausbruch: Der Abwärtstrend ist nun etabliert.

Die Target-Trend-Methode bietet uns sofort wieder zwei kleine Zwischen-Targets (kleine gelbe Kreise). Aber auch ein übergeordnetes Target (rot) kristallisiert sich bald heraus an einem Schnittpunkt einer Parallellinie aus der großen Seitwärtsbewegung 2007 mit der Unterkante des alten grünen Trends (Dieser Schnittpunkt wird zusätzlich durch eine Fibonacci-Projektion vom Tief aus bestätigt, die aber aus Gründen der Übersichtlichkeit hier nicht eingezeichnet ist).

Dieses obere Target ist insofern von Bedeutung, da es hier zu einem Walk-through kommen müsste, wenn auch nur ansatzweise eine Chance auf Fortsetzung des Aufwärtstrends bestehen sollte. Scheitert der DAX dort, oder erweist sich ein Ausbruch dort wieder als Fehlausbruch, dann können wir den Abwärtstrend als etabliert betrachten.

Das Walk-through-Umkehr-Target

Chart 3.31: DAX – der Keil verendet im Fehlausbruch: Der Abwärtstrend ist nun etabliert.

Der Kurs marschiert sehr zielstrebig weiter auf das Target zu (siehe Chart 3.31). Eine neue Trendlinie (grün) bestätigt zwar das Target perfekt, lässt aber Zweifel an dem Walk-through-Szenario aufkommen. Denn die Kursbewegung ist ein eindeutiger Keil, und das ist nach einer solchen Abwärtsbewegung, wie wir sie seit den Hochs gesehen haben, ein ziemlich bearishes Zeichen.

Obwohl der DAX dann kurz vor dem Target über die blaue Linie ausbricht und bereits zweimal an den alten grünen Trend »klopft« (Pfeil), reicht die Kraft für ein Rebreak nicht aus. Zwar kommt es zu einem Durchbruch durch das Target, aber quasi sofort erfolgt auch ein deutlicher Rückfall – der Kurs testete nur den Widerstand bei 7220 Punkten.

Damit ist der Aufwärtstrend definitiv beendet – und auch unsere Betrachtung zu den Walk-through-Targets. Die zum Teil extrem präzisen Fälle demonstrieren eindrucksvoll den Vorteil der Target-Trend-Methode, insbesondere bei der Bewertung von Ausbrüchen und möglichen Fehlausbrüchen.

Der Target-Arc (Target-Bogen)

Es gibt natürlich auch Targets, die nicht oder nicht so erreicht werden, wie wir uns das idealtypisch wünschen würden. Auch die relativ klaren Formationen »Spike« und »Walk-through« weisen ja im Einzelfall eine Menge Individualität auf – Spike ist nicht gleich Spike, Walk-through ist nicht gleich Walk-through. Wir kommen im Anschluss gleich noch einmal dazu.

Nun wäre es sicherlich müßig, versuchen zu wollen, alle nicht getroffenen Targets auch noch zu klassifizieren. Allerdings hat sich aus der Erfahrung heraus ein solches Target doch eine besondere Erwähnung verdient – der Target-Arc (Bogen).

Wenn Kurse Haken schlagen

Beim Target-Arc macht der Kurs quasi einen Bogen um das Target. In Chart 3.32 sehen Sie ein prominentes Beispiel. Es handelt sich um das Tief von 2002 im Dow Jones Industrial Average. Nachdem der Index im Juli und Oktober in schneller Folge zwei neue, scharfe Tiefs markiert hat, steigt er unvermittelt ebenso dynamisch an, um dann wieder zurückzufallen.

Chart 3.32: Dow Jones Index — Target-Arc im Tief nach Internet-Crash

Chart 3.33: AXA — Target-Arc am Hoch: es muss nicht immer ein »absolutes« Hoch sein!

Die Formation erinnert an einen klassischen Doppelboden, der allerdings nicht »regelgerecht« ausgebildet wurde und daher von der klassischen Charttechnik mit einer Menge Fragezeichen versehen würde.

Die Target-Trend-Methode liefert dagegen wichtige zusätzliche Informationen. Denn es findet sich ein Target, um das der Kurs einen fast perfekten Bogen beschrieben hat. Eine solche Konstellation an einem möglichen Ende einer Abwärtsbewegung ist häufig ein Zeichen für weiter steigende Kurse. Tatsächlich war das auch das Tief des Internet-Crashs seit 2000, und es begann eine mehrjährige Rallye an den Märkten.

Natürlich tritt ein solcher Target-Arc auch am Hoch auf – dann handelt es sich in der Regel um eine Art Doppel-Top. Chart 3.33 zeigt einen solchen Target-Arc am Beispiel der Aktie des französischen Versicherungskonzerns AXA.

Sie erkennen aber auch, dass der Target-Arc trotz des Doppel-Tops nicht unbedingt eine »globale« Top-Formation sein muss. In diesem Fall kam es zwar zu einem deutlichen Rückfall von mehr als 20 %, allerdings folgte im Anschluss ein neuer Anstieg über die früheren Hochs.

Chart 3.34: BMW – Target-Arc im Trend

Der Target-Arc im Trend

Gelegentlich kommt es zu Target-Arc-Formationen auch in einem Auf- oder Abwärtstrend. Das sind aber eher seltene Fälle. Am Beispiel der BMW-Aktie zeigen wir daher nur einmal das typische Muster (Chart 3.34).

Nach einer Korrektur kommt es zu einem Angriff auf den Abwärtstrend mit nachfolgendem Ausbruch (grüner Pfeil), der allerdings wieder etwa auf das Ausbruchsniveau bzw. die Ausbruchstrendlinie zurückkommt (schwarzer Pfeil). Dazwischen bildet sich ähnlich wie beim Doppelboden das Target, das vom Kursverlauf wieder bodenförmig umschlossen wird.

Der Target-Arc – ein typisches Intraday-Target

In langfristigeren Charts werden Sie den Target-Arc relativ selten antreffen. Er ist eigentlich ein typisches Kind der Intraday-Kursverläufe, da hier verschiedenste Einflüsse auf die Kurse wirken, die schon im Tageschart später weitgehend verwischt sind. (Auf die Ursachen hierfür werden wir kurz im

Chart 3.35: Euro-Bund-Future – Target-Arc am Wendepunkt

Chart 3.36: S&P-500-Future – nach Walk-through-Target dreht der Kurs mit Target-Arc

Trading-Kurs, siehe Abschnitt 4.1, eingehen). Dadurch werden seltener Targets getroffen, was die Chancen für den Target-Arc erhöht. Die Charts 3.35 und 3.36 zeigen einige Intraday-Beispiele aus unterschiedlichen Zeitrahmen.

In Tages- und Wochencharts fallen die Tiefs und Hochs von Doppelböden und Tops sehr oft auf »richtige« Targets, also in der Regel Spikes. Das ist natürlich angenehmer, weil viel leichter zu erkennen.

Target-Arc-Kriterien

Um Fehler beim Identifizieren eines Target-Arc zu vermeiden, sollten Sie im Zweifelsfall folgende Kriterien prüfen:

Der Target-Arc ist erst beendet, wenn auf der zweiten Seite des Bogens ein deutliches Umkehrsignal in die Gegenrichtung zu erkennen ist, idealerweise also ein Spike. Da wir in der Regel kein anderes Target an dieser Stelle haben, müssen wir andere mögliche Grenzen für das Umkehrsignal aufmerksam beobachten, also Parallellinien und Rechteckgrenzen oder -mittellinien. Auch Fibonacci-Niveaus kommen infrage.

Der Target-Arc sollte weitgehend symmetrisch im Kursbogen liegen. Eine zu einseitige Lage des Targets könnte auf ein Verfehlen des Targets hindeuten, was zu anderen Interpretationen führen könnte (siehe unten).

Das Target sollte auch etwa auf der Verbindungslinie der Hochs oder Tiefs liegen bzw. dieses sollte sich nicht zu weit innerhalb und vor allem nicht deutlich außerhalb des Bogens befinden. Auch das kann darauf hindeuten, dass es eben kein Target-Arc ist.

Dagegen ist es weitgehend belanglos, wie weit sich der Kurs im Bogen vom Target entfernt. Natürlich ist ein Rückschlag nach einer deutlichen Entfernung vom Target generell kritischer zu beurteilen, als wenn es sich nur um einen kleinen Haken handelt. Dann sind das Umkehrsignal und die oben genannten Kriterien umso genauer zu beachten.

Beinahe-Targets

Es ist natürlich völlig klar, dass keine charttechnische Methode perfekt ist, auch die Target-Trend-Methode nicht. Börse ist nun mal kein Schachspiel. Aber wir meinen, dass wir mit den Beispielen bis hierher und insbesondere mit den Betrachtungen am DAX und bei Gold über längere Zeiträume gezeigt haben, was mit dieser Methode möglich ist.

Trotzdem wird es immer wieder Targets geben, die nicht erreicht werden. Und zwar nicht nur solche, die ohnehin »jenseits von Gut und Böse« liegen, sondern auch einige, die fast schon in greifbarer Nähe sind.

Doch auch das Nichterreichen von Targets ist eine wichtige Information für uns. Denn da wir bei der Target-Trend-Methode ja immer auch eine zeitliche Vorstellung haben, wann etwa das Target erreicht werden sollte, ist auch der Umstand von Bedeutung, dass es bis dahin eben nicht gelang.

Vor allem bei Targets, die bereits »aktiviert« oder die erkennbar ins Visier genommen wurden, ist das fast so bedeutsam wie das Erreichen des Targets selbst.

Das Target »zieht«

Das wichtigste Beinahe-Target ist ohne Zweifel das nicht erreichte. Dabei macht sich der Kurs allerdings zunächst erkennbar in Richtung des Targets auf. Prinzipiell sind auch die Zeit und die Dynamik ausreichend, damit das Target erreicht werden könnte. Dennoch kommt es nicht dazu, der Kurs »verhungert« vorher.

In Chart 3.37 sehen Sie zwei sehr typische Beispiele. Die Douglas-Aktie befindet sich in einem klaren Abwärtstrend (rot schattiert), der mithilfe unserer Parallellinienmethode ermittelt wurde. Andererseits gibt es eine leicht steilere (dicke rote) Abwärtslinie, die zunächst gebrochen wird (linker grüner Pfeil).

Chart 3.37: Douglas – Targets ziehen die Kurse an

Damit ist das Target an der Oberkante des flacheren Trends aktiviert, und der Kurs macht sich auch tatsächlich auf den Weg dorthin. Obwohl sogar ein Spike nach oben exakt in der Mitte des Targets zu erkennen ist, streicht der Kurs unterhalb des Targets vorbei und fällt zurück.

Das Target zieht den Kurs zwar an, kann aber trotzdem nicht genug Kraft entwickeln. Andererseits zeigt das Target aber seine Bedeutung, denn wenn es zieht, dann haben die Elemente (Linien, Rechtecke, Fibonacci-Linien usw.) ihre Wirksamkeit unter Beweis gestellt, und wir können uns auch künftig nach ihnen richten.

Die Schwäche sollte dazu führen, dass der Kurs wieder in Richtung der dicken Ausbruchslinie zurückfällt. Da die Oberkante des roten Kanals an dem Target beteiligt war, besteht auch die Chance, dass der Kurs sogar zur Unterkante zurückkehrt (siehe Trendverhalten, Anhang 4).

Die Bewegung nach unten ist ungleich dynamischer als der Anstieg. Nach dem nicht erreichten Target ist das auch nicht verwunderlich. Die steilere Abwärtslinie hält zwar den Kursverfall zunächst auf, es startet auch ein Versuch einer kleinen Gegenbewegung (Spike), aber letztlich erfolgt tatsächlich ein Rebreak unter diese dicke rote Linie.

Interessanterweise geht es dann doch nicht bis an die Unterkante des flacheren Trends, vielmehr geschieht vorher genau das Gleiche wie oben: Ein Target zieht den Kurs an, aber es wird nicht ganz erreicht. Der Kurs dreht erneut und schafft auch wieder den Bruch der Abwärtstrendlinie. Diese klaren Anzeichen von Stärke in der Bewegung nach oben manifestieren sich dann auch dadurch, dass der Rücksetzer in Richtung der Ausbruchslinie diese eben nicht mehr erreicht, sondern vorher dreht (rechter grüner Pfeil).

Jetzt können wir bereits das nächste Target an der Trendoberkante ausmachen, und aufgrund dieser Häufung von »Stärke« seit dem Drehen am zweiten Target unten ist die Wahrscheinlichkeit nun schon sehr hoch, dass dieses dritte Target ein Walk-through-Target wird, der Abwärtstrend also auch gebrochen wird.

Dieses eindrucksvolle Beispiel hat Ihnen einen ersten Eindruck vermittelt, wie aus dem Kursverhalten an verschiedenen Targets über die bloße Identifizierung neuer Targets auch begründete Annahmen getroffen werden können, was an ihnen geschehen wird. Dieses Thema werden wir im Trading-Kurs noch vertiefen, wenn es um das Traden mit Targets geht.

Target »zu früh« erreicht: das »Verzweiflungs-Target«

Das Gegenteil eines »zu schwachen« Targets ist ein sehr starkes, das »zu früh« erreicht wird. Im Chart sieht es dann so aus, als wäre der Kurs zu früh nach oben oder unten gesprungen (siehe Chart 3.38).

Chart 3.38: Adidas – am Ende eines Aufwärtstrends kritisch: ein Target zu früh angesprungen

Diese Variante, wie hier am Beispiel von Adidas gezeigt, können Sie häufig am Ende eines Trends finden. In einer Art »Vermenschlichung« des Kurses lässt sich das trefflich als »letzte, verzweifelte Kraftanstrengung« beschreiben, bevor ihm »die Puste ausgeht« (deshalb Verzweiflungs-Target).

Sehr häufig, wenn ein Target nicht erreicht wird, werden Sie feststellen, dass eine der Linien angesteuert (und meist auch genau getroffen) wird, die ein bisschen später dann ins Target münden. Das Ziel des Kurses ist dann die Linie, nicht das Target.

Es gibt nun zwei wesentliche Unterschiede im Kursverhalten, wenn das Target-Niveau zu früh erreicht wird. Zum einen kann der Kurs einfach weiter in die eingeschlagene Richtung laufen, zum anderen kann er wieder umkehren. Beschäftigen wir uns zuerst mit dem letzteren Fall, den Sie auch in Chart 3.38 am Beispiel der Adidas-Aktie sehen können.

Ein solches zu früh erreichtes Target mit nachfolgender Kursumkehr bedeutet in der Regel, dass der Trend vorläufig zu Ende ist. Meist erfolgt dann ein deutlicher Kursrückgang. Insofern ist die Interpretation des Kursverhaltens genauso wie beim Target, das nur »zieht«.

Praktisch ist das zu früh erreichte Target jedoch schwieriger zu handhaben. Sie wissen ja zum Zeitpunkt des vorzeitigen Spikes noch nicht, ob der Kurs nicht eventuell doch noch in das Target läuft. Also sollten Sie die Kerzenmuster sorgfältig beobachten. Hier kam es zu einem bearishen Überdeckungsmuster und nachfolgend zu weiteren negativen Kerzen. In diesem Fall wäre bestenfalls noch ein Target-Spike zu erwarten, kein Walk-through mehr.

Die Tradingstrategie hängt von Ihrer Positionierung ab. Sind Sie bereits investiert (also im Fall von Adidas long in Richtung Target) müssen Sie nun sehr eng absichern bzw. sogar die Position glattstellen. Wollen Sie dagegen am Target einsteigen, könnten Sie Spike-Fishing (siehe Trading-Kurs) probieren – wären damit aber nicht zum Zug gekommen.

Alternativ käme ein Short-Einstieg beim Durchgang durch das untere Target infrage (grüner Pfeil). Dabei käme es dann aber auf eine exakte Ausführung an. Der Stop zum Beispiel dürfte dann nicht mehr über dem Hoch bei 44 Euro liegen, sondern oberhalb des letzten kleinen Spikes bei 43 Euro (rote Linie). Ansonsten wäre das Chance-Risiko-Verhältnis zu schlecht.

Doch auf solche und ähnliche Feinheiten werden wir noch ausführlich in unserem Trading-Kurs eingehen. Damit kommen wir zur zweiten Variante des zu früh erreichten Targets, dem »Durchmarsch«.

Target »zu früh« erreicht: Das »Durchmarsch-Target«

Das geschieht häufig bei »unerwarteten« Nachrichten: Der Kurs ist bereits auf dem Weg in Richtung Target, da kommt irgendeine überraschende Meldung. Das Unternehmen hat besonders gute oder schlechte Ergebnisse vermeldet, die Konjunkturdaten sind völlig anders als erwartet ausgefallen oder ein Gerückt, ein Ereignis oder eine Äußerung beeinflusst urplötzlich Future-, Devisen- oder Rohstoffmärkte.

Und schon rauscht der Kurs, der eben noch kaum gekrochen ist, wie eine Rakete weiter nach unten oder oben. Es erfolgt also nicht etwa eine Umkehr, sondern eben ein »Durchmarsch« (siehe Chart 3.39).

Chart 3.39: General Motors – zu früh gestiegen und gescheitert: Das Target »zieht« von oben.

Häufig treibt zwar der Überraschungseffekt den Kurs in die eine oder andere Richtung, aber die eigentliche Entscheidung treffen die Märkte erst mit einiger Verzögerung– wenn sie nämlich das Ereignis tatsächlich verdaut haben.

Bei einem verfrühten Durchbruch durch das Target-Niveau müssen Sie – insbesondere, wenn es nachrichtengetrieben war – damit rechnen, dass das Target kurze Zeit später von der anderen Seite getroffen wird.

Das ist auch sehr schön in Chart 3.39 am Beispiel der GM-Aktie zu sehen. Hier erkennen Sie klar den »verfrühten« Ausbruch (grüner Pfeil). Danach kam es zu einer Rückkehr genau ins Target. Jetzt besteht noch überhaupt kein Grund zur Sorge, denn eine solche »Bedenkzeit« und ein solcher Retest sind völlig normal. Erst der nächste Versuch des Kurses durchzustarten, der aber nahezu sofort versandete, änderte die Situation.

Grundsätzlich ist ein Durchmarsch immer ein Signal, dass der Kurs weiter in die Richtung des Durchmarschs läuft. Aus Tradingsicht ist also ein Einstieg auf Target-Niveau gerechtfertigt (bei GM also long). Je nach Situation und Tradermentalität können Sie auch versuchen, durch ein Abstauberlimit bei einem Target-Spike zum Zug zu kommen. Im Beispiel GM hätte das prima geklappt.

Doch Sie sehen auch, dass selbst ein so eindeutiges Signal sich gelegentlich als Fehlsignal entpuppen kann. Dann müssen Sie aus einem solchen Trade ganz schnell wieder raus. Da Fehlsignale sehr häufig eine ungleich größere Dynamik in Gegenrichtung entfalten, ist meist auch ein sofortiges Drehen des Trades sehr lukrativ. Allerdings ist das aus diversen, nicht zuletzt mentalen Gründen für viele Trader eine der schwierigsten Aktionen überhaupt.

Durchmarsch 2.0

Die andere Variante ist natürlich, dass der Durchmarsch wirklich erfolgreich ist. Wir hatten ja schon öfter erwähnt, dass insbesondere Abwärtsbewegungen deutlich dynamischer sind. Das gilt auch für den »Durchmarsch«. Chart 3.40 zeigt ein typisches Beispiel.

Der Hypothekenversicherer MBIA kam im Zusammenhang mit der Hypothekenkrise aufgrund zu hoher Risikopositionen in Schwierigkeiten. Dabei gelang zunächst der Ausbruch über den Abwärtstrend (grüner Pfeil). Die sich daraufhin anschließende Konsolidierung in Form einer Flagge unmittelbar über der roten Linie war noch nicht notwendigerweise ein Anlass zur Besorgnis.

Die Flagge als Fortsetzungsformation sollte sich jedoch nach oben auflösen und das dynamisch, um den vorangegangenen Ausbruch zu bestätigen. Dementsprechend bearish muss der Rückfall gewertet werden (blauer Pfeil), der ja dann auch folgerichtig zu einem dramatischen Einbruch führte.

Chart 3.40: MBIA — klassischer Durchmarsch: zu früh gefallen, fällt weiter

Wer zu spät kommt ...

Als Gegenpol zum »verfrühten« Target, müssen wir natürlich nun auch das »verspätete« Target behandeln. Hier erreicht der Kurs erst zeitlich nach dem Target dessen Niveau, wobei es dabei häufig auch so ist, dass letztlich wichtige Linien im Chart und nicht das Target selbst anvisiert werden (vorausgesetzt, das Target ist richtig identifiziert worden).

Das zu spät erreichte Target tritt überwiegend als Umkehr-Target auf, also der Kurs erreicht oder kreuzt das Target-Niveau kurzzeitig, kehrt aber danach wieder um. Das gilt sowohl für fallende als auch für steigende Kurse.

Chart 3.41 zeigt ein typisches Beispiel. Nachdem der MDAX aus seinem Langfrist-Aufwärtstrend (dicke grüne Linien) herausgefallen war, erfolgte eine Gegenreaktion, die den Kurs in die Nähe des Targets (gelber Kreis) brachte. Allerdings erreichte bzw. überschritt der Kurs die grüne Linie erst nach dem Target. Die Wahrscheinlichkeit eines Fehlsignals (hier: Wiedereintritt in den Kanal) ist dann ungleich größer, so dass in diesem Fall das erneute Unterschreiten der unteren grünen Linien ein massives Short-Signal war.

Vielleicht erinnert Sie dieses Beispiel an unseren Target-Arc. Tatsächlich ist letztlich die Philosophie hinter dem Target-Arc eine spezielle Verbindung zwischen »verfrühten« und »verspätetem« Target. Die beiden »verfrühten« Ausprägungen »Verzweiflungs-Target« und »Durchmarsch-Target« in Kombination mit dem »verspäteten« Target ergeben die beiden Varianten des Target-Arc.

Chart 3.41: MDAX – zu spät heißt zu kraftlos

Gelegentlich finden Sie auch einen Durchmarsch erst nach dem Target, dann zumeist ebenfalls nachrichten- oder ereignisgetrieben. Auf dieses – eher seltene – Verhalten werden wir hier nicht gesondert eingehen, zumal seine Behandlung weitgehend dem verfrühten Durchmarsch entspricht.

Das »Bremser-Target«

Obwohl wir auch das »Bremser-Target« unter die »Beinahe-Targets« einordnen, ist das eigentlich irreführend. Denn beim »Bremser-Target« erreicht der Kurs das Target tatsächlich, allerdings scheint es zunächst ein verfrühtes Target zu werden. Der Kurs gelangt nämlich auf das Target-Niveau meist deutlich früher als erwartet. Statt jedoch nun eine Umkehr einzuleiten oder weiterzulaufen, dümpelt er vor sich hin und gleitet mit der Zeit sanft durch das Target.

Die klassische Charttechnik würde in diesem Fall von der Ausbildung eier Flagge oder einer ähnlichen Chartformation sprechen. Chart 3.42 zeigt einen typischen Fall aus dem Intraday-Bereich.

Chart 3.42: EUR/Yen-Intraday-Kursverlauf – das Bremser-Target hält den Durchbruch auf

Eine solche Konstellation ist ausgesprochen selten, denn in der Regel erfolgen solche Konsolidierungen nicht genau am Target.

Diese Formation ist daher extrem schwer zu handeln, weil man häufig auf das entscheidende Signal wartet, das dann anscheinend nicht kommen will. Zudem ist selten klar, in welche Richtung es weitergehen wird.

Trader, die zu diesem Zeitpunkt investiert sind, verlieren meistens die Geduld, denn diese kleinen Kursbewegungen können sehr zermürbend sein. Andererseits ist es durchaus sinnvoll, in einer solchen Situation nicht zu traden oder den Markt zu verlassen. So lukrativ es sein kann, die folgende Bewegung mitzumachen, so schwierig ist eben auch ihre Richtung vorher zu erahnen. Und wehe dem, Sie sind auf der falschen Seite positioniert!

In der Intraday-Praxis finden Sie solche Beispiele oft vor der erwarteten Bekanntgabe wichtiger Konjunkturdaten oder Ähnlichem. Dann sind die folgenden Bewegungen völlig unvorhersehbar. Problematisch ist dabei dann auch die Absicherung der Position, denn die möglichen Stop-Marken liegen meist viel zu dicht am aktuellen Kurs.

3.1.2 Target-Aktivierung

Wenn Sie sich mit der Target-Trend-Methode in der Praxis beschäftigen, werden Sie sicherlich kaum Schwierigkeiten haben, Targets zu identifizieren. Auch die »richtigen« Targets zu finden, wird Ihnen nach einiger Übung und intensiven Beobachtungen verhältnismäßig schnell gelingen.

Trotzdem steht man als Anfänger zunächst häufig vor der Frage, welches Target denn nun als nächstes »dran« ist. Natürlich, die zeitliche Abfolge ist dabei sicherlich eine Hilfe, aber dennoch bieten sich unter Umständen immer noch einige Targets auf unterschiedlichen Kursniveaus sowie »oben« und »unten« an. Beispiele hierzu hatten wir schon gezeigt (siehe Chart 2.63).

Damit kommen wir zur wichtigen Frage der Target-Aktivierung. Auch hierzu betrachten wir wieder ein praktisches Beispiel (siehe Chart 3.43).

Als Kandidaten haben wir den TecDAX gewählt. Das ist der Index der 30 größten Technologiewerte im Prime Standard der Deutschen Börse. Obwohl der Index erst am 24.03.2003 ins Leben gerufen wurde, hatte er im NEMAX50 einen Vorläufer. Zudem lassen sich natürlich aufgrund der Indexberechnungskriterien historische Kurse ermitteln.

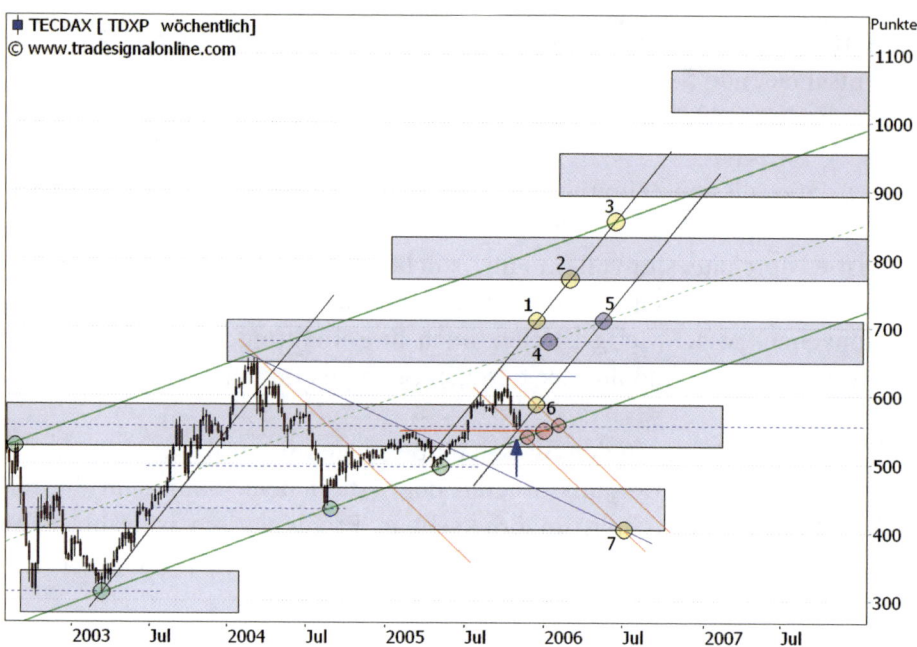

Chart 3.43: TecDAX – die Ausgangssituation

Targets im neuen Trend

In unserem Beispiel interessiert uns aber hauptsächlich der Anstieg seit dem Tief 2003 (siehe Chart 3.43). Nach einem ersten neuen Hoch Anfang 2004 folgte ein kräftiger Rücksetzer, von dem sich der Index zunächst nur schleppend erholte. Allerdings bildete sich durch diese Erholung ein möglicher langfristiger Trendkanal (grüne Linien und Kreise; siehe Chart 3.43).

Von der Trendunterkante ging es nun ein wenig dynamischer aufwärts; das erste Zwischenhoch (dicke rote Linie) konnte überwunden werden, der folgende Rücksetzer drehte exakt an diesem Ausbruchsniveau mit einem bullishen Morgenstern-Kerzenmuster (blauer Pfeil). An dieser Stelle wollen wir mit unserer Analyse in Chart 3.43 beginnen.

Charttechnisch sieht es nun so aus, dass der TecDAX nach einem langen Bärenmarkt (2000/2003) offenbar versucht, in dem neuen grünen Aufwärtstrend zu verbleiben. Die gerade vollendete Umkehr nach oben an der roten

Linie bestätigt diese Vermutung. Damit steht jetzt der Test des vorerst letzten Hochs auf dem Programm (durchgehende blaue Linie).

Targets »auf der Oberseite«

Unter der Annahme, dass der grüne Trend anhält, sollte es sogar darüber hinaus gehen, in der Perspektive natürlich bis an die Trendoberkante. Für die Target-Trend-Methode stellt sich nun die Frage, welche Targets als nächste angesteuert werden könnten.

Durch den Anstieg 2003/04 ist die dort eingezeichnete schwarze Trendlinie definiert worden. Mittels unserer Parallel-Methode projizieren wir daraus einen möglichen Kursverlauf nach oben und finden an den bereits ebenfalls identifizierten blauen Rechtecken die eingezeichneten drei gelben Targets an der Oberkante des schwarzen Projektionskanals.

Alle drei erfordern einen relativ steilen Anstieg, speziell das dritte auch über einen längeren Zeitraum. Da mag es fast »logischer« erscheinen, dass eher die eingezeichneten blauen Targets (4/5) erreicht werden, die auf der »Mittellinie« des Trends liegen, denn sie liegen ja »näher« und wären somit »leichter« zu erreichen.

Targets »auf der Unterseite«

Wenn wir allerdings anfangen, von »näher« und »leichter« zu reden, müssten wir uns eigentlich zu allererst um die roten Targets unten kümmern. Denn diese liegen sehr dicht am aktuellen Kurs, und noch dazu regelrecht geballt.

Trotzdem sind die roten Targets momentan ohne Belang. Der Grund hierfür liegt in der eindeutigen Umkehr des Kurses an der Mittellinie des aktuellen Rechtecks bzw. dem Kreuzungspunkt der roten Linien. Dieses eindeutige Verhalten an einer solch wichtigen Formation zeigt, dass der Kurs diese »Einladung« der roten Targets nicht annimmt. Eine Aktivierung der Targets wäre erst nach einem Durchbruch durch die Mittellinie/rote waagerechte Linie zustande gekommen. In diesem Fall wäre dann vermutlich die Aktivierung gleichbedeutend mit dem Erreichen des linken roten Targets gewesen. Weitere Targets auf der Unterseite, zum Beispiel Target 7, würden erst nach einen

Durchbruch durch den grünen Trend nach unten nach und nach in Betracht kommen.

Da sich aber der Kurs nun anders besonnen hat, verfolgen wir bis auf weiteres Targets auf der Oberseite.

Analogie zwischen Targets und Chartstrukturen

Im Prinzip behandeln wir damit die durch die verschiedenen Methoden der Target-Trend-Methode gefundenen Strukturen wie Rechtecke, ihre Mittellinien, Parallellinien usw., als ob sich an ihnen Targets befänden. Demzufolge können wir die gleichen Formationen, die wir im vorigen Abschnitt behandelt haben, auch für das Kursverhalten an den Linien und Rechtecken verwenden.

Da in diesem Fall also eine ganz klare »Morgenstern«-Kerzenformation zu erkennen ist, gehen wir auch für den weiteren Kursverlauf von einer Umkehr, also einem Anstieg aus.

Chart 3.44: TecDAX – die Bewegung folgt dem Umkehrmuster

Auf diese Weise beobachten wir den Kursverlauf im Chart und erhalten immer neue Hinweise über die nächsten Targets. Für die konkrete Situation bedeutet dies: Nur ein zügiger Anstieg über das aktuelle blaue Rechteck in Richtung des alten Hochs könnte eine Aktivierung von Target 1 zur Folge haben. Ansonsten würde Target 4 das Ziel werden oder aber – bei einem eher müden Anstieg – Target 6 zuerst erreicht werden.

In Chart 3.44 ist zu sehen, wie der Anstieg weiterging. Tatsächlich »kroch« der Kurs erst durch Target 6 (»Bremser-Target«), um dann an Target 4 vorbei bis hoch zu Target 2 zu schießen (Spike-Target).

Der Kurs aktiviert Target für Target

Target 1 spielte keine Rolle, da es nie aktiviert wurde. Nach dem Erreichen von Target 6 war es de facto hinfällig. Sehr schön ist auch wieder zu erkennen, wie die schwarzen Trendlinien, die ja einfach als nur als Parallellinien ohne weitere Bezugspunkte angetragen wurden, auch weiterhin den Kursverlauf bestimmen: Nach einem kurzen Fehlausbruch an Target 6 kehrte der Kurs wieder in den Kanal zurück und erreichte bei Target 2 fast punktgenau dessen Oberkante.

Da es nach Target 2 zu keinem neuen Hoch und damit auch zu keinem Eintritt in das darüberliegende blaue Rechteck kam, wurde Target 3 bisher nicht aktiviert. Die letzte bearishe Kerze in Chart 3.44 ist in dieser Hinsicht gleich mehrfach bedenklich.

ERSTENS bildet sie in Kombination mit der Vorgängerkerze ein Bearish Engulfing Pattern, das auf weiter fallende Kurse hindeutet. Da dieses kurz vor Target 5 auftritt – sowohl was den zeitlichem als auch den Kursabstand betrifft – kann jetzt Target 5 als aktiviert betrachtet werden. Damit ist ZWEITENS die Möglichkeit einer Art Doppel-Top gegeben, das vermutlich vollendet wird, wenn Target 5 ein Walk-through-Target wird und dadurch die Targets 8 und 9 darunter aktiviert werden. Damit wird DRITTENS das Erreichen von Target 3 immer unwahrscheinlicher – es sei denn, es kommt zu einer markanten und dynamischen Umkehr an Target 5.

Aktivierungen auf der Unterseite

Chart 3.45 zeigt, dass das nicht eintritt. Im Gegenteil, Target 5 wird mit einer extrem langen Kerze geradezu nach unten durchstoßen und dabei sogar Target 8 erreicht. Durch die extreme Zunahme der Volatilität schwankt der Kurs nach Erreichen von Target 9 zunächst zwischen den Kursniveaus der Targets 8 und 9. Die jeweiligen Umkehrpunkte werden durch entsprechende Umkehrmuster in den Kerzenformationen erneut sehr klar deutlich gemacht (roter und grüner Pfeil).

Chart 3.45: TecDAX – Walk-through-Target 5 leitet die erwartete Korrektur ein

Besondere Aufmerksamkeit erfordert das Tief nach Target 9 (grüner Pfeil). Formal hat die Kerze unterhalb des Trends geschlossen, was »normalerweise« einem Trendbruch gleichkommt. Drei Besonderheiten lassen jedoch hier einen Fehlausbruch vermuten.

Zum einen konnte diese Kerze das Tief in Target 9 nicht nach unten auflösen. Dann konnte die knapp darunterliegende Rechteckbegrenzung auch nur gespiket werden; der Schlusskurs lag aber wieder darüber. Und schließlich ist die Kerze selbst nur eine »Hohe Welle« und von daher auch als Trendbruch-Indikator wenig hilfreich. Target 10 war damit also nicht aktiviert! Wie wir sehen, waren diese Zweifel auch tatsächlich angebracht, denn der Kurs drehte danach dynamisch nach oben.

Für die weitere Perspektive sind nun folgende Punkte von Bedeutung: Durch die letzte bullishe lange Kerze in das blaue Rechteck hinein ist jetzt Target 11 aktiviert. Wird dieses nun erreicht bzw. die dazugehörige rote Widerstands-linie der letzten Zwischenhochs oberhalb von Target 8 überwunden, stehen die Targets 12 bzw. 13 auf dem Programm. Danach – bzw. nach Überwinden des jüngsten Hochs (obere rote Linie) geht es um das Erreichen der oberen grünen Trendlinie. Das könnte an den Targets 14 oder 15 eintreten.

Targets auf der Unterseite (rot) werden erst dann zu einem Thema, wenn die rechte schwarze Parallellinie bzw. die untere grüne Trendlinie gebrochen wird.

Klassisches Muster: Fortsetzung des Trends bis zum Bruch

Wie Sie in Chart 3.46 sehen können, ist das bullishe Szenario im Wesentli-chen eingetreten. Zwar hat sich der Kurs um Target 11 »herumgemogelt«, aber da der schwarze Paralleltrend gehalten hat, setzte er seinen Weg »planmäßig« durch Target 13 fort in Richtung Target 15.

Allerdings wurde Target 15 nicht bzw. zu spät erreicht. Der folgende Ausbruch aus dem grünen Trendkanal, der zwar wieder die Oberkante des schwarzen Parallelkanals traf, war jedoch nicht nachhaltig. Im Gegenteil, es handelt sich hierbei um einen klassischen Fehlausbruch, der auch noch mit einem sehr bearishen »Abendstern«-Kerzenmuster einherging.

An dieser Stelle sollten Sie auf jeden Fall auch Szenerien prüfen, die nicht mit einer Fortsetzung des jüngsten steilen Aufwärtstrends (schwarz) einhergehen. Denn schließlich ist nun wieder nach längerer Zeit der grüne Langfrist-Trend in das Kursgeschehen mit einbezogen worden. Und gemäß den Ausführun-gen im Anhang 4 zu den typischen Trendmustern besteht natürlich jetzt durchaus die Gefahr, dass diesem Fehlausbruch bei Target 15 ein Rückfall bis an die Mittellinie des grünen Trends oder sogar darunter folgt. Insofern tauchen jetzt auch die Targets B und C auf unserem Radar auf.

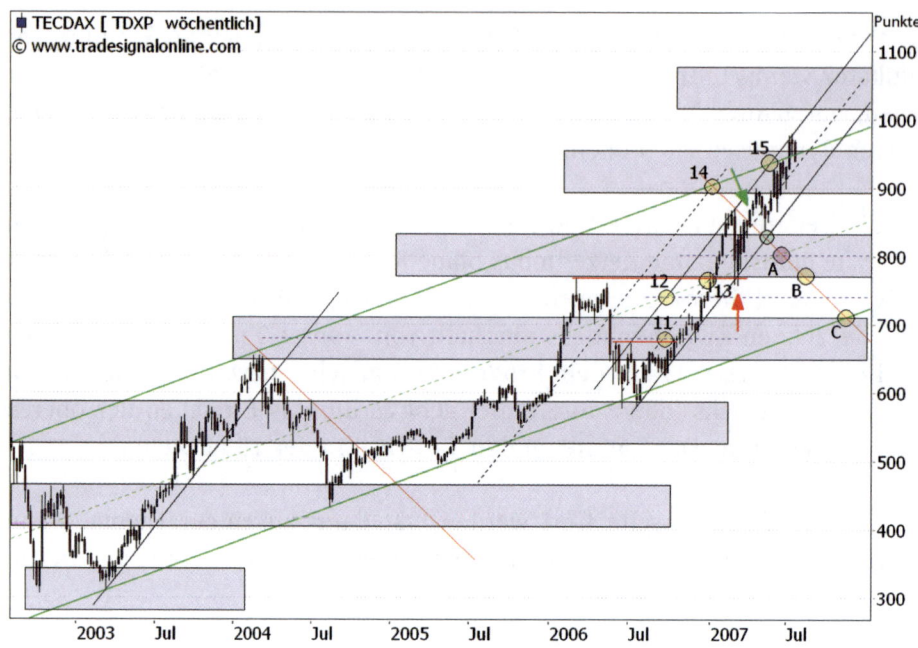

Chart 3.46:TecDAX – neues Hoch und trendbestätigende Rücksetzer führen den Kurs weiter nach oben

Auch Rücksetzer können bullish sein

Zu erwähnen ist auch noch der kräftige Rücksetzer auf die rote Linie nach dem Ausbruch über das alte Hoch (roter Pfeil). Da er fast punktgenau auf der roten Unterstützung wie auch der Unterkante des schwarzen Paralleltrends endete, bestätigte dieser Einbruch prinzipiell den bullishen Trendverlauf, zumal auch dynamische Anschlusskerzen folgten.

Dennoch wäre genauso gut eine Seitwärtsbewegung in Richtung Target A möglich gewesen. Erst der – ebenfalls dynamische – Ausbruch über die rote Abwärts-Parallellinie (grüner Pfeil) deaktivierte Target A zunächst. Im weiteren Verlauf wurde Target A dann zunehmend »uninteressanter«. Zum einen wuchsen die »Widerstände«, die überwunden werden mussten, um Target A zu reaktivieren (die rote Parallellinie, die Rechteckoberkante, die untere schwarze Paralleltrendlinie). Zum anderen kamen andere Targets zwischen den Kurs und Target A zu liegen, zum Beispiel das grüne Target links oberhalb von Target A. Dieses fungierte dann auch tatsächlich als »Schutz« – es zog den Kurs nur an, war aber ansonsten zu schwach, so dass Target A anscheinend mehr und mehr an Relevanz verlor.

Allerdings erlangte es nach dem Fehlausbruch an Target 15 dann noch einmal Bedeutung (siehe Chart 3.47). Denn nachdem es infolge des Fehlausbruchs doch (erwartungsgemäß) zu einem starken Kursrückgang kam, entpuppte sich Target A nach dem gerade erfolgten Rebreak des blauen Rechtecks plötzlich als Target-Arc.

Chart 3.47: TecDAX – der Fehlausbruch leitet die nächste Korrektur ein

Formal stürzte der Kurs natürlich geradewegs auf Target B zu, das jedoch nur zog, im Übrigen aber zu schwach war. Sie sehen hier sehr eindrucksvoll, wie Sie durch die Beobachtung der verschiedenen Targets und des Kursverhaltens immer mehr Aufschluss über den weiteren möglichen Verlauf gewinnen.

So deuten sowohl der Target-Arc bei A als auch das nicht erreichte Target B auf relativ starke bullische Momente hin. Sie dürfen zu diesem Zeitpunkt also keineswegs Target C als aktiviert betrachten! Vielmehr war nun im übergeordneten Kontext des grünen Trendkanals – der Spike in Richtung B endete etwa auf Höhe der Mittellinie des grünen Trends – die Wahrscheinlichkeit sehr hoch, dass abermals seine Oberkante erreicht werden könnte, zum Beispiel an Target 16.

Der Ausbruch: Kommt er oder kommt er nicht
(und wenn, hält er)?

Andererseits deutet ein solcher »Druck« kurz unterhalb der Oberkante eines Trends auch immer auf einen möglichen Ausbruch hin. Diese Tendenz wurde ja auch schon mit dem vorangegangenen Fehlausbruch angedeutet. Insofern ist es an dieser Stelle legitim, auch höhere Targets, wie zum Beispiel Target 17, ins Visier zu nehmen.

Chart 3.48: TecDAX – der zweite Fehlausbruch besiegelt das vorläufige Ende des Trends

Wie Chart 3.48 nun zeigt, ist es auch tatsächlich zu einem erneuten Ausbruch gekommen. Target 17 konnte aber in diesem Zusammenhang nicht erreicht werden, sondern »zog« nur (der Spike »verhungerte«). Das wichtige Target 16 wurde dann auch noch zu einem Walk-through-Target zurück

in den alten Kanal. Damit war also nun der zweite Fehlausbruch zu konstatieren. Nachdem dann auch der Kurs an der Unterkante des schwarzen
Paralleltrends scheiterte (roter Pfeil) und zum dritten Mal in den grünen
Kanal fiel, wären in der Folge nun bevorzugt die Targets auf der Unterseite
zu suchen.

Damit wollen wir dieses einführende Beispiel beenden und zu unserem Gold-
Chart zurückkehren, den wir bereits am Anfang des Profi-Kurses behandelt
und dort vorläufig verlassen hatten (siehe Chart 3.7 auf Seite 306). Die Situation ist noch einmal in Chart 3.49 gezeigt.

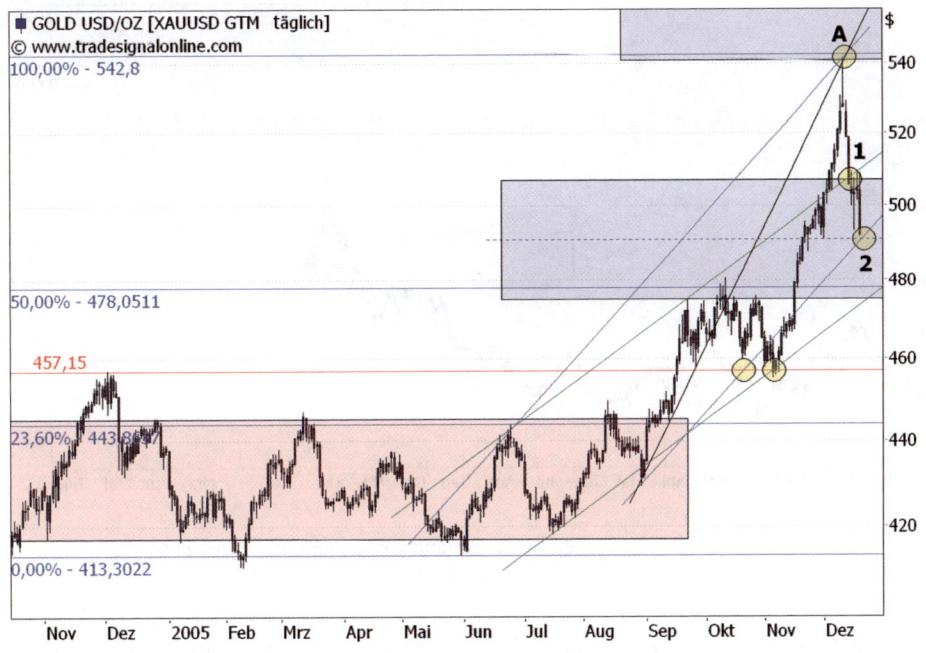

Chart 3.49: Gold — die Ausgangssituation aus Chart 3.7 (siehe Seite 306)

Kurse bestimmen die Relevanz

Wie Sie sich sicher erinnern werden, ging es uns an dieser Stelle um folgende
Frage: Wird das Target 2 ebenfalls zum Walk-through-Target und wird der
Kurs damit bis auf die grüne Linie oder noch weiter fallen, oder dreht der
Goldpreis bereits an Target 2 wieder nach oben und bestätigt damit die blaue
Linie als relevant für den weiteren Kursverlauf?

Betrachten wir in Bild 3.50 die Situation zwei Tage später. An Target 2 trat ein »Morgenstern«-Kerzenmuster auf, das eine Kursumkehr signalisiert. Wenn sich dieses auch im Weiteren durch einen Kursanstieg bestätigen sollte, sind für uns die blaue Linie (in Chart 3.50 dick gezeichnet) und ihre »Schwestern«, sprich entsprechende Parallellinien, die interessantesten Strukturen.

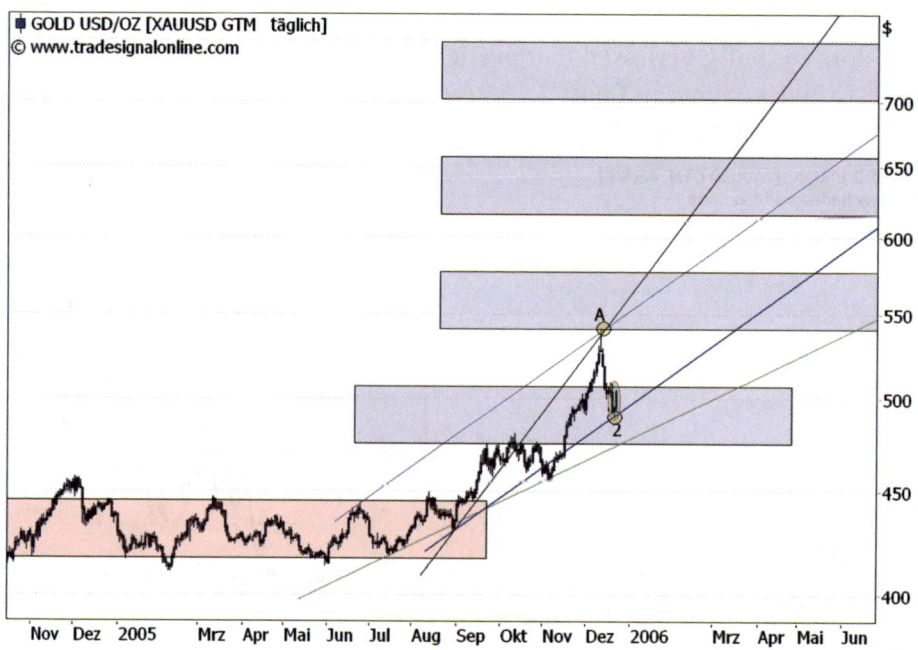

Chart 3.50: Gold – die blaue Linie wurde durch einen »Morgenstern« bestätigt

Da außerdem in Punkt A zusätzlich die schwarze Linie eine Rolle spielte, liegt es nun nahe, die entsprechenden Kreuzungspunkte mit den vorhandenen Rechtecken als Targets zu betrachten. In gleicher Weise wollen wir Überschreitungen der jeweiligen Linien durch den Kursverlauf als Aktivierung der nächstgelegenen Targets betrachten.

Chart 3.51 zeigt zunächst einmal die beiden Linienscharen und die daraus resultierenden Targets. Zur Vereinfachung der folgenden Beschreibung sind die Targets wieder in der Reihenfolge ihres zeitlichen Auftretens durchnummeriert.

Eine klassische Trendbetrachtung

Wir wollen zunächst für die Situation in Chart 3.51 eine Trendbetrachtung aus klassischer Sicht vornehmen, so wie wir Sie Ihnen auch ausführlich im bereits mehrmals erwähnten Anhang 4 erläutert haben.

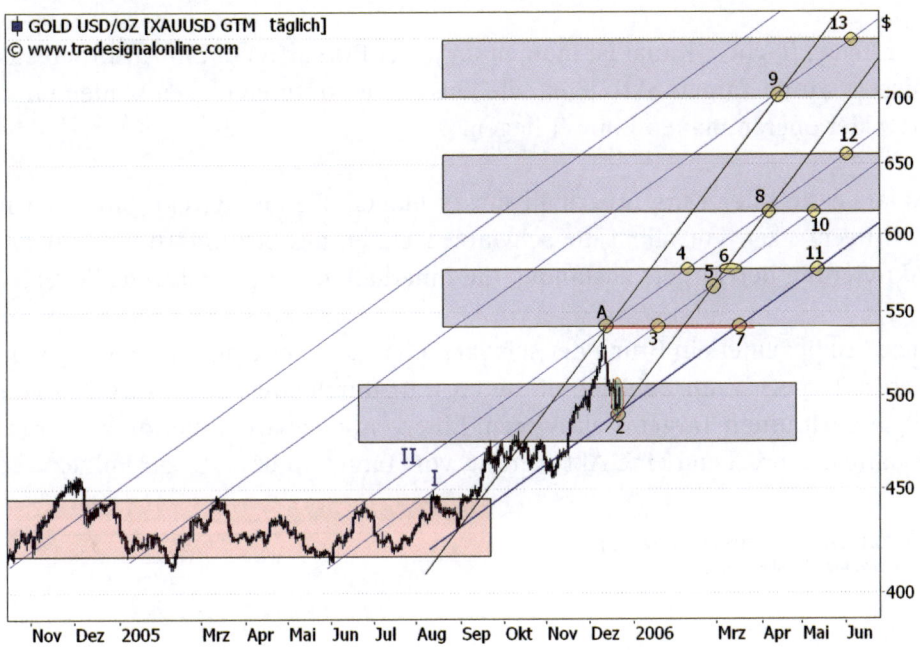

Chart 3.51: Gold – Target-Bestimmung im Trendverlauf

Die drei unteren blauen Linien weisen einen ganz klaren Trend auf, der zuerst zwischen der dicken unteren Linie und der zweiten verlief (hier mit »I« bezeichnet). Im Punkt A haben wir einen »Ausflug« an die darüberliegende Trendlinie »II«. »Ausflug« heißt in diesem Fall kurzzeitiger Fehlausbruch. Völlig folgerichtig fiel der Kurs daraufhin zurück an die untere dicke Linie. Von dort, von Target 2 aus, scheint nun ein neuer Anstieg zu beginnen.

Da der Kurs bei Punkt A bereits die Linie II erreichte, spricht einiges dafür, dass auch der nächste Anstieg bis an diese Linie läuft, und nicht schon an Linie I endet. Natürlich besteht auch die Möglichkeit, dass der Trend noch mehr Fahrt aufnimmt und auch über die Linie II steigt. In diesem Fall könnte sich der Kurs dann auch längere Zeit an dem schwarzen Trend orientieren.

Letzteres ist jedoch nur »Plan B«, da im bisherigen Verlauf Anstiege entlang der schwarzen Linien nur in untergeordneten Trends zu beobachten waren. Wir haben damit quasi eine Hierarchie in den unterschiedlich steilen Trends.

Target-Aktivierung über die Trendhierarchie

Der blaue, flachere Kanal ist momentan unser Primärtrend. Ein Ausbruch aus diesem würde Targets aktivieren, die jenseits der unteren dicken blauen Linie bzw. der oberen blauen Linie II liegen.

Solange sich der Kurs innerhalb dieses blauen Trends bewegt, sind neben den Rechtecken vor allem die schwarzen Linien des Sekundärtrends für die Aktivierung der Targets zuständig, die innerhalb des blauen Trends liegen.

Insofern bedeutet ein Bruch der schwarzen Linien eher eine Aktivierung »näherer« Targets. Zum Beispiel würde ein Kursdurchgang durch Target 5 von oben nach unten Target 7 aktivieren. Eine vergleichbare Situation an Target 8 hätte entsprechend eine Aktivierung von Target 10 bzw. 11 zur Folge.

Chart 3.52: Gold – der weitere Kursverlauf durch die ersten Targets

Dagegen könnte ein Durchbruch durch die Linie II nach oben – je nach Zeitpunkt – beispielsweise Target 9 oder 13 aktivieren. Wir haben dadurch eine Hierarchie in der Aktivierung der Targets und verlieren uns nicht im Klein-Klein zu vieler Targets.

Betrachten wir nun den weiteren Kursverlauf (siehe Chart 3.52).

Bullishe Zeichen im Kursverlauf

Erneut bestätigte sich das generelle Ablaufschema: Der Kurs erreicht Linie II, kann sie aber nicht überwinden, sondern hangelt sich nur eine Zeit lang an ihr entlang. Erst am Target 4 fiel er zurück. Dass auf dem Weg dorthin Target 3 zu früh passiert wurde und kein Walk-through-Target geworden ist, kann zu diesem Zeitpunkt als bullishes Zeichen dafür gelten, dass Target 4 nicht nur aktiviert, sondern sehr wahrscheinlich auch erreicht wird. Das wurde bestätigt, als Target 3 nachfolgend von oben gespiket und daraufhin der Anstieg fortgesetzt wurde, was immer eine gewisse Kraft im Anstieg signalisiert.

Das zeigt auch der Verlauf danach. Zwar fällt der Kurs erneut unter Linie I, aber die nachfolgende »regelkonforme« Bewegung an die Unterkante des blauen Trends ist eine ganz klare Seitwärtsbewegung. Das hat jetzt natürlich eine ganz andere Qualität als der dynamische Kursrückgang von Target A zu Target 2 (siehe Chart 3.51), zumal auch das Niveau von A dabei nahezu nicht mehr unterschritten wurde! Hinzu kommt, dass Target 7 zum Target-Arc geworden ist, auch das ein klar bullishes Zeichen in diesem Zusammenhang. Insofern können wir mit der letzten kraftvollen Kerze nach oben fast schon Target 8 ins Visier nehmen, auch wenn es formal natürlich erst über dem blauen Rechteck aktiviert wäre.

Sie können natürlich mit Recht fragen, ob Target 8 nicht erst nach einem erneuten Überwinden der Linie I aktiviert wäre. Das ist zwar eine plausible Vermutung, die aber durch die zwischenzeitliche Kursentwicklung schon überholt worden ist. Ein unvoreingenommener Betrachter würde zu diesem Zeitpunkt natürlich den aktuellen Trend zwischen der unteren dicken Linie und der Linie II definieren. Linie I wäre in diesem Sinn also nur eine innere Parallellinie und damit untergeordnet.

Gerade aufgrund der genannten bullishen Anhaltspunkte sollten nun für ein lukratives Trading keine zu konservativen Annahmen getroffen werden. Dennoch hat natürlich die Linie I weiterhin ihre Bedeutung. Steigt nämlich nun der Kurs bis an diese Linie, ohne sie zu überwinden, und fällt dann wieder in das blaue Rechteck zurück, wäre das zum Beispiel Signal, eine an Target 7 eröffnete Long-Position glattzustellen oder eng abzusichern.

Target-Aktivierungen im Detail

Bevor wir nun betrachten, wie es weitergeht, wollen wir mit dem gerade erworbenen Wissen die Aktivierungen der Targets 3 bis 7 noch einmal im Detail besprechen (siehe hierzu Chart 3.53). Hier sind die wichtigen Targets zur besseren Unterscheidung mit verschiedenen Farben markiert. Die jeweils gleichfarbigen Pfeile an den einzelnen Kerzen stellen die Punkte dar, an denen das dazugehörige gleichfarbige Target aktiviert wurde.

Sie sehen, dass wir zum Teil sogar mehrere Zeitpunkte markiert haben. Der Grund hierfür sind unterschiedliche Risiken, die sich dort ergeben.

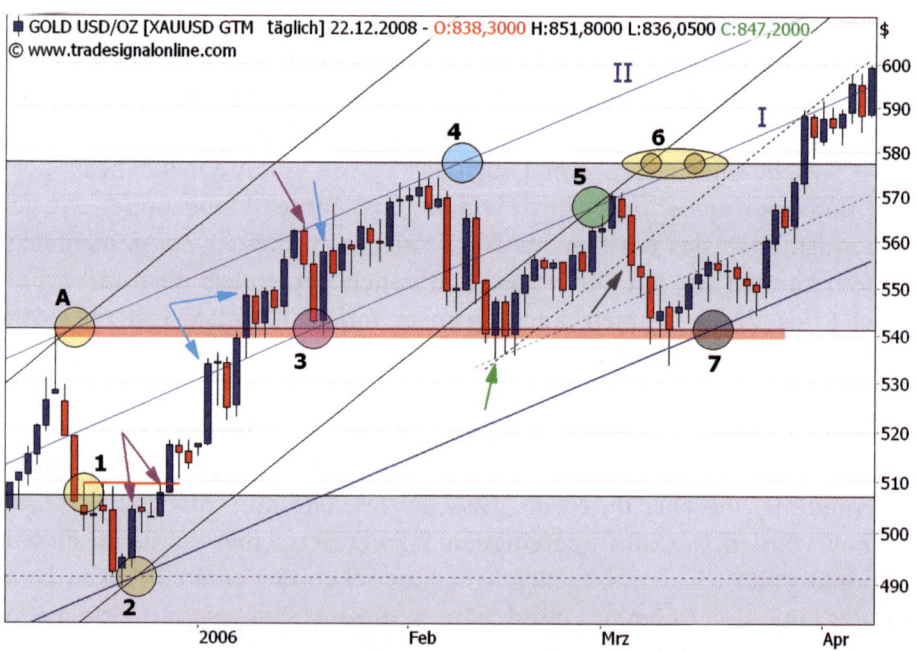

Chart 3.53: Gold – Target-Aktivierungen im Detail

Nehmen wir Target 3. Der erste violette Pfeil zeigt auf die dritte Kerze der schon besprochenen »Morgenstern«-Formation im Target 2. Das ist eine eindeutige Umkehr im Trend. Da wir uns aktuell im blauen Trend befinden und diese Kerzenformation an seiner Unterkante auftrat, ist also nun bereits die Trendoberkante das Ziel. In diesem Sinn wäre also eine Positionseröffnung mit Ziel Target 3 legitim. Schließlich liegt ja Target 3 in diesem Beispiel genau an der Oberkante des blauen Trends.

Traden Sie, wie es Ihnen beliebt

Eine zweite, konservativere Möglichkeit wäre, die Aktivierung durch Überschreiten der Kante des blauen Rechtecks abzuwarten (zweiter violetter Pfeil). Schließlich besteht ja immer noch die Möglichkeit, dass der Kurs hier doch noch dreht. Und wir sehen sogar zwischen den beiden markierten blauen Kerzen eine Hohe Welle und eine Doji-Sternschnuppe, beides eigentlich bearishe oder unsichere Kerzen.

Streng genommen ist auch die Kerze, die über dem Rechteck schließt, noch kein eindeutiges Signal. Denn der Schlusskurs liegt doch nur arg knapp über der Rechteckkante. Auch die letzten kleinen Zwischenhochs der Hohen Wellen nach dem Absturz von Target A (rote Linie) wurden von dieser Kerze nicht überwunden. Erst die nächste lange Kerze lässt diesen Bereich eindeutig hinter sich.

Natürlich können Sie je nach persönlicher Risikoneigung einen sinnvollen Einstieg immer im Einzelfall abwägen. Doch wir haben es hier mit einer Umkehr zu tun, also einem antizyklischen Trade. Diese sind ohnehin immer risikoreicher als trendkonforme, prozyklische. Daher geht es bei antizyklischen Trades immer um ein maximales Chance-Risiko-Verhältnis, also kurze Stops und möglichst hohes Kurspotenzial. Daher sollten Sie nach Target 2 möglichst frühzeitig einsteigen, also am ersten Pfeil.

Falls Ihnen dieser Trade zu »heiß« wäre, dann könnte es sein, dass Sie vom Typ her eher ein trendfolgendes Trading bevorzugen. Das ist völlig in Ordnung, auch dafür liefert die Target-Trend-Methode genug Möglichkeiten, wie Sie gleich sehen werden. Doch in diesem Fall sollten Sie unter Umständen auf antizyklische Trades generell verzichten. Natürlich gilt das auch im umgekehrten Fall.

Je nach Situation mehrere Aktivierungssignale für ein Target

Doch zurück zu unserem Beispiel. Eine ähnliche Situation finden wir auch ein wenig später vor, wo wir zwei mögliche Einstiege mit Ziel Target 4 markiert haben (hellblaue Pfeile). Der erste markiert den Punkt, an dem Linie I mit einer sehr langen bullishen Kerze überwunden wurde. Auch hier haben wir formal den Trendbruch vorliegen, der – insbesondere unter Berücksichtigung des vorangegangenen Ausflugs zu Traget A – nun erneut zu Erreichen der oberen Linie führen sollte.

Der zweite ist der streng genommen korrektere (aus Sicht des Trendfolgers), denn hier trat der Kurs eindeutig in das Rechteck ein, an dessen Oberkante Target 4 liegt. Auch hier hätte es beim ersten Einstieg eine kräftige »Schrecksekunde« gegeben: Die folgenden zwei Kerzen formten mit der Ausbruchskerze eine »Abendstern«-Kerzenformation, also ein Umkehrsignal, das gleichzeitig einen Fehlausbruch bestätigt. An dieser Stelle hängt es von Risikobereitschaft und Geldmanagement ab, ob die Position nicht eventuell gleich wieder geschlossen worden wäre.

Dass wir später noch einmal Aktivierungssignale für Target 3 und 4 erhalten, liegt daran, dass Target 3 zu früh umlaufen wurde. Da erreichte der Kurs viel früher die Linie II, an der es auch prompt zu einem Umkehrsignal kam (dritter violetter Pfeil). Dieses Umkehrsignal hat dann automatisch Target 3 erneut aktiviert (das spätestens mit der zweiten Aktivierung von Target 4 zwischenzeitlich deaktiviert war). Nach dem Erreichen von Target 3 aktivierte dann das entsprechende Umkehrsignal (dritter hellblauer Pfeil) Target 4 zum dritten Mal.

Die Aktivierungen der Targets 5 und 7 sind dagegen eindeutig. Target 5 wurde durch ein »Piercing-Line«-Kerzenmuster bei 540 USD aktiviert, Target 7 durch die lange bearische Kerze nach dem zögerlichen Erreichen von Target 5.

Innere Trendlinien: wichtige Marken für das Kursverhalten

Doch nun wieder zurück zum weiteren Verlauf des Goldpreisanstiegs. Chart 3.54 zeigt, wie es nach der Seitwärtsbewegung zu Target 7 weiterging. Zwar lief der Kurs zunächst wirklich in Richtung des Targets 8, an der Linie I kam es jedoch zu einer Konsolidierung (kleiner roter Kanal). Diese verlief zwar

relativ steil (parallel zur den schwarzen Linien), dennoch führte diese Verzögerung dazu, dass Target 8 verfehlt wurde.

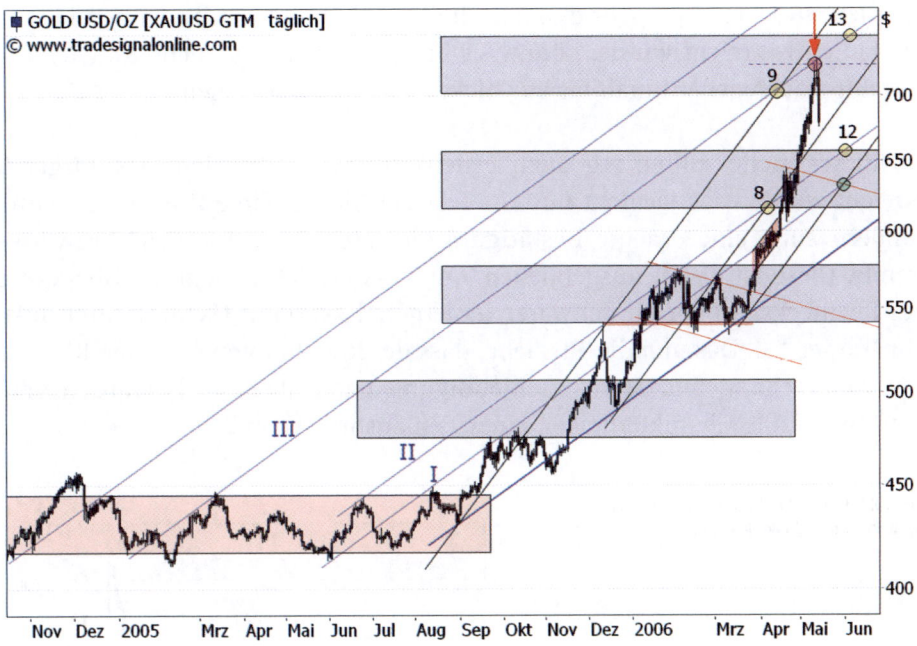

Chart 3.54: Gold — der weitere Verlauf bis zum vorläufigen Hoch

Trotzdem kam es dann zu einem Ausbruch über die Linie I, wonach der Kurs
schnurstracks an die nächste blaue Linie II lief. Die zunächst projizierten
Targets 9 bzw. 13 wurden dabei zwar nicht getroffen, dennoch wurde Linie
III punktgenau mit einem Spike erreicht. Bemerkenswerterweise trat dieser
Spike auch genau an der Mittellinie des oberen blauen Rechtecks auf (roter
Pfeil). Der nun folgende starke Kursverfall trägt eindeutig bearishe Züge, so
dass wir nun davon ausgehen dürfen, dass Target 12 und das neu gebildete
grüne Target aktiviert sind.

Wir wollen aber bei dieser Situation noch ein bisschen länger verweilen.
Der Vorteil unserer Target-Trend-Methode ist ja, dass wir sehr frühzeitig bestimmte Entwicklungen antizipieren können. Daher geben wir uns nicht mit
den schon genannten, ziemlichen nahe liegenden, Targets zufrieden, sondern
suchen nach Anhaltspunkten für das Erreichen niedrigerer Targets.

Nutzen Sie den Zeitvorteil der Target-Trend-Methode!

Dabei können wir natürlich erst einmal konstatieren, dass der Anstieg bis zum letzten Hoch doch sehr dynamisch und anhaltend war. Da nun ja bereits die Linie III erreicht wurde, könnte es bei einer »Fehlausbruchs-Konstellation« durchaus wieder hinab bis zur dicken blauen Linie gehen.

An dieser Stelle sollten wir auch bedenken, dass eben nicht das Target 9 erreicht wurde, was ja nicht nur ein Test der blauen Linie II bedeutet hätte, sondern auch eine erneute Bestätigung des steileren schwarzen Aufwärtstrends. Diese ist bisher ausgeblieben, der Kurs erreichte nicht die Oberkante des Rechtecks, an der die schwarze Linie gerade verläuft (Schnittpunkt links von Target 13). Das und die Tatsache, dass der Rückfall von der Linie III nach der vorangegangenen Trendbeschleunigung nach oben so dynamisch verläuft, weist alle Charakteristiken eines Fehlausbruchs auf.

Chart 3.55: Gold – der Linienwechsel

Doch leider können wir hier noch keinen Fehlausbruch konstatieren. Bestenfalls unter der nächsten schwarzen Linie hätten wir einen solchen, aber wir waren uns ja vorher schon darüber im Klaren, dass die schwarzen Linien eher untergeordnete »Hilfslinien« sind. Und die vermeintlich relevante blaue Linie II liegt einfach noch zu weit weg ...

In einer solchen Situation sollten Sie immer auf die Suche nach einer Trendabschwächung gehen. Schließlich ist ja auch der blaue Trend noch ein ziemlich steiler Anstieg, und es ist doch gut möglich, dass der Kurs jetzt in ruhigere Bahnen einschwenkt.

Doch auch dafür haben wir bereits geeignete Kandidaten! Sie erinnern sich vielleicht noch an die grünen Linien, die wir anfangs noch in unsere Betrachtung mit einbezogen haben (siehe Charts 3.49 und 3.50). In Chart 3.55 sehen Sie die gleiche Situation wie im vorhergehenden Chart, nur mit den grünen statt der blauen Linien.

Ein Linienwechsel

Obwohl an unserem Ausgangspunkt der Kurs an einer blauen Linie gedreht hat (grüner Pfeil) und nicht bis auf die darunter liegende grüne Linie (hier dick gezeichnet) zurückgefallen ist, haben offensichtlich im weiteren Verlauf die grünen trotzdem eine gewisse Relevanz beibehalten, wie die vielen Übereinstimmungen (grüne Markierungen) zeigen.

Auffallend ist dabei zum einen die sehr gleichmäßige Verteilung der Linien und dass zum Beispiel das gerade neu entstandene Target 14 auch von den grünen Linien bestätigt wird.

Das Interessanteste ist aber zweifellos, dass die oberste grüne Linie tatsächlich eine Fehlausbruchslinie darstellt. Die »Indizien« dafür hatten wir ja bereits schon vorher gesehen. Gemäß unserem typischen Trendverhalten ist nun also ein deutlicher Kursrückgang innerhalb dieses breiten grünen Trends zu erwarten. Das Maximalziel liegt dabei an der unteren dicken grünen Linie. Bemerkenswerterweise ist hier sogar ein eindeutiges Target (15) zu erkennen.

Chart 3.56 zeigt den überraschend kräftigen Kursrückgang, durch den dieses Target tatsächlich noch erreicht wird. Auffällig dabei: Genau wie bei Target 3 wird das Niveau von Target 12 zu früh erreicht, der Kurs läuft links vorbei – in diesem Fall allerdings von oben nach unten. Da das Target dennoch von unten gespiket wird, haben wir eine bearishe Bestätigung. Target 14 ist aktiviert, und spätestens nachdem sich dieses als Walk-through entpuppt, ist auch Target 15 aktiviert. Wenig später wird es dann auch mit einem kräftigen Spike erreicht.

Chart 3.56: Gold – dank des Linienwechsels können wir den Kursverlauf wieder korrekt interpretieren

Natürlich wollen wir an dieser Stelle auch einen kurzen Blick auf den weiteren Verlauf werfen. Schließlich ist es ja interessant zu wissen, ob und wie lang dieser Linienwechsel anhält. Chart 3.57 zeigt uns, dass während des gesamten folgenden Anstiegs auf das vorläufige Allzeithoch bei 1032 Dollar die grünen und schwarzen Linien kursbestimmend waren und auch dabei das bekannte Wechselspiel von Ausbruch, Rebreak, Rückfall und Wiederanstieg die Dramaturgie vorgab.

Einen solchen offensichtlichen Wechsel zwischen zwei unterschiedlichen Linien, wie wir ihn hier gerade am Beispiel der blauen und grünen Linien beim Gold gesehen haben, nennen wir in der Target-Trend-Methode einen Paradigmenwechsel.

Sie werden im nächsten Kapitel noch weitere Varianten dafür kennenlernen, denn natürlich sind derartige Wechsel nicht nur auf Parallellinien beschränkt.

Chart 3.57: Gold — im weiteren Verlauf orientiert sich der Kurs immer an den »neuen« grünen Linien

3.2 Tipps, Tricks und Tücken

Keine Methode in der Charttechnik ist perfekt. Das gilt natürlich auch für die Target-Trend-Methode. Und so werden Sie auch immer wieder Situationen finden, in denen Sie sich Verbesserungen wünschen würden. Doch eine alte Regel lautet: »Halte es so einfach wie möglich.« Das gilt für das Trading umso mehr. Denn gerade im kurzfristigen Bereich sind schnelle und übersichtliche Lösungen das A und O für den Erfolg.

Mit den Bausteinen der Target-Trend-Methode haben Sie überdies schon ein recht umfangreiches Instrumentarium. Daher werden wir Ihnen in diesem Kapitel wenig spektakuläre Neuerungen vorstellen. Vielmehr geht es um hilfreiche Tipps, ein paar neue Tricks und etliche Tücken, die Sie vermeiden können. So werden Sie die Anwendung der einzelnen Methoden erweitern und Ihren Erfolg deutlich erhöhen.

3.2.1 Gegenläufige Linien im Trend

Die Erweiterung der Parallel-Methode, die wir Ihnen jetzt vorstellen wollen, haben wir schon gelegentlich in unsere Analysen mit einfließen lassen. Es geht um das Einfügen gegenläufiger Linien in einem etablierten Trend.

Nehmen wir an, Sie haben in einem Aufwärtstrend idealerweise die trendbestimmenden Linien bereits über die Parallel-Methode und die Kurshistorie gefunden. Damit haben Sie zwar schon eine Reihe von guten Hilfsmitteln, trotzdem werden Sie sich unter Umständen schwertun, vernünftige Targets zu finden bzw. deren Aktivierung zu erkennen. Das gilt umso mehr, wenn der Kurs in charttechnisches Neuland vorgedrungen ist. Dann können Sie zum Beispiel keine Abwärtstrendlinien in den aktuellen Chartbereich hinein verlängern. Da sich ja der Kurs zu neuen Hochs aufgeschwungen hat, werden alle alten Abwärtslinien irgendwo unterhalb des Bereichs verlaufen, den Sie eigentlich analysieren wollen.

Chartanalyse im charttechnischen Neuland

Das klassische Beispiel dafür ist sicherlich der Technologie-Index NASDAQ 100 in der Hoch-Zeit der Interneteuphorie (siehe Chart 3.58).

Nachdem der Kurs Ende Oktober 1999 aus dem flachen grünen Kanal ausbrach (roter Kreis), erfolgte ein stürmischer Anstieg bis Anfang 2000. Der starke Rückfall in den schwarzen Trend signalisierte nun Korrekturbedarf. In einer solchen Situation gibt es außer der Unterkante des Trends kaum verlässliche Anhaltspunkte für das Trading. Daher kehren wir das Parallelprinzip ein wenig um.

Bisher haben wir ja aus vorhandenen Auflagepunkten durch die Parallelverschiebung die richtige Linie ermittelt. Wir haben also eine wenigstens andeutungsweise vorhandene Linie anhand von Vergleichsdaten überprüft. Nun gehen andersherum vor: Wir setzen das Parallelprinzip als gegeben voraus. Gleichzeitig nehmen wir an, dass die bereits etablierten Trendlinien (rote Linien im unteren Chartbereich) als parallele Linien weiterhin auftreten.

Chart 3.58: NASDAQ 100 — Gegenlinien im Trend liefern wertvolle zusätzliche Hinweise

Die Parallel-Methode einmal andersherum

Da wir keine weiteren Anhaltspunkte haben, nehmen wir Hochs und Tiefs, die im bisherigen neuen Trend aufgetreten sind (blaue Kreise), als vermutete Ausgangspunkte für die neuen Parallellinien (obere rote Linien). Et voilà – wir erhalten vier neue Targets im Chartbild (gelbe Kreise).

Natürlich können wir diese Targets durch andere Methoden eventuell weiter verstärken oder ausschließen. Für unser Beispiel verzichten wir jedoch darauf. Denn die neuen Targets und Linien gestatten uns bereits einige Hypothesen über den weiteren Kursverlauf.

Danach ist jetzt eine weitere Abwärtsbewegung bis zu den unteren gelben Kreisen zu erwarten. Aufgrund des vorangegangenen steilen Anstiegs könnte die untere schwarze Trendlinie sogar gebrochen werden. Dann würde sich dieses extrem bullische Bild erst wieder aufhellen, wenn der Kurs erneut über diese Linie steigt.

Kommt es nicht zum Bruch der schwarzen Linie, bleibt das Bild zunächst sehr bullish. Dann sollte aber auch die obere rote Linie bald wieder erreicht werden. Wird diese überschritten, kann sich der Trend sogar sehr stürmisch fortsetzen. Möglich ist aber auch eine Dreiecks- oder Seitwärtsbewegung. Die gelben Targets würden uns in diesem Fall als Wegmarken dienen.

In Chart 3.59 sehen Sie, wie es weitergeht. Der Kurs hat im ersten Abverkauf nicht einmal die schwarze Linie erreicht. Das unterste gelbe Target 1 hat zwar gezogen, aber der Drang nach oben ist einfach zu stark. Sofort danach schoss also der Kurs wieder hoch und scheiterte zunächst – wie erwartet – punktgenau an der obersten roten Linie (oberer blauer Kreis 2) Das war eine eindrucksvolle Bestätigung der Parallel-Methode!

Chart 3.59: NASDAQ 100 – die Gegenlinien wirken und zeigen ein bullishes Gesamtbild

Dieser frühzeitige Rückpraller von der roten Linie vor dem eigentlichen gelben Target (violetter Pfeil) hätte sich natürlich als negativ erweisen können, wenn sich der Kursrückgang fortgesetzt hätte. Der Kurs drehte jedoch unmittelbar wieder nach oben, und das gelbe Target wurde kurz darauf zum

Walk-through-Target, womit der NASDAQ 100 die scharfe Korrektur vorerst beendete und sogar ein neues Hoch erreichte. Ein erneuter Rücksetzer endete vorläufig ebenfalls an der roten Linie (unterer blauer Kreis 3). Dann hangelte sich der Kurs an dieser Linie entlang.

Gegenlinien liefern wichtige Anhaltspunkte für die Trendstärke

Der nächste Rücksetzer schien eine Trendwende einzuleiten, entpuppte sich aber als Fehlausbruch nach unten. Zwei lange Kerzen in Folge, die das rechte gelbe Target 4 auch nur links streiften, komplettierten das bullishe Bild. Damit sollte nun zunächst die gestrichelte rote Linie und dann das jüngste Hoch überwunden werden. Gemäß Trend-Theorie besteht dann eine realistische Chance, dass der NASDAQ 100 vor der nächsten Korrektur die obere schwarze Parallellinie erreicht.

Chart 3.60: NASDAQ 100 – die Gegenlinien wirken auch bei diesem gewaltigen Einbruch

Chart 3.60 zeigt, dass es genau so kommt. Der Kurs erreicht sogar zweimal die Oberkante des schwarzen Trends (Pfeile), bevor es dann zum Trendbruch (am grünen Kreis) kommt. Allerdings bestätigt der erste Rücksetzer vorher erneut eindrucksvoll eine weitere der roten Parallellinien (gestrichelt; rote Kreise).

Und auch nach dem Trendbruch hält sich der NASDAQ 100 trotz der enormen Volatilität mit beeindruckender Präzision an dieses Muster.

Nun ist es natürlich nicht überraschend, dass dieses Prinzip im Abwärtstrend genauso funktioniert. Dazu sind in Chart 3.61 einmal die Parallelen der schwarzen Trendlinien an die neu entstandenen Bewegungstiefs eingetragen. Wieder erhalten wir eine sehr gute Resonanz des weiteren Kursverlaufs auf diese »definierten« Linien.

Chart 3.61: NASDAQ 100 – die Gegenlinien (Aufwärtslinien) in der nachfolgenden Konsolidierung

Die gelben Kreise kennzeichnen dabei einige der Targets, die durch diese Methode entstanden sind und später bestätigt wurden.

3.2.2 Parallellinienprojektion der Gegenlinien

So beeindruckend die Darstellung in Chart 3.61 auch ist, die Methode hat natürlich noch einen Mangel. Die neue Parallellinie kann nämlich erst gezeichnet werden, wenn ein erstes Hoch oder Tief zu erkennen ist. Und dazu braucht es gewöhnlich einige weitere Kerzen und eine entsprechende Gegenbewegung. Denn ansonsten könnte natürlich die Kursrichtung einfach beibehalten werden.

Insofern wäre wünschenswert, wenn wir eine Art »Maßband« hätten, um vorab schon das Ausmaß der möglichen Kursbewegung abzuschätzen, wenn ein Trend gebrochen wird. Wenn Sie jetzt meinen, das sei doch ein sehr vermessener Wunsch, dann erinnern Sie sich bitte an unsere Rechteck-Methode. Hier haben wir ja auch ein Instrument, mit dem wir wahrscheinliche Niveaus für eine künftige Kursbewegung bestimmen können. Niemand hindert uns schließlich, beliebig viele Rechtecke über- oder untereinanderzustapeln. Tatsächlich wäre das natürlich die erste Möglichkeit, so ein »Maßband« einzusetzen. Es gibt aber noch eine weitere.

Symmetrie bei Trends

Bei der Einführung in die Parallel-Methode hatten wir ja bereits auf die häufig anzutreffende Symmetrie hingewiesen, die auch Trends innewohnt. So finden wir in Chart 3.61 ebenfalls etliche ähnliche Strukturen. In dem grünen Kanal unten links im Chart haben die kleinen roten Abwärtskanäle ziemlich gleichmäßige Abstände. Auch die Breiten der Kanäle selbst weichen nicht so stark voneinander ab.

Sogar die schwarzen Aufwärtslinien zeigen trotz der extrem volatilen Kursbewegung beim Platzen der Blase eine erstaunliche Regelmäßigkeit. Und auch der breite rote Abwärtskanal vom Hoch weist eine gewisse Symmetrie auf: Der Abstand der beiden gestrichelten roten Linien ist fast gleich groß wie der Abstand der oberen roten Linie zur ersten gestrichelten Linie. Diese ist damit eine Art Mittellinie dieses breiten Kanals.

Da wir solche Regelmäßigkeiten oder gar Symmetrien in unseren Charts schon häufiger gesehen haben, werden wir diese Erkenntnis erneut zum Prinzip erheben. Wir werden also charttechnisches Neuland unter anderem auch dadurch erschließen, dass wir einfach Projektionen unserer Parallellinien in den vermuteten Kursverlauf legen.

Wir bleiben bei unserem NASDAQ-100-Beispiel. Angenommen, wir erkennen kurz nach dem Hoch den bevorstehenden Trendwechsel. Wie würde dann unsere Vorgehensweise aussehen? Betrachten Sie dazu Chart 3.62.

Chart 3.62: NASDAQ 100 – die Gegenlinien für die Kursprognose als regelmäßige Parallelprojektionen

Schnelle Konstruktion der Parallellinien

Hier fehlt zunächst der weitere Kursverlauf. Wir haben also nur die uns schon bekannten Linien. Die steilen schwarzen Trendlinien wurden nun einfach in der Breite des Trends, der sich bis zum Hoch etabliert hat, parallel verschoben. (Tipp: Das funktioniert ganz einfach mit Hilfe eines Rechtecks, das zwischen die betreffenden Trendlinien gelegt wird, wie in Chart 3.62 das rote Rechteck. Die gegenüberliegenden Eckpunkte geben die relevante Strecke an. Dieses Rechteck können Sie nun auf die andere Seite der Trendlinie verschieben, hier durch das blaue Rechteck dargestellt. Durch den gegenüber-

Chart 3.63: NASDAQ 100 – die projizierten Gegenlinien als Kursziele und -bremsen

Chart 3.64: NASDAQ 100 – projizierte Gegenlinien im Aufwärtstrend als bullishe Bestätigung des Anstiegs

liegenden Eckpunkt des Rechtecks legen Sie dann die parallele Trendlinie. Das können Sie beliebig fortsetzen. Auf diese Weise erhalten Sie mit wenigen Mausklicks schnell die gezeigte Parallelenschar.)

Chart 3.63 zeigt dazu den weiteren Kursverlauf. Und wieder haben diese Parallelen hinreichende Relevanz, um als Ziel und Bremse für die Kursausschläge zu dienen. An allen vier Parallelen bildeten sich vorläufige markante Umkehrpunkte. Eine bessere Methode, um Kursziele zu ermitteln, kann man sich doch als Trader nicht wünschen, oder?

Inzwischen sind Sie natürlich geübt genug, um dieses Verfahren gedanklich längst auch auf den vorangegangenen Aufwärtstrend angewendet zu haben. Zum Zeitpunkt des Ausbruchs (roter Kreis) würden für die Methode natürlich nur die grünen Trendlinien infrage kommen. Chart 3.64 zeigt Ihnen das Ergebnis.

Das Verhalten an den Parallelen gibt Ihnen
wichtige Hinweise zur Trendstärke

Das Markante an der Aufwärtsbewegung ist, dass die Linien kaum als Widerstände gewirkt haben. Dennoch gibt es auch im Aufwärtstrend viele Kontakte mit Linien. Allerdings waren sie dann *Unterstützungen* für die wieder ansteigenden Kurse! Auch dies ist ein enormer Vorteil der Target-Trend-Methode: Die zum Teil ja eher schematisch angewendeten Bausteine ermöglichen gerade dadurch auch eine Interpretation des Kursverlaufs (bullish/bearish).

An diesem Beispiel sehen Sie auch, dass durchaus die Möglichkeit besteht, die einzelnen Elemente der Target-Trend-Methode unabhängig voneinander einzusetzen. Das bietet zusätzlich die Chance, ein und dieselbe Situation aus unterschiedlichen Perspektiven zu bewerten. In diesem Fall wird unsere bereits früher gewonnene Erkenntnis über einen sehr bullishen Kursanstieg erneut gestützt.

Das ist natürlich ein enormer Gewinn in der Analyse! Denn häufig lässt man sich bei der Bewertung von eigenen Grundvorstellungen, Annahmen oder anfänglichen Eindrücken (Illusionen, Überzeugungen!) beeinflussen. Eine objektive Bewertung oder bewusste Überprüfung auf jeweils entgegengesetzte Argumente bleibt dann meist aus. Dieses Problem lässt sich, wie Sie sehen, mit der Target-Trend-Methode viel leichter vermeiden.

Unschätzbarer Vorteil im Intraday-Trading!

Ihre besondere Stärke entfaltet die Parallellinienprojektion vor allem im Intraday-Trading. Hier verläuft naturgemäß die Kursentwicklung viel schneller und häufig auch stürmischer als in Tages- oder Wochencharts. Daher bleibt Ihnen als Trader auch weniger Zeit, die entscheidenden Strukturen haarklein zu suchen und aufwendig zu bestimmen. Allenfalls vor oder nach der Session ist das möglich.

Trader suchen daher immer nach Möglichkeiten, ihre Charts möglichst schnell zu strukturieren. Und eine schnellere Variante, als Parallellinien oder auch Rechtecke in gleichen Abständen in einem Chart zu platzieren, ist kaum denkbar. Und dennoch sind die Erfolge enorm, die dank dieser Erleichterung erzielt werden. Betrachten wir auch dazu wieder ein Beispiel.

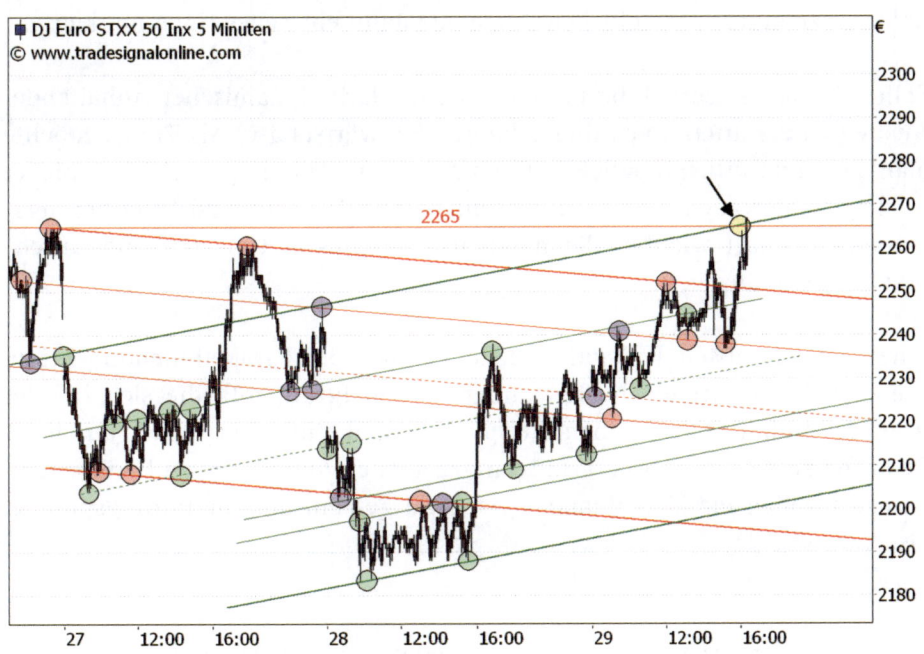

Chart 3.65: FESX – der Ausbruch aus der Seitwärtsbewegung steht bevor

In Chart 3.65 sehen Sie einen Intraday-Kursausschnitt des Euro-STOXX-50-Futures (FESX) von Ende April 2009. Fast drei volle Tage befand sich der Kurs in einer Seitwärtsbewegung. Zwar gab es immer wieder vereinzelte starke Anstiege und Einbrüche, aber eben auch lange Phasen unproduktiver, hektischer und kleinster Kursbewegungen. Zudem wurde ein großer Teil der Kursbewegungen nach unten durch die riesige Kurslücke verschluckt, die vom 27. auf den 28.04. auftrat.

Parallellinienprojektion als ideales Hilfsmittel
im Day-Trading

Für Trader war das also eher ein wenig ergiebiger Zeitraum, aber es schien Besserung in Sicht. In unserer Ausgangssituation in Chart 3.65 hatte sich nun der Kurs wieder an das Hoch vom Abend des 26.04. bei 2265 Punkten herangearbeitet. Zunächst sah es so aus, als sollte dort wieder Schluss mit lustig sein: Nach einem Spike knapp an diese Marke fiel der Future zunächst wieder zurück (gelber Kreis/Pfeil rechts im Chart). Allerdings kam es nach wenigen Minuten zu einer sehr bullishen Kerze, die dann ein neues Hoch markierte.

Sollte sich der Ausbruch bestätigen, ist ein relativ dynamischer, anhaltender Anstieg zu erwarten, nach dieser langen Seitwärtsphase. Als Trader möchte man davon natürlich möglichst stark profitieren. Allerdings weist ein solcher Anstieg immer auch kleinere Rückschläge auf. Deshalb sind Orientierungspunkte im Chart wichtig, die möglichst zuverlässig Umkehr- und Durchbruchspunkte anzeigen.

Eines der genialsten Hilfsmittel dazu ist nun die Parallellinienprojektion. Hierzu nehmen wir die beiden Linienscharen (grün, rot), die sich bei der Analyse in Chart 3.65 ergaben. Beispielhaft sind einige der Linien, um deren Relevanz zu zeigen, in Chart 3.65 eingezeichnet, die jeweiligen Berührungspunkte farblich markiert (blaue Kreise sind gemeinsame Berührungspunkte, also Targets).

Ein dynamischer Ausbruch – aber wie kann man ihn sinnvoll nutzen?

Chart 3.66 zeigt die Ausgangssituation noch einmal in einem größeren Zeitausschnitt. Die Zahl der Linien in der anfänglichen Seitwärtsbewegung haben wir nun auf die wesentlichsten reduziert (die breiten Begrenzungslinien und die dazugehörige gestrichelten Mittellinien).

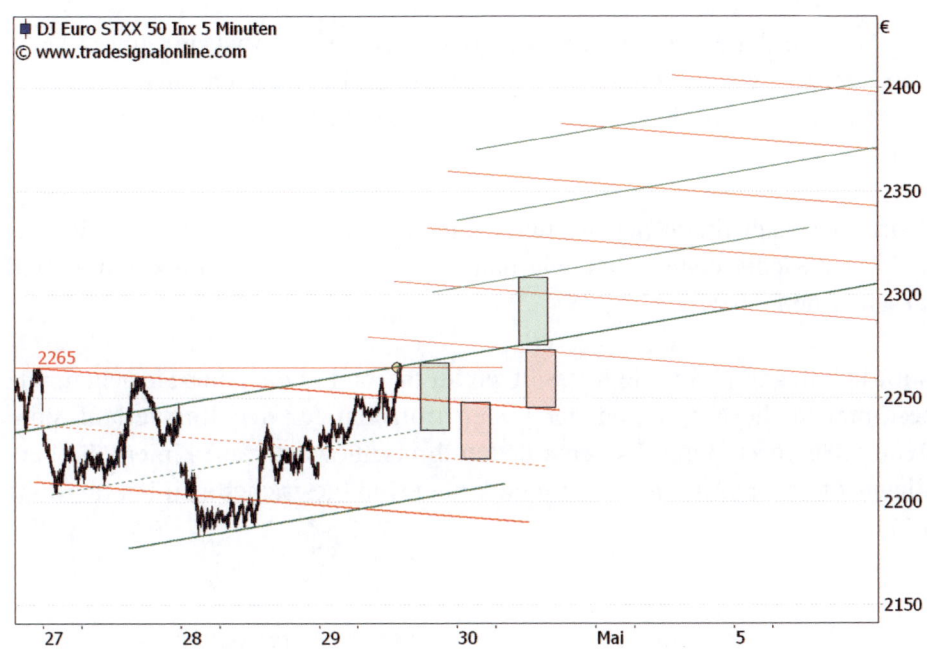

Chart 3.66: FESX – Parallellinienprojektion in den erwarteten Kursbereich

Chart 3.67: FESX – Bemerkenswerte Bestätigung der Parallellinienprojektion

Der Abstand der Mittellinien zu den Begrenzungslinien ist nun unser Maßstab, mit dem wir die Linien in den erwarteten Kursbereich nach oben projiziert haben (grüne bzw. rote Rechtecke). Das Ergebnis sehen Sie in Chart 3.66.

Chart 3.67 zeigt Ihnen den weiteren Kursverlauf zwischen diesen Linien. Es ist immer wieder erstaunlich, wie häufig markante Umkehrpunkte an genau diesen Linien entstehen!

Natürlich liegen nicht alle Kursspitzen an diesen Linien. Aber Sie sehen, wie bestimmend die Neigungen der Linien trotzdem für den Kursverlauf sind. Denn viele der anderen Extrema liegen ihrerseits wieder auf Linien, die Parallelen zu unseren roten und grünen Linien sind (gestrichelte Linien im Chart 3.67).

Der zweite große Vorteil: Kursexplosionen nach Fortsetzungssignal!

Doch nicht nur Umkehrpunkte sind für den Trader von Bedeutung. Beachten Sie die Kursdurchbrüche durch die projizierten Linien an den Stellen, die mit Pfeilen gekennzeichnet sind. Hier hätten Sie während des Tradings kein Umkehr-, sondern ein Fortsetzungssignal erhalten.

Die Pfeile markieren nun die Stellen, an denen die nachfolgende Kursbewegung besonders dynamisch war. Erstaunlich erscheint zunächst, dass *alle* auffallenden Kursanstiege oder -stürze ausschließlich nach dem Durchbruch durch unsere Linien auftraten! Auch das unterstreicht die Bedeutung dieser Linien. Und vor allem ist es ein unglaublicher Vorteil im Trading, wenn Sie ein Fortsetzungssignal erhalten und dann bereits im Voraus eine wirklich bedeutende Kursbewegung erwarten dürfen!

Das gilt selbst dann, wenn in einem Fall eine große Kurslücke dazwischen lag (gelbe Ellipse), die ein Day-Trader üblicherweise nicht tradet. Aber wer weiß, vielleicht entwickelt der eine oder andere ja eine neue Tradingidee zum Handeln von Overnight-Gaps auf Basis dieser Überlegung.

In jedem Fall erhalten Sie mit Hilfe dieser Linien wiederum eine erheblich höhere Sicherheit bei Ihren Trades und eine gehörige Portion mehr Selbstvertrauen. Falls Sie bereits je intensiver Day-Trading betrieben haben und sich bei jedem Trade erneut fragen mussten, ob dies nun endlich ein lukrativer Trade werde, dann wissen Sie, wovon die Rede ist ...

3.2.3 Linienanpassungen

In Abschnitt 2.2.3 des Basis-Kurses und in Anhang 1 sind wir auf die Schwierigkeiten des korrekten Einzeichnens von Trendlinien bereits eingegangen. Unserer Erfahrung nach bedeuten diese Hinweise für viele Charttechniker bereits eine wesentliche Verbesserung ihrer Analysen. Andererseits ergeben sich trotzdem immer wieder Mehrdeutigkeiten. Dadurch stellt sich häufig erneut die Frage: »Welche Linie ist denn nun die richtige?«

Dazu ein Beispiel.

Im Kapitel 3.1 haben wir uns unter anderem mit den Walk-through-Targets bei den Fehlausbrüchen des DAX beschäftigt. Wir wollen jetzt zu dem Beispiel aus Chart 3.23 zurückkehren. In Chart 3.68 sehen Sie die Situation noch

Chart 3.68: Parallellinien bei DAX-Fehlausbruch (I)

einmal. Die dicke grüne Linie ist die Langfristtrendlinie aus früheren Betrachtungen. Die roten Linien wurden in dem aktuellen Kursbild als Gegenlinien gefunden. Zur Illustration sind noch einmal die Auflagepunkte für die roten Linien eingezeichnet, die exakt unseren Kriterien entsprechen.

Wenn Sie mit den Linien im Chart ein wenig »spielen«, werden Sie bald feststellen, dass dies nicht die einzige Möglichkeit ist, Linien »regelgerecht« zu zeichnen. In Chart 3.69 sehen Sie daher eine andere Linienführung. Diese Linien (schwarz) haben eine geringfügig flachere Neigung als die roten aus Chart 3.68. Welche Linien sind also die »richtigen«?

Chart 3.69: Parallellinien bei DAX-Fehlausbruch (II)

Welche ist die »richtige« Linie?

Die Frage nach den »richtigen« Linien wird immer wieder gestellt. Auch »Profis« sind vor solchen Überlegungen nicht gefeit. Doch naturgemäß beschäftigt dieses vermeintliche Problem den Anfänger viel stärker. Das liegt natürlich an der mangelnden Erfahrung und der noch nicht gefestigten analytischen Sicherheit, die daraus resultiert.

Deshalb sollten Sie unbedingt den folgenden Merksatz verinnerlichen:

Eine Linie ist richtig, wenn die Linienkonstruktion den Regeln folgt (siehe Anhang 1). Der Grad ihrer Richtigkeit (»Relevanz«) steigt mit der Anzahl paralleler Linien, die sich über bestimmte Zeiträume finden lassen (Parallel-Methode).

Wenn Sie also eine neue Linie gefunden haben, ist es unbedingt notwendig, diese anhand der Kurshistorie zu überprüfen. Je mehr Parallellinien Sie im historischen Verlauf finden, desto stärker ist die Relevanz der Linie. Dabei sollten Sie auch darauf achten, dass die gefundenen Parallellinien auch durch Konstruktion entstanden sein könnten. Das bedeutet, sie müssen entsprechend eindeutige Auflagepunkte aufweisen. Die Relevanz steigt weiter, wenn diese Parallellinien sowohl in Auf- als auch Abwärtstrends auftreten. Das zeigt, dass sie auch unterschiedliche Börsenphasen überdauern.

Insofern können wir natürlich die roten und schwarzen Linien in den beiden obigen Charts noch nicht in »richtig« und »falsch« einteilen. Es ist aber durchaus möglich, dass Sie beide Linien auch im historischen Kontext wiederfinden. Sie haben also wieder kein eindeutiges Ergebnis.

Dann ist es einfach notwendig, eine klare Entscheidung zu treffen: Sie wählen einfach die Linien aus, die Ihrer individuellen Überzeugung nach den Kursverlauf am besten widerspiegeln.

Nimm die Linie, die dir passt!

Das ist erfahrungsgemäß der Punkt, an dem viele Anfänger die meisten Hemmungen haben. Da bietet die Target-Trend-Methode nun so einen tollen Werkzeugkasten und so viele klare Regeln. Doch am Ende heißt es doch nur lapidar: Nimm die Linie, die dir passt! Hier spielt unbewusst immer noch der Irrglaube eine Rolle, dass es auch für die Charttechnik eindeutige Regeln geben müsse, die einer strengen Kausalität folgen. Also ein schlichtes Wenn – Dann.

Nicht zuletzt aus diesem Grund haben wir im ersten Teil des Buchs einen ausführlichen Exkurs zur Psychologie der Börse und des Tradens gegeben. Ein solch mechanisches Regelwerk kann nicht funktionieren. Deshalb werden wir mit solchen Unzulänglichkeiten wie der Auswahl der richtigen Linien immer wieder konfrontiert werden.

Es gibt jedoch ein paar Anhaltspunkte, die sich bei der Auswahl der Linien als zweckmäßig erwiesen haben. So sind zum Beispiel die Linien in den Charts 3.68 und 3.69 von sehr ähnlicher Neigung. In diesem Fall ist eine klare Entscheidung für eine dieser Linien angesagt.

Dagegen sind Linien mit deutlich abweichender Neigung, wie zum Beispiel die blauen Linien in Chart 3.69, als Repräsentanten einer anderen Trendstärke unter Umständen gleichberechtigt. Solche Linien können Sie bei Bedarf ebenfalls in Ihre Analyse mit einbeziehen.

Auch mehrere Linien können »richtig« sein

Mehr als drei pro Richtung (aufwärts, abwärts) sollten es allerdings nicht sein. Das verbietet sich schon aus Gründen der Übersichtlichkeit im Chart. Meist werden Sie auch bereits mit zwei Linienscharen auskommen. Die Existenzberechtigung mehrerer Linien nebeneinander lässt sich mit einer einfachen Überlegung bereits aus der klassischen Charttechnik ableiten. Von dort kennen wir den Primär- Sekundär- und den Tertiärtrend. Die verschiedenen Trendlinien repräsentieren also diese unterschiedlichen Trendphasen im Chart. Aber auch dabei lässt man es meist bei Primär- und Sekundärtrend bewenden. Deswegen sollten auch uns zwei Linien reichen.

Nun gut, wir haben uns nun für eine der Linien entschieden. Trotz dieser nur geringen Unterschiede sehen wir aber deutlich, dass sich zum Beispiel abweichende Targets ergeben. In der Regel beeinflusst das aber die Ergebnisse unserer Analysen nicht.

In Chart 3.68 bzw. 3.69 ist das Target 1 auf der grünen Linie nur unwesentlich verschoben. Sowohl mit der schwarzen als auch mit der roten Linie wird es zum Walk-through-Target. Das gilt auch für das Target 3. Target 2 auf der grünen Linie ist dagegen bei den schwarzen Linien kein Walk-through-Target mehr. Es wird jedoch zu einem Target, das zu früh angesteuert und dann von oben kurz gespiket wurde. Wie Sie aus Kapitel 3.1 wissen, ist das mindestens genauso bullish wie ein nach oben durchlaufenes Walk-Through-Target. An der endgültigen Interpretation des Kursverlaufs aus Sicht der Targets ändert sich also nichts.

Linien anpassen oder nicht?

Dennoch wird von vielen Tradern immer wieder die Frage thematisiert, ob nicht doch irgendwann im weiteren Verlauf ein Wechsel von der roten zur schwarzen erfolgen muss. An dieser Stelle betonen wir daher noch einmal, dass es ein Muss in dieser Frage nicht gibt! Wenn beide Linien gemäß der obigen Regel gleichberechtigt sind, dann ist es allenfalls eine Möglichkeit.

Sie *können* also zur anderen Linie wechseln, wenn Sie zu einem späteren Zeitpunkt erkennen, dass die Kurse durch die andere Linien eventuell besser beschrieben werden. Sie *müssen* nur dann zu der anderen Linie wechseln, wenn klar wird, dass der Kurs die ursprünglich gewählte Linie nicht mehr bestätigt.

Allerdings haben wir in vielen Beispielen schon gesehen, dass bestimmte Muster sogar über Jahre hinweg immer wieder auftreten. Daher ist der kompromisslose Wechsel etablierter Linien nicht grundsätzlich ratsam.

Andererseits haben wir am Beispiel von Gold im vorigen Kapitel gesehen (siehe Charts 3.54 bis 3.57), dass es durchaus vorteilhaft sein kann, nach derartigen Paradigmenwechseln Ausschau zu halten. Doch wie beim Gold sind diese am gravierendsten, wenn ein deutlicher Wechsel der Trendstärke erfolgt. Ansonsten können Sie, wie Sie am obigen Beispiel gesehen haben, oft bei »Ihren« Linien bleiben.

Doch dieses wichtige Thema der Paradigmenwechsel werden wir gleich noch detaillierter behandeln.

3.2.4 Die Chartskalierung und die Target-Trend-Methode

Zuvor aber noch zu einem anderen anscheinend sehr wichtigen Thema, das ebenfalls sehr häufig die Gemüter erhitzt. Es geht um eine Art Heilige Kuh in der Technischen Analyse. An dieser entzünden sich die Diskussionen fast genauso wie an der Frage nach der »richtigen« Theorie. Wir reden von der

Skalierung in den Charts. Hier stehen die Liebhaber der linearen Skala den Vertretern einer logarithmischen Skalierung gegenüber.

Linear oder logarithmisch – Ideologiestreit in der Technischen Analyse

Wie bei allen anderen Themen, gibt es auch hier keine Einigung. Die eine wie die andere Fraktion ist mit ihrer Methode mehr oder weniger erfolgreich. Aus diesen Gründen verfangen natürlich auch die entsprechenden Argumente nicht auf der Gegenseite. Denn für die eine wie die andere Option finden die Jünger ausreichend Beispiele und Gegenbeispiele.

Nun gibt es allerdings einige fast unumstößliche Wahrheiten, die beide Fraktionen anerkennen. So werden Zinskurven und Bondkurse sowie Währungen in der Regel mit linearen Skalen analysiert. Das Gleiche gilt auch für alle anderen Vermögensklassen (Aktien, Futures, Rohstoffe usw.) bei sehr kurzfristigen Verläufe (intraday). In all diesen Fällen gibt es kaum signifikante Unterschiede zwischen linearer und logarithmischer Darstellung.

Aber schon bei Tagescharts beginnt der Streit, egal, ob es sich um Aktien, Indizes oder Rohstoffe handelt. Dann prallen die Ansichten besonders vehement aufeinander. Andererseits gibt es bei diesen Assets wiederum einen fast unwidersprochenen Konsens, dass eben für sehr lange Zeiträume die logarithmische Darstellung die geeignetere ist.

Daraus müsste man schlussfolgern, dass es irgendwo dazwischen einen Zeitraum gibt, in dem beide Methoden funktionieren. Auch wir fühlen uns nicht berufen, diesen Streit endgültig zu schlichten. Wir möchten hier auch nicht die verschiedenen Für und Wider aufführen. Wie gesagt, für beide Seiten gibt es gute Argumente. Häufig lassen sich aber auch die gleichen Gründe für die Gegenseite anführen.

Aber Sie wissen inzwischen: Wir gehen in solchen Fragen äußerst pragmatisch vor. In unserem Fall heißt das, wir werden prüfen, inwieweit unsere Methoden auch in der jeweils anderen Darstellung funktionieren. Obwohl wir bisher hauptsächlich mit linearen Charts gearbeitet haben, sind gelegentlich auch schon logarithmische Darstellungen mit eingestreut worden. Nicht immer haben wir ausdrücklich darauf hingewiesen.

Eine Methode muss in jedem Fall funktionieren

Wir wollen nun ganz gezielt prüfen, was mit unserer Methode beim Wechsel von linearer und logarithmischer Darstellung geschieht. Betrachten wir dazu den Abwärtstrend der Aktie der Deutschen Bank seit den Hochs 2007 zunächst im linearen Chart (Chart 3.70).

Chart 3.70: Deutsche Bank — lineare Chartdarstellung

Ohne größere Probleme finden wir eine Reihe von Parallellinien, die wir in diesen Kursverlauf einzeichnen können. Bemerkenswerterweise erkennen wir durchaus »logische« Strukturen, zum Beispiel aus der Trend-Theorie:

▶ Der kleine gelbe Kanal oberhalb von Linie I in der Mitte des Abwärtstrends scheint ein Fehlausbruch zu sein: Der Kurs stippt zwar kurz vor der grünen Ellipse nochmals auf der Linie I auf, kann dann aber nicht nach oben durchstarten, sondern fällt in den alten Kanal zurück.
Ganz folgerichtig und absolut nach Theorie kommt es dann bis zu einem Rückfall an die Unterkante (Linie II) des bis dahin gültigen Trends (grüner Pfeil).

▶ Der Rückfall aus dem gelbem Kanal unter Linie I erfolgt mit einer großen Kurslücke nach unten (grüne Ellipse). Diese ist zwar hauptsächlich durch den Dividendenabschlag an diesem Tag bedingt, dennoch ist es markant, dass dieser Vorfall genau an dieser Linie auftritt und eben auch der weitere Verlauf die Trend-Theorie bestätigt.

▶ Denn von der Unterkante (Linie II) erhebt sich der Kurs wieder und kehrt an die Oberkante zurück (blauer Pfeil). Und zwar nicht an die alte Oberkante (Linie I), die vor dem Fehlausbruch gültig war, sondern an die neue, die erst durch den Fehlausbruch entstanden ist.

Klare Strukturen auch in der linearen Darstellung
und bei 90 % Kursverlust

Das ist insofern bezeichnend, da mitunter unterstellt wird, als »professioneller« Analyst müsse man Aktien im logarithmischen Chart zeichnen, alles andere sei falsch. Wir sehen aber ganz klar, dass die lineare Darstellung ebenfalls bestens funktioniert.

Es scheint also so zu sein, dass offenbar eine sehr große Zahl von Anlegern die Deutsche-Bank-Aktie immer noch im linearen Chart betrachtet – und vor allem auch danach handelt! Und das, obwohl hier ein Kursverlust von 90 % zu verzeichnen ist. Sonst wäre nämlich diese Struktur nicht so klar erkennbar.

In Chart 3.71 sehen Sie nun den gleichen Verlauf in der logarithmischen Darstellung.

Natürlich erkennen wir hier deutliche Unterschiede zur linearen Darstellung: Durch den insgesamt flacheren Verlauf der logarithmischen Abwärtstrendlinien (die linearen Linien I und II aus Chart 3.70 sind zur Orientierung gestrichelt mit eingezeichnet, verlaufen aber wegen der Verzerrung hier gebogen) läuft der Kurs irgendwann aus dem anfänglichen roten Kanal heraus (Trendbeschleunigung).

Beide Phasen zeigen aber erneut ein klares Trendverhalten. Auch unsere markanten Punkte aus Chart 3.70 sind erkennbar und haben ebenfalls eine besondere Bedeutung. In der logarithmischen Darstellung kam es nicht zu einem klaren Fehlausbruch, sondern vor dem Dividenden-Gap (grüne Ellipse) zu einem dritten Anlauf zur Trendoberkante (gelbe Kreise), bevor der Kurs nachhaltig abstürzte.

Dabei durchbrach der Kurs den Trend nach unten (grüner Pfeil). Der nachfolgende Anstieg (nach Wiedereintritt in den alten Kanal) erreichte nicht mehr die obere Linie (blauer Pfeil), woraufhin eine Trendbeschleunigung nach unten einsetzte. Auch das ist also völlig konform mit der Trend-Theorie.

Chart 3.71: Logarithmische Linien – der weitere Kursverlauf

Wir setzen – nicht nur in diesem Buch – beide Methoden jeweils erfolgreich ein: In den Tradingdiensten auf www.stockstreet.de kommt fast ausschließlich die lineare Darstellung zur Anwendung, in den Langfristdiensten hauptsächlich die logarithmische. Als Trader im Kurzfristbereich stellt sich für Sie aber wie gesagt diese Frage ohnehin nicht ...

3.2.5 Paradigmenwechsel bei Parallellinien

Unter Paradigmenwechsel verstehen wir Änderungen unserer gefundenen Strukturen. Der Kursverlauf hält sich also offensichtlich nicht mehr an unsere Linien oder Rechtecke. Dann gilt es, die nun gültigen Strukturen zu finden.

Doch die Übergänge sind hier fließend. In unserem Beispiel zu Gold (Charts 3.54 bis 3.57) konnten wir einen schleichenden Wechsel der Linien bereits beobachten. Auch hier gilt: Zum Ein- oder Ausstieg an der Börse wird – anders als in der Straßenbahn – nicht geklingelt.

Beginnen wir mit den Linien

Im vorvorigen Kapitel (3.2.3) haben wir uns schon einem anderen Teilaspekt dieser Frage gewidmet: der Linienanpassung. Schließlich wäre die Notwendigkeit einer Linienanpassung ein klarer Hinweis auf einen bereits erfolgten Paradigmenwechsel. Doch dann ist es eigentlich schon zu spät, denn der Paradigmenwechsel ist in diesem Fall bereits vollzogen.

In dem schon erwähnten Beispiel zu Gold haben wir uns die Trend-Theorie zunutze gemacht und dadurch Aufschluss über den bevorstehenden Paradigmenwechsel erhalten. Jetzt wollen wir der Frage nachgehen, ob es noch andere Hinweise in den Charts dazu gibt.

Charttechnik »mit Ansage«

Solche »Ankündigungen« finden wir tatsächlich in vielen Fällen. Und wir sind ihnen sogar schon bei einigen Beispielen begegnet. Kehren wir dazu zu unserer Analyse des Kursverlaufs von Gold zurück (siehe auch Chart 3.54, 3.55). Im folgenden Chart 3.72 ist diese Situation noch einmal ein wenig verändert dargestellt.

Nach dem Ausbruch aus dem roten Rechteck schwenkte der Kurs in den blauen Kanal ein. Auffallend ist dabei die Regelmäßigkeit in den Abständen der Linien voneinander. Diese häufig vorkommende Regelmäßigkeit haben wir im Kapitel 3.2.2 für die vorausschauende Kursprojektion der Parallellinien genutzt.

Der erste wichtige Hinweis ist also eine erkennbar gleichmäßige Linienverteilung im Chart. Solange diese gegeben ist und der Kursverlauf sich hauptsächlich an diesen Linien orientiert, besteht zumeist keine Gefahr eines Paradigmenwechsels.

Chart 3.72: Gold — bevorstehender Paradigmenwechsel

Alles in Ordnung — oder doch nicht?

Dennoch war letztlich die in Chart 3.72 gezeigte Situation ein früher Ausgangspunkt für unsere Suche nach alternativen Linien. Die gleichmäßige Linienverteilung allein ist also kein ausreichendes Indiz dafür, dass noch alles in Ordnung ist.

Als Zweites betrachten wir daher das Verhalten beim Wechsel von einer Linie zur anderen. In Chart 3.72 erkennen wir dabei, dass es bei dem nun bevorstehenden Ausbruch zu hektischen Kursbewegungen kommt (rote Ellipse). Nach Vollendung des Ausbruchs (Situation in Chart 3.72) sollte laut der Trend-Theorie der Kurs nun bis an die nächste parallele blaue Linie laufen (gestrichelt).

Bei der genaueren Betrachtung der Kursstruktur in der roten Ellipse erkennen wir ein kleines kurzes Dreieck. Naheliegenderweise wird ein solches Dreieck auch mitunter Wimpel genannt. Das Besondere an diesem Wimpel ist, dass er durch die Körper der ihn bildenden Kurskerzen fast vollständig gefüllt ist (siehe Chart 3.73). Das ist ein deutliches Zeichen dafür, dass es während der betreffenden Perioden einen harten Kampf zwischen den Vertretern der verschiedenen Fraktionen um den weiteren Kursverlauf gegeben hat.

Das ist insofern wichtig, weil ein solcher Kampf Kraft kostet. Voraussetzung für einen Paradigmenwechsel ist aber, dass eine Fraktion von Marktteilnehmern, die bisher den Kursverlauf bestimmte, so viel Kraft verloren hat, dass nun eine andere die Oberhand gewinnt.

Chart 3.73: Gold – der Wimpel kündigt Paradigmenwechsel an

Kommt also ein Linienwechsel weitgehend problemlos und mit eindeutig bullishen bzw. bearishen Signalen (je nach Richtung) zustande, ist ein bevorstehender Paradigmenwechsel ebenfalls eher unwahrscheinlich.

Nach unseren Erfahrungen sind aber Strukturen, die sich auf einer oder um eine etablierte Linie klar abzeichnen, erste wichtige Hinweise auf einen möglichen Paradigmenwechsel. Die konkrete Form – Flagge oder Wimpel – ist dagegen weniger bedeutend, wichtiger sind vielmehr die Kursausschläge (Volatilität).

Der Wechsel lässt auf sich warten

Doch woher wissen wir dann, welche Linie danach gültig wird bzw. wann der Paradigmenwechsel stattfindet? Die neue Linie verrät uns im Allgemeinen der Chart selbst. Betrachten Sie dazu Chart 3.74. Sie sehen hier die gleiche Situation. Analog zu Chart 3.55 sind hier nun die blauen Linien durch die flacheren grünen Linien ersetzt worden.

Chart 3.74: Gold – die neue Linie zeichnet sich ab

Hier erkennen Sie, dass der Wimpel mit seiner unteren Spitze gerade auf der grünen Linie aufsetzt (grüner Kreis). Damit ist diese Linie erneut bestätigt worden und kommt nun als potenzielle neue Trendlinie infrage.

Da wie gesagt ein Paradigmenwechsel nicht schlagartig auftritt, werden wir nach und nach weitere Hinweise im Kursverlauf finden. Chart 3.75 verdeutlicht das.

Zunächst scheint der blaue Trend völlig intakt zu sein. In Punkt i erreicht der Kurs ja noch exakt die vorbestimmte blaue Linie. Die Drehung an dieser Stelle zeigt zwar auch, dass hier die Trendstärke erschöpft ist, aber das lässt noch keine Rückschlüsse darauf zu, dass die blauen Linien ihre Gültigkeit verlieren. Zu erwarten ist zunächst nur ein Rückfall an die mittlere blaue Linie (ehemalige Oberkante des alten blauen Trends).

Chart 3.75: Gold – der Paradigmenwechsel manifestiert sich erst Schritt für Schritt

Diese wird an Punkt ii erreicht. Wenn jetzt der Ausbruch aus dem blauen Trend nachhaltig wäre, müsste es zu einer Umkehr kommen. Das ist jedoch nicht der Fall. Damit ist gemäß der Trend-Theorie ein Rückfall bis an die untere blaue Linie wahrscheinlich.

Der Weg dorthin beginnt ganz normal. An Punkt ii fällt der Kurs unter die mittlere blaue Linie, stößt noch einmal kurz nach oben und stößt sich quasi – nachdem er erneut an ihr scheitert – von dieser Linie nach unten ab.

Ein bevorstehender Paradigmenwechsel erzeugt
weitere neuralgische Punkte

Nun erreicht der Kurs an Punkt iii jedoch die grüne Linie. Erneut kommt es zu einer kleinen Konsolidierungsformation direkt um diese Linie herum. Da der Kurs weiter fällt, scheint dieses kurze Verharren des Kurses keine weitere Bedeutung zu haben. Für uns ist es jedoch aus Sicht des möglichen Paradigmenwechsels ein weiteres Alarmzeichen, denn dass an dieser Stelle kurz nach Punkt ii bereits der nächste Zwischen-Stop eingelegt wird, war bei der bestehenden Kursdynamik nicht unbedingt zu erwarten!

Zwischenfazit: Die blaue Linie verliert zunehmend an Einfluss, die grüne gewinnt hinzu. Allerdings hat die grüne noch nicht das Ruder übernommen (das wäre zum Beispiel dann der Fall, wenn es bereits zu einer Umkehr an Punk iii gekommen wäre). Die blaue hat aber auch noch nicht ganz verloren.

Das manifestiert sich erst an der unteren blauen Linie. Hier fällt der Kurs ohne weiteren Widerstand nach unten durch. Die blaue Linie ist damit de facto hinfällig (In der Praxis werden Sie selbstverständlich feststellen, dann es später immer wieder Versuche geben wird, diese Linien erneut zu etablieren. Das gelingt sogar ziemlich oft, wie Sie im Abschnitt 3.2.6 sehen werden).

Genau so eindrucksvoll ist die endgültige Bestätigung der grünen Linien: In einem gewaltige Spike schlägt der Kurs auf der grünen Linie auf, direkt in dem gelben Target. Dieses »Spiken« des gelben Targets ist der Höhepunkt einer insgesamt eindrucksvollen Bestätigung dieses Paradigmenwechsels. Und wie Sie in Chart 2.57 gesehen haben, setzten sich die grünen Linien dann auch im weiteren Verlauf für lange Zeit durch.

Schade eigentlich, dass leider nicht alle Paradigmenwechsel so klare Signale geben ...

Wenn schwere Kämpfe toben ...

Denn in der Regel ist die Anlegerstimmung nicht gar so deutlich zu erkennen. Das gilt insbesondere auf Märkten, auf denen sehr viele Anleger agieren. Die Devisenmärkte sind dafür ein typisches Beispiel. Hier können die Grenzen zwischen den verschiedenen Investorenlagern nicht immer so klar gezogen werden. Das liegt an dem enormen Volumen, das auf diesen Märkten bewegt wird. Da hier auch sehr viele Profis mit gänzlich anderen Motiven unterwegs sind (z.B. »emotionslose« Absicherungsgeschäfte, bei denen sie letztlich neutral zum Markt stehen), sind die charttechnischen Interpretationen mitunter nicht so eindeutig.

Chart 3.76: EUR/USD – Paradigmenwechsel an den blauen Linien?

Chart 3.77: EUR/USD – Kursverlauf nach Paradigmenwechsel (grauer Wimpel), Variante 1

Dazu ein Beispiel vom Währungspaar Euro/US-Dollar. Chart 3.76 zeigt die Situation, deren Analyse mit dem Ausbruch aus dem schmalen Trend beginnt (rote Ellipse). Zu diesem Zeitpunkt finden wir keine eindeutige Dominanz einer der beiden Linienscharen (blau oder grün).

Möglich erscheint ein Paradigmenwechsel von grün nach blau, da offenbar die grünen bereits länger Bestand haben. Aber die dicke grüne Linie bestimmt immer noch klar den Kursverlauf mit. Die Entscheidung ist eindeutig noch nicht gefallen. Wir betrachten nun den weiteren Kursverlauf aus Sicht derjenigen Anleger, die entweder die blauen oder die grünen Linien beachten. Beginnen wir mit Blau (Chart 3.77).

Sie sehen, ein Anleger, der sich nach den blauen Linien gerichtet hat, ist damit sehr ordentlich gefahren. Die Parallellinienprojektion hat nach oben und unten jedes Mal fast perfekt funktioniert. Hat also der Paradigmenwechsel stattgefunden?

Prüfen wir dazu die grünen Linien (siehe Chart 3.78).

Chart 3.78: EUR/USD – Fortsetzung der grünen Variante? (Variante 2)

Eine gleichwertige Alternative

Auch hier würden sich die Anleger also bestätigt fühlen, die sich nach diesen Linien gerichtet haben. Offensichtlich ist bisher keine eindeutige Entscheidung gefallen. Beide Varianten scheinen gleichberechtigt nebeneinander zu bestehen.

Interessant sind in diesem Zusammenhang die auffälligen Strukturen (Flagge in der roten Ellipse, grauer Wimpel). In beiden Alternativen spielen diese Elemente eine herausragende Rolle, pendeln doch die Kurse dabei quasi an bzw. zwischen den jeweiligen Linien hin und her.

Hier sind also beide Lager so stark, dass keiner den anderen in die Knie zwingen kann. Echte Paradigmenwechsel, wie wir ihn beim Gold gesehen haben, sind also in solch hoch liquiden Märkten eher selten. Sie finden hier vielmehr relativ langsame Abweichungen über die Zeit.

Da Sie als Trader immer bestrebt sein sollten, in möglichst liquiden Märkten zu handeln, lassen sich aus diesem Vergleich einige wichtige Lehren für das Trading ziehen:

1. Bleiben Sie Ihrer Methode (Linien) treu, insbesondere, wenn sie bisher gut funktioniert hat!
2. Achten Sie bei sich abzeichnenden Paradigmenwechseln auf die Varianten, ohne gleich im fliegenden Galopp die Pferde zu wechseln! Prüfen Sie an der Kurshistorie, ob solche Wechsel schon früher vorkamen, und wenn ja, wie sich der Konflikt damals auflöste.
3. Nutzen Sie die Kenntnisse über den Paradigmenwechsel präventiv aus! Statt eines Strategie-/Linienwechsels oder Ähnlichem versuchen Sie beim Verdacht auf einen Paradigmenwechsel, die wahrscheinliche Alternative (»neue«, andere Linie) ausfindig zu machen. Bauen Sie das neue Instrument zeitweise zusätzlich in Ihr Konzept mit ein. Nutzen Sie die sich daraus zusätzlich ergebenden Targets aus!

3.2.6 Paradigmenwechsel bei Rechtecken

Im Basis-Kurs haben wir Ihnen die Rechteck-Methode ja besonders ans Herz gelegt. Anfangs hat sie nämlich den großen Vorteil, sehr einfach anwendbar zu sein. Eine horizontale Linie ist eine horizontale Linie – da gibt es keine Unsicherheit darüber, welche Neigung denn nun die richtige ist.

Genau genommen ist die Rechteck-Methode nur ein Sonderfall der Parallellinienmethode, und zwar für horizontale Linien. Logischerweise müsste dann das, was wir eben über den Paradigmenwechsel bei Parallellinien gesagt haben, auch für Rechtecke gelten.

Rechtecke: Spezialfall der Parallellinien

Allerdings weisen Rechteck ihrerseits eine gewisse Besonderheit gerade beim Paradigmenwechsel auf. Denn während man gelegentlich bei geneigten Linien gewisse unvermeidliche Toleranzen akzeptiert, fallen sie bei Rechtecken umso mehr auf.

Ein solches Beispiel sehen wir im Beispiel der Aktie der Hugo Boss AG (siehe Chart 3.79) ein paar Monate nach der Börseneinführung.

Chart 3.79: Hugo Boss – ein kleiner Versatz als einfachster Rechteck-Paradigmenwechsel

Der Kursverlauf begann zunächst eine größere Seitwärtsbewegung auszubilden (grünes Rechteck), aus er dann dynamisch ausbrach. In den folgenden Monaten wurden dann auf höheren Kursnivaus die entsprechenden (blauen) Rechtecke mehrmals bestätigt (blaue Kreise). Bemerkenswert ist dabei, dass selbst nach dem Einbruch nach dem 11. September 2001 dieses Schema zunächst nicht verlassen wurde.

Ein ganz einfacher Paradigmenwechsel

Allerdings erkennen Sie, dass es unmittelbar nach dem Ausbruch aus dem grünen Rechteck einen kleinen Versatz gegeben hat (die blauen Rechtecke wurden von uns bezüglich des grünen aus visuellen Gründen zur Mittellinic hin verschoben). Dieser kleine Versatz (gelber Balken, siehe Pfeil) wurde dadurch verursacht, dass der Ausbruch aus dem grünen Rechteck mit einer gewaltigen Kurslücke nach oben einherging (rote Ellipse).

Solch ein Versatz kommt relativ häufig vor, und zwar meist im Zusammenhang mit extremen Kursbewegungen nach oben oder unten. Oft sind diese auch nachrichtenbedingt. Das erleben wir intraday regelmäßig bei der Bekanntgabe der US-Konjunkturdaten.

Allerdings geschieht es fast genauso häufig, dass im weiteren Verlauf dieser Versatz wieder korrigiert wird, der Kurs also zu den alten Rechtecken zurückkehrt. Bei Boss ist das nicht geschehen. Damit haben Sie den ersten und am einfachsten zu erkennenden Paradigmenwechsel bei Rechtecken kennengelernt.

Doch Paradigmenwechsel bei Rechtecken können auch gravierender sein. Bei Boss zum Beispiel scheint sich ab dem Hoch eine erneute Verschiebung anzudeuten (rotes Rechteck/Kreise) ...

In einem anderen Fall, diesmal bei Adidas, haben wir eine ähnliche Situation (siehe Chart 3.80).

Auch hier haben wir zunächst einen kleinen Versatz (grüner Kasten). Diesem ist aber kein dynamischer Ausbruch, sondern eine kleine Konsolidierungsformation (gelber Keil) vorausgegangen. Das kennen wir ja schon von den Parallellinien her: Einem Paradigmenwechsel geht häufig eine markante Korrekturformation voraus, idealerweise zwischen den beiden alternativen Strukturen.

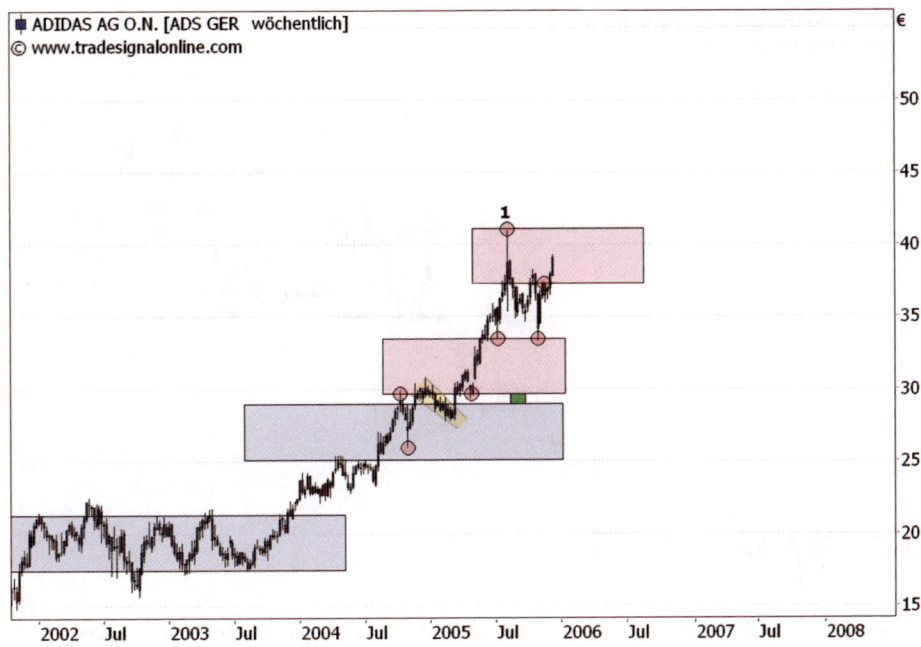

Chart 3.80: Adidas — der Rechteck-Paradigmenwechsel beginnt mit einem Versatz ...

Paradigmenwechsel fangen oft harmlos an

Nun, von einer markanten Formation können wir bei dem kleinen Keil eigentlich nicht sprechen. Trotzdem scheint sich der Kurs danach an den roten Rechtecken zu orientieren. Beobachten wir, wie es weiter geht (Chart 3.81).

Dabei stellen wir schnell fest, dass dieser Paradigmenwechsel keinen Bestand hat. Sichtbarstes Zeichen dafür ist, dass nach dem Spike in Punkt 1 nun wieder verstärkt signifikante Kurskontakte mit den blauen Rechtecken zu verzeichnen sind (gelbe Kreise).

Die roten Rechtecke haben nur auf dem Niveau von Punkt 1 bei etwa 41 Euro eine gewisse Bedeutung, ansonsten treten nur ganz vereinzelte Kurskontakte an ihnen auf. Sichtbarstes Zeichen, dass die blauen Rechtecke wieder das Regime übernommen haben, ist das grüne Rechteck, dessen Begrenzungen nahezu ideal mit den blauen Rechtecken (in diesem Fall deren Mittellinien) übereinstimmen.

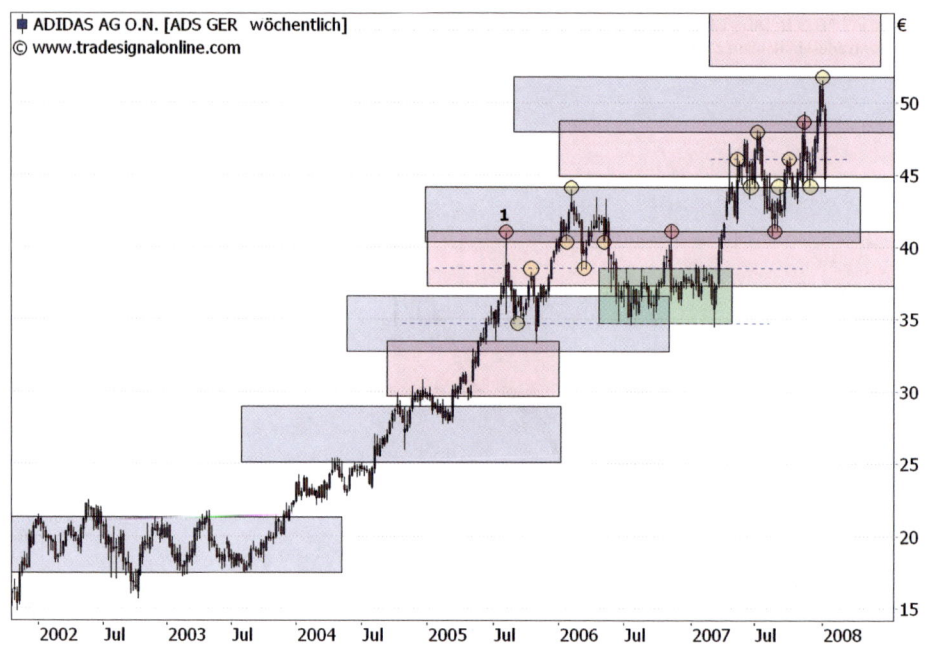

Chart 3.81: Adidas – der Paradigmenwechsel setzt sich nicht durch

Die Kurse zeigen Paradigmenwechsel
am besten selbst

Eine solche Struktur, die ganz klare Präferenzen für ein Chartelement – in diesem Fall die blauen Rechtecke – erkennen lässt, ist ein eindeutiger Hinweis auf den Ausgang des Paradigmenwechscls. Hier sind die roten Rechtecke gescheitert. Das zeigt sich eindeutig im weiteren Verlauf, bei dem die blauen Rechtecke wieder dominieren (Chart 3.82).

Natürlich ist auch der Fall denkbar, dass sich der Paradigmenwechsel durchsetzt. Doch das Bild wäre sehr vergleichbar, nur eben mit einem anderen Ausgang. Gerade bei den Rechteckwechseln zeigen die Kursspitzen am besten, zu welcher Variante sie tendieren.

Dadurch sind Paradigmenwechsel bei Rechtecken viel einfacher erkennbar als bei Parallellinien. Allerdings gibt es auch Fälle, in denen beide Alternativen über längere Zeit nebeneinander existieren und keine Seite eine endgültige Entscheidung herbeiführen kann. Doch in dieser Situation stehen die anderen Bausteine der Target-Trend-Methode zur Verfügung, um trotzdem zu eindeutigen Ergebnissen zu kommen.

Damit sind wir am Ende unseres Profi-Kurses angelangt. Jetzt verfügen Sie über alle Bausteine und genügend Anwendungserfahrung, um sich dem eigentlichen Ziel unseres Lehrgangs zuzuwenden: dem Trading. In unserem Trading-Kurs erfahren Sie, wie Sie die Elemente der Target-Trend-Methode zu erfolgreichem Handeln an den Märkten verknüpfen.

Chart 3.82: Adidas – die blauen Rechtecke dominieren wieder eindeutig

4. Die Target-Trend-Methode – Trading-Kurs

4.1 Die Besonderheiten des Intraday-Tradings

Die Target-Trend-Methode wurde ursprünglich entwickelt, um im Intraday-Trading eingesetzt zu werden. In den drei ersten Teilen haben Sie aber gesehen, dass sie sich auch für die langfristige Chartanalyse bestens eignet. Wir haben zum Teil Kursverläufe betrachtet, die sich über Jahrzehnte hinziehen, oder mit Wochencharts bzw. logarithmischen Skalierungen gearbeitet.

Eigentlich kann das auch gar nicht anders sein. Denn was nützt eine Methode, die nur für einen kleinen Ausschnitt des großen Spektrums an Charts und Kursverläufen funktioniert? Insofern ist die universelle Anwendbarkeit der Target-Trend-Methode in den verschiedensten Zeitrahmen der beste Beweis, dass sie sich auch für das Intraday-Trading hervorragend eignet. Wie gesagt, wir haben zunächst diese langfristigen Charts gewählt, damit Sie die dargestellten Komponenten in Ihren eigenen Charts überprüfen können.

Speziell für das Intraday-Trading sind jedoch einige Besonderheiten zu beachten, die wir in den folgenden Abschnitten im Einzelnen behandeln werden. Einige Punkte ergeben sich daraus, dass wir uns beim Intraday-Trading in einem zeitlichen Extrem bewegen. Die sehr kurzfristige Perspektive zwingt uns, die daraus resultierenden Einflüsse in unser Kalkül mit einzubeziehen.

Einige andere Dinge ergeben sich aus bestimmten handwerklichen Gesichtspunkten, die im Intraday-Trading eine Rolle spielen. Schließlich gilt es auch zu berücksichtigen, dass wir nun mit den absoluten Profis konkurrieren, die nur darauf warten, dass neue Trader einsteigen, damit sie wieder leichte Opfer für ihre diversen Tricks haben. Obwohl nicht zuletzt die Finanzkrise gezeigt hat, dass diese Leute auch nicht unfehlbar sind, sind sie dem Durchschnittseinsteiger immer noch um etliche Längen voraus.

Aber beginnen wir der Reihe nach.

4.1.1 Einige Hintergründe zur Target-Trend-Methode

Vermutlich haben Sie sich irgendwann beim Lesen des Buches auch gefragt, wie es kommt, dass eine »so sonderbare« Methode überhaupt funktioniert. Schließlich wirkt es schon verwunderlich, wenn einer erklärt, man brauche nur ein paar Rechtecke übereinander zu stapeln und ein bisschen Parallelverschiebung zu betreiben, um die Charts zu überlisten.

Natürlich war andererseits auch buchstäblich jeder, mit dem wir über diese Methoden gesprochen haben, fasziniert von den diversen Beispielen, von denen Sie etliche in diesem Buch zum Teil sehr ausführlich mitverfolgen konnten. Doch letztlich kann man für jede Methode tolle Beispiele finden. Meist ist es aber auch ohne Probleme möglich, Beispiele zu finden, in denen sie genau nicht funktionierte. Schließlich haben wir es letztlich immer nur mit Wahrscheinlichkeiten zu tun, auch bei der Target-Trend-Methode.

Warum funktioniert die Target-Trend-Methode?

Und so ist es nur einleuchtend, nach der Begründung zu fragen, warum denn nun ausgerechnet ein so einfaches System funktionieren und dabei auch noch so etwas Kompliziertes wie die Anlegerpsychologie korrekt beschreiben soll. Schließlich verweisen wir ja selbst im ersten Teil des Buchs darauf, dass letztlich die Psychologie der Schlüssel zu den Kursverläufen ist.

Natürlich haben auch wir uns dazu unsere Gedanken gemacht. Wir wollen das aber hier gar nicht so sehr vertiefen. Denn eigentlich würde das wieder ein ganzes Buch füllen. Daher an dieser Stelle nur einige Aspekte, die uns zu dem führen werden, was am Ende für das Trading wirklich von Bedeutung ist.

Egal, was Sie heute machen, früher gemacht haben oder in Zukunft machen werden – Ihr Leben wird in *Bahnen* verlaufen. Egal, wie extrem Sie im pubertären Alter gegen Eltern, Lehrer und sonstige Autoritäten revoltiert haben, das hat sich vermutlich inzwischen gelegt. In einer Partnerschaft hält der Sturm der ersten Liebe nicht ständig an. Und dass auch in Politik, Wirtschaft und Beruf nicht jeder permanent am Limit agieren kann, ist ja schon sprichwörtlich: Nur neue Besen kehren gut. Selbst Berufsrevolutionäre verfallen im Lauf der Zeit in Routine ...

Die Target-Trend-Methode und die Börsenroutine

Und so sind eben die Rechtecke, Parallelen und sonstigen Hilfsmittel der Target-Trend-Methode nur sichtbarer Ausdruck der »Börsenroutine«, die sich in relativ ereignislosen Phasen eben auch hier einschleicht. Routineabläufe sind aber meist sehr einfach, schematisch. Damit kommen die Menschen am besten klar (wenn es klingelt, zum Telefon zu laufen und den Hörer abzunehmen, ist kinderleicht, aber beim Handy einen von vielen Knöpfen für »Annehmen« zu drücken, ist schon schwieriger – weshalb die Hersteller diese Funktion schon massiv vereinfacht haben).

Auch an der Börse bevorzugt der Mensch die einfachen Routinen. Also ist es doch gar kein Wunder, dass die Target-Trend-Methode in der Regel mit solchen simplen Techniken wie gestapelten Rechtecken auskommt! Natürlich will die Target-Trend-Methode noch etwas mehr sein. Neben der Visualisierung der grundlegenden psychologischen Muster an der Börse kann sie mit ihrem Regelwerk die daraus resultierenden, eher intuitiven Aktionen der Anleger formalisieren. Speziell für Anfänger, aber beim Trading eben auch für die Profis, werden so die vermutlichen Dreh- und Angelpunkte des Kursverlaufs eindeutig herausgearbeitet.

Zwar gibt es wenige Regeln im Sinn eines formalen Wenn-Dann, aber dafür eine Reihe einfacher Strategien und Anhaltspunkte, die eine bessere Wahrscheinlichkeitsabschätzung ermöglichen: Wenn ich das Kursverhalten in der Nähe eines Targets sehe, dann kann ich begründete Annahmen über den weiteren Kursverlauf treffen. Wenn der Kurs aus einem Trend ausbricht, helfen die Trend-Theorie und die Parallellinienprojektion bei der Abschätzung der nächsten Kursziele.

Damit bietet die Target-Trend-Methode wie kaum eine andere Chartanalysetechnik nicht nur Handlungsrichtlinien zu einem konkreten Zeitpunkt, sondern auch eine Aussage über das »große Bild« und damit eine vorausschauende Orientierung. Dazu gibt es flexible Werkzeuge und Strategien sowie einfach zu handhabende Techniken. Letzteres ist insbesondere im Intraday-Trading nicht zu unterschätzen. Schlussendlich hilft diese Target-Trend-Methode Ihnen damit auf Ihrem Weg zum intuitiven Verständnis von Charts. Denken Sie beispielsweise an unsere Ausführungen zu Paradigmenwechseln.

4.1.2 Börsenroutine und Intraday-Trading

Erscheint Ihnen das eben Gesagte etwas abwegig? Wie kann denn so etwas Aufregendes und Chaotisches wie die Börse »Routine« sein? Nun, wenn Sie je versucht haben, intraday zu traden, dann wissen Sie vielleicht schon eher, was gemeint ist. Ein Großteil der Zeit besteht nämlich für den Trader darin, auf den richtigen Zeitpunkt zu warten. Und das kann – wie jede Routine – mitunter ganz schön langweilig sein ...

Doch dann kommt wieder Bewegung in den Markt und erfordert Ihre ganze Aufmerksamkeit. Das geschieht natürlich auch gelegentlich in größeren Zeitrahmen. Da kommt es dann zu Verwerfungen, weil irgendein externer Einfluss den Lauf der Dinge zeitweilig durcheinanderbringt. Dann bemerken Sie im Chart einen Paradigmenwechsel, müssen eine neue Parallele zeichnen oder konstatieren ein verpasstes Target.

Aber wer je mit größeren Organisationen zu tun hatte – die Börsianer sind ja nun wahrlich kein kleiner Haufen – der weiß auch um deren Beharrungsvermögen. Also wird nach einiger Zeit mehr oder weniger großer Umbrüche alles wieder in das ruhigere Fahrwasser des Alltags zurückkehren. Auch wenn das inzwischen auf einer anderen Ebene liegt ...

Änderungen treten sprunghaft auf ...

Am ausgeprägtesten sind solche Paradigmenwechsel natürlich dann, wenn eine große Gruppe mit völlig neuen Intentionen in dieses Spiel einsteigt. Ein mittelständisches Unternehmen, bei dem der Junior nun den Senior ablöst, mag sicherlich einige Änderungen erfahren. Diese werden aber weniger gravierend sein, als wenn der Alte sich entschlösse, den ganzen Laden an einen Großkonzern zu verkaufen.

An der Börse ist das nicht anders. Ein Nebenwert, der aus irgendwelchen Gründen aus den Tiefen der Bedeutungslosigkeit in den DAX aufsteigt, wird andere Kurssprünge vollführen als die Allianz, die dagegen schon als »langweilig« eingestuft werden müsste.

Naturgemäß kommen aber solche einschneidenden Ereignisse eher selten vor, so dass sich eben viele Charts mehr evolutionär als revolutionär ändern. Das haben Sie ja auch sehr gut im Kapitel zu den Paradigmenwechseln verfolgen können, die sich – wenn überhaupt – dementsprechend allmählich vollzogen.

Das liegt aber auch daran, dass sich selbst im Tageschart, der zum Beispiel die Kurse von mehreren Monaten zeigt, viele kurzfristige Ereignisse nur abgeschwächt widerspiegeln. Hier dominiert der Einfluss langfristiger Anleger, die sich zum Teil von den eigentlichen Kursverläufen kaum beeindrucken lassen. Bestes Beispiel hierfür wäre der Value-Anleger Warren Buffett, der sich ausschließlich an fundamentalen Kriterien orientiert.

... dazwischen herrscht Routine

Das ist im Intraday-Trading ganz anders. Hier dominiert eindeutig die Charttechnik. Egal, welche Methode die einzelnen Trader auch anwenden, sie orientieren sich alle an den gleichen Kursbewegungen.

Andererseits wirken sich aber die Aktionen der Langfristanleger auch auf die Intraday-Charts aus. Wenn Warren Buffett kauft oder verkauft, wird sich das auch in den Fünf-Minuten-Charts der Trader widerspiegeln. Diese werden wiederum diese Signale registrieren, auch wenn sie natürlich nicht konkret Warren Buffett als Auslöser erkennen können. Ihre Reaktionen werden aber entsprechend ausfallen und können den Kursverlauf selbst dann noch beeinflussen, wenn Buffetts Order längst ausgeführt wurde.

Diese Interaktion von extrem unterschiedlichen Anlegertypen, die sich intraday äußert, ist eine absolute Besonderheit in diesem Zeitrahmen, der dieses Segment auch für die Target-Trend-Methode so einzigartig macht. Dies ist aber beileibe keine neue Erkenntnis der Target-Trend-Methode. Es gab bereits früher Versuche, die Einflüsse langfristig und kurzfristig agierender Trader zu separieren.

Das bekannteste Werkzeug hierfür ist sicher das sogenannte MarketProfile®.

MarketProfile® klassifiziert Trader und Anleger

In Anhang 7 haben wir für Sie die wichtigsten Informationen zum Verständnis des MarketProfile® zusammengestellt. Hier soll uns nur ein Aspekt interessieren, nämlich die Bedeutung der sogenannten Value Area aus dem Kursverlauf des Vortags (siehe Chart 4.1).

Chart 4.1: Euro-STOXX-50-Future – Kursverlauf an der Value Area (VA = Bereich zwischen den grünen Linien). Am 6.1.09 nach anfänglichem Handel in der VA (linkes gelbes Rechteck) Ausbruch nach oben, Abwehr eines Rückfalls (lila Kreis) und Konsolidierung auf hohem Niveau. Am 7.1.09 durch Gap-down Eröffnung unter VA; späterer Anstieg konnte VA nicht zurückerobern (rechtes gelbes Rechteck), was zu weiterem Rückfall führte. Im unteren Chartteil sehen Sie die anhand des Volumens klar unterscheidbaren Tagesabschnitte im europäischen Future-Handel. Auch die »Mittagsdelle« (rote Linie) ist erkennbar.

Vereinfacht gesagt, geht die Theorie des MarketProfiles® davon aus, dass innerhalb der Value Area hauptsächlich die Intraday-Trader handeln. Erst wenn der Kurs die Value Area verlässt, treten längerfristige Trader auf den Plan, die dann je nach Markteinschätzung die Preise weiter in die Ausbruchs-richtung oder zurück in die Value Area treiben.

Wir lassen an dieser Stelle mal dahingestellt, ob diese Unterscheidung im-mer so getroffen werden kann. Klar ist jedoch, dass es immer Trader oder Anleger geben wird, die gegenüber dem Intraday-Trader eine längerfristige

Perspektive einnehmen. Diese werden zum Beispiel verstärkt an langfristigen Widerständen oder Unterstützungen in den Markt gehen und dort die Kurse in die eine oder andere Richtung treiben.

Intraday-Paradigmenwechsel durch Trader mit
unterschiedlichem Zeithorizont

Dies kann dazu führen, dass an bestimmten Kursmarken urplötzlich hektische Bewegungen entstehen. Diese sind gerade im Intraday-Bereich geeignet, unsere Ordnung aus Rechtecken und Parallellinien durcheinanderzubringen. In der Sprache der Target-Trend-Methode hieße das, dass sich dann ein Paradigmenwechsel ereignet.

Im Gegensatz zu den Intraday-Tradern, die eher mit einer geringen Anzahl von Kontrakten auf den Markt gehen, bewegen die langfristiger orientierten Trader größere Volumina. Das ist neben der Zunahme der Traderaktivitäten die Hauptursache für diese auffälligen Kursbewegungen. Hierauf gründen übrigens die Intraday-Trader einige recht profitable Strategien ...

Ein anderes typisches Beispiel für solche extremen Kursauschläge ist die Bekanntgabe wichtiger Konjunkturdaten in den USA. Diese werden in der Regel um 14.30 Uhr oder um 16.00 Uhr mitteleuropäischer Zeit veröffentlicht. Wir finden dann häufig sehr auffällige Kurssprünge im Intraday-Chart (siehe Chart 4.1). Allerdings kommen dabei mehrere Einflüsse zusammen, hier beherrschen also nicht nur die längerfristig orientierten Trader das Feld.

Natürlich können wir diese Unterscheidung in Trader, Anleger und Investoren mit jeweils unterschiedlichen Zeithorizonten bei ihren Engagements auch in größeren Zeitrahmen vornehmen. Naturgemäß werden sich hier aber die unterschiedlichen Einflüsse schon stärker verwischen. Im Intraday-Bereich wirken sie häufig unmittelbar und sind daher unbedingt in das Kalkül des Traders einzubeziehen.

4.1.3 Overnight-Sessions

Unser guter alter DAX hat genau wie viele andere Indizes und die meisten Aktien eine feste Handelszeit. So können Aktien in Deutschland derzeit nur zwischen 9.00 Uhr und 17.30 Uhr gehandelt werden. Die Amerikaner müssen sich noch mehr beeilen: Bei ihnen öffnet die Börse erst um 9.30 Uhr, schließt dafür aber bereits um 16.00 Uhr.

Futures haben meist eine deutlich längere Handelszeit. Der DAX-Future lässt sich an der EUREX beispielsweise zwischen 8 Uhr und 22 Uhr handeln. Die US-Futures können Sie dagegen an sechs Tagen in der Woche fast rund um die Uhr handeln, bei Währungen ist es ähnlich.

Speziell bei Aktienmarkt-Futures wie dem S&P-500-Future oder dem NAS-DAQ-100-Future ist natürlich die Haupthandelszeit identisch mit der regulären Handelszeit der dem jeweiligen Index zugrunde liegenden Aktien. In der Zwischenzeit, der sogenannten Overnight-Session, dünnt der Handel extrem aus, und die Kursbewegungen werden eher zufällig.

Dieses Verhalten lässt sich auch bei den europäischen Futures auf DAX, Euro STOXX 50 usw. beobachten. Dabei wirkt natürlich als Besonderheit, dass während der aktiven Zeit der US-Börsen, also bis 22 Uhr, ein zwar reduziertes, aber dennoch relevantes Kursverhalten zu verzeichnen ist. Die Morgen-Session zwischen 8 Uhr und 9 Uhr ist dagegen meist merklich ruhiger, sofern nicht durch die asiatischen Märkte Einflüsse spürbar werden (siehe Chart 4.1).

US-Futures mit ausgeprägter Übernacht-Periode

Speziell bei den US-Aktienindex-Future auf S&P 500, NASDAQ 100 und Dow Jones ist daher eine Entscheidung nötig, ob Sie die Overnight-Sessions mit in die Betrachtung einbeziehen oder nicht.

Aus Sicht der Target-Trend-Methode ist die Rechteck-Methode davon weitgehend unbeeinflusst, da außerhalb der Börsenhandelszeiten Paradigmenwechsel extrem selten sind. Für die Parallel-Methode macht es natürlich einen großen Unterschied, denn durch die zusätzlichen Kerzen im Chart erhalten Sie unter Umständen ein komplett anderes Linienbild. Und auch für die Fibonacci-Methode können sich andere Punkte ergeben, wenn nämlich während der Overnight-Sessions neue Hochs oder Tiefs ausgebildet wurden, die dann die Ausgangspunkte der Fibonacci-Niveaus ändern.

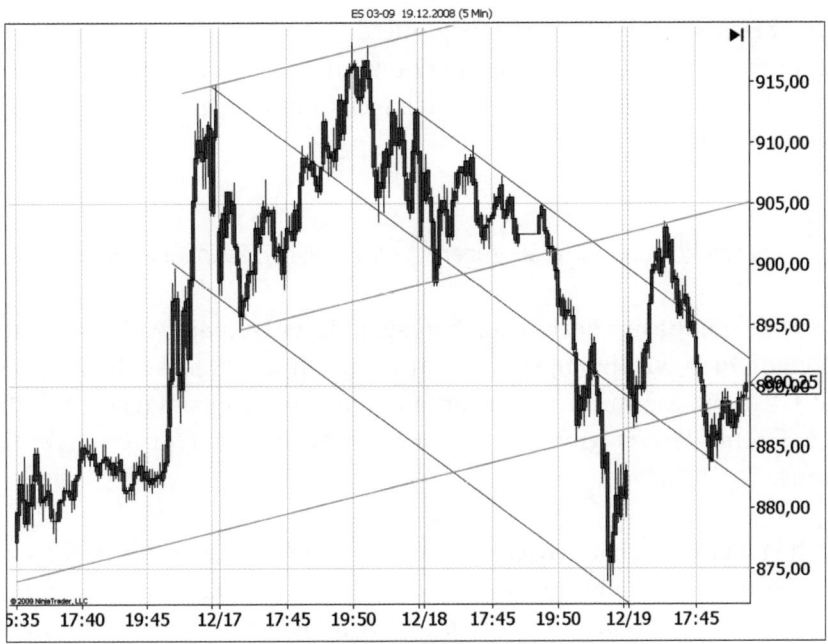

Chart 4.2: E-mini-S&P-500-Future mit Parallellinien ohne Overnight-Kurse

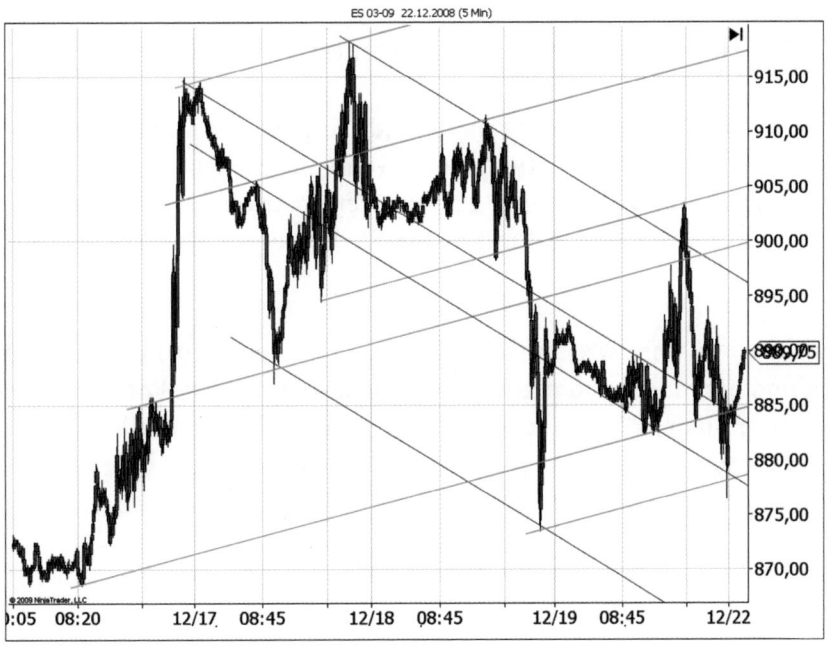

Chart 4.3: E-mini-S&P-500-Future mit Parallellinien mit Overnight-Kursen

In der Praxis sind die Unterschiede allerdings in der Regel nicht so groß, wie man meinen sollte. Viele der markanten Punkte in der Haupthandelszeit bleiben natürlich dominant, so dass sich meist nur eine andere Linienneigung ergibt (siehe Charts 4.2 und 4.3).

Entscheidung für oder gegen die Overnight-Session im Chart

Wenn Sie einen Basiswert mit solch ausgeprägter Overnight-Phase handeln, dann empfehlen wir Ihnen, sich für eine Variante zu entscheiden. Probieren Sie aus, womit Sie am besten klarkommen, und dann machen Sie damit weiter. Grundsätzlich gibt es keine Präferenz für oder gegen Overnight-Sessions.

Auch hier empfiehlt sich wieder eine ganz pragmatische Vorgehensweise: Wenn Sie ohnehin nicht außerhalb der üblichen Handelszeiten traden (was wegen des geringen Volumens zumindest Anfängern dringend anzuraten ist), dann sollten Sie diesen Zeitraum auch im Chart weglassen. Dieser wird meist auch durch diese Informationen viel zu schnell voll ...

4.1.4 Die Besonderheiten einzelner Märkte

Overnight-Sessions, Handelszeiten und sonstige Besonderheiten eines Markts wie lokale Begrenztheit oder weltweite Bedeutung, das typische Tagesvolumen oder die speziell gehandelten Instrumente wie zum Beispiel Futures sind nur einige der Punkte, die Sie bei jedem Markt beachten sollten.

Natürlich ist es ohne Weiteres möglich, sich vor einen beliebigen Chart zu setzen und diesen anhand der Kerzen, Indikatoren, Linien, Formationen usw. zu traden. Früher oder später werden Sie aber unliebsame Überraschungen erleben, die einfach auf fehlende Informationen über bestimmte Eigenheiten dieses Markts zurückzuführen sind.

Deshalb geben wir Ihnen nachfolgend eine kurze Charakterisierung der einzelnen Anlageklassen (Assets).

Die wichtigsten Assetklassen für Trader

Wenn Sie **Aktien** handeln, sollten Sie immer wissen, wann das betreffende Unternehmen Ergebniszahlen veröffentlicht oder wichtige Pressekonferenzen abhält. Selbst wenn Sie sich um diese Dinge nicht im Detail kümmern wollen, können Sie unnötige Verluste einfach dadurch vermeiden, indem Sie in kritischen Phasen zu diesen Zeiten einfach nicht im Markt sind.

Das Gleiche gilt für **Index-Futures** wie den DAX-Future, den Euro-STOXX-50-Future oder den Bund-Future. Hier geht es um ein Grundverständnis der Produkte (Funktion, Verfallstag, Rollen) allein schon deshalb, damit Sie nicht eines Tages den falschen Kontrakt handeln ...

Handeln Sie **Währungen**, haben Sie diese Probleme in der Regel nicht, bewegen sich aber auf den größten, liquidesten und ruhelosesten Märkten der Welt und konkurrieren demzufolge mit den finanzstärksten Tradern und Anlegern. Dies bietet einerseits Vorteile, birgt andererseits aber auch einige Risiken. Zudem weisen auch diese Märkte einige Besonderheiten auf, die Sie kennen und beachten sollten, zum Beispiel Änderungen der Leitzinsen der jeweiligen Währung.

Bei **Rohstoffen** haben Sie es nicht nur mit einer Vielzahl von Basiswerten, sondern auch beim Handel mit einer Vielzahl von Produkten zu tun. Beispielsweise gibt es in der Regel mehrere liquide Kontrakte, denn bei Rohstoffen mischen auch die Commercials, also Anbieter, Großverbraucher und Händler mit, die tatsächlich an dem Basiswert (Rohöl, Weizen, Kupfer usw.) interessiert sind und über diese Märkte ihre eigenen Geschäfte absichern oder vorbereiten wollen. Nachrichten, die hier Bedeutung haben, sind in der Regel nicht die üblichen Konjunkturdaten, sondern der Wetterbericht des Mittleren Westens, Streikmeldungen aus Chile oder Rebellenaktionen in Nigeria.

Genaue Informationen sind unter Umständen überlebenswichtig!

Im Rahmen dieses Buchs können wir diese Besonderheiten unmöglich im Detail behandeln. Hierzu gibt es zu jedem Thema selbst eine Reihe von Büchern. Diese kurzen Ausblicke sollen Sie nur für die Problematik sensibilisieren.

Während anfangs sicher ein Grundverständnis ausreicht, das Sie teilweise schon aus einschlägigen Überblickswerken zur Technischen Analyse gewinnen, werden Sie im Lauf der Zeit selbst Interesse an »Ihrem« Markt entwickeln und Ihre Kenntnisse vertiefen wollen.

Im Kapitel 4.3 werden wir bei der Besprechung der Intraday-Trading-Beispiele auf einige der Besonderheiten der beiden wichtigsten Märkte Index-Futures und Währungen vertiefend eingehen.

4.1.5 Nachrichten, außerbörsliche Ereignisse, Kurslücken

Als Trader arbeiten Sie hauptsächlich in kurzen Zeitrahmen, zum Beispiel Fünf-Minuten-Charts. Das ist in der Regel dadurch bedingt, dass Sie bei Futures mit zum Teil extremen Hebeln arbeiten. Ein Punkt im DAX-Future entspricht 25 Euro, und 100 Punkte pro Tag im DAX-Future, also eine 2500-Euro-Spanne je Kontrakt, sind gerade in hektischen Phasen nun wahrlich keine Seltenheit.

Für die meisten Trader wird es daher vor allem darum gehen, größere Verluste zu vermeiden. Entsprechend klein sind demzufolge auch die Schwankungen, die Sie zulassen dürfen. In der Regel ist das durch die Wahl eines kleineren Zeitrahmens beherrschbar, eben zum Beispiel die genannten Fünf-Minuten-Charts.

Dann müssen Sie jedoch beachten, dass bestimmte Ereignisse wie zu erwartende Unternehmensmeldungen oder die schon erwähnte Veröffentlichung von Konjunkturdaten plötzliche Kursausschläge verursachen können, welche die üblichen Schwankungen kräftig aus dem Takt bringen werden.

Das betrifft zunächst auch unsere Bausteine der Target-Trend-Methode, die Sie in diesen Zeitrahmen verwenden. Hier werden Sie daher Paradigmenwechsel viel unmittelbarer feststellen, da sie sich faktisch im Zeitraffer vollziehen. In Chart 4.4 sehen Sie aber auch, dass diese Paradigmenwechsel in der Regel weniger dramatisch sind, als man zunächst annehmen möchte. Im Vergleich zu dem in den Charts 3.80ff. gezeigten Paradigmenwechsel bei Adidas ist die Dauer des Intraday-Paradigmenwechsels in Chart 4.4, gemessen an der Zahl der Kerzen, gar nicht so viel kürzer ...

Eine andere Besonderheit sind außerbörsliche Nachrichten, zum Beispiel Unternehmensmeldungen, die in den USA in der Regel nach Börsenschluss veröffentlicht werden, oder Meldungen aus Asien, die uns in der Früh erreichen. Solche Ereignisse sind dann mit Kurslücken verbunden, die zunächst ebenfalls einen Paradigmenwechsel vermuten lassen. Doch das muss nicht unbedingt so sein (siehe roter Kreis in Chart 4.4).

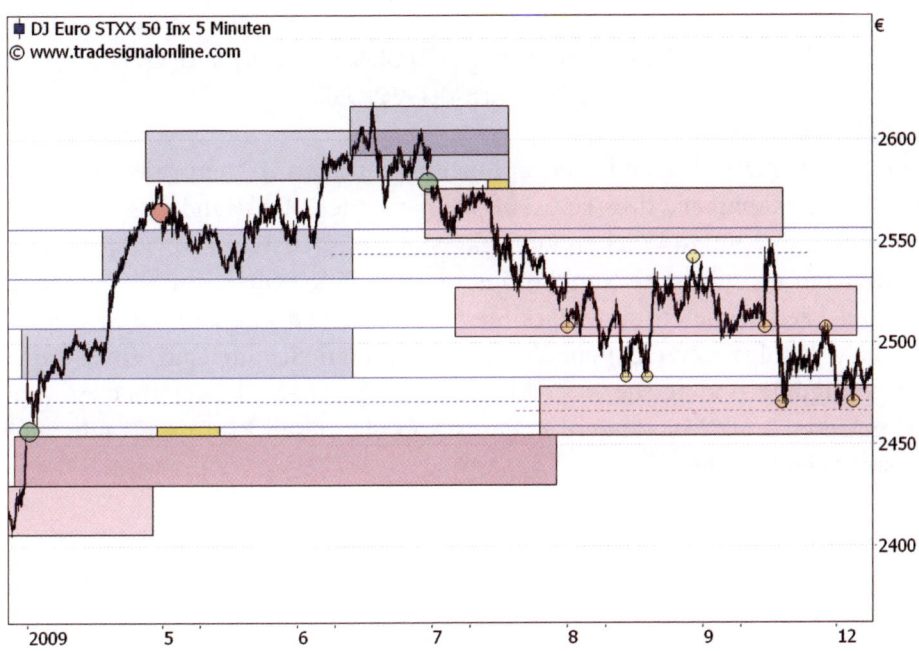

Chart 4.4: Euro-STOXX-50-Future – Paradigmenwechsel durch Gaps (grün) und Rückkehr zu den alten Strukturen (lila Rechtecke) nach einiger Zeit. Dabei besteht häufig eine Zeit lang ein Nebeneinander beider Strukturen (gelbe Kreise). Nicht alle Gaps führen aber zu Paradigmenwechsel (roter Kreis).

Das entgegengesetzte Extrem sind sehr ruhige Börsenzeiten. Die Overnight-Sessions als Besonderheit hatten wir ja schon erwähnt. Aber auch andere Zeiten sind eher flau, zum Beispiel die Mittagszeit (siehe Chart 4.1).

In diesen Zeiten werden die Kurse in den kleinen Zeitrahmen durch eher zufällige Einflüsse bestimmt werden. Auch hier sind scheinbare Paradigmenwechsel an der Tagesordnung, die sich mit zunehmendem Volumen der Nachmittagssitzung meist wieder auflösen.

Die genannten Zeiten sind jedoch natürlich nur Anhaltspunkte. Speziell für Aktien-Futures gelten sie aber – je nach den nationalen Zeitzonen und Gepflogenheiten – quasi überall. An den Devisenmärkten sind solche Auswirkungen meist nicht so stark, Rohstoffe können dagegen erheblich schwanken. Sie sollten daher die jeweiligen Extreme Ihres Markts kennen. Anfängern empfehlen wir, in solchen Zeiten nach Möglichkeit nicht zu traden.

4.1.6 Einstiege, Ausstiege, Stops – wann werden die Signale ausgelöst?

Egal, mit welcher Methode Sie anfangen zu traden – wenn Sie sich richtig dahinterklemmen, Ihre Hausaufgaben machen, Ihr Handwerkszeug beherrschen und einige Wochen oder gar Monate intensives »Trockentraining« absolvieren (es gibt gute Simulationssoftware fürs Traden, die Ihnen echtes Trading-Feeling bietet, ohne dass Sie Geld einsetzen müssen), dann werden Sie bald Erfolge verzeichnen. Zumindest werden Sie im Lauf eines Tages einige Signale finden, die Ihrer Methode entsprechen und letztlich profitabel gewesen sind. Eine andere Frage ist, ob Sie diesen Profit am Ende auch einstreichen konnten.

Abgesehen davon, dass man manchmal ein Signal sieht, ihm nicht traut, dann eben nicht einstiegt und damit einen lukrativen Trade verpasst, werden Sie häufig die frustrierende Erfahrung machen, dass Sie »unglücklich« ausgestoppt wurden, obwohl sie formal völlig korrekt und regelgerecht vorgegangen sind. Natürlich gehören auch Glück und Pech zum Traden, aber dieses sehr häufige Phänomen hat oft auch auf ganz anderer Ebene seine Ursachen.

Wir hatten beispielsweise als ein mögliches Hilfsmittel auf die Candlestick-Technik verwiesen, also das Handeln aufgrund bestimmter Kerzenmuster. Mehr oder weniger bewusst arbeiten alle Trader mit dieser Technik, auch wenn sie nicht unbedingt zu ihrem bevorzugten Handwerkszeug gehören mag.

Die Kerzentechnik funktioniert aber per Definition nur, wenn eine Kerze vollständig abgeschlossen ist und die neue begonnen wurde. Vorher können Sie ja über das endgültige Kerzenmuster keine Aussage treffen! Wenn Sie also aufgrund von Kerzenmustern handeln, können Sie theoretisch frühestens zum Open (Eröffnungskurs) der nächsten Kerze aktiv werden (siehe Bild 4.1).

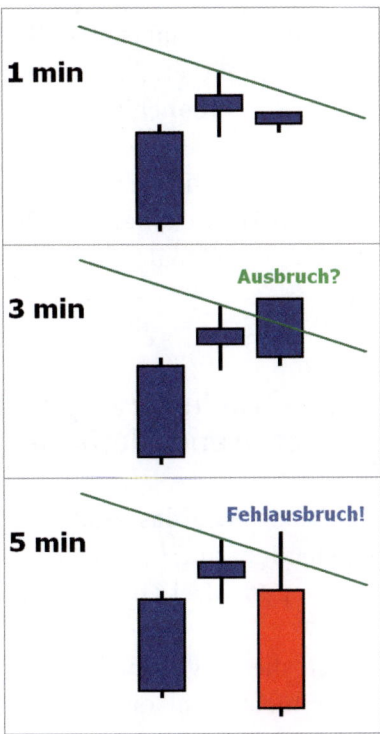

Bild 4.1: Entstehung von Kerzenmustern – Kerzen, die nicht abgeschlossen sind, können irreführend sein: Wenn z.B. im 5-min-Chart nach drei Minuten eine bullishe Kerze einen Ausbruch signalisiert (mittlerer Bildteil), kann trotzdem das Gesamtbild nach fünf Minuten komplett bearish sein (Abendstern).

Auf der Basis von Tagescharts klappt das prima, denn hier haben Sie eine lange Nacht dazwischen, können Ihre Order in Ruhe platzieren und die Lage sogar noch ausführlich prüfen. Beim Intraday-Trading funktioniert das natürlich nicht, vor allem, je kürzer Ihr Zeitrahmen letztlich ist.

Daher müssen Sie einen Kompromiss finden, der nur darin bestehen kann, zu früh einzusteigen oder später unter Umständen den Kursen hinterherrennen zu müssen. Für beide Varianten gibt es jede Menge Pros und Contras. Hinzu kommt, dass die meisten Trading-Tools zwar tolle Einstiegs- und Ausstiegsstrategien, aber auch nur die Eingabe fester Kursmarken erlauben. Damit laufen Sie unweigerlich Gefahr, in Intra-Perioden-Fehlsignale hineinzulaufen (siehe hierzu auch Anhang 3).

Da es, wie gesagt, kein Patentrezept gibt, wie dieses Problem vermieden werden kann, hilft Ihnen nur, sich dieses überhaupt bewusst zu machen und insbesondere Fehltrades daraufhin zu analysieren. Diese Erfahrungen werden Ihnen dann helfen, wenigstens punktuell Ausweichstrategien zu finden, mit denen Sie Ihre Erfolgsquote weiter erhöhen können.

In den folgenden Beispielen werden wir bei passenden Gelegenheiten immer wieder den einen oder anderen Hinweis dazu einfließen lassen. Ansonsten nehmen wir idealisiert an, dass alle Signale unmittelbar auf Schlusskursbasis umgesetzt werden können.

4.2 Nützliche Tradingstrategien mit der Target-Trend-Methode

Durch die Target-Trend-Methode wird das Traden potenziell viel einfacher. Das liegt daran, dass Sie wichtige Punkte, eben die Targets, sehr frühzeitig identifizieren. Dadurch erhalten Sie **drei entscheidende Vorteile**:

ERSTENS haben Sie dadurch die möglichen *Zielmarken* bereits im Voraus bestimmt. Damit müssen Sie nicht mehr rätseln, wie weit denn die aktuelle Bewegung nun noch trägt.

ZWEITENS haben Sie durch die Targets genauso exakt definierte *Einstiegsmarken*.

DRITTENS erlaubt Ihnen die Beobachtung des Kursverhaltens an den Targets (siehe Kapitel 3.1) entscheidende Rückschlüsse, *in welche Richtung* Sie einsteigen müssen.

In der Praxis stehen wir aber relativ bald vor diversen Tücken. Unsauber gezeichnete Linien oder Rechtecke sind nur eine davon, kommen aber gerade im Kurzfristtrading gar nicht so selten vor. Deshalb wollen wir noch einige weitere Hilfsmittel zur Hand nehmen.

4.2.1 Kerzenmuster

Kerzenmuster hatten wir im Zusammenhang mit den Targets schon verschiedentlich erwähnt (siehe Kapitel 2.2.7 und 3.1.1). Sie haben sicherlich auch eine herausragende Bedeutung für die praktische Umsetzung der Target-Trend-Methode. Der Grund liegt auch hier in der Zusatzinformation des Wann und Wo durch das Target.

In der isolierten Betrachtung bleiben die verschiedenen Kerzenmuster mitunter ohne Bezug zum Kursgeschehen. Denn Umkehrmuster treten natürlich nicht nur an Umkehrpunkten auf, sondern durchaus auch innerhalb eines Trends.

Ihr Erscheinen an einem Target hat demzufolge eine erheblich höhere Relevanz. Dabei geht es nicht nur um den konkreten Verlauf am Target und das weitere Kursgeschehen. Auch dass die Strukturen, die das Target bilden, dadurch (erneut) bestätigt werden, ist für die Target-Trend-Methode von erheblicher Bedeutung. Denn diese Linien, Rechtecke usw. werden dann in der Regel auch weiterhin ihre Relevanz behalten und sind somit bevorzugte Elemente für die weiteren Analysen.

Kerzen und Targets in Perfektion

Das fast perfekte Beispiel ist der Anstieg des Goldpreises seit 2005. In Kapitel 3.1.1 waren wir dabei ja der Frage nachgegangen, welche der Linien – blau oder grün – nun für den Kursverlauf bestimmend sein wird. In der Ausgangslage, die nochmals in Chart 4.5 gezeigt ist, kamen ja immer noch beide Varianten infrage (siehe auch Chart 3.49).

Diese Frage klärte sich sehr bald im weiteren Verlauf an den folgenden Targets (die der Übersichtlichkeit halber in Chart 4.5 bereits eingezeichnet sind und deren Bezeichnungen mit denen aus Chart 3.51 übereinstimmen). Chart 4.6 zeigt uns, wie die meisten Targets durch eindeutige Kerzenmuster bestätigt werden. Auch die blauen Linien selbst werden häufig mit klaren Umkehrkerzen markiert.

Das bleibt auch im weiteren Verlauf zunächst so (siehe Chart 4.7). Und nach dem bereits besprochenen Paradigmenwechsel (siehe Kapitel 3.2.5) findet sich dieses Verhalten auch an den grünen Linien (siehe Target 15 in Chart 4.7).

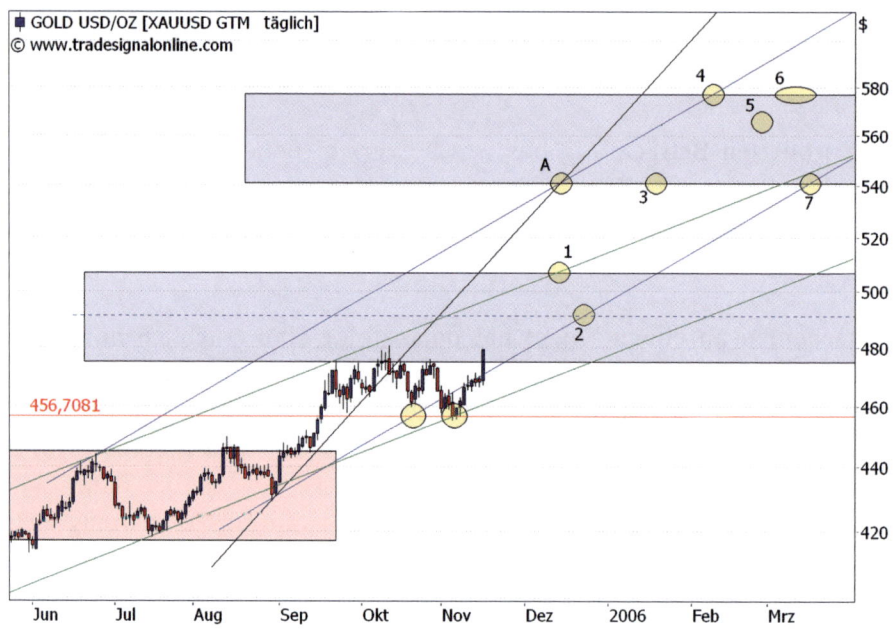

Chart 4.5: Gold – an Targets, Linien und Rechtecken sollten Kerzenmuster den weiteren Verlauf anzeigen

Chart 4.6: Gold – Kerzenmuster markieren tatsächlich sehr häufig den Kursverlauf an den Targets

Chart 4.7: Gold – Umkehr-Kerzenmuster treten auch häufig an wichtigen Rechtecken oder Parallellinien auf

4.2.2 Indikatoren

Den meisten von Ihnen werden schon die diversen Indikatoren bekannt sein: Gleitende Durchschnitte, MACD, Momentum, Stochastik, RSI usw. sind auch charttechnischen Neulingen häufig ein Begriff. Vielleicht haben Sie auch schon ein paar Erfahrungen mit den verschiedenen Vertretern oder sogar einen Favoriten aus den unterschiedlichen Gruppen.

Für das Trading können ein, maximal zwei Indikatoren durchaus eine gute Unterstützung sein. So vielfältig wie die Indikatoren selbst sind auch die Meinungen, welcher sich wofür am besten eignet. Für das Trading gibt es aber einige erprobte Richtlinien.

Die eher langsamen Indikatoren wie gleitende Durchschnitte oder deren Ableitungen (zum Beispiel der MACD) sind in ihren Standardeinstellungen weniger geeignet, da sie dann zu spät reagieren. Dadurch wird im Trading das Chance-Risiko-Verhältnis deutlich schlechter. Natürlich können Sie die Parameter verändern, so dass sie schneller reagieren. Meist erzeugen sie dann aber zu viele unbrauchbare Signale. Je nach Tradingstrategie kommen sie allerdings als Verkaufssignal infrage, wenn zum Beispiel eine Trendfolgestrategie im Swing-Trading verwendet wird.

Oszillatoren für die Detektion des schnellen Richtungswechsels

Sehr gut bewährt haben sich für das Trading die sogenannten Oszillatoren. Diese zeigen meist eine Überkauft-/Überverkauft-Situation an und reagieren dabei sehr schnell. Der Nachteil ist, dass diese Situation in starken Trendphasen über längere Zeit bestehen bleibt oder wiederholt auftreten kann. In diesem Fall liefern dann die Oszillatoren ebenfalls häufig Fehlsignale.

Ähnlich wie bei den Kerzenmustern haben wir aber durch unsere Targets, Rechtecke und Parallellinien sehr gute Anhaltspunkte, an welcher Stelle die Indikatorensignale am wahrscheinlichsten gültig sind. Auf dieser Basis lassen sich einige sehr interessante und lukrative Strategien aufbauen.

Chart 4.8: FDAX – Indikator-Extrema bei Kontakten mit Target-Linien und Rechtecken

In Chart 4.8 sehen Sie ein typisches Beispiel. Auffallend ist, dass es insbesondere beim Kontakt des Kurses mit unseren Elementen, die wir mit der Target-Trend-Methode gefunden haben, zu deutlichen Signalen beim Indikator kommt. Das ist natürlich insofern kein Wunder, weil häufig diese Elemente die Extrema im Kursverlauf darstellen, an denen es zu Umkehrsignalen kommt.

Andererseits erfolgt auch nicht nach jedem Kontakt mit einer Target-Struktur bzw. nach jedem Indikator-Extrem notwendigerweise eine Umkehr. Wir können aber unsere Kenntnisse über das Trendverhalten, die Kerzenmuster und natürlich die Targets selbst für die Interpretation der Indikatorsignale nutzen. Betrachten Sie dazu das rote Target auf der linken Seite (blauer Pfeil).

Die Target-Trend-Methode verbessert die Indikatorsignale

Obwohl wir hier auf der Mittellinie der Rechtecke ein Kerzenumkehrmuster und auch eine Überverkauft-Situation im Indikator sehen, setzt sich die Umkehr letztlich nicht durch (die rote und grüne Linie kennen wir hier formal noch nicht). Dennoch löst sich der Kurs zumindest so weit von der Mittellinie, dass ein an dieser Stelle gestarteter Trade ohne Verlust beendet werden könnte.

Was ist die Ursache für diesen mangelnden Erfolg? Der Trade wurde entgegen der herrschenden Trendrichtung eingegangen, denn der Kurs befand sich zu diesem Zeitpunkt ganz klar in einer impulsiven Abwärtsbewegung. Wesentlich erfolgreicher und entspannter wären die Short-Trades in der Überkauft-Phase des Indikators gewesen (grüne Punkte auf der mittleren roten Linie) bzw. Long-Trades in der Aufwärtsbewegung (grüne Punkte auf der unteren grünen Linie).

Die alte Regel, Trades bevorzugt in Richtung des übergeordneten Trends einzugehen, gilt also auch für die Target-Trend-Methode!

Dennoch liefert uns die Target-Trend-Methode auch eine Menge zusätzlicher Informationen. Da ist zunächst der Rückfall von dem Widerstand bei 5150 Punkten (rote waagerechte Linie). Nach den ersten beiden Kontakten (gelbe Kreise), läuft der Kurs in dem kleinen grünen Kanal in Richtung des blauen Targets. Dieses wird mit einem Target-Arc umlaufen, das eindeutige dreiteilige Kerzenumkehrmuster (rote Ellipse) ist der entscheidende Hinweis auf die Eröffnung eines Short-Trades.

Nutzen Sie die wichtigen Zusatzinformationen aus der Anwendung der Target-Trend-Methode!

Das Ziel dieses Trades ist die Unterseite des breiten grünen Trends, die am folgenden grünen Target auch erreicht wird. Der Schnittpunkt der grünen Linie mit der Rechteckkante erweist sich als massives Target. Die übliche Erwartung (ohne Kenntnis der Target-Trend-Methode) – vor allem nach dem vorangegangenen mehrfachen Scheitern an dem Hoch – wäre, dass bei diesem Rückfall die runde 5000er-Marke (dicke rote Linie) erreicht und die dort noch offene Kurslücke geschlossen würden.

Sie sehen, welche Fülle zusätzlicher Informationen Sie aus dem Einsatz der Target-Trend-Methode ziehen können, auch wenn Sie sie wie hier gemeinsam mit einem klassischen Indikator einsetzen.

Welchen Oszillator Sie dabei auswählen, bleibt letztlich Ihrem persönlichen Geschmack überlassen. Erfahrungsgemäß unterscheiden sich die einzelnen Indikatoren in ihren groben Aussagen nicht so sonderlich voneinander. Im Detail mag der eine oder andere jedoch bestimmte Vorteile bei einem konkreten Indikator sehen oder sich sogar schon eine spezielle Technik erarbeitet haben. Dann spricht natürlich nichts dagegen, diesen Indikator weiterhin zu verwenden.

Bleiben Sie bei dem Indikator Ihrer Wahl!

In unseren Beispielen wählen wir den »Slow Stochastik«. Dies ist ein Standardindikator, den jedes Chartprogramm zur Verfügung stellen sollte. Daher verzichten wir an dieser Stelle auf eine detaillierte Erläuterung.

Der Indikator existiert in zwei Ausführungen, der schnellen und der langsamen. Letztere ist aus der schnellen durch eine zusätzliche Mittelung abgeleitet. Im Ergebnis erhält man einen »glatteren« Verlauf des Indikators. Im Gegenzug empfiehlt sich, für eine unmittelbare Reaktion des Indikators eine kürzere Grundperiode einzustellen.

Wir wählen in unseren Beispielen und beim Trading meist relativ kleine Parameter. Dafür verzichten wir auf die beim Stochastik häufig mitgeführte Triggerlinie. Als Signal dient dann die Drehung des Indikators in die Gegenrichtung, was durch den glatteren Verlauf des Stochastik aussagekräftiger als bei anderen Oszillatoren ist. Dieses Signal ist natürlich am nachhaltigsten, wenn es in der definierten Überkauft- oder Überverkauftzone erfolgt. Doch wir verwenden es in bestimmten Fällen auch zu anderen Zeitpunkten. Aber dazu später mehr.

Nutzen Sie das Volumen, wo immer Sie können

Ein anderer sehr wichtiger und von Tradern stark beachteter Indikator ist das Volumen. Mitunter – zum Beispiel bei Währungen – steht es nicht zur Verfügung, aber bei Futures und Aktien wird es in der Regel angegeben. Das Volumen (oder gegebenenfalls ein abgeleiteter Indikator) liefert häufig sehr wertvolle Informationen und wird von Tradern daher in verschiedenster Ausprägung genutzt.

Allerdings ist die Interpretation doch sehr stark von der Übung und der Erfahrung abhängig. Eine umfassende Darstellung der Volumenindikatoren und -interpretationen beim Trading würde hier den Rahmen sprengen. Daher beschränken wir uns auf die klassischen Aussage: »Das Volumen soll dem Trend folgen« und achten auf Volumenspitzen an markanten Chartpunkten. Ein Beispiel, bei dem wir das Volumen nutzen werden, finden Sie im folgenden Abschnitt (Chart 4.10ff.).

4.2.3 Tradingtechniken mit Targets

Nun ist es zwar ganz schön, Targets als Orientierung zu haben. Um mit dem Trading aber Geld zu verdienen, müssen wir auch wissen, wann wir einsteigen müssen, um ein Target zu erreichen bzw. wie unser nächster Trade auszusehen hat, wenn ein bestimmtes Target erreicht oder verfehlt wird. Es geht also schlicht um die richtigen Techniken zum Handeln der Targets.

Nun ist ein Target, also ein Ziel, in der Charttechnik kein endgültiges Ende, denn der Kursverlauf geht ja von da aus irgendwie weiter. Und so ist jedes Target gleichzeitig auch ein Startpunkt. Mit dieser simplen Erkenntnis haben

wir schon die zwei grundlegendsten Techniken beim Traden mit Targets umrissen:

Sie können das Target tatsächlich im wörtlichen Sinne als Ziel betrachten
und auf das Erreichen dieses Targets traden. Dabei müssen Sie entscheiden,
wann Sie diesen Trade beginnen. Nur sehr selten wird es sinnvoll sein, das
unmittelbar nach Entdeckung des Targets zu tun. Sie müssen also Punkte
bestimmen, von denen aus Sie Ihren Trade dann starten wollen.

Zum Target hin oder vom Target weg?

Häufig werden dies andere Targets sein, die vor dem eigentlichen Ziel durchlaufen werden. Und damit haben wir auch die zweite Technik, nämlich das
Traden von einem Target aus. Eine kurze Überlegung führt uns zu der ein
wenig überraschenden Erkenntnis, dass die zweite Technik sogar die sinnvol-
lere sein könnte.

Schließlich wissen wir ja dann schon, dass der Kurs das Target erreicht hat,
das wir irgendwann vorher gefunden haben. Das heißt, dass der Kursverlauf
unsere früheren Überlegungen bis dahin erst einmal bestätigt hat. Das ist
doch schon mal ein gutes Gefühl. Mit dieser Bestätigung im Rücken lässt es
sich doch gleich viel selbstbewusster traden!

Die einzige Entscheidung, die wir dabei treffen müssen, ist, in welche Richtung der Trade gehen soll. Doch dabei helfen uns die Kerzenmuster, eventuell
der eine oder andere Indikator und natürlich die Trend-Theorie. Auch die
eine oder andere unserer Methoden, zum Beispiel die Fibonacci-Projektion,
kann dabei ein Anhaltspunkt sein.

Relativ einfach ist dagegen die Platzierung des Stops. Dreht der Kurs entgegengesetzt zu unserer Traderichtung, müssen wir die Position verlassen.
Am einfachsten ist das natürlich bei einem Umkehrsignal, da wir dann ein
markantes Kurstief als Orientierung haben.

Bei Trades in Richtung eines noch nicht erreichten Targets ist alles ganz
anders. Hier haben wir zuächst nur unsere Vermutung, dass es erreicht wird.
Denn der Kurs hat ja unterwegs etliche Möglichkeiten, es sich noch einmal
anders zu überlegen.

Dafür stellt sich nicht die Frage, in welche Richtung der Trade gehen soll. Das wird durch die Lage des Targets automatisch bestimmt: nach »oben« = long, nach »unten« = short. Dagegen ist die Stop-Setzung wieder ein wenig komplizierter, wenn wir keine sinnvollen Absicherungspunkte im Chart finden.

Auf Langfrist-Targets traden: spektakulär und lukrativ!

Daraus ergibt sich als optimale Lösung die Kombination beider Varianten: Wir handeln am besten von Target zu Target! In der Praxis können wir uns das sogar noch ein bisschen vereinfachen, indem wir auch typische Chartstrukturen (Linien, Rechtecke usw.) als Ausgangs- und Zielpunkte für unsere Trades zulassen.

Betrachten Sie dazu Chart 4.9. Wir sehen hier das uns schon bekannte langfristige Beispiel der Allianz-Aktie aus Kapitel 2.3.2.

Chart 4.9: Allianz – traden auf das Mega-Target

Im Juni 2006 waren das Erreichen der unteren grünen Linie, das sich dort ausbildende Umkehrmuster in den Kerzenformationen sowie die überverkaufte Situation im Stochastik klare Signale für einen Long-Einstieg. Ziel ist natürlich das damals bereits erkannte Langfrist-Target bei knapp 180 Euro (grüner Kreis). Ein spektakuläres Target, das damals kaum erreichbar schien. Derartige Möglichkeiten ergeben sich sehr häufig in längerfristigen Positionstrades, wenn der Kurs an entscheidenden Kulminationspunkten angekommen ist.

In diesem Beispiel ergab sich für uns – je nach Einstiegszeitpunkt bei 115 bis 121 Euro (siehe rot markierte Kurswerte) – ein Potenzial von mehr als 60 Euro bzw. bis zu 55 % bei nur wenigen Euro Verlustrisiko (unter dem jüngsten Tief). Ein besseres Chance-Risiko-Verhältnis kann sich ein Anleger eigentlich nicht wünschen!

Selbst ein späterer Einstieg (grüner Pfeil) bzw. eine vorzeitige Beendigung des Trades beim Kontakt mit der oberen grünen Linie (roter Pfeil) wäre noch ein exzellenter Trade!

Die Standardvariante: Vom Target aus traden

In der Regel wird es jedoch so sein, dass wir einen Trade an einem Target beginnen, das wir vorher bestimmt haben und das der Kurs nun erreicht hat. Auch hier helfen uns Kerzenmuster und Indikatoren bei der Frage, in welche Richtung dieser Trade dann gehen muss.

Wobei es in der Praxis meist so ist, dass wir wie im oberen Beispiel auf eine Umkehr traden werden. Auch sind gerade im Intraday-Trading so große Gewinne eher die Ausnahme. Denn die typischerweise viel höhere Volatilität im Tagesgeschäft erzwingt meist einen früheren Ausstieg. Dafür ergeben sich aber häufiger neue Tradinggelegenheiten. Betrachten wir dazu ein typisches Beispiel.

In Chart 4.10 sehen Sie zunächst die langfristige Ausgangslage im Bund-Future. Nach einem länger als einjährigen Abwärtstrend ist der Kurs im September 2006 zwar aus dem roten Trendkanal nach oben ausgebrochen, fiel aber zunächst wieder zurück. Ein zweiter Ausbruch begann zunächst sehr dynamisch, verlor dann aber erheblich an Druck (gelber Kanal).

Chart 4.10: Bund-Future – die Ausgangslage für das Tradingbeispiel

Inzwischen ist der Kurs auf Höhe des Hochs des vorherigen Ausbruchsversuchs angekommen (rotes Rechteck). Hier wollen wir unsere Analyse beginnen. Dabei geben uns wieder die Erkenntnisse aus der Target-Trend-Methode sehr wertvolle Hinweise.

*Mit der Target-Trend-Methode haben Sie erneut
einen Informationsvorsprung*

So sehen wir anhand der Rechtecke sowie des grünen Aufwärtstrends ganz klar, dass es weniger um den Ausbruch aus dem Aufwärtstrend oder die Überwindung des Widerstands bei 116 Punkten (breite blaue Linie) geht. Der Kurs scheiterte vielmehr wiederholt an der oberen Rechteckkante, die sich offenbar als zu stark erweist. Im zweiten Anlauf gelingt es dem Bund-Future nach dem ersten Rückfall nicht mehr, die Mittellinie des grünen Aufwärtstrends zu überwinden – ein klares Zeichen von Schwäche zu diesem Zeitpunkt.

Der mehrmalige Bruch der oberen roten Abwärtslinie und des 116-Punkte-Widerstands hätte beim Trading nach klassischen Methoden sehr viele

Fehltrades erzeugt. Letztlich bliebe in der in Chart 4.10 gezeigten Situation nur eine »unerklärliche« Schwäche des Kurses festzustellen. Allenfalls konnte man auch noch mit der Möglichkeit eines Doppeltops rechnen. Wir steigen an dieser Stelle in die Intraday-Betrachtung ein, die im grünen Kreis beginnt (siehe Chart 4.11).

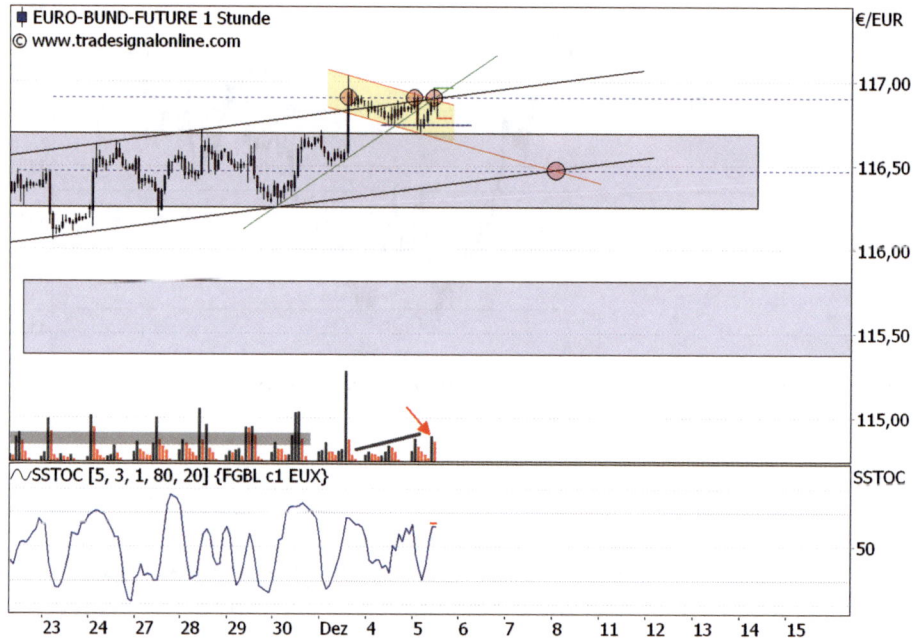

Chart 4.11: Bund-Future – die Ausgangssituation in der Intraday-Betrachtung

Auch aus der Nahperspektive bildet sich ein Doppeltop. Allerdings ist der erste Versuch einer Auflösung nach unten (Durchbruch unter die blaue Linie) noch vereitelt worden. Stattdessen bildet sich nun ein drittes Hoch exakt in einem Target.

Eine solche Situation ist im Trading immer kritisch. Dreifachtops und Böden sind normalerweise sehr schwierig zu behandeln. Das liegt daran, dass ein Doppeltop schon eine sehr bearishe Formation ist. Kann diese sich nun nicht durchsetzen, ist das logischerweise bullish. Wird der dritte Angriff auf das Hoch allerdings ein weiteres Mal abgewehrt, kann der Rückfall nach unten natürlich umso dynamischer sein.

Hier jedoch haben wir einige Hinweise auf die weiterhin bearishe Indikation: Zunächst liegen die drei Tops ziemlich unsymmetrisch; das dritte bildete sich viel zu dicht am zweiten. Das Volumen ist zwar deutlich geringer als in der Anstiegsphase zum Hoch (schmales graues Rechteck). Das ist jedoch typisch für solche Flaggen (kleiner gelber Kanal), die eigentlich Fortsetzungsformationen sind. Das Volumen steigt aber erkennbar mit den in der Flagge fallenden Kursen (grauer Balken) an. Zudem gab es zuletzt zwei Umverteilungskerzen (Sternschnuppe, Hanging Man) unter hohen Volumina (roter Pfeil). Selbst der Stochastik signalisiert schon eine Stagnation des Momentums nach oben.

Die Alternative: Auf das Target traden

Für Trader bieten sich nun zwei Taktiken an. ERSTENS kann ein mittelfristig orientiert Trader (wir arbeiten hier im Stundenchart) bei einem Durchbruch nach oben oder unten durch die grüne bzw. rote waagrechte Linie ein Kauf- bzw. Verkaufslimit legen. Oder ZWEITENS: Ein Kurzfristtrader steigt zyklisch an der roten Kanalgrenze mit Ziel Unterkante des flachen roten Abwärtstrends ein.

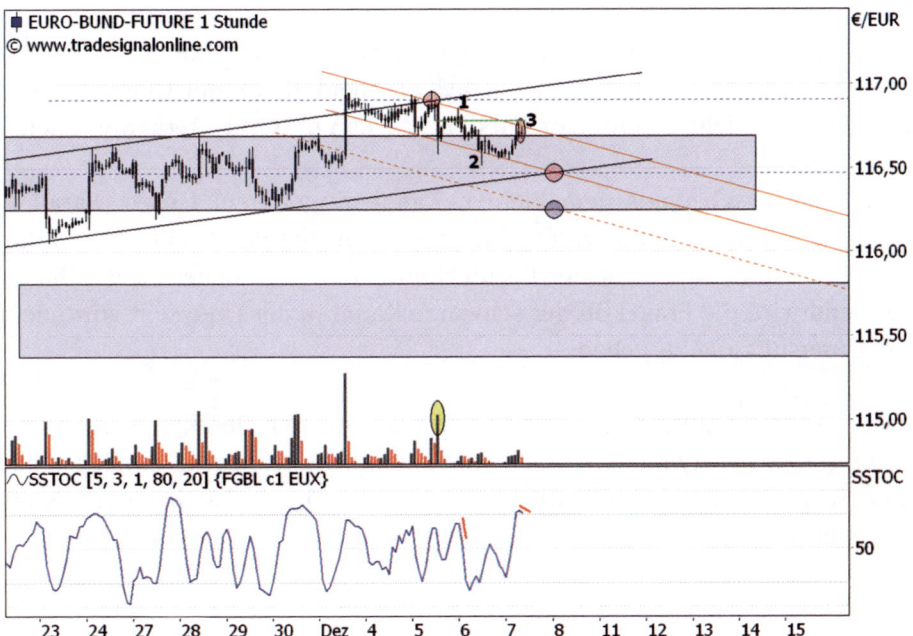

Chart 4.12: Bund-Future — der erste Abwärtsschub

In Chart 4.12 sehen Sie die nächste Etappe. Trotz eines starken Einbruchs unter hohem Volumen (gelbe Ellipse im mittleren Chartteil) unmittelbar nach der in Chart 4.11 gezeigten Situation konnte sich der Bund-Future noch in dem schmalen roten Kanal seit dem Hoch halten.

Für Kurzfristtrader gab es inzwischen jedoch weitere Tradinggelegenheiten. Nachdem mit der Kerze unmittelbar nach dem ersten Einstieg bereits das Kursziel (untere rote Linie des Kanals) erreicht wurde, ergab sich an Punkt 1 die zweite Möglichkeit zum Wiedereinstieg, die an Punkt 2 wiederum glatt-gestellt werden konnte. Unser Langfristtrader hätte an Punkt 1 dagegen seine Position aufstocken und spätestens jetzt seine erste Position auf Kaufkurs absichern können (grüne Linie in Chart 4.12).

Nun steht der Kurs bei Punkt 3 wieder an der oberen roten Linie. Zwei bea-rishe Kerzen deuten auf die nächste Umkehr hin, auch der Stochastik ist überkauft. Der nächste Einstieg rückt also auf die Tagesordnung. Wichtig wird jedoch nun die richtige Taktik.

Möglichst stets in Trendrichtung traden!

Natürlich sollte es nun erneut zu einem Rutsch bis zur Unterkante des ro-ten Kanals kommen. Da die Umkehr jedoch ebenfalls an der Oberkante des Rechtecks geschieht, könnte der Kurs auch bis an dessen Unterkante fallen.

Damit wäre er aber aus dem kleinen Kanal ausgetreten. Unsere Parallel-linienprojektion legt dann einen Rückfall bis an die gestrichelte rote Linie nahe. Diese bildet aber mit der Rechteckunterkante ein neues Target (blau). Spannend wird die Frage, ob der schwarze Kanal in der Lage sein wird, dem Kurs Unterstützung zu geben.

Chart 4.13 zeigt uns, dass es auch diesmal von der Oberkante des roten Trends (Punkt 3) dynamisch nach unten ging. Dabei wurde zunächst das blaue Target erreicht, womit die Parallellinienprojektion sich abermals als extrem erfolgreiches Werkzeug erwies.

Unmittelbar danach wurde jedoch auch das rote Target 4 von unten kurz gespiket. Dies ist ein Phänomen, mit dem Sie im Intraday-Trading häufiger rechnen müssen: Die kurzen Zeitzyklen, die relativ starke Vergrößerung in

der Chartdarstellung und die teilweise enormen Volatilitätswechsel ermöglichen es, dass praktisch übereinander liegende Targets kurz nacheinander
erreicht werden. Mit einiger Übung und der nötigen Portion Risikobereitschaft und natürlich einem ausgefeilten Stop-Management können Sie durch
Spike-Fishing daraus sogar Profit schlagen (siehe nächster Abschnitt).

Chart 4.13: Bund-Future — der nächste Abwärtsschub

Hier wäre bei Erreichen des roten Targets 4 ein Trendfortsetzungs-Trade legitim,
also ein erneuter Short-Trade. Dieser baut darauf auf, dass dieses Target aus
roter und schwarzer Linie dafür sorgt, dass es nun noch weiter nach unten geht
(zumal auch kurze Zeit später der Stochastik passend dazu nach unten dreht).

Gewinnoptimierung durch Fortsetzungs-Trades (Aufstocken) und Wiedereinstieg in den Trend

Dies erweist sich jedoch als Trugschluss. Im Rahmen der Bekanntgabe der
US-Konjunkturdaten kommt es zu einem starken Reversal, und der Kurs erreicht im folgenden gelben Kreis fast wieder die oberste rote Linie.

Damit hat der Bund-Future zunächst beide Kanäle, den roten und den schwarzen, wieder zurückerobert; ein Short-Trade, der am Target 4 begonnen wurde, wäre längst ausgestoppt. Doch schon in der nächsten Periode stellt sich das als Fehlausbruch heraus, und fast genauso dynamisch wie in der Aufwärtsbewegung dreht der Kurs erneut nach unten (roter Pfeil).

Speziell in den knappen Zeitrahmen (z.B. 5-min-Charts) sind solche vehementen Kurswechsel echte Herausforderungen für Trader: Der Rückfall unter das Tief der vorangegangenen blauen Kerze (siehe kurze grüne Linie) ist nun das formale Zeichen, in den zunächst gescheiterten Short-Trade wieder einzusteigen. Denn die Erfahrung lehrt, dass die Rückkehr zur ursprünglichen Richtung nach einem Fehlausbruch besonders lukrative Trades ergibt.

Meist sind Trader dazu aber mental nicht in der Lage, insbesondere, wenn sie kurz zuvor einen Fehltrade wegstecken mussten.

Aber auch hier hätte die folgende Kursentwicklung alle Schmerzen des kleinen Verlusttrades wieder wett gemacht. Der Kurs fällt sogar bis auf die nächste Linie (gelber Kreis), die ebenfalls durch Parallelprojektion gefunden wurde.

Hier zeigen sich Umkehrsignale, und tatsächlich steigt der Kurs abermals bis an die obere rote Linie (Punkt 5). Damit verfehlt er das rote Target, das sich kurz davor befindet. Auch hier lag wieder ein anderes Target nahezu auf gleicher Linie (gelbe Ellipse), das zuvor angelaufen wurde. Die Situation an diesem gelben Target ist für das Trading sehr interessant.

Ein typisches Beispiel nimmt seinen Lauf

Hier liegt nämlich zunächst eine eindeutige Umkehr in den Kerzenmustern vor (Sternschnuppe). Doch unser Indikator zeigt weder eine Überkauft-Situation an, noch dreht er bei dieser oder einer der Folgekerzen nach unten. Der Sprung mit der blauen Kerze über die rote Linie und zurück ins Rechteck wäre dann das unbedingte Stop-Signal für einen Short-Trade, der leichtsinnigerweise bei der gelben Ellipse eingegangen worden wäre.

Denn auch aus Sicht der Trend-Theorie war hier nicht mit einer Umkehr zu rechnen: Der Rebreak über die Linie A lässt einen Hochlauf bis an die

Oberkante des alten Trends wahrscheinlich werden. Und genau das ist mit Erreichen von Punkt 5 geschehen.

Das Verfehlen des roten Targets vor Punkt 5, die klaren Umkehrkerzen dort und natürlich die starke Überkauft-Situation sowie die Umkehr im Stochastik deuten ebenso wie das nachlassende Volumen während des letzten Teils des Anstiegs auf ein neuerliches Scheitern an dieser schon oft bestätigten Linie hin.

In Chart 4.14 sehen Sie den finalen Abverkauf in diesem Beispiel. Völlig konform zur Trend-Theorie, fällt der Kurs von Punkt 5 erneut bis auf die bis dahin gültige Unterkante des roten Trends (gelber Kreis). Die kurze Erholung endet hier schon am vorherigen Ausbruchsniveau (dicke blaue Linie). Und auch ein weiterer Versuch, zurück über das untere blaue Rechteck zu gelangen, scheitert (rote Pfeile). Beide Punkte wären als Nachkauf- oder Wiedereinstiegspunkte infrage gekommen. Und erneut läuft der Kurs bis an die nächste projizierte Parallellinie, die in diesem Fall sogar zwei exakte Auflagepunkte im November hatte (siehe gelbe Kreise links).

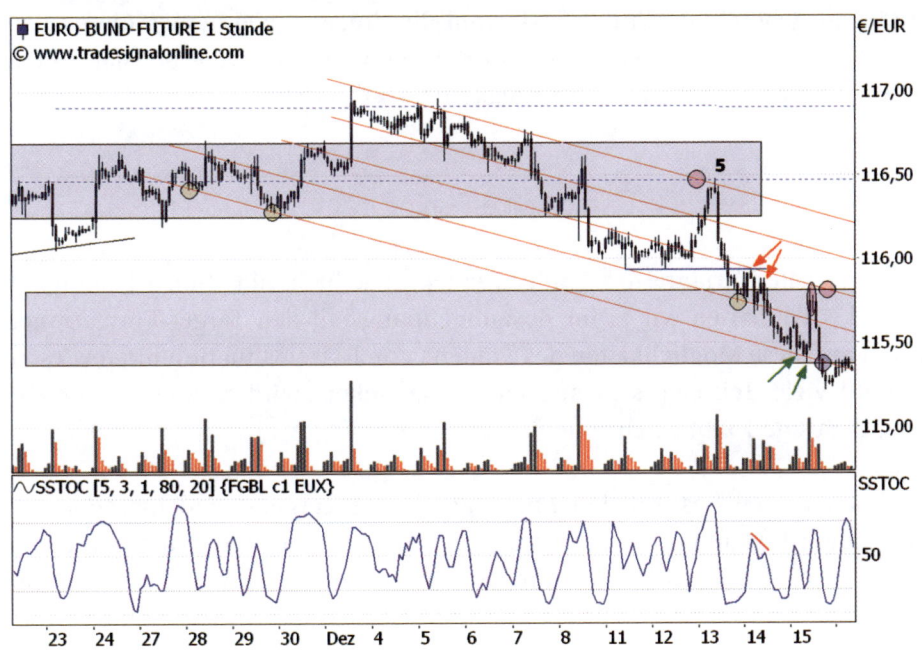

Chart 4.14: Bund-Future — der finale Trade erfordert ebenfalls große Sorgfalt

Vermeiden Sie Routine und Formalismen im Trading!

Zum Abschluss noch der wichtige Hinweis, wie entscheidend es für Ihr Trading sein kann, die Kursziele nicht zu formal zu setzen, sondern auch bei Gewinnmitnahmen sorgfältig zu sein. So bildet die unterste Linie ein Target auf der Unterkante des zweiten Rechtecks (blauer Kreis). Doch der Kurs erreicht sowohl die Linie als auch die Rechteckkante punktgenau schon früher (grüne Pfeile).

Abgesehen davon, dass ein weiteres Warten auf das formale Erreichen des Targets nicht sinnvoll ist (das Kursziel war ja schon geschafft!), wäre es auch aus für die Performance verheerend gewesen. Denn die scharfe Gegenreaktion hätte je nach Stop-Management einen Gutteil des aufgelaufenen Gewinns wieder zunichte gemacht. Zwar bildete sich an der oberen Rechteckkante auch eine Umkehrformation aus (rote Ellipse), aber in dem gewählten Zeitrahmen wäre diese nur extrem schwierig zu handeln gewesen.

Sie sehen, Sie dürfen im Trading zu keinem Zeitpunkt zu sorglos werden, gerade auch bei einem solch fast perfekt ablaufenden Trade wie dem Short-Trade, ausgehend von Punkt 5. Obwohl die Börse, wie eingangs dieses Trading-Kurses erwähnt, recht häufig in Routine verfällt, dürfen Sie sich solche Gefühle unter keinen Umständen leisten!

Spike-Fishing

Eine spezielle Variante des Tradens einer Umkehr ist das Spike-Fishing. In Kapitel 3.1.1 hatten wir ja im Zusammenhang mit den Target-Formationen schon auf diese Möglichkeiten des Tradens von Extremsituation hingewiesen. Obwohl viele Beispiele sehr spektakulär aussehen, wird es nicht unser Ziel sein, derartige Extreme zu traden.

Denn auch wenn es auf den Einsteiger in die Target-Trend-Methode anfangs eine fast hypnotische Wirkung hat zu sehen, wie exakt die Kurse immer wieder an den Targets drehen, gibt es einige erhebliche praktische Probleme.

Theoretisch ist die Sache natürlich ganz einfach: Man suche sich ein entferntes Target und platziere dort ein Kauf- oder Verkaufslimit (je nach Trade-

Richtung). Dann wartet man ab, ob der Kurs dieses Target erreicht. Wenn ja, sollte der Kurs dort natürlich auch drehen, und zwar – damit es ein Spike wird – auch in der gleichen Periode, in der er das Target erreicht hat.

Intuitives Spike-Fishing

Während die Auswahl eines Targets, das nicht vom Kurs erreicht wird, weitgehend unproblematisch ist (dann fällt der Trade eben aus), ist ein Target, durch das der Kurs einfach hindurch marschiert, unter Umständen extrem schmerzhaft. Denn eine vernünftige Verlustbegrenzung ist kaum möglich, da natürlich die Volatilität stark zunimmt.

Erfahrene Trader, die durch die Target-Trend-Methode ihre Intuition schon sehr gut schulen konnten, schaffen es dennoch, solche Grenzsituationen zu nutzen. Es sind häufig kleinste Anzeichen, an denen man beim Erreichen des Targets erkennen kann, ob es zur Umkehr kommt oder nicht. Begrenzte Kursschwankungen während der Periode liefern z.B. ein Stoppniveau. Zu Anfang sollten Sie solche Situationen einfach nur visuell verfolgen, das ist spannend genug. Später können Sie auch simulierte Trades durchführen, bevor Sie Ihre ersten richtigen Spike-Fishing-Trades durchführen.

Denn sehr häufig enden solche Spikes zwar an einem Target, aber gerade wenn es zu völlig irrationalen Überschwängen kommt, wie im Beispiel VW (siehe Chart 3.18), ist es meist sehr schwer, realistisch zu bestimmen, an welchem möglichen Target, die Bewegung nun tatsächlich endet. Dadurch wird der Einstiegszeitpunkt sehr unsicher und damit das Risiko zu groß.

Wie bei vielen anderen Tradingmethoden wird es auch hier darum gehen, derartige Situationen im Trend und mit der Trendrichtung zu traden. Dann sehen zwar die Ergebnisse im Chart nicht so spektakulär aus, aber durch das extrem günstige Chance-Risiko-Verhältnis im Target-Spike werden die Trades trotzdem sehr lukrativ.

Ein klassisches Beispiel

Beginnen wir mit einem einfachen Beispiel, wie Sie es so ähnlich aus der klassischen Charttechnik kennen. Betrachten wir dazu zunächst Chart 4.15.

Chart 4.15: DAX – Spike-Fishing (Ausgangssituation)

Nach dem Einbruch vom Mai/Juni 2006 überwand der DAX im Oktober wieder das alte Hoch und auch die 6200er-Marke. Bereits zuvor hatte er einen klaren Aufwärtstrend ausgebildet, den er an verschiedenen Punkten (blaue Kreise) und vor allem auch an der Mittellinie mehrmals bestätigte. Mit der Umkehr an Punkt 1 exakt am Schnittpunkt aus Mittellinie und 6200er-Marke macht sich der Index nun zu neuen Höhen auf.

Der stetige Aufwärtstrend, der bisher ohne jede größere Konsolidierung vonstatten ging, macht natürlich eine Korrektur überfällig. Die Target-Trend-Methode liefert uns eine sinnvolle Abschätzung für das nächte Ziel: Knapp oberhalb der Marke bei 6500 Punkten liegt die nächste Zielzone aus der Fibonacci-Projektion, die sich mit der Oberkante des Aufwärtstrends schneidet. Die letzte bullische Kerze hat dieses Target nun aktiviert.

Kommt es zu diesem zweiten Kontakt mit der Trendoberkante und ist dieser tatsächlich der Startschuss für einen Rücksetzer, sollte dieser bis zur Trendunterkante gehen. Der ideale Verlauf (siehe Chart 4.15) geht also zunächst nach oben bis zu dem gelben Target und von dort nach unten bis zum roten Target.

Chart 4.16: DAX — Spike-Fishing (das Target im Visier)

Chart 4.17: DAX — Spike-Fishing (perfekte Umkehr am Target)

In Chart 4.16 sehen Sie, dass die Umkehr punktgenau an der 6500er-Marke erfolgte. Der Rücksetzer wurde mit der langen roten Kerze eingeleitet (rote Ellipse). Die nächste lange rote Kerze, die unter die Mittellinie reicht, aktiviert unser rotes Target. Wir platzieren jetzt ein Abstauberlimit bei 6201 Punkten, dem Tief von Punkt 1 (das andere Target ist nun aus zeitlichen Gründen bereits hinfällig).

Ein paar Tage später wird das Target tatsächlich genau wie vorgesehen gespiket (Chart 4.17). Jetzt hängt der weitere Tradingplan vom Kursverlauf ab. Wenn der Schlusskurs der Spike-Kerze über dem Einstiegskurs liegt, wird der Trade sofort unterhalb des Tiefs dieser Kerze abgesichert. Schließt die Kerze dagegen unter dem Einstiegskurs, wird der Trade mit Verlust glattgestellt. Das gilt für alle Zeitrahmen, also auch intraday (bei Short-Trades natürlich umgekehrt).

Ausnahme ist eventuell eine sehr starke Abweichung vom Einstiegsniveau vor Beendigung der Kerze. In unserem Beispiel wäre das zum Beispiel der Fall, wenn der Kurs weiter unter die 6120er-Marke (dicke rote Linie) fiele. Beim Intraday-Trading ergibt sich zumeist zwangsläufig eine solche Grenze, denn beim gehebelten Handel mit Futures oder Währungen wären sonst die Verluste zu groß. Sie sollten bei solchen Trades also in jedem Fall eine »Notbremse« haben. Es ist durchaus sinnvoll, diese volatilitätsabhängig zu gestalten, wenn Ihr Positions- und Risikomanagement das zulässt.

Ein rundum perfekter Trade

In unserem Beispiel funktioniert aber alles perfekt. Die nächste Kerze ist schon wieder aufwärtsgerichtet, die darauf folgende vollendet eine Art Umkehrmuster. Nun können Sie den Trade bereits mit Gewinn absichern und sich Gedanken über das maximale Ziel machen.

Das ist zunächst natürlich das alte Hoch, aber die geradezu lehrbuchmäßige Bestätigung des alten Ausbruchniveaus bei 6200 Punkten lässt vermuten, dass sogar neue Hochs ausgebildet werden können. Das sollten Sie dann mit einer geeigneten Stop-Strategie berücksichtigen.

Chart 4.18 zeigt den Verlauf nach dem Ausbruch über die 6500-Punkte-Marke. Während der Ausbruch selbst noch mit einer uneingeschränkt bullishen

Kerze einhergeht, nimmt die Dynamik in den folgenden Perioden deutlich ab. Das äußert sich nicht so sehr an den geringeren Kurssteigerungen, als vielmehr an den von Kerze zu Kerze länger werdenden Schatten, die auf Unsicherheit hindeuten. Zum Schluss kommt es dann zu einer klaren Stern-schnuppen-Kerze, genau an der Marke von 6600 Punkten.

Chart 4.18: DAX – Spike-Fishing (neues Target)

Spätestens an dieser Stelle müssen Sie Ihren Sicherheits-Stop auf das Tief der vorletzten Kerze nachgezogen haben, wenn Sie nicht hier prophylaktisch Gewinne mitnehmen. Die Gewinnmitnahme wäre auch insofern sinnvoll gewesen, weil unmittelbar darauf das nächste Target (gelb) zu erkennen ist. Hier besteht eine erneute Einstiegschance, und es ist daher nicht vernünftig, bei diesem ersten, extrem erfolgreichen Trade Gewinne wieder unnötig abzugeben.

Allerdings ist das zweite Target deutlich risikoreicher, denn die Gefahr eines Fehlausbruches wächst in dieser Phase eines doch schon sehr reifen Trends. Das Potenzial ist hier auch geringer, denn das Ziel kann nur die Trendober-kante sein (auf einen Ausbruch lässt sich in dieser Phase kaum noch vernünftig spekulieren).

Warum die Trendrichtung so wichtig ist

Kehren wir noch einmal zu Chart 4.16 zurück. Die wesentlichen Details der Situation nach Erreichen des Hochs bei 6500 Punkten sehen Sie noch einmal in Chart 4.19.

Chart 4.19: DAX – Spike-Fishing (nur in Trendrichtung traden!)

Trading-Novizen lassen sich mitunter nur schwer überzeugen, dass es anfangs keine gute Idee ist, die Korrektur *zum roten Target hin zu traden*. Das rechnerische Potenzial von fast 5 % blendet oft die viel größeren Risiken aus. Aber dieses Potenzial ist häufig nur in der nachträglichen Betrachtung vorhanden.

Zwar können wir das Target ziemlich genau bestimmen, aber selbst bei Erreichen der Marke von 6500 Punkten nicht vorhersagen, ob der Kurs nicht wenigstens einen Versuch unternimmt, den Trend nach oben zu verlassen. Dass es in Richtung des roten Targets geht, wissen wir eigentlich erst mit der ersten roten Umkehrkerze nach dem Hoch. Und selbst dann besteht immer noch die Gefahr, dass der Kurs an der Mittellinie dreht. Der lange untere Schatten deutet so etwas fast schon an.

Da unser Target formal eigentlich erst mit der letzten roten Kerze in Chart 4.19 aktiviert wird, ist nun das Chance-Risiko-Verhältnis viel zu schlecht, um darauf sein Geld zu setzen. Die vermeintliche Attraktivität solcher Trades gegen die Trendrichtung speist sich letztlich aus zwei Besonderheiten von Aufwärtstrends.

Die Verlockungen dynamischer Bewegungen

Zum einen geht die Annäherung an einen Hochpunkt häufig sehr langsam vonstatten. Auch im vorliegenden Fall haben wir drei kleine Unsicherheitskerzen, bevor der Kurs dann doch dreht. Häufiger aber setzt ein allmählicher Kursverfall ein, wobei keine Kerze so richtig eine Glattstellung zu rechtfertigen scheint. Damit laufen diese Positionen sukzessive ins Minus, bis dann eine kräftige bullishe Kerze den Trade völlig zerfetzt. Das geschieht vor allem beim Intraday-Trading, wo dynamische Bewegungen in beide Richtungen viel häufiger sind als im eher gemächlichen Tageschart wie hier.

Zum anderen suggerieren die meist dynamischen Abwärtsbewegungen, auch gerade im Tageschart, dass Short-Trades in Aufwärtstrends besonders lukrativ sein müssten. Diese Dynamik lässt sich aber – wie gesehen – nur selten von Anfang an mitmachen und selten auch bis an das Ende. Denn sehr oft lösen genauso dynamische Gegenbewegungen auch relativ weit gesetzte Stops aus.

Insbesondere in Abwärtstrends können aber antizyklische Trades auf Basis des Spike-Fishings verheerend sein. Denn gerade hier greifen Sie in das sprichwörtliche fallende Messer, wenn Targets und Linien reihenweise von den Kursen überrannt werden.

Das Traden in der Trendrichtung mit der Target-Trend-Methode ist gerade beim Spike-Fishing durch die exakten Einstiegspunkte lukrativ genug. Wenn Sie dann im Lauf der Zeit mit den im ersten Teil des Buchs gegebenen Hinweisen noch das entsprechende Marktgefühl ausbilden, werden Sie selbst diese scheinbar so biederen Trades noch weiter perfektionieren können.

Erst danach sollten Sie über antizyklische Trades durch Spike-Fishing nachdenken.

Spike-Fishing im Abwärtstrend

Zum Abschluss unserer Behandlung des Spike-Fishings noch ein Beispiel für das Traden in einem Abwärtstrend. Betrachten wir dazu die Aktie von Beiersdorf im Herbst 2008 (Chart 4.20).

Chart 4.20: Beiersdorf – Spike-Fishing im Abwärtstrend

Die Aktie konnte sich 2008 zunächst noch bis in den April hinein gegen den Trend auf hohem Niveau in einer Seitwärtsbewegung halten (oberes Rechteck). Ende April erreichte der jüngste Aufwärtsschub aber nicht mehr die Rechteckoberkante (grüner Pfeil), woraufhin der Kurs nahezu ansatzlos absackte. In der zweiten Jahreshälfte 2008 stabilisierten sich die Kurse wieder auf niedrigerem Niveau. Es entwickelte sich ein zweites Rechteck, das aber offenbar bereits einen Versatz (rotes Kästchen) aufwies.

Eine untere Abwärtstrendlinie trat zudem in Erscheinung (untere rote Linie), deren Parallellinie im Bereich eines Widerstands von Anfang 2008 (waagerechte rote Linie) ein Target bildete (roter Kreis). Da wir uns offensichtlich in einem Abwärtstrend befanden, kam also nur ein Short-Trade infrage. Die beiden vorherigen, punktgenauen Berührungen der Oberseite des unteren Rechtecks legten nahe, als Einstiegskurs genau das Niveau des Rechtecks zu wählen. Der knapp darüberliegende Widerstand konnte als Sicherheits-Stop unmittelbar nach dem Einstieg dienen.

Nicht zu viel wollen: Ziel für Ziel abarbeiten

Die hoch volatilen Schwankungen in dem unteren Rechteck und die inzwischen recht deutlich ausgeprägte Seitwärtsbewegung ließen als Fernziel dieses Trades die Rechteck-Unterkante realistisch erscheinen. Aber bereits das Erreichen der Mittellinie wäre ein extrem lukrativer Trade.

Das Ergebnis dieses Trades zeigt Chart 4.21.

Chart 4.21: Beiersdorf — Spike-Fishing im Abwärtstrend

Das Vorhandensein einer zusätzlichen Barriere gegen einen weiteren Kursausschlag beim Einstieg am Target hat sich hier eindrucksvoll bewährt. Der Kurs sprang genau bis an den roten Widerstand. Das erste Ziel, die Mittellinie, wurde fast unmittelbar danach erreicht (unterer grüner Pfeil). Ein derartig schneller Trade sollte Sie auch zu einer sofortigen Gewinnmitnahme veranlassen. Erfahrungsgemäß lässt dann nämlich das zweite Ziel dafür umso länger auf sich warten.

Lieber zwei Trades, als mit einem alles erzwingen wollen

So auch hier. Die 40-€-Marke kristallisiert sich zunächst als starke Unterstützung gegen einen weiteren Kursrückgang heraus. Es kommt dabei sogar zu einem erneuten Kursanstieg bis zur oberen roten Abwärtslinie (oberer grüner Pfeil). Da diese aber bereits durch die Umkehr an unserem Target bestätigt wurde, erweist sie sich erneut als unüberwindliche Hürde.

Selbstverständlich wäre hier ein weiterer sinnvoller Einstieg für einen Short-Trade gewesen. Die Schwierigkeit dabei bestand aber darin, diesen Punkt genau zu treffen. Da wir an dieser Stelle kein exaktes Target ausmachen können, können wir kein längerfristiges Abstauberlimit setzen. Es bleibt uns in einem solchen Fall nichts anderes übrig, als nach einer Aktivierung dieser Linie (zum Beispiel durch Überwinden der Mittellinie des Rechtecks) das Limit von Periode zu Periode dem Verlauf der Linie nach unten anzupassen. Ab der Überwindung der Mittellinie nach oben mit einer deutlichen Kurslücke (gelbe Ellipse) und aus einer Art Doppelbodenformation an der 40-€-Marke heraus, sollte Ihre Aufmerksamkeit für eine mögliche Auslösung des nächsten Short-Trades dann natürlich nochmals gesteigert sein.

Übrigens werden Sie im Lauf der Zeit – und bei den folgenden Beispielen – feststellen, dass Linienberührungen an Parallellinien häufig gute Einstiegs- oder auch Ausstiegspunkte sind. Für Target-Puristen mag es dabei betrüblich sein, dass sich nur selten ein einfaches Target an dieser Stelle nachweisen lässt. Dennoch werden Sie mit zunehmendem Marktgefühl auch in der Lage sein, diese Umkehrpunkte zu erahnen und sich rechtzeitig auf sie vorzubereiten.

Für Trendfolger: Walk-through-Targets traden

Die Trader-Gemeinde teilt sich im Grunde genommen in zwei große Gruppen: die Antizykliker und die Momentum- oder Trend-Trader. Während Erstere beispielsweise wunderbar mit Strategien wie dem Spike-Fishing zurechtkommen, bevorzugt die zweite Gruppe Strategien, die auf die Fortsetzung einer Bewegung oder eines Trends setzen.

Keines dieser Konzepte ist von Haus aus dem anderen überlegen. Doch nicht jedes ist für jeden Trader gleich gut geeignet. Der eine fühlt sich wohler, wenn er mit kleinem Verlustrisiko antizyklisch in einen Spike geht und entweder gleich im Gewinn oder ausgestoppt ist, ein anderer möchte die Bestätigung eines Trends im Rücken haben und nimmt für diese höhere Gewinnwahrscheinlichkeit ein geringeres Chance-Risiko-Verhältnis in Kauf.

Aber auch die Trade-Dauer ist mitunter unterschiedlich. Wie wir beim Spike-Fishing gesehen haben, empfiehlt es sich selbst dann, wenn wir mit dem Trend handeln, die Trades bei höherer Volatilität bald wieder zu beenden. Speziell Trend-Trader halten dagegen ihre Trades mitunter deutlich länger.

Unterschiedliche Ansätze für unterschiedliche Trader-Typen

Dazu ein typisches Beispiel aus dem Euro-Bund-Future (siehe Chart 4.22).

Chart 4.22: Bund-Future – Walk-through-Trading/Momentum-Trading (Ausgangslage)

Seit Mitte 2007 befand sich der Bund-Future in einem flachen Aufwärtstrend. Die starken Schwankungen verraten aber, dass es sich hier um keinen nachhaltigen Trend handelte. Dennoch wurde die Situation im Februar/März 2008 aus Sicht der Bullen interessant:

Nach zwei gescheiterten Ausbruchversuchen nach oben fiel der Kurs nicht mehr bis zur Trendunterkante zurück, sondern drehte deutlich vorher (grüner Pfeil). Nun sollte sich der Aufwärtstrendtrend aber endlich beschleunigen und nach Möglichkeit bald in einen Ausbruch münden.

Das geschieht zwar, aber danach stagnieren die Kurse und testen mehrmals die obere Linie von oben. Jetzt, am Beginn unserer Betrachtung, erfolgt ein dynamischer Rebreak des schwarzen Trendkanals mit einer großen Kurslücke und einer langen, sehr bearishen Kerze.

Für Momentum-Trader ist das nun das Zeichen zum Einstieg (eigentlich aber schon die Kurslücke selbst). Da der Ausbruch nach oben vorläufig gescheitert ist und ein solch dynamisches negatives Signal auftritt, sollte der Kurs nach der Trend-Theorie bis zur Unterkante des Trends fallen. Die letzte lange Kerze entwickelt genau diese richtungsweisende Kraft – eben das Momentum.

Momentum ist entscheidend – nicht die formale Trendrichtung

In diesem Fall ist es nun weniger bedeutsam, dass wir faktisch gegen den Trend handeln. Wir haben zwei entscheidende Signale, die unsere bearishe Sichtweise zu diesem Zeitpunkt bestätigen: der misslungene Ausbruch und vor allem das klar erkennbare Momentum nach unten.

Der Einstieg erfolgt, wenn nicht zum Open der Kurslücke, dann im Tagesverlauf bei erkennbarem Momentum. Wer auf Tagesschlusskurs-Basis handelt, würde zum Schlusskurs der letzten Kerzen bzw. zum Eröffnungskurs der folgenden Kerze einsteigen, jeweils mit Ziel schwarze untere Trendlinie. Für die Sicherung des Trades ist bei der zu erwartenden steigenden Volatilität ein straffes Positionsmanagement nötig: Der Kurs sollte nicht mehr über das Hoch dieser Rebreak-Kerze steigen. Hier liegt also der Anfangs-Stop, den wir aber schleunigst nachziehen müssen. Das Ziel geben wir möglichst ebenfalls fest vor, allerdings ist eine ständige Anpassung erforderlich, da sich der Wert durch den geneigten Verlauf der schwarzen Linie ja permanent ändert. Falls Sie, wie in diesem Beispiel, auf Tagesbasis handeln, könnten Sie Ihren Zielkurs täglich anpassen. Im Intraday-Handel würden Sie dagegen – je nach Zeitrahmen – vermutlich eher »auf Sicht« agieren.

Doch zurück zu unserem Beispiel. In Chart 4.23 sehen Sie, dass der Kurs tatsächlich innerhalb weniger Perioden mit einem gewaltigen Spike die schwarze Trendlinie durchschlug (roter Kreis) und dann sofort wieder hochsprang. Solche Phänomene können Sie nur mit einer konsequenten Strategie und der entsprechenden Vorbereitung nutzen.

Chart 4.23: Bund-Future – Walk-through-Trading/Momentum-Trading (der erste Trade)

Der Spike brachte aber noch ein anderes Ergebnis: Das deutliche Abtauchen unter die schwarze Linie bestätigte nämlich eine rote Parallellinie (I), die sich bereits in früheren Korrekturen in diesem Trend wiederfinden lässt (gelbe Kreise). Eine weitere Parallellinie (II) durch das bisherige Hoch eröffnet die Möglichkeit, sofort eine parallele Mittellinie (gestrichelt) einzuzeichnen. Diese weist ebenfalls schon drei Bestätigungen auf. Damit verfügen wir ab sofort über eine zusätzliche Orientierungshilfe durch die Trend-Theorie.

Fehlausbrüche und Umkehrmuster – Hilfsmittel für den
Momentum-Trader

In der in Chart 4.23 dargestellten Situation wurde diese Mittellinie gerade durch einen Fehlausbruch mit einem klaren dreiteiligen Umkehrmuster abermals bestätigt. Erneut haben wir so ein Momentum in die laufende Trendrichtung (abwärts). Empfehlenswert ist in diesem Fall, sich nach einem solchen Muster in den Trade einstoppen zu lassen, wenn der Kurs den Bereich dieses Umkehrmuster verlässt, also bei diesem Short-Trade unterhalb des Tiefs der vorangegangenen blauen Kerze (waagerechte grüne Linie).

Chart 4.24: Bund-Future – Walk-through-Trading/Momentum-Trading (der zweite Trade)

Die mehrmalige Bestätigung der roten Linien in den jüngsten Abwärtsbewegungen ist ein möglicher Hinweis darauf, dass nunmehr die roten Linien – also der Abwärtstrend – den Kursverlauf bestimmen, und nicht mehr die schwarzen (der Aufwärtstrend). Damit wäre das Kursziel für diesen Trade nun die untere rote Linie des laufenden Abwärtstrends. Der Fehlausbruch über die obere schwarze Linie und das anhaltende Momentum nach unten sprechen ebenfalls dafür, dass nun möglicherweise die untere schwarze Linie gebrochen wird.

Erneut ergibt sich in diesem Fall die Unannehmlichkeit, dass wir einen genauen Auftreffpunkt anhand der bisherigen Informationen nicht haben. Damit wird wieder das Positionsmanagement (Stop nachziehen) für den Verlauf des Trades entscheidend.

Vorläufig lässt sich dieser Trade auch gut an (siehe Chart 4.24), mit drei weiteren Kerzen landen wir auch schon unterhalb der schwarzen Linie. An dieser Stelle stagnieren die Kurse unter starken Schwankungen. Ein Aufwärtsspike (roter Kreis) testet die schwarze Linie erfolgreich von unten, was für den weiteren Verlauf des Trades natürlich von Vorteil ist. Möglicherweise hätte aber ein konservativer Stop zu diesem Zeitpunkt den Trade bereits beendet, was jedoch völlig in Ordnung wäre.

Aufmerksames Positionsmanagement in
volatilen Phasen

In jedem Fall konstatieren wir am grünen Kreis ein punktgenaues Erreichen der unteren roten Linie I. Damit bestätigt sich, dass nun die roten Linien »übernehmen«, also der Abwärtstrend bestimmend ist. Direkt danach dreht der Bund-Future nun wieder nach oben. Diesmal bildet er ein Umkehrmuster durch einen Fehlausbruch an der alten schwarzen Trendlinie aus, direkt am Target mit der Mittellinie des roten Abwärtstrends.

Das ist natürlich ein erneutes starkes Momentum-Signal für eine Fortsetzung der Abwärtsbewegung, so dass wir an dieser Stelle unseren dritten Trade starten können. Unterstützung erhalten wir zudem durch die Lage der beiden Zwischenhochs dieser Fehlausbrüche über die rote Mittellinie (gelbe Kreise): Diese liegen nahezu ebenfalls auf einer Parallellinie (gestrichelt).

Diese Symmetrie können wir nutzen, um mittels der Methode der Measured Moves (blaue Rechtecke) ein nächstes Ziel auf der unteren roten Trendlinie zu bestimmen (unterer blauer Kreis). Knapp unterhalb dieses Punkts liegt ein deutlich markanteres Target, das sich aus der Parallellinie des schwarzen Trends, der roten Abwärtstrendlinie und einem alten Unterstützungsniveau bei 111 € bildet.

Dieser dritte Trade scheint aus diesen Erwägungen heraus besonders lukrativ zu werden, denn wir haben nun fast die gesamte Breite des Trends in einem sehr steilen Winkel als Potenzial. Auch eine andere Überlegung deutet nun auf einen besonders dynamischen Kursrutsch hin:

Seit dem Eintritt des Bund-Futures in den schwarzen Trend im Juli 2007 kam es zu Ausbrüchen daraus, die aber beide keinen Bestand hatten. Soeben ist ein dritter Versuch, den Trend zurückzuerobern, an entscheidender Stelle gescheitert. Damit sollten nun alle Positionen, die bisher diesen Trend aufrechterhalten haben, erschöpft sein. Es ist nun tatsächlich ein rapider Kursverfall bis an die gestrichelte schwarze Parallellinie möglich. Derartige Überlegungen helfen Ihnen im Lauf der Zeit auch dabei, Ihre Positionsgrößen effizient zu bestimmen und durch Gewichtung der wahrscheinlicheren Trades eine bessere Performance zu erzielen.

Chancenbewertung und Risikoabschätzung – entscheidend für die Performancesteigerung!

Im vorliegenden Beispiel wäre zudem auch ein besseres Chance-Risiko-Verhältnis möglich gewesen. Denn durch die besondere Konstellation des Fehlausbruchs an der schwarzen Linie müsste der Stop für diesen Trade nicht oberhalb des letzten Hochs liegen. Das Szenario wird schon fast hinfällig, wenn der Kurs wieder die schwarze Linie bzw. die gestrichelte rote Mittellinie überschreitet. Letztere kann damit auch zur Orientierung für ein anfängliches Nachziehen des Stops dienen.

Aber wie sich herausstellt (siehe Chart 4.25), mussten all diese Vorkehrungen gar nicht zum Einsatz kommen. Wie erwartet, fiel der Kurs sehr schnell in Richtung roter Linie und erreichte das blaue Ziel. Unmittelbar darauf setzte er auch auf der schwarzen Linie auf, die damit bestätigt wurde (gelbe Ellipse). Der Versuch eines Rebreaks des roten Trendkanals scheiterte, und mit einer langen roten Kerze tauchte der Bund-Future unter die schwarze Linie ab und markierte somit gleichzeitig einen endgültigen Ausbruch aus dem roten Abwärtstrend nach unten.

Diese Situation zeigt Chart 4.25. Aus Sicht der Target-Trend-Methode ist die Lage momentan völlig eindeutig: Wir haben nicht nur diesen zweifach bestätigten Ausbruch, sondern laut unserer Trend-Theorie sollte danach auch der Kurs bis zur nächsten Parallellinie laufen. In diesem Fall wäre das für den roten Abwärtskanal die versetzte Mittellinie (gestrichelt).

Chart 4.25: Bund-Future – Walk-through-Trading/Momentum-Trading (der dritte Trade)

Diese bildet mit der Unterstützungszone unterhalb von 109 € auch ein Target (unterer blauer Kreis), das zudem durch die größeren Measured Moves vom Hoch aus untermauert wird. Ebenfalls für dieses Szenario spricht, dass der Kurs das rote Target links umläuft, also zu früh. Das deutet häufig auf eine starke Bewegung in die entsprechende Richtung hin. Wiederum haben wir also deutliches Momentum in unsere vorgesehene Traderichtung.

Momentum-Trades sind in reifen Trendphasen risikoreicher

Ein Trade auf das Target bei 109 € ist also völlig legitim. Dennoch ist in diesem Stadium Vorsicht geboten. Der Abwärtstrend ist schon sehr reif. Wir haben bereits bei dem schwarzen Aufwärtstrend gesehen, dass Fehlausbrüche relativ häufig auftreten. Auch bei unseren Trades in diesem Beispiel haben wir von solchen Effekten ja profitiert. Aber natürlich kann das auch zu unseren Ungunsten ausgehen. Dabei besteht auch die Möglichkeit, dass der Kurs zum roten Target zurückkehrt. Der Ausbruch startet doch recht früh, bei der aktuellen Volatilität ist also durchaus auch noch ein punktgenaues Treffen dieses Targets möglich.

Das Gesagte soll Sie nun keineswegs verleiten, diesen Trade zu unterlassen. Solche Erwägungen gehören jedoch unbedingt zur Tradevorbereitung dazu, denn sie dienen der Risikoabschätzung. Haben wir also beim vergangenen Trade festgestellt, dass dieser bei verhältnismäßig geringem Risiko eine besondere Chance bietet, so kommen wir nun zu der Einschätzung, dass ein deutlich höheres Risiko besteht, während das Potenzial aber stärker begrenzt ist. Das könnten Sie nun beispielsweise bei der Wahl Ihrer Positionsgröße berücksichtigen.

Chart 4.26, das den weiteren Verlauf zeigt, ist in dieser Hinsicht sehr aufschlussreich.

Chart 4.26: Bund-Future – Walk-through-Trading/Momentum-Trading (der weitere Verlauf)

Denn bereits die nächste Kerze stoppte den Trade aus, da sie über der schwarzen bzw. über der roten schloss. Damit ersparte sie dem Trader den unmittelbar danach folgenden extremen Volatilitätsschub nach oben, der den Trade in jedem Fall endgültig beendet hätte (Kerze mit dem langen Schatten nach oben).

*Volatilität hin oder her – die Target-Trend-Methode
funktioniert trotzdem!*

Angesichts dieses Verlaufs ist es allerdings bemerkenswert, dass der Kurs schließlich das avisierte Ziel dennoch erreichte und damit das Szenario bestätigte. Die Target-Trend-Methode funktioniert also! Doch vermutlich hätte kaum ein Trader daraus noch Kapital schlagen können. Nur ganz Hartgesottene wären nach diesem Spike mit einem Stop Sell unter dem jüngsten Tief tatsächlich nochmals eingestiegen (grüne Ellipse).

Andererseits waren die Bedenken hinsichtlich der weiteren Dauer dieses Abwärtstrends durchaus berechtigt. Zwar bestätigte der Bund-Future erneut eindrucksvoll die neuralgischen Elemente im Chart (gelbe Kreise, grüner/blauer Pfeil). Aber es kam, wie man im Chart sehen kann, auch zu einem Rebreak des ursprünglichen roten Trends und nachfolgend dann zu einem neuen Aufwärtstrend.

4.3 Trading-Praxisbeispiele

4.3.1 DAX-Trading mit Targets

Sie haben bereits anhand der vorangegangenen Beispiele gesehen, welche vielfältigen Möglichkeiten Sie mit der Target-Trend-Methode haben, Ihre Trades profitabel zu gestalten. Auch die verschiedenen Varianten, die Sie – je nach Neigung – einsetzen oder auch kombinieren können, hatten wir Ihnen in diesem Kapitel schon vorgestellt. Natürlich haben wir dabei schon eine wichtige Tipps und Tricks mit einfließen lassen, worauf es beim erfolgreichen Traden ankommt.

Jetzt möchten wir Ihnen ein konkretes Praxisbeispiel ausführlich vorstellen. Dieses hatten wir ansatzweise bereits im Basis-Kurs bei der Vorstellung der einzelnen Ebenen der Target-Trend-Methode besprochen (siehe Kapitel 2.2.3, Chart 2.19ff.).

Jetzt wollen wir Ihnen – quasi in der Naheinstellung – zeigen, wie Sie sinnvoll vorgehen und die einzelnen Hilfsmittel der Target-Trend-Methode einsetzen, wenn Sie ein Target gefunden haben. Sie werden lernen, wie die einzelnen Bausteine am sinnvollsten verknüpft werden und welche Klippen trotz all der mächtigen Werkzeuge immer noch umschifft werden müssen. Zusätzlich lassen wir eine Reihe weiterer Tipps aus unserer täglichen Tradingpraxis einfließen.

In unserem Beispiel geht es um den DAX aus dem Jahr 2004. Wir konnten bereits im Basis-Kurs mit einfachen Trendlinienkreuzungen ein bedeutsames Target lokalisieren, dem sich der DAX allmählich annäherte. Einige Zeit vor Erreichen des Targets fanden wir folgende Situation vor (siehe auch Chart 2.21), die Sie noch einmal in Chart 4.27 sehen.

Chart 4.27: DAX – die Ausgangssituation für das Trading auf das rote Target

Der Kurs steuert auf das rote Target T zu, das zunächst den Kurs bremst. Dadurch geht der DAX offenbar in einer volatilere Seitwärtsbewegung über. Den ersten Abwärtsschwung dazu hat er ja gerade vollzogen.

Traden in der Seitwärtsbewegung

Nach unseren Kriterien zur Targetaktivierung (siehe Kapitel 3.1.2) liegt Target T aber immer noch in Reichweite des Kurses. Eine Neubewertung wäre erst nötig, wenn der DAX unter die untere rote Linie wegtauchte. Das ist momentan aber noch nicht zu befürchten, denn aktuell verzeichnen wir ja ein klares Umkehr-Kerzenmuster an der blauen Linie.

In Chart 4.28 ist diese Situation nochmals im Detail dargestellt. Sie können deutlich das Umkehr-Kerzenmuster erkennen. Auch unser Stochastik-Indikator zeigt diese Umkehr an (blauer Kreis im unteren Chartteil). Nach den formalen Kriterien unseres Indikator- und Kerzentradings dürften wir nun eine Long-Position eröffnen. Doch wie stellt sich die Situation aus Sicht der Target-Trend-Methode dar?

Chart 4.28: DAX — ein erstes Umkehrmuster tritt auf

Auch hier scheint zunächst alles in Ordnung. Das Tief vom Vortag ging sichtbar in Richtung der roten Linie, die auf unser großes Target zielt. Das können wir als Test und Bestätigung dieser Linie durchgehen lassen. Durch die Kerzenumkehr ist nun auch die blaue Linie wieder überschritten worden. Damit zeigen also alle Zeichen nach oben.

Die immerwährende Vorsicht bei Umkehrsignalen

Es gibt jedoch einige Wermutstropfen in dieser Betrachtung. Da ist zunächst der starke Kursverfall seit dem Punkt A. Auch die letzte rote Kerze, die ja Teil unseres Umkehrmusters ist, fällt sehr lang aus. Unser Umkehrmuster ist die erste wirkliche Gegenbewegung in diesem Rückfall. Eine sofortige Erholung von hier aus ist zumindest zweifelhaft.

In diesem Zusammenhang sollten wir die vorangegangene blaue Kerze beachten (grüner Pfeil). Auch diese hatte bereits einiges von einer Umkehrkerze – sie ist hammerförmig (für einen echten Hammer ist ihr Körper im Verhältnis zum Schatten zu lang). Selbst da gab es schon einen kleinen Haken im Indikator (grüner Pfeil im unteren Chartteil). Und bereits hier hat dieses – zugegebenermaßen schwache – Signal versagt.

Wirklich bedeutsam ist aber ein anderer Aspekt. Mit unserer Kenntnis der verschiedenen Bausteine der Target-Trend-Methode können wir die eingezeichnete durchgehende rote Abwärtstrendlinie I erkennen, an der drei der vorangegangenen vier Kerzen fast punktgenau anstoßen. Nach der Trend-Theorie ist damit der Kurs aus diesem Abwärtstrend, dessen obere, noch nicht bestätigte Begrenzung (II) durch Punkt A geht (obere gestrichelte rote Linie), herausgefallen. Die Abwärtsbewegung sollte sich damit zunächst *beschleunigen*!

Die Parallellinienmethode erlaubt uns auch eine Abschätzung, wie weit diese Abwärtsbewegung noch führen sollte: nämlich bis zu der Linie, die von der soeben gebrochenen roten Linie in gleicher Entfernung nach unten liegt wie Linie II. Diese Linie (III) ist unten gestrichelt eingetragen. Dann wäre die letzte bullishe Kerze zurück an Linie I nur ein Retest, dem ein weiterer Abwärtsschub folgt.

Wir bauen eine Sicherheitsschranke ein

Natürlich kann der Rückfall unter die rote Linie auch ein Fehlausbruch sein, genauso wie zunächst der Bruch der blauen Linie. Daher empfiehlt sich im Trading folgende Vorgehensweise, die sich aus der häufig anzutreffenden Symmetrie vieler Chartstrukturen ableitet (nicht zuletzt die Target-Trend-Methode, die dieses Symmetriekonzept ja oft ganz gezielt ausnutzt). So betrachten wir das Umkehr-Kerzenmuster, das aktuell zu sehen ist, erst als abgeschlossen, wenn das Hoch der roten Kerze dieses dreiteiligen Musters auch überschritten ist (waagerechte kurze grüne Linie). Dann würde ein Intraday-Kaufsignal ausgelöst. Den Stop legen wir dann unter die rote Abwärtslinie. Dieser würde aber ganz regulär nur auf Schlusskursbasis ausgelöst werden.

Einige Tage später (siehe Chart 4.29): Unsere Vorsicht war berechtigt – das Kaufsignal wurde nicht ausgelöst, weil der Kurs die grüne Triggerlinie nicht erreichte, sondern unmittelbar an der roten Abwärtstrendgeraden abdrehte. Es war also tatsächlich nur ein Retest!

Chart 4.29: DAX – das nächste Umkehrsignal könnte einen Einstieg ergeben

Dafür kam es auf niedrigerem Niveau nun zu einer erneuten Umkehr (Punkt B, siehe auch Chart 2.25). Dass diese Umkehr aus vier statt aus drei Kerzen besteht, ist ohne Belang.

Die analytische Sicherheit hat aber gegenüber dem vorigen Signal zugenommen: Durch den weiteren Rückfall des Kurses ist die Überverkaufsituation weiter verschärft worden, der Indikator zeigt nun sogar eine bullische Divergenz (grüne Linie unterer Chartteil) und hat die Überverkauftzone auch nach oben verlassen. Der Ausbruch unter die rote Aufwärtslinie hat sich als Fehlausbruch entpuppt, die blaue Kerze hat die rote bereits überschritten (vorsichtige Trader könnten nun den Einstieg ein wenig oberhalb des offenen Rest-Gaps legen; grüne waagerechte Linie an Punkt B).

Beim dritten Umkehrsignal können Sie getrost handeln

Allerdings hat der Kurs noch nicht die gestrichelte untere Abwärtslinie erreicht. Dafür hat er die blaue Unterstützungszone im Tief zweimal bestätigt. Das wie auch die Wiedereroberung der roten Aufwärtsgeraden ist ein bullishes Zeichen. Ein Rückfall unter diese rote Linie auf Schlusskursbasis wäre nun ein erneutes Verkaufssignal. Die Eröffnung einer Long-Position an Punkt B mit Ziel Target T ist also nun legitim.

Jetzt geht es aber um den weiteren Verlauf. Dazu sind einige Projektionslinien hilfreich (grün). Diese leiten sich aus dem früheren Anstieg ab (grüner Kanal) und sind in bewährter Art und Weise an geeignete Punkte im jüngsten Kursverlauf verschoben worden (gelbe Kreise). Dadurch ergeben sich ein verhältnismäßig breit gefasster Aufwärtskanal mit Mittellinie (grün) und die Zwischentargets 1 bis 5 (blaue Kreise).

Für die Bestätigung des bullishen Szenarios sollte nun eine kurzfristige Rückeroberung des roten Abwärtskanals erfolgen. Das würde nach der Trend-Theorie einen Hochlauf bis an die rote Linie II durch Punkt A nach sich ziehen. Idealerweise verbleibt der Kurs bis dahin in dem grünen Kanal. Das wäre das Basisszenario für einen typischen Swing-Trade. Mittelfristig orientierte Trader könnten auch das rote Target selbst ins Auge fassen, müssten aber zwischendurch – je nach Kursverlauf – angepasste Gewinnsicherungsmaßnahmen treffen.

Ein klarer Aufwärtsschub geht vom Tief aus

In Chart 4.30 sehen Sie den ersten Aufwärtsschub, der sich von Punkt B aus entwickelt hat. Das blaue Target 1 auf der Mittellinie des grünen Kanals fungierte als Walk-through-Target. Von hier aus schwang sich der Kurs direkt bis an die obere Grenze dieses Trendkanals kurz vor Target 3. Dort sehen wir jetzt ein nächstes Umkehrmuster bei einer Überkaufsituation im Indikator.

Allerdings haben wir die durch A führende rote Linie noch nicht ganz erreicht. Theoretisch besteht natürlich die Möglichkeit, dass das blaue Target 3, das der Kurs eben gerade noch nicht erreicht hat, doch noch getroffen wird. Doch die schnelle Erholung seit dem Tief unterhalb von B signalisiert Vorsicht.

Chart 4.30: DAX — dynamischer Anstieg vom Tief aus

Wie reagiert hier nun ein Trader? Als kurzfristig orientierter Swing-Trader ist hier für Sie ganz klar die Zeit für eine Gewinnsicherung. Der dynamische Anstieg seit dem Wiedereintritt in den roten Abwärtskanal kommt erkennbar zur Ruhe. Hier dürfen Sie keinen Punkt unnötig verschenken. Lieber suchen Sie einen geeigneten Punkt zum Wiedereinstieg.

Als Positionstrader können Sie durchaus einen Rücksetzer bis zu dem gelben Target 6 tolerieren. Problematisch ist jedoch, dass momentan die Volatilität sehr hoch ist. Ein Durchbruch durch das Target bzw. die entsprechenden Linien kann also auch sehr heftig ausfallen und damit die Gewinne schmälern. Intraday-Stops sind aus dem gleichen Grund ungünstig: Ein eventueller Fehlausbruch kann Ihre Position ausstoppen. Je nach Positionsgröße bieten sich hier also eine Teilgewinnmitnahme und ebenfalls ein späterer Neueinstieg an.

Nehmen Sie sich immer wieder Zeit für eine Lagebeurteilung!

Doch kommen wir nun zur Lagebeurteilung. Die erste vermeintliche Einstiegsgelegenheit (siehe Chart 4.28, unterer roter Kreis in Chart 4.30 zwischen Punkt A und B) war letztlich nichts anderes als die Bestätigung des Ausbruchs aus dem roten Abwärtstrend. Dass es dem DAX dennoch innerhalb kürzester Zeit gelang, diesen Ausbruch wieder umzukehren und dann direkt bis fast an die Oberkante dieses Abwärtstrends durchzustarten, ist ein sehr bullishes Zeichen. Auch die Formation von Punkt A über das Tief unterhalb von B zum aktuellen Kursstand unterstützt dieses positive Bild: Eine solche V-Formation deutet häufig auf weitere Kursgewinne hin.

Demnach dürfen wir tatsächlich unterstellen, dass nach einer nun einsetzenden Konsolidierung der Abwärtstrend nach oben verlassen wird. Dann wäre theoretisch die obere rote Linie IV das Ziel. Ein mögliches Target X (kleiner oberer roter Kreis) ist symbolisch dort mal eingetragen.

Kommt es zu einem solch starken Kursanstieg, ist die schwarze Linie von A nach T gebrochen. Das könnte dann bedeuten, dass Target T von oben angesteuert wurde. Allerdings müssen wir auch ein Scheitern an dieser Linie einkalkulieren. Die Mittellinie zwischen Linie II und IV schneidet nämlich diese schwarze Linie vorher und bildet eine relativ breite Widerstandszone (roter Balken) aus.

In jedem Fall müssten wir nach einem Ausbruch nach oben mit einer stärkeren oder längeren Konsolidierung rechnen, denn dann wäre der Trend seit Punkt B doch schon sehr reif. Deswegen ist ein Wiedereinstieg stets eng abzusichern.

Wiedereinstieg und Positionsaufstockung

Chart 4.31 zeigt zwei Varianten zum Wiedereinstieg. Die erste wäre ein kleines »Spike-Fishing« im gelben Target 6 (siehe auch Kapitel 4.2.3). Dieses Abstauberlimit hätten Sie setzen können, nachdem die nächsten zwei, drei Kerzen nach dem Erreichen der oberen grünen Linie keine dynamische Abwärtstendenz gezeigt haben. Dann hätte man auf eine Flagge (wie hier) oder ein Dreieck spekulieren können, aber eben mit diesem Fehlausbruch nach unten.

Chart 4.31: DAX – Konsolidierung vor dem nächsten Aufwärtsschub

Der zweite Wiedereinstieg wäre in der in Chart 4.31 gezeigten Situation möglich. Die Voraussetzung hierfür ist eine klare Konsolidierungs- und Fortsetzungsformation – in diesem Fall eine Flagge (grau). In dieser Phase fällt der Indikator (unterer Chartteil). In der Regel dreht er aber unmittelbar vor dem Ausbruch wieder in die Gegenrichtung, hier also nach oben. Wenn dieses Drehen des Indikators von einer positiven Kerze begleitet wird, die im Idealfall auch aus der Konsolidierungsformation ausbricht, erfolgt der Wiedereinstieg.

Der Nachteil der zweiten Methode ist eine recht späte Positionseröffnung, die dann meist nur sehr schlechte Stops ermöglicht (regulärer Stop ist ein Schlusskurs unter der Mittellinie der Flagge, was aber je nach Einstieg, Flaggengröße und Rückfall zum Stop recht große Verluste bedeuten kann). Daher bevorzugen viele Trader bereits einen früheren Einstieg.

Für diesen muss der Indikator über einige Perioden gefallen sein, der Kurs nochmals die Unterkante der Flagge im Tief bestätigt und sich von dort mit einem positiven Kerzenmuster nach oben abgesetzt haben. In unserem Fall wäre eine solche Gelegenheit zwei Tage vorher gewesen (grüner Pfeil).

Problematische Stops im reifen Trend

Nachteilig ist in diesem Fall jedoch häufig die analytische Unsicherheit über den genauen Verlauf der Formation. Das gilt vor allem für relativ kurze Flaggen. Das macht den Bestätigungszeitpunkt ein wenig diffus. Andererseits wird das durch die Möglichkeit enger Stops kompensiert. Diese werden dann meist auch intraday unterhalb des Tiefs der Einstiegskerze platziert.

Hier ist auch ganz klar eine Abwägung Ihrer Tradingziele nötig. Denn selbstverständlich nehmen nur Kurzfristtrader hier noch einen (unsicheren) Long-Trade wahr. Positionstrader, die ja mittelfristig eine Bewegung in Richtung des übergeordneten Targets T erwarten, steigen auf diesem Niveau natürlich nicht mehr ein, sondern sichern ihre eventuell noch vorhandenen Positionen eng ab und warten auf einen Rückfall oder einen Ausbruch nach oben.

Chart 4.32 zeigt, dass es auch in unserem Fall nach dem zweiten Wiedereinstiegszeitpunkt nochmals brenzlig wurde. Der Kurs bestätigte erneut die Marke bei 4000 Punkten im DAX, was – je nach Einstiegszeitpunkt – durchaus 80 Punkte Buchverlust ergeben hätte.

Chart 4.32: DAX – Inselumkehr als (längerfristiges?) Umkehrsignal

Wir sehen ebenfalls, dass bei dem zweiten Einstieg der Trade auch insgesamt nicht sehr erfolgreich war. Der Kurs erreicht nämlich tatsächlich nur die schwarze Linie und fällt dann kräftig zurück. Bereits nach der ersten roten Kerze hätte der Trade mit plus/minus null glattgestellt werden müssen.

Im praktischen Trading hätten jedoch die meisten Trader an Gewinnmitnahmen an der schwarzen Linie gedacht. Nachdem der ersten großen Gap (blauer Pfeil) keine langen bullishen Kerzen mehr folgten und sich im Indikator die Gefahr einer bearishen Divergenz abzeichnete, wäre eine enge Gewinnsicherung mehr als ratsam gewesen. Auch der letzte Positionstrader, der hier noch seine in B eröffnete Position hält, hätte an dieser Stelle besser seine Gewinne gesichert.

Short-Trade oder nicht?

In der Situation in Chart 4.32 stellt sich nun aber die Frage nach einem Short-Trade (wiederum nur für Kurzfristtrader; Positionstrader bleiben hier genauso wie beim vorigen Mal neutral). Schließlich liegt ja das eigentliche Ziel bei Target T. Ein Short-Trade zu diesem Zeitpunkt birgt ja die Gefahr, dass er entweder zu früh abbricht, um T zu erreichen, oder aber T später nicht mehr getroffen werden kann.

Mit der letzten roten Kerze ist aber – kurzfristig! – ganz klar ein Short-Trade legitim, und zwar aus mehreren Gründen: Da ist zunächst die Divergenz im Indikator (unterer Chartteil). Diese allein könnte allerdings auch nur für eine größere Konsolidierung sprechen, die jedoch für den Kurzfrist-Trader durchaus lukrativ werden kann.

Wichtigstes Argument für einen Short-Trade ist aber das Kerzenmuster, das sich soeben an Punkt C gebildet hat. Sie sehen die von der roten Ellipse umschlossene Kerzengruppe. Diese ist an sich schon ein relativ komplexes Umkehrmuster. Ihre besondere Bedeutung erhält sie jedoch durch die beiden Kurslücken (Pfeile), die sie von dem Rest des Kursmusters abtrennen. Dies ist eine sogenannte Insel-Umkehr (die entsprechenden Kerzen liegen wie eine Insel ohne Kontakt zum größeren Teil).

Eine solche Struktur weist auf eine nachhaltige Umkehr, eventuell sogar auf ein bedeutenderes Extrem hin. Daher ist ein kurzfristiger Short-Einstieg allein aus diesem Grund schon gerechtfertigt. Unsere Target-Trend-Methode gibt uns aber noch ein zusätzliches Signal. Mit der letzten Kerze ist nämlich der Kurs wieder in den roten Abwärtstrend zwischen Linie I und II eingetreten. Der Ausbruch zum Punkt C war damit nur ein kurzer Fehlausbruch – viel kürzer als der auf der Unterseite vor Punkt B. Damit ist die Abwärtstendenz bestätigt, und nach der Trend-Theorie steht nun ein Kursrückgang bis zur unteren roten Linie I an.

Wird das Target überhaupt noch erreicht?

Unter diesem Blickwinkel ist nun gar nicht mehr sicher, dass Target T überhaupt erreicht wird, schließlich liegt es ja auf der Oberseite! Und genau das wäre die letzte Begründung für unseren Positionstrader, seine Position mit dem Ziel T spätestens an dieser Stelle ebenfalls zu schließen.

Wir möchten Sie aber hier noch auf eine Feinheit in dieser Argumentation hinweisen. Streng genommen ist die Insel-Umkehr ebenso wie der Wiedereintritt in den Abwärtstrend erst mit der letzten roten Kerze vollzogen. Die große Kerze vom Punkt C aus war dagegen noch kein Argument für einen Wechsel der Traderichtung. Schließlich wäre ja zum Beispiel aus Sicht der Trend-Theorie auch ein Abprallen des Kurses von der Oberseite der roten Linie II möglich gewesen (analog zu dem Abpraller nach unten an Linie I in unserer Ausgangssituation; siehe unterer roter Kreis). Das wäre dann ein bullishes Zeichen und hätte zu weiteren Kursgewinnen führen können.

Allerdings könnte diese Kerze durchaus Anlass für die Glattstellung der Position bzw. für Auslösung eines Stops gewesen sein. In diesem Fall hätten Sie abwarten müssen, welche Entscheidung sich im DAX anbahnt, um sich dann neu zu positionieren. Sie sind mit der Target-Trend-Methode also nicht zwangsläufig ständig im Markt, selbst bei optimaler Umsetzung aller Signale! Dies ist eine wichtige Erkenntnis, um das so gefährliche »Übertraden« zu vermeiden (siehe dazu Teil 1 des Buchs).

Prüfen Sie also die charttechnische Lage stets gründlich. In der Anfangszeit empfiehlt sich daher, in größeren Zeitrahmen zu üben, um genug Zeit für die später fast automatisch ablaufenden Gedankengänge zu haben.

Höhere Trading-Performance durch Positionsaufstockung

Die Situation in Chart 4.32 eröffnet nun die Möglichkeit für eine weitere sehr wichtige Verbesserung Ihrer Trading-Performance: die Positionsanpassung. Genauso wie in Chart 4.30 die Möglichkeit bestand, aus dem bestehenden Long-Trade an der grünen Trendoberkante auszusteigen und auf einen Wiedereinstieg durch »Spike-Fishing« am gelben Target 6 zu spekulieren, besteht nun die Chance, die eventuell bestehende Short-Position aufzustocken bzw. auch neu zu eröffnen.

In Chart 4.32 ist der Kurs ja kurz vor dem kleinen blauen Target 5 vorbeigeschossen. Nun könnte eine erneute kleine Spike-Fishing-Spekulation eine Verbesserung des Einstiegsniveaus bringen. Alternativ dazu könnte bei einem vorherigen starken Kurssturz, zum Beispiel Richtung gestrichelter Mittellinie des Abwärtstrends, auch ein vorheriger Ausstieg erfolgen, und dann ein Wiedereinstieg an dem Target.

Das blaue Target 5 ist deshalb so prädestiniert für diese Tradingtechnik, weil es quasi ein neuralgischer Punkt ist. Kehrt der Kurs tatsächlich dahin zurück, dann muss er drehen, wenn die Abwärtsbewegung nicht ad absurdum geführt werden soll. Überschreitet der DAX also an diesem Target die rote Abwärtslinie länger als nur intraday, ist die Spekulation auf Erreichen der unteren Trendlinie zunächst ohnehin hinfällig. Ansonsten besteht aber ein extrem gutes Chance-Risiko-Verhältnis, so dass die Position von dort aus sehr komfortabel gemanagt werden kann.

Perfekter Kursverlauf, wie durch die Target-Trend-Methode prognostiziert!

Unter diesem Aspekt genießen Sie nun den weiteren Kursverlauf, wie er in Chart 4.33 gezeigt ist. Denn der Kurs läuft tatsächlich genau in das Target zurück und prallt von dort wie erwartet nach unten ab. Hier wäre also erneut ein perfekter Short-Einstieg möglich gewesen!

Und drei Tage später schlägt der DAX dann auch punktgenau auf die untere Linie auf, die er dann sogar noch ein zweites Mal ebenso exakt bestätigt (grüne Pfeile). Das ist doch wirklich eine perfekte Demonstration der Leistungsfähigkeit der verschiedenen Bausteine der Target-Trend-Methode und ihres Zusammenspiels!

Kurz darauf unterschreitet der Index die Linie auch noch mit einem Fehlsignal, wobei er erneut die Widerstandszone unterhalb von Punkt B bestätigt. Dies ist ein weiterer wichtiger Hinweis für den Fortgang der Dinge. Warum?

Chart 4.33: DAX – perfekte Prognose durch die Target-Trend-Methode

Der DAX deutet hier nämlich an, dass er nicht weiter nach unten möchte. Er respektiert die vorhandenen Unterstützungen. Und das sollte dann das Zeichen für einen Kursanstieg sein. Unsere Short-Position haben wir mit Erreichen der unteren Linie bereits geschlossen, so dass wir jetzt nach einem Long-Einstieg Ausschau halten können.

Erneutes Reversal für Long-Einstieg

Die Chancen dafür stehen wirklich nicht schlecht. Zum einen scheint der DAX nun sein Pensum nach unten erst einmal erfüllt zu haben und macht

Anstalten, wieder nach oben zu drehen (auch wenn das letzte Kerzenmuster noch keine echte Umkehr ist). Zum anderen sendet auch unser Indikator deutliche Reversal-Signale: Er hat sich nicht nur klar aus der Überverkauftzone erhoben, sondern vorher auch eine kleine Divergenz ausgebildet. Vom Niveau her ist er sogar ein bisschen niedriger gewesen als beim vorherigen Kontakt mit der blauen Unterstützungszone. Damals lagen die DAX-Kurse in jeder Hinsicht unter den aktuellen. Damit hat sich eine sogenannte inverse Divergenz gebildet, die auch häufig ein Hinweis auf einen Trendwechsel ist.

Da aber immer noch ein entsprechendes bullishes Kerzenmuster fehlt, werden wir als Einstiegssignal das Überschreiten der steilen roten Abwärtstrendlinie werten, die von Punkt C ausgeht. Eine Glattstellung dieser Long-Position würde demzufolge bei einem Schlusskurs unter dieser Linie erfolgen.

Wichtig: Bei Umkehrsignal wieder zusätzliche Bestätigung abwarten!

Chart 4.34 zeigt uns, dass diese Strategie genau richtig war. Der DAX bricht mit einer langen bullishen Kerze aus diesem Abwärtstrend aus (Punkt D) und bildet einen neuen Trend, der – wenig überraschend – ebenfalls unseren schon bekannten grünen Parallellinien folgt. Bemerkenswert ist, dass dieser Trend auch faktisch direkt auf unser Target T zielt.

Obwohl dieser Trend auch den relativ steilen grünen Linien folgt, entwickelt er sich im ersten Teil wenig dynamisch. Hierdurch ergeben sich jedoch weitere Einstiegschancen in fast perfekter Ausprägung (gelbe Kreise).

Wir hatten Sie ja schon auf die Möglichkeit aufmerksam gemacht, die Position in der Konsolidierungsphase eines Trends bei einer erneuten Umkehr im Indikator (blaue Kreise im unteren Chartteil) aufzustocken. Besonders offensichtlich erscheint natürlich die Tendenz zur Trendfortsetzung, wenn diese Umkehr mit einem Ausbruch des Kurses auf ein neues Hoch (oder Tief) im Trend einhergeht. Dies ist hier zweimal in Folge der Fall.

Besonders bedeutsam sind diese Ausbrüche, wenn die Ausbruchkerze auch selbst bullish (bzw. bearish) ist, also eine lange Kerze. Dann ergibt sich nämlich eine günstige Möglichkeit der Absicherung für diese neue Position unterhalb des Tiefs dieser Kerze. Erfolgt der Ausbruch zusätzlich mit einer Kurslücke, dann sollten Sie die Absicherung auch unter diese Kurslücke legen, denn die Wahrscheinlichkeit, dass diese Lücke später noch geschlossen wird, ist vergleichsweise hoch.

Chart 4.34: DAX – Umkehr nach Ausbruch aus dem Abwärtstrend

*Ideal: Positionsaufstockung bei Ausbruch **und** Rückfall möglich*

In Chart 4.34 sind die entsprechenden Ausbruchsniveaus mit dicken roten Linien, die Stop-Level mit blauen Linien gekennzeichnet. Insbesondere der zweite Einstieg (Punkt 8) brachte sofort das gewünschte Ergebnis. Hier gab es gleich deutliche Kursgewinne bis hin zum nächsten Target 9.

Trotz des eigentlichen Ziels im Target T wären hier sicherlich Gewinnmitnahmen angemessen gewesen. Schließlich fungiert die gestrichelte rote Linie durch Punkt C und Target 9 immer noch als die äußerste Begrenzung des Abwärtstrends. Nach dem verhältnismäßig langen und auch ein bisschen zähen Anstieg seit dem Tief unterhalb von Punkt D ist an dieser Linie eine Konsolidierung mehr als wahrscheinlich. Das zeigt auch Überkaufsituation im Indikator an.

Wenn wir vom Erreichen des Targets T ausgehen, dann wäre an dieser Stelle das Eingehen einer Short-Position – auch für Kurzfristtrader – nicht ratsam. Nach der Trend-Theorie sollte die Konsolidierung nämlich an der roten Abwärtslinie enden, um den endgültigen Ausbruch über Linie II zu bestätigen (der »Ausflug« zu Punkt C war ja nur ein Fehlausbruch). Von der Linie II aus könnte der Kurs dann den letzten Anstieg in Richtung Target T beginnen.

Wir bereiten uns also auf einen Wiedereinstieg an der roten Abwärtslinie II vor. Dabei bietet uns die Target-Trend-Methode sogar die Möglichkeit, eine begründete Annahme zu treffen, *wo* wir diesen Rückpraller abfangen können! Schließlich finden wir über unsere bewährte Parallelprojektion sofort die grüne gestrichelte Parallele zum aktuellen schmalen Aufwärtstrend in Richtung Target T. Und diese liefert uns das Target 10, das wir mittels unserer Spike-Fishing-Technik sofort zum Wiedereinstieg vorsehen. (Dass der Kurs in dem sehr schmalen grünen Kanal bleibt, ist vergleichsweise unwahrscheinlich.) Denn es gilt abermals: Fällt der DAX unter die Linie II zurück, sind weitere Kursrückgänge zu erwarten. Target T wird dann vermutlich schon aus zeitlichen Gründen nicht mehr erreicht.

Wir haben also in Target 10 erneut einen perfekten Einstieg, den wir eng absichern können.

Die klassische Wiedereinstiegs-Strategie schlägt fehl

Diesen Verlauf und den nachfolgenden Hochlauf in Richtung Target sehen Sie in Chart 4.35. Zunächst erreicht die Korrekturbewegung punktgenau die rote waagerechte Unterstützungslinie und springt von hier aus nach oben in das blaue Target 11, das ebenfalls auf der gestrichelten Grenzlinie liegt. Damit wird zunächst die Wirksamkeit dieser gestrichelten roten Linie erneut bestätigt.

Und nun können Sie einen Ablauf verfolgen, der schon Tausende Trader in den vergangenen Jahren schier zur Verzweiflung getrieben hat: das berühmt-berüchtigte »Stops-Ziehen«. Wir hatten im ersten Teil des Buchs schon davon im Zusammenhang mit störenden Überzeugungen gesprochen.

Chart 4.35: DAX – Ziel erreicht, aber Target knapp verfehlt

Hier geht es aber um ein Faktum: Von Target 9 aus fällt der Kurs auf die dicke rote Linie zurück und dreht lehrbuchgemäß (grüner Pfeil). Die rote Linie ist das Ausbruchsniveau, von dem aus der Kurs sich zum zweiten Mal über Linie II schwang und zu Target 9 lief. Der Kontakt mit dieser Linie bzw. die Umkehr dort hat etliche Anleger zum (Wieder-)Einstieg in den Aufwärtstrend bewogen.

Nun erreicht der DAX aber nicht einmal das Hoch von Target 9, sondern dreht bereits bei Punkt 11 wieder um. Zu diesem Zeitpunkt haben etliche Trader ihren Stop auf das Einstiegsniveau bei der roten Linie nachgezogen.

Der Kurs fällt aber deutlich unter diese zurück! Malen Sie sich selbst aus, wie viel Prozent aller Trader, die an der roten Linie einstiegen, jetzt ausgestoppt wurden. Und wie viele davon schwören, dass irgendjemand gerade *ihren* Stop »gezogen« hat! Denn unmittelbar nach dem deutlichen Einbruch unter die rote Linie steigt der DAX frohgemut und erreicht schließlich fast punktgenau unser langfristiges Target T.

Genial: Ihre Waffe gegen das »Stops ziehen«!

Betrachten wir dagegen diesen Verlauf aus Sicht der Target-Trend-Methode, dann wird klar, dass nicht Murphys Gesetz oder das Gesetz der größten Gemeinheit für diesen Rücksetzer verantwortlich war, sondern schlicht das Target 10 gezogen hat. Und weil eben viele Verkaufsorders – und dementsprechend genauso viele Kauforders – unter der roten Linie gelegen haben und Target T einfach mächtiger als Target 10 war, hat der Kurs nicht mehr punktgenau die Abwärtslinie II erreicht, sondern dreht vorher.

Damit gewinnen Sie abermals einen gewaltigen, geradezu genialen Vorteil durch die Target-Trend-Methode: Die Verknüpfung klassischer Verfahren mit den Bausteinen der Target-Trend-Methode kann Ihnen unnötige Verluste in solchen Konstellationen ersparen!

Doch was ist nun mit unserem Long-Trade in Richtung Target T? Da der Kurs zu früh (auf einer kleinen Parallelen zu unserer Linie II!) drehte, sind wir ja mit unserem Abstauberlimit nicht zum Zug gekommen. Hier blieb also nur die Option, nach der sich abzeichnenden frühen Umkehr den prozyklischen Einstieg mittels Indikatordrehung (unterer Chartteil) und Kaufgrenze (z.B. bei der kurzen grünen Linie oberhalb von Target 10) zu suchen.

Dieses Beispiel zeigt, wie wichtig eine klare Strategie im Trading und das Vermeiden eingeschliffener Muster sind. Letztlich kommt es zu der Umkehr an der Abwärtslinie II, und der Kurs steigt kräftig in Richtung Target an. Dabei wird das Target erneut durch eine weitere Trendlinie vom Target 10 aus (schwarz) bestätigt. Allerdings endet der Anstieg dreimal in Folge an der unteren grünen Trendlinie des alten Trendkanals, auch das Target wird faktisch nicht erreicht (der rote Kreis bei T ist übertrieben dargestellt).

Und hier erweist sich abermals die Stärke des Baukastensystems der Target-Trend-Methode. Denn es zeigt sich, dass die Parallel-Methode den Kursverlauf hier fest im Griff hat und das Target nur zieht. Die Parallellinie, die wir anfangs nur rein schematisch eingezeichnet haben, entpuppt sich als entscheidender Widerstand für den Kursverlauf. Genau genommen ist also das kleinere Target am Kreuzungspunkt von roter und grüner Linie an der runden 4100er-Marke das exakte Kursziel.

Umkehr kurz vorm Target

Das ergibt sich leider erst mit der letzten Kerze in Chart 4.35, die gleichzeitig eine deutliche Umkehr einleitet. Hier ist der letzte Long-Trade von Target 10 also spätestens glattzustellen. Unser Indikator deutet diese Situation bereits am Vortag an, als er nämlich schon wieder nach unten dreht. Außerdem zeigt er eine minimale bullische Divergenz am Hoch, die in der Nähe dieser starken Target-Zone ebenfalls sehr bedenklich ist.

Daher ist jetzt bereits eine Short-Position möglich, obwohl formal noch eine Umkehr an der durch C führenden gestrichelten roten Linie denkbar ist. Auch das Gesamtbild spricht für eine Short-Position. Die Punkte A, C und T auf der Oberseite und die Tiefs unterhalb von B und D bilden eine große Seitwärtsbewegung bzw. ein langgestrecktes, symmetrisches Dreieck. Obwohl solche Formationen Fortsetzungsformationen sind (in diesem Fall in einem Aufwärtstrend), hat im Trading die Annahme eines Weiterbestehens der Formation Priorität. Daher ist nun ein Short-Trade bei enger Stop-Absicherung legitim.

Wie es nach dem Target weitergeht

Abschließend wollen wir uns in Chart 4.36 den lehrreichen weiteren Verlauf ansehen. Denn er macht deutlich, warum viele Trader und Charttechniker häufig mit den klassischen Methoden keinen größeren Erfolg mehr verzeichnen. Ein sehr nachdrückliches Beispiel dafür hatten Sie ja oben schon einmal im Fall des »Stops-Ziehens« gesehen.

Wie erwartet, fällt der Kurs kräftig zurück, durchbricht zunächst die mittlere rote Abwärtslinie II und wird erst an der unteren gestrichelten im alten blauen Widerstandsbereich aufgefangen (Punkt E). In der Abwärtsbewegung erkennen Sie aber, dass die beiden entscheidenden Kursschübe (lange Kerzen) nicht an den markanten Unterstützungen (dicke rote und blaue Linie) auftreten, sondern beim Bruch der durch die Parallel-Methode gefundenen Linien (rote Kreise bei Punkt a und c)!

Interessant ist in diesem Zusammenhang auch der Kursverlauf bei Erreichen der mittleren roten Linie II (schmaler roter Kanal). Ohne Kenntnis der Parallel-Methode sehen wir im Chart nur ein plötzliches Hin und Her der Kurse.

Klassische Interpretationen würden nun das Schließen der Kurslücke (grau) bzw. den Test der Abwärtstrendlinie von T aus (unterer gelber Kreis) thematisieren.

Chart 4.36: DAX – auch der weitere Verlauf ist eine exzellente Bestätigung der Target-Trend-Methode

Wieder tobt der Kampf um eine Parallellinie

Für den Target-Trend-Trader ist jedoch klar, dass hier ein Kampf um die rote Linie tobt. Eine Folge von Ausbrüchen, Fehlausbrüchen und Rückeroberungen geht hier vonstatten. Die genannten klassischen Interpretationen – zu denen es quasi nebenbei dennoch kommt (gelbe Kreise) – sind dabei nur eine Art Nebenprodukt.

Auch die Gegenreaktion nach oben (Punkt b), die fast an der blauen Waagerechten endet, ist nur ein endgültiges Scheitern des Kurses an der gestrichelten Abwärtslinie zwischen den Linien I und II. Schließlich war der Ausflug in Richtung Target T auch nur ein Fehlausbruch über diese Linie! Und nur als Target-Trend-Trader können Sie in Kenntnis der Linien und der Trend-Theorie auch dann schon das nächste Ziel angeben: die untere gestrichelte Linie!

Denn die Bullen, die sich eben noch an der durchgehenden roten Linien einen leidenschaftlichen Kampf mit den Bären geliefert haben, sind nun endgültig unterlegen. Wie zur Bestätigung rast der Kurs nun auch durch die rote Linie hindurch (Punkt c) – ohne jede Gegenwehr von Seiten der Bullen.

Trotz der starken Dynamik nach unten stoppt der Kursverfall bereits an der gestrichelten Linie und fällt nicht bis zur Linie I (was nach der Trend-Theorie zu erwarten gewesen wäre). Damit hat der DAX die Seitwärtsbewegung, die wir bei Target T erkannt haben, bestätigt. Mit der bullishen Umkehrkerze an Punkt E (grüner Pfeil) wäre aufgrund der überverkauften und divergenten Lage des Indikators (unterer Chartteil) der erste Long-Trade möglich.

Auffallende Muster an den Linien

Auch der folgende Aufwärtstrend folgt dem Einfluss der roten Abwärtslinien. An diesen roten Parallelen kommt es regelmäßig zu auffallenden Kursbewegungen, entweder klar bullishen Kerzen oder Konsolidierungen (einige dieser langen Kerzen im Abwärts- und Aufwärtstrend waren übrigens erneut gute Wiedereinstiegspunkte, die perfekt von unserem Indikator angezeigt wurden – siehe grüne Kreise). Dass die blaue Linie scheinbar den Kurs deckelt, und der Kurs erst nach ihrem Überschreiten wieder Fahrt aufnimmt (grüner Kreis an Punkt d), ist nur eine geometrische Zufälligkeit in diesem Chart (die blaue Linie bildet halt auch gerade knapp oberhalb von 3900 Punkten ein Target an Punkt d).

Dass es eigentlich um diese rote Linie bei dem Ausbruch an Punkt d ging, zeigt nämlich die nachfolgende Reaktion. Diese endet nicht an der blauen Linie oder bei der 3900er-Marke, dem letzten kleinen Zwischenhoch vor dem Ausbruch. Das wäre aber die logische Folge, wenn dieser Bereich charttechnisch relevant gewesen wäre.

Eine Linie, die es gar nicht geben dürfte, wirkt trotzdem

Nein, der Kurs fällt bis auf die rote Linie zurück und dreht auch dort erst nach einem erneuten Fehlausbruch (Punkt e). Erneut wurden damit alle Trader, die sich an der waagerechten blauen Linie orientierten, gefoppt. Vergessen wir nicht, diese rote Linie durch T hängt im Prinzip völlig in der Luft! Aus Sicht der klassischen Charttechnik hat diese Linie keinerlei Existenzberechtigung, denn sie liegt ja bestenfalls am Hoch in T auf. Nur die Parallellinientechnik der Target-Trend-Methode kann diese Linie erklären und damit den Rückfall in diesen Kursbereich!

Und danach ist eigentlich alles ganz logisch und auch im Sinn der klassischen Charttechnik. Denn dieser Rückfall ist nur ein – erfolgreich verlaufender – Test dieser Linie von oben. Das Abprallen an der Linie nach oben bestätigt damit den Ausbruch, und folgerichtig setzt sich der Kursanstieg fort!

Ein fast nebensächliches Detail sei an dieser Stelle nur am Rande erwähnt. Denn natürlich (aus Sicht der Target-Trend-Methode) verlief der Anstieg vor dem Ausbruch auch entlang der schon mehrfach benutzten grünen Parallellinien. Und dann ist es auch wenig überraschend, dass das Tief des Rücksetzers auch exakt an einer dieser Parallelen endete (blauer Kreis), die einfach in gleichen Abständen in den Chart geworfen wurden ...

Wenn Sie dieses Beispiel konzentriert verfolgt haben, werden Sie nun allmählich erkennen, wie unglaublich hilfreich die Target-Trend-Methode im Trading ist. Wir erhalten eine Vielzahl von Informationen mehr, als uns die klassische Charttechnik je vermitteln kann.

4.3.2 Intraday-Trading mit Währungen

Kommen wir nun zu einem Beispiel aus der Intraday-Praxis. Wir beginnen dabei mit den Währungen. Doch zunächst, wie in Kapitel 4.1.4 versprochen, einige Vorbemerkungen zum Traden mit Währungen. Der Währungshandel ist quasi weltweit und rund um die Uhr aktiv. Nur am Wochenende werden traditionell von den meisten Anbietern keine oder nur sporadische Kurse gestellt.

Damit sind wir auch schon bei der ersten Besonderheit. Beim Währungshandel gibt es keine offizielle Börse, wie zum Beispiel die Deutsche Börse Frankfurt, die offiziell die Kurse stellt. Die Geschäfte werden ausschließlich im Interbankenhandel bzw. über Broker abgeschlossen. In der Regel ist der Broker dem Handelssystem der einen oder anderen Bank angeschlossen, so dass er Ihnen laufend An- und Verkaufskurse stellt, zu denen Sie dann handeln können. Bietet der Broker – zum Beispiel am Wochenende – keinen Handel an, wird er in der Regel auch keine Kurse stellen.

Andere Datenanbieter können dagegen aktuelle oder historische Kurse aus mehreren Quellen zusammenführen oder sich nur einer Quelle bedienen. Hier können selbst zu den schwachen Zeiten am Wochenende vereinzelte Kurswerte mit einfließen, die selbst dann einen Handel suggerieren. Somit werden Sie selten zwei Datenreihen für ein Währungspaar aus zwei unterschiedlichen Quellen finden, die hundertprozentig übereinstimmen.

Diese Besonderheit ergibt sich aus der Tatsache, dass der Devisenhandel rund um den Erdball und damit auch fast rund um die Uhr stattfindet. Wenn der Handel in Sydney und Tokio zur Ruhe kommt, startet er hier in Europa und später auch in den USA, bis er dann am nächsten Morgen in Australien wieder anfängt.

Währungen – das Rund-um-die-Uhr-Geschäft

Der weltumspannende computergestützte Interbankenhandel sorgt dafür, dass es so gut wie keine Arbitragen, also Unterschiede zwischen einzelnen Systemen gibt, so dass letztlich scheinbar *der* Kurs auf unserem Monitor erscheint. Da zudem täglich bis zu drei Billionen Dollar in den weltweiten Devisengeschäften umgesetzt werden, gibt es keine schwachen Handelszeiten, Mittagspausen oder ähnliche Einschränkungen.

Wirklich wichtige Nachrichten für den Devisenmarkt gibt es eigentlich nur wenige. Zu nennen sind hier natürlich Entscheidungen der großen Notenbanken der USA, Japans, Großbritanniens und der EWU, insbesondere natürlich die Zinsentscheidungen oder überraschende monetäre Schritte. Im Allgemeinen sagt man jedoch den professionellen Devisenhändlern nach, dass sie zu den bestinformierten Kreisen gehören. Daher ist auch nach scheinbar unbedeutenden Veröffentlichungen eine Bewegung am Devisenmarkt zu beobachten.

Für private Trader ist dabei angenehm, dass sich diese Bewegungen häufig nicht in unmittelbaren erratischen Kursausschlägen äußern, wie sie oft an Aktienmärkten zu beobachten sind, sondern eher langsam, dafür aber nachhaltig. Solche Bewegungen können dann auch in der übergeordneten Betrachtung, etwa auf Tagesbasis, noch wahrgenommen werden. Auf Intraday-Ebene ergeben sich dann oft mehrere starke Schübe nacheinander in dieselbe Richtung. Das ist ein Grund, warum viele Trader Währungsmärkte häufig als sehr trendstark charakterisieren.

Ein weiterer Vorteil für den privaten Trader ist, dass beim direkten Währungshandel der Hebel sehr gut einstellbar ist. Die kleinste Einheit beim Währungshandel ist der Pip, in der Regel die vierte Stelle nach dem Komma bei der Kursangabe. Damit müssen Sie also bereits 10000 € investieren, wenn ein Pip gleich 1 € Gewinn oder Verlust sein soll.

Hebel lassen sich bei Währungen sehr gut anpassen

Wollen Sie also für einen Trade 100 € riskieren, könnten Sie bei 10000 € entsprechend 100 Pips für den Stop zulassen. Im Intraday-Handel wird Ihr Stop aber viel kleiner sein, zum Beispiel 10 Pips. Bei gleichbleibendem Verlustrisiko in Euro könnten Sie nun bereits 100000 € bewegen.

Üblicherweise brauchen Sie die 100000 € aber natürlich nicht auf Ihrem Brokerkonto zu haben. Bei Währungen haben Sie automatisch eine Margin. Denn beim direkten Tausch der Euro für einen Trade zum Beispiel im Dollar bekommen Sie zunächst eine entsprechende Summe in Dollar gutgeschrieben. Nur die effektive Veränderung in Pips macht Ihren Gewinn oder Verlust aus. Im Beispiel mit den hypothetischen 100 € Verlust bräuchten Sie also theoretisch nicht mehr als diese 100 € auf dem Konto, um den 100000-Euro-Trade zu tätigen (Regelungen Ihres Brokers werden das in der Praxis aber vermutlich verhindern).

Bei anderen Ausgangssituationen oder mit einer anderen Verlustbereitschaft können Sie so Ihr Tradingkapital sehr flexibel anpassen. Der Vollständigkeit halber sei allerdings erwähnt, dass viele spezialisierte Währungsbroker feste Regelungen hinsichtlich Margin und Losgröße haben, was in der Praxis diese Flexibilität häufig wieder beschränkt.

Aus Sicht der Target-Trend-Methode sind vor allem die hohen Umsätze und die gleichmäßigen Handelszeiten von Vorteil. Das führt dazu, dass gerade bei Währungen die Kursbewegungen idealtypisch zwischen den Elementen laufen, auch auf Intraday-Ebene. Das vereinfacht den Einstieg gerade für Anfänger enorm. Umsteiger vom Aktien- oder Future-Markt vermissen dagegen häufig die Volumeninformation, die es bei Währungen, aufgrund des Fehlens einer zentralen »Zählstelle« der Trades, naturgemäß nicht geben kann. Auch die Arbeit mit einem festen Bid-/Ask-Kurs ist für den einen oder anderen gewöhnungsbedürftig. Letztlich kommt das allerdings nur einer Gebühr gleich, die bei den meisten Währungsbrokern dafür entfällt.

Währungs-Trading im Praxistest

Doch kommen wir nun zu unserem konkreten Beispiel (siehe Chart 4.37).

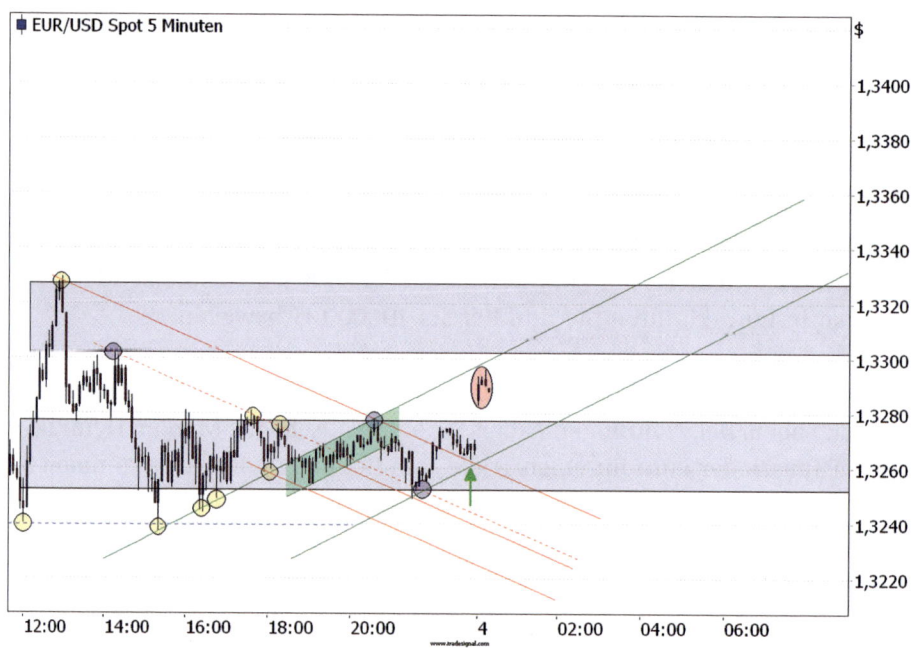

Chart 4.37: EUR/USD – die Ausgangssituation: mitternachts nach dem Wochenende

Stellen wir uns dazu einen Trader vor, der das verlängerte Wochenende des 1. Mai 2009 in angenehmer Entspannung verbracht hat und nun, kurz vor Mitternacht am Sonntag, 3. Mai den Chart des Euro/Dollar betrachtet.

Falls Sie meinen, dass es so viel Börsenverrücktheit doch wohl nicht geben kann, müssen wir Sie enttäuschen: Wir wissen persönlich um einen Trader aus dem Mittleren Westen der USA, der regelmäßig um ein oder zwei Uhr nachts dortiger Zeit mit dem Trading der europäischen Märkte begonnen hat, meist im DAX-Future. Gegen sieben Uhr morgens hat er sich dann auf den Weg zu seiner eigentlichen Arbeit gemacht. Da wir die Gelegenheit hatten, eine Zeit lang seine Trades zu verfolgen, können wir hinzufügen, dass er hierbei sehr erfolgreich war. Obwohl wir andere Trader kennen, die ähnliche Verrücktheiten kultivieren, empfehlen wir Ihnen das natürlich nicht zur Nachahmung, insbesondere wenn Sie so verantwortungsvolle Berufe wie

Chirurg oder Busfahrer ausüben. Unser Traderkollege war übrigens Pyrotechniker ...

Doch zurück zu unserem Beispiel (siehe Chart 4.37). Gemeinsam mit unserem Trader erkennen wir, dass der Euro/Dollar-Kurs ab Freitagnachmittag in einer Seitwärtsbewegung verharrte. Bald wird uns klar, dass diese Seitwärtsbewegung uns auch als Maß für unsere Rechtecke dienen kann. Außerdem finden wir einen kleinen Trendkanal und dazugehörige Verlängerungen bzw. Parallellinien als mögliche Begrenzungen eines Aufwärtstrends (grün) und einige markante Abwärtslinien (rot). Die gelben Kreise markieren einige der wichtigsten Berührungspunkte, die blauen sind herausragende Schnittpunkte.

Unser Trader spekuliert nun eigentlich auf einen Ausbruch aus dem Rechteck. Dabei bevorzugt er einen Ausbruch nach oben, denn das jüngste kleine Zwischenhoch lag ein wenig unterhalb der Rechteckoberkante und die letzten Kurse am Freitag waren dabei, ein kleineres höheres Hoch auszubilden (grüner Pfeil), was auf eine Fortsetzung der Aufwärtsbewegung hindeuten kann.

Gaps bei Währungen – ein eher seltenes Phänomen

Da ist dann zunächst die Enttäuschung groß, als die ersten Kurse am Montag nach Mitternacht bereits deutlich über dem Rechteck liegen (rote Ellipse). Andererseits ist damit die These steigender Kurse bestätigt. Nun geht es darum, einen geeigneten Einstiegspunkt zu finden (siehe Chart 4.38).

Die ersten vier Kerzen signalisieren nämlich, dass der Kurs wieder den Rückwärtsgang einlegt. Üblicherweise könnte man bei einer solchen Konstellation einen Gap-Schluss, das Schließen der entstandenen Kurslücke erwarten.

Unsere Parallel-Methode unterstützt die These einer bevorstehenden Konsolidierung. Das Hoch der bearishen Sternschnuppe liegt exakt im gleichen Abstand von der oberen roten Linie wie die untere rote. Da die Sternschnuppe fast an der oberen grünen Linie liegt, könnte der Kurs also durchaus entlang der oberen roten Linie abwärts laufen.

Natürlich ist nicht sicher, dass der Kurs bis an das Rechteck oder gar die rote Linie zurückfällt und damit die Kurslücke formal schließt. Aber eine frühere

Umkehr wäre entsprechend bullisher, und nach Überwinden der roten Linie entstünde ein alternatives Einstiegssignal.

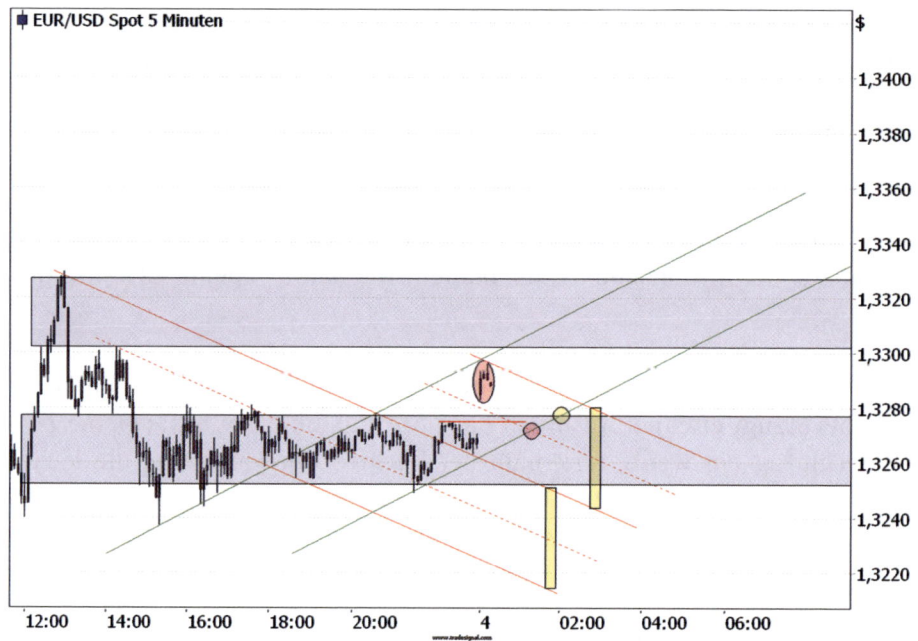

Chart 4.38: EUR/USD – Vorbereitung für den ersten Einstieg

Entscheidend für profitables Trading: der Zeitvorteil der Target-Trend-Methode

Hier erkennen Sie also erneut den großen Zeitvorteil, den die Target-Trend-Methode bietet. Die Parallel-Methode ermöglicht es Ihnen, unter Umständen früher einzusteigen, denn die klassische Charttechnik liefert von Haus aus keine Möglichkeit, die eingezeichnete obere rote Linie zu finden. Dieser Vorteil mag Ihnen jetzt vielleicht winzig erscheinen. Der Trader weiß diesen aber zu schätzen. Denn in vielen Trades machen wenige Ticks oder Pips den Unterschied aus, ob man einen Trade eingeht oder nicht. Ist nämlich das Chance-Risiko-Verhältnis wegen eines zu späten Signals zu schlecht oder der Stop zu weit weg, ist es häufig besser, auf einen Trade zu verzichten. Die Target-Trend-Methode gibt Ihnen häufig rechtzeitig die Möglichkeit, eine solche Entscheidung zu treffen.

Doch zunächst spekuliert unser Trader auf den Einstieg nach Gap-Schluss. Nun kommt es auf die Risikobewertung an. Ist dieser gerade erkennbare Ausbruch nicht so stark wie gedacht, kann der laufende Rücksetzer auch bis zurück an die untere grüne Aufwärtslinie gehen (zum Beispiel an das rote Target).

Diese Variante kommt insbesondere dann in Betracht, wenn der Kurs nun sehr steil zurückfallen sollte. Je länger der Euro sich nun mit dem Gap-Schluss Zeit lässt, desto besser kann später bei einem Long-Trade die Absicherung erfolgen. Der Abstand zwischen roter Linie und dem roten Target beträgt nämlich gerade einmal drei Pips.

Neben dem Abfischen bei Gap-Schluss oder dem Traden des vorherigen Ausbruchs über die rote Linie kommt eine dritte Variante in Betracht. Denn der Kurs kann auch einfach weiter seitwärts in Richtung der unteren grünen Linie laufen. Spätestens dort (z.B. an dem gelben Target) sollte er dann aber wieder Dynamik entfalten und sich nach oben abstoßen. Ansonsten kann diese Schwäche auf einen Fehlausbruch und ein Abtauchen nach unten hindeuten.

Die hilfreiche unbekannte Linie

Chart 4.39 zeigt, dass unser Trader mit einem Abstauberlimit direkt an der roten Linie (Punkt 1) zum Zug gekommen ist. Auch hier hat sich die Parallel-Methode wieder als extrem tauglich erwiesen: Das Tief an dieser Stelle (grüner Pfeil) lag genau auf der gestrichelten rote Abwärtslinie, die wir projiziert hatten.

Ein bisschen ungünstig war an diesem Punkt die Stop-Festlegung. Bis zur grünen Linie betrug der Abstand sechs Pips, war also höher als ursprünglich erwartet. Der Trade entwickelte sich aber wie geplant: Nahezu unmittelbar nach Gap-Schluss erfolgte eine Kursumkehr, und der Kurs lief direkt bis zu der roten Linien.

Hier kam es nun zu einer Stagnation (roter Pfeil). An dieser Stelle müssen Sie als Trader nun den Trade konsequent abbrechen. In diesem Fall haben Sie sogar noch den Vorteil, dass Ihnen ein, zwei kleine Kerzen geschenkt werden, die diese Stagnation deutlich machen und Ihnen gleichzeitig Zeit lassen auszusteigen.

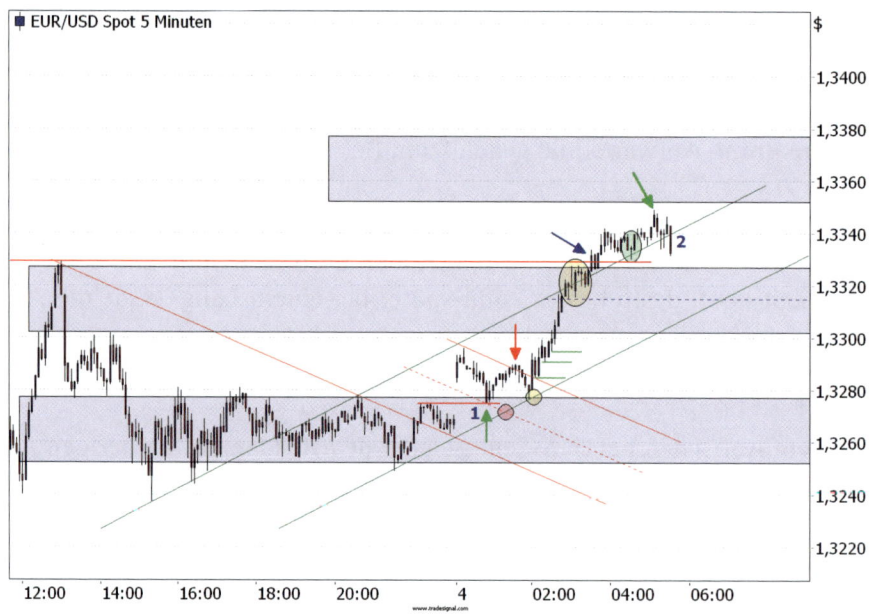

Chart 4.39: EUR/USD – die ersten drei Trades sind bereits gelaufen

Der Kurs kann von hier aus noch unter Ihren Einstiegskurs fallen, im Extremfall bis an die untere rote Abwärtslinie! Sie sind aber an dieser Stelle etwa zehn Pips im Gewinn. Das ist zwar kein umwerfendes Ergebnis, aber jeder Rückschlag würde selbst diesen kleinen Erfolg wieder aufzehren. Also müssen Sie hier die Notbremse ziehen.

An dieser Stelle können Sie dann innehalten und sich die Frage stellen, warum der Kurs tatsächlich fast genau an einer Linie dreht, die de facto gar nicht existiert. Doch Ihre Verblüffung über die immer wieder erstaunliche Präzision der Target-Trend-Methode kann ruhig auch in Zufriedenheit über einen derartig positiven Ausgang eines kritisch verlaufenden Trades umschlagen. Denn Sie hätten ohne diese rote Hilfslinie und die Überlegungen vor dem Trade zu diesem Zeitpunkt kein sinnvolles Hilfsmittel gehabt, den Verlauf als kritisch einzuschätzen.

Weder steht der Kurs an einem vorherigen Zwischenhoch oder -tief, noch hat er ein typisches Fibonacci-Niveau bezüglich des Hochs erreicht. Allenfalls Ihr Marktgefühl hätte Sie vielleicht reagieren lassen, doch gerade für Anfänger ist die Target-Trend-Methode ein unschätzbares Hilfsmittel, genau dieses zu entwickeln.

Einstieg, Ausstieg und Wiedereinstieg genau planen!

Nachdem wir also glücklich aus diesem Trade hinausgekommen sind, beobachten wir aufmerksam, was weiter geschieht. Es kommt nun zu einem weiteren Test der Rechteckoberkante und gleichzeitig der grünen Trendlinie genau in unserem gelben Target.

Das ist natürlich eine weitere Bestätigung des bevorzugten Szenarios eines weiteren Anstiegs entlang des grünen Trendkanals. Die nun folgende lange blaue Kerze unterstreicht das nur zu gut. Für unseren Trader ist nun das zweite Einstiegssignal gekommen. Aber nicht erst nach Vollendung der Kerze, mit der auch das vorherige Zwischenhoch (rote Pfeil) überwunden werden konnte. Sondern – unserer Hilfslinie sei Dank – bereits bei Überschreiten der roten Linie.

In diesem Fall ist es besonders offensichtlich, dass Sie durch diesen früheren Einstieg eine enorme Verbesserung des Chance-Risiko-Verhältnisses erreicht haben.

Denn statt bei 1,3292 USD, dem Hoch der blauen Kerze, steigen Sie bereits bei 1,3285, also sieben Pips früher ein (in Höhe des ersten grünen Querstrichs). Zum Anfangs-Stop am Tief der blauen Ausbruchskerze bei 1,3280 haben Sie nur fünf Pips Abstand, aber dafür eine Chance von 18 Pips bis zum theoretischen Ziel bei 1,3303 an der Unterkante des nächsten blauen Rechtecks. Das ergibt ein exzellentes Chance-Risiko-Verhältnis von 3,6.

Für seine Geduld und kluge Strategie wird unser Trader reichlich belohnt. Der Kurs fällt nur noch einmal kurz auf den Einstiegspunkt zurück und steigt danach unwiderstehlich an. Die grünen Striche zeigen Ihnen sinnvolle Punkte für das Nachziehen des Stops.

1000 Euro Tagesverdienst in drei Stunden Nachtarbeit

Nach Erreichen der oberen grünen Trendlinie (gelbe Ellipse) erfolgt die Gewinnmitnahme. Hier wird nach diesem Anstieg die Rückschlagsgefahr einfach zu groß. Auch das Kursbild weist eine Reihe negativer Kerzen auf. Diese führen zwar nicht zu einer Umkehr, aber das kann man natürlich zu diesem Zeitpunkt nicht erkennen. Ein Gewinn von 35 bis 43 Pips aus diesem Trade ist ein mehr als achtbares Ergebnis. Zusammen mit den zehn Pips aus dem ersten Trade ergibt das 865 bis 1025 €, wenn wir bei unserem Beispiel von oben bleiben, in dem wir unser Risiko auf etwa 100 € pro Trade festgelegt hatten. Nicht schlecht für gut drei Stunden Nachtarbeit.

Und in der Tat wäre das jetzt ein guter Zeitpunkt, um Feierabend zu machen. Wenn Sie Ihr Limit erreicht haben, ist es häufig die beste Idee aufzuhören. Die Erfahrung lehrt, dass gerade nach einem solchen Trade die Euphorie zu stark wird, was zu Unaufmerksamkeit und Leichtsinn führt. Oft scheint auch der Markt dann die Lust zu verlieren und gibt nichts Vernünftiges mehr her. Häufig müssen Trader dann zusehen, wie ihr schöner Anfangsgewinn wieder dahin schmilzt und sie am Ende mit nichts oder gar einem Verlust dastehen.

Aber wir sind ja in der komfortablen Situation, entspannt zuschauen zu können, also bleiben wir am Ball. Der nächste formale Einstiegszeitpunkt wäre das Überwinden des jüngsten markanten Hochs (blauer Pfeil in Chart 3.39). Allerdings ist zu diesem Zeitpunkt eine unmittelbare Fortsetzung der Aufwärtsbewegung wenig wahrscheinlich. Der vorherige sehr steile Kursanstieg wurde noch nicht genügend auskonsolidiert.

Trotzdem lässt sich dieser Trade nicht schlecht an. Ein weiterer kurzer Aufwärtsimpuls folgt, und nach einer kleinen Seitwärtsbewegung stößt sich der Kurs vom Ausbruchsniveau mit einem bullishen Umkehrmuster (grüne Ellipse) erneut nach oben ab. Dabei kommt es zunächst zu einem neuen Hoch (oberer grüner Pfeil).

Allerdings gelingt es während der gesamten Bewegung dem Kurs nicht, sich von der grünen Trendlinie zu lösen. Der Anstieg verhungert, und mit der letzten langen Kerze nach unten in Chart 4.39 (Punkt 2) erfolgt ein Rückfall in den grünen Kanal. Das ist das Zeichen, den noch laufenden Trade etwa auf Einstiegsniveau endgültig abzubrechen.

Auch das ist Trading: ein langatmiges Nullsummenspiel

Dieses Nullsummenspiel hat geschlagene zwei Stunden gedauert. Da kommt natürlich die Frage auf, ob ein solch zäher und zweifelhafter Trade nicht nach einer bestimmten Zeit abgebrochen werden sollte. Wie eingangs gesagt, war dieser Trade bereits von Anfang an ein bisschen waghalsig nach dem vorangegangenen Anstieg. Insofern war ein vorzeitiger Ausstieg mit einem kleinen Plus vorher sicherlich gerechtfertigt. Zumal wohl die wenigsten Trader die Gelassenheit haben, einen solchen Trade zwei Stunden lang zu verfolgen. Formal wenden wir allerdings in der Target-Trend-Methode keinen Zeit-Stop an, wenn sich der Trade noch regelgerecht verhält.

Doch zurück zu unserem Beispiel. Wie ist die Situation nun nach diesem Rückfall zu bewerten? Die erste Möglichkeit ist, dass abermals eine Umkehr an der Rechteckkante bzw. dem roten Ausbruchsniveau erfolgt. Da aber der Kurs vorher geradezu aufreizend an der grünen Linie entlanggetänzelt ist, gibt er uns damit deutliche Hinweise darauf, welche Struktur derzeit bedeutsam ist. Wenn wir es also mit einem Fehlausbruch aus dem grünen Trend zu tun haben, lässt uns unsere Trend-Theorie einen Rückfall bis an die Unterkante erwarten.

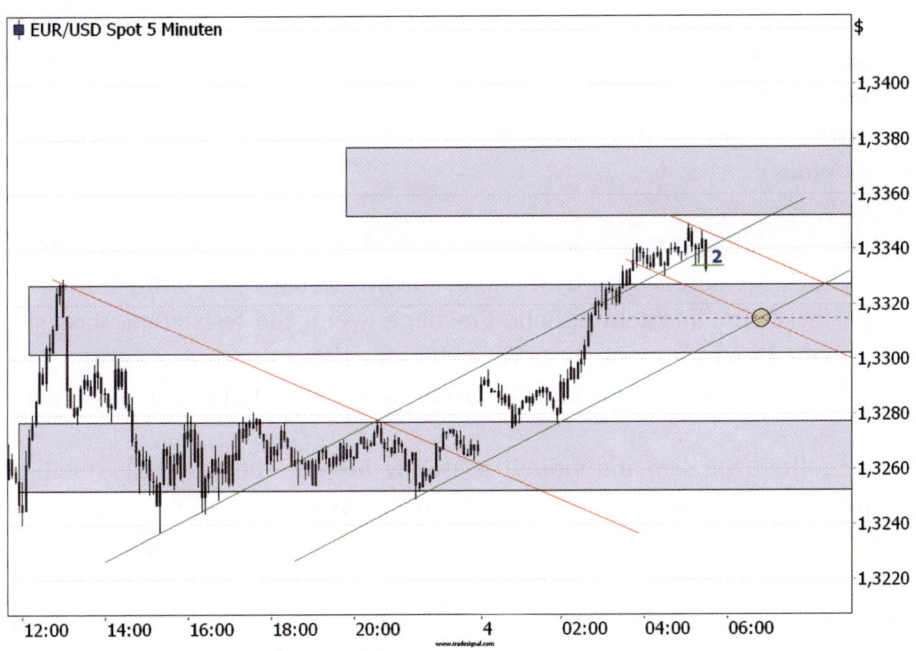

Chart 4.40: EUR/USD – antizyklisch im Aufwärtstrend traden?

Die Frage ist nun, ob wir diesen Rückfall von Punkt 2 aus traden sollten. Offiziell befinden wir uns immer noch im Aufwärtstrend. Die Regel lautet dann, keine antizyklischen Trades einzugehen. Andererseits ist ein Fehlausbruch eins der stärksten Signale überhaupt. Versuchen wir uns daher der Entscheidung über die Risikoabschätzung zu nähern (siehe Chart 4.40).

Traden oder Nicht-Traden – eine Risikoabschätzung

Der Schlusskurs der letzten Kerze liegt bei 1,3333, die obere grüne Aufwärts-linie als mögliche Stop-Grenze bei etwa 1,3340, das gelbe Target als eventu-elles Ziel bei 1,3315. Möglichen 18 Pips Gewinn stehen sieben bis acht Pips Verlust gegenüber. Mit deutlich über zwei ist das Chance-Risiko-Verhältnis dabei tragbar, zumal das Target auch eher eine konservative Annahme ist (der aktuelle Rückfall signalisiert sogar eine stärkere Dynamik). Aggressivere Trader hätten vielleicht nach diesem zweistündigen Lavieren den Einstieg schon am jüngsten kleinen Tief geplant (grüne Linie) und so ein, zwei Pips gewonnen, konservativere Naturen würden diesen Trade vielleicht komplett auslassen.

Letzteres ist gerade für Anfänger nicht die schlechteste Entscheidung, denn all die oben genannten Erwägungen, Berechnungen und Abschätzungen müssen Sie unter Umständen in Sekundenbruchteilen anstellen. Eine voran-gegangene so zähe Bewegung schläfert dabei ungeachtet der tatsächlichen Uhrzeit ein.

Ist Ihnen auf diese Art ein solcher Trade mal durch die Lappen gegangen, dann rennen Sie gerade im Day-Trading solchen Gelegenheiten nie hinterher! Suchen Sie vielmehr nachträgliche Einstiege, wenn Sie feststellen, dass sich eine größere Bewegung anbahnt. Versuchen Sie lieber durch Auswertung sol-cher entgangener Trades für künftige Aktionen geeignete Lehren zu ziehen.

Hierfür sollten Sie sich individuell passende Regeln oder Abläufe erstellen. »Farmer« sind hier im Vorteil: Sie können mit dem klassischen Trader-Log-buch bei jedem neuen Hoch oder Tief für laufende oder mögliche Trades Einstieg, Stop und Ziel ganz formalisiert festhalten. Wenn dann der nächste Trade starten kann, haben Sie alle Zahlen sofort griffbereit (kein unwesent-licher Vorteil in der Hektik des Tradings). »Jäger« tendieren vielleicht eher zu der Methode eines Kollegen, der in ereignislosen Zeiten einfach den Kurs-verlauf im Stil eines Fußballreporters im Radio kommentiert und so seine Aufmerksamkeit wachhält ...

Doch wenden wir uns wieder dem weiteren Verlauf zu (Chart 4.41). Der Kurs fällt zunächst am gelben Target vorbei weiter nach unten, stoppt aber wiede-rum exakt an der grünen Trendlinie. Mit einem klaren Umkehrmuster stößt er sich nach oben ab. Hier liegt jetzt ganz klar ein Einstiegssignal im gültigen Aufwärtstrend an der Oberkante der roten Kerze des Umkehrmusters vor (grüne Linie).

Allerdings stockt der Anstieg an der Rechteckoberkante bzw. dem alten Ausbruchniveau (gelbe Ellipse). Diese kleine Konsolidierung kann ein Zeichen für die Fortsetzung des Aufwärtstrends sein. Kommt es jedoch zu einem Rückfall von dort aus, dann würde es sich um eine Bestätigung des vorangegangenen Rückfalls handeln. Das ist dann ein ganz klar bearishes Zeichen.

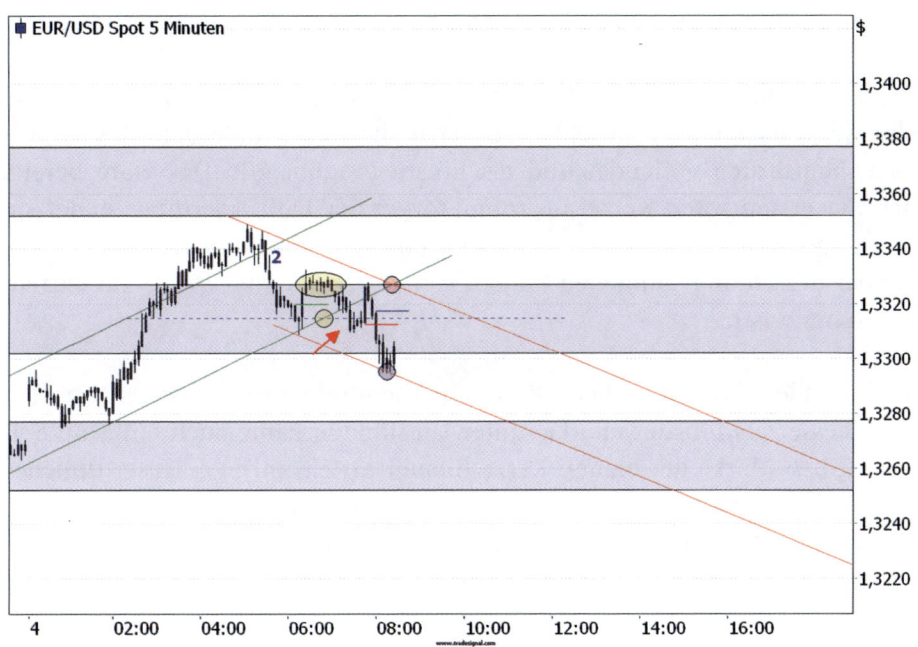

Chart 4.41: EUR/USD – der Abwärtstrend hat begonnen

Bei Trendwechsel ist strikte Stop-Setzung unabdingbar

Deshalb muss der laufende Long-Trade während dieser Konsolidierung strikt abgesichert werden, mindestens auf Kaufkurs! Denn die bearishe Variante setzt sich tatsächlich durch, und in der Folge fällt der Kurs aus dem grünen Aufwärtstrend nach unten heraus (roter Pfeil).

Im Bereich des vorangegangenen Tiefs an der grünen Trendlinie versucht der Euro eine Umkehr (um das gelbe Target bildet sich ein Target-Arc), die aber mit einem gescheiterten Rebreak in den grünen Kanal kurz vor dem roten Target nochmals an der Rechteckoberkante endet.

Den sich anschließenden Rückfall muss man handeln! Wir haben hier einen bestätigten Ausbruch aus einem Aufwärtstrend nach unten und einen gescheiterten Target-Arc vorliegen. Minimalziel ist die Unterkante des blauen Rechtecks. Wenn wir allerdings von dem Beginn eines Abwärtstrends ausgehen, dann können wir mittels unserer Parallel-Methode von einem Ziel auf der neuen unteren roten Linie ausgehen, was noch ein etwas höheres Potenzial von fünf bis sieben Pips mehr bedeuten würde.

Ein bisschen unklarer ist der Zeitpunkt des Einstiegs in diesem Fall. Die reine Lehre sagt, dass eine abgeschlossene bearishe Kerze außerhalb des Trends den Fehlausbruch vollendet und als Einstiegssignal gilt. Das wäre bereits nach der ersten roten Kerze am roten Target der Fall. Allerdings endet sie gerade so einen Pip unter der Linie und erscheint auch ein wenig kurz gegenüber der vorangegangenen blauen Aufwärtskerze (die wiederum extrem lang geraten ist).

Die folgende Kerze, die ebenfalls uneingeschränkt bearish ist, eignet sich schon besser als Einstiegsmarke, unter Umständen käme auch ein Stop Sell an der 50%-Marke der blauen Kerze (blauer Strich) infrage. Unser übliches Kriterium, erst nach Unterschreiten der blauen Kerze einzusteigen, würde hier relativ spät kommen. Konservative Trader, die strikt bei diesem Signal bleiben wollen, sollten dann den Stop niedriger legen, zum Beispiel an die kurze blaue Linie oder – sehr radikal – oberhalb der Mittellinie des Rechtecks.

Wieder klar im Vorteil im neuen Abwärtstrend – die Target-Trend-Methode!

Die weitere Kursentwicklung liefert für jede dieser Varianten ein ordentliches Ergebnis. Der Kurs fällt kräftig und stoppt – genau an der roten Linie durch das jüngste Tief (blauer Kreis), die zu diesem Zeitpunkt (erneut!) ihre Berechtigung nur aus der Parallel-Methode zieht, denn auch auf der Oberseite ist sie bisher noch nicht bestätigt.

Aber als Target-Trend-Trader reicht uns diese vermeintlich sehr vage Bestätigung aus, um nun endgültig den roten Abwärtstrend als gültig zu betrachten. Unserer Trend-Theorie zufolge erwarten wir für die nächste Zeit einen ersten echten Test der oberen roten Linie. Einen solchen Kursanstieg machen wir mit unserem laufenden Trade natürlich nicht mit. Da unser Ziel perfekt erreicht wurde, steigen wir an der roten Linie mit einem schönen Gewinn aus.

Inzwischen sind auch ein, zwei Kollegen unseres Traders bei der Arbeit, die sich nicht die Nacht um die Ohren geschlagen haben. Diesen kann er jetzt frohgemut verkünden, dass ihm die Nacht bisher mindestens 85 Pips oder etwa 1500 € eingebracht hat. Er macht nun endgültig Feierabend und überlässt seinen Kollegen die Frühschicht.

Und auch die starten recht erfolgreich (siehe Chart 4.42). Der Kurs schnellt nämlich von der unteren roten Linie direkt wieder bis zur oberen hoch und dreht dort erneut (linker gelber Kreis in Chart 4.42). Damit ist der rote Kanal nun endgültig bestätigt. Bereits im ersten gelben Kreis kommt es zu zwei, drei Berührungen der roten Abwärtslinie. Das erlaubt einen leichten Einstieg in den nächsten Short-Trade, zumal auch das rote Target an der Rechteckoberkante in einem Target-Arc umwandert wurde.

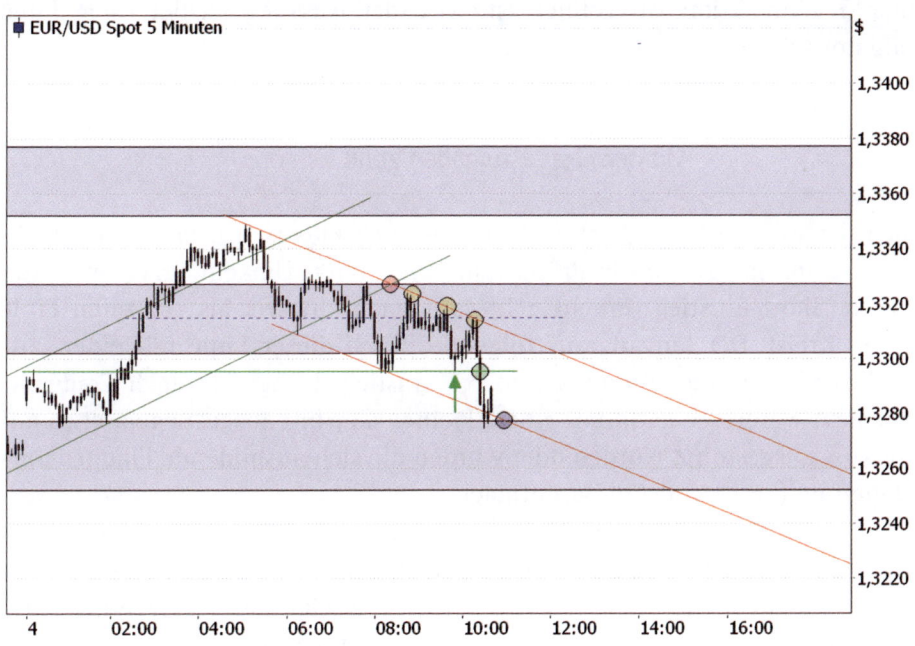

Chart 4.42: EUR/USD – weitere Short-Trades

Der Trade entwickelt sich in die richtige Richtung, allerdings zunächst nicht mit der gewünschten Dynamik. Es kommt zu einem weiteren Test der roten Linie, bevor es dann zum letzten Tief abwärts geht. Die kleine Umkehrkerze an dieser Stelle (grüner Pfeil) mahnt zur Gewinnmitnahme bzw. sehr enger Stoppabsicherung. Eine Gewinnmitnahme lohnt sich aber auch schon, schließlich summiert sich der Ertrag an dieser Stelle bereits auf beachtliche 25 Pips.

Doch der Abwärtstrend ist noch intakt. Und so bietet sich für Draufgänger auch ein Spike-Fishing im Schnittpunkt von Rechteckmittellinie und Oberkante roter Trend an (dritter gelber Kreis in Chart 4.42). Mit ein wenig Glück hat das dann auch geklappt. Als Variante kämen ein Einstieg nach dem starken Rückfall von der oberen Linie (hohes Momentum!) oder natürlich beim Bruch der letzten Tiefs (grüne Unterstützung) infrage, jeweils mit Ziel untere rote Abwärtslinie.

Genau bis dorthin, in diesem Fall gleichzeitig die Oberkante des nächsten Rechtecks (blaues Target), fällt auch der Kurs. Selbst beim spätesten Einstieg (grüner Kreis) wären das immer noch 18 Pips Potenzial. Da nun wieder mit einer Gegenreaktion zu rechnen ist, wird der Ausstieg an der roten Linie obligatorisch.

Mit dem Trend zu gehen zahlt sich aus

Auch der weitere Verlauf entwickelt sich ganz klassisch (siehe Chart 4.43). Der Rücksprung bis an die grüne Linie mit klaren Umkehrkerzen wäre der nächste Short-Einstieg. Erneut geht es danach abwärts bis zur roten Linie (gelber Kreis). Der kurz darauf folgende Bruch dieser Linie mit einer langen bearishen Kerze käme als weiterer Einstieg infrage. Je nach Trademanagement wären Sie dann mit einem kleinen Gewinn ausgestiegen, etwa auf Kaufkurs ausgestoppt worden oder würden die sich ausbildende Flaggenkonsolidierung (grün) vollständig mitmachen.

In jedem Fall ergibt sich ein erneutes Einstiegssignal beim Durchbruch der unteren Flaggenbegrenzung (grüner Kreis). Das Ziel dieser Bewegung leitet sich nun aus mehreren Kriterien ab. Zunächst ergibt sich das klassische Kursziel aus der Projektion der ersten Höhe der ersten Bewegung von der Oberkante der Flagge nach unten (rote Rechtecke). Die Target-Trend-Methode liefert uns aber zwei weitere Indizien. Zum einen liegt ein bisschen unterhalb der Zielmarke die Oberkante des nächsten Rechtecks, zum anderen verläuft in diesem Bereich auch die nächste Parallellinie im Abstand des oberen Kanals III.

Dadurch ergibt sich in diesem Bereich ein eindeutiges Target (blauer Kreis). Wenig überraschend für Target-Trend-Trader ist daher, dass eben genau dieses Target ein wenig unterhalb des klassischen Ziels getroffen wird. Natürlich beenden wir den Trade an dieser Stelle, denn der Trend ist nun wirklich sehr reif und hat mit Erreichen der unteren roten Linie sogar sein vorläufiges Maximalziel nach unserer Trend-Theorie erreicht.

Chart 4.43: EUR/USD – lukrative Trades bei Trendausbruch

Wenn Sie also die sehr weit verbreitete Methode des Tradings mit mehreren Losen verwenden und diese mit zunehmenden Gewinne reduzieren, um schließlich mit dem letzten den Gewinn laufen zu lassen, dann ist der jüngste starke Momentumschub nach unten (gelber Kreis) das endgültige Signal, die Gewinne mitzunehmen oder mindestens sehr eng abzusichern.

Szenarioanalyse und schnelles Umschalten in reifen Trends

In derartigen Situationen, wenn ein Trend sehr reif ist, fällt es den meisten Tradern schwer, eine vernünftige Strategie zu entwickeln. Häufig sinkt dann der Mut, weitere trendkonforme Signale zu traden, weil es »eigentlich« nicht mehr viel weitergehen *kann*. Oft setzt sich ein Trend aber doch länger fort, als man meint, auch wenn es dann langsamer als zuvor vorangeht.

Andere Trader machen dann auch oft den Fehler, unbedingt antizyklisch zu handeln. Das ist natürlich fatal, wenn sich der Trend dann doch fortsetzt. Aber selbst den besonnenen Naturen gelingt nur selten eine perfekte mentale Umschaltung von Trend auf Trendbruch und Umkehr. Natürlich sind Trendwechsel nur sehr schwer zu erkennen, aber die bei der Target-Trend-Methode verwendete Trend-Theorie und auch die anderen Bausteine erlauben zumindest die Identifikation der neuralgischen Punkte.

Die Target-Trend-Methode setzt ja in ihren einzelnen Bausteinen immer wieder auf ein gewisses Symmetrieprinzip: gestapelte gleich große Rechtecke, Parallellinien in gleichen Abständen, Zeitzyklen usw. Über die Fibonacci-Niveaus ist dieses Prinzip auch um eine weitere Komponente erweitert worden, nämlich bestimmte, häufig auftretende Größenverhältnisse.

All diese verschiedenen Instrumente können Sie selbstverständlich nicht in einem Chart unterbringen. Das wäre zu unübersichtlich. Außerdem kostet das gerade im kurzfristigen Intraday-Trading eine Menge Zeit und damit zu viel Ihrer wertvollen Aufmerksamkeit.

Aber Sie sollten sich in jedem Fall immer einen längerfristigen Chart Ihres aktuellen Tradingwerts auf den Bildschirm holen, damit Sie sich nicht in den Details eines sehr kurzfristigen Charts verlieren. Dabei oder während der täglichen Tradeauswertung versuchen Sie dann, Ihr Auge für solche Verhältnisse zu schulen.

Behalten Sie auch übergeordnete Zusammenhänge im Auge

In unserem Fall erspäht das geübte Auge beispielsweise eine gewisse Proportion zwischen dem gerade laufenden Abwärtstrend und dem vorangegangenen Anstieg, gerechnet vom letzten Tief am Freitagabend (davor lief ja die

Seitwärtsbewegung). In Chart 4.44 sind diese Proportionen einmal durch die Fibonacci-Linien veranschaulicht.

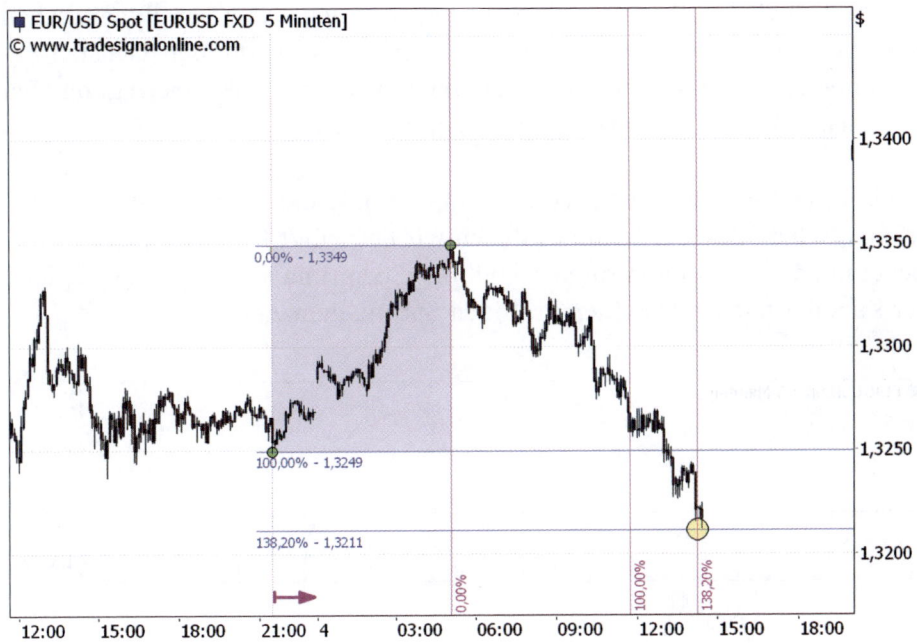

Chart 4.44: EUR/USD – ein Blick zurück auf die übergeordnete Bewegung

Am aktuellen Tief (gelbes Target) entspricht also das Zeit- dem Kursverhältnis. Eine solche Proportion kann Vorbote eines wenigstens zeitweisen Trendwechsels sein. Die Trendbeschleunigung und die lange rote Kerze in den gelben Kreis hinein können eine Andeutung für eine gewisse Überhitzung oder auch einen finalen Ausverkauf sein.

Unsere Trend-Theorie liefert uns jedoch ein hervorragendes Werkzeug, um hier eine vernünftige Abschätzung zu erreichen: Wenn der Kurs nun vom aktuellen Tief (nach dem Kontakt mit der untersten roten Parallellinie III in Chart 4.43) wieder an die Unterkante des alten Abwärtstrends (Linie II in Chart 4.43) steigt und in diesen zurückkehrt, steigt die Wahrscheinlichkeit enorm, dass ein Trendwechsel bevorsteht. Auf jeden Fall lässt sich dann bereits ein Long-Trade auf Erreichen der Oberkante des alten Abwärtstrends riskieren.

Das hängt natürlich auch von der Dynamik der Bewegungen ab. Am letzten Hoch über dem grünen Trend (vor Punkt 2 in Chart 4.41) hatten wir einen eher zaghaften Ausbruch und ein langes Lavieren entlang der Trendkante, das die Schwäche andeutete. Jetzt dagegen hatten wir einen dynamischen Ausbruch nach unten, der nahezu unmittelbar das Ziel an der nächsten Parallellinie erreichte. Daher wäre jetzt eine langwierige Gegenbewegung eher ein Zeichen für die Fortsetzung des Abwärtstrends.

Unter diesem Aspekt wollen wir uns in Chart 4.45 die nächste kritische Situation ansehen. Zunächst einmal stellen wir befriedigt fest, dass die Gewinnsicherung an der unteren roten Trendlinie eine prima Idee gewesen ist, denn der Kurs hat tatsächlich einen kräftigen Sprung gemacht.

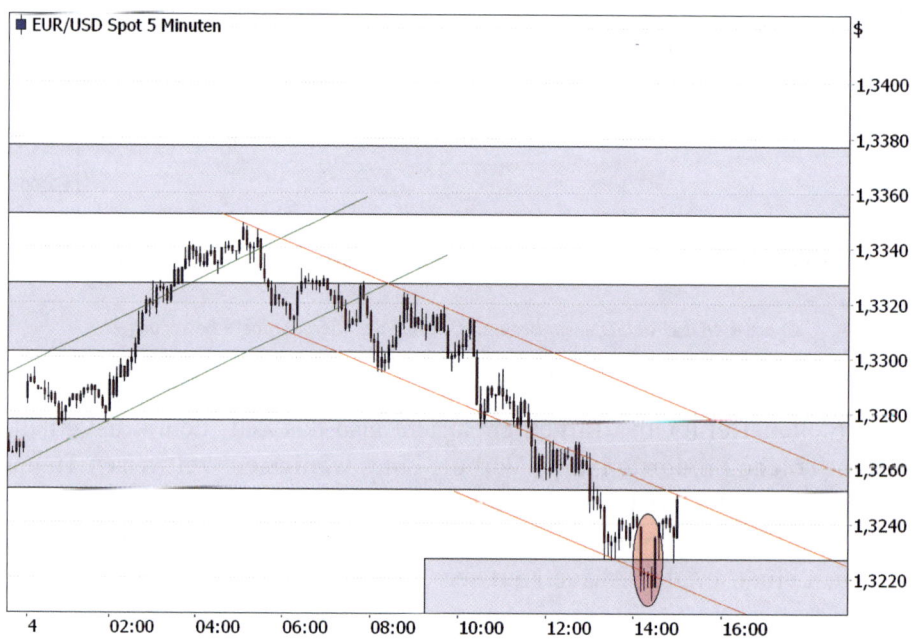

Chart 4.45: EUR/USD – wie stark ist dieses starke Umkehrmuster?

Und nicht nur das. Nach einem kurzen Rücksetzer zurück an die Rechteckkante hat er nun mit einer sehr langen bullishen Kerze bereits die alte Unterkante des Abwärtstrends erreicht. Die Stärke dieser Bewegung legt nun tatsächlichen einen möglichen Rebreak des Kanals nahe.

Kerzenkombinationen auf unterschiedlichen Zeitebenen

Darauf deuten auch weitere Indizien hin. Betrachten wir beispielsweise die Kerzenkombination direkt im vorläufigen Tief ein bisschen genauer (rote Ellipse). Bereits in dem von uns verwendeten 5-min-Chart erkennen wir ein klares Umkehrmuster, auch wenn dieses von den in Anhang 5 vorgestellten Beispielen durch eine größere Anzahl von Kerzen abweicht.

Sehen wir uns dieses Tief aber in übergeordneten Zeitrahmen an (siehe Bild 4.2), dann stellen wir fest, dass sich dieses Umkehrmuster in den unterschiedlichsten Ausprägungen auch auf den höheren Zeitebenen fortsetzt: Im 10-min-Chart finden wir bereits das klassische Dreifach-Umkehrmuster, im 15 min-Chart ein perfektes Durchstoßmuster und im 30-min-Chart einen nahezu idealen Hammer.

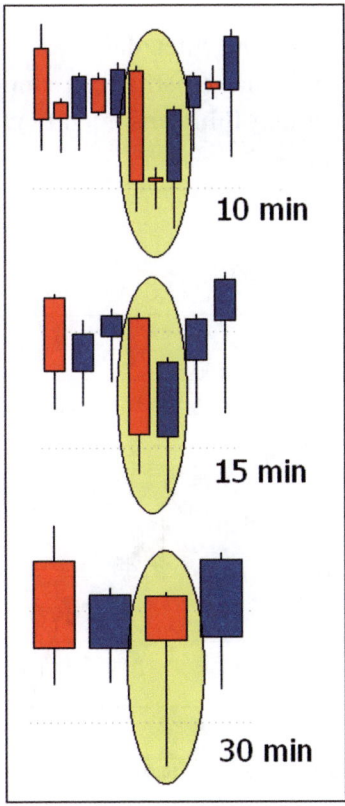

Bild 4.2: EUR/USD – das Umkehrmuster in den übergeordneten Zeitrahmen

Damit verdichten sich die Hinweise auf eine markante Umkehr. Insbesondere die Übereinstimmung der Aussage der Kerzenmuster in mehreren übergeordneten Zeitrahmen ist meist ein sehr ernst zu nehmendes Zeichen. Deshalb sollten Sie den bereits oben empfohlenen längerfristigen Chart auch in einer anderen Zeitdimension darstellen lassen. Das hilft Ihnen dank der übersichtlicheren Darstellung größerer Zeiträume bei der Beurteilung von Chartformationen.

Mit ein wenig Erfahrung werden Sie auch in der Lage sein, die Kombination mehrerer Kerzen, so wie in Bild 4.2 dargestellt, im Kopf anzustellen. Dann müssen Sie nicht mehr mehrere Charts verfügbar haben oder auf einzelne Zeitebenen umschalten.

Ein ansatzloser Trendwechsel direkt vom Tief aus?

Für unsere Tradingaktivitäten bedeutet das, dass wir nun mit Eintritt des Kurses in den alten Abwärtskanal ernsthaft an einen Long-Einstieg denken können. Zu dieser Entscheidung führt uns auch noch eine andere Tatsache.

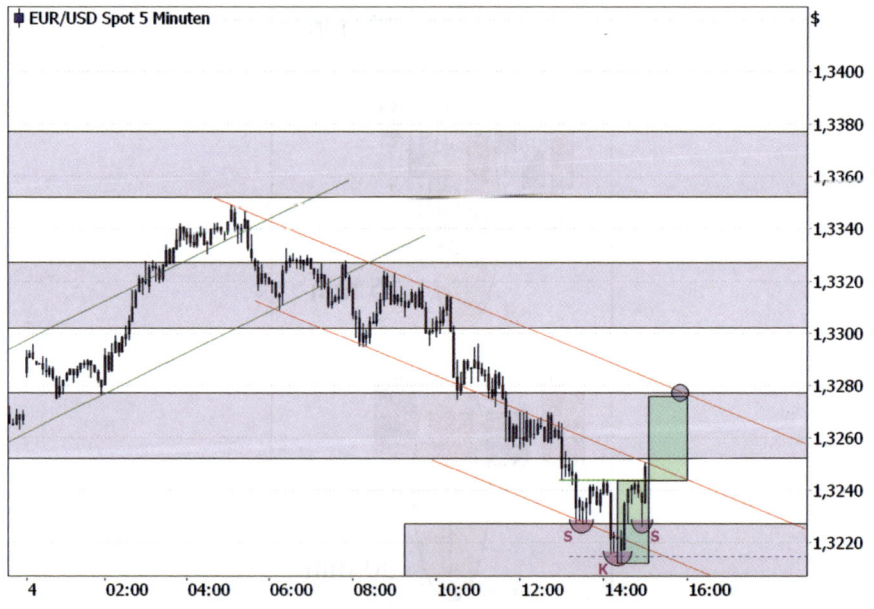

Chart 4.46: EUR/USD – mächtiges Umkehrmuster und inverse SKS im Tief –
Zeichen des Trendwechsels?

In Chart 4.46 ist die aktuelle Situation nochmals aus einem anderen Blickwinkel dargestellt. Danach können wir nämlich die Kursbewegung im Tief auch als inverse Schulter-Kopf-Schulter-Formation (SKS) interpretieren. Zwar ist die rechte Schulter ein bisschen klein geraten, denn sie besteht nur aus einer hammerförmigen Kerze. Andererseits spricht gerade das auch für eine momentan recht starke Tendenz nach oben.

Diese aus der klassischen Charttechnik bekannte Formation behandeln wir hier auch ganz konventionell: Wir bestimmen das Kursziel der Formation durch Addition des Kursabstands vom Tief bis zu der sogenannten Nackenlinie (grün) und dem Kurswert bei Durchbruch der ersten Kerzen durch die Nackenlinie nach oben. Da in diesem Fall die Nackenlinie nahezu waagerecht verläuft, sind die beiden grünen Rechtecke, die dieses Schema abbilden, einfach aufeinandergestapelt.

Auch klassische Chartformationen sind hilfreich bei der Target-Trend-Methode

Ähnlich wie bei der Abwärtsbewegung in Chart 4.43 finden wir durch zusätzliche Anwendung ganz klassischer charttechnischer Instrumente ein sehr markantes Target, und zwar den blauen Kreis am Schnittpunkt zwischen Trendoberkante und blauem Rechteck. Denn fast genau bis hierhin reicht das grüne Rechteck aus der Kurszielbestimmung der inversen SKS.

Dieses Target verdeutlicht erneut einen weiteren großartigen Vorteil der Target-Trend-Methode. Zum einen wird dieses Target durch die SKS-Kurszielbestimmung schon deutlich relevanter für den Kursverlauf, zum anderen haben wir nun einen viel besseren Anhaltspunkt für einen möglichen Zielpunkt aus der inversen SKS. Denn die klassische Kurszielbestimmung ergibt ja nur einen Kurswert, sagt aber über den Zeitpunkt, wann dieser erreicht wird, letztlich nichts aus.

Entscheidend für unser Trading ist aber die relative Lage dieses Targets zum bisherigen Kursverlauf. Diese erlaubt uns nun eine Einschätzung des künftigen Kursverlaufs, anhand derer wir unsere Tradingstrategie *bereits jetzt* vorausschauend anpassen können. Damit werden wir in der Lage sein, exakte situationsbezogene Entscheidungen über Abbruch und Weiterführung des Trades zu treffen und so die typische Unsicherheit an neuralgischen Punkten während eines Trades zu vermeiden. Das ist nicht nur ein unschätzbarer psychologischer Vorteil, sondern auch ein enormer Beitrag zur Profitabilität Ihres Tradings.

Was damit gemeint ist, verdeutlicht Ihnen folgende Überlegung: Der letzte Kursabschnitt seit dem Tief verlief ja bereits recht steil. Unser gerade gefundenes Target würde – wenn der Kurs denn dort hingelangt – diese steile Bewegung fortführen. Das wäre angesichts des vorangegangenen Abwärtstrends sicherlich sehr bullish einzuschätzen. Trifft also dieses Szenario auch nur halbwegs ein, könnte das Momentum dieser Bewegung dazu führen, dass auch die Oberkante des roten Abwärtstrends unmittelbar gebrochen wird und der Kurs eventuell sogar weiter steigt.

In diesem Fall wäre es doch für einen Long-Trade günstiger, den Gewinn nicht automatisch zu sichern, wenn der Kurs die rote Linie in der Nähe des blauen Targets erreicht. Denn dann würden wir ja einen weiteren möglichen Kursanstieg verpassen. Also erscheint es sinnvoller, dann den Trade lieber enger abzusichern, auch auf die Gefahr hin, dadurch eventuell ein paar Pünktchen wieder zu verlieren.

Die Target-Trend-Methode bereitet Sie auf die richtig
lukrativen Trends vor!

Die enorme Bedeutung dieser relativ simplen Überlegung können Sie sich dadurch vor Augen führen, dass wir momentan formal immer noch dick in einem Abwärtstrend stecken. Eigentlich sollten wir jetzt gar nicht antizyklisch traden, und wenn, dann aber bitteschön mit rechtzeitiger Gewinnsicherung.

Neben den genannten Indizien ermöglicht uns also die Target-Trend-Methode nicht nur eine *fundierte* abweichende Einschätzung zu diesem Zeitpunkt, sondern auch konkrete Überlegungen über die möglichen Varianten des Verlaufs des Trades und die Konsequenzen daraus *vorher* anzustellen!

Das gibt Ihnen in der Praxis eine ungeheure, kaum zu überschätzende analytische Sicherheit und damit eine enorme mentale Überlegenheit! Natürlich würde jeder Trader erkennen, dass der Kurs sehr stark gestiegen ist, wenn er das blaue Target erreicht. Aber der Trader muss dann in Sekunden entscheiden, ob dies weiterhin bullish ist oder eher eine Umkehr droht, muss die Frage »raus oder drinbleiben?« beantworten.

Das ist sicherlich mit hinreichender Erfahrung möglich, aber bis dahin müssen Sie als Trader erst einmal kommen. Mit der Target-Trend-Methode haben wir jedoch einen Kompass, der zwar nicht den Weg des Kurses bestimmt, an dem wir aber den bullishen oder bearishen Zustand einer Bewegung sehr gut messen können.

Chart 4.47 zeigt Ihnen den unglaublichen Anstieg, den der Euro unmittelbar vom Tief aus hingelegt hat. Die Gelegenheit für einen solchen Trade bekommen Sie an den Märkten nicht alle Tage. Sie ist aber auch nicht so selten, wie Sie jetzt möglicherweise meinen. Gerade bei Währungen ist eine solche Bewegung öfter anzutreffen.

Chart 4.47: EUR/USD – tatsächlich, ein fulminanter Trend ist gestartet worden

Das Problem für die meisten Trader ist jedoch, dass sie eine solche Bewegung größtenteils verpassen. Sie erwischen vielleicht einen ganz passablen Einstieg. Aber mangels der richtigen Werkzeuge und infolgedessen einer starken mentalen Verunsicherung bleiben Erfolge auf verhältnismäßig kleine Gewinne beschränkt, die durch vergleichbare Verluste häufig wieder aufgezehrt werden. Deshalb ist es auch für Ihre mentale Gesundheit wichtig, dass Sie die Möglichkeit solcher Trades möglichst frühzeitig, aber realistisch in Erwägung ziehen und dann wissen, wie Sie davon profitieren können.

Ersteres ermöglicht Ihnen die Beherrschung der Bausteine der Target-Trend-Methode, Letzteres wollen wir einmal beispielhaft an Chart 4.47 besprechen.

Wie Sie starke Trends am besten traden

Der Start des Trades ist relativ klar. Nach Überschreiten der roten Linie II ist die Long-Position eröffnet worden (unterer gelber Kreis an Punkt A). Nach den ersten Kerzen bereits lag der Stop dann auf Kaufkurs bzw. dem in diesem Bereich liegenden kleinen Zwischentief (kurze grüne Linie bei A).

Am Target D lag sicherlich der neuralgische Punkt dieses Trades. Denn es kam hier tatsächlich zunächst zu einem Spike ins Target und einer bearishen roten Kerze unmittelbar im Anschluss (roter Pfeil). Wie erwähnt, wird also eine ganze Reihe von Tradern an dieser Stelle bereits vorsichtshalber ausgestiegen sein. Eine übliche Stop-Technik, zum Beispiel im Bereich der schmalen roten Zone, hätte den Trade an dieser Stelle bereits beendet. Die Alternativen wären das letzte kleine Hoch oder die Mittellinie des blauen Rechtecks (B) gewesen. Beides lässt jedoch den Gewinn stark zusammenschmelzen.

Daher eignet sich in diesem Fall am besten eine geteilte Position. Die erste wird am Target verkauft, die zweite an Punkt B (grüne Linie) abgesichert. Geht die Spekulation auf, sollten Sie mit der zweiten Hälfte versuchen, wieder in den Trade zu kommen. Das kann relativ aggressiv geschehen, sobald die erste Kerze über der roten Kerze (Pfeil) schließt. Die Absicherung für diese neue Hälfte erfolgt anfangs zum Beispiel an der roten Zone (C).

Bei jeder bearishen oder Unsicherheitskerze müssen Sie dann den Stop auf den nächsten sinnvollen Punkt nachziehen, nach dem Hammer und der Hohen Welle bei E zum Beispiel auf die Rechteckkante bei D. Nach der langen bullishen Kerze, die unmittelbar nach E folgt, bietet sich das Niveau des Schnittpunkts mit der gestrichelten Parallellinie an (oberer gelber Kreis,

Punkt F). Darunter sollte der Kurs nicht mehr fallen, weil dann bestenfalls eine Konsolidierung entlang dieser Abwärtslinie zu erwarten wäre.

Als diffizil empfinden viele Trader auch das Traden an den Extrempunkten nach solch heißen Trends. Diese stellen sich meist erst im Nachhinein als solche heraus, aber in der Regel kündigen stärkere Kursfluktuationen einen nahen Hoch- oder Tiefpunkt an. So auch hier (gelbe Ellipse oberhalb von Punkt G).

Die meisten Trader versuchen dann, das alte Hoch, das ja quasi schon greifbar ist, zu erwischen. Das ist verlockend, aber zu oft nur wenig sinnvoll. In unserem Fall wird das Hoch zunächst um genau einen Pip (!) verpasst, woraufhin der Kurs in das Rechteck und bis knapp unter G zurückfällt. Hier hätten Sie also etliche Pips verschenkt.

Die Fibonacci-Projektion ist das ideale Werkzeug
für anhaltende Trendphasen

Wie kommen wir also aus diesem Trade am sinnvollsten heraus? Benutzen wir einfach unsere Werkzeuge! In Chart 4.48 ist die Fibonacci-Projektion für den Aufwärtstrend eingezeichnet. Zur besseren Orientierung finden Sie auch noch die wichtigen Punkte für Stops und Neueinstieg, die wir gerade anhand von Chart 4.47 besprochen haben.

Sie sehen, dass viele dieser Punkte auch von den Fibonacci-Linien fast punktgenau getroffen werden. Unser Trend klettert also im wahrsten Sinn des Wortes regelgerecht nach oben. Sogar unser erstes blaues Target wird bestätigt. Damit hätten wir also bei unseren Stops eine zusätzliche Sicherheit.

Auch unser Ziel wird nahezu exakt erreicht! (roter Kreis). Damit haben wir die Möglichkeit, uns sehr eng am Ziel abzusichern. In diesem Fall wäre es eine praktikable Möglichkeit, dass nach Überschreiten der Fibonacci-Zielmarke bei 1,3346 ein Stop einen Pip darunter aktiviert wird. Schafft es der Kurs bis an das alte Hoch oder darüber, können Sie die Gewinne sichern. Wenn nicht, haben Sie wenigstens das hohe Target-Niveau eng abgesichert.

Natürlich finden wir nicht bei jedem Trade solch fast idealtypischen Zustände. Aber bei diesem Beispiel handelte es sich um einen realen Fall, wie

Chart 4.48: EUR/USD – die Fibonacci-Projektion spielt ihre Stärken im Trend voll aus

Chart 4.49: EUR/USD – weniger spektakulär, aber genauso präzise: der weitere Verlauf

er sich einfach aus der laufenden Tradingpraxis ergeben hat. Wenn Sie eine Zeit lang selbst praktisch getradet haben, werden Sie merken, dass derartige Fälle viel öfter vorkommen, als Sie zunächst erwarten würden.

In Chart 4.49 können Sie beispielsweise mitverfolgen, wie die durch die Target-Trend-Methode gefundenen Strukturen den weiteren Intraday-Verlauf bestimmen – auch wenn so ein rasanter Trend, wie gerade erlebt, sich nicht gleich wiederholt.

4.3.3 Intraday-Trading mit Index-Futures

In unserem nächsten Beispiel werden wir uns mit Aktienindex-Futures beschäftigen. Es gibt auf alle großen Indizes Futures, aber nicht alle eignen sich zum Trading gleich gut. Obwohl es hier sicherlich von Trader zu Trader individuelle Vorlieben gibt, lassen sich trotzdem einige allgemeine Hinweise für die Auswahl geben. Beginnen wir aber erst einmal mit den Gemeinsamkeiten all dieser Produkte.

Futures – nicht nur für Trader gedacht

Futures sind standardisierte Finanzinstrumente, mit denen sich die Handelspartner verpflichten, zu einem bestimmten Termin ein Geschäft über einen konkreten Basiswert und zu einem festgelegten Preis abzuschließen. Deshalb können Futures von jedermann an der Börse gehandelt werden und sind somit nicht nur ein Instrument für die Abnehmer und Hersteller bestimmter Produkte, sondern auch eine Möglichkeit für die Marktteilnehmer zur Absicherung ihrer Bestände und natürlich zur Spekulation. Der Vorteil dieser breiten Verfügbarkeit ist eine Liquidität, die den Erzeugern und Verbrauchern theoretisch die fairsten, nämlich marktgerechte Preise bietet. Als Trader profitieren wir dabei vom Zugang zu einer Reihe sehr interessanter Märkte.

Die börsengerechte Standardisierung dieser Terminkontrakte gibt jedoch einige Rahmenbedingungen vor. So sind die Laufzeiten und die Kontraktgröße festgelegt. Die wichtigsten US-amerikanischen und europäischen Index-Futures haben beispielsweise ihre Verfallstermine im Quartalsrhythmus. Tickwert und Tickgröße unterscheiden sich dagegen von Future zu Future (ein

Tick ist die kleinste mögliche Preisänderung eines Futures, sein Wert ist in Euro oder Dollar ist festgelegt).

Im DAX-Future entspricht eine Kursänderung von einem Punkt einer Wertänderung der Position um 25 Euro. Und der DAX ist schnell mal um fünf Punkte gestiegen oder gefallen – das wären dann bereits 125 € pro Kontrakt, beziehungsweise entsprechend mehr bei mehreren Kontrakten. Je nach Ihrem Risikoprofil, Ihrer Depotgröße und der gewählten Strategie können also bereits die Vorgaben der Future-Spezifikationen die Bandbreite der zu handelnden Märkte wieder einschränken.

Die Futures-Regeln schränken Sie ein

Durch diese Spezifikation liegt auch Ihr anfänglicher Hebel fest. Diesen können Sie nur im vorgegebenen Rahmen durch Erhöhung der Kontraktzahl anpassen (*einen* Kontrakt müssen Sie ja mindestens handeln). Damit das damit verbundene Risiko beherrschbar bleibt, agieren die meisten Future-Trader in sehr kleinen Zeitrahmen (5-min-Charts oder kleiner), weil dann engere Stops möglich sind. Dafür sind jedoch sehr liquide Märkte unabdingbar, denn sonst könnten zufällige Kursfluktuationen diese engen Stops auslösen.

Das gilt vor allem für klassisches charttechnisches Trading auf Basis üblicher Indikatoren und Ähnlichem. Solche Strategien versagen bei den meisten europäischen Futures oder liefern langfristig unbefriedigende Ergebnisse. Das Problem der Kursschwankungen (»Rauschen«) wird auch durch die eingeschränkten Handelszeiten und häufig auffallende Phasen geringerer Aktivität verschärft, zum Beispiel in der Mittagszeit.

Diese scheinbare Unberechenbarkeit lässt Trader, die diese Zusammenhänge und die geeigneten Umgehungsstrategien nicht kennen oder beherrschen, argwöhnen, dass insbesondere die institutionellen Marktteilnehmer durch gezielte Aktionen und mittels ihrer ungleich größeren Kapitalmacht die »kleinen« Trader abzocken (siehe auch »Stops-Ziehen« in unserem Tradingbeispiel zum DAX in Abschnitt 4.3.1).

Denn da der Future-Handel über eine Referenzbörse abgewickelt wird, zum Beispiel die EUREX für DAX-Future und Co., existieren wie auch beim Aktienhandel ein Orderbuch, die sogenannte Markttiefe (engl.: Depth of Market, DOM) sowie die fortlaufende Liste der ausgeführten Orders hinsichtlich Kurs und Größe (die Time-and-Sales-Liste, im Trader-Jargon einfach das »Tape«, Laufband, genannt).

Diese Instrumente erlauben Einblicke in die im Markt liegenden Orders bzw. die Verteilung der anstehenden Kauf- und Verkaufsaufträge auf die unterschiedlichen Kurse sowie deren Ausführung zum jeweiligen Zeitpunkt. Hieraus lassen sich Rückschlüsse über mögliche Auswirkungen bestimmter Kursveränderungen gewinnen.

Gewiefte Trader nutzen die Vorteile der Futures
genau wie die Profis

Im Prinzip können kapitalstarke Anleger diese mitunter tatsächlich initiieren und dann auch ausnutzen. Andererseits stehen diese Informationen auch dem privaten Trader zur Verfügung. Dieser kann bei Kenntnis der Zusammenhänge die entsprechenden Bewegungen genauso erkennen und damit ebenfalls von diesen Effekten profitieren.

Erfolgreiche Future-Trader schwören daher in der Regel auf das Tape und die DOM bzw. ihre individuellen Volumenindikatoren. Aus diesem Grund handeln die meisten von ihnen auch kaum Währungen, weil es dort diese Hilfsmittel eben nicht gibt.

Die großen Futures, wie der amerikanische E-mini-S&P500, lassen sich oft auch sehr exakt nach der Target-Trend-Methode handeln, wobei die Zuhilfenahme der Volumeninformation oder eines anderen Indikators unserer »X-Ebene« im Zweifelsfall gute Hilfestellung bietet. Dazu das folgende Beispiel aus dem März 2009, bei dem wir unter anderem das Market-Profile® (siehe Anhang 7) verwenden.

Chart 4.50 zeigt die Ausgangssituation.

(Hinweis: Die folgenden Charts erfassen einen täglichen Zeitraum von 13 bis 21.15 Uhr MEZ. Die Kassahandelszeit an der US-Börse läuft von 9.30 bis 16.00 Uhr New Yorker Zeit. In unserem Beispiel entspricht das 14.30 Uhr bis 21.00 Uhr MEZ, da im März in den USA bereits Sommerzeit war, in Deutschland noch nicht. Die wichtigen US-Konjunkturdaten werden in der Regel um 8.30 Uhr Ortszeit, im Beispiel also um 13.30 Uhr MEZ veröffentlicht. Normalerweise erfolgt die Veröffentlichung um 14.30 Uhr.)

Chart 4.50: S&P-500-E-mini-Future – die Ausgangssituation

Ein Handelstag am US-Markt

Am 16. März 2009 ist der S&P-Future nach einem Rücksetzer in der ersten regulären Handelsstunde in einen Aufwärtstrend (grün) eingeschwenkt, der bis zum Mittag anhielt. Danach bewegte er sich für den Rest des Tages in einem steiler werdenden Abwärtstrend (rot).

Gegen Ende der Sitzung schien sich eine Bodenbildung abzuzeichnen, die aber noch nicht beendet wurde. Im Gegenteil, der Kurs lief, nachdem er aus dem oberen Teil des roten Trends (zwischen Linien I und II) ausgebrochen war, direkt bis an die nächste Parallellinie III. Die Konsolidierung zum Schluss führte ihn vorerst nur bis an die mittlere Parallellinie II zurück. Hier könnte es nun wieder zu einem Drehen nach unten kommen (gelber Kreis).

Eine bullishere Sichtweise hätte erst Raum, wenn der S&P in dem angedeuteten neuen Aufwärtstrend bleibt (grüne Linien rechts), also zum Beispiel ein höheres Tief ausbildet und dann die mittlere rote Linie II bricht. In diesem Fall wäre ein Hochlauf bis an die obere Linie I zu erwarten, den man unter Umständen handeln könnte. Die bevorzugte Trade-Richtung ist aber zunächst weiterhin abwärts.

Chart 4.51 zeigt die Situation kurz nach Handelsbeginn am Folgetag. Bereits ab 13 Uhr fiel der Kurs vom gelben Target (violetter Pfeil) zurück. Zu diesem Zeitpunkt empfiehlt sich aber kein Trade, wenn Sie nicht Gefahr laufen wollen, in die häufig extrem volatile Phase nach Veröffentlichung der Konjunkturdaten zu geraten.

Chart 4.51: S&P-500-E-mini-Future — der nächste Tag beginnt

Ein typischer Tradingtag beginnt – mit Beobachten

So beobachten wir, wie der Kurs zurück ans letzte Tief fällt, von dort wieder an die rote Linie II vorstößt (kleine grüne Ellipse), die er dann während der Datenveröffentlichung nach oben bricht (Grund hierfür war eine leicht höhere Inflation und vor allem eine deutlich höhere Zahl an Baubeginnen, was Hoffnung auf eine Verbesserung der konjunkturellen Krisensituation machte).

Da nun die Kurse bereits auf dem Weg waren, auf »bullish« umzuschalten, kam nach dem Bruch des letzten Zwischenhochs vom Vorabend (grüne waagerechte Linie durch den gelben Kreis) eventuell ein Long-Trade in Betracht. Doch dessen Ziel liegt immer noch nur auf der oberen roten Linie I. Dafür ist das Chance-Risiko-Verhältnis fast schon zu schlecht, es sei denn, Sie sichern diesen Trade strikt unter der waagerechten grünen Linie ab, die soeben gebrochen wurde.

Auch die Volumenentwicklung (unterer Chartteil) signalisiert Vorsicht beim Long-Trade. So geht der Bruch der grünen Linie mit einem geringeren Volumen einher als der Bruch der roten Linie zuvor. Der Volumenindikator bietet in diesem Fall aber nur eine schwache Aussage. Da die vorangegangene blaue Kerze hauptsächlich durch die Konjunkturmeldungen von einem so hohen Volumen begleitet wurde (wir sind immer noch in der Vorbörse), ist beim relativen Vergleich Vorsicht geboten.

Wie auch immer, der Kurs spiket das obere blaue Target und bildet eine bearishe Sternschnuppenkerze aus. Wer hier noch in einem Long-Trade drin ist, muss umgehend diese Position glattstellen. Und genau genommen nicht nur das. Da wir immer noch im Abwärtstrend sind, ist diese Umkehr exakt an der roten Linie ein sehr starkes Short-Signal. Wir eröffnen nun also eine entsprechende Position mit Ziel an der roter Linie II.

Der Trend gibt wieder die Traderichtung vor

Die weitere Entwicklung ist nun sehr interessant. Denn zunächst kommt es zwar zu einem Rückfall unter die oberste der waagerechten grünen Linien, aber unmittelbar darauf folgt ein Rebreak mit einer bullishen blauen Kerze. Gerät der Trade nun in Gefahr? Doch die folgende lange rote Kerze endet wieder direkt an der roten Linie (Punkt 1), und der folgende Rückfall unter das letzte Bewegungstief und die grüne Trendlinie C sorgen endgültig für Klarheit: Short heißt weiterhin die Devise!

An dieser Stelle können Sie sogar Ihre Position aufstocken, denn Sie haben ein trendkonformes Signal und erneut ein sehr gutes Chance-Risiko-Verhältnis. So könnten Sie die erste Teilposition auf deren Kaufkurs, die zweite einen Tick oberhalb der roten Kerze bei Punkt 1 absichern.

Der Trade kommt aber gar nicht in Gefahr, sondern läuft programmgemäß, wenn auch ohne große Dynamik, in die richtige Richtung. Für uns ist dabei für den weiteren Verlauf wichtig, dass die nächste Konsolidierung exakt an der nächsten grünen Parallellinie D startet. Solche Details geben die nötige Bestätigung, »auf dem richtigen Dampfer« zu sein. Das ist für die psychologische Stärke wahrend des Tradings enorm wichtig. Dazu gleich mehr.

Da der Kurs sich noch in der oberen Hälfte des Abwärtskanals (zwischen den Linien I und II) aufhält, wäre nun durchaus ein erneuter Anlauf auf die obere rote Linie I denkbar. Beachten sollten wir nun auch, dass mit Annäherung an die letzten Tiefs dort auch eine Umkehr denkbar ist. Das könnte dann zum Beispiel eine Seitwärtsbewegung zur Bodenbildung eröffnen. Es ist an dieser Stelle daher sinnvoll, die Stops für die beiden Positionen nachzuziehen. Je nach Strategie kann eine Position relativ eng zur Gewinnsicherung, die andere ein bisschen weiter gesichert werden, um Raum für weitere Gewinne zu lassen.

Auch mit einigen Tricks und Täuschungen müssen Sie
bei Futures rechnen

Zum Kontakt mit der roten Linie kommt es tatsächlich, allerdings verbunden mit einer mächtigen Schrecksekunde. Denn im Zug der Börseneröffnung schießen die Kurse plötzlich nach oben, wobei sicherlich 90 % aller denkbaren Stops ausgelöst wurden. Der Trade war dennoch erfolgreich und ist ja noch nicht vorbei. Da es bei Punkt 2 zur Ausbildung klarer Sternschnuppen kommt und danach auch die Trendlinie bzw. das jüngste Zwischentief gebrochen wird, kann ein erneuter Einstieg – diesmal eng abgesichert – erfolgen (nach Bruch der waagerechten grünen Linie unter Punkt 2).

Im blauen Target unterhalb von Linie E erreicht der Kurs endlich doch die rote Linie II. Wegen des schon sehr reifen Trends sollte dort auch die Gewinnmitnahme erfolgen, da auch die klare Hammerkerze im Tief eine mögliche Umkehr signalisiert. Zudem ist der Kurs an Linie E und damit wieder der nächsten Parallellinie angekommen, was wenigstens für eine zwischenzeitliche Konsolidierung spricht.

Nach diesem letztlich doch recht glücklichen Abschluss des Trades bleiben nun einige Minuten, die Lage zu überdenken. Die letzte Kerze in Chart 4.51 deutet die mögliche Ausbildung eines Umkehrmusters an. Kommt es dazu, und setzt sich dieses durch, ist damit zu rechnen, dass der Kurs auch wieder über die letzten Tiefs bei 749,50 Punkten klettert und dann auch die inzwischen in diesen Bereich gefallene rote Linie I bricht.

Dann wäre nicht nur der Abwärtstrend gebrochen, sondern der Ausflug bis an das untere blaue Target entpuppte sich auch als Fehlausbruch unter diese Tiefs. Dann wäre tatsächlich mindestens die schon erwähnte Seitwärtsbewegung denkbar. Da dies aber unmittelbar nach Börseneröffnung geschah und die Sitzung auch mit dieser starken Schwankung an Punkt 2 begann, besteht eine realistische Chance, dass es sich bei der Bewegung der vorherigen sechs Kerzen um einen sogenannten »Eröffnungs-Fake« handelt.

Darunter verstehen Trader eine starke, meist sehr dynamische, aber eher kurze Bewegung, die nach Börsenstart scheinbar zielgerichtet in eine bestimmte Richtung startet, aber dann genauso abrupt abbricht und sich dann häufig umkehrt. Das klassische Beispiel ist sicherlich eine Eröffnungskurslücke, die nach kurzer Zeit wieder geschlossen wird.

Ein »Fake« wird bestätigt

In Chart 4.52 sehen Sie, dass die Kurse in der Tat nach dem Bruch der 750er-Marke in einen Aufwärtstrend einschwenken. Mit der langen blauen Kerze von der roten Linie I aus (gelbe Ellipse) bildet der Future auf der Oberseite eine neue Trendlinie F aus. Ein Rücksetzer an die Unterstützung bei 750 Punkten (unterer blauer Kreis) bestätigt mit einem eindeutigen Umkehrmuster den Aufwärtstrend. Hier gab es die nächste Gelegenheit zu einem Long-Einstieg.

Chart 4.52: S&P-500-E-mini-Future — der Aufwärtstrend ist gestartet

Dabei ist das Ziel, nämlich die obere gestrichelte grüne Linie F, diesmal klarer umrissen als bei Bruch der roten Linie II. Denn wer dort auf Erreichen des roten Targets bei 757 Punkten spekuliert hat, musste vermutlich bei diesem Trade etliche Ticks wieder abgeben.

Der zweite Long-Trade vom blauen Target bei 750 Punkten aus war dagegen merklich klarer und lukrativer. Gleich drei perfekte Sternschnuppen bildete der S&P am Schluss der getradeten Aufwärtsbewegung am gelben Target aus, bevor er den Rückwärtstrend einlegte – Zeit genug, um diesen Trade in trockene Tücher zu bringen.

Das gelbe Target hat zudem eine besondere Bedeutung. Es liegt nämlich unmittelbar unter der »Lower Value Area« (LVA), der durchgehenden dicken grünen Linie bei 758,50 Punkten. Diese beschreibt die untere Grenze der Value Area des MarketProfiles® (siehe Anhang 7), die durch die Kurswerte des Vortags gebildet wurde. Diese Linie stellt nicht notwendigerweise einen Widerstand oder ein Unterstützung dar, aber wenn es zu solchen Umkehrmustern in diesem Bereich kommt, ist das natürlich ein zusätzlicher starker Hinweis, ebenso wie bei jedem anderen Indikator.

Trades, die wie auf Schienen laufen

Der Rücklauf vom gelben Target an der LVA zur unteren Trendlinie erfolgt – typisch Target-Trend-Methode – wieder sehr genau in einem schmalen Kanal, der aus den uns schon bekannten roten Parallellinien gebildet wird. Da wir uns inzwischen in einem Aufwärtstrend innerhalb der grünen Linien E und F befinden, halten wir nach einem klaren Hinweis auf die Wiederaufnahme des Aufwärtstrends Ausschau. Das kann ein Ausbruch aus dem roten Kanal nach oben an irgendeiner Stelle des Rücklaufs sein oder wie in diesem Fall das Umkehrmuster an der unteren Trendlinie (untere grüne Ellipse/violetter Pfeil).

Hier haben wir einen perfekten Fehlausbruch an der unteren Trendlinie, bei dem das Umkehrmuster in seinem Tief auch noch das Tagestief durch die Ausbildung der gestrichelte Parallellinie G bestätigt. Das ist für uns erneut eine starke Unterstützung unserer Strategie und des bisherigen Verlaufs. Der dritte Long-Trade ist damit nur noch Formsache.

Während des folgenden Anstiegs kommt es zu einer kleinen Konsolidierung. Je nach Stop-Management werden Sie dabei ausgestoppt. So ist es zum Beispiel völlig legitim, in dem Drei-Kerzen-Muster an Punkt 3 ein Umkehrmuster anzunehmen und bei Unterschreiten des Tiefs dieser drei Kerzen den Trade glattzustellen. Dann sollten Sie aber den folgenden Fehlausbruch (obere grüne Ellipse/grüner Pfeil) ebenso klar als erneutes Einstiegssignal erkennen und den nächsten Long-Trade starten.

Ähnlich ist auch die Situation nach dem zweiten Erreichen der grünen LVA-Linie (rote Ellipse). Bei der ersten Annäherung an diesen Bereich ist der Future dort zunächst gescheitert. Mit einer blauen Kerze überwindet der Kurs zunächst eindeutig diese Zone. Nach einer Doji-Sternschnuppe erfolgt der bearishe Rebreak unter die LVA (rote Ellipse).

Natürlich ist auch hier eine Gewinnsicherung obligatorisch. Schließlich können wir ja nicht wissen, dass es sich auch hier um einen Fehlausbruch handelt. Also: Die Glattstellung des Long-Trades, der unterhalb von Punkt 3 begonnen wurde, ist völlig und Ordnung überhaupt kein Grund zur Aufregung oder zum Ärgern. Großzügigere Trader hätten auch hier den Stop (einer eventuellen zweiten Position) einen Tick unter die blaue Kerze gelegt und wären in diesem Fall im Trade geblieben.

Ausgestoppt? Na und!

Aber auf diese Details kommt es gar nicht an! Wichtig ist zu erkennen, dass die folgende Aufwärtskerze, die die LVA-Linie nun endgültig bricht und auch über das vorangegangene Hoch reicht (waagerechte rote Linie), wieder uneingeschränkt bullish ist. Hier gilt es dann, den Wiedereinstieg nicht zu verpassen. Fehlende sinnvolle Wiedereinstiegsstrategien sind die Hauptursachen für die unbefriedigende Performance vieler Trader! Die Target-Trend-Methode liefert dagegen, wie Sie sehen, fast *automatisch anwendbare* Werkzeuge sowie eindeutige Anhaltspunkte.

In diesem Fall ist nach der erneuten Drehung des Kurses nach oben das Überschreiten des Hochs des vorangegangenen fehlgeschlagenen Umkehrmusters (rote Linie) das entsprechende Signal, diesen Trade wiederaufzunehmen. Das kann ohne Weiteres auch sofort geschehen, und nicht erst nach Abschluss der Kerze. Im realen Trading hätten Sie hier auch ohne viel Übung das zunehmende Momentum und damit die Nachhaltigkeit dieser Bewegung erkannt.

Das nächste Ziel ist nun klar: die Oberkante des aktuellen grünen Trends (Linie F). Keine Viertelstunde später ist das Ziel erreicht (blaues Target bei Punkt 4). Ziehen wir eine Zwischenbilanz: Wir haben um 13 Uhr mit unserem Tradingtag begonnen; jetzt ist es kurz vor 18 Uhr, und mit zwei bis drei Short- und vier bis sechs Long-Trades haben wir eine ordentliche Ausbeute geschafft. Eigentlich könnten wir nun Feierabend machen.

Wir können es nur immer wieder betonen: Das ist wirklich eine gute Idee! Überreizen Sie Ihr Trading nicht! Wenn Sie ein vernünftiges Ergebnis erzielt haben, machen Sie Schluss, und belohnen Sie sich! Trading ist Hochleistungssport! Was hier – und vor allem in der Retrospektive – scheinbar so selbstverständlich, logisch und fast schon spielerisch aussieht, erfordert in der Praxis höchste Konzentration, ständiges Training und eine ordentliche Portion Entschlusskraft.

Trading ist Hochleistungsport

Denn Sie müssen Ihren Signalen vertrauen, wenn Sie sie handeln wollen. Hieran scheitern viele Trader aufgrund zu vieler negativer Erfahrungen mit den üblichen Methoden. Bemerkt man – zu spät! – dass das erkannte, aber nicht gehandelte Signal doch korrekt war, beginnen die Vorwürfe und damit eine destruktive Spirale aus Frust und Zweifeln.

Deswegen betonen wir in unseren Beispielen immer wieder die Punkte, an denen sich die Wirksamkeit der Target-Trend-Methode quasi in Echtzeit während des Tradings zeigt. Die klare, regelgerechte Umkehr oder der Durchbruch an Trendlinien, Rechtecken usw., die ja unmittelbar sichtbar werden, sind wichtige mentale Stützen für Ihre Tradingentscheidung. Nur so können Sie die nötige Sicherheit und das Vertrauen in sich selbst und Ihre Methode aufbauen, um Ihr Geld den Gefahren des Day-Tradings auszusetzen.

Eine klare, geradlinige und einfache Strategie hilft Ihnen zusätzlich, sich im Gewirr der vielen unterschiedlichen Tradingsignale nicht im kräfte- und geldverzehrenden Klein-Klein zu verlieren. Wenn Sie unsere Beispiele detaillierter untersuchen, werden Sie immer wieder andere mögliche Einstiegspunkte feststellen, die auch funktioniert hätten. Genauso wie es etliche Signale gibt, die klare Fehltrades geworden wären.

Mit einer Strategie wie »Handle nur in Trendrichtung und nur die Umkehr- oder Durchbruchsmuster an den Trendlinien gemäß der Trend-Theorie« filtern Sie ohne unnötigen Ballast schon etliche Muster heraus, die zweifelhaft sein könnten. Sie halten Ihre Aufmerksamkeit hoch, denn die neuralgischen Punkte sind einfach zu erkennen. So haben Sie auch Gelegenheit, in ereignisärmeren Zeiten Ihre Anspannung zu reduzieren und damit fit zu bleiben für einen anstrengenden Tradingtag.

Klare Regeln definieren und danach handeln

Da wir aber hier sind, um etwas zu lernen, bleiben wir weiter am Ball. Chart 4.53 zeigt den Verlauf nach der Mittagszeit an der US-Börse. Der S&P touchiert in Punkt 4 zweimal genau die obere Trendlinie F, bevor er sich wieder auf den Rückzug begibt. Unter vielen typischen »Mittagskerzen« mit langen Schatten läuft er wiederum fast perfekt entlang der roten

Abwärtslinien bis an die Mittellinie H des Kanals, an der er schließlich dreht (linker gelber Kreis).

An dieser Stelle dürfen Sie mit Ihrem Einstieg nicht voreilig sein. Die Mittellinie ist keine so starke Wendezone wie die anderen Trendlinien, sofern sie nicht bereits vorher als solche fungierte. Das ist hier offensichtlich nicht der Fall. Zudem liegen auch kein klares Umkehrmuster und auch keine Dynamik vor. Im Gegenteil, die letzte blaue Kerze im gelben Kreis ist zwar positiv, weist aber auch einen relativ langen oberen Schatten auf.

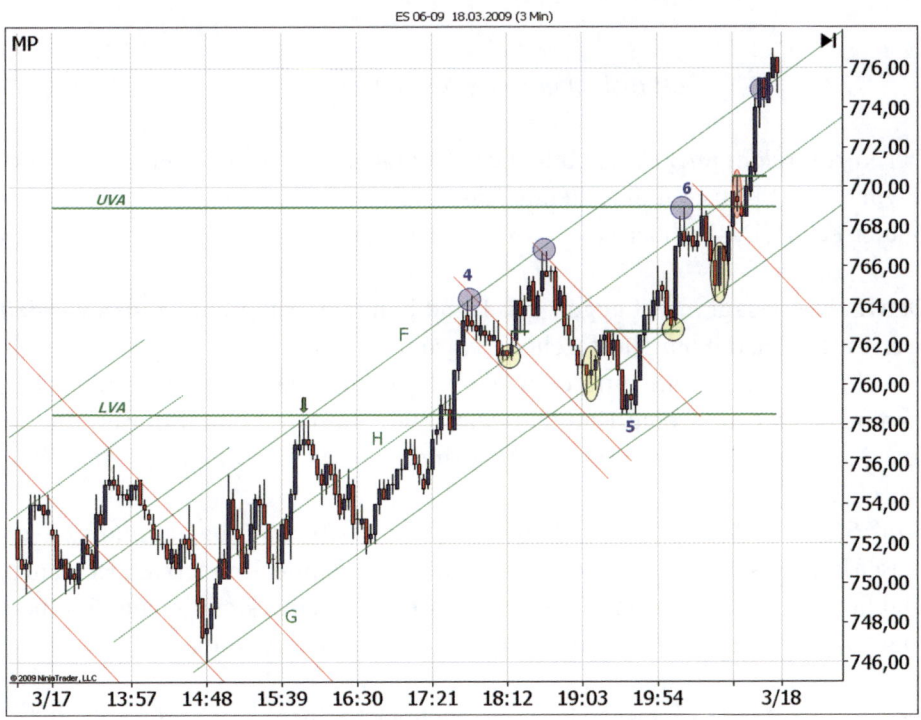

Chart 4.53: S&P-500-E-mini-Future — Kampf in der Value Area

Dennoch dreht der Kurs mit der folgenden langen Kerze wieder nach oben. Die Target-Trend-Methode bereitet Sie auf solche unerwarteten Ereignisse eigentlich optimal vor. Die Stagnation an der Mittellinie über drei Perioden hinweg ist bereits ein erster Hinweis. In diesem Fall stimmen die drei fraglichen Kerzen auch im Tief punktgenau überein. Die rote obere Abwärtstrendlinie der schmalen Abwärtsflagge von Punkt 4 aus gibt einen definierten Einstiegszeitpunkt.

Und trotzdem können Sie an dieser Stelle Ihre Tradingsicherheit noch ein wenig erhöhen. Da das Hoch der letzten blauen Kerze im Tief ein bisschen über die rote hinaus ragte (kurze waagerechte grüne Linie), empfiehlt es sich, den Einstiegszeitpunkt einen Tick über dieses Hoch zu legen. Wenn dann auch noch das Momentum stimmt wie in diesem Fall (die folgende blaue Kerze ist sehr lang und schließt auf dem Hoch), haben Sie wieder genügend Sicherheit für diesen neuen Trade.

Allerdings ist das Potenzial dieses Trades begrenzt, da das nächste Ziel bereits wieder an der oberen grünen Linie F liegt.

Ausbruch oder nicht, das ist hier die Frage

Der Kurs erreicht aber diese Linie nicht einmal, sondern stoppt ein, zwei Ticks davor. Eine Sternschnuppe deutet das Erlahmen des Anstiegs an (mittlerer blauer Kreis). Das ist das Zeichen zur Gewinnmitnahme.

Da wir, wie gesagt, nicht gegen den Trend handeln (erfahrene Traden würden hier unter Umständen short gehen), warten wir, bis der Kurs – völlig regelgerecht – zurück an die untere Trendkante G fällt. Hier erscheinen zwei klare Hammerkerzen und eine Hanging-Man-Figur (untere gelbe Ellipse), die für uns das Signal zum erneuten Einstieg sind.

Fünf Stunden Aufwärtstrend haben aber den S&P offenbar ermüdet, denn diese Umkehr stockt bereits vor der roten Abwärtslinie vom letzten Hoch aus, und mit einer langen roten Kerze, der sofort eine Schwester gleichen Kalibers folgt, wird der grüne Aufwärtstrend zum ersten Mal gebrochen.

Unser Long-Trade ist nun mit einem kleinen Verlust ausgestoppt, das können wir verschmerzen. Aber was machen wir nun aus diesem möglichen Abwärtstrend? Formal ist die Lage ganz klar, der grüne Trend ist gebrochen, jetzt sollte der Kurs bis an die nächste grüne Parallellinie fallen. Diese ist unterhalb von Punkt 5 mit einem Teilstück angedeutet.

Das MarketProfile® – ein ganz besonderer Indikator

Doch dazwischen verläuft die LVA-Linie des MarketProfiles® bzw. die Unterstützungslinie vom jüngsten größeren Hoch bei 758 Punkten (kleiner grüner Pfeil). Häufig schafft es nämlich der Kurs, sich zwischen den beiden Linien UVA und LVA zu halten, wenn er vorher von jenseits einer dieser Linien in diesen Bereich eingetreten ist. Gar nicht so selten gelingt es ihm dann auch, die dem Eintritt gegenüberliegende Linie zu erreichen. In unserem Fall ist das die UVA-Linie (UVA = »Upper Value Area«, Details hierzu siehe Anhang 7), die hier bei 769 Punkten verläuft (obere durchgehende grüne Linie).

Daher warten wir nach den zwei langen roten Kerzen hinab zu Punkt 5 erst einmal ab. Denn für einen Short-Einstieg mit Ziel am nächsten Parallellinienstück unterhalb der Trendlinie G ist nun ohnehin zu spät.

Zudem kommt es an Punkt 5 tatsächlich zu einem Reversal nach oben. Ein Umkehrmuster bildet sich aus, und die folgende lange Kerze steigt unter Bruch der roten Abwärtslinie wieder zurück in den grünen Aufwärtstrend. Mit dieser Umkehr ist unsere Position wieder long, denn der grüne Aufwärtstrend wurde ja wieder aufgenommen. Spätestens mit Bruch der waagerechten grünen Linien am letzten Zwischenhoch vor Punkt 5 sollten auch vorsichtige Naturen wieder ihre Position eröffnet haben.

Klare Signale entschlossen handeln

Zauderer bekamen sogar eine zweite Einstiegsmöglichkeit. Denn der Kurs fiel wieder auf die alte Trendlinie G zurück (rechter gelber Kreis) und bestätigte sie damit erneut durch eine dynamische Umkehr nach oben.

Fast unmittelbar darauf erreichte der Kurs die UVA-Linie (blaues Target bei Punkt 6). Hier bildet sich eine bearische Sternschnuppenkerze unmittelbar an der Mittellinie H unseres Aufwärtstrends. Das schreit jetzt geradezu nach Gewinnsicherung, denn die UVA-Linie kann als Widerstand fungieren. Ein Rückfall von dort würde aber unseren Gewinn schmälern.

Die UVA-Linie erweist sich wirklich als starke Barriere, denn auch ein zweiter Angriff scheitert, wonach der Kurs zurück bis auf die untere Trendkante fällt. Zwar finden wir hier auch Umkehrmuster (rechte gelbe Ellipse), aber diese sind sehr langgezogen und bieten daher nur ein schlechtes Chance-Risiko-Verhältnis, falls die UVA-Linie weiterhin als Widerstand fungiert. Außerdem schließt die Parkettbörse in einer halben Stunde, und zu diesem Zeitpunkt muss man nichts mehr erzwingen. Der Tag war auch so sehr erfolgreich.

Trotzdem ist der weitere Verlauf sehr lehrreich. Denn tatsächlich wird nun die obere Grenze der Value Area geknackt. Aber ähnlich wie bereits beim Bruch der unteren Grenze folgt ein Umkehrmuster. Doch auch hier entpuppt sich dieses als Fehlsignal: Der Kurs stößt sich direkt von der Abwärtslinie wieder nach oben ab, überwindet das letzte Zwischenhoch und marschiert bis an die Oberkante unseres Trends. Ein perfektes Beispiel für die Unwiderstehlichkeit der Target-Trend-Methode!

Damit kommen wir zum – vorläufigen – Ende der Beschreibung der Target-Trend-Methode. Vorläufig deshalb, weil natürlich diese neue Art der Chartanalyse noch erhebliches Potenzial für detailliertere und weitergehende Untersuchungen hat.

Doch sicherlich werden Sie mit uns übereinstimmen, dass allein der hier gezeigte kleine Ausschnitt bereits eindrucksvoll die Möglichkeiten dieser einzigartigen Methode demonstriert. Wir hoffen, diese Beispiele konnten Ihnen die Begeisterung vermitteln, die wir in unserem erfolgreichen täglichen Trading mit diesen Bausteinen jedes Mal wieder neu erleben.

Natürlich wissen wir auch, dass die verschiedenen Bausteine, die einzelnen Methoden und deren sinnvolle Verknüpfung zunächst sehr viel »Stoff« darstellen, der erst einmal verarbeitet werden will. Auch wir haben diese Werkzeuge schließlich nicht im Handumdrehen gelernt.

Daher werden Sie sicherlich nun eine längere Zeit der Übung vor sich haben, in der Sie nach und nach jede dieser Ebenen erproben werden. Gehen Sie dabei ruhig schrittweise und selektiv vor, beginnen Sie zum Beispiel mit den Varianten, die Ihnen am ehesten liegen.

Arbeiten Sie jetzt bevorzugt mit Unterstützungen und Widerständen, bevorzugen Sie vielleicht zunächst die Rechteck-Methode; wenn Sie sich eher in Trends zu Hause fühlen, ist unter Umständen die Parallel-Methode anfangs die richtige für Sie.

Auf jeden Fall werden Sie Ihre Fertigkeiten in der Chartanalyse mit der Target-Trend-Methode nur durch intensives Üben verbessern. Wie Sie gesehen haben, erleichtert die Target-Trend-Methode die Orientierung im Day-Traden erheblich, aber eben nicht nur dort.

Sie erhalten in jedem Fall wesentlich mehr Signale in einer ungleich höheren Qualität und erheblich früher als mit allen anderen bisher bekannten Methoden. Gerade für die Psyche ist diese deutlich bessere Orientierungsmöglichkeit erheblich von Vorteil.

Denn diese bessere Signalqualität, die Sie vermutlich relativ bald bemerken werden, erhöht Ihre Sicherheit bei Ihren Tradingentscheidungen. Und diese Sicherheit verschafft Ihnen nicht nur Erfolg, sondern liefert Ihnen auch die Motivation, an dieser komplexen Thematik »dranzubleiben«.

So nutzt mittlerweile jeder in unserem Team von www.stockstreet.de diese einzigartige Methode, denn sie bietet eine unvergleichliche Orientierungshilfe von Anfang an. Dass dabei jeder seine eigenen, sehr individuellen Veränderungen mit einbringt, ist durch die ungeheure Breite der zur Verfügung stehenden Werkzeuge problemlos möglich und völlig legitim.

Wie gesagt: Die Börse kann kein System zulassen, das alle oder die meisten Marktteilnehmer in gleicher Art und Weise nutzen. Die Vielfalt der Elemente bei der Target-Trend-Methode und ihre spätere Individualisierung sind deshalb Programm. Ohnehin ist diese Methode ja nur ein – zeitweiliges – Hilfsmittel auf dem Weg zur Ausbildung Ihrer ganz speziellen Börsenintuition ...

Wir wünschen Ihnen auf diesem Weg viele aufregende Erkenntnisse, jede Menge Freude und Spaß und natürlich den größten Erfolg!

PS: Vielleicht schreiben Sie uns ja mal, wie Sie auf Ihrem Weg so vorankommen. E-Mail an Target-Trend-Methode@stockstreet.de genügt! Wir freuen uns, von Ihnen zu hören.

Anhang

Anhang 1:
Das praxisgerechte Zeichnen von Trendlinien

Im Allgemeinen werden das *praxisgerechte* Zeichnen und Verwenden von Trendlinien in der einschlägigen Literatur zur Charttechnik recht stiefmütterlich behandelt. Selbst die Großen unter den Technischen Analysten handeln dieses Thema mit dürren Worten, idealisierten Beispielen oder dem lapidaren Verweis auf die unvermeidliche Subjektivität der Angelegenheit ab.

Natürlich ist es hier – wie auch generell in der Chartanalyse – so, dass nicht nur eine Methode zum Ziel führt, sondern mehrere Aspekte eine Rolle spielen und berücksichtigt werden müssen. Dennoch ist das Prinzip des Trends ja eins der grundlegendsten der Technischen Analyse überhaupt. Dementsprechend gewissenhaft sollte man versuchen, die zugehörigen Hilfsmittel zu entwickeln oder zu benutzen.

Leider ist das ganz und gar nicht der Fall. Nirgendwo werden so viele Fehler gemacht wie beim Zeichnen und Definieren von Trends. Kein Wunder also, dass die wenigsten mit Trendlinien sinnvoll umzugehen verstehen. Dabei sind sie bei richtiger Anwendung ein unwahrscheinlich mächtiges Werkzeug der Charttechnik!

Es gibt schon genug Probleme mit den Trends!

Die Crux an der Sache ist, dass der Trend als solcher schon eine Reihe von Problemen bringt. Ein Trendbruch zum Beispiel bedeutet ja nicht unbedingt auch eine Trend*umkehr*. Es kann sich auch um einen Fehlausbruch handeln, nach dem der Trend einfach weitergeht.

Selbst wenn der Trend »nachhaltig« verlassen wird, bedeutet das noch nicht das Ende eines Kursanstiegs. Der Kurs kann irgendein Korrekturmuster (Seitwärtsbewegung, Dreieck, ABC-Korrektur) bilden und dann den Aufwärtstrend fortsetzen.

Hinzu kommt, dass Trends auf verschiedenen Zeitebenen vorkommen und einander demzufolge in ihren Wirkungen auch überlagern. Sie können sich vorstellen, dass bei solchen ohnehin nicht einfachen Einflüssen das komplette Chaos herrscht, wenn die vorhandenen Analysewerkzeuge nicht vernünftig eingesetzt werden.

Einige grundlegende Regeln für Trendlinien

Versuchen wir nun, ein bisschen Ordnung in die Angelegenheit zu bringen. Dazu wollen wir mit einigen Grundregeln beginnen, die Sie so oder ähnlich vielleicht auch schon anderswo gelesen haben. Sie sind ja auch nicht falsch, bedürfen aber meist noch einiger Ergänzung.

Die erste Regel lautet:

Keine Regel ohne Ausnahme!

Kurse bewegen sich selten wie auf Schienen, deshalb kommen wir mit starren Regeln nicht weiter. Dennoch sollten Sie die folgenden Regeln als Basis betrachten und zunächst danach vorgehen. Erst wenn es damit partout nicht klappt, denken wir über die Ausnahmen oder Alternativen nach.

Aber: Selbst diese Regel hat eine Ausnahme!

Zweite Regel:

Aufwärtstrendlinien werden immer an die Tiefs, Abwärtstrendlinien immer an die Hochs des Kursverlaufs gelegt (s. Bild A1.1).

Hintergrund dieser Regel ist, dass wir hauptsächlich den Trend*bruch* als mögliches Signal für einen Trend*wechsel* erkennen wollen. Wenn also im Aufwärtstrend die Kurse mehrmals *unten* an der Trendlinie *nach oben* gedreht haben, dann ist der Durchgang durch diese Linie *nach unten* das Trendbruch-signal. Die Umkehrung gilt für den Abwärtstrend.

Dennoch werden Sie auch Linien an der Oberseite eines Aufwärtstrends und an der Unterseite eines Abwärtstrends finden. Diese erzeugen ein Signal für eine Trend*beschleunigung*, wenn sie vom Kurs gebrochen werden.

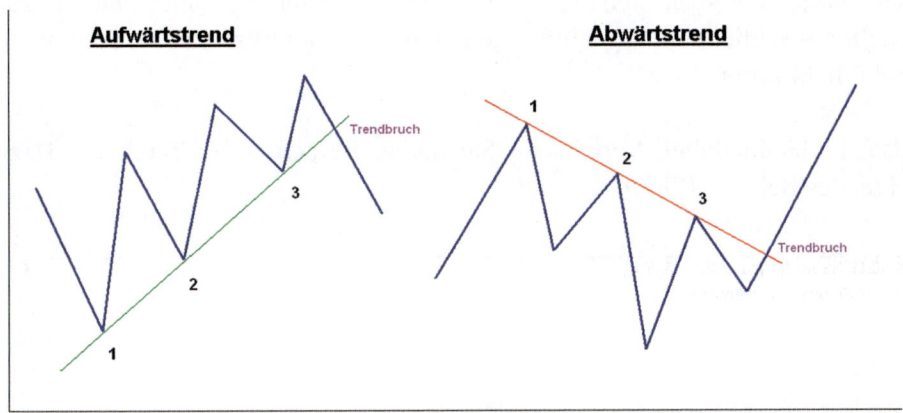

Bild A1.1:Trend-Definition

Dritte Regel:

Eine Trendlinie benötigt immer drei Wendepunkte im Kursverlauf für ihre Bestätigung. Eine Linie über zwei Punkte ist zunächst nur eine Hilfslinie, die durch den weiteren Kursverlauf bestätigt wird oder nicht.

Natürlich gilt: je mehr Punkte, desto besser. Drei Punkte (wie in Bild A1.1) sind jedoch die Mindestvoraussetzung für eine Trendlinie. Diese Einschrän-kung begrenzt auch die Zahl der Möglichkeiten, im Chart Trendlinien zu zeichnen, und trägt damit zur Übersichtlichkeit bei.

Vierte Regel:

Für das Einzeichnen der Trendlinien werden ausschließlich Kerzen- oder Barcharts verwendet.

Hier ist die Ausnahme von Regel 1. Diese Regel gilt ohne Wenn und Aber. Eine Ausnahme wäre nur denkbar, wenn Sie in ganz langfristigem Zeitrahmen und mit Tageskursen arbeiten. Dann fällt der Unterschied eigentlich nicht mehr ins Gewicht.

Aber da Sie ja laut dieser Regel ohnehin z. B. im Kerzenchart arbeiten, müssten Sie dafür erst in den Linienmodus umschalten. Das ist doch arg umständlich. Dann böte sich eher an, auf Wochen- oder sogar Monatschart umzuschalten – schließlich betrachten Sie ja einen Zweijahreszeitraum auch nicht im Fünf-Minuten-Chart!

Also: Es bleibt dabei! Verwenden Sie immer Kerzen- oder Barcharts. Dazu folgendes Beispiel (Chart A1.1):

Chart A1.1: Trend-Definition

Der flache, breite Aufwärtstrend, der sich von Mitte 2004 bis Ende 2005 bei Siemens bildete, kann fast perfekt durch eine obere und untere Trendlinie beschrieben werden (rote und grüne Pfeile). Eine Linienführung auf Schlusskursbasis würde nicht nur eine andere Lage der Trendlinien ergeben, sondern auch völlig außer Acht lassen, dass die Kurse an den Hoch- und Tiefpunkten ja auch tatsächlich *waren*! Dadurch würde also eine – ziemlich willkürliche – Filterung erfolgen.

Fünfte Regel:

Die »Auflagepunkte« für die Trendlinien sollten möglichst mit den Wendepunkten im Kursverlauf übereinstimmen. Eine einmal gezeichnete Trendlinie wird in der Regel <u>nicht wieder korrigiert</u>!

Sofern Sie bereits ein wenig Erfahrung in der Charttechnik haben, werden Sie an dieser Stelle sicherlich stutzen. Ist es doch normalerweise gang und gäbe, dass Trendlinien immer wieder korrigiert werden.

Neu entstandene Umkehrpunkte im Chartbild, die in der Nähe der Trendlinie zu liegen kommen, veranlassen den Chartisten häufiger, die alte Trendlinie diesen neuen Punkten anzupassen. Da die Punkte natürlich nie alle genau auf einer Linie liegen, wird die Linie letztlich »gemittelt«, die Linie wird also so gezeichnet, dass jeder dazugehörige Punkt nicht allzu weit von der Linie entfernt liegt.

Bestätigen, Nichterreichen oder Überschreiten der Linie

Im Prinzip ist das jedoch unnötig und sogar fehlerhaft. In den meisten Fällen werden Sie drei Punkte finden, die fast oder sogar ganz genau auf einer Linie liegen. Daneben oder dazwischen werden Sie andere Punkte haben, die darüber- oder darunterliegen.

Zur Verdeutlichung, worum es geht, betrachten Sie bitte noch einmal Chart A1.1. Die obere Trendlinie liegt ab Anfang 2005 völlig regelgerecht mit drei Punkten am Kurs an. Diese »Auflagepunkte«, also die Berührungspunkte der Trendlinie mit dem Kurs, sind identisch mit den Wendepunkten im Kursbild. Im vorliegenden Aufwärtstrend sind es also für die *obere* Trendlinie die Hochs (siehe rote Pfeile).

Zwischen dem ersten und dem zweiten Pfeil sehen Sie im Dezember 2004 zwei kleine niedrigere Hochs. Würde man jetzt die Linie durch alle fünf Punkte »mitteln«, käme sie ein wenig niedriger oder auch in einem leicht anderen Winkel zu liegen. Nach unserer Auffassung stellen aber diese beiden Hochs Punkte dar, an denen der Kurs die Trendlinie einfach *nicht erreicht* hat. Also bleibt die Linie da, wo sie ist, und die Punkte haben halt diesen Abstand zu ihr.

Entsprechendes gilt für den Ausbruchsversuch im Juli 2005 (oberer blauer Kreis). Hier hat der Kurs die Linie *überschritten*. Es spielt in diesem Fall keine Rolle, dass es »nur« ein Fehlausbruch ist, und der Kurs später wieder unter die Linie fällt. Die Linie wird nicht korrigiert. Das würden wir ja auch nicht machen, wenn der Kurs einfach weiter gestiegen wäre (siehe hierzu auch Chart A3.2).

Punkte, die – wie im Januar oder Dezember 2005 – die Linie exakt erreichen, bestätigen diese dadurch. So etwas gibt der Trendlinie dann natürlich eine immer stärkere Bedeutung.

Korrektur durch parallele Linie

Nun könnten Sie mit Recht einwenden, dass vor 2005 der zweite Auflagepunkt (zweiter roter Pfeil) noch gar nicht existierte. Bis dahin hätte sich eine obere Trendlinie dann tatsächlich an den beiden niedrigeren Hochs vom Dezember 2004 orientieren müssen und eine andere Lage gehabt.

Das ist natürlich richtig. Durch die sich entwickelnden Parallellinien (zunächst die »innere«, gestrichelte, später die untere) wäre aber eine *fundierte* Korrektur (zu einem späteren Zeitpunkt) möglich gewesen. Jedes »Mitteln«, Raten, Schätzen oder sonstige Subjektivitäten erübrigen sich dann.

Damit haben wir auch den einzigen Fall, in dem eine nachträgliche Korrektur einer Linie nicht nur möglich, sondern sogar erforderlich ist: Wenn nämlich eine in Frage kommende Parallele eine (leicht) abweichende Neigung aufweist und die Ausgangslinie dann begründet angepasst werden kann. Nach dieser Korrektur müssen beide exakt parallel verlaufen und jede Linie mindestens an zwei Extrempunkten auf der jeweiligen Seite im Chartbild aufliegen.

Dieses »Parallel-Prinzip« ist die Grundlage für die im Rahmen der Target-Trend-Methode entwickelte Parallel-Methode (s. Abschnitt 2.2.4).

Anhang 2:
Andrews Pitchfork – Vorläufer der Parallel-Methode?

Wenn Sie in den Annalen der Charttechnik blättern, mag Ihnen vielleicht hier und dort ein »Exot« über den Weg laufen: Andrews Pitchfork (zu deutsch: Andrews Mistgabel).

Mit dieser Methode versuchte ihr Erfinder, Dr. Alan H. Andrews in den 1960er-Jahren die Theorie der Trendlinien ein bisschen näher an das tatsächliche Geschehen zu bringen und auch als Prognose-Instrument zu nutzen.

Ein Prognoseversuch mittels Trendlinien

Ausgangspunkt der Überlegung war, dass jeder Trend letztlich aus einem Auf und Ab der Kurse besteht und sich daher die bekannten oberen und unteren Trendlinien einzeichnen lassen. Allerdings erhält man diese Trendbegrenzungen meist relativ spät, wie wir an dem Beispiel in Chart A1.1 gesehen haben.

Chart A2.1: Andrews Pitchfork – die Ausgangssituation

Andererseits scheint Andrews bereits erkannt bzw. geahnt zu haben, dass der Trendverlauf sich häufig »auf höherer Ebene« in gleicher Weise fortsetzt (was wir uns bei der Parallel-Methode zunutze machen). Seine »Mistgabel« ist ein Versuch, dieses Verhalten mit einer verhältnismäßig einfachen, mechanischen Regel zu erfassen.

Am Beispiel der Daimler-Aktie beschreiben wir zunächst Schritt für Schritt das Prinzip, denn hier scheint auch in der Literatur sehr viel Verwirrung zu herrschen. In Chart A2.1 sehen Sie die Ausgangssituation für eine Pitchfork im Aufwärtstrend (im Abwärtstrend geschieht alles analog).

Für die Konstruktion von Andrews Pitchfork brauchen Sie drei Extrempunkte im Kursverlauf. Für eine Aufwärts-Pitchfork sind zwei Tiefpunkte (P1, P3) und ein Hochpunkt (P2) nötig. P1 liegt dabei natürlich niedriger als P3 und ist meist der (vermutete) Tiefpunkt der vorangegangenen Abwärtsbewegung. P2 und P3 charakterisieren dagegen das erste Korrekturmuster nach dem Anstieg von P1 zu P2.

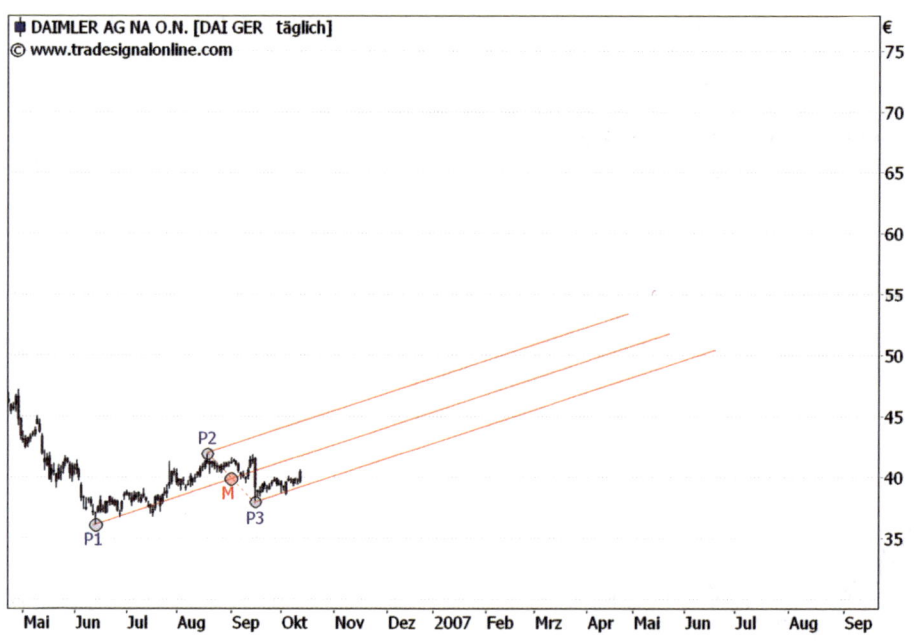

Chart A2.2: Andrews Pitchfork – die fertige »Mistgabel«

Zwischen P2 und P3 zeichnen Sie eine einfache Linie, deren Mittelpunkt M Sie markieren. Die Punkte P1 und M markieren dann die (vermutete) Mittellinie des neuen Trends. Die Trendbegrenzungen sollten nach Andrews durch die Parallelen zur Mittellinie durch P2 und P3 gebildet werden (siehe Chart A2.2).

Sie sehen, das Gebilde erinnert tatsächlich an eine Mistgabel.

Passt es, oder passt es nicht?

Die Frage ist jetzt natürlich, wie gut diese relativ willkürliche Regel den weiteren Kursverlauf wirklich wiedergibt. Sehen wir uns dazu in Chart A2.3 den weiteren Verlauf an.

Chart A2.3: Andrews Pitchfork – und so geht es weiter

Die Daimler-Aktie schießt zwar zunächst über die obere Zinke (=obere rote Linie) hinaus und erreicht auch nicht mehr die untere Zinke (=untere rote Linie), hält sich aber recht stabil im oberen Teil der Pitchfork und orientiert sich dabei durchaus auch an den Linien (blaue Kreise).

Da die Festlegung der Mistgabel anfangs recht willkürlich geschieht, muss im weiteren Verlauf der Anstieg durch neue »Pitchforks« beschrieben werden. In Chart A2.4 und A2.5 sind diese neuen »Mistgabeln« zu sehen.

Chart A2.4: Andrews Pitchfork – die zweite »Mistgabel« ...

Chart A2.5: Andrews Pitchfork – und die dritte »Forke«

Eine stattliche Sammlung diverser »Mistgabeln«

Auf den ersten Blick erscheint es verblüffend, wie gut doch offensichtlich diese relativ schematischen Regeln den weiteren Kursverlauf wenigstens in Ansätzen beschreiben (blaue Kreise). Auf den zweiten Blick wird jedoch bald klar, dass auch diese Methode das grundlegende Problem der Charttechnik nicht löst, nämlich das ständige Nachjustieren oder Neuzeichnen von Trendlinien. Allein bei diesem kurzen Trendstück haben wir drei Pitchforks gebraucht.

Das Beispiel zeigt jedoch recht deutlich, dass insbesondere innere Trendlinien – in diesem Fall eine Mittellinie – den Kursverlauf viel besser beschreiben als die äußeren Begrenzungen. Diese wichtige Erkenntnis haben wir uns bei unseren im Hauptteil beschriebenen Methoden konsequent zunutze gemacht.

Anhang 3:
Ausbrüche und Fehlausbrüche

Für unsere in Teil 1 dieses Anhangs beschriebene Trendlinien-Methode ist es von wesentlicher Bedeutung, dass wir eine klare Vorstellung von Ausbrüchen und Fehlausbrüchen haben, und wie diese jeweils zu behandeln sind.

Natürlich können wir bei einer erstmaligen Kursüberschreitung einer Trendlinie noch nicht wissen, ob dieser Ausbruch Bestand hat oder es ein Fehlausbruch wird. Daher fangen wir damit an, uns einige Regeln zu geben, nach denen wir einen kurzfristigen Fehlausbruch erkennen können.

Drei Typen von Fehlausbrüchen

Im Wesentlichen müssen wir drei Typen von Fehlausbrüchen unterscheiden. In Chart A3.1 sind sie am Beispiel des TecDAX alle sehr schön ausgeprägt.

Typ 1 (blaue Ellipsen) ist ein einfacher Fehlausbruch, der innerhalb einer Periode wieder rückgängig gemacht wird. Bei Tagescharts würde man »Intraday-Fehlausbruch« sagen, aber wir haben hier ja einen Wochenchart. Auch bei kürzeren Perioden, zum Beispiel Stunden- oder Minutencharts, gilt das gleiche Prinzip.

Chart A3.1: Fehlausbrüche

Der Kurs überwindet also im Lauf der Periode die Trendlinie, aber der Schluss-kurs liegt wieder auf der anderen Seite. In der Regel sind es dann wie hier nur die Schatten, die letztlich die Trendlinie schneiden.

Dieser Fehlausbruch ist sofort und sehr einfach zu erkennen, denn Sie wissen schon am Ende der Periode, in der er auftritt, Bescheid.

Ein Ausbruch, der keiner ist

Schwieriger wird es schon bei einem Fehlausbruch nach **Typ 2**. Hier haben wir es auch mit einem Schlusskurs jenseits der Trendlinie zu tun (gelbe Ellip-sen). Allerdings liegt dieser Schlusskurs nur sehr knapp über der Linie, oder die Kerze, mit der dieser vermeintliche Ausbruch erfolgt, ist »sehr schwach«.

Eine schwache Kerze ist auf jeden Fall eine, die entgegengesetzt zu der er-warteten Ausbruchsrichtung gebildet wird. Wenn es also ein Ausbruch nach oben werden soll, dann wäre eine Kerze, die negativ, also rot ist, eine schwa-che Kerze. Umgekehrt sollte ein Ausbruch nach unten natürlich nicht mit einer positiven Kerze, deren Schlusskurs also über dem Eröffnungskurs liegt, eingeleitet werden (weitere Informationen zu Kerzenmustern und ihrer Bedeutung siehe Anhang 5).

Andere schwache Kerzen sind solche mit langen Schatten in eine oder beide Richtungen und kleinen Körpern (»klein« sowohl im Verhältnis zu den Schatten als auch zu den anderen Kerzen). Hier wären insbesondere der »Doji« und die »Hohe Welle«, aber auch der »Hammer« und die »Sternschnuppe« zu erwähnen (auch diese Bezeichnungen können Sie in Anhang 5 nachschlagen).

Die Kurse zeigen Stärke oder Schwäche an

Der Typ-2-Fehlausbruch wird in der Regel in einer der beiden Folgeperioden bestätigt, der Kurs kehrt also innerhalb dieser Frist wieder in den alten Trend zurück. Diese Bestätigung sollte auch auf Schlusskursbasis erfolgen und auch mit einer »starken« Kerze im Sinne dieses Rückfalls einhergehen, insbesondere also einer langen Kerze *entgegen* der Ausbruchsrichtung mit kurzen oder ganz ohne Schatten.

Oder aber der Ausbruch erweist sich tatsächlich als echt und läuft weiter in Ausbruchsrichtung, wobei auch dabei eine »starke« Kerze, diesmal allerdings *in* Ausbruchrichtung, erscheint.

Der »echte« Fehlausbruch

Der Typ-3-Fehlausbruch sieht zunächst ganz so aus wie ein echter Ausbruch. Im Gegensatz zu Typ 2 haben wir hier nämlich auch sofort eine »starke« Kerze, die den Ausbruch als nachhaltig markiert. Trotzdem erfolgt nach einigen Perioden (meist drei bis fünf) eine Umkehr, und der Kurs schließt erneut im alten Trend, diesmal mit einer entgegengesetzten starken Kerze (rote Ellipsen in Chart A3.1).

Keiner dieser Fehlausbrüche beeinflusst unsere Trendlinie, wie Sie in Chart A3.1 sehen können. Damit sind wir auch später noch in der Lage, die neuen Kursmuster richtig einzuschätzen. So lassen sich zum Beispiel bei dem Ausbruch nach oben im Oktober 2007 (ungefüllte Ellipse an der oberen Trendlinie) ein Rücksetzer und eine Umkehr an der Trendlinie ausmachen, was zunächst eine Fortsetzung des Trends bedeuten sollte. Auch der nächste Fehlausbruch (obere gelbe Ellipse) wäre bei einer »korrigierten« Trendlinie unter Umständen nicht mehr aufgefallen.

Was es für den weiteren Kursverlauf bedeuten kann, wenn es zu einem Fehlausbruch oder einer Rückkehr in den Trend (ungefüllte Ellipsen) kommt, erläutern wir in Anhang 4. Zunächst wollen wir aber untersuchen, wie wir im Fall eines »regulären« Ausbruchs mit unseren Trendlinien verfahren.

Was geschieht, wenn der Kurs aus dem Trend ausbricht?

In Chart A3.2 bricht der Kurs Anfang Dezember 2005 nach oben aus dem Trend aus. Wie wird nun mit der Trendlinie verfahren? Natürlich ist keine Anpassung nötig! Warum? Nun, kurzfristig kann man davon ausgehen, dass dieser Ausbruch nicht das »Letzte Wort« ist. Der Kurs steigt entweder weiter oder fällt zurück. Es ist also unwahrscheinlich, dass der neue Punkt längere Zeit Bestand hat (tatsächlich schiebt sich in den Folgetagen das Hoch immer ein klein wenig nach oben). Eine andauernde Anpassung von Trendlinien an jede kleine Kursbewegung ist natürlich unsinnig.

Bis zur Klärung der Situation Sekundärtrend verfolgen

Die Erfahrung mit Trendbrüchen zeigt immer wieder, dass sie nicht notwendigerweise mit Trend*wechseln* verbunden sind. Ganz offensichtlich ist das in diesem Fall, indem ein Ausbruch aus dem Aufwärtstrend nach *oben* eine Trend*beschleunigung* anzeigt. Dementsprechend sollten Sie auch bei einem Ausbruch nach unten zunächst von einer Trend*abschwächung* ausgehen (das gilt desto mehr, je steiler der gebrochene Trend verlief).

Die Klärung der Situation ist zum Zeitpunkt des Trendbruchs in der Regel nicht möglich. Häufig kommen alle drei Möglichkeiten in Frage (Fehlausbruch, Trendabschwächung, Trendwechsel). In dieser Übergangsphase nach dem Trendbruch bleibt nichts weiter übrig, als den sich entwickelnden Sekundärtrend zu beobachten.

Im Fall von Siemens in Chart A3.2 hat sich dieser bereits ab Ende Oktober 2005 entwickelt und führt den Kurs auch noch nach dem Ausbruch weiter nach oben.

Chart A3.2: Trendbeschleunigung

Bruch gegen die Trendrichtung ist nicht unbedingt ein Trendwechsel!

In Chart A3.3 sehen Sie eine vergleichbare Situation mit einem Ausbruch aus einem Aufwärtstrend nach unten.

BASF befand sich ebenfalls in einem mittelfristigen Aufwärtstrend, der dann aber nach unten verlassen wurde. Da es sich hier auch nur um einen relativ schmalen untergeordneten Trend handelte, der den Bruch einleitete, war durchaus auch nur eine Trendabschwächung möglich. Und tatsächlich erfolgte sogar, ausgehend von dieser kleinen Korrektur, ein fulminanter Kursanstieg (siehe Chart A3.4).

Das war spätestens mit der Rückeroberung der unteren Trendlinie und insbesondere mit dem darauffolgenden erneuten Test von oben zu erkennen (blauer Kreis).

Das bringt uns zu der Frage, wie uns die Trendlinien im Trading helfen können, der wir jetzt in Anhang 4 nachgehen.

Chart A3.3: Trendbruch gegen die Trendrichtung

Chart A3.4: Trendbruch als Korrekturbewegung

Anhang 4:
Typisches Kursverhalten im und am Trend

In Abschnitt 2.2.3 hatten wir den folgenden Chart schon einmal vorgestellt. Er dient uns hier als Lehrbeispiel, wie sich der Kurs typischerweise an Trendlinien verhält.

Chart A4.1: Typisches Trendverhalten

Zur Verdeutlichung der wichtigen Dreh- und Angelpunkte sind diesmal in Chart A4.1 bestimmte Bereiche mit Zahlen markiert.

Beginnen wir mit Punkt 1. Zu diesem Zeitpunkt haben wir – auch durch unsere Parallel-Methode – die obere grüne Trendlinie bereits gefunden. Aber auch ohne dieses spezielle Werkzeug lässt sich diese Linie durch die vorausgehenden Anlagepunkte (blaue Kreise) sowie die diversen Hochpunkte kurz vor Punkt 1 bestimmen.

An diesem Punkt kommt es nun zu einem Ausbruchsversuch nach oben. Scheinbar gelingt er auch zunächst, aber nach einiger Zeit fällt der Kurs wieder unter die Trendlinie zurück. In einem solchen Fall lautet die Regel: **Ein** gescheiterter Ausbruchsversuch führt zu einem Rücklauf des Kurses bis an die entgegengesetzte Trendlinie.

Der Kurs sucht sich seinen Trend allein

Hier haben wir de facto noch keine etablierte Trendlinie auf der Unterseite, also muss der Kurs sich diese selbst suchen. Und tatsächlich »hüpft« der Kurs förmlich nach unten und testet so zunächst erst einmal jede der möglichen Parallelen (dünne Linien), als wollte er ausprobieren, wo er denn nun den richtigen Halt finde.

Endgültig gelingt ihm das erst an der Parallele, die fast vom Tief ausgeht (Punkt 2). Jetzt würden wir – laut einer zweiten Regel – normalerweise ein Schwanken des Kurses zwischen den beiden (dicken) Trendlinien erwarten. Der DAX wählt sich aber hier einen wesentlich schmaleren Kanal, in dem er allerdings dann wirklich einige Male hin- und herläuft.

Typische Schwankungen im Trendkanal

An Punkt 3 sehen wir das Pendant zu Punkt 1: einen fehlgeschlagenen Ausbruchsversuch nach unten. Und genau nach der ersten Regel bewegt sich der Kurs an die Trendoberkante – zuerst des schmalen Kanals, dann sogar erneut zur Oberkante des breiten Kanals (Punkt 5).

Ganz typisch ist auch, dass es an Punkt 5 zu einer punktgenauen Berührung und einer erneuten Welle nach unten kommt. Die Drehung an Punkt 6 und dass der Kurs von dort schnurstracks wieder hochläuft, (Punkt 7) zeigen die anhaltende Gültigkeit und Bedeutung dieses Trends. Dieser zielgerichtete Hochlauf an Punkt 7 nach der eher zähen Bewegung von Punkt 3 an Punkt 5 deutet auf eine gewisse Kursstärke und einen möglichen Ausbruch – zumindest den Versuch dazu – hin.

Wann ein Ausbruch ein Ausbruch ist

In Anhang 2 hatten wir ja einiges zu Fehlausbrüchen gesagt. Nun ist natürlich mindestens genauso interessant zu erkennen, wann ein Ausbruch tatsächlich auch ein Ausbruch ist. Betrachten Sie hierzu Punkt 4. An dieser Stelle war der Kurs zuvor aus dem länger als ein Jahr gültigen schmalen Trend ausgebrochen und fällt nun auf dessen Oberkante zurück.

Im Gegensatz zu einem Fehlausbruch kommt es hier nun nicht zu einem Wiedereintritt in den Kanal, sondern – im Gegenteil – zu einem **Drehen des Kurses mit einem dynamischen Abstoß vom alten Trend**. Spätestens hier können Sie sich also getrost nach Kurszielen in höheren Regionen umsehen. Mindestziel ist dabei das frühere Hoch.

Das funktioniert natürlich auch auf quasi höherer Ebene, nämlich an Punkt 8. An Punkt 7 ist der Kurs bereits aus dem breiten Kanal ausgebrochen und kehrt nun zurück, um diesen alten Kanal zu testen.

Wehe, wenn ein Ausbruch später fehlschlägt!

Obwohl auch hier der Kurs sich regelgerecht von der Trendlinie abstößt, kommt es diesmal nicht zu neuen Hochs, ja selbst das alte wird im ersten Anlauf nicht mehr erreicht! Der Kurs sucht erneute Unterstützung an der Trendlinie, aber obwohl der Weg bis zum Hoch nun viel geringer ist, konnte er nicht genug Schwung holen, um die alten Hochs zu überwinden.

An Punkt 9 wird ihm zum Verhängnis, dass die Trendlinie ja »automatisch« steigt und damit der Abstand zum alten Trend immer geringer wird. Dadurch wird geradezu eine Entscheidung erzwungen; in diesem Fall geht sie zugunsten eines Kursrückgangs aus.

Diese Gefahr bestand, denn häufig ist es so, dass in »reifen«, also bereits länger andauernden Trends, selbst ein einmal bestätigter Ausbruch nicht zu einer weiteren Trendbeschleunigung führt. Es kommt dann zu einem Bruch des alten Trends, einem sogenannten Rebreak.

Rebreak in reifem Stadium – Trendwechsel voraus

Ein solches Rebreak nach einem »verhungerten« Ausbruch, dazu noch in einem reifen Trend – das riecht nach Trendwechsel! In diesem Fall besteht die Gefahr, dass nach Bruch der ersten Trendlinie auch die entgegengesetzte Trendlinie bricht. Meist erfolgt das in »einem Rutsch«, der Kurs erholt sich also gar nicht mehr, wenn er an der zweiten Trendlinie angekommen ist.

An Punkt 10 kommt es somit nur noch zu einigen »Scheingefechten« um die untere Trendlinie, dann fällt der Kurs weiter.

Nur selten gelingt dann noch ein erneutes Rebreak. Es kommt vielmehr zu einer Bestätigung des Trendbruchs in die entgegengesetzte Richtung durch einen »Abpraller« an der letzten Trendlinie. Das geschieht hier an Punkt 11.

Neues Spiel in neuem Trend

Nun ist spätestens mit dem neuen Tief nach Punkt 11 ein Abwärtstrend etabliert, in dem dieses »Spiel« zwischen den Trendlinien von vorn beginnt.

Anhang 5:
Candlesticks – die Welt der Kerzen

Die Candlesticks (zu deutsch: Kerzenständer) sind eine alte japanische Chartform, die in Nippon mindestens seit dem 18. Jahrhundert angewendet wird. In Abschnitt 2.1 des Basis-Kurses haben wir Ihnen ja schon einige Grundbegriffe der Kerzen und die im Buch verwendete Farbkennzeichnung erläutert (siehe Bild A5.1).

In diesem Abschnitt geht es nun um konkrete Kerzenformationen, die für sich genommen oder im Kontext des Trendstadiums (zusätzliche) Aussagen über den weiteren Kursverlauf ermöglichen können.

Ausgangspunkt: die Einzelkerzen

Dem Verständnis für die diversen Kerzenmuster nähern wir uns am einfachsten, indem wir uns über die mutmaßliche Bedeutung der Einzelkerzen Gedanken machen.

Im Wesentlichen können wir dabei drei typische Muster unterscheiden, die wir Ihnen nachfolgend vorstellen. Vorab aber noch eine kurze Bemerkung zu den Bezeichnungen der Kerzen und Muster.

Kursdarstellung mit Kerzen

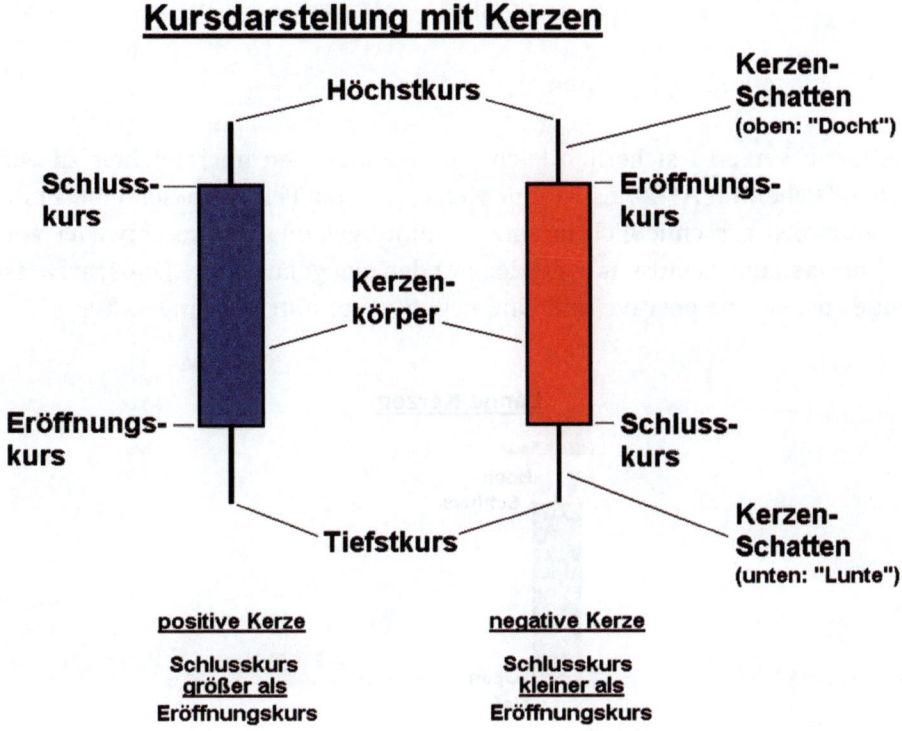

Bild A5.1: Aufbau eines Kerzen-Charts und Darstellung sowie Bezeichnung der Teile der Kerzen

Da es sich ursprünglich um eine japanische Technik handelt, gibt es für alle Muster natürlich die original japanischen Bezeichnungen, die – wie fast immer in asiatischen Sprachen – sehr bildhaft, aber zum Teil schwer oder »sperrig« zu übersetzen sind. Da diese Technik den Westen zuerst über die USA erobert hat, haben inzwischen nahezu alle Muster auch englische Bezeichnungen. Im Prinzip gibt es nur ein bis zwei Ausnahmen, bei denen die japanische Bezeichnung übernommen wurde.

Deutsche Namen für die Muster gibt es dagegen nur für einige der wichtigsten Muster, die wir Ihnen hier natürlich auch vorstellen. Bis auf wenige Ausnahmen sind sie aber kaum gebräuchlich, so dass Ihnen in der Praxis meist die englischen oder japanischen Bezeichnungen begegnen werden.

Die wichtigsten Einzelkerzen

1. Die lange Kerze (long candle)

Die lange Kerze ist sicherlich leicht zu erkennen und noch leichter zu verstehen (siehe Bild A5.2). Es ist eine Kerze, die eine Periode beschreibt, in der der Kurs fast ausschließlich in eine Richtung gelaufen – also entweder vom Beginn bis zum Schluss nur gestiegen oder nur gefallen ist. Logischerweise gibt es daher eine positive und eine negative Variante der langen Kerze.

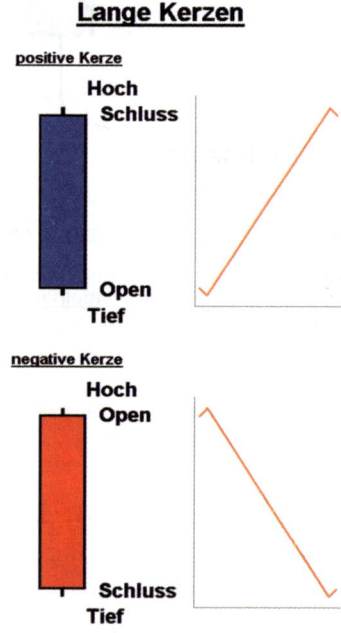

Bild A5.2: Muster einer langen Kerze (long candle) mit Kursverlauf in der Periode

Sofort einleuchtend ist auch, dass die positive lange Kerze eine uneingeschränkt positive Bedeutung und die negative eine uneingeschränkt negative Bedeutung im Kursbild hat (siehe Bild A5.1 – in der rechten Hälfte der folgenden Bilder sehen Sie den jeweils typischen schematischen Kursverlauf der Periode). Ein bestehender Aufwärtstrend sollte sich nach einer positiven langen Kerzen demzufolge fortsetzen, ein Abwärtstrend nach einer negativen langen Kerze ebenso.

Jetzt gibt es noch einige Feinheiten, die aber in der Praxis nicht ganz so bedeutsam sind. In der »Reinform« sind der Tiefstkurs der langen Kerze gleichzeitig der Eröffnungskurs und der Höchstkurs gleichzeitig der Schlusskurs
(bei der positiven Variante) bzw. umgekehrt für die negative Variante. Die
ideale lange Kerze hat also gar keine Schatten (praktisch sollten die Schatten aber im Gegensatz zum Körper sehr klein sein). Für diese Idealform wird
gelegentlich auch der japanische Begriff »Marubozu« (beidseitiger Glatzkopf)
verwendet.

Die lange Kerze hat zwar generell eine positive oder negative Bedeutung, sie
wird aber hauptsächlich als Fortsetzungsformation angesehen, eine positive
lange Kerze wird also hauptsächlich in einem Aufwärtstrend und eine negative lange Kerze vor allem in einem Abwärtstrend bewertet.

2. Die Hohe Welle (high wave, spinning top)

Das Gegenstück zur langen Kerze (langer Körper, kurze Schatten) ist die Hohe
Welle (kurzer Körper, lange Schatten). Bild A5.3a zeigt das Kerzenbild und
den Kursverlauf innerhalb der Periode. An Letzteren wird auch klar, woher
dieser zunächst ein wenig befremdlich erscheinende Name kommt: Der Kurs
schwankt einfach mit sehr starken Ausschlägen hin und her, eben wie das
Auf und Ab einer Welle.

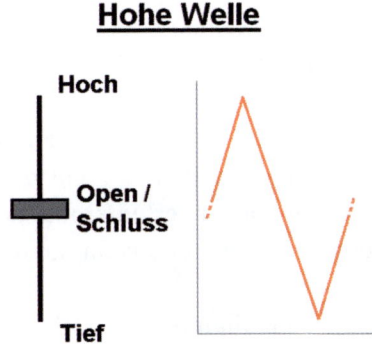

Hohe Welle

Bild A5.3a: Muster einer Hohen Welle (high wave, spinning top) mit Kursverlauf in der Periode

Es gibt auch hier ein Extrem, nämlich dann, wenn Eröffnungs- und Schlusskurs der Periode gleich sind (Bild A5.3b). Der Kerzenkörper ist dann nahezu

nicht vorhanden; im Chart wird dann einfach ein Kreuz gezeichnet (um eben Open und Schluss zu kennzeichnen). Diese Sonderform heißt international eigentlich überall »Doji« (dts. Dolch und/oder Libelle) und bezeichnet generell Kerzen mit gleichen Eröffnungs- und Schlusskursen (nicht nur bei der Hohen Welle). Der Begriff wird meist auch schon verwendet, wenn der Körper noch vorhanden, aber eben sehr klein ist.

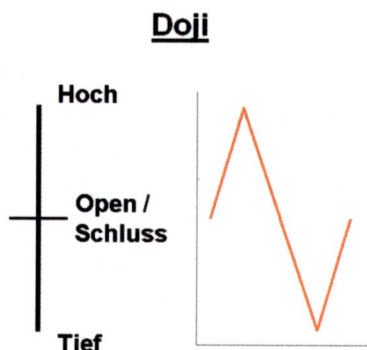

Bild A5.3b: Muster eines Dojis mit Kursverlauf in der Periode

Diese Kerzen weisen auf eine große Unsicherheit auf dem Markt hin. Insbesondere an Extrempunkten des Kursverlaufs nach längeren Trends kann das ein Zeichen für eine bevorstehende Kursumkehr sein. Wie wir noch sehen werden, erhalten diese Kerzen besonders in Verbindung mit vorangegangenen oder nachfolgenden Kerzen ihre eigentliche Bedeutung.

Bei diesen Kerzen ist es völlig belanglos, welche Farbe die Kerze schlussendlich hat. Die Aussage der Unsicherheit wird nicht dadurch geschmälert, dass der Kurs am Ende ein bisschen ober- oder unterhalb des Eröffnungskurses lag. Letztlich gab es keinen erkennbaren Trend während der Periode, nur das zählt.

3. Hammer und Sternschnuppe (hammer, shooting star)

Die dritte Kategorie bedeutsamer Einzelkerzen bilden diejenigen, die nur einseitig einen langen Schatten haben und an der anderen Seite einen kleinen Körper (ohne bzw. nur mit minimalem Schatten). Die dazugehörigen Kerzen in Bild A5.4a und b zeigen recht instruktiv, wie diese Muster zu ihrem Namen gekommen sind.

Hammer

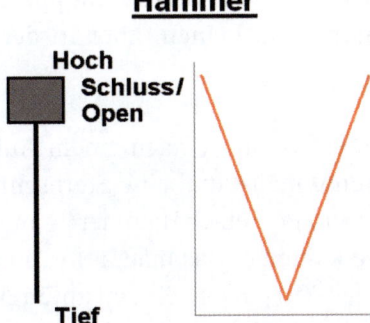

Hoch
Schluss/
Open

Tief

Bild A5.4a: Muster eines Hammers (hammer, hanging man) mit Kursverlauf in der Periode

Sternschnuppe

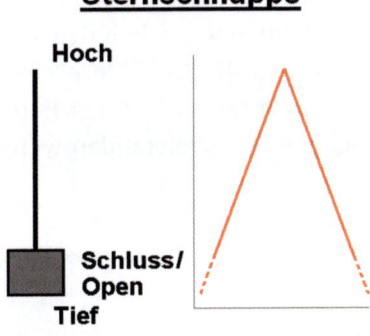

Hoch

Schluss/
Open
Tief

Bild A5.4b: Muster einer(s) Sternschnuppe / umgedrehten Hammers (shooting star, inverted hammer)
mit Kursverlauf in der Periode

Der Kursverlauf während der Periode, die diese Kerzen repräsentieren, zeigt recht klar, worin ihre Bedeutung besteht. Es sind nämlich offensichtlich sogenannte Umkehrkerzen. Der Kurs dreht also zu irgendeinem Zeitpunkt innerhalb der Periode und erreicht wieder sein Ausgangsniveau, in dessen Nähe er auch wieder schließt.

Wie bei der Hohen Welle kommt es nicht so sehr auf die Farbe der Kerze an, also darauf, ob der Schlusskurs über oder unter dem Eröffnungskurs liegt. Natürlich markiert der Hammer tendenziell eher einen Umkehrpunkt, wenn ihm ein Abwärtstrend vorausgegangen ist, und die Sternschnuppe sollte eher das Ende eines Aufwärtstrends einläuten. Insofern mag die Bedeutung eines blauen Hammers bzw. einer roten Sternschnuppe an den entsprechenden Stellen im Kursverlauf höher erscheinen, aber in der Praxis hat das keine Bedeutung.

Es ist sogar so, dass auch ein Hammer nach einem Aufwärtstrend (im Englischen heißt er dann »hanging man«) und eine Sternschnuppe nach einem Abwärtstrend (die dann aber »umgedrehter Hammer« – inverted hammer – heißt) als Umkehrsignale infrage kommen. Das mag auf den ersten Blick erstaunlich erscheinen, dreht doch der Kurs nach einem anfänglichen Angriff der jeweiligen Gegenpartei wieder in die ursprüngliche Richtung. Jedoch ist diese Drehung dann offenbar nur ein letztes, nicht nachhaltiges Aufbäumen – also eher ein Strohfeuer, das in den nächsten Perioden schon wieder erloschen ist.

Natürlich können auch diese Kerzen wieder als Dojis vorkommen, bei denen dann Eröffnungs- und Schlusskurs wieder gleich (oder auch fast gleich) sind. Der Doji-Hammer bekommt dann gelegentlich den schönen Namen »dragonfly doji« (Libellen-Doji), während die Doji-Sternschnuppe zum »gravestone doji (Grabstein-Doji) wird, was insbesondere am Ende eines Aufwärtstrends durchaus auch im übertragenen Sinn verstanden werden kann ...

Einzelkerzen haben nur eine begrenzte Relevanz

Natürlich dürfen wir die Bedeutung dieser Kerzenmuster nicht überschätzen. Alle dieser Kerzen *können* die genannte Bedeutung haben, *müssen* das aber natürlich nicht. Der gerade besprochene umgedrehte Hammer kann also tatsächlich ein Hinweis darauf sein, dass der Kurs in einem Abwärtstrend weiter fällt, anstatt zu drehen.

In der Regel sind also die Kerzen nur erste Hinweise auf eine mögliche Kursfortsetzung und bedürfen einer weitergehenden Bestätigung. Bleiben wir beim umgedrehten Hammer im Abwärtstrend: Folgt daraufhin in der nächsten Periode eine lange positive Kerze, wird eine Trendumkehr schon deutlich wahrscheinlicher; kommt es dagegen zu einer negativen Kerze (die nicht einmal »lang« zu sein braucht) und schließt diese sogar unterhalb der Vorgängerkerze, dann wird sich der Abwärtstrend eher fortsetzen.

Diese Überlegung führt dazu, gleich mehrere Kerzen zu betrachten, denn offensichtlich wird die Aussage doch stärker, wenn mehrere Kerzen in ihrer Bedeutung zusammenpassen. Hinzu kommt eine Betrachtung von unterschiedlich langen Perioden: So sollte ein Umkehrsignal der Wochenkerzen doch eine größere Bedeutung als eines auf Tagesbasis haben.

Um aber zum Beispiel nicht so lang warten zu müssen (schließlich brauchen wir für eine Wochenkerze bereits fünf Tageskerzen), begnügt man sich in der Praxis meist mit Mustern aus zwei oder drei Einzelkerzen. Das hat im Übrigen den Vorteil, dass diese auch ohne großen »Bedeutungsverlust« auf andere Zeitrahmen anwendbar sind, zum Beispiel auf Stunden- oder Minutenkerzen.

Natürlich gibt es durchaus auch Kerzenmuster aus noch mehr Kerzen, aber die werden wir hier nicht näher behandeln. Bei Interesse können Sie auf die vorhandene gute Fachliteratur zu diesem Thema zurückgreifen.

Mehr Kerzen – mehr Relevanz

Das Prinzip ist im Wesentlichen bei den Mustern aus mehreren Kerzen das gleiche: Die verschiedenen Kerzen werden gedanklich zu einer zusammengefasst. Diese daraus resultierende Kerze ist dann entweder ein Umkehr- oder Fortsetzungsmuster, das dann für die Beurteilung herangezogen wird.

In der Praxis wird natürlich nicht jede mögliche Kombination von Kerzen betrachtet, sondern nur die Muster, die der Erfahrung nach eine höhere Bedeutung erlangt haben.

Beginnen wir mit den Doppelkerzen. Das erste Muster ist das Durchstoßmuster. Der (wenig gebräuchliche) Name kommt von der englischen Bezeichnung »Piercing Line« für das bullishe Kerzenmuster (siehe Bild A5.5 oben). Die zweite positive Kerze muss idealerweise unterhalb des Tiefs der vorangegangenen negativen Kerze, mindestens jedoch unter deren Schlusskurs, eröffnen. Ihr Schlusskurs dagegen muss oberhalb der Mitte des Kerzenkörpers der negativen Kerze liegen. Die positive Kerze muss also die Mittellinie der vorigen Kerze durchstoßen, daher der Name.

Die bearishe Ausprägung dieses Musters heißt im Englischen Dark Cloud Cover, da in der bildhaften Vorstellung sich eine dunkle Wolke (in Form fallender Kurse) über den Kurs legt. Die genannten Regeln sind analog anzuwenden.

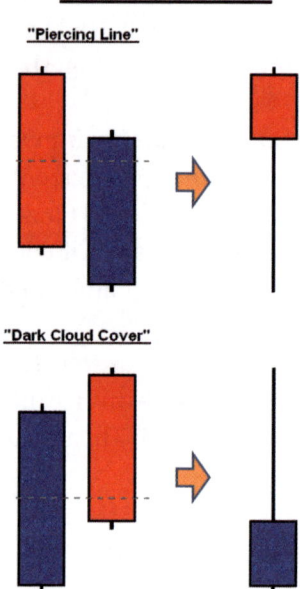

Durchstoßmuster

Bild A5.5: Bullishes und bearishes Durchstoßmuster (2 Kerzen) mit daraus resultierenden Kombinationskerzen (Hammer/Sternschnuppe)

Die Bedeutung des positiven Musters ergibt sich natürlich nur nach einem vorangegangenen Abwärtstrend, die des negativen Musters nach einem Aufwärtstrend.

Vom Durchstoßen zum Überdecken

Das zweite Muster, das uns interessiert, kann man Überdeckungsmuster nennen – nach dem englischen Begriff »engulfing« (einhüllen). Auch hier gibt es eine positive und negative Variante, die nur nach einem Abwärts- bzw. Aufwärtstrend Bedeutung erlangen. Die Bezeichnung der Muster ist diesmal weniger spektakulär, hier wird nur von einem bullishen oder bearishen »Engulfing Pattern« gesprochen (siehe Bild A5.6).

Der zweite Kerzenkörper sollte nach Möglichkeit die erste Kerze komplett überdecken, auf jeden Fall jedoch deren Kerzenkörper. Obwohl man meinen könnte, dass dieses Muster »stärker« ist als das vorige (schließlich überdeckt hier ja die zweite Kerze die erste komplett, während sie beim Durchstoßmuster nur in den Körper hineinreicht), lässt sich das in der Praxis nicht nachweisen. Wir betrachten die Muster daher zunächst als gleichwertig. Beide haben aber natürlich eine höhere Relevanz als die Einzelkerzen – schließlich vollzieht sich die Umkehr über zwei Perioden.

Kerzen können zusammengesetzt werden

An diesen Beispielen können wir auch die Kombination von mehreren Kerzen durchspielen. Wenn wir die beiden Perioden zu einer zusammenfassen, dann wird der Eröffnungskurs der ersten Kerze und der Schlusskurs der zweiten zum Eröffnungs- bzw. Schlusskurs der resultierenden Kerze. Als Hoch und Tief werden der höchste und niedrigste Wert von beiden Kerzen genommen. In Bild A5.6 sehen Sie das Ergebnis: In beiden Fällen erhalten wir einen Hammer (für die positiven Varianten). Eine Sternschnuppe ergibt sich bei den negativen Mustern.

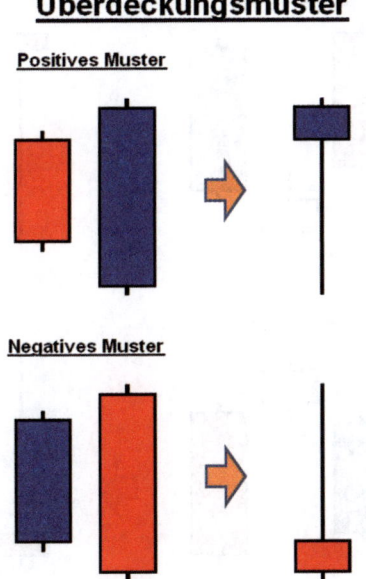

Überdeckungsmuster

Positives Muster

Negatives Muster

Bild A5.6: Bullishes und bearishes Überdeckungsmuster (»Engulfing Pattern«) aus 2 Kerzen mit daraus resultierenden Kombinationskerzen (Hammer/Sternschnuppe)

Dieses Prinzip liegt den meisten anderen Mustern mit mehreren Kerzen ebenfalls zugrunde. Letztlich lassen sich also alle Kerzenformationen auf die bekannten Grundmuster zurückführen, wobei sich je nach Kombination eine Fortsetzungs- oder Umkehrformation ergibt.

Dreifach-Kombinationen

Das ist auch so bei der wichtigsten Dreifachformation, die wir jetzt behandeln. Auch diese gibt es in einer bullishen, also positiven, und einer bearishen, negativen Ausprägung. Die wieder recht bildhaften Namen dafür sind Morgenstern und Abendstern, die darauf hinweisen sollen, dass nach einem Abwärtstrend nun bald wieder die Sonne aufgehen könnte bzw. nach einem Aufwärtstrend nun die »Nacht« – in Form fallender Kurse – heranzieht.

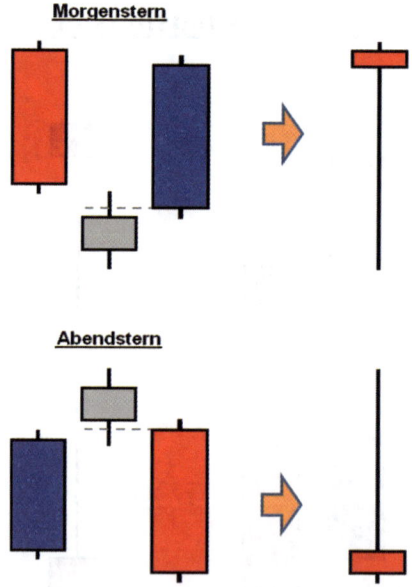

Bild A5.7: Bullishes und bearishes Dreifachkombinationen mit daraus resultierenden Kombinationskerzen (Hammer/Sternschnuppe)

Die Formation selbst besteht aus zwei langen Kerzen, zwischen denen eine kurze Kerze, eine Hohe Welle oder sogar ein Doji liegt. In der Praxis werden Sie aber auch häufig einen Hammer oder Ähnliches finden. Die Farbe der mittleren Kerze, sofern sie nicht ohnehin ein Doji ist, spielt erneut keine Rolle, die Farbe der langen Kerzen ist je nach Muster (positiv oder negativ) einleuchtend.

Ohne Bedeutung ist auch, welche der beiden äußeren Kerzen die höhere oder niedrigere ist, also ob die dritte die erste überragt oder nicht. Es ist jedoch wichtig, dass es »lange« Kerzen sind; idealerweise auch mit kürzeren Schatten.

Die klassische »strenge« Definition verlangt zudem, dass der mittlere Kerzenkörper keinen »Kontakt« zu den beiden langen Kerzenkörpern hat, der Eröffnungs- bzw. Schlusskurs der zweiten Kerze also größer ist als der Schlusskurs der ersten und der Eröffnungskurs der dritten Kerze (beim Abendstern; analog umgekehrt beim Morgenstern). Zudem sollte die Bedeutung der Formation noch größer sein, wenn die mittlere Kerze auch keine Überlappung der Schatten zu den anderen Kerzen aufweist, also für sich genommen eine »Insel« darstellt.

In der Praxis werden Sie insbesondere bei den zusammengesetzten Mustern immer wieder auf Abweichungen oder Ausnahmen stoßen. Daher ist es extrem hilfreich, dass wir im Rahmen der Target-Trend-Methode zusätzliche Möglichkeiten haben, die Bedeutung eines Kerzenmusters einzuschätzen.

Anhang 6:
Fibonacci-Technik

6.1 Die klassische Anwendung der Fibonacci-Technik

Der Name »Fibonacci« für diese sehr beliebte Chartanalysemethode geht zurück auf einen gleichnamigen Mathematiker des Mittelalters. Was hat nun ein mittelalterlicher Mathematiker mit Charttechnik zu tun? Genau genommen eigentlich gar nichts. Er hat lediglich eine natürliche Zahlenfolge an prominenter Stelle beschrieben, so dass diese später dann seinen Namen erhielt.

Der mathematische Hintergrund liegt in einen ganz anderen Zusammenhang, der unter dem Namen »Goldener Schnitt« bekannt ist. Die Zahlenfolge von Fibonacci ist mathematisch lediglich ein einzelner Spezialfall des »Goldenen Schnitts«.

Da aber auch in der Tier- und Pflanzenwelt einige Phänomene auftreten, die mit den Fibonacci-Zahlen in Beziehung stehen, und von hier gern die Verallgemeinerung hin zum »Goldenen Schnitt« gemacht wird, werden beide meist in einem Atemzug genannt. Dabei ist »Fibonacci« vermutlich der gängigere Begriff, der übrigens auch international verständlich ist. So ist wohl auch diese Chartmethode zu ihrem Namen gekommen.

Wellentheorie und Charttechnik

Bei Interesse können Sie die genauen mathematischen Zusammenhänge in Anhang 6.3 nachlesen. In diesem ersten Teil soll es uns erst einmal um den allgemeinen und ursprünglichen Hintergrund dieser Methode gehen.

Der erste, der diese Methode anwandte, war der US-Amerikaner Ralph N. Elliott. Elliott hat in den 1920-/30er-Jahren an einer neuen Methode zur Beschreibung von Kursverläufen gearbeitet und dabei die später sogenannte Wellentheorie entwickelt. Ursprünglich ging es ihm um eine systematische Beschreibung der Kursverläufe. Ein wesentlicher Aspekt der Theorie sind jedoch immer wiederkehrende Muster, die sich in den Kursen manifestieren. Diese führt Elliott ebenfalls auf die Widerspiegelung massenpsychologischer Phänomene in den Kursen zurück.

Kernpunkt seiner Theorie ist eine feste Struktur der Abfolge von Kursauf- und -abbewegungen. Damit soll eine »Wellenzählung« möglich werden, der Analytiker ist also dadurch theoretisch in der Lage abzuschätzen, ob er sich zum Beispiel noch am Anfang oder schon am Ende einer Aufwärtsbewegung befindet. Diese von Elliott postulierte Struktur lässt sich sehr elegant durch die Zahlenfolge von Fibonacci beschreiben.

Elliott hat Meister Fibonacci aber noch an anderer Stelle in die Charttechnik eingeführt. Er griff auf die bereits von Charles H. Dow benutzte Trenddefinition zurück, nach der ein intakter Aufwärtstrend immer neue höhere Hochs und Tiefs ausbilden sollte (siehe Bild A 6.1). Er verlangte daher, dass eine sogenannte Korrekturwelle (also eine Kursbewegung, die der Haupttrendrichtung entgegenläuft), die vorangegangene Welle in Trendrichtung maximal um einen bestimmten Prozentsatz korrigieren darf.

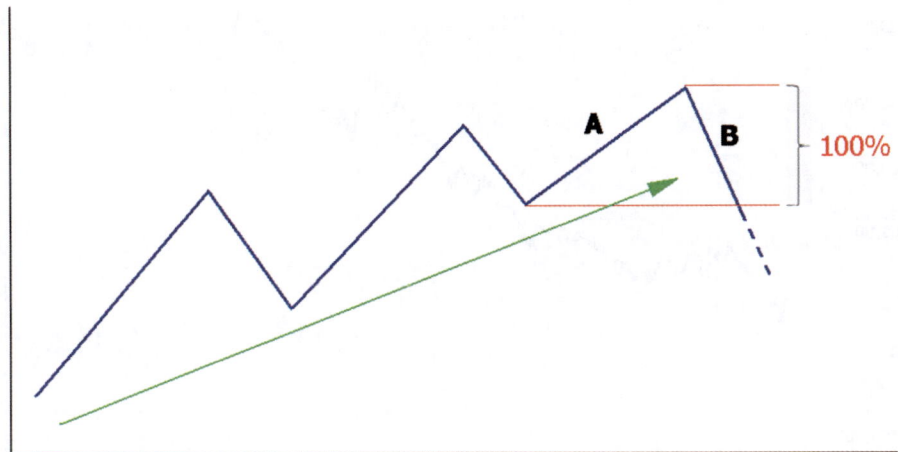

Bild A6.1: *Aufwärtstrend – endet die Welle B unterhalb des Startpunkts von Welle A, gilt der Aufwärtstrend als beendet; Welle B hat dann Welle A um 100 % korrigiert.*

Mathematik der Korrektur

Hierfür nutzte er die sogenannten Fibonacci-Retracements. Die von Elliott benutzten Werte sind in Bild A 6.2 eingetragen. Im Sinn seiner Theorie stellte er nun relativ strikte Regeln auf, wann welche Welle die vorausgegangene wie weit korrigieren darf. Genau genommen hatte das bereits Charles Dow so beschrieben, der aber hier allgemeiner formulierte und von »etwa einem Drittel«, »etwa die Hälfte« oder »etwa zwei Drittel« Korrekturpotenzial sprach.

Die Elliott-Theorie ist sehr komplex, hat ein umfangreiches Regelwerk und ist in vielen Fällen nicht eindeutig. Kursverläufe lassen sich nun einmal nicht zu jeder Zeit in ein enges Schema zwängen. Nur in wenigen Fällen ist zum Beispiel eindeutig, welcher Punkt im Chart nun eigentlich der Fußpunkt für die Fibonacci-Linien ist. Das hat dann natürlich unmittelbare Rückwirkung auf die Lage der Retracements.

Bild A6.2: Aufwärtstrend mit klassischen Fibonacci-Retracements (die gestrichelten Linien sind unterge-
ordnet) – kommt jetzt die Korrektur, oder kommt sie nicht, und wenn ja, wie weit geht sie?

Ebenso unklar ist, wie stark die Kurskorrektur denn nun tatsächlich ausfällt. Laut Elliot sind in Einzelfällen sogar Korrekturen bis zum 76,4 %-Retracement oder auch darunter möglich. Das ist für das Trading natürlich so nicht sinnvoll zu verwenden. Abgesehen davon, halten sich die Kurse ja auch nur »ungefähr« an diese sehr exakt angegebenen Niveaus.

Pragmatischer Einsatz der Fibonacci-Linien

Obwohl sie häufig angewendet wird, setzen daher die meisten Charttechniker die von Elliott eingeführte Fibonacci-Methode meist nur zusätzlich und in vielfältigen Kombinationen mit anderen Instrumenten oder aber mehrfachen Fibonacci-Niveaus ein. Dabei achten sie auf sogenannte »Cluster«, also Häufungen von Widerstands- bzw. Unterstützungszonen im Chart um die Fibonacci-Linien herum.

Das können vorangegangene untergeordnete Tiefs/Hochs, Gaps (also Kurslücken), aber auch Schnittpunkte mit Trendlinien usw. sein. Solche

»Cluster« sind im weitesten Sinne durchaus Vorstufen zu unseren Targets.

Das ist ein sehr pragmatischer Einsatz, der sich inzwischen fast völlig losgelöst hat von der ursprünglichen Elliott-Theorie. Viele Charttechniker, die mit diesem Werkzeug hantieren und damit durchaus erfolgreich sind, wissen nur ansatzweise über die tatsächlichen Hintergründe Bescheid. Das tut dem Erfolg oder der Beliebtheit der Fibonacci-Linien keinen Abbruch, lässt aber sicher Rückschlüsse auf die Zweckmäßigkeit der Elliott-Theorie in der Praxis zu.

6.2 Die Fibonacci-Technik in der Target-Trend-Methode

Bei der Target-Trend-Methode verwenden wir die Fibonacci-Linien »andersherum«. Wir arbeiten nicht mit den Retracements, sondern den Extensions. Wir messen also nicht die Korrekturbewegung eines Kursschubs, sondern dessen weiteres Potenzial. Hier wollen wir Ihnen die Hintergründe dieser Technik erläutern.

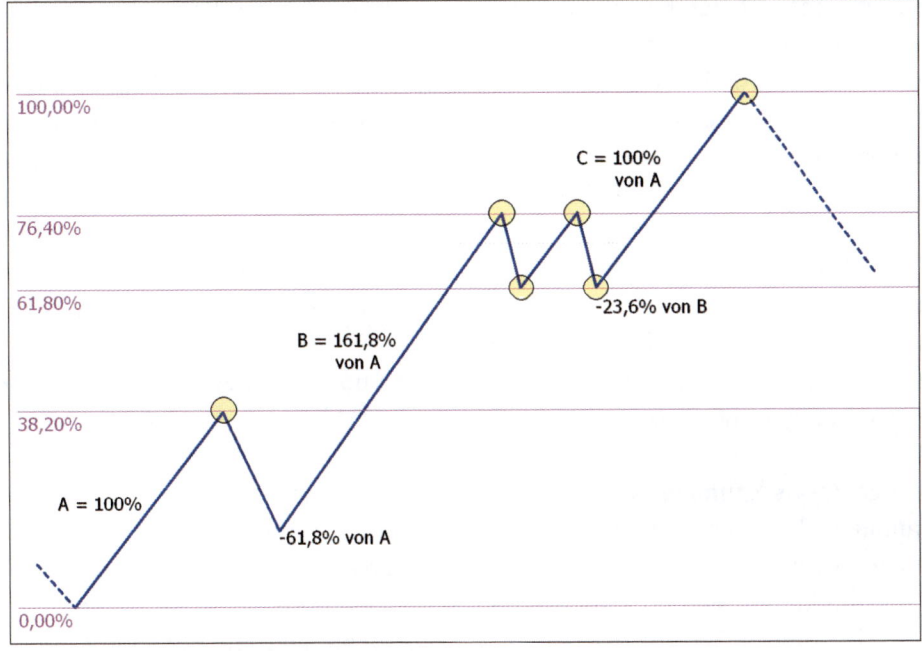

Bild A6.3: Klassisches Wellenmuster nach Elliott – statt umständliches Ausmessen der einzelnen Wellen liefert die Fibonacci-Projektion, ausgehend von der ersten Welle A, genügend Anhaltspunkte.

Extensions sind bereits von Elliott selbst beschrieben worden. Insofern sind sie also nichts Neues im eigentlichen Sinn. Da Elliott Regeln für fast alle Belange aufgestellt hat, gibt es klare Vorgaben für die Größe der aufeinanderfolgenden Wellen gleicher Richtung.

Bild A6.3 zeigt ein klassisches Beispiel nach der Elliott-Theorie (siehe auch Bild A6.5 in Anhang 6.3). Nach der ersten Aufwärtswelle A (=100 %) folgt ein »scharfer« Rückfall von 61,8 %, der diese korrigiert. Die zweite Welle B steigt nachhaltiger als die erste nach oben, sie hat eine Ausdehnung von 161,8 % von A. Hier schließt sich nun eine schwächere, dafür vielleicht ein wenig längere Konsolidierung (z.B. eine Flagge) an, die B nur um 23,6 % korrigiert. Die abschließende Welle C erreicht mit gleicher Länge wie die erste (A) dann ihr vorläufiges Hoch, bevor laut Elliott eine ausgedehntere Korrektur einsetzt.

Die Umkehrung eines bewährten Prinzips

Für diese Situation bräuchte man mehrere Fibonacci-Niveaus im Chart, um die einzelnen Wellen korrekt auszumessen. Das wird in der Praxis hochgradig unübersichtlich. Die der Fibonacci-Technik zugrunde liegende Mathematik (siehe Anhang 6.3) weist jedoch die Besonderheit auf, dass die Addition verschiedener Niveaus aus unterschiedlichen Stadien dieser drei Wellen wieder die Extensionen der Ausgangswelle treffen können. In Bild A6.3 ist das für den genannten Fall einmal beispielhaft demonstriert.

Diese Übereinstimmung trifft auf verschiedene Kombinationen dieser Fibonacci-Niveaus zu. Bild A6.4 zeigt beispielsweise eine andere klassische Variante bei gleichen Längenverhältnissen der Wellen untereinander, aber anderen Korrekturniveaus. Hier sind natürlich noch fast beliebig viele andere Ausprägungen möglich.

In der Praxis kommen zudem viel mehr als diese gezeigten drei Wellen zusammen, denn jede dieser großen Wellen weist ja ihrerseits ebenfalls eine innere Struktur auf. Auf diese Weise kommen dann die verschiedenen Berührungspunkte mit den einzelnen Fibonacci-Niveaus zustande. Der Gewinn an Übersichtlichkeit ist also ganz enorm, wenn man sich auf nur eine Linienschar beschränken kann.

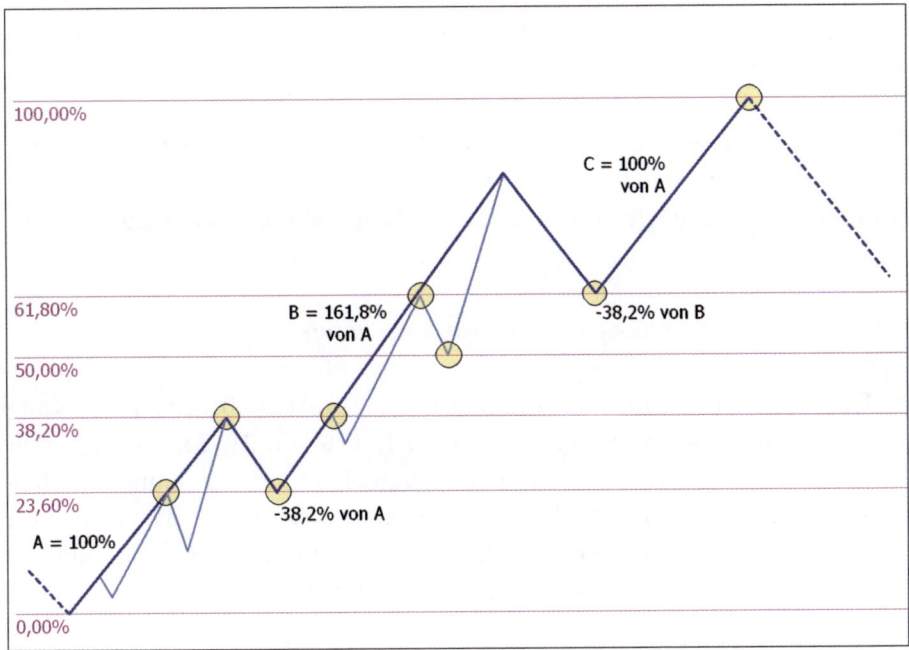

Bild A6.4: Alternatives klassisches Wellenmuster nach Elliott – obwohl sich wichtige Parameter der Wellenbewegung geändert haben, beschreibt die Fibonacci-Technik der Target-Trend-Methode immer noch sehr gut den Kursverlauf. Auch Unterwellen (hellblau) passen sich meist diesem Schema an.

Natürlich funktioniert dies nicht für alle möglichen Kombinationen und auch nicht immer in der Praxis. Doch die ursprüngliche Fibonacci-Technik nach Elliott ist ja auch nur die Idealform, von der in der Praxis etliche Abweichungen zu finden sind. Die Erfahrung zeigt aber dennoch, dass sehr viele der projizierten Linien signifikant berührt werden. Die Beispiele in Abschnitt 2.2.6 haben das eindrucksvoll gezeigt.

Die Kombination mit den anderen Bausteinen der Target-Trend-Methode erhöht die Trefferquote und Übersichtlichkeit natürlich noch weiter.

6.3 Die Mathematik hinter Fibonacci, »Goldenem Schnitt« und Co.

Fibonacci (eigentlich Leonardo de Pisa), der im 12./13. Jahrhundert lebte, ist wie schon erwähnt der (unfreiwillige) Namensgeber für diese Chartmethode. Er beschrieb eine schon seit dem Altertum bekannte Zahlenfolge in seinem bekanntesten mathematischen Werk »Liber abbaci« (Buch der Rechenkunst). Anhand dieser Folge stellte er das exponentielle Wachstum einer Kaninchenpopulation dar.

Die Zahlen bzw. Verhältnisse der Fibonacci-Folge lassen sich aber in der Natur auch in anderen Bereichen finden, z.B. bei Blütenständen und Blattanordnungen verschiedener Pflanzen, von Sonnenblume bis Fichtenzapfen.

Am Anfang war eine einfache Summenfolge ...

Die Folge besteht nur aus natürlichen Zahlen (also keine Brüche, keine Kommastellen) und lautet wie folgt: 0, 1, 1, 2, 3, 5, 8, 13, 21, 34, 55, 89, ... Die einzelnen Glieder dieser Folge werden also gebildet aus der Summe der beiden unmittelbaren Vorgänger (0+1=1, 1+1=2, 1+2=3, 2+3=5 usw.), wobei die beiden ersten Glieder 0 und 1 als Anfangswerte gesetzt sind. Die Folge ist unendlich, denn diese Summation lässt sich beliebig weit fortsetzen.

Das allgemeine Bildungsgesetz der Glieder der Folge lautet also

$$f_n = f_{n-1} + f_{n-2} \quad \text{für } n \geq 2 \text{ mit } f_0 = 0, \ f_1 = 1$$

Wie ebenfalls schon erwähnt, gebührt Ralph N. Elliott das Verdienst, die Methoden von Fibonacci und dem »Goldenen Schnitt« auf die Charttechnik übertragen zu haben. Aus seinem überaus komplexen Regelwerk interessiert uns nur die von ihm beschriebene Wellenzählung (siehe Bild A 6.5).

Ein Buchhalter zählt Wellen

Danach besteht in einem Aufwärtstrend (im Abwärtstrend ist alles entsprechend andersherum) eine komplette Wellenfolge aus einem längeren Aufwärtsimpuls ① und einer kürzeren Korrekturwelle ② (logisch, es soll ja insgesamt aufwärtsgehen). Das Besondere ist nun, dass die erste Welle eine innere Struktur hat, die ebenfalls wieder diesem Muster folgt. Dabei besteht die Welle ① aus drei (kürzeren) Aufwärtsschüben (1), (3) und (5) sowie noch kürzeren Gegenbewegungen (2) und (4). Welle ② dagegen weist die ein wenig längeren Schübe (allerdings nur zwei statt drei) in Abwärtsrichtung auf (klar, sie geht ja auch nach unten) und eine kürzere Gegenbewegung nach oben. Zur Unterscheidung werden diese Wellen mit (a), (b) und (c) bezeichnet.

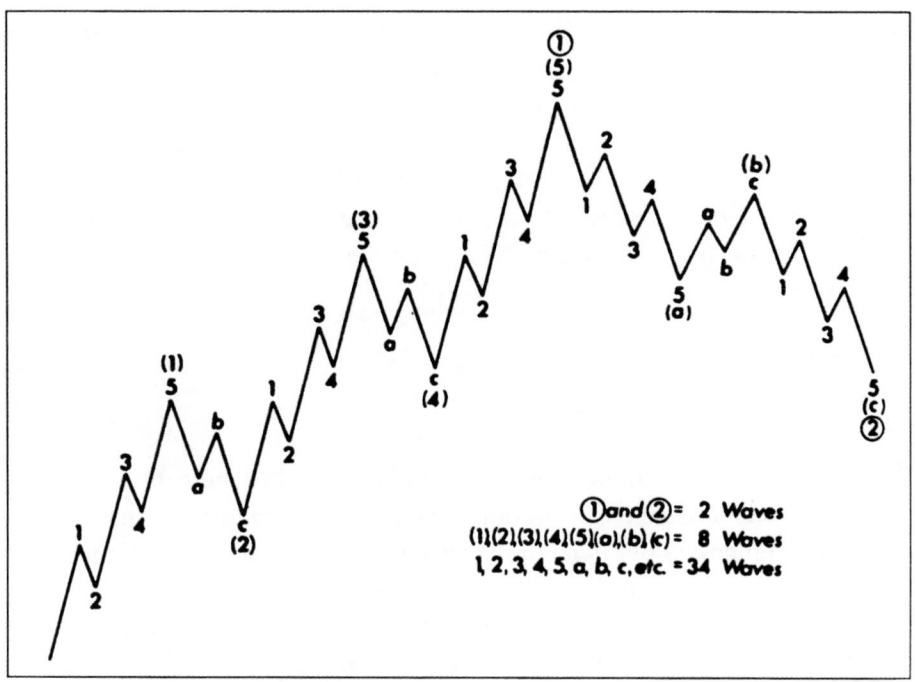

Bild A6.5: Wellenfolgen und Wellenzählung nach Elliott – eine einfache Struktur (Aufeinanderfolge von Aufwärtswelle 1 und Korrekturwelle 2) wiederholt sich auf über- und untergeordneten Ebenen; diese fraktale (gleichähnliche) Struktur ist der revolutionäre Ansatz von Elliott.

Dieses Muster setzt sich nach unten (Unterwellen 1, 2, 3, 4, 5, a, b, c), aber auch nach oben fort (Welle ① und ②, sind also Teil einer größeren Formation). Was zunächst ein wenig verwirrend klingt, erklärt sich mit einem Blick auf Bild A6.4 eigentlich recht schnell von selbst.

Durch diese (postulierte) Regelmäßigkeit können wir nun die Fibonacci-Zahlen an den einzelnen Wellen in Bild A6.5 abzählen. Eine Aufwärtswelle ① und eine Abwärtswelle ② ergeben zwei Wellen (das sind die ersten drei Zahlen der Glieder). Welle ① besteht aus drei Aufwärts- und zwei Abwärtswellen, also insgesamt fünf Wellen und wenn wir die drei Wellen von Welle ②, noch mit dazu nehmen, haben wir insgesamt acht (das sind jeweils Fibonacci-Zahlen).

Alle Einzelwellen miteinander ergeben 34 Wellen für die dargestellte Struktur, wobei Welle ① aus 21 Teilwellen und Welle ②, aus 13 Teilwellen besteht.

Damit haben wir die ersten Glieder unserer Fibonacci-Folge komplett. Würden wir dieses Spiel fortsetzen, kämen wir auch auf die anderen Zahlen.

Damit hat Elliott zunächst die Fibonacci-Folge sehr elegant in die Charttechnik eingeführt. Wenn Sie sich aber unsere Fibonacci-Methode ansehen, dann hat das jedoch gar nichts mit Wellenabzählen zu tun. Wir haben ja Kursverhältnisse gebildet und dabei mit ein wenig rätselhaften Prozentzahlen gearbeitet.

Der »Goldene Schnitt«

Diese Prozentzahlen hat Buchhalter Elliott nicht selbst berechnet, sondern aus dem mathematischen Spezialfall des »Goldenen Schnittes« entlehnt. Obwohl wir ja eingangs bei der Fibonacci-Folge von natürlichen Zahlen (also Zahlen ohne Komma usw.) gesprochen haben, führt diese Folge auf einem Umweg bereits sehr nahe an die Lösung des Problems. Das liegt an einer weiteren Eigentümlichkeit dieser einmaligen Zahlenfolge.

Teilen wir nämlich jede Zahl durch ihren Vorgänger (die Null lassen wir natürlich aus), erhalten wir eine neue Folge, die so aussieht: 1; 2; 1,5; 1,667; 1,6; 1,625; 1,615; 1,619 usw. Wenn wir diese Folge weiter berechnen, dann stellen wir fest, dass sich die Werte offenbar immer weiter einer Zahl von 1,618034 annähern. Die genaue Zahl ist ähnlich wie die Zahl Pi (π=3,1415926..), also das Verhältnis von Kreisumfang zu Durchmesser, eine irrationale Zahl, die eine Dezimalzahl mit unendlich vielen Stellen hinter dem Komma ergibt (der genaue Ausdruck folgt weiter unten).

Interessanterweise ist dies die gleiche Zahl, die sich aus dem »Goldenen Schnitt« ergibt. Auch das ist eine schon seit der Antike bekannte mathematische Besonderheit. Der »Goldene Schnitt« beschreibt ursprünglich das Verhältnis zweier Strecken wie folgt:

Eine Strecke ist dann im Verhältnis des »Goldenen Schnitts« geteilt, wenn der größere Teilabschnitt zum kleineren im gleichen Verhältnis steht wie die Gesamtstrecke zum größeren Teil.

Kunst und Börse

Der »Goldene Schnitt« wurde schon von den alten Griechen verwendet, um z.B. »perfekt« proportionierte Gebäude zu errichten. Außer in der Architektur verwendet man ihn auch häufig in der bildenden Kunst, z.B. bei der Bildaufteilung von Gemälden oder Fotografien. Aber auch in der Musik ist er gebräuchlich, z.B. bei bestimmten Tonfolgen. Insbesondere auch Musikinstrumentenbauer schwören häufig auf diese Proportion, da deren Einhaltung ihrer Meinung nach einen besonders reinen Klang erzeugt, z.B. bei Geigen.

In der Antike wurde ja häufig der Mensch zum Maß aller Dinge in baulichen Fragen gemacht. Daher lag es für spätere Zeitgenossen nahe, die Proportionen des menschlichen Körpers ebenfalls hinsichtlich des »Goldenen Schnitts« zu untersuchen (diese Bezeichnung wurde übrigens erst im 19. Jahrhundert geprägt). Leonardo da Vincis Zeichnung »Der Vitruvianische Mensch« wird häufig – fälschlicherweise – in diesem Zusammenhang genannt.

In Bild A6.6 ist daher die Regel des Goldenen Schnitts einmal schematisch dargestellt. In der Sprache der Mathematik ausgedrückt, lautet sie:

$$\frac{b}{a} = \frac{c}{b}, \text{ wobei gilt: } a+b=c$$

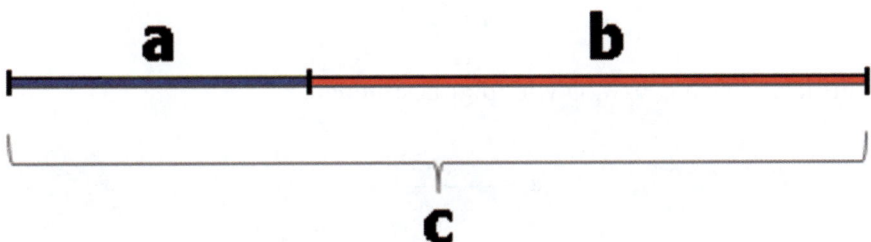

Bild A6.6:   Aufteilung einer Strecke c in zwei Teilstrecken a und b, so dass der »Goldene Schnitt« eingehalten wird

Allmählich schält sich damit schon eine gewisse Ähnlichkeit zu den Fibonacci-Zahlen heraus. Dort hatten wir schließlich auch einfach eine kleine und eine größere Zahl addiert. Um diese Analogie fortzusetzen, könnten wir jetzt also einfach b + c = d usw. rechnen.

Allmählich wird es abstrakt

An dieser Stelle sind wir jetzt aber schon einen ganzen Schritt weiter als mit unseren Fibonacci-Zahlen. Denn während diese nur für natürliche Zahlen gelten, haben wir es hier mit Strecken beliebiger Länge zu tun. Damit kommen also alle möglichen Zahlen in Betracht, also auch Brüche und Kommazahlen.

Da uns eigentlich nur die Streckenverhältnisse interessieren, vereinfachen wir die Formel, indem wir sie für die weitere Betrachtung auf c = 1 (»ein Ganzes«) normieren. Dann können wir für die Summenformel schreiben:

$$\psi + \varphi = 1,$$

wobei der »Goldene Schnitt« dann lautet:

$$\frac{\varphi}{\psi} = \frac{1}{\varphi},$$

Das Verhältnis $1 / \varphi = \phi$ wird in der Mathematik der Goldenen Schnitt bzw. das Goldene Verhältnis genannt. Die beiden vorstehenden Gleichungen lassen sich zusammenfassen zu:

$$\varphi^2 + \overline{\varphi} = 1.$$

Daraus lassen sich φ bzw. ϕ wie folgt bestimmen:

$$\varphi = \frac{\sqrt{5}-1}{2}$$

$$\phi = \frac{\sqrt{5}+1}{2} = 1{,}61803398874989\ldots$$

Damit haben wir ϕ als den Wert gefunden, gegen den auch das Verhältnis aus unseren Fibonacci-Zahlen strebt.

Die letzten Rechenschritte

Ähnlich wie bei der Fibonacci-Folge können wir auch den »Goldenen Schnitt« unendlich fortsetzen. Wir brauchen ja bloß das Ergebnis auf der rechten Seite mit dem größten Wert der linken Seite zu addieren und müssten dann wieder auf ein Verhältnis kommen, das den »Goldenen Schnitt« wiedergibt.

In unserem Fall rechnen wir also einfach $\varphi + 1$. Mit dem definierten Verhältnis $1 / \varphi = \phi$ bzw. $\varphi = 1 / \phi$ sowie der Definition des »Goldenen Schnitts« erhalten wir

$$\varphi + 1 = \frac{1}{\phi} + 1 = \phi$$

Entsprechend finden wir bei Fortsetzung nach »oben«:

$$\phi + 1 = \phi^2$$

bzw. bei der Fortsetzung nach »unten« (aus unserer Ausgangsgleichung)

$$\psi + \varphi = \frac{1}{\phi^2} + \frac{1}{\phi} = 1.$$

Offensichtlich bilden sich die Verhältnisse des »Goldenen Schnitts« immer bei den verschiedenen Potenzen von ϕ_n. Damit können wir eine einfache Bildungsregel für diese Zahlen notieren (dabei setzen wir $\phi_0 = 1$):

$$\phi_n = \phi_{n-1} + \phi_{n-2} = \phi^n$$

Endlich: Die »Fibo-Zahlen«

Auf der rechten Seite steht nun ein exponentieller Ausdruck. Das »n« steht im Exponenten, womit der gesamte Term »über die Maßen« wächst; das war bei Fibonaccis Kaninchenpopulation ja auch so. In Tabelle A6.1 sind nun für verschiedene n die ϕ_n-Werte aufgelistet und die dazugehörigen uns bekannten »Fibo-Werte« aus der Charttechnik (als Prozentzahlen). Für andere, mehr oder weniger gebräuchliche »Fibo-Werte« (die »dazwischen« liegen) sind die Bildungsregeln ebenfalls angegeben.

n	Berechnung	Wert	»Fibo-Wert«
3	$\phi^3 = \phi_3$	4,23606798	423,6 %
	$\phi^2 \cdot (1 + \phi^{-2})$	3,61803399	361,8 %
	$\phi^2 \cdot (1 + \phi^{-3})$	3,23606798	323,6 %
2	$\phi^2 = \phi_2$	2,61803399	261,8 %
	$\phi^1 \cdot (1 + \phi^{-2})$	2,23606798	223,6 %
	$\phi^1 \cdot (1 + \phi^{-3})$	2	200,0 %
1	$\phi^1 = \phi_1$	1,61803399	161,8 %
	$\phi^0 \cdot (1 + \phi^{-2})$	1,38196601	138,2 %
	$\phi^0 \cdot (1 + \phi^{-3})$	1,23606798	123,6 %
0	$\phi^0 = \phi_0$	1	100,0 %
	$\phi^{-1} \cdot (1 + \phi^{-3})$	0,76393202	76,4 %
-1	$\phi^{-1} = \phi_{-1}$	0,61803399	61,8 %
		0,5	50,0 %
-2	$\phi^{-2} = \phi_{-2}$	0,38196601	38,2 %
-3	$\phi^{-3} = \phi_{-3}$	0,23606798	23,6 %

Tabelle A6.1: Übersicht der »Fibo«-Werte

Das 200 %- und insbesondere das 50 %-Niveau sind eher historisch als mathematisch bedingt. Es ist eben ein häufig vorkommendes Phänomen, dass Kurse in einer Korrektur eher an der 50 %-Marke als an der 62 %- oder 38 %-Marke drehen.

Ein Treppenwitz der Chartgeschichte

Nebenbei bemerkt, ist die Zahl ϕ für die theoretische Mathematik noch aus anderen Gründen von besonderer Bedeutung. Es lässt sich nämlich nachweisen, dass die Zahl ϕ die »irrationalste« aller Zahlen ist (das hängt damit zusammen, dass sich für ϕ eine Darstellung als sogenannter Kettenbruch finden lässt, der nur aus Einsen besteht).

Damit hat sich die Börsengöttin natürlichen einen köstlichen Witz mit uns Börsianern erlaubt. Der wohl irrationalste Markt der Welt (die Börse) wird von einem durch und durch rationalen Menschen (Elliott war Buchhalter!) nach Strich und Faden analysiert, der darauf verfällt, eine scheinbar rationale Methode (die Fibonacci-Technik mit einer Stelle nach dem Komma bei Prozentzahlen!) in der Charttechnik einzusetzen, deren mathematische

Grundlage das Irrationalste ist, das es bloß gibt. Hören Sie eigentlich auch das Hohngelächter von Miss Börse im Hintergrund?

Anhang 7:
Market-Profile®

Das MarketProfile® ist eine Entwicklung des Sojabohnen-Traders J. Peter Steidlmayer und des Chicago Board of Trade (CBOT), wo Steidlmayer länger als 40 Jahre als unabhängiger Trader wirkte. Die Idee des MarketProfile® ist, eine andere Sichtweise auf die Märkte zu erhalten, um die Kursbewegungen und ihre Relevanz besser abschätzen zu können.

Abweichungen vom »fairen Wert« des Markts erkennen

Die Grundidee geht von der Überlegung aus, dass ein Markt, der aktuell fair bewertet ist, um diesen fairen Wert herum handeln wird. Würde man nun eine Häufigkeitsverteilung erstellen, die zu jedem Zeitpunkt eines Handelstages den jeweils gehandelten Kurs anzeigt, sollte man in diesem Fall eine Darstellung erhalten, die etwa eine glockenförmige Normalverteilung um diesen fairen Wert zeigt (Bild A7.1).

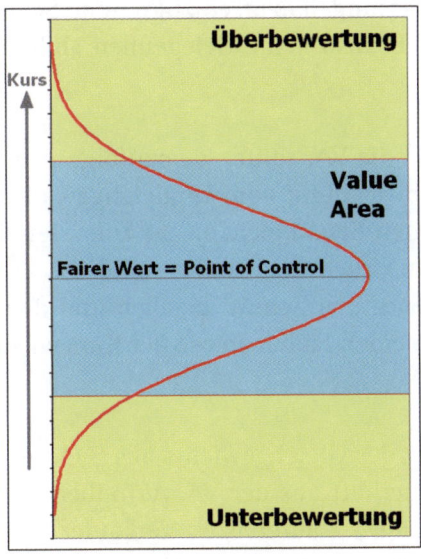

Bild A7.1: Die Grundidee des MarketProfile®

Im MarketProfile® heißt dieser Wert »Point of Control« (POC). Oberhalb und unterhalb dieses Kurses existiert die sogenannte »Value Area« (VA), in deren Bereich die Kurse ebenfalls noch als im fairen Rahmen angesehen werden. Jenseits dieser Zone herrscht demzufolge Über- oder Unterbewertung.

Zum MarketProfile® gibt es nun eine Reihe von Interpretationen und Anwendungsmöglichkeiten. Hier gibt es inzwischen sehr viele Einzelaspekte und Strategien, die im Einzelnen an dieser Stelle gar nicht erläutert werden können. Bei Interesse greifen Sie auf die inzwischen reichlich vorhandene Literatur zurück. Im Wesentlichen drehen sich alle darum, wie das Erreichen oder Verlassen der VA durch den Kurs zu interpretieren ist. Eine große Rolle spielt – wie eigentlich immer im Intraday-Trading – dabei das Volumen.

(Hinweis: Da sich das MarketProfile® eines Tages natürlich erst am Ende der Handelssitzung vollständig bestimmen lässt, wird in der Regel die Bewertung anhand des dann feststehenden Profils des Vortags vorgenommen.)

Eine spezielle MarketProfile®-Interpretation

Interessant ist nun eine spezielle Interpretation des MarketProfile®. Danach wird davon ausgegangen, dass innerhalb der VA nur die reinen Intraday-Trader handeln. Die längerfristig orientierten Trader bleiben dem Markt fern, weil sie keine Veranlassung haben einzugreifen. Schließlich ist der Markt fair bewertet. Es besteht also keine Gelegenheit »billiger« einzukaufen oder »teurer« zu verkaufen.

Verlässt nun der Markt die VA, sollten demzufolge neue Trader in den Markt kommen, die diese Abweichung vom Ungleichgewicht ausnutzen. Bei Ausbruch nach unten sollten Schnäppchenjäger zukaufen, während die Verkäufer ausdünnen, bei Ausbruch nach oben sollte die Zahl der Verkäufer zunehmen, die nun einen guten Schnitt machen und demzufolge die Zahl der Käufer abnehmen. In beiden Fällen würde der Kurs wieder tendenziell zur VA zurückkehren.

Erst eine Verschiebung des Gleichgewichts aus Sicht der längerfristigen Trader wird den Kurs dauerhaft aus der VA vertreiben. Dann übernehmen – je nach Ausbruchsrichtung – Käufer bzw. Verkäufer zeitweise die Oberhand. Das hält bis zur Ausbildung eines neuen Gleichgewichts an.

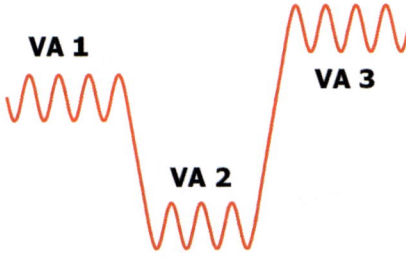

Bild A7.2: Übergänge von Value Area zu Value Area

Auch diese sehr interessante Interpretation des Marktgeschehens geht von Kursschüben aus, die aus relativen Ruhephasen immer nur zeitweise auftreten. Aus Sicht der Target-Trend-Methode wären diese Schübe, in Kursdifferenzen gemessen, die Höhe unserer Rechtecke, während die Kursniveaus der Rechteckgrenzen dann besonders wichtige VA-Bereiche wären. Wirklich bemerkenswert ist aber auch hier die – eher versteckt enthaltene – Voraussetzung, dass sich das Börsengeschehen zyklisch, und zwar in deutlichen Wechseln von Dynamik und Ruhe (= Routine) entwickelt (siehe Bild A7.2).

Wie das MarketProfile® erzeugt wird

Zum Abschluss noch kurz die Anleitung, wie das MarketProfile® generiert wird:

Ausgangspunkt ist eine Aufstellung der Minimum- und Maximumwerte aller halbstündigen Perioden des jeweiligen Markts (siehe Tabelle A7.1). Die Perioden werden mit einem Buchstabencode versehen, beginnend bei »A« für die Periode von 09:00 Uhr bis 09:30 Uhr. Geht die Anzahl der Perioden über »Z« hinaus, wird mit »a« weitergemacht; Perioden vor 09:00 Uhr werden dagegen von »z« abwärts bezeichnet.

In einer zweiten Übersicht (siehe Chart A7.1) werden nun die Buchstabencodes in das MarketProfile® eingetragen. Ganz links steht dabei der Kursbereich, der an diesem Tag überstrichen wurde. Der Abstand der Kurswerte richtet sich nach dem Tick, der kleinsten Einheit, in der der betreffende Future-Kontrakt handelbar ist. Im Beispiel ist der Tick 1.

Zeit		Code	Min	Max
08:00 - 08:30		y	-	-
08:30 - 09:00		z	-	-
09:00 - 09:30		A	88	103
09:30 - 10:00		B	98	113
10:00 - 10:30		C	95	109
10:30 - 11:00		D	86	93
11:00 - 11:30		E	87	98
11:30 - 12:00		F	94	100
12:00 - 12:30		G	87	95
12:30 - 13:00		H	91	99
13:00 - 13:30		I	101	107
13:30 - 14:00		J	90	96
14:00 - 14:30		K	92	105

Tabelle A7.1: Kursübersicht mit Zeitcodierung

Nun ist schon die Verteilung der Kurse auf der Kursskala zu erkennen. Die einzelnen Buchstaben in der Übersicht heißen in der Sprache des MarketProfile® »Time Price Opportunities« (TPO). In der Regel gibt es auch einen Kurswert, bei dem eine Konzentration der TPOs zu erkennen ist (die Zeile, in der die Buchstabenliste am weitesten nach rechts rückt). Dies ist der POC (Point of Control).

Von diesem ausgehend, wird nun die Value Area (VA) bestimmt. Steidlmayer hat dazu folgenden Algorithmus festgelegt:

1. Ermittlung aller TPOs in der Übersicht (im Beispiel: 120).
2. Bestimmung des 70 %-Werts aller TPOs (im Beispiel: 0,7 * 120 = 84).
3. Addition der beiden Zeilen oberhalb und unterhalb des POC (im Beispiel: 6+7=13; 7+7=14); die beiden Zeilen mit der größten Summe werden zum POC hinzugezählt und bilden die vorläufige Value Area (im Beispiel: 8+14=21).
4. Wiederholung von Schritt 3 so lange, bis dabei der 70 %-Wert der TPOs gemäß Schritt 2 überschritten ist (im Beispiel: 8+14+13+13+13+10+10+9=90).

Im Beispiel liegt der POC also bei 95 (dunkel schattiert) und die VA zwischen 89 und 103 (hell schattiert).

Diesen Algorithmus kann man analog auch zur Berechnung einer Value Area für die Volumeneinheiten anwenden, wenn diese statt der TPOs verwendet werden.

Darüber hinaus werden noch andere Bereiche definiert und genutzt, die aber über das hier notwendige Grundverständnis hinausführen würden. Bei Interesse greifen Sie auch dazu bitte auf die einschlägige Literatur zurück.

KURS	MARKETPROFILE®								TPO
114									0
113	B								1
112	B								1
111	B								1
110	B								1
109	B	C							2
108	B	C							2
107	B	C	I						3
106	B	C	I						3
105	B	C	I	K					4
104	B	C	I	K					4
103	A	B	C	I	K				5
102	A	B	C	I	K				5
101	A	B	C	I	K				5
100	A	B	C	F	K				5
99	A	B	C	F	H	K			6
98	A	B	C	E	F	H	K		7
97	A	C	E	F	H	K			6
96	A	C	E	F	H	J	K		7
95	A	C	E	F	H	H	J	K	8
94	A	E	F	G	H	J	K		7
93	A	D	E	G	H	J	K		7
92	A	D	E	G	H	J	K		7
91	A	D	E	G	H	J			6
90	A	D	E	G	J				5
89	A	D	E	G					4
88	A	D	E	G					4
87	D	E	G						3
86	D								1
85									0

Chart A7.1: MarketProfile® (Beispiel)

Literatur

Psychologie

Psychologie der Massen
Gustave Le Bon
Nikol Verlag, 1. Auflage (2009), ISBN 978-3868200263
(erstmals erschienen 1895; vorliegende Ausgabe beruht auf dem Text von 1911)

Extraordinary Popular Delusions and the Madness of Crowds (*engl.*)
Charles Mackay
Wordsworth, neue Auflage (2001), ISBN 978-1853263491
(erstmals erschienen 1841; vorliegende Ausgabe beruht auf dem Text von 1852)

Die Weisheit der Vielen
James Surowiecki
Goldmann Verlag (2007), ISBN 978-3442154463

Miteinander reden Bd. 3 - Das „innere Team" und situationsgerechte Kommunikation
Friedemann Schulz von Thun
Rowohlt Verlag, 14. Auflage (2005), ISBN 978-3499605451

Allgemeine Charttechnik

Technische Analyse von Aktientrends
Robert D. Edwards, John Magee
Hoppenstedt Verlag, 4. Auflage (1991), ISBN 978-3820300109

Technische Analyse der Finanzmärkte
John J. Murphy
FinanzBuch Verlag (2006), ISBN 978-3898790628

Spezielle Aspekte der Charttechnik

Technische Analyse mit Candlesticks
Steve Nison
FinanzBuch Verlag (2004), ISBN 978-3898790758

Enzyklopädie der Technischen Indikatoren
René Rose (Hrsg.)
FinanzBuch Verlag, 1. Auflage (2006), ISBN 978-3898791045

Steidlmayer on Markets: Trading with Market Profile (*engl.*)
J. Peter Steidlmayer, Steven B. Hawkins
Wiley & Sons (2003), ISBN 978-0471215561

Das Elliott-Wellen-Prinzip
Robert R. Prechter, A.J. Frost
FinanzBuch Verlag, 1. Auflage (2003), ISBN 978-3898790383

Trading

Jesse Livermore. Das Spiel der Spiele
Edwin Lefèvre
TM Börsenverlag, 12. Auflage (2007), ISBN 978-3930851041

Beruf: Trader
Van K. Tharp
FinanzBuch Verlag, 1. Auflage (2006), ISBN 978-3898791557

Stichwortverzeichnis

ABC-Korrektur   530

Abendstern   307, 355, 366, 423, 558f.

Absicherung   349, 399, 433, 475, 480, 489, 508, 511

Abstauberlimit   345, 446, 452, 468, 479, 489

Abwärtskanal   377, 458, 466f., 517

Abwärtslinie   275, 282, 286, 304, 330, 340f., 372, 435, 452, 465f., 473, 477, 479ff., 487, 489f., 497f., 509, 524ff.

Abwärtstrendlinie   242, 244, 286, 323, 341, 372, 392, 450, 457, 464, 475, 481, 523, 530

Aggression   96, 109

Aktivierung   6, 216, 272, 349, 351, 353f., 360, 362ff., 372, 452, 462

Alltagstrance   116, 134f., 138f., 157

Alpha-Target   254, 256ff., 263, 270ff., 280, 282, 291, 296, 299

Andrews, Alan H. (Dr.)   535f.

Andrews Pitchfork   535ff.

Anfänger-Grundregeln   36

Angst   39f., 59, 64f., 69, 76f., 79, 89f., 93, 102, 109ff., 120f., 124, 127, 129f., 136, 144f., 166, 178f.

Anlegerpsychologie   186, 410

Anschubfinanzierung   36

Antizyklisch   312, 365, 437, 449, 453, 493, 500, 506

Aufmerksamkeit   27, 46, 88, 101f., 118, 134f., 137f., 146ff., 162ff., 294, 354, 412, 452, 492, 494, 500, 522

Aufwärtskanal   466

Aufwärtslinie   289, 304, 376f., 489, 494

Aufwärtstrendlinie   268, 295, 530

Ausbruchskerze   321, 366, 491

Ausbruchsversuch   226, 435, 534, 545f.

Auskommen   100

Ausstieg   70, 80, 87, 182, 203, 273, 394, 422, 434, 452, 473, 491f., 498

Ausstiegssignal   70, 80, 182

Bauchgefühl   117, 149, 169

Behavioral Finance   95, 176

Beinahe-Target   339f., 348
Belohnung   125, 248
Beobachter   1   44f., 151, 159, 190
Berührungspunkt   197, 199f., 224f., 276, 382, 487, 533, 564
Beta-Target   257, 261, 263, 270ff.
Beute   25, 29, 33, 35f., 42ff., 72, 79, 110f., 166f., 521
Bewusstsein   46, 56, 76ff., 86, 111, 114, 118, 124, 127, 134, 139, 144, 153, 164
Börsendschungel   41, 49
Börsenroutine   411, 412
Bremser-Target   348, 353

Candlestick   247f., 548
Candlestick-Formation   248
Chaos   23, 61, 66ff., 72f., 90, 117f., 130, 145, 162, 331f., 530
Charakter   19ff., 31f., 76, 82, 96f., 107, 119, 122, 124, 146, 150
Charakterbildung   125, 146
Charaktereigenschaften   33, 79, 113, 117f., 119, 124
Charakterschwächen   76
Charakterzug   74, 124
Chartart   183, 185f.
Chartskalierung   389
Cluster   562f.
  Coach   117, 157

Dauerbulle   88
Day-Trading   11f., 27, 29, 45, 96, 140, 146, 168f., 171, 382, 384, 494, 522, 527
Demut   60f., 131
Devisen
Devisenhandel   484
Devisenmarkt   399, 422, 484
Disziplin   16, 19, 22, 28, 30f., 123, 206
Divergenz   465, 471, 475, 480
Docht   321
Doji   541, 552, 554
Dragonfly-Doji   554
Gravestone-Doji   554
Doji-Hammer   554
  Doji-Sternschnuppe   365, 520, 554
Doppelboden   326, 328, 336ff., 452
Doppeltop   436
Dow, Charles H.   188, 560f.
Dow-Jones-Index   188, 233, 315, 416

Dreieck   217, 312, 321, 329, 374, 395, 468, 480, 530

Dreifachtops   436

Dschungel   40f., 47, 49

Durchbruchsmuster   522

Durchhaltevermögen   16, 30

Durchmarsch-Target   320, 343, 347

Durchschnitt, gleitender   247, 427

Durchstoßmuster   503, 555ff.

Eigenart   30, 39, 78, 101, 123

Einsicht   28, 66, 69, 130

Einstiegssignal   27, 70, 80, 87, 117, 120, 475, 488, 491, 494, 496, 498, 520
  Einstiegszeitpunkt   43, 434, 443, 470, 492, 523f.

Elliott, Ralph N.   560f., 566, 572

Elliott-Theorie   241, 561, 563f., 580

Energie   26f., 59, 76

Engulfing Pattern   557

Entspannung   160, 486

Erholung   27, 193, 239, 312, 316, 350, 441, 464, 467, 576

Eröffnungs-Fake   518

Euphorie   112, 117, 150, 492

Existenzgrundlage   67

Extension   241, 263, 564

Fake   518

Farmer   19ff., 42, 48, 494

Farmergesellschaft   24, 48

Farmermentalität   28

Fehlausbruch   220, 225f., 276, 307f., 322, 325f., 328, 332f., 353ff., 375, 385f.,
  391f., 440, 456f., 464ff., 477, 481f., 489, 493, 496, 518, 520, 529, 534, 539ff., 547

Fehlsignal   345, 474, 526

Feindbild   100

Fibonacci-Methode   256, 298, 416, 562, 568

Fibonacci-Projektion   244ff., 263, 270, 272, 275, 289, 295f., 309, 326, 333, 432,
  444, 509f., 563

Fibonacci-Retracement   562

Fibonacci-Technik   241, 243, 245, 559, 563ff., 572

Fibonacci-Zahlen   235, 237, 246, 560, 567, 569f.

Fibonacci-Zeitzyklus   235

Fitness   34

Flagge   304f., 311, 321, 345, 348, 396, 402, 437, 468ff., 498, 564

Fortsetzungsformation   321, 325, 328, 345, 437, 469, 480, 551

Fundamentalanalyse   176
Fundamentaldaten   15, 73, 121
Future-Handel   58, 414, 512
Future-Kontrakt   29, 575
Future-Markt   57, 60, 485

Gamma-Target   257, 263
Gap   215, 315, 421, 466, 471, 487, 562
Dividenden-Gap   392
Gap-Down   322
Gap-Schluss   487, 489
Gap-Up   321
Overnight-Gap   384
Gedankenchaos   119, 122
Gedanken-Mischpult   121
Gedankenwurm   119, 132
Gedankenwust   162, 166
Geduld   47, 349, 491
Gegenbewegung   215, 243, 274, 332, 341, 377, 449, 464, 502, 566
gegenläufige Linien   372
Gelassenheit   123, 165, 493
Geldmanagement   31f., 40, 42, 366
Gemeinschaftssinn   48
gemessene Bewegung   239
Gewinnerqualität   124
Gewinnmitnahme   125, 442, 447, 452, 467, 471, 476, 491, 498, 518, 524
Gewinnsicherung   467, 471, 502, 506, 517, 520, 525
Gewinnversprechen   71
Gewohnheiten   47
Gier   69, 79, 112, 124, 129f., 178f.
Guru   51, 54, 59

Hammer   304, 312, 315, 322, 464, 503, 508, 541, 552ff.
Handelssystem   483
hanging man   437, 524, 553f.
Hartmann, Thom   20
high wave   551
Hilfslinie   199, 218, 224, 369, 490f., 531
Hingabe   15f., 82, 140, 157, 168
  Hoffnung   35, 50ff., 130, 178, 193, 516
Höllenmaschine   57ff.

Illusion 11, 17f., 50, 57, 59, 63ff., 86ff., 92ff., 99, 134ff., 147, 150, 152ff., 380
Inkonsequenz 112
Insel-Umkehr 471f.
Instinkt 40, 150
Intraday-Fehlausbruch 220, 227, 539
Intraday-Handel 26, 29, 455, 485
Intraday-Trading 182, 196ff., 381, 409, 411f., 423, 434, 438, 446, 449, 483, 500, 511, 574
inverse Divergenz 475
inverted hammer 553f.

Jagd 23, 25f., 29f., 33, 35f., 43, 47ff., 110, 146
Jagderfolg 125
Jagdinstinkt 27, 48
Jägercharakter 33
Jägermentalität 31, 43, 65, 72
Jones, Edward D. 188, 416

Kampfkunst 146
Kampfsportarten 140, 147ff., 157f.
Keil 332ff., 404f.
Kerzenmuster 247f., 268, 273, 301, 305, 310, 312, 320, 343, 350, 355, 360, 366, 422ff., 463f., 469, 471, 475, 504, 541, 548, 554f., 559
Kleiner-Mann-Überzeugung 98
Konditionierung 127
Konferenzmethode 118, 121
Konjunkturdaten 26, 29, 66, 136, 343, 349, 404, 415, 419f., 439, 514f.
Konsolidierungsformation 209, 398, 404, 469
Kontrolle 42, 110, 118, 126, 128ff., 159, 161f.
Konzentrationsfähigkeit 29
Kopfkino 138, 153
Korrektur 229, 242, 270, 303, 315, 329, 337, 354, 357, 375, 444, 448, 530, 534, 543, 561f., 564, 572
Kreuzunterstützung 322
Kreuzwiderstand 209
Kurslücke 325, 327f., 382, 384, 392, 404, 430, 452, 454, 475, 481, 487
Kurszielbestimmung 505

Lebensunterhalt 63
Leidenschaft 15f., 82, 140, 157
Lerneffekt 88
Lesetrancen 135

Linienanpassung   385, 394
Linienwechsel   368ff., 396, 402
Livermore, Jesse L.   60, 580
Long-Einstieg   434, 474, 504, 518
Long-Position   194, 330, 364, 463, 466, 475, 508
Lotto   16, 50, 53, 62, 105
LVA (Lower Value Area)   519ff., 525

MACD   247
Mainstream   45, 117, 151, 171
MarketProfile®   573, 577
Marktgefühl   73, 449, 452, 490
Marubozu   551
Measured Moves   239, 457, 459
Mcditation   147
Meisterschaft   11, 146, 149, 157
Mindestsumme   37
Mischpult   121f., 157
Momentum   427, 452ff., 498, 506, 521, 524
Monolog   118, 135ff., 143, 145, 149, 151, 155ff., 166f.
Morgenstern   350, 352, 360, 365, 558f.

Neid   129
Nichtdenken   160f., 164f., 167

Overnight-Session   416, 418

Panik   117, 150, 179, 246
Paradigmenwechsel   196f., 252, 370, 389, 393ff., 412, 415f., 420f., 425
Parallellinienprojektion   377, 381ff., 401, 411, 438
Perma-Bär   88, 136, 138
Piercing-Line   366
Pip   485, 496, 509
Pitchfork   535ff.
POC (Point of Control)   574, 576
Positionsaufstockung   468, 473, 476
Primärtrend   207, 209, 362
Problemlöser   155
Psyche   52, 107f., 150, 177f., 527
Pullback   226
Pyramidenspiel   57, 59

Random-Walk-Theorie 205

Realität 20, 33, 37, 46, 51f., 54, 81f., 83, 86ff., 90, 92, 94, 96, 99, 116, 129f.,
134, 136, 138f., 144, 153

Rebreak 334, 341, 357, 370, 440, 454, 461, 496, 502, 516, 520, 547f.

Rechteck-Methode 191ff., 234, 240, 251f., 301, 377, 402f, 416, 526

Regellosigkeit 71f.

Reversal 439, 474f., 525

Ritual 126

Rolle 91, 96, 113, 169, 177, 216, 308, 353, 360, 387, 402, 409, 529, 534, 559, 574

Routine 179, 410, 412f., 442, 575

RSI 427

Scham 113ff., 120, 129f.

Schamgefühl 115f.

Scheitern 55, 88, 109, 266, 323, 430, 441, 468, 481

Schmerz 37, 42ff., 61, 64, 82, 111, 115f., 440

Schulter-Kopf-Schulter-Formation (SKS) 226, 505

Schwäche 32, 55, 74, 81, 110, 123f., 133, 223, 323, 341, 435f., 502, 541

Seitwärtsbewegung 192f., 212, 245f., 250, 300ff, 317f, 321, 325f., 329ff., 356,
363, 366, 374, 381f., 404, 450f., 462, 480, 482, 487, 492, 501, 517f., 530

Sekundärtrend 207, 209, 362, 388, 542

Selbst-Bewusstsein 124

Selbstkritik 60

Selbstüberschätzung 53, 110

Sentimentindikatoren 69

shooting star 552f.

Short-Einstieg 343, 471, 473, 498, 525

Short-Position 473f., 477, 480

Sicherheits-Stop 447, 451

Sozialisationsverhalten 113

Spike-Fishing 312, 343, 439, 442ff., 468, 473, 477, 498

Spike-Kerze 301, 446

Spike-Target 264, 353

spinning top 551

Staatsverschuldung 84f., 91

Steidlmayer, J. Peter 573, 576, 580

Sternschnuppe 312, 365, 437, 440, 447, 487, 516ff., 524f., 541, 552ff., 557

Stochastik 427, 430f., 434, 437ff., 463

Stop-Setzung 182, 194, 433, 495

Stress 108, 167

Sucht 30f., 48, 51, 56

Symmetrie 190, 230, 255, 331, 377, 457, 464

Tape   513

Target-Aktivierung   216, 272, 349, 362, 364

Target-Arc   301f., 305, 334ff., 347, 357, 363, 429, 495ff.

Target-Regeln   213, 291, 324

Target-Spike   306ff., 314, 316, 318ff., 343, 345, 44

Teamsitzung   120

Tertiärtrend   388

Tick   183, 512, 517, 521, 524, 575

Time-and-Sales-Liste   513

Top-Trader   51, 54f., 73

TPO (Time Price Opportunities)   576f.

Traderkonto   41

Traderpersönlichkeit   19

Tradingalltag   119, 161, 166, 168

Tradingsystem   60, 66, 117, 123

Tradingtagebuch   32

Tradingteam   117, 123, 126

Tradingwahn   42

Tradingzeiten   96

Trainer   122

Trance   116, 134ff., 153

Trendabschwächung   369, 542f.

Trendbeschleunigung   313, 322, 368, 392f., 501, 531, 542f., 547

Trendbruch   203, 223, 321, 354f., 366, 375f., 500, 529f., 542, 544

Trend-Theorie   226, 375, 391ff., 411, 432, 440f., 454f., 458, 464, 466, 472, 477,
   481f., 493, 496, 499f., 522

Trockenübung   41

Überdeckungsmuster   343, 556f.

Überkaufsituation   466, 476

Übernacht-Periode   416

Überverkaufsituation   465

Umkehrformation   301, 442, 558

   Unsicherheit   71, 90, 94, 108f., 112, 130, 167, 178, 193, 281, 331f., 403, 447,
   470, 505, 552

Unterbewusstsein   114, 125

Unterstützung   180, 188ff., 198, 203, 206, 227, 246, 250, 301, 318, 329, 356,
   380, 415, 427, 452, 457, 459, 466, 474f., 477, 480, 498, 518, 526, 547

UVA (Upper Value Area)   525f.

VA (Value Area)   414, 574ff.

Verarbeitungskapazität   147

Vereinfachung   89f., 2980, 360
Verfallstag   419
Verfallstermine   511
Verlierermentalität   88, 97
Verlustbegrenzung   125, 443
Vermögenserhalt   38
Versatz   197, 252f., 256, 403ff., 450
Verschwörungstheorie   93

Wahrnehmung   17, 77, 79, 81f., 86, 94f., 107, 136, 143ff., 152ff., 168
Walk-through-Target   264, 306, 320ff., 334, 338, 341, 353f., 358f., 363, 375, 385, 388f., 452, 466
Walk-through-Umkehr-Target   333
Wellentheorie   560
Wesenseinheit   76, 95
Widerstand (charttechnisch)   180, 188ff., 203, 206, 209, 250, 318, 330, 332, 356, 380, 399, 415, 429, 435, 438, 450f., 468, 479, 519, 525f.
  Widerstand (mental)   99, 129ff.
Widerstandslosigkeit   128, 131f.
Wirklichkeit   16, 50, 86ff., 94, 134ff., 143, 158
Wutpotenzial   110

X-Ebene   246, 301

Zeit-Stop   493
Zeitzyklus   257, 285
Zukunftsillusionen   153f.
Zweifel   147